Fachkräftemigration – Pflegenotstand – Nächstenliebe

Tobias Santosh Großmann

Fachkräftemigration – Pflegenotstand – Nächstenliebe

Katholische Frauen aus Kerala (Indien) in deutschen Krankenhäusern der 1960er

 Springer VS

Tobias Santosh Großmann
Katholische Universität Eichstätt-Ingolstadt
(KU)
Eichstätt, Deutschland

Dissertation der Geschichts- und Gesellschaftswissenschaftlichen Fakultät der Katholischen Universität Eichstätt-Ingolstadt. Mündliche Prüfung: 14. Dezember 2023.
Referent: Prof. Dr. phil. habil. Dr. oec. Frank E. W. Zschaler Dipl.-Ök. (Lehrstuhl für Wirtschafts- und Sozialgeschichte, Katholische Universität Eichstätt-Ingolstadt)
Korreferent: Prof. Dr. iur. can. habil. theol. Bernd Dennemarck M. A. (Lehrstuhl für Kirchenrecht, Theologische Fakultät Fulda)
Abweichender Dissertationstitel: „Kirchlich organisierte Pflege-Fachkräftemigration aus Kerala nach Südwestdeutschland in den 1960er Jahren"

ISBN 978-3-658-46081-5   ISBN 978-3-658-46082-2   (eBook)
https://doi.org/10.1007/978-3-658-46082-2

Die Deutsche Nationalbibliothek verzeichnet diese Publikation in der Deutschen Nationalbibliografie; detaillierte bibliografische Daten sind im Internet über https://portal.dnb.de abrufbar.

Dieses Werk wurde gefördert durch Author funding.

Planung/Lektorat: Daniel Rost
Springer VS ist ein Imprint der eingetragenen Gesellschaft Springer Fachmedien Wiesbaden GmbH und ist ein Teil von Springer Nature.
Die Anschrift der Gesellschaft ist: Abraham-Lincoln-Str. 46, 65189 Wiesbaden, Germany

Wenn Sie dieses Produkt entsorgen, geben Sie das Papier bitte zum Recycling.

Gewidmet Leelamma Nadamala,
stellvertretend für alle Frauen, die aus
Kerala emigrierten.

Danksagung

Das Forschungsprojekt konnte ich nur durch das Zusammenwirken und die Offenheit vieler Menschen verwirklichen. Stellvertretend möchte ich besonders danken: Prof. Dr. Frank E. W. Zschaler und Prof. Dr. Bernd Dennemarck für die intensive und zugewandte Betreuung, die stets konstruktive Kritik und den Raum, dieses Forschungsprojekt umzusetzen.

Den Zeitzeuginnen in Deutschland und Indien für die Unterstützung und das Vertrauen: Sr. Margherita, Sr. Lellis und Sr. Clementa, sowie den Schwestern vom Heiligen Josef im Kloster Sankt Trudpert und den ehemaligen Nirmala-Angehörigen und ihren Familien.

Meinen lieben Eltern, die mich und das Projekt stets selbstlos unterstützten. Rodney Williams und Zozan Dikkat, die mich immer wieder zurück auf meine Beine brachten und mich ermutigten, noch weiter zu gehen. Meiner Patentante und Michael Bollmann, die maßgeblich meine Forschung in Kerala ermöglichten. Familie Braun, Herrn Erath und der katholischen Pfarrgemeinde St. Marcellus in Stettfeld.

Für die besondere Unterstützung danke ich Isabell Kaiser, Daniel Teixeira, Nils Rave, Johannes Uebelgünne, Nils Tippel, Dr. Dagmar Brombierstäudel, Familie Vellaramkalayil, Dr. Siddharth Triphathi, Dr. Teresa A. K. Kaya, Pfarrer Prasad, Dr. Iris Koall, Armin E. Möller, Dr. Angela Treiber, Dr. Syed-Ibrahim, Santosh-Achan, Dr. Aylin C. Mundi, Dr. Neena Joseph, Dr. Martin Patrick, Dr. K. P. Rajappan Nair, Jonathan Lunkmohs, Ashok Nair, Familie Weißgerber, Dr. Alexander Liebenau, Lena Wormans, Dr. Wolfgang Schaffer, Dr. Christoph Schmider und all den unterstützenden Mitarbeitenden der besuchten Archive.

Zudem danke ich all den Menschen, die mich auf den vielen Forschungs- und Archivreisen beherbergten, mich inspirierten, weiter verknüpften und mich immer wieder durch Gespräche, gutes Essen oder wunderbare Musik aus meinem Kopf holten.

Gender-Disclaimer

Sprache ist als Spiegel menschlichen Handelns nicht neutral und verändert sich stetig. Durch den Gebrauch von Sprache werden in Sprechakten Realitäten erschaffen. Die vorliegende geschichtswissenschaftliche Arbeit untersucht historische Realitäten und damit auch historische Sprechakte. Ich verwende geschlechtsspezifische Begriffe als auch das generische Maskulinum, gleichzeitig zeige ich die entsprechenden Normen und Kontexte auf und ordne sie ein. Auf diese Weise mache ich historisch gewachsene Machtstrukturen sichtbar, die als Grundlage für weitergehende Reflexionen über gegenwärtige Machtverhältnisse dienen können.

Prolog: „Die Malaylis sind überall!"

Als Kind begegnete mir auf einem Treffen keralesisch-deutscher Familien ein Witz, dessen Tragweite ich zu diesem Zeitpunkt kaum zu erfassen vermochte. Demnach machte Neil Armstrong am 21.07.1969 voller Ehrfurcht den bekanntesten Schritt der Menschheit. Heraus aus der Mondlandefähre der Apollo-11 Mission trat er auf die karge graue Wüstenlandschaft des Mondes. Doch ehe Armstrong den Satz seines Lebens sprechen konnte, hatte es ihm die Sprache verschlagen: Vor ihm stand ein lächelnder Malayali[1] im Lungi[2] mit einem dampfend heißen Chai[3] und fragte den verdutzten Astronauten: „നിങ്ങൾക്ക് ചായ വേണോ?" (zu Deutsch: „Möchten Sie einen Chai?"). An dieser Stelle brachen die Malayalis und ihre deutschen Partner und Partnerinnen in schallendes Gelächter aus. Beendet wurde der Witz mit dem Deklarativsatz „Die Malayalis sind überall!".

---

[1] Es gibt mehrere Bezeichnungen für die Menschen aus dem Staate Kerala. Während sich „Malayali" auf die linguistische Konstitution des Bundesstaates stützt, wird ebenso die zeitgenössische Bezeichnung „Keralit" als geografische Referenz zum Bundesstaat Kerala verwendet. Diese Bezeichnungen werden im Laufe der vorliegenden Arbeit synonym genutzt. Als historische Bezeichnung soll an dieser Stelle aber auch „Malabarese" als ethnische Gruppe Erwähnung finden, wobei der Begriff sich auf Menschen der Malabar-Region bezieht, einer Region an der Südwestküste Indiens, welche sich etwa 640 km zwischen den Westghats und der Südspitze Indiens in Kanyakumari erstreckt. Die Malabarküste wird im deutschen Volksmund auch Pfefferküste genannt.

[2] In Südasien traditionell von Männern getragener Wickelrock.

[3] Der aus dicker Milch, Gewürzen und losem Schwarztee gebrühte Chai ist integraler Bestandteil des indischen Alltaglebens. Der Chaikonsum dient mit zur ritualisierten Tagesstrukturierung und wird religions-, kasten-, einkommens- und bildungsunabhängig praktiziert. Vor allem als Geste der Gastfreundschaft ist der gemeinsame Chai zur Begrüßung ein Ritual, das nicht nur in Indien, sondern in der indischen Diaspora weltweit praktiziert wird.

Dieser kurze Moment in meinem Leben von etwa 20 Sekunden, der damals in meiner kindlichen Naivität mit einem unbedachten Lachen rein über die absurde Vorstellung eines Astronauten im weißen Raumanzug gegenüber eines stereotyp aufgeladenen Südinders mit einem dampfenden Chai an mir vorüberzog, ließ mich in seiner vermeintlichen Unscheinbarkeit jedoch nicht los. Unerklärlicherweise holte mich der Witz über Jahrzehnte hinweg wieder und wieder gedanklich ein.

Die Frage nach der eigenen Identität, führte mich schließlich über mein Studium mündend in mein Dissertationsprojekt zu einer in mir drängenden Frage an den Witz: Aus welchen Gründen sind ausgerechnet die Malayalis überall? Und was hat es mit dem Chai auf sich, den ich selbst schon an vielen Orten dieser Erde als Akt der Gastfreundschaft genießen durfte und schon unzählige Male für meine eigenen Gäste zubereitet hatte. Zuletzt musste ich während der Abschlussarbeiten des vorliegenden Dissertationstextes über den Witz nachdenken, als am 23.08.2023 die erste indische Mission Chandrayaa-3 sanft auf der Mondüberfläche aufsetzte.

Inhaltsverzeichnis

Abkürzungsverzeichnis

AA	Auswärtiges Amt
BA	Bundesagentur für Arbeit
CBCI	Catholic Bishops' Conference of India
DBK	Deutsche Bischofskonferenz
DCV	Deutscher Caritasverband
DM	Deutsche Mark
DNdkM e. V.	Deutscher Nationalverband der katholischen Mädchenschutzvereine e. V.
FEG	Fachkräfteeinwanderungsgesetz
Freiburg i. Br.	Freiburg im Breisgau
GIZ	Gesellschaft für Internationale Zusammenarbeit GmbH
INR	Indische Rupie
KCBC	Kerala Catholic Bishops' Council
KNA	Katholische Nachrichten Agentur
NORKA	Department of Non Resident Keralite's Affairs
PLK	Psychiatrisches Landeskrankenhaus
WHO	World Health Organisation

Abbildungsverzeichnis

Tabellenverzeichnis

Einleitung 1

1.1 Themeneinführung: Vom deutschen Pflegesektor der 1960er und Frauen im Sari

Wegen Schwesternmangels mussten in letzter Zeit zahlreiche Stationen und Abteilungen geschlossen, konnte manche neue Klinik gar nicht eröffnet werden.[1]

Dieses Zitat aus der Zeitung *Der Spiegel* bezieht sich nicht etwa auf den gegenwärtigen Status des Pflegesektors in Deutschland, sondern stammt aus dem Artikel „Der weiße Alptraum" vom 17.07.1963.[2] Innerhalb des Artikels werden die prekären Arbeitsverhältnisse des Pflegepersonals und der damit einhergehend besorgniserregende Zustand der deutschen Pflegeinstitutionen thematisiert. Als rund ein Jahr später, im Dezember 1964, eine Gruppe junger indischer Frauen im traditionellen Sari[3] gekleidet im tropischen Kerala mit der Absicht, in Deutschland an einem staatlichen Krankenhaus eine Ausbildung in einem Pflegeberuf zu

---

[1] „Der weiße Alptraum", *Der Spiegel*, 16. Juli 1963.

[2] Die Verwendung des Begriffs „Deutschland" und „deutsch" erfolgt im vorliegenden historischen Kontext der Zeiten zweier parallel bestehenden deutschen Staaten (Deutsche Demokratische Republik und die Bunderepublik Deutschland) stets in Bezug auf die Bundesrepublik Deutschland.

[3] In Südasien verbreitetes Kleidungsstück traditionell getragen von Frauen. Ein Sari ist ein nicht genähter Wickelrock mit einem Schulterüberwurf, der mit einem rechteckigen Tuch mit einer Länge von 4–8 m gewickelt wird. Weitergehend siehe auch Fußnote 122 in Kapitel 3.3.4.

Ergänzende Information Die elektronische Version dieses Kapitels enthält Zusatzmaterial, auf das über folgenden Link zugegriffen werden kann https://doi.org/10.1007/978-3-658-46082-2_1.

© Der/die Autor(en) 2025
T. S. Großmann, *Fachkräftemigration – Pflegenotstand – Nächstenliebe*,
https://doi.org/10.1007/978-3-658-46082-2_1

durchlaufen, in ein Flugzeug einstieg, hatte mit großer Wahrscheinlichkeit keine der Frauen den zitierten Spiegelartikel gelesen. Aufgewachsen in den einfachsten Verhältnissen waren sie der deutschen Sprache nicht mächtig. Keine der Frauen hatte bei Antritt ihrer Reise medizinische Vorbildung vorzuweisen.

Akteure der syro-malankarischen katholischen Ostkirche[4], welche die Gruppen in Indien (Abbildung 1.1) in den Heimatgemeinden aufwendig rekrutierte und die Arbeitsmigration in der Senderregion organisierte, hatten den Frauen drei Monate vor der Abreise nur einen rudimentären Grundlagenkurs in Sachen Kultur und Sprache an den (Erz-)Bischofshäusern Trivandrum und Thiruvalla erteilt.[5] Der deutsche Pfarrer Hubert Debatin hatte diese sogenannte *Nirmala-Aktion*[6] unter Absprache mit indischen (Erz-)Bischöfen und zuständigen Stellen innerhalb deutscher staatlicher Institutionen organisiert und eingeleitet. So wurde

---

[4] Die katholische Kirche besteht aus 24 Kirchen eigenen Rechts, die jeweils ein eigenes geistliches, rechtliches und liturgisches Gepräge haben. Die größte davon ist die römisch-katholische (auch lateinische) Kirche, die ein eigenes Gesetzbuch hat, den *Codex Iuris Canonici* (CIC), während alle übrigen 23 Kirchen eigenen Rechts, die sogenannten Ostkirchen, lediglich durch ein Rahmenrecht verbunden sind, den *Codex Canonum Ecclesiarum Orientalium* (CCEO). Die katholischen Ostkirchen sind also Erscheinungsformen der katholischen Kirche, deren Ursprünge – gesehen von der sog. katholischen Westkirche – nicht im altkirchlichen Patriachat Rom, sondern von dort aus im Osten liegen. Dazu gehört unter anderem die mit Rom unierte syro-malankarische katholische Kirche in Kerala, die dem antiochenischen Ritus angehört. Zur weitergehenden Differenzierung der beteiligten Ostkirchen Keralas siehe Kapitel 2.1. Senderregion: Bundesstaat Kerala, Indien.

[5] Wie in der orthodoxen Kirche findet auch in der syro-malankarisch katholischen Kirche für eine geografische definierte Verwaltungseinheit (Diözese) der Begriff „Eparchie" Verwendung. Weitere spezifische Begriffe der Teilkirche sind „Eparch" (Bischof) und „Metropolit" (Erzbischof). Für ein besseres Verständnis werden in der vorliegenden Arbeit die analogen Begriffe aus der römisch-katholischen Tradition genutzt.

[6] Als kirchliche Vereinigung wurden die Gruppen dieser ausgewählten Frauen durch die katholische Kirche als *Nirmala Seva Dalam* bezeichnet. Dies ist eine Entlehnung aus dem altindischen Sanskrit, die Sprache der klassischen hinduistischen Texte wie beispielsweise der Veden oder Upanishaden. Sanskrit gilt als Vorläufersprache vieler moderner indischer Sprachen. Eine Übersetzung von *Nirmala Seva Dalam* auf Deutsch lautet: „Die reinen, dienenden Lotusblütenblätter". Detaillierte Übersetzung nach dem Monier-Williams Sanskrit-English Dictionary von 1872: „निर्मल , nirmala [...] spotless, free from spots or dirt or impurities, stainless, unsullied, clear, clean, pure, limpid; shining, splendent, bright; virtuous / सेवा, śeva [...] causing happiness, propitious, affectionate, [...] height, elevation; happiness; treasure, wealth; [...] hail, homage, an exclamation or salutation addressed to the deities / दल, dala, am [...] a piece torn or split off; a part, a portion a fragment, [...] leaf (i. e. what unfolds itself; often occurring at the end of name of plants[...]); [...] a folded petal or leaf. [...] the lotus (Nelumbium) [...]". Cologne University, „Cologne Digital Sanskrit Dictionaries, Version 2.4.79".

die Nirmala-Gemeinschaft als kirchliche Vereinigung auf Zeit gegründet, welche als kirchenrechtliche Institution den aufenthaltsrechtlichen Mantel bieten sollte.

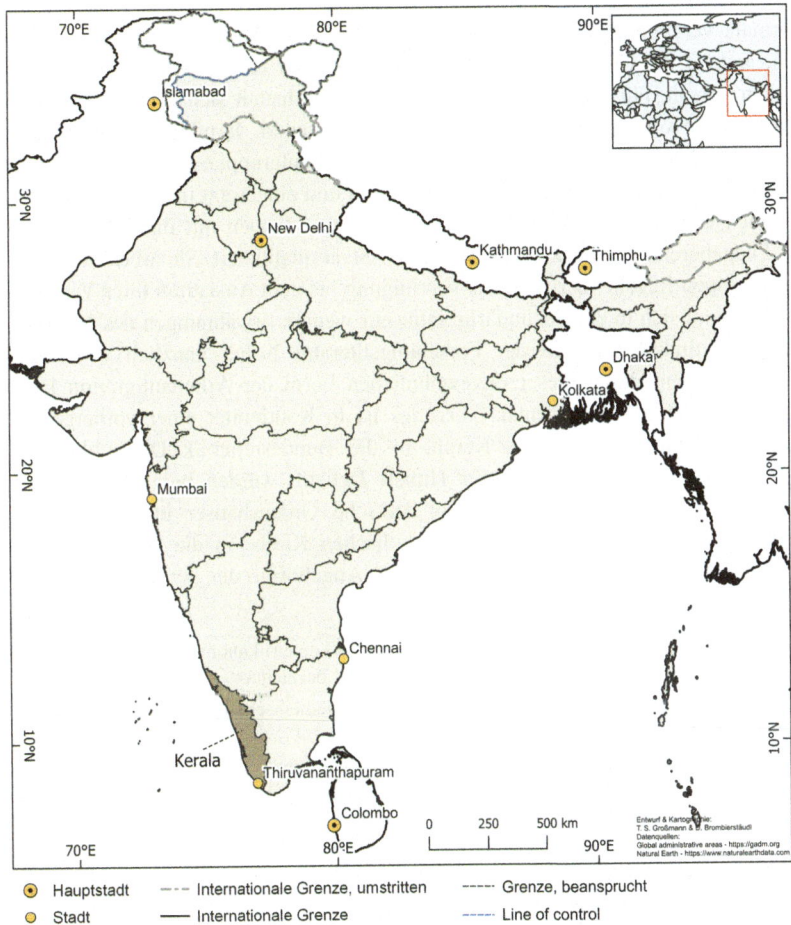

Abbildung 1.1   Republik Indien und Kerala: Politische Übersichtskarte

Und obwohl diese Frauen als Angehörige einer kirchlichen Vereinigung nach Deutschland kamen, waren sie keine Ordensfrauen im eigentlichen Sinn

und unterlagen auch keiner konventionellen Ordensbindung.[7] Vielmehr waren
sie Mitglieder einer ordensmäßig organisierten Vereinigung auf Zeit, welche
ausschließlich für die Durchführung dieser Arbeitsmigration in den deutschen
Pflegesektor angelegt war. In Vertretung für die Frauen wurden zwischen der
Nirmala-Vereinigung und deutschen Staatskrankenhäusern Verträge abgeschlossen, welche die Gestellung von Pflegepersonal über einen Zeitraum von sechs
Jahren vorsah. Für die Zeit ihres Arbeitseinsatzes hatten sich die Frauen durch
ein Gelübde vor ihrem (Erz-)Bischof einem Regelwerk verpflichtet, welches für
die sechs Jahre de facto ein Ordensleben in Kleingruppen ohne existierendes
Mutterhaus vorsah. Verankert im Kirchenraum und eingesetzt in staatlichen Institutionen wurden auf diese Weise mehrere hundert Frauen mit ihrer Ausbildung
im Pflegebereich in Deutschland durch den Staat qualifiziert. Sie arbeiteten unter
den strengen Regeln[8] der Nirmala-Vereinigung bis zum Auslaufen ihrer Verträge.

Während sich in der Sekundärliteratur nur wenige Erwähnungen des Nirmala-
Vorgangs finden, blieb in der Forschungsliteratur bisher gänzlich verborgen,
wie es zur Einleitung dieser ungewöhnlichen Form der Arbeitsmigration kam.
Die Durchführung des Nirmala-Vorgangs ist in Kontinuität einer vorhergehenden Migrationsbewegung aus Kerala in die Bundesrepublik Deutschland zu
betrachten: Ebenfalls über Pfarrer Hubert Debatin wurden bereits 1960 erste
Migrantinnen als Kandidatinnen für deutsche Ordenshäuser über das bestehende transnationale Netzwerk der katholischen Kirche in die Bundesrepublik
Deutschland gebracht.[9] Die Kandidatinnen, Angehörige der syro-malabarischen

---

[7] In der vorliegenden der Arbeit werden Frauen, die keinem kanonischen Lebensverband
gemäß CIC/1983 angehören, als ‚Nicht-Ordensfrauen‘ bezeichnet.

[8] Siehe Kapitel 3.3.4. ‚Grundsätze und Satzungen der Gemeinschaft‘ – Die Konstruktion des
Nirmala-Regimes.

[9] Bei der unscharfen Begrifflichkeit der „katholischen Kirche" ist zu differenzieren, dass es
sich hier nicht um einen zentralgesteuerten Akteur handelt. Vielmehr handelte es sich bei
dem Akteur der katholischen Kirche im Forschungskontext der 1960er um ein transnationales, nicht-staatliches Netzwerk, dessen Institutionen innerhalb des Zuständigkeitsbereichs
der Nationalstaaten, abgesehen von der Weisungsbindung der Kurie in Rom, über eine große
Handlungsfreiheit verfügten: „Als ‚katholische‘, d. h. universale Kirche musste die Römi-
sche Kurie seit den sechziger Jahren einerseits mit der verstärkten globalen Expansion ihrer
Strukturen und Institutionen zurechtkommen, andererseits die wachsende Zahl nationaler
Partikularitäten verarbeiten. Beides zusammen führte zu einer Veränderung vorhandener
Machtrelationen und Einflussstrukturen." Manfred Brocker, Hartmut Behr, und Mathias Hil-
denbrandt, „Einleitung", in *Religion – Staat – Politik: Zur Rolle der Religion in der nationalen
und internationalen Politik* (Wiesbaden: Westdeutscher Verlag, 2003), 27–28. Nach ihrem
Selbstverständnis besteht die katholische Kirche in und aus Teilkirchen; in Umsetzung von
Nr. 13 der Dogmatischen Konstitution *Lumen gentium* des Zweiten Vatikanischen Konzils
vgl. c. 368 CIC / 1983: „Teilkirchen, in denen und aus denen die eine und einzige katholische

Ostkirche[10], begannen in Deutschland ihr Postulat mit der Einkleidung in deutschen Ordenshäusern. Während des Noviziats lernten sie einen Beruf, zumeist im Pflegebereich. Sie arbeiteten fortan in den katholischen Einrichtungen und Stationen des deutschen Gesundheitssektors. Die positive Bewertung dieses Experiments an deutschen Ordenshäusern durch politische Entscheidungsträger der staatlichen Institutionen legte den Grundstein für die Einleitung der Nirmala-Aktion ab 1964.

Zeitgleich mit dieser Migration von Kandidatinnen für deutsche Ordenshäuser begann ebenso die Migration von regulären Ordensschwestern aus Indien, die in der Bundesrepublik Deutschland an Schwesternschulen ausgebildet wurden und nach Abschluss der Ausbildung ihren Dienst entweder in einem der zahlreichen Krankenhäuser in der Bundesrepublik Deutschland in katholischer Hand nachkamen oder auf Stationen staatlicher Krankenhäuser arbeiteten, die ebenso von den Kongregationen betreut wurden.

Pfarrer Debatin zum Vorbild nehmend, begannen auch weitere Akteure wie Bischöfe und Geistliche aber auch Angehörige von Vereinigungen als private Dritte das Netzwerk innerhalb des katholischen Kirchenraums zu nutzen, um Arbeitsmigrantinnen direkt an Krankenhäuser in die Bundesrepublik Deutschland zu vermitteln. Diese Frauen wurden über Individualverträge, ohne Bindung durch eine kirchliche Vereinigung, in staatlichen und katholischen Einrichtungen des deutschen Gesundheitssektors angestellt.

So arbeiteten diese Frauen aus Kerala – mit und ohne Ordensbindung – meist als Krankenschwestern oder Krankenschwesternhelferinnen im deutschen Pflegesektor und viele weitere Frauen sollten auf die gleiche Weise aus Kerala in die Bundesrepublik Deutschland migrieren.[11] Zugleich blieb der starke Familienbezug der Migrantinnen zur Senderregion Kerala bestehen. Im Falle der ‚Nicht-Ordensfrauen' entfalteten die gesendeten Rücküberweisungen an die

---

Kirche besteht, sind vor allem die Diözesen." Papst Johannes Paul II., „CIC/1983 (deutsch)", o. D. Eine Parallelformulierung findet sich im Rahmenrecht des CCEO nicht.

[10] Die syro-malabarische katholische Kirche ist eine mit Rom unierte Ostkirche des ostsyrischen Ritus. Zur weitergehenden Differenzierung der beteiligten Ostkirchen Keralas siehe Kapitel 2.1. Senderregion: Bundesstaat Kerala, Indien.

[11] Definition von Migration nach Oltmer: „Räumliche Bewegungen von Menschen, die weitreichende Konsequenzen für die Lebensverläufe der Wandernden haben und aus denen sozialer Wandel resultiert. Meist verbunden mit einem längerfristigen Aufenthalt andernorts und als Verlagerung des Lebensmittelpunktes von Individuen, Familien oder Kollektiven angelegt." Jochen Oltmer, *Globale Migration: Geschichte und Gegenwart* (Bonn: Bundeszentrale für politische Bildung, 2016), 9. Zur Entwicklung des Migrationsbegriffs, den Typologien und den gängigen Theorien siehe Sylvia Hahn, *Historische Migrationsforschung* (Frankfurt am Main [u. a.]: Campus, 2020), 24–36.

Familien und kirchlichen Träger nicht nur eine massive Auswirkung auf die Senderegion, sondern beeinflussten auch maßgeblich das Leben der Frauen in der Bundesrepublik Deutschland.[12] Die positive Rezeption des gestarteten Migrationsprojekts innerhalb der Senderegion Kerala war nicht zuletzt mitverantwortlich, dass die von Pfarrer Debatin initiierten Migrationsbewegungen eine Kettenmigration auslöste, die ihre Klimax in der zweiten Hälfte der 1970er erreichte.[13]

Als am Ende der 1960er die Migrationsbewegungen aus Kerala an europäische Mutterhäuser unter dem Vorwurf eines Menschenhandels im Kirchenraum international in die Schlagzeilen geriet, wurden die Migrationsbewegungen kurzzeitig zu einer diplomatischen Angelegenheit. In Reaktion darauf wurde auf höchster Bundesebene der Bundesrepublik Deutschland ein temporärer spezifischer Anwerbestopp für Krankenpflegeschülerinnen aus Indien verhängt.

Das Leben der bereits in Deutschland lebenden Frauen veränderte sich ebenso mit Beginn der 1970er. Mit Auslaufen des 6-Jahresvertrags kehrten die Frauen der Nirmala-Vereinigung größtenteils zurück nach Kerala. Einigen von ihnen wurde gestattet in der Bundesrepublik Deutschland zu bleiben, um im Rahmen von Einzelverträgen weiterzuarbeiten. Aber auch Nirmala-Rückkehrerinnen reisten zum großen Teil in die Bundesrepublik Deutschland zurück, um im Rahmen

---

[12] „Die Handlungsmacht derjenigen, die die Migration vollzogen, konnte dabei durchaus gering sein, denn räumliche Bewegungen zur Erschließung oder Ausnutzung von Chancen brachten keineswegs immer eine Stabilisierung oder Verbesserung der Lebenssituation der Migranten selbst mit sich. Familien oder andere Herkunftskollektive sandten vielmehr häufig Angehörige aus, um mit den aus der Ferne eintreffenden ‚Rücküberweisungen' oder anderen Formen des Transfers von Geld die ökonomische und soziale Situation des zurückbleibenden Kollektivs zu konsolidieren oder zu verbessern. Solche mehr oder minder regelmäßigen Geldüberweisungen durch Migranten an zurückbleibende Familienangehörige haben bis in die Gegenwart eine ausgesprochen hohe Bedeutung für einzelne Haushalte, für regionale Ökonomien oder selbst für ganze Volkswirtschaften." Oltmer, 2016, 12–13.

[13] „Bei Kettenwanderungen folgen Migrantinnen und Migranten bereits abgewanderten Verwandten oder Bekannten (sog. Pioniermigranten) ins Zielgebiet. Über diese sozialen Beziehungen (Netzwerke) erhalten die Wandernden vertrauenswürdige Informationen (z. B. über Wohn- und Erwerbsmöglichkeiten) und Unterstützung (z. B. bei der Arbeitsplatzsuche oder Behördengängen am Zielort), die sowohl die Migration als auch Integrationsprozesse erleichtern. Soziale Netzwerke tragen somit zur Verringerung der (finanziellen und sozialen) Kosten der Migration bei und sind ein ausschlaggebender Faktor zur Beantwortung der Frage, warum sich zwischen bestimmten Ländern relativ stabile Migrationsbeziehungen entwickeln können." Jochen Oltmer, „Glossar Migration: Kettenmigration". Eine tiefgreifende theoretische Abhandlung hinsichtlich der Bedeutung sozialer Beziehungen in Kettenmigrationsprozessen findet sich in Sonja Haug, *Soziales Kapital und Kettenmigration: italienische Migranten in Deutschland* (Opladen: Leske + Budrich, 2000).

von Einzelverträgen zumindest zeitweise weiterhin im deutschen Pflegesektor zu arbeiten.[14]

Während der Arbeitsmigration entstanden Bande wie beispielsweise binationale Ehen, Kinder, Freundschaften, Ansprüche auf Sozialleistungen, Sprachkompetenzen, Netzwerke etc., welche nicht folgenlos blieben. Die Zeit verstrich und aus vielen dieser ehemaligen ‚Gastarbeiterinnen' wurden deutsche Staatsangehörige, die ihren Lebensmittelpunkt dauerhaft in die Bundesrepublik verschoben. Auf diese Weise transformierte sich die Migrationsbewegung zu einer transnationalen Migration, die bis heute in die inzwischen dritte und vierte Generation in der Bundesrepublik Deutschland fortwirkt.

Bis heute ist nur sehr wenig bekannt über eben diesen Beginn der innerhalb der katholischen Kirchenstrukturen organisierten Fachkräftemigration in den 1960ern von Frauen aus Kerala nach Südwestdeutschland. An dieser Stelle soll die vorliegende Arbeit den Versuch leisten, die gegenwärtige Forschungslücke zu füllen und weiteren Forschungsbedarf aufzeigen.

1.2 Stand der Forschung

Das Thema Migration prägt maßgeblich den europäischen politischen Diskurs der letzten Jahre und damit einhergehend das Bild der Medien.[15] Gleichzeitig kann der Darstellung und Wahrnehmung des Phänomens Migration in der breiten Öffentlichkeit nach wie vor eine gewisse Verzerrung attestiert werden.[16] So

---

[14] „Der Prozess der Migration bleibt grundsätzlich ergebnisoffen, denn das Wanderungsergebnis entspricht bei weitem nicht immer der Wanderungsintention: Eine geplante Rückkehr wird aufgeschoben, die Ferne schließlich zur Heimat, und die alte Heimat erscheint fern." Oltmer, 2016, 10.

[15] Mit der Corona-Pandemie rückte der mediale Fokus auf den höchstproblematischen Zustand des deutschen Pflegesektors. Gleichzeitig wurde damit auch der Themenkomplex der Migration von Fachkräften in den deutschen Pflegesektor in die öffentliche Debatte gebracht.

[16] Zum Themenkomplex von Migration, Medien und dem verzerrten Diskurs der letzten Jahre zur Zwangsmigration siehe Zygmunt Bauman und Michael Bischoff, *Die Angst vor den anderen – Ein Essay über Migration und Panikmache* (Berlin: Suhrkamp, 2016). Es ist zu betonen, dass die wissenschaftliche Kritik an der Verzerrung innerhalb der Politik oder den Medien kein Novum darstellt. Auch Bade machte in Anbetracht der wachsenden Ausländerfeindlichkeit der 1990er Jahre auf das seit dem Bestehen der Bundesrepublik Deutschland immer wiederkehrende historische Phänomen als eine Art gesellschaftlichen Kehrvers aufmerksam. Vgl. Klaus J. Bade, *Ausländer, Aussiedler, Asyl: Eine Bestandsaufnahme* (München: Beck, 1994), 214–28.

dominieren in den Empfängerregionen meist die emotional geführten Debatten über die staatlichen Ansprüche der Zuwanderer sowie über die Auswirkungen auf die empfangende Gesellschaft des Nationalstaats, was die Berichterstattung zu den tatsächlichen Ursachen von Migration, wie beispielsweise Failed States, Klimawandel oder Verteilungsprobleme, fast gänzlich verdrängt. Ebenso wird in den Debatten häufig vernachlässigt, dass Veränderungen von Aufenthaltsorten seit jeher in der Menschheitsgeschichte zu finden sind.[17] Dabei gibt es verschiedenste individuelle Gründe für Aufenthaltsortswechsel.

Auch hinsichtlich der sozialwissenschaftlichen Forschungsliteratur zum Thema Migration ist die internationale Aufmerksamkeit und Nachfrage in den letzten Jahrzehnten gewachsen. Die historische Migrationsforschung hat seit den 1980ern zahlreiche Formen der Migration und Wandervorgänge erschlossen. Hier wurde vor allem der Zeitrahmen zwischen dem 19. und dem 20. Jahrhundert behandelt, gleichwohl sind in den letzten Jahren ebenso die Neuzeit, das Mittelalter und die Antike in den Fokus der Forschung gerückt, wodurch ein neuer Blick auf Migration aus der globalen Makroperspektive über längere Zeitabschnitte hinweg ermöglicht wurde.[18] Überblickswerke behandeln die Vielfalt von Wandergeschehen, zumeist beginnend mit dem 17. Jahrhundert und dem geografischen Fokus Europa.[19] Der zentrale Forschungsansatz dieser Werke gilt oft der Frage nach dem Prozess der staatlichen Aushandlung von Migration.[20]

---

[17] „Den ‚Homo migrans‘ gibt es, seit es den ‚Homo sapiens‘ gibt, denn Wanderungen gehören zur Conditio humana wie Geburt, Fortpflanzung, Krankheit und Tod. Migrationen als Sozialprozesse sind, von Flucht- und Zwangswanderungen abgesehen, Antworten auf mehr oder minder komplexe ökonomische und ökologische, soziale und kulturelle Existenz- und Rahmenbedingungen. Die Geschichte der Wanderungen ist deshalb immer auch Teil der allgemeinen Geschichte und nur vor ihrem Hintergrund zu verstehen." Klaus J. Bade, *Europa in Bewegung: Migration vom späten 18. Jahrhundert bis zur Gegenwart* (München: Beck, 2000), 11.

[18] Überblickend Oltmer, 2016; Helen Schwenken, *Globale Migration zur Einführung* (Hamburg: Junius, 2018).

[19] Überblickend Bade, 2000; Klaus J. Bade u. a., Hrsg., *Enzyklopädie Migration in Europa: vom 17. Jahrhundert bis zur Gegenwart* (Paderborn: Schöningh Fink, 2008); Hahn, 2020; Jochen Oltmer, *Migration – Geschichte und Zukunft der Gegenwart* (Bonn: bpb, 2020).

[20] In Bezug auf die deutsche Fachliteratur ist hier hervorzuheben: Jochen Oltmer, *Handbuch Staat und Migration in Deutschland seit dem 17. Jahrhundert* (Berlin [u. a.]: De Gruyter Oldenbourg, 2016).

In der deutschen Migrationsforschung dominiert die Literatur zur staatlich organisierten Arbeitsmigration nach dem Zweiten Weltkrieg.[21] Hierbei stehen sogenannten „Gastarbeiter" im Mittelpunkt, die während der Zeiten des „Wirtschaftswunders" der 1950er und 1960er Jahre in den südeuropäischen Ländern angeworben wurden. Sie kamen auf Grundlage bilateraler Abkommen nach Deutschland und sollten – wie der Begriff „Gastarbeiter" bereits suggeriert – nach wenigen Jahren wieder in ihr Herkunftsland zurückkehren. Diese Arbeitskräfte wurden vor allem im Bereich der Montanwirtschaft, der Schwerindustrie und in der industriellen Massenfertigung eingesetzt.[22] Mithin ist das Bild der damaligen Migration und nicht zuletzt die Wahrnehmung der heutigen Migrationsgesellschaft durch den darin dominierenden männlichen „Gastarbeiter" geprägt, der über bilaterale Staatsabkommen legal in die Bundesrepublik Deutschland migrierte. Diese Wahrnehmung ist sicherlich auch dem Bias durch Genderstereotype innerhalb der Wissenschaft zuzuschreiben, welcher die „femina migrans" und die weibliche Seite der Migration lange unsichtbar machte:

---

[21] Unter einer Vielzahl von Publikationen zu diesem Thema sind als Überblickswerke hervorzuheben: Klaus J. Bade, Hrsg., *Auswanderer, Wanderarbeiter, Gastarbeiter: Bevölkerung, Arbeitsmarkt und Wanderung in Deutschland seit der Mitte des 19. Jahrhunderts; Referate und Diskussionsbeiträge des Internationalen Wissenschaftlichen Symposiums „Vom Auswanderungsland zum Einwanderungsland?" an der Akademie für Politische Bildung Tutzing, 18.-21.10.1982* (Ostfildern: Scripta-Mercaturae-Verlag, 1984); Jochen Oltmer, Axel Kreienbrink, und Carlos Sanz Díaz, Hrsg., *Das „Gastarbeiter"-System* (München: Oldenburg, 2015); Ulrich Herbert und Karin Hunn, „Gastarbeiter und Gastarbeiterpolitik in der Bundesrepublik. Vom Beginn der offiziellen Anwerbung bis zum Anwerbestopp (1955–1975)", in *Dynamische Zeiten: Die 60er Jahre in den beiden deutschen Gesellschaften*, hg. von Karl Christian Lammers, Axel Schildt, und Detlef Siegfried (Hamburg: Christians, 2000).
Zudem existiert eine breite Literatur zu Fallstudien. Siehe u. a. Yvonne Rieker, „*Ein Stück Heimat findet man ja immer"*: Die italienische Einwanderung in die Bundesrepublik (Essen: Klartext Verlag, 2003); Karin Hunn, „*Nächstes Jahr kehren wir zurück…"*: die Geschichte der türkischen „Gastarbeiter" in der Bundesrepublik (Göttingen: Wallstein, 2005); Atsushi Kataoka u. a., *Japanische Bergleute im Ruhrgebiet: „Glückauf" auf Japanisch* (Essen: Klartext Verlag, 2012).

[22] An dieser Stelle ist zu bemerken, dass sich der Staat damals auf bilateraler Ebene auch um die Anwerbung von examiniertem Fachpersonal im Pflegesektor bemühte, beispielsweise mit den Philippinen und Südkorea. Ein bilaterales Abkommen mit den Philippinen sollte trotz Verhandlungen nicht zustande kommen. Vgl. Susanne Kreutzer, „Der Pflegenotstand der 1960er Jahre. Arbeitsalltag, Krisenwahrnehmung und Reformen", in *Pflege: Praxis, Geschichte, Politik* (Bonn: Bundeszentrale für politische Bildung, 2020), 149.
Eine Aufarbeitung der Arbeitermigration aus Südkorea in Zeiten der „Gastarbeiter" erfolgte in Rahmen einer Dissertation mit dem Forschungsschwerpunkt der Ostasiatischen Geschichte: Martin Hyun, „Die koreanischen Arbeitsmigranten in Deutschland" (Bonn, Rheinischen-Friedrich-Wilhelms-Universität Bonn, 2015).

[Die Genderstereotypen des mobilen wanderungsbereiten Mannes und der dem Haus und Heim verbundenen immobilen Frau] wurden spätestens durch die bürgerliche Familienideologie des 18. und 19. Jahrhunderts sowie die stark männlich dominierte patriarchalische (und antifeministische Intellektuellen- und Wissenschaftlerkultur der Jahrhundertwende fest- und in der Folge des 20. Jahrhunderts fortgeschrieben.[23]

Einen herausragenden Beitrag gegen die Vorstellung, dass die angeworbenen „Gastarbeitenden" nur dem männlichen Geschlecht angehörten, leistete Monika Mattes. Sie erforschte die Interessen der Bundesrepublik Deutschland sowie der Senderregionen mit Blick auf die Anwerbung weiblicher Arbeitskräfte. Mattes machte sichtbar, dass diese Anwerbung ab den 1950ern vor allem im Bereich der Nahrungs- und Genussmittelindustrie, der Bekleidungs- und Textilindustrie und der Hauswirtschaft stattfand.[24] Eine weitere hervorzuhebende Veröffentlichung stellt die Forschungsarbeit von Verena Lorber zu Arbeitsmigrantinnen in Österreich in den 1960er und 1970er Jahren dar, die sich neben der staatlichen Perspektive auch mit den Lebenswelten der Arbeitsmigrantinnen auseinandersetzte.[25]

Die letzten zwei Jahrzehnte wurden von interdisziplinären Forschungsansätzen und der Suche nach neuen Forschungsperspektiven geprägt, wobei der Transfer zwischen Wissenschaft und Zivilgesellschaft, Politik sowie Öffentlichkeit an Relevanz gewinnt.[26] Mit dem Syrienkrieg und den einhergehenden Zwangsmigrationsbewegungen in die Bundesrepublik Deutschland wurde seit 2015 nicht nur in

---

[23] Hahn, 2020, 8. Zum Themenkomplex von Frauen in der historischen Migrationsforschung siehe auch Hahn, 2020, 57–59.

[24] Vgl. Monika Mattes, „Gastarbeiterinnen" in der Bundesrepublik: Anwerbepolitik, Migration und Geschlecht in den 50er bis 70er Jahren (Frankfurt am Main [u. a.]: Campus-Verlag, 2005).

[25] Vgl. Verena Lorber, Angeworben: „GastarbeiterInnen" in Österreich in den 1960er und 1970er Jahren (Göttingen: V & R unipress, 2017).

[26] Vgl. Klaus J. Bade, Migration, Flucht, Integration. Kritische Politikbegleitung von der „Gastarbeiterfrage" bis zur „Flüchtlingskrise": Erinnerungen und Beiträge (Karlsruhe: von Loeper Literaturverlag, 2017). Zum Thema der angewandten Migrationsforschung und dem Themenkomplex Migrationsforschung und Politikberatung siehe Klaus Jürgen Bade, „Historische Migrationsforschung. Eine autobiografische Perspektive", Historical Social Research / Historische Sozialforschung. Supplement, Nr. 30 (2018): 56–66.
Seit 2005 arbeitet die Forschungsabteilung des Bundesamtes für Migration und Flüchtlinge mit Forschungsprojekten und Veröffentlichungen zu Migrations- und Integrationsthemen. Neben dem Migrationsbericht der Bundesregierung erscheinen u. a. Forschungsberichte, Kurzanalysen und Workingpaper zur gegenwärtigen Situation in der Bundesrepublik Deutschland: Bundesamt für Migration und Flüchtlinge, „Forschungszentrum Migration, Integration und Asyl", o. D.

Deutschland vorrangig zur Flucht- und Zwangsmigration geforscht, weshalb seither die Erfassung anderer Migrationsentwicklungen in den Hintergrund rückte.[27] Reflexive Arbeiten zur Migrationsforschung eröffneten indes eine neue Phase der Untersuchung zeitgenössischer Migrationsphänomene.[28] Neben der Forschung zur Migration rückte gewann die Forschung zur Integration – allem voran aus der Perspektive der Migrationssoziologie – an Bedeutung. Zudem werden die Lebensrealitäten migrationsmarkierter Menschen in der Forschung zunehmend in

---

2008 wurde der Sachverständigenrat für Integration und Migration (SVR) als interdisziplinäres Expertengremium von mehreren Stiftungen gegründet. Mit Unterstützung eines Wissenschaftsstabs wird Forschung betrieben und ein Jahresgutachten zum Themenkomplex Migration und Integration veröffentlicht. Neben vielen Gründungen interdisziplinärer Zentren innerhalb Universitäten (beispielsweise das Berliner Institut für empirische Integrations- und Migrationsforschung (BIM) an der Humboldt-Universität zu Berlin seit 2014 oder das Zentrum Flucht und Migration (ZFM) an der Katholischen Universität Eichstätt-Ingolstadt seit 2016) ist als relativ junge Institution zudem das im Juli 2017 gegründete Deutsche Zentrum für Integrations- und Migrationsforschung (DeZIM) e. V. zu nennen. Zur dezentral organisierten DeZIM-Forschungsgemeinschaft gehören Berliner Institut für empirische Integrations- und Migrationsforschung (BIM), Institut für Arbeitsmarkt- und Berufsforschung (IAB), Institut für interdisziplinäre Konflikt- und Gewaltforschung (IKG), Institut für Migrationsforschung und Interkulturelle Studien (IMIS) Interdisziplinäres Zentrum für Integrations- und Migrationsforschung (InZentIM), Mannheimer Zentrum für Europäische Sozialforschung (MZES), Wissenschaftszentrum Berlin für Sozialforschung (WZB) (Stand September 2023). Vgl. „Deutsches Zentrum für Integrations- und Migrationsforschung DeZIM e. V.", o. D.

[27] Unter einer Vielzahl von Publikationen zu diesem Thema ist hervorzuheben: Tabea Scharrer u. a., *Flucht- und Flüchtlingsforschung: Handbuch für Wissenschaft und Studium*, hg. von Tabea Scharrer u. a. (Baden-Baden: Nomos, 2023); Anna Triandafyllidou, *Routledge Handbook of Immigration and Refugee Studies* (Taylor & Francis, 2022).

[28] Für den deutschsprachigen Raum sind die Arbeiten der österreichischen Soziologen Christoph Reinprecht und Rossalina Latcheva zu nennen. Im Jahr 2016 identifizierten die Autoren neben einem bedenklichen Schwerpunkt auf staatlich geleiteter Migration der 1960er Jahre den vielfach problematisierten „methodologischen Nationalismus": die unhinterfragte zentrale Stellung des Nationalstaats samt seiner Ordnungsparadigmen in den sozialwissenschaftlichen Perspektiven. Die Autoren weisen darauf hin, dass es der Migrationsforschung häufig an einer theoretisch rückgebundenen Analyse der historisch-politisch-ökonomischen Transformationsprozesse mangelt. Ferner weisen sie auf die Phänomene eines Potentials des „(Un-)Sichtbarmachens" des Forschens, des Eurozentrismus und des Genderbias hin. Letzterer beschreibt eine Forschungsperspektive basierend auf europäisch und männlich codierten Normen. Vgl. Christoph Reinprecht und Rossalina Latcheva, *Was wir nicht wissen. Forschungs- und Wissenslücken der Migrationssoziologie* (Wiesbaden: Springer VS, 2016). Zum methodologischen Nationalismus siehe weitergehend Nausikaa Schirilla, *Migration in Deutschland – soziologisch erklärt* (Stuttgart: Verlag W. Kohlhammer, 2023), 28–30.

Anbetracht von Diversität und Diskriminierung untersucht.[29] Jüngst erschienen in der deutsch- sowie englischsprachigen Literatur zahlreiche Veröffentlichungen aus soziologischer Perspektive zu den mit Migration einhergehenden langfristigen und transnationalen Prozessen.[30]

Die englischsprachige Forschungsliteratur aus Indien und speziell aus Kerala bietet eine reiche Studienvielfalt zum Themenkomplex der Migration. Vorrangig gilt hier das Interesse dem *Kerala Model* der Migration als ökonomische Praxis des indischen Bundesstaats, dessen soziale Indikatoren im Vergleich zu den anderen indischen Bundesstaaten hervorragen.[31] Neben der Vielfalt der Forschungsliteratur zur interregionalen Migration wächst, spätestens nach der Corona-Pandemie und der damit verbundenen Sichtbarwerdung der problematischen informellen Arbeitsverhältnisse Indiens, das Forschungsinteresse

---

[29] Dies ist maßgeblich mit dem 2006 in Kraft getretenen *Allgemeinen Gleichbehandlungsgesetzes* (AGG) und dessen Ausdifferenzierung zu erklären.
Siehe u. a. Susanne Veit, „Feldexperimentelle Forschung zu ethnischer Diskriminierung auf dem Arbeitsmarkt: ‚Alle sind gleich, aber manche sind gleicher'", in *Handbuch Stress und Kultur*, hg. von Tobias Ringeisen, Petia Genkova, und Frederick T. L. Leong (Wiesbaden: Springer Fachmedien, 2020).

[30] Unter einer Vielzahl von Publikationen zu diesem Thema ist hervorzuheben: Ajaya K. Sahoo, *Routledge Handbook of Asian Transnationalism* (Taylor & Francis, 2022); Javiera Cienfuegos, Rosa Brandhorst, und Deborah Fahy Bryceson, Hrsg., *Handbook of Transnational Families Around the World* (Cham: Springer International Publishing, 2023); Schirilla, 2023.

[31] Der Großteil der vorliegenden Studien basiert auf quantitativen Analysen und beginnt mit den 1970ern, als sich die Golfstaaten für Immigration öffneten. In Bezug auf die Fachliteratur indischer Autoren ist hier hervorzuheben T. V. Sekher, *Migration and Social Change* (Jaipur [u. a.]: Rawat Publications, 1997); S. Irudaya Rajan, *India Migration Report 2020: Kerala Model of Migration Surveys* (Taylor & Francis, 2020); K.C. Zachariah, E.T. Mathew, und Irudaya R. Sebastian, „Impact of Migration On Kerala's Economy and Society", *Centre for Development Studies, Trivendrum, India, Centre for Development Studies, Trivendrum Working Papers* 297 (1. Januar 1999); Kunniparampil Curien Zachariah, Elangikal T. Mathew, und Sebastian I. Rajan, *Dynamics of Migration in Kerala: Dimensions, Differentials, and Consequences* (Orient Longman, 2003); K. C. Zachariah, Parameswaran Raman Gopinathan Nair, und S. Irudaya Rajan, *Return emigrants in Kerala: welfare, rehabilitation, and development* (New Delhi: Manohar Publ., 2006).
Eine Ausnahme bildet K. V. Joseph, der sich in seiner Forschung auch der Emigration im frühen 20. Jahrhundert widmet. Vgl. Kumbattu V. Joseph, *Keralites on the Move: A Historical Study of Migration from Kerala* (Delhi: Shipra, 2006); Kumbattu Varkey Joseph, *Migration and Economic Development of Kerala* (Mittal Publications, 1988).
Forschungsliteratur in der keralitischen Sprache Malaylam wurde im Rahmen der Forschungsarbeit nicht berücksichtigt.

zur intraregionalen Migration Indiens.[32] In Bezug auf die weibliche Migration aus Kerala sind zudem indische Veröffentlichen aus feministischer Forschungsperspektive hervorzuheben.[33] Die im Rahmen dieser Forschungsarbeit zentralen Migrationsbewegungen in die Bundesrepublik Deutschland finden in der englischsprachigen Forschungsliteratur Keralas keine Erwähnung. Dagegen liegen einzelne Veröffentlichungen anderer Empfängerregionen, beispielsweise der USA, vor, wo nach dem Inkrafttreten des *Immigration and Nationality Act of 1965* ebenfalls Migrationsbewegungen aus Kerala in den amerikanischen Pflegesektor zu verzeichnen waren.[34] Zudem werden in einigen Veröffentlichungen Entwicklungen rund um den Themenkomplex Krankenpflege, Migration, Gender, Religionszugehörigkeit, Kaste und die damit einhergehenden sozio-ökonomischen Entwicklungen innerhalb Indiens und Kerala nachgezeichnet und reflektiert.[35]

Während im deutschsprachigen Raum staatsgeleitete Migration aus südeuropäischen Ländern in der Forschungsliteratur vielseitig diskutiert wurde, fand die ,private' Anwerbung aus dem außereuropäischen Ausland, darunter zum Beispiel die Anwerbung von Arbeitsmigrantinnen im katholischen Kirchenraum in den

---

[32] Exemplarisch zu nennen sind unter anderen S. Irudaya Rajan und R. B. Bhagat, *Researching Internal Migration* (Taylor & Francis, 2022); Jajati K. Parida und K. Ravi Raman, „A Study on In-Migration, Informal Employment and Urbanization in Kerala" (State Planning Board (Evaluation Division), Government of Kerala, Kerala, 2021); S. Irudaya Rajan und M. Sumeetha, *Handbook of Internal Migration in India* (New Delhi [u. a.]: SAGE, 2019); S. Irudaya Rajan und R. B. Bhagat, „Internal Migration and the Covid-19 Pandemic in India", in *Migration and Pandemics*, hg. von Anna Triandafyllidou (Cham: Springer, 2022).

[33] Exemplarisch zu nennen ist unter anderen J. Devika, „Women's Labour, Patriarchy and Feminism in Twenty-First Century Kerala: Reflections on the Glocal Present", *Review of Development and Change* 24, Nr. 1 (1. Juni 2019): 79–99; Barbara DiCicco-Bloom, „The Racial and Gendered Experiences of Immigrant Nurses from Kerala, India", *Journal of transcultural nursing* 15, Nr. 1 (1. Februar 2004): 26–33.

[34] Siehe Sujani K. Reddy, *Nursing and Empire: Gendered Labor and Migration from India to the United States* (New Delhi: Orient BlackSwan, 2016); Stephen M. Cherry, *Importing Care, Faithful Service: Filipino and Indian American Nurses at a Veteran's Hospital* (New Brunswick [u. a.]: Rutgers University Press, 2022).

[35] Siehe Sreelekha Nair, *Moving with the Times: Gender, Status and Migration of Nurses in India* (New Delhi [u. a.]: Routledge, 2012); Sheba M. George, *When Women Come First: Gender and Class in Transnational Migration* (Berkeley, Calif. [u. a.]: University of California Press, 2005); Robin Jeffrey, *Politics, women and well-being: how Kerala became a „model"* (Houndmills [u. a.]: Macmillan Press, 1992).

1960ern, kaum Beachtung.[36] Mithin liegt bis zum heutigen Tag dahingehend keine Monografie vor. Der Nirmala-Vorgang selbst findet in der deutschsprachigen Forschung nur wenig Erwähnung in der Sekundärliteratur.[37] Generell versammelt sich die bisherige Forschung größtenteils unter dem Label der Migration von indischen Krankenschwestern in die Bundesrepublik Deutschland.[38] Die Migration von keralesischen Kandidatinnen an deutsche Ordenshäuser findet vereinzelt in den Aufarbeitungen von Ordensgeschichten Niederschlag.[39] Eine 2018 vorgelegte Dissertation von Sr. M. Elisa Döschl zeichnet das zeitgenössische Selbstkonzept von indischen Ordensfrauen in deutschen Pflegeeinrichtungen und entwickelt konkrete Handlungsempfehlungen.[40] Zu nennen ist ebenso Jose Punnamparambil, der nach seiner Immigration aus Kerala in die Bundesrepublik Deutschland 1966 als Sozialarbeiter für den Caritasverband der Stadt Köln indische Migrantinnen betreute, und zugleich als Teil der Community als Journalist und Herausgeber verschiedenster Formate im Kontext der deutsch-indischen

---

[36] Einen kurzen Überblick über die Entwicklungen der indischen Diaspora in Deutschland mit gesonderter Erwähnung der Migrationsbewegungen aus Kerala findet sich in Carsten Butsch, „The 'Indian Diaspora' in Germany – Emerging Networks and New Homes", *Diaspora Studies* 11, Nr. 1 (2017): 79–100.

[37] Bezüglich der Erwähnung des Nirmala-Vorgangs in der englischsprachigen Literatur ist zu nennen: Young-Sun Hong, *Cold War Germany, the Third World, and the Global Humanitarian Regime* (Cambridge: Cambridge University Press, 2015), 257–59. Die knappe Abhandlung auf wenigen Seiten entzieht sich der differenzierten Auseinandersetzung der unterliegenden kirchlichen Strukturen sowie kircheninternen Praktiken und Zuständigkeiten und birgt fehlerhafte Rückschlüsse auf die kircheninterne Organisation.

[38] Dies ist insofern zu problematisieren, da – wie in der vorliegenden Forschungsarbeit elaboriert wird – in den 1960ern ausschließlich Frauen als Krankenpflegeschülerinnen angeworben wurden und die Anwerbung von zertifizierten indischen Krankenschwestern durch die deutschen Behörden explizit untersagt war. Die Anwerbung von indischen Krankenschwestern wurde erst ab 1970 auf Bundesebene zugelassen (siehe Kapitel 3.3.3.3. Vereinssitzung VI – Auflösung eingetragenen Vereins im Jahr 1971). Die in den 1960ern erfolgte Anwerbung von unausgebildeten Frauen – quasi ohne deutsche Sprachkenntnisse – für eine Ausbildung im deutschen Pflegesektor lässt die Migrationsbewegungen in einem anderen Licht erscheinen.

[39] Wolfgang Schaffer, *Einhundert Jahre Schwestern vom hl. Josef in St. Trudpert 1920–2020 – Geschichte einer Ordensgemeinschaft in der Erzdiözese Freiburg* (Berlin: Metropol, 2020).

[40] Das Forschungsergebnis zeigt ein Selbstverständnis der indischen Ordensfrauen auf, welches auf ihrem spirituellen Bewusstsein beruht „in einem längeren, individuellen Lebensabschnitt als indische Missionarin in Deutschland in der Alten- und Krankenpflege sowie in der Gemeindearbeit tätig zu sein". Sr. M. Elisa Döschl, „Selbstkonzept der indischen Ordensfrauen in deutschen Pflegeeinrichtungen" (Koblenz [u. a.], Universität Koblenz-Landau, 2018), 205.

Beziehungen in Erscheinung trat.[41] Weiterhin ist die Ethnologin Urmila Goel zu nennen. Goel forschte allem voran zur Indischen- und Malayali-Community Deutschlands, wobei sie Aspekte der Thematik in einigen Beiträgen aus der ethnographischen und geschlechtertheoretischen Perspektive sichtbar machte.[42] Meiko Merda legte im Jahr 2017 eine Dissertation zur Zuwanderung von indischen Pflegekräften nach Deutschland vor, welche u. a. die Rückwirkungen der gegenwärtigen Fachkräftemigration auf den Bundesstaat Kerala beleuchtet.[43] Zudem ist Carsten Butsch zu nennen, der mit seiner Veröffentlichung zu indische Migrantinnen und Migranten in Deutschland von 2019 die Forschungsfelder der transnationalen Netzwerke, der transnationalen Praktiken und die Frage nach Identitäten bearbeitete.[44]

1.3 Zur Einordnung des Forschungsgegenstandes

Bei der Nirmala-Aktion handelt es sich um eine Migrationsbewegung von Arbeitsmigrantinnen, welche auf die Zusammenarbeit zwischen Staat und der katholischen Kirche zurückzuführen ist, und somit unter staatlicher Ägide – jedoch ohne konkrete bilaterale Abkommen – durch nichtstaatliche Akteure in Zusammenarbeit mit staatlichen Institutionen durchgeführt wurde. Weiterhin

---

[41] Zu nennen ist u. a. eine Veröffentlichung in Zusammenarbeit und mit Unterstützung des Diözesan-Caritasverbandes für das Erzbistum Köln e. V.: Jose Punnamparambil, *Heimat in der Fremde: Migrationsgeschichten von Menschen aus Indien in Deutschland* (Heidelberg: Draupadi-Verlag, 2008). Überblickend finden sich die Veröffentlichungen in Jose Punnamparambil, „Jose Punnamparambil: Überblick über mein 85-jähriges Leben und Veröffentlichungen (Stand 2021)", 2021.

[42] Zu nennen sind unter anderen: Urmila Goel, „Recruiting Nurses from Kerala: On Gender, Racism, and the Nursing Profession in West Germany", in *Who Cares?: Care Extraction and the Struggles of Indian Health Workers*, hg. von Christa Witerich und Maya John (New Delhi: Zubaan, 2023); Urmila Goel, „Wer sorgt für wen auf welche Weise? Migration von Krankenschwestern aus Indien in die Bundesrepublik Deutschland", in *Care: Praktiken und Politiken der Fürsorge: ethnographische und geschlechtertheoretische Perspektiven* (Leverkusen: Budrich, Barbara, 2019); Urmila Goel, „Heteronormativity and intersectionality as perspective of analysis of gender and migration: Nurses from India in West Germany", in *Perspectives on Asian Migration*, hg. von Sara P. Poma und Katharina Pühl (Berlin: Rosa-Luxemburg-Stiftung, 2014). Weitergehend überblickend siehe Urmila Goel, „Veröffentlichungen", o. D.

[43] Meiko Merda, „Zuwanderung von indischen Pflegekräften nach Deutschland: Eine explorative Analyse der Chancen und Hemmnisse" (Bielefeld, Universität Bielefeld, 2017).

[44] Butsch zeichnet u. a. die deutsch-indische Migrationsgeschichte auf Grundlage von Interviews nach. Vgl. Carsten Butsch, *Indische Migrantinnen und Migranten in Deutschland: Transnationale Netzwerke, Praktiken und Identitäten* (Stuttgart: Franz Steiner Verlag, 2019).

umfasst der Forschungsgegenstand transnationale Migrationsbewegungen innerhalb des Kirchenraums im Sinne der Anwerbung von Kandidatinnen und Nonnen
durch deutsche Ordenshäuser, welche zum Teil ebenso mit der Absicht einer Verwendung in katholischen Einrichtungen des deutschen Pflegesektor angeworben
wurden.

Dabei weist das Thema durch die Verflechtungen der katholischen Kirche, den
Staaten und den ausschließlich weiblichen Individuen eine besondere Spielweise
auf, welche in Anbetracht der beschriebenen Herausforderungen der Migrationsforschung von besonderem Interesse ist. Die Form der Organisation innerhalb des
Kirchenraums und das Element Religion der individuellen-subjektiven Sphäre
waren in der Entscheidung zur Wanderung eingewoben. Gleichzeitig übten der
kirchliche Rahmen und die Religion maßgeblichen Einfluss auf das Leben der
Migrantinnen in Deutschland aus. Damit ist die kirchliche Organisation ein
Alleinstellungsmerkmal des Forschungsgegenstands. Die innerhalb des Kirchenraums bestimmenden Normen und die geschlechterspezifischen Rollenbilder der
Empfänger- und Senderregion sind dabei entscheidend.

Unter Einbeziehung der hierarchischen Organisationsstrukturen der katholischen Kirche und der damals geltenden kirchenrechtlichen Grundlagen wurde
aus der institutionellen Perspektive zu der umrissenen Migrationsbewegung der
1960er noch nicht geforscht.[45]

Es liegen keine Forschungsarbeiten vor, welche die komplexen innerkirchlichen Zuständigkeiten nachzeichnen. Dahingehend leistet die vorliegende Forschungsarbeit Pionierarbeit, da der Nirmala-Vorgang und die Migration von
Kandidatinnen an deutsche Ordenshäuser bis dato noch nicht wissenschaftlich
aufgearbeitet wurden und nur peripher in Publikationen Erwähnung finden.[46]

---

[45] Generell dominieren in den kirchenrechtlichen Abhandlungen zum Themenkomplex
Migration neuere Forschungsarbeiten die auf dem *Codex Iuris Canonici 1983* (CIC 1983)
beruhen, wobei unter neben den Fluchtmigrationsbedingten Fragestellungen, vor allem der
Umgang mit den Gläubigen abgehandelt wird. Siehe u. a. Cristina Fernández Molina, Katho-
lische Gemeinden anderer Muttersprache in der Bundesrepublik Deutschland: kirchenrecht-
liche Stellung und pastorale Situation in den Bistümern im Kontext der europäischen und
deutschen Migrations…, Aus Religion und Recht (Berlin: Frank und Timme, 2005). Im
Kontext Migration und Ostkirchen ist exemplarisch zu nennen Burkhard J. Berkmann, Josa
Merkel, und Tobias Stümpfl, *Migration von ostkatholischen Gläubigen* (Berlin: Berliner
Wissenschafts-Verlag, 2022).

[46] Eine Aufarbeitung der Migrationsbewegung aus Kerala an ein deutsches Ordenshaus
erfolgt im Kontext der Klostergeschichte von St. Trudpert. Die Veröffentlichung ist hervorzuheben, da die institutionellen Rückwirkungen der Migrationsbewegung auf Kerala ebenso
Erwähnung finden wie auch die Auswirkungen auf das Mutterhaus in Deutschland. Vgl.
Schaffer, 2020.

Beide dieser Migrationsbewegungen sind in ihrer dynamischen Prozesshaftigkeit als transnationale Geschichte beider Pole, der Sender-, aber auch der Empfängerregion, zu verstehen. Zudem sind die Migrationsbewegungen angesichts des zugrundeliegenden katholischen Netzwerks in Anbetracht ihrer soziologischen und (kirchen-)politischen Entwicklungen als Teil der Kirchengeschichte anzusiedeln, insbesondere der neusten Kirchengeschichte der katholischen Ostkirchen und der Weltkirche.

1.4 Differenzierung des Forschungsgegenstands

Wie jede Fallstudie im Bereich der Migration zeichnet sich der Forschungsgegenstand mit einer hohen Komplexität aus. Im vorliegenden Forschungsgegenstand der kirchlich organisierten Pflegefachkräftemigration aus Kerala nach Südwestdeutschland in den 1960ern findet sich kein singulär definierter Migrationspfad, der institutionell in einer linearen Vorstellung geschaffen wurde und damit grenzscharf untersucht werden kann. Vielmehr handelt es sich um vielschichtige Migrationsvorgänge, die größtenteils parallel stattfanden. Um das komplexe Geschehen im Rahmen der Rekonstruktion einordnen zu können, wird eine Kategorisierung der Migrantinnen vorangestellt. Rund um kirchlich organisierte Pflegefachkräftemigration aus Kerala nach Südwestdeutschland in den 1960er Jahren können vier Kategorien von Migrantinnen aus Kerala identifiziert werden:

- Migrantinnen, die ab 1960 als Kandidatinnen für deutsche Ordensgemeinschaft in die Bundesrepublik Deutschland kamen.[47] Nach einem Postulat legten sie ihr erstes Gelübde ab. Anschließend durchliefen sie im Noviziat eine Ausbildung zumeist im Pflegebereich und arbeiteten nach deren Abschluss an deutschen Krankenhäusern, vorrangig in Einrichtungen in katholischer Hand. Ab 1969 legten die ersten Frauen das zweite Gelübde ab und wurden damit zu Ordensschwestern. Mit dieser Transformation wurden sie zu Migrantinnen der zweiten Kategorie. Zum Teil kehrten die Frauen über die Ordensstrukturen nach Indien zurück, um dort ebenfalls im Namen der Missionsarbeit in kirchlich-karitativen Einrichtungen zu arbeiten. Teilweise blieben sie im Mutterhaus in Deutschland.

---

[47] In St. Trudpert kam 1964 die letzte Gruppe von Kandidatinnen an. Für andere Ordenshäuser kann dahingehend keine Aussage getroffen werden.

- Migrantinnen, die bereits vor der Emigration Mitglieder einer Ordensgemeinschaft waren und bereits in Indien ihr Gelübde abgelegt hatten. Diese Ordensschwestern wurden vor allem ab 1960 nach Deutschland gebracht.[48] Die Frauen wurden in den ordenseigenen Ausbildungsstätten in Deutschland in karitativen Berufen, vorrangig in der Pflege, ausgebildet. Nach dem Abschluss arbeiteten sie entweder in deutschen Pflegeeinrichtungen kirchlicher und staatlicher Trägerschaft oder sie kehrten nach Indien zurück, um dort in kirchlichen karitativen Einrichtungen zu arbeiten. Zweiteres sollte allem voran dem kirchlich gesetzten Ziel der Missionsarbeit in Indien dienen.[49]
- Migrantinnen, die Mitglieder der sogenannten Nirmala-Gemeinschaft waren und ein ‚privates Gelübde‘ auf Zeit abgelegt hatten.[50] Die Frauen wurden von kirchlichen Stellen angeworben und als Teil einer kirchlichen Vereinigung auf Zeit in Arbeitsverhältnisse in deutsche nicht-kirchliche Institutionen vermittelt. Die Nirmala-Gemeinschaft war als kirchliche Vereinigung im Stil einer Kongregation organisiert, welche jedoch nicht päpstlich approbiert und auch ansonsten kirchenrechtlich durch kein Statut verankert war. Dennoch war das Leben der Migrantinnen durch ein Regelwerk bestimmt, welches durch den deutschen Pfarrer Hubert Debatin in Zusammenarbeit mit indischen Bischöfen bereits in der Senderregion in einem paternalistischen Sinne konstruiert wurde. Das aus dem Regelwerk erwachsene Regime[51] wurde in der ersten

---

[48] Einzelne Erwähnungen berichten davon, dass kirchliche Akteure bereits vor 1960 Inder und Inderinnen in katholischen Einrichtungen der Bundesrepublik Deutschland ausgebildet haben, um dem Mangel an medizinischem Fachpersonal in Kerala zu entgegnen: „Dem großen Ärztemangel […] haben wir dadurch abzuhelfen versucht, dass wir 4 Inder, davon zwei katholische Ordensschwestern hier in Münster zum Studium verholfen haben." PAA B92 REF. 602/IV3 82 Katholische Kirche im Ausland: Brief, Oberarzt Haus Hornheide an Wirtschaftsministerium, 02.07.1957.

[49] Diese Kategorie von Migrantinnen findet am Rande in den Quellenüberlieferungen Erwähnung, bleibt aufgrund mangelnder Erhebung aber weitgehend unsichtbar. Auch in den Überlieferungen des Kloster St. Trudpert finden sich nur vereinzelt Bilder von indischen Ordensschwestern in anderer Tracht sowie der kurze Verweis in der Ordenschronik: „Es kamen auch indische Schwestern mit zur Ausbildung, die wir in unserem Kloster und unserer Schule wie die eigenen Schwestern aufnahmen." ProvA St. Trudpert Kloster-Chronik Nr.337, 311. Es ist hervorzuheben, dass dieses Migrationsprojekt kirchlicher Vereinigungen bis heute als Praxis fortgeführt wird.

[50] Weitergehende Ausführungen zur kirchenrechtlichen Bewertung dieser Gelübde finden sich unter Kapitel 5.1.2. Der Nirmala-Vorgang.

[51] Der im Rahmen der Arbeit verwendete wissenschaftliche Begriff *Regime* ist von der meist negativ konnotierten umgangssprachlichen Verwendung des Begriffs zu unterscheiden. Im Folgenden wird der Begriff („Nirmala-Regime") als Beschreibung der Ausprägung eines

Hälfte während des 6-jährigen Aufenthaltes in Deutschland von Pfarrer Debatin autoritär durchgesetzt. Die Frauen durchliefen nach ihrer Ankunft in der Bundesrepublik Deutschland eine Ausbildung im Pflegebereich oder arbeiteten als Küchen- oder Hausmädchen in vorwiegend staatlichen Krankenhäusern (Psychiatrien und Universitätskliniken), aber auch in Krankenhäusern privater Träger. Diese Migrantinnen werden im Verlaufe der Arbeit mit dem jeweilig bekleideten Arbeitsverhältnis bezeichnet, z. B. Krankenschwesterschülerinnen und oder Krankenschwestern.[52]

- Frauen, die über andere private Vermittler (u. a. andere kirchliche Vertreter, Angehörige kirchlicher Vereinigungen) direkt an staatliche Krankenhäuser oder Pflegeeinrichtungen kirchlicher Vereinigungen vermittelt worden waren.[53]

Die folgende Grafik ordnet diese vier Kategorien im Hinblick auf die Arbeitsverhältnisse der Migrantinnen (Abbildung 1.2):

Machtsystems im Sinne der vergleichenden Politikwissenschaft verwendet. Der Regime-Begriff wurde in den 1970ern durch die Disziplin der Internationalen Beziehungen auf die Politikwissenschaft übertragen. Eine erste Definition zu Regimen findet sich im ersten Werk zur Interdependenztheorie „Power and Interdependence" von Koehane und Nye. Die Autoren sprechen darin von „sets of governing arrangements", welche sie genauer als „networks of rules, norms, and procedures that regularize behavior and control its effects" definieren. Robert O. Keohane und Joseph S. Nye, *Power and Interdependence* (Glenview, IL [u. a.]: Pearson, 2012), 19.

[52] Hier ist auf die Differenzierung zwischen dem Begriff Schwester als Bezeichnung einer Angehörigen einer Kongregation und als Bezeichnung einer Krankenschwester hervorzuheben.

[53] Auch diese Kategorie bleibt in den Quellenüberlieferungen weitgehend unsichtbar. Da sie allerdings nicht dem Nirmala-Regelwerk der *Satzungen und Grundsätze der Gemeinschaft* unterlagen und auch nicht die Zeit des Arbeitseinsatzes im Schutzraum einer Gruppe verbrachten, ist davon auszugehen, dass sich die Lebensrealitäten und die damit einhergehenden Erfahrungen allein dieser zwei Kategorien maßgeblich unterscheiden. Mit der Beauftragung des DCV wurde 1965 durch den Deutschen Nationalverband der katholischen Mädchenschutzvereine e. V. ein Erhebungsbogen an Generalmutterhäuser und Provinzialmutterhäuser der karitativen Genossenschaften Deutschlands versandt, um eine Übersicht der Einsatzstellen und die Zahl von asiatischen Arbeitskräften in der Pflege zu erstellen. Der letzte Eintrag in die Übersicht erfolgte im Jahr 1967, allerdings wurde die Erhebung niemals ausgewertet oder veröffentlicht. Die zugehörigen Daten sind im Anhang 3 im elektronischen Zusatzmaterial einsehbar. Diese Liste ist keinesfalls als abschließendes Verzeichnis indischer Arbeitskräfte zu betrachten, dennoch gibt sie einen Einblick in das facettenreiche Migrationsgeschehen und ermöglicht zumindest eine partielle Sichtbarmachung der eher unsichtbaren Kategorien. Vgl. ADCV 380.40.028 Fasz.01.

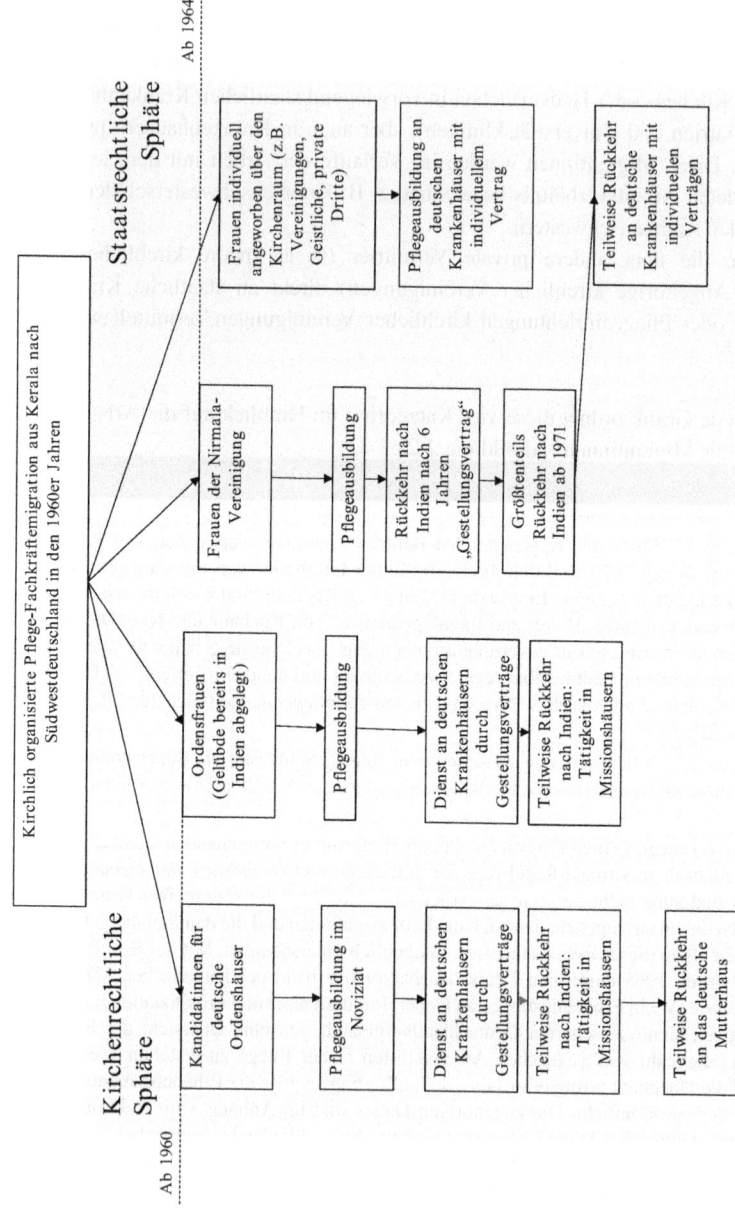

Abbildung 1.2 Übersicht über Kategorien der Migrantinnen

Die ersten zwei Kategorien eint, dass gemäß des Staatskirchenrecht sowohl der Migrationsvorgang als auch die Arbeitsverhältnisse innerhalb der Sphäre des Kirchenrechts selbstständig organisiert und geregelt wurden.[54] Die Nirmala-Aktion als dritte Kategorie stellte durch die Involvierung staatlicher Akteure und der Konstellation eines geschlossenen „Gestellungsvertrags"[55] mit einer Vereinigung ohne geltendes Statut eine Hybridform dar, in der sich die kirchenrechtlichen und staatsrechtlichen Sphären überlagerten und sich entsprechend auch unweigerlich die Fragen nach rechtlichen Zuständigkeiten stellten. Die vierte Kategorie der Anwerbungen von Frauen über private Vermittlung verlief über Individualverträge mit deutschen Krankenhäusern. So wurden die Frauen dieser Kategorie beispielsweise über das Netzwerk der indischen Ordensschwestern in der Bundesrepublik Deutschland oder durch kirchliche Akteure wie Priester oder Bischöfe vermittelt und fanden auch während ihres Aufenthaltes sozialen Rückhalt in kirchlichen Vereinigungen. Die Regelungen der Arbeitsverhältnisse wurden jedoch durch Individualverträge allein in der staatsrechtlichen Sphäre getroffen.

Zwar fand die Organisation der Migrationsbewegungen innerhalb von Institutionen statt, allerdings boten die damaligen Strukturen den Raum, dass die beteiligten Einrichtungen und Akteure die Migrationsvorgänge in unterschiedlicher Weise ausgestalteten. Die Vorgänge zerfallen damit in ihren Fragmentierungen in vielfältige Migrationspfade. Um dieser Komplexität zu entgegnen, konzentriert sich die vorliegende Arbeit auf zwei einschlägige Vorgänge im Migrationsgeschehen: Die Hereinnahme von Kandidatinnen an das deutsche Ordenshaus St. Trudpert ab 1960 und die Anwerbung von ‚Nicht-Ordensfrauen' als Krankenschwesterschülerinnen im Rahmen der Nirmala-Aktion ab 1964 (Abbildung 1.3).[56]

---

[54] Vgl. Art. 140 GG i. V. m. Art. 137 Abs. 3 S. 1 WRV: „Jede Religionsgesellschaft ordnet und verwaltet ihre Angelegenheiten selbstständig innerhalb der Schranken des für alle geltenden Gesetzes." Bundesministerium für Justiz, „Art. 140 GG", o. D.

[55] Diese modifizierte hybride Vertragsform wird im Laufe der Arbeit in Abgrenzung eines herkömmlichen Gestellungsvertrages mit Anführungszeichen markiert („Gestellungsvertrag"). Zur genaueren Differenzierung wurden auch bei der Erwähnung modifizierter „Gestellungsverträge" in Primärquellenzitaten ebenso Markierung ergänzt. Eine weitere Auseinandersetzung mit den „Gestellungsverträgen" findet sich im Kapitel 3.3.8. Die sogenannten „Gestellungsverträge" der Nirmala-Vereinigung – Ein Rechtsinstitut schafft einen partikular rechtsfreien Raum.

[56] Erkenntnisse rund um die Migrantinnen der zwei verbleibenden Kategorien – der Migration von regulären Ordensfrauen aus Indien sowie die im Kirchenraum durch Dritte individuell angeworbenen Frauen – finden nach Möglichkeit der Quellen am Rande der vorliegenden Arbeit ebenso Erwähnung. Gleichwohl stellt die Erforschung dieser beiden Kategorien eigene Forschungsfelder dar.

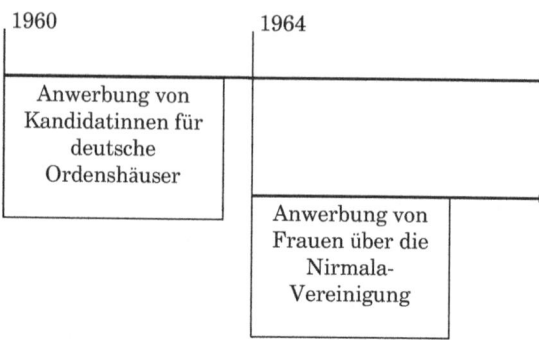

Abbildung 1.3 Übersicht zur Einleitung der Migrationsbewegungen

Die Migration von Kandidatinnen an das Mutterhaus St. Trudpert ab 1960 stellte den ersten Versuch dar, Inderinnen über den Kirchenraum nach Deutschland zu bringen, um diese auch im hiesigen Pflegesektor beruflich einzusetzen. Damit waren diese Frauen die Pioniermigrantinnen aus Kerala, deren Wirken vor den deutschen staatlichen Entscheidungsträgern einen solch positiven Eindruck hinterlassen haben musste, dass diese sich vertraglich auf das risikoreiches Unterfangen der Nirmala-Aktion einließen: junge, teilweise minderjährige ‚Nicht-Ordensfrauen‘ ohne deutsche Sprachkenntnisse wurden über kirchliche Akteure und ohne eine vorhergehende Tauglichkeitsüberprüfung durch deutsche staatliche Akteure für den deutschen Pflegesektor angeworben. Das Konstrukt der Nirmala-Gemeinschaft als kirchliche Vereinigung machte als institutionelle Rahmung die Anwerbung möglich. Die positiven Erfahrungen der deutschen Einrichtungen mit den Nirmala-Angehörigen sorgten wiederum für eine zunehmende Anwerbung von weiteren ‚Nicht-Ordensfrauen‘ aus Kerala abseits der Nirmala-Aktion.

1.5   Zur Vorgehensweise und Struktur der Arbeit

Die vorliegende Arbeit verfolgt den Ansatz der Historischen Migrationsforschung und ist damit bereits gemäß der Anlage ihrer Domäne interdisziplinär konstituiert.[57] Der Fokus liegt auf einer qualitativen Auswertung, dennoch werden im

---

[57] „Die Geschichte der Wanderungen ist Teil der allgemeinen Geschichte und nur vor ihrem Hintergrund zu verstehen; denn Migrationen als Sozialprozesse sind Antworten auf mehr oder minder komplexe ökonomische und ökologische, soziale und kulturelle, aber

Sinne eines Methodenmix quantitative Daten in die Analyse einbezogen. Dabei lautet die übergreifende Forschungsfrage:

> Wie wurde die Migration der keralesischen Migrantinnen auf der institutionellen Ebene organisiert und ausgehandelt, und welche konkreten Auswirkungen hatte dieser Rahmen auf das Leben der Migrantinnen?

Die Großstruktur der Arbeit unterteilt sich in vier Teile. Beginnend mit einer historischen Einordnung des Kontexts der Sender- und Empfängerregion (*Kontextualisierung*) erfolgt anschließend eine *Rekonstruktion* des Migrationsgeschehens anhand institutioneller Überlieferungen. Daran schließt im Teil *Erinnerung* eine Darstellung subjektiver Erinnerungen von Zeitzeuginnen an. Der abschließende Analyseteil (*Analyse*) samt kirchenrechtlicher Einordnung, Diskussion, Gegenwartstransfer und Forschungsausblick führt hin zu den Schlussbetrachtungen, in denen die wichtigsten Forschungsergebnisse kondensiert werden.

a) Kontextualisierung

Einleitend erfolgt auf Grundlage einschlägiger Sekundärliteratur und Primärquellen eine historische Annäherung an die Ausgangssituation der Senderregion Kerala in Indien und der Empfängerregion Südwestdeutschland in den 1960ern. Die Aufarbeitung einiger wichtiger Aspekte der wirtschaftlichen, sozialen sowie politischen Situation unter Berücksichtigung geschlechtsspezifischer Aspekte

---

auch religiös-weltanschauliche, ethnische und politische Existenz- und Rahmenbedingungen. Weil Migration in der Geschichte, aber auch in der Gegenwart, nachgerade alle Lebensbereiche durchdringt, braucht Migrationsforschung grundsätzlich inter- und transdisziplinäre Forschungsansätze. Sie reichen je nach Fragestellung unterschiedlich weit, in fast alle Humanwissenschaften hinein und zum Teil auch darüber hinaus. Das gilt für die gegenwartsbezogene empirische Migrationsforschung ebenso wie für die Historische Migrationsforschung." Klaus Jürgen Bade, „Historische Migrationsforschung", in *Themenheft: Migration in der europäischen Geschichte seit dem späten Mittelalter* (Osnabrück: IMIS, 2005), 21.
Zu interdisziplinären Forschungszugängen der Migrationsforschung siehe Caroline B. Brettell und James F. Hollifield, *Migration Theory: Talking across Disciplines* (Routledge, 2022), 1–44.
Bade identifiziert drei Forschungsaufgaben der historischen Migrationsforschung: 1. Das Wanderungsgeschehen ist im Blick auf Volumen, Verlaufsformen und Strukturen zu untersuchen. 2. Das Wanderungsverhalten ist nach Möglichkeit zu differenzieren. 3. Das Wanderungsgeschehen und das Wanderungsverhalten ist in die Bevölkerungs- und Wirtschaftsgeschichte und die Gesellschafts- und Kulturgeschichte der geographischen und sozialen Sender- und Empfängerregionen einzuordnen. Vgl. Bade, 2005, 30–31. Zu den Ansätzen und Untersuchungsfelder der Historischen Migrationsforschung, die auch dieser Arbeit vorausgesetzt werden siehe Oltmer, 2020, 12–16.

ermöglicht es die später folgende Rekonstruktion in die historisch-politisch-ökonomischen Transformationsprozesse der Zeit zu verorten.[58] Besonderes Augenmerk wird auf die damalig vorherrschenden Migrationsbewegungen in der Empfängerregion der 1960er gelegt, um den Forschungsgegenstand im Rahmen der später erfolgenden Analyse einordnen und bewerten zu können. Zudem werden neue Erkenntnisse aus Primärquellen zusammengetragen, um den größeren Kontext der Arbeitsmigration in den deutschen Pflegesektor zu rekonstruieren. Im Rahmen der Kontextualisierung wird ebenso eine biografische Annäherung an Pfarrer Hubert Debatin erfolgen, der im Rahmen der Migrationsbewegungen aus Kerala eine zentrale Rolle einnahm.

b) Rekonstruktion

Die Rekonstruktion der Migrationsbewegungen erfolgt chronologisch für den zentralen Zeitraum von 1960 bis 1971 auf Grundlage einer Dokumentenanalyse von einschlägigen Überlieferungen aus Staats-, Kirchen- und Privatarchiven nach historisch-kritischer Methode. Ergänzt werden diese Primärquellen durch etwaig vorhandene Sekundärliteratur.

Eine abschließende Darstellung des Forschungsgegenstandes ist aufgrund der Fragmentierung der Ausgestaltung nicht möglich. Umso wichtiger ist die Eingrenzung der Untersuchung. Der regionale Fokus der Forschungsarbeit gilt Südwestdeutschland. Hier ist auch mit dem Eintreffen der Pioniermigrantinnen im Kloster St. Trudpert Münstertal, Freiburg, im Jahr 1960 der Beginn der Migrationsbewegung zu verorten. Die vorliegende Arbeit beschränkt sich hinsichtlich der Migrationsbewegungen an deutsche Ordenshäuser auf die Darstellung der Entwicklungen am Kloster St. Trudpert, da dieser Migrationsvorgang den Nucleus darstellt, aus dem später die Nirmala-Aktion entwickelt wurde.[59] Auch der Nirmala-Vorgang begann als (Erz-)Diözesen-übergreifende Aktion in

---

[58] Das Aufzeigen der damalig vorherrschenden geschlechterpolitischen Differenz ist im Kontext des Forschungsgegenstandes signifikant, gleichzeitig können unter dem unbestreitbaren Einfluss der patriarchalen Strukturen die Beschreibungen aus der herangezogenen Sekundärliteratur kaum der Heterogenität komplex-pluraler Lebensrealitäten gerecht werden (beispielsweise im Sinne individueller Familienpolitiken oder in der Ausgestaltung von Entscheidungsprozessen in individualen sozialen Beziehungen). In der vorliegenden Arbeit wird ein Methodenpluralismus angewandt, um unter Einbeziehung der Aussagen der Zeitzeuginnen diesem Bias zu entgegnen. Dies erlaubt ebenso Rückschlüsse auf die Handlungsspielräume und Gestaltungsstrategien der Frauen in einer patriarchal dominierten Gesellschaft.

[59] Gleichwohl ist aus der Quellenlage ersichtlich, dass die Initiation des Migrationsvorgangs von Frauen in deutsche Ordenshäuser zwar in Südwestdeutschland zu verorten ist, die Migrationsbewegung aus Kerala sich jedoch bereits sehr bald auf verschiedene Gebiete des ganzen damaligen Westdeutschlands erstreckte.

Südwestdeutschland und weitete sich bald auf andere Gebiete Westdeutschlands aus.[60] Im Sinne der Eingrenzung werden auch hinsichtlich des Nirmala-Vorgangs die Prozesse vorrangig innerhalb der Kirchenprovinz Freiburg untersucht.[61]

Ziel dieser deskriptiven Rekonstruktion ist es, eine Geschichte der Migrantinnen, der Kandidatinnen für deutsche Ordenshäuser und der Nirmala-Vereinigung, nachzuzeichnen. Dabei entsteht ein Bild des Migrationsvorgangs aus den Perspektiven der staatlichen und der kirchlichen Institutionen.

Der folgende untergeordnete Forschungsfragenkatalog wurde zur weiteren Exploration des Forschungsgegenstandes angelegt. Die Unterfragen zerfallen in vier Dimensionen.

Unterfragen nach der wirtschaftlichen Dimension:

○ Welche wirtschaftlichen Implikationen brachte die Migration mit sich?
○ Wie wurden die Migrantinnen entlohnt?
○ Inwieweit wurde die katholische Kirche als Vermittler entlohnt?
○ Welche Auswirkungen hatten die finanziellen Rücküberweisungen?

Unterfragen nach der staatsrechtlichen Dimension:

○ Wie sah der staatliche Rechtsrahmen aus, in dem die Migration stattfinden konnte?
○ Wie waren die aufenthaltsrechtlichen Aspekte geregelt?
○ Wie gestaltete sich die Aushandlung mit den beteiligten nichtstaatlichen Akteuren?

---

[60] Während keine Aussage zu der Anwerbung von Kandidatinnen für in Bayern ansässige Ordenshäuser gefällt werden kann, wurde 1969 durch das bayerische Staatsministerium des Innern festgestellt, dass in Bayern keine laufenden Ausbildungsprojekte von indischen Krankenschwesterschülerinnen ('Nicht-Ordensfrauen') durch Pfarrer Debatin zu verzeichnen waren. Vgl. BArch B149/22419 Beschäftigung indischer Arbeitnehmer in der Bundesrepublik (1959–1972): Brief, Bayerisches Staatsministerium an Bundesministerium für Arbeit und Sozialordnung, 14.05.1969. Eine Übersicht über alle in der Sekundärliteratur erwähnten Einsatzorte von Nirmala-Gruppen findet sich im Abbildung 3.12. Bundesrepublik Deutschland: Bundesländer, Nirmala-Einsatzorte (Angaben Debatins von 1971 ergänzt durch anderweitige Erwähnungen) sowie weitere relevante Städte.

[61] Die Kirchenprovinz Freiburg umfasst neben dem Erzbistum Freiburg noch das Bistum Mainz und das Bistum Rottenburg-Stuttgart. Damit ist sie der südwestlichen Region Deutschlands zuzuordnen.

Unterfragen nach der kirchenrechtlichen Dimension:

○ Was waren die treibenden Kräfte, welche innerhalb der katholischen Kirche hinsichtlich dieser Migration wirkten?
○ Auf welchen kirchenrechtlichen Grundlagen fußte die Migration?
○ Wie wurde die Migration innerhalb des katholischen Kirchenraums organisiert und ausgehandelt?

Unterfragen nach der subjektiven Dimension:

○ Welche Versprechen wurden den Frauen gemacht?
○ Wie sahen die konkreten Erfahrungen der Frauen aus?
○ Wie gestaltete sich der kirchliche Rahmen, innerhalb dem sich die Frauen bewegten?
○ Wie nahmen die Frauen die institutionelle Ebene und den kirchlichen Rahmen wahr?
○ Welche kulturellen Rückwirkungen gab es?

Die Darstellung innerhalb der Arbeit erfolgt unter durchgehender Pseudonymisierung aller beteiligten Personen mit Ausnahme von institutionellen Amtsträgern. Eine Ausnahme stellen zudem die Ordensfrauen dar, die auch auf Rückfrage darauf bestanden, in der Veröffentlichung mit ihrem Ordensnamen genannt zu werden, da sie das Interview als Möglichkeit sahen, ein Zeugnis für ihren Glauben zu geben.

c) Erinnerungen

Das Kapitel Erinnerungen dient zur Beantwortung des zweiten Teils der Forschungsfrage, hinsichtlich der konkreten Auswirkungen des institutionellen Organisationsrahmens auf das Leben der Migrantinnen. Dies geschieht durch Darstellung von biografischen Portraits der Frauen im Sinne des *Oral History*

Ansatzes.[62] Die Grundlage hierfür stellen Expertinneninterviews mit Zeitzeuginnen dar.[63]

Die erhobenen Lebensgeschichten und Erfahrungen der Frauen innerhalb der Migrationsvorgänge divergieren in hohem Maße, sodass die Darstellungen in Form von Einzelbiografien solitär der Rekonstruktion gegenübergestellt werden.[64] Dabei dienen die Narrative als Kontrapunkt zur vorangegangenen historischen Einordnung und Dokumentenanalyse, um dem Bias der „mehrfach unterdrückten Frau" – einem in der Historischen Migrationsforschung vorherrschenden Bild – zu entgegnen.[65] Anstatt gänzlich über die Frauen in ihrer subordinierten

---

[62] „Most oral histories have been used and will continue to be used to gather information: data about the events of the past. But they can also be used to discover unfolding consciousness, to document the varieties of ideology, the creation of meaning, and the more subjective aspects of historical experience." Ronald J. Grele, „On Using Oral History Collections: An Introduction", *The Journal of American History* 74, Nr. 2 (1987): 570.

Weiterführend zum *Oral History* Ansatz siehe Julianne Nyhan und Andrew Flinn, „Why Oral History?", in *Computation and the Humanities: Towards an Oral History of Digital Humanities*, hg. von Julianne Nyhan und Andrew Flinn (Cham: Springer Oen, 2016), 21–34.

[63] Es gilt hervorzuheben, dass die Erzählungen der Zeitzeuginnen keine originäre Abbildung der damaligen Entwicklungen leisten können. Vielmehr enthält die Kommunikation von Erinnerungen Deutungsmuster und Referenzsysteme, wobei weitere Perspektiven auf die vergangenen Ereignisse eröffnet werden: „Mit der Einsicht in die Versionenhaftigkeit der produzierten Erzählung wächst die Bereitschaft, den Plural subjektiver und situationsgebundener „Wahrheiten" zu akzeptieren. Dies ist mit der gemeinsamen Grundposition qualitativer Verfahren verbunden, dass soziale Wirklichkeit immer als schon interpretierte, gedeutete und konstruierte Wirklichkeit Forschungsgegenstand ist. […] Die Rekonstruktion von Wahrheiten als standortgebundene und in Bezugssystemen verankerte subjektive Theorien ist gerade Gegenstand qualitativer Forschung." Cornelia Helfferich, *Die Qualität qualitativer Daten: Manual für die Durchführung qualitativer Interviews* (Wiesbaden: VS Verlag für Sozialwissenschaften, 2010), 76.

[64] Diese Form der Darstellungen macht es möglich dem von Reinprecht und Latcheva monierten methodologischen Nationalismus der aktuellen Forschung entgegenzuwirken und die Prozesse aus verschiedenen Perspektiven zu beleuchten.

[65] „Dieser Wahrnehmung [als „mehrfach unterdrückte Frau", Anm. d. Verf.] lag die Vorstellung zugrunde, dass Frauen aus traditionellen Gesellschaften in moderne migrierten und sie vor der Migration keiner außerhäuslichen Beschäftigung nachgingen. Sie wurden in diesem Kontext als Opfer dargestellt, die aufgrund tragischer Lebensumstände zur Migration gezwungen waren. Andere Migrationsgründe, wie eine unglückliche Ehe, uneheliche Kinder, Selbstverwirklichungswünsche, das Ziel, eigenes Geld zu verdienen, Liebe oder das Erwirken einer Scheidung, blieben dabei unberücksichtigt. Dadurch kam es häufig zu einer Festschreibung einer Dreifachunterdrückung von Migrantinnen – als Frau, Arbeiterin, Migrantin. Im Migrationsdiskurs etablierte sich daher ein stereotypes Bild der unterdrückten Frau und die Darstellung der Migrantin als Opfer bildete den Ausgangspunkt zahlreicher Untersuchungen." Lorber, 2017, 40.

Position als Arbeitsmigrantinnen in einem postkolonialen Kontext zu sprechen –
wie es in den Überlieferungen der beteiligten Institutionen geschieht – sollen
an dieser Stelle die heutigen Stimmen dieser Frauen im erweiternden Sinne
Gayatri Chakravorty Spivaks „Can the subaltern speak" ihren eigenen Platz erhalten.[66] Diese ergänzende Perspektive ermöglicht ein umfassenderes Verständnis
der Migrationsbewegungen.

Die anonymisierten Darstellungen basieren auf sechs Expertinneninterviews,
die zwischen Sommer 2021 und Frühling 2023 in Deutschland sowie im Rahmen des Feldforschungsaufenthaltes in Indien geführt wurden. Dabei wurden
Expertinnen zweier Fallgruppen befragt:

- Fallgruppe 1 – Ehemalige Kandidatinnen:
  Drei keralesische Ordenskandidatinnen (Migration 1960)
- Fallgruppe 2 – Ehemalige Nirmala-Angehörige:
  Drei keralesische Angehörige der Nirmala-Migration (Migration 1964) –
  dauerhafte Niederlassung in Deutschland
  Eine keralesische Angehörige der Nirmala-Migration (Migration 1966) –
  zirkuläre Bewegungen mit anschließender Rückwanderung nach Indien

Die Interviews setzten sich jeweils zusammen aus einem ersten narrativen Teil
und einem zweiten Leitfadenabschnitt, wobei jeweils für die Fallgruppe 1 (Ehemalige Kandidatinnen) und Fallgruppe 2 (Ehemalige Nirmala-Angehörige) ein
spezieller Leitfaden erstellt wurde.[67] Die Grammatik der transkribierten Interviews wurde zum Teil geglättet – um eine gänzliche Verfälschung zu vermeiden

---

[66] Der Artikel „Can the subaltern speak?" von der indischen Gelehrten Gayatri Chakravorty
Spivak aus dem Jahr 1988 stellte einen wichtigen Meilenstein für die subalternen Studien und
der postkolonialen Theorie dar. In diesem Artikel ging Spivak der Frage nach, ob margina-
lisierte Bevölkerungsgruppen – im speziellen in postkolonialen Kontexten – überhaupt eine
„wahrnehmbare" Stimme haben. Ihre Stimmen waren in den westlichen akademischen und
politischen Diskursen stets verdeckt. Spivak zeigt auf, dass kulturelle Suppression, ökonomische Extraktion sich in struktureller Gewalt äußern und die subalterne Position maßgeblich
bestimmen. Unter dieser Struktur wurden die Stimmen der subalternen Gruppen die längste
Zeit unsichtbar gemacht. Vgl. Gayatri Chakravorty Spivak und Hito Steyerl, *Can the subaltern speak? Postkolonialität und subalterne Artikulation* (Wien [u. a.]: Turia + Kant,
2008).

[67] Der Ansatz des Leitfadens birgt den Vorteil, dass die Erhebungssituation vergleichbar
wurde und alle Befragten in die gleichen Themenkomplexe eingeführt wurden. Zu weitergehenden Überlegungen hinsichtlich des Vorgehens nach einem Leitfadeninterview siehe
Cornelia Helfferich, „Leitfaden- und Experteninterviews", in *Handbuch Methoden der empirischen Sozialforschung*, hg. von Nina Baur und Jörg Blasius (Wiesbaden: Springer Fachmedien Wiesbaden, 2019), 675–78.

und einen Grad an Authentizität zu erhalten wurde teilweise aber auch die durch das Malayalam beeinflusste spezifische Grammatik des gesprochenen Deutsch der Zeitzeuginnen übernommen.

d) Analyse

Der Analyseteil der Arbeit wird durch eine kirchenrechtliche Einordnung der Migrationsvorgänge und Reflexion der daraus entstehenden Rechtssituation eröffnet. Dabei wird das nachgezeichnete Handeln der beteiligten kirchlichen Akteure in Referenz zum damalig geltenden kanonischen Recht eingeordnet.[68]

Im darauffolgenden Abschnitt werden die Vorgänge in ihrer Ambiguität zusammengefasst und aus verschiedenen Perspektiven diskutiert und Implikationen aufgezeigt. Ergebnisse einer qualitativen Auswertung der Interviews nach *Grounded Theory*[69] finden ebenso Erwähnung. Nach einem kurzen Gegenwartstransfer und dem Aufweisen weiterer Forschungsperspektiven erfolgt abschließend eine Kondensierung der zentralen Untersuchungsergebnisse in den Schlussbetrachtungen.

Im elektronischen Zusatzmaterial findet sich aufbereitetes quantitatives Material, überblickende Einordnungen, sowie die Volltexte einiger Schlüsseldokumente.

1.6 Zur Quellenlage

Die Quellenlage zur kirchlich organisierten Pflegefachkräftemigration aus Kerala in die Bundesrepublik Deutschland zeichnet sich durch eine hohe Diversität aus. Hier ist zunächst zwischen der Quellenlage in Indien und der Quellenlage der Bundesrepublik Deutschland zu unterscheiden.

---

[68] Es gilt hervorzuheben, dass die Arbeit nicht den Versuch der Apologetik des damaligen kirchlichen Handelns beabsichtigt, sondern eine Darstellung der komplexen innerkirchlichen Prozesse verfolgt, wobei auch das Handeln der kirchenamtlichen Akteure kritisch beleuchtet und hinterfragt wird.

[69] *Zur Grounded Theory* nach konstruktivistischem Ansatz siehe Kathy Charmaz, *Constructing grounded theory* (London [u. a.]: Sage Publications, 2006); Kathy C. Charmaz, „Grounded Theory konstruieren", in *Grounded Theory Reader*, hg. von Günter Mey und Katja Mruck (Wiesbaden: VS Verlag für Sozialwissenschaften, 2011), 89–107.

Gemäß dem konstruktivistischen Paradigma erfolgt zur Offenlegung der zugrundeliegenden Interviewkommunikationssituation und der Perspektive des Autors eine Reflexion im Kapitel 1.7. Zu den Zeitzeuginnen und Zeitzeugen und den Interviews und im Kapitel 1.8. Selbstverortung des Autors.

Die Quellenlage Indiens hinsichtlich formeller Überlieferungen in Archiven ist als problematisch zu qualifizieren. Zwei mehrmonatige Feldforschungsaufenthalte im Frühjahr 2023 verfolgten unter anderem die Absicht in Diözesanarchiven südindischer katholischer Bistümer zu forschen. Die Voranfragen an die involvierten Bischofshäuser erwiesen sich jedoch bereits als erfolglos. In Gesprächen mit kirchlichen Akteuren vor Ort wurde stets auf die in den 1960er Jahren vorherrschende informelle Praxis hingewiesen und damit darauf, dass keinerlei solche archivalischen Überlieferungen erhalten seien. Dies wurde zuletzt durch den Sekretär der „Commission for Labour and Migrants" des Kerala Catholic Bishops' Council (KCBC)[70] bestätigt. Im Rahmen des Forschungsaufenthaltes wurde zuvor über dieses Organ eine erneute offizielle Anfrage zur etwaigen Akteneinsicht gestellt.[71] Die Schilderungen über das weitgehend informelle Vorgehen decken sich mit den Schilderungen der Migrantinnen, wonach ihnen und ihren Familien nichts Schriftliches über die in Indien mit den kirchlichen Akteuren getroffenen Vereinbarungen vorlag.[72] Einige wenige Informationen über die Vorgänge in Indien finden sich dennoch in den Überlieferungen katholischer Archive in Deutschland. Zudem finden sich in einem Privatarchiv einer ehemaligen Nirmala-Schwester (PAZ1) zwei Dokumente aus Kerala, wobei es sich bei den erhaltenen Primärquellen um ein Einladungsschreiben des Innenministerium Baden-Württembergs und ein Ausreiseformular des „Regional Passport and Emigration Office Madras" handelt, in denen sich kein Hinweis auf eine Involvierung kirchlicher Akteure findet.[73] Erinnerungen an etwaige personalisierte Unterlagen über den Vorgang, ausgestellt durch indische Kirchenbehörden, entbehren sich auch den Rekonstruktionen der interviewten Zeitzeuginnen.

Die archivalischen Überlieferungen der beteiligten Institutionen innerhalb der Bundesrepublik Deutschland bieten dagegen eine facettenreiche Darstellung der Migrationsvorgänge. Die Migration von Kandidatinnen und Ordensschwestern an deutsche Ordenshäuser wurde fast ausschließlich durch Überlieferungen in Archiven kirchlicher Träger dokumentiert. Anders gelagert ist die Situation der

---

[70] Siehe auch Fußnote 531 in Kapitel 3.3.28.

[71] Gespräch mit Vertreter der „Commission for Labour and Migrants" des „Kerala Catholic Bishops' Council" (KCBC) und weiteren Vertretern der „Kerala Labour Movement" (KLM) am 28.02.2023 in Kochi, Kerala (Indien).

[72] Vgl. u. a. EAF B2–1945/2492 Nirmala-Vereinigung e. V. – Indische Mädchen: Brief, Nirmala-Schwester an Ordinariat Freiburg, 16.09.1971.

[73] Vgl. PAZ1: Einladungsschreiben des Innenministerium Baden-Württembergs, 11.09.1964; Educational Study Form, o. D. Dies unterstreicht eine informelle Praxis der kirchlichen Akteure Keralas in den 1960ern.

Überlieferungen zum Nirmala-Vorgang, der sowohl in staatlichen als auch katholischen Archiven Niederschlag fand. Und obwohl der Vorgang innerhalb zweier Institutionen stattfand, welche eine ausgeprägte Archivkultur hinsichtlich ihrer Verwaltungsvorgänge pflegen, sind aber auch hier je nach verantwortlicher Stelle teilweise nur begrenzt Quellen erhalten. Hervorzuheben ist, dass die Quellenlage der staatlichen Institutionen auf der Ebene der Entscheidungsträger nicht nur als problematisch, sondern vielmehr als defizitär zu bezeichnen ist. Obwohl die mit dem Staat geschlossenen Verträge sich in der Akte EA 3/907 Bü 173 „Indisches Personal (Mädchen)" im Hauptstaatsarchiv Stuttgart befinden sollten, konnte das besagte Faszikel trotz größter Bemühungen nicht beschafft werden und gilt unwiederbringlich verloren.[74] Auch die Akte B 189/35644 des Bundesarchivs, auf welche sich die Forscherin Young-Sun Hong[75] in ihrer Veröffentlichung zum Nirmala-Vorgang maßgeblich bezieht, wurde laut Auskunft des Bundesarchivs für nicht archivwürdig befunden und folglich nach Ablauf der gesetzlichen Aufbewahrungsfrist vernichtet.[76]

Gleichwohl finden sich innerhalb der Archive der katholischen Kirche, der Universitätskliniken sowie in den Staats-, Landes- und Kommunalarchiven und Privatarchiven Primärquellen des Vorgangs in Form von Erlassen, amtlichen Schreiben, Briefen, Zeitungsartikeln, Aktennotizen etc., die eine entsprechende wissenschaftliche Aufarbeitung und damit eine Rekonstruktion des Vorgangs aus den Perspektiven der beteiligten Institutionen ermöglichen.[77] Die Verschränkung

---

[74] Laut einer Auskunft des Hauptstaatsarchiv Stuttgart vom 09.12.2019 kam der Bestand EA 3/907 im April 2001 im Rahmen einer Aktenaussonderung in das Hauptstaatsarchiv Stuttgart. Bei der damaligen Bestandsaufnahme des nahezu vollständig übernommenen Bestandes sei das Fehlen des mit „A" (archivwürdig) gekennzeichneten Büschels 173 fälschlicherweise nicht aufgefallen. Daher sei es nie ins Archiv gelangt. Die Akte konnte somit nicht vorgelegt werden.

[75] Vgl. Fußnote 37 in Kapitel 1.2.

[76] Auskunft des Bundesarchivs vom 07.07.2021.

[77] „Ein guter Teil des Materials, das unter Nutzung inhaltsanalytischer Methoden von der Historischen Migrationsforschung erschlossen wird, entstammt deshalb Beständen, Beobachtungen und Bewertungen anderer, insbesondere institutioneller Akteure [...]. Häufig entstammen diese Überlieferungen den Diskursen und Praktiken von Herrschenden und von Eliten. Sie erfordern also spezifische hermeneutische Herangehensweisen, um beispielsweise die Aspirationen sowie die Welt- und Situationsdeutungen, die das Handeln von Migranten beeinflusste, erschließen zu können." Oltmer, 2020, 13.
Zum einen basiert die Analyse auf den archivalischen Überlieferungen der Institutionen der Bundesrepublik Deutschland. In den deutschen institutionellen Überlieferungen sind vor allem Problemsituation in den Verwaltungsquellen zu finden.

der kirchlichen Institutionen mit den verschiedenen staatlichen Institutionen bietet zudem den Vorteil, dass dahingehend nicht nur die Perspektive aus den in den archivalischen Überlieferungen eingeschriebenen Systemlogiken erweitert wird, sondern auch etwaige institutionell bedingte Verzerrungen durch Ergänzungen zum Teil in entsprechender Differenz und umfassender dargestellt werden.

Bezüglich der weiteren Kategorie der Migrantinnen – der Anwerbung durch andere private Vermittler wie durch einzelne indische Bischöfe, Geistliche oder Angehörigen von Vereinigungen – ist ferner festzustellen, dass sich diese Kategorie mangels vorhandener Überlieferungen aufgrund von nicht archivierten Individualverträgen mit deutschen Krankenhäusern einer Sichtbarkeit in der Metaebene entzieht. Hier kommen die archivalischen Überlieferungen des Deutschen Caritasverbandes e. V. entgegen, welche kleine Schlaglichter auf diesen Aspekt des breiten und weitgehend unsichtbaren Migrationsvorgangs ermöglichen.[78]

Grundlage dieser Arbeit sind die Bestände der folgenden Archive[79]:

- Archiv des Deutschen Caritasverbandes (ADCV)
- Archiv der katholischen Kirchengemeinde Emmendingen (AkKEm)
- Archiv der katholischen Kirchengemeinde Stettfeld (AkKS)
- Das Bundesarchiv (BArch)
- Diözesanarchiv Rottenburg (DAR)
- Erzbischöfliches Archiv Freiburg (EAF)
- Generallandesarchiv Karlsruhe (GLAK)
- Hauptstaatsarchiv Stuttgart (HStAS)
- Historisches Archiv des Erzbistums Köln (AEK)
- Klosterarchiv St. Trudpert (ProvA St. Trudpert)
- Politisches Archiv Auswärtiges Amt (PA AA)
- Staatsarchiv Freiburg (StAF)
- Universitätsarchiv Tübingen (UAT)
- Privatarchive von Zeitzeuginnen und Zeitzeugen (PAZ1, PAZ2, PAZ3, PAZ4)

Die Bestandssituation innerhalb der Archive divergiert je nach Institution und entsprechender Archivkultur. Während das Universitätsarchiv Tübingen eine eigene

---

[78] Siehe u. a. die Caritas-Erhebung zu den in Westdeutschland eingesetzten indischen Frauen von 1967. Die zugehörigen Daten sind in Anhang 3 im elektronischen Zusatzmaterial einsehbar.

[79] Bei den aufgelisteten Beständen handelt es sich nicht um eine abschließende Übersicht aller vorhandenen Überlieferungen. Es ist hervorzuheben, dass sich beispielsweise in einzelnen Kommunalarchiven weitere Quellen finden. Die Auswahl und Eingrenzung der aufgeführten Archive wurde insbesondere in Hinblick auf die Forschungsfrage getroffen.

Akte „Schwestern aus Indien" führt, ist der Bestand der Universitätsklini-
ken Heidelberg des Universitätsarchivs Heidelberg inhaltlich bisher noch nicht
erschlossen.[80] In anderen nachweislich beteiligten Institutionen lassen sich trotz
Beteiligung an der Nirmala-Aktion keine Spuren finden, so beispielsweise im
Universitätsarchiv Bonn.[81] Etwaige archivalischen Überlieferungen der Sparkasse
zur ungewöhnlichen Einbindung einer nordbadischen Bezirkssparkasse in den
Nirmala-Vorgang sind nicht erhalten.[82] Ein Nachlass der zentralen Person des
Pfarrers Hubert Debatin ist ebenso nicht überliefert.

Im Sinne der Quellenkritik sind einige Überlegungen vorwegzustellen: Neben
Erlassen und anderen offiziellen Dokumenten macht schriftliche Korrespondenz
einen Großteil der Überlieferungen aus. Die meisten institutionellen Quellen
wurden aus männlicher Perspektive auf das Geschehen nach europäisch und
männlich codierten Normen verfasst. Die paternalistische Behandlung der Frauen
aus Kerala – die zumeist nur als „indische Mädchen"[83] bezeichnet wurden –
zieht sich als roter Faden durch die Verwaltungsüberlieferungen. Auffällig ist,
dass bis auf wenige Ego-Dokumente nahezu keine Quellen überliefert sind,
welche die Sichtweisen und die Probleme der Frauen aus deren Perspektive festhalten. Vielmehr wird in den staatlichen und kirchlichen Überlieferungen stets
über die Frauen gesprochen, wobei als Grundlage orientalistische Annahmen,
zusammengesetzt aus rassifizierten und sexistischen Zuschreibungen, dominieren. Interessant sind die Quellen, die von deutschen Frauen verfasst wurden,
die sich für die Rechte der indischen Frauen einsetzten. Diese Quellen stellen
im Geschehen eine Ausnahme dar. Einige Hinweise und Schilderungen zum
Nirmala-Vorgang finden sich in einem von Debatin verfassten Buch namens
„Tagebuch einer Indienfahrt" aus dem Jahr 1967, welches anlässlich seiner 6.
Indienfahrt gemäß Vorwort im Februar 1968 fertiggestellt und im Selbstverlag

---

[80] Die Sichtung der unsortierten 6,5 laufenden Meter des Heidelberger Universitätsarchivs
erfolgte durch den Verfasser der Arbeit.

[81] Da die Universitätskliniken Bonn Venusberg trotz der Verpflichtung der Aktenabgabe
abseits von unbedeutenden Kleinabgaben keine Übergabe an das Bonner Universitätsarchiv
tätigten, liegen auch in diesem Archiv keine Überlieferungen zu Personal aus Indien vor.
Information des Universitätsarchivs Bonn vom 28.04.2020.

[82] Laut Auskunft des Sparkassenhistorischen Dokumentationszentrum vom 07.12.2021 sind
die einzelnen Sparkassen selbst für die Aufbewahrung ihrer eigenen historischen Unterlagen
verantwortlich. Die darauf erfolgten Anfragen in den beteiligten Filialen verliefen erfolglos.

[83] Vgl. u. a. Bezeichnung der verschollenen Akte aus dem HStAS: „Indisches Personal
(Mädchen)", vgl. Fußnote 74 in Kapitel 1.6. Hier ist auf den infantilisierenden und ethni-
sierenden Aspekt der Bezeichnung hinzuweisen.

veröffentlicht wurde.[84] Zudem veröffentlichte er ein weiteres Buch zu einer Indienreise im Jahr 1970.[85] In den Eigenveröffentlichungen des Pfarrers finden sich seine individuellen Deutungsmuster und Legitimationen.

Eine gänzlich andere Perspektive bietet ein biografisches Buch von Sonia Dougal aus dem Jahr 1971.[86] Die Engländerin studierte in den 1960ern im italienischen Florenz. Als konvertierte Katholikin wurde sie 1968 von einem florentinischen Konvent als Sprachlehrerin für eine Gruppe indischer Postulantinnen angeworben. In der Folge des Engagements machte Dougal dabei Beobachtungen zur Anwerbung von Kandidatinnen aus Kerala an europäische Mutterhäuser. Im Rahmen der Rückführung einer erkrankten Kandidatin reiste Dougal im Jahr 1969 selbst nach Kerala, wo sie intensive Feldforschung betrieb.[87] Sie besuchte die Familien der Novizinnen und führte Gespräche mit Bischöfen und beteiligten Geistlichen verschiedener Riten. Auch wenn Dougal sich auf die Migration von Kandidatinnen nach Italien fokussierte, sind ihre Beobachtungen in Kerala zum Kastenwesen im Christentum und der sozialen Distinktion zwischen den christlichen Riten wie auch der sozio-ökonomischen Verhältnisse sehr eindrücklich formuliert. Die angeworbenen Frauen aus Kerala öffneten sich gegenüber Dougal, sodass die Perspektive des Buchs einen Kontrapunkt zu den meist dominanten männlich codierten Primärquellen der beteiligten deutschen Institutionen bietet. Das Buch greift in den Belegen auf wissenschaftliche Standards zurück. Im Rahmen dieser Arbeit wird es als Primärquelle herangezogen, um eine weitere Perspektive aufzuzeigen.

1.7   Zu den Zeitzeuginnen und Zeitzeugen und den Interviews

Die verbleibenden Angehörigen der ersten Generation der Migrantinnen sind im Jahr 2023 zwischen 78 und 90 Jahre alt. Altersbedingt ist der Zugang zum Großteil der Frauen nicht mehr möglich, da viele der Frauen bereits verstorben oder ernsthaft erkrankt sind.[88]

---

[84] Hubert Debatin, *Tagebuch einer Indienfahrt* (Stettfeld: Selbstverlag, 1968).

[85] Hubert Debatin, *Indien 1970 – Eindrücke und Erfahrungen* (Philippsburg: Krusedruck, 1970).

[86] Sonia Dougal, *The Nun-runners* (London: Hodder & Stoughton Ltd, 1971).

[87] Dougal besuchte dabei die gleichen Orte, die Debatin auf seinen Reisen besuchte, so u. a. einen Konvent in Alwaye. Vgl. Debatin, 1970, 6; Dougal, 1971, 47.

[88] Vor allem Rückkehrerinnen der ersten Generation sind zumeist bereits verstorben.

Die Dauer der Leitfaden-Interviews variierte zwischen knapp 85 und 125 Minuten. Die Gespräche erfolgten ohne vorherige Zustellung der Fragebögen. Die Interviews wurden audiovisuell aufgezeichnet. Ein zuvor als Freund vorgestellter Kameramann bewegte sich stets im Hintergrund entsprechend der Anweisung den Expertinnen nicht als potentieller Gesprächspartner zur Verfügung zu stehen.

Der Zugang zum Forschungsfeld der ehemaligen Kandidatinnen gestaltete sich wie folgt: Im Falle einer Expertin erfolgte die Kontaktaufnahme durch persönliches vorstellig werden nach einer Messe, die von der Ordensschwester mitgestaltet wurde. Ich stellte das Promotionsprojekt vor und benannte die biografische Verknüpfung zum Forschungsobjekt. Die Ordensschwester bot sich eigenständig als Interviewpartnerin an. Die Interviews mit zwei weiteren Ordensschwestern der ersten Generation von ehemaligen Kandidatinnen wurden von der Ordensleitung St. Trudpert angeboten, nachdem ich mich mit dem Forschungsvorhaben an das Mutterhaus gewandt hatte.

Der Zugang zu den drei ehemaligen Nirmala-Krankenschwestern, die nach wie vor in Deutschland leben, erfolgte durch Verwandtschafts- und anderweitige Beziehungen. Diese Interviews wurden zwischen 2020 und 2023 zumeist in den Wohnungen der ehemaligen Arbeitsmigrantinnen geführt. Kontakte zwischen ehemaligen Nirmala-Schwestern, deren Lebensmittelpunkt sich unterdessen in die Bundesrepublik Deutschland verschoben hat, mit Rückkehrerinnen, welche in Kerala leben, waren nicht offenzulegen. Der Kontakt zu einer Rückkehrerin der Nirmala-Gemeinschaft, welche noch heute in Kerala lebt, erfolgte über einen Kontakt einer deutschen Zeitzeugin der katholischen Kirchgemeinde Stettfeld.[89] Im Rahmen des Telefonats nach Indien stellte ich mich der Rückkehrerin als Wissenschaftler und Teil der Malayali-Community Deutschlands vor. Zudem benannte ich die biografische Verknüpfung zum Forschungsobjekt. Die sprachliche Kommunikation des Erstkontakts lief auf Deutsch aber auch phasenweise auf Malayalam ab. Nach wenigen Minuten Gespräch signalisierte die ehemalige Nirmala-Schwester die Bereitschaft für ein Interview und lud mich in ihr Familienhaus nach Kerala ein. Das Interview wurde im Rahmen des ersten Feldforschungsaufenthaltes in Kerala im Frühjahr 2023 geführt.[90]

---

[89] Im Rahmen der Nirmala-Migration teilte Debatin die Frauen diversen katholischen Familien in seiner Heimatgemeinde Stettfeld zu. Einige Wochenenden verbrachten die Nirmala-Frauen in ihren deutschen Patenfamilien. Dabei entstanden transnationale Freundschaften, die sich teilweise über Jahre hielten, aber zum Teil auch bis heute halten. So ergab sich aus einer dieser geschlossenen Patenschaften aus den 1960ern im Jahr 2023 die Möglichkeit eines Interviews mit der ehemaligen Nirmala-Schwester in Kerala.

[90] In Indien ergab sich die Möglichkeit weiterer (informeller) Gespräche mit anderen Rückkehrerinnen.

Generell handelt es sich bei den Expertinnen somit um Frauen, die bereit waren, ein Gespräch über ihre Lebensgeschichte in Bezug auf ihre Migration zu führen. Sie bewerten die Entwicklungen der 1960er in der Retrospektive im Großen und Ganzen positiv. Mit der Aufarbeitung auf Grundlage von sieben Stimmen ist in Anbetracht der Erfahrungen von mehreren Hundert Migrantinnen der Nirmala-Aktion darauf hinzuweisen, dass diese dargestellten Einzelschicksale keine universalen Rückschlüsse auf das Migrationsgeschehen leisten können, sondern nur einzelne subjektive Perspektiven auf das Geschehen sichtbar machen.

1.8   Selbstverortung des Autors

Gemäß dem konstruktivistischen Paradigma unterliege auch ich als Historiker und damit als Wirklichkeits-konstruierendes Subjekt einer subjektiven Perspektive, die sich in den Forschungsprozessen und somit auch in dieser Arbeit mit individuellen Chancen und Grenzen niederschlägt. Im Folgenden werden einige Aspekte meiner Identität in Hinblick auf die geleistete Forschung reflektiert, um die Perspektive der Forschungsarbeit für die Leserin und den Leser offenzulegen.

Als Kind einer binationalen Ehe wuchs ich mit einer Mutter aus Kerala und einem Vater aus der Bundesrepublik Deutschland auf. Meine frühe Kindheit war geprägt von beiden Kulturen. Zunächst wurde ich bilingual erzogen. Meine Sozialisierung fand vorrangig in der deutschen aber auch in der indischen Kultur der Diaspora statt. In meiner Kindheit verbrachte ich etwa alle drei Jahre die gesamten Sommerferien bei meiner Großfamilie in Indien. In Deutschland traf ich regelmäßig im Rahmen von Vereinsarbeit der Malayali-Community auf Keralis der ersten und zweiten Generation.

Die zu diesem Zeitpunkt unbewussten verschiedenen Treibstoffe meiner Identität professionalisierte ich im Rahmen eines Bachelorstudiums im Fach Südasienstudien am Südasieninstitut der Ruprecht-Karls-Universität Heidelberg und anschließend in einem Masterstudium der Internationalen Beziehungen an der Katholischen Universität Eichstätt-Ingolstadt, das ich ebenso vorrangig mit Südasienbezug verfolgte.

Auch der Zugang zur Institution der katholischen Kirche findet sich in meiner frühen Biografie. Mit neun Jahren wurde ich Messdiener der römisch-katholischen Kirchengemeinde meines baden-württembergischen Heimtortes. Bis zum Beginn des Studiums engagierte ich mich aktiv innerhalb der katholischen Gemeinde im Bereich der Jugendarbeit. In dieser Zeit eignete ich mir die gängigen Codes des katholischen Milieus unbewusst an. Sicherlich war diese Vertrautheit ebenso ausschlaggebend, als ich mich interessengeleitet für ein säkulares

Masterstudium an einer katholischen Universität und später für die Promotion mit Kirchenbezug an der gleichen Universität in kirchlicher Trägerschaft entschied.

Im Zugang zum Forschungsfeld war neben der Intersektionalität meiner Merkmale als katholisch-sozialisierter Mann mit dem durchschlagenden phänotypischen Erscheinungsbild eines Malayalis auch gewiss der eigene familiäre Bezug zu den Entwicklungen in den 1960ern von Bedeutung. Bei jeder neuen Vorstellung im Forschungskontext machte ich den biografischen Umstand transparent, dass meine eigene indische Großtante Teil der ersten Generation der Nirmala-Gemeinschaft war, während meine deutsche Großtante eine der staatlichen Krankenschwestern war, die damals mit der Betreuung der Nirmala-Frauen beauftragt wurde. Ferner erklärte ich stets, dass ich an der Katholischen Universität Eichstätt-Ingolstadt promoviere und meine Fragestellung auf die institutionelle Aushandlung zwischen Staat und kirchlichen Akteuren abzielt. Ich betonte stets, dass ich eine professionelle und kritische Aufarbeitung nach wissenschaftlichen Standards verfolge.

Trotz oder gerade wegen meiner hybriden Identität als Individuum, das gemäß Robert Ezra Parks soziologischer *Marginal Man Theory* zwischen beziehungsweise in zwei kulturellen Realitäten steht, wurde ich von den Expertinnen als Teil der Malayali-Community wahrgenommen.[91] Dies spiegelte sich in einem starken Vertrauensverhältnis wider. Entsprechend sind die erhobenen Interviews als Darstellungen innerhalb der Community einzuordnen

---

[91] „Migrations, with all the incidental collision, conflicts, and fusions of peoples and of cultures which they occasion, have been accounted among the decisive forces in history. Every advance in culture, it has been said, commences with a new period of migration and movement of populations. Present tendencies indicate that while the mobility of individuals has increased, the migration of peoples has relatively decreased. The consequences, however, of migration and mobility seem, on the whole, to be the same. In both cases the 'cake of custom' is broken and the individual is freed for new enterprises and for new associations. One of the consequences of migration is to create a situation in which the same individual – who may or may not be a mixed blood finds himself striving to live in two diverse cultural groups. The effect is to produce an unstable character – a personality type with characteristic forms of behavior. This is the 'marginal man'. It is in the mind of the marginal man that the conflicting cultures meet and fuse. It is, therefore, in the mind of the marginal man that the process of civilization is visibly going on, and it is in the mind of the marginal man that the process of civilization may best be studied." Robert E. Park, „Human Migration and the Marginal Man", *American Journal of Sociology* 33, Nr. 6 (1928): 881.

Teil A: Kontextualisierung

2

Neben der historischen Annäherung an die Empfänger- und Senderregionen erfolgt in diesem Kapitel auch eine biografische Annäherung an die Person des Pfarrers Hubert Debatin.[1] Um die Initiierung der Migrationsbewegung aus Kerala und die Vorgehensweise des Pfarrers während des Vorgangs einordnen zu können, ist es wichtig seinen Werdegang und seine Erfahrungen innerhalb der Institution der katholischen Kirche nachzuzeichnen.

2.1   Senderregion: Bundesstaat Kerala, Indien

Zur Geografie und politischen Konstitution
Im Südwesten der vorderindischen Halbinsel mit fast 580 km Küstenlinie am arabischen Meer gelegen, war der Bundesstaat Kerala zu Beginn der 1960er Jahre

---

[1] Um die Initiierung der Migrationsbewegung und die Vorgehensweise des Pfarrers während der Aushandlung einordnen zu können, ist es wichtig seinen Werdegang und seine Erfahrungen innerhalb der Institution der katholischen Kirche detailliert nachzuzeichnen, was den bereits existierenden Kurzbiografien nur bedingt gelingt. Vgl. Clemens Siebler, „Debatin, Hubert: Priester, Chorbischof der syro-malankarischen Kirche", in *Baden-Württembergische Biographien. 2*, hg. von Bernd Ottnad (Stuttgart: Kohlhammer, 1999).

Ergänzende Information Die elektronische Version dieses Kapitels enthält Zusatzmaterial, auf das über folgenden Link zugegriffen werden kann https://doi.org/10.1007/978-3-658-46082-2_2.

© Der/die Autor(en) 2025
T. S. Großmann, *Fachkräftemigration – Pflegenotstand – Nächstenliebe*,
https://doi.org/10.1007/978-3-658-46082-2_2

noch eine relativ junge Verwaltungseinheit (Abbildung 2.1).[2] Nach der indischen Unabhängigkeit am 15.08.1947 bestand noch kein indischer Bundesstaat Kerala. Travancore und Cochin, welche die größten Gebiete des heutigen Keralas ausmachen, gehörten zu den Fürstenstaaten, die mit dem *Indian Independence Act* aus der britischen Fremdherrschaft entlassen wurden. Diese Fürstenstaaten schlossen sich zunächst als Föderation Travancore-Cochin mit der Republik Indien zusammen, was mit dem Inkrafttreten der Verfassung am 26.01.1950 offiziell wurde. Mit dem *States Reorganisation Act* vom 31.08.1956 erfolgte eine Neugliederung der Bundesstaaten, die sich an ethnischen und linguistischen Kriterien orientierte.[3] 1957 gewann die Kommunistische Partei im Rahmen einer freien demokratischen Wahl weltweit erstmalig die absolute Mehrheit im jungen Bundesstaat Kerala.[4]

---

[2] 1961 machte Kerala mit 38 855 km² nur 1,27 % der Gesamtfläche Indiens aus und wies 10 % der Küstenlinie aus. Jedoch lebten damals knapp 3,85 % der indischen Bevölkerung in dem Bundesstaat. Vgl. Manfred Turlach, *Kerala: politisch-soziale Struktur und Entwicklung eines indischen Bundeslandes* (Wiesbaden: Harrassowitz, 1970), 13.

[3] Vgl. „The States Reorganisation Act, 1956" (New Delhi: Government of India, 31. August 1956).

[4] Abgesehen von San Marino war Kerala damit der einzige Staat in dem einer kommunistischen Partei die Regierungskonstitution über den legalen und parlamentarischen Weg gelang. Vgl. PAA B92 Band 82 Katholische Kirche im Ausland: Situationsbericht über Kerala, 22.05.1957.

Für einen Kurzüberblick der Entwicklung der kommunistischen Partei hin zum Wahlsieg in Kerala im Jahr 1957 siehe Herrmann Kulke und Dietmar Rothermund, *Geschichte Indiens – Von der Induskultur bis heute* (München: C.H. Beck, 2006), 399.

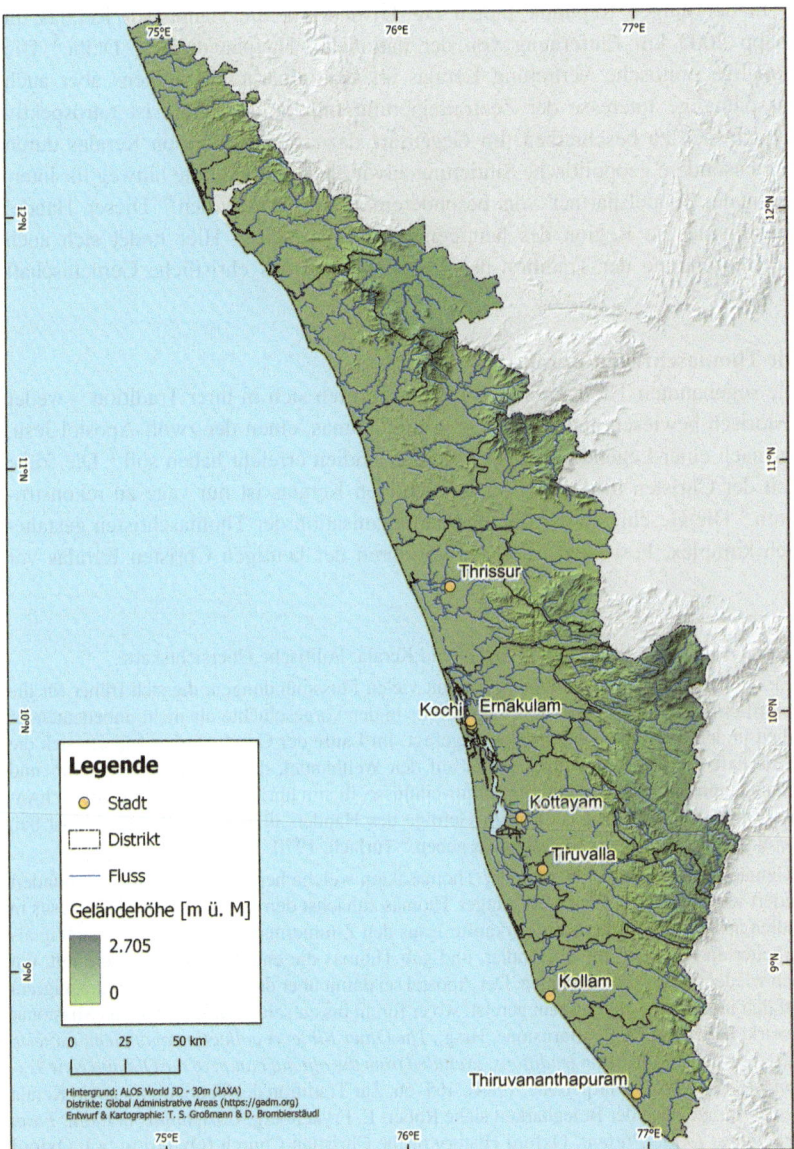

Abbildung 2.1 Bundesstaat Kerala: Topografie, Distrikte und für den Nirmala-Vorgang relevante Städte

In der jungen Republik Indien lag Trivandrum, die Hauptstadt Keralas, in knapp 2000 km Entfernung von der nationalen Hauptstadt New Delhi.[5] Die damalige politische Vertretung Keralas im Zentralparlament Indiens aber auch das damalige Interesse der Zentralregierung Indiens an Kerala ist retrospektiv als schwach zu beschreiben. Im Gegensatz dazu war die Region Keralas durch ihre besondere geopolitische Situierung zuvor über Jahrhunderte hinweg für internationale Handelspartner von besonderem Interesse gewesen.[6] Dieser Handel beeinflusste die Region des heutigen Keralas vielseitig. Hier findet sich auch die Begründung der Tradition der Thomaschristen als christliche Gemeinschaft in Indien.

Die Thomaschristen Keralas

Die sogenannten Thomaschristen Indiens berufen sich in ihrer Tradition – weder historisch bewiesen noch widerlegt – auf Thomas, einen der zwölf Apostel Jesu, der nach einer Legende im Jahr 52 n. Chr. Indien erreicht haben soll.[7] Die frühe Zeit der Christen in der Region des heutigen Keralas ist nur vage zu rekonstruieren.[8] Die Geschichte der kirchlichen Organisation der Thomaschristen gestaltet sich komplex. Fest steht, dass die Vorfahren der heutigen Christen Keralas vor

---

[5] Siehe Abbildung 1.1. Republik Indien und Kerala: Politische Übersichtskarte.

[6] „Einerseits hat die Lage an der Küste mit vielen Flussmündungen, die sich früher für die Schifffahrt als Häfen eigneten, Kerala bereits in der Vorgeschichte als nicht unbedeutendes Glied in den maritimen Welthandel eingefügt. Im Laufe der Geschichte orientierte sich die Wirtschaft Keralas dann immer weiter auf den Welthandel, den Export seiner Agrar- und Plantagenprodukte. Mannigfaltige Kultur-einflüsse, die im übrigen Indien kaum oder schwächer Spuren hinterließen, kamen im Gefolge des Handels über See und trugen dazu bei, Kerala einen besonderen Charakter zu geben." Turlach, 1970, 13.

[7] Gemäß den apokryphen Texten der Thomasakten welche heute auf das dritte Jahrhundert datiert werden, weigerte sich der Jünger Thomas zunächst den Missionsauftrag von Jesus in Indien auszuführen. Daraufhin verkaufte Jesus den Zimmermann Thomas eigenmächtig als Arbeiter an einen indischen Händler, und gab Thomas die entsprechende Summe mit, um sich wieder freikaufen zu können. Der Apostel sei damit über den Seeweg als Arbeitsmigrant auf den indischen Subkontinent gereist, wo er fortan bis zu seiner Hinrichtung als Missionar gewirkt habe. Vgl. Willis Barnstone, Hrsg., *The Other Bible: A collection of ancient, esoteric texts from Judeo-Christian traditions, excluded from the official canon of the Old and New Testaments.* (New York: HarperOne, 1984), 465–66. Zur Tradition der Thomaschristen in Kerala und der Frage nach der Belegbarkeit siehe Robert E. Frykenberg, *Christianity in India: From Beginnings to the Present*, Oxford History of the Christian Church (Oxford [u. a.]: Oxford University Press, 2010), 91–115.

[8] Weiterführend zu diesem Aspekt der Geschichte der Thomaschristen siehe Gnana John Samuel, Hrsg., *Early christianity in India* (Chennai: Institute of Asian Studies, 2008).

ihrer Konversion hinduistische Religionen praktiziert hatten und die Thomaschristen in der vielfältigen Gesellschaft über die Jahrhunderte vorrangig in friedvoller Koexistenz integriert waren.[9]

Abriss der Geschichte der Thomaschristen in Kerala

Der Legende nach erreichte Apostel Thomas 52.n. Chr. den indischen Subkontinent und begründete durch Missionierung von einheimischen Hindus hoher Kasten die indisch christliche Gemeinschaft. Unabhängig von der römischen Kirche praktizierte die Gemeinschaft zunächst in ihrer eigenen Tradition, bis sie im 4. Jahrhundert mit persischen Christen syrischer Tradition in Kontakt kamen. Die Thomaschristen folgten fortan dem ost-syrischen Ritus syrischer Sprache unter Metropoliten und Bischöfen aus Seleukia-Ktesiphon. Im Jahr 1498 erreichte mit der Landung des portugiesischen Seefahrers Vasco da Gama auch die lateinische Kirche die Region des heutigen Keralas. Religion wurde im Kampf um Vorherrschaft im Handel zum Politikum, Missionierung und Konvertierung zum Machtfaktor. Die von den Europäern vorgefundenen Thomaschristen des ost-syrischen Ritus waren in der Zwischenzeit in die mit dem Papst in Rom in Gemeinschaft stehende chaldäisch-katholische Kirche übergegangen. Mit der von den Portugiesen initiierten *Synode von Diamper* im Jahr 1599 sollten alle Thomaschristen der Region dem lateinischen Ritus der katholischen Kirche eingegliedert werden. Dies führte im Jahr 1653 zum „Schwur vom Schiefen Kreuz" („Coonen Cross Oath") und damit zu einem Schisma der Thomaschristen in eine Gruppierung die weiter unter dem katholischen ost-syrischen Ritus blieb und einer zunächst autokephalen

---

[9] „Syrian Christians were Christians in faith only, but in all else they were Indian. They were no doubt, staunch in their adherence to their faith [...] but they made no attempt to evangelize or become a militant body. Their primary concern was to live in harmony. [...] This could be done by respecting the faith and customs of their rulers. They were not slow to realize that it they desired to occupy an important place in society, they had necessarily to conform to the pattern and practices governing a caste society." Pothan nach Kanjirathara C. Alexander, *Social Mobility in Kerala* (Poona: Deccan College Postgraduate and Research Institute, 1968), 71.

Sonja Thomas weist darauf hin, dass hinter dem Narrativ der friedlichen Koexistenz die gewaltvolle Realität des Kastensystems verdeckt wurde. Vgl. Sonja Thomas, *Privileged minorities: Syrian Christianity, gender and minority rights in postcolonial India* (Hyderabad: Orient Black Swan, 2019), 14.

Gruppierung die kurz daraufhin durch die Weihe von west-syrischen Kirchenamtsträgern des Patriarchats von Antiochien unter west-syrischen Ritus gelangte. Im Laufe der weiteren Jahrhunderte erfolgten weitere Spaltungen der Thomaschristen in verschiedene kirchliche Gruppierungen. Heute ist in den christlichen Konfessionen Keralas eine hohe Diversität vorzufinden. Für den Forschungsgegenstand sind zwei katholische Kirchen relevant. Die syro-malabarisch katholische Kirche entstand aus dem ost-syrischen Ritus und beansprucht heute als *ecclesia sui iuris* die direkte Nachfolge der von Apostel Thomas gegründeten Urgemeinde. Die syro-malankara katholische Kirche war Teil der west-syrischen kirchlichen Gruppierung, kehrte aber mit ihrer relativ jungen Gründung im Jahr 1930 zurück in die katholische Kirche, allerdings weiterhin unter Wahrung ihres west-syrischen Ritus. Beide Kirchen sind mithin katholische Ostkirchen, die das Jurisdiktionsprimat des Papstes anerkennen (Abbildung 2.2).[10]

---

[10] Vereinfachte eigene Darstellung auf Grundlage von Frykenberg, 2010. Aus Gründen der Übersichtlichkeit finden weitere Schismen und Kirchen keine Berücksichtigung in der vereinfachenden Grafik. Dazu gehören u. a. die assyrische Kirche, die unabhängige syrische Kirche von Malabar, die malankara syrisch-orthodoxe Kirche, die Mar-Thoma-Kirche.

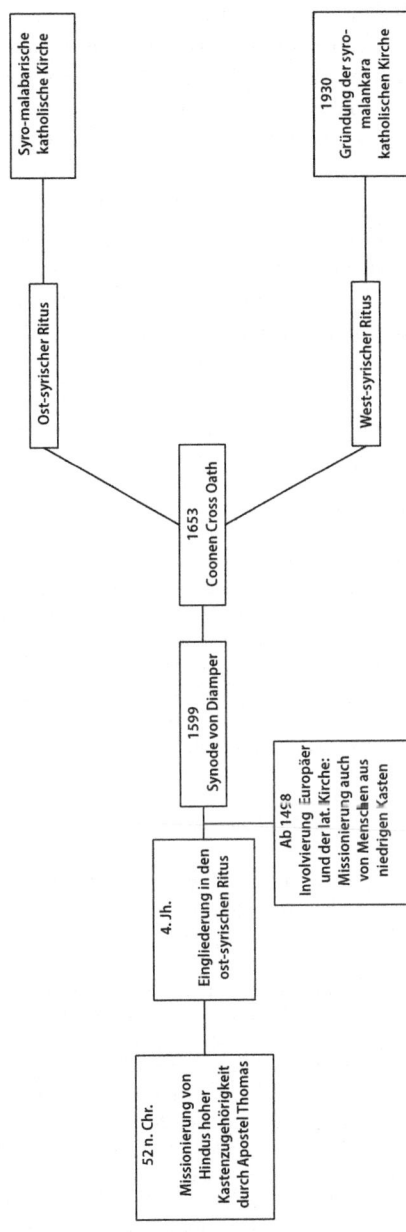

Abbildung 2.2 Vereinfachte Darstellung zur Geschichte der Thomaschristen in Kerala

Die Kastenvorstellungen Keralas und Christentum

Gesellschaftliche Hierarchisierungsprozesse, die meist unter dem Begriff „Kastensystem" zusammengefasst werden, spielten als dominantes gesellschaftliches Ordnungsprinzip Keralas sowohl in der Vergangenheit der Thomaschristen als auch im zentralen Zeitraum des Forschungsgegenstandes – den 1960ern – eine essentielle Rolle, die es hervorzuheben gilt.[11]

Da die ersten durch den Apostel Thomas bekehrten Menschen aus den autochthonen oberen hinduistischen Kasten stammten, erfreuten sich die frühen Christen einem gesellschaftlichen Status, der den Hindus der höheren Kasten entsprach.[12] Innerhalb des Kastensystems genoss diese Gruppierung gesellschaftliche Privilegien und erhielt ihre Gemeinschaft über Jahrhunderte hinweg

---

[11] Das sogenannte „Kastensystem" als hierarchische Zuordnung von Menschen in Kasten auf Grundlage der Konstruktion von „Reinheit" und „Unreinheit" wird aus der eurozentristischen Perspektive meist nur vor der Folie der religiösen Vorstellungen der hinduistischen Strömungen verstanden, gleichwohl ist zu betonen, dass die den Kastenvorstellungen zugrunde liegenden Glaubenssätze auch in nicht-hinduistischen Teilen der Bevölkerung vorzufinden waren und heute zum Teil noch immer vorzufinden sind, so auch bei dem christlichen Teil der Bevölkerung Keralas. Eine detaillierte Auseinandersetzung mit den differenzierten Kastenvorstellungen kann im Rahmen der vorliegenden Forschungsarbeit nicht geleistet werden. Gleichwohl ist die Relevanz des Kastensystems beispielsweise hinsichtlich der Einleitung des Nirmala-Vorgangs aber auch die Auswirkungen der sozialen Mobilität im Rahmen des Phänomens der Mitgift hervorzuheben. Dies wird an gegebener Stelle reflektiert. Weiterführend zum Kastensystem und zum Komplex Christentum und Kastenvorstellungen siehe Suraj Yengde, *Caste Matters* (Penguin: New Delhi, 2019); Thomas, 2019; George Koilparampil, *Caste in the Catholic Community in Kerala: A Study of Caste Elements in the Inter Rite Relationships of Syrians and Latins* (Cochin: Department of Sociology, St. Theresa's College, 1982); C. J. Fuller, „Kerala Christians and the Caste System", *Man* 11, Nr. 1 (März 1976): 53.

Sonia Dougal beschreibt sehr detaillierte Beobachtungen zur Kasten-Distinktion zwischen Angehörigen verschiedener katholischer Riten in Kerala. Vgl. Dougal, 1971, 158.

[12] Vgl. Antony Kariyil, *Church and Society in Kerala: A Sociological Study* (New Delhi: Intercultural Publishing, 1995), 31.

Zur spezifischen Ausprägung des Kastenwesens in Kerala: „In Kerala, the four-caste system of Brahmin, Kshatriya, Vaisya, and Sudra does not hold. As Prema Kurien explains, 'Kshatriyas were rare and Vaisyas nonexistent. The Nayar caste took the place of Kshatriyas, but they were regarded as Sudras by the local Brahmins. The Ezhavas came below the Nayars followed by the slave castes.' This caste arrangement created a huge divide between what was considered high and low and led to strict social dictates. Not only was untouchability practiced, unseeability was as well. A Dalit was not allowed within sixty feet of a Namboodiri Brahmin. Over time, distance pollution was even practiced among Dalits themselves. Regulations encompassed not only personal space but also clothing and ornamentation practices, which visually demarcated peoples from each other in public spaces." Thomas, 2019, 21–22.

über Mechanismen des Kastensystems, wie beispielswiese durch die Praxis der Endogamie.[13]

Mit Involvierung der Europäer nach der Landung Vasco da Gamas in Kerala im Jahr 1498 begann auch das Wirken von europäischen Missionaren.[14] Während sich eine Gruppierung privilegierter Thomaschristen mit dem „Schwur vom Schiefen Kreuz"[15] 1653 gegen eine Latinisierung und gegen jegliche Involvierung in den eigenen Ritus verbündete (später entstand aus dieser Gruppe der syro-malabarische Ritus), bestanden und entstanden in der Gesellschaft Keralas auch weitere christliche Gruppierungen anderer Riten und anderer Kirchen.[16] Westliche Missionare hatten fortan vor allem Erfolg in der Konvertierung Hindus und Muslimen, größtenteils niedriger Kasten.[17] Neu bekehrte Christen wurden nach der Konvertierung auf Grundlage der ihnen angestammten Kaste behandelt,

---

[13] „The Syrian Christians established themselves as a landowning merchant class, with a status that most closely matched that of the upper-caste Hindu Nayars in the region. [...] Proselytization was not really a feature of Syrian Christianity, as the community supported the temple-oriented society and thus refrained from converting Hindus of any caste. The Syrian Christian community was rewarded by the landowning upper-caste Hindus with land and caste privileges. Their privileged status is documented especially in the eighth-century Syrian Christian Copper Plates, which granted the community particular rights, including freedom from certain taxes, rights to trade, and land rights. They were most definitely considered an intermediary caste, based on their temple position as 'purifiers'. One touch from a Syrian Christian male was considered to have purifying effects on caste-polluted objects, making the Syrian Christians, quite literally, a community that stood between upper- and lower-caste Hindus." Thomas, 2019, 22.

[14] Beispielsweise konvertierte Francis Xavier 1544 und 1549 zehntausende Menschen aus niedrigen Fischerkasten zum Katholizismus: „These converts [vormals Angehörige der Fischerkaste Mukkuvars, Anm. d. Verf.] and their descendants are known as Latin Christians, and are not considered to be part of the Syrian Christian community because of their difference in caste and their difference in Catholic rite. Even though the Latin Christians are Catholic like some Syrian Christian denominations, and even though they have been upwardly mobile in terms of socioeconomic class, to this day marriage between the communities is not encouraged." Thomas, 2019, 26.

[15] Siehe Abbildung 2.2. Vereinfachte Darstellung zur Geschichte der Thomaschristen in Kerala.

[16] Die historischen Entwicklungen rund um die Thomaschristen in Kerala werden unter besonderer Berücksichtigung der syro-malabarischen katholischen Kirche und der syro-malankara katholischen Kirche unter Abbildung 2.2. Vereinfachte Darstellung zur Geschichte der Thomaschristen in Kerala erläutert.

[17] Vgl. Thomas, 2019, 6.
Eine Konvertierung von syro-malabarischen Christen fand in der Regel nicht statt. Auch wenn keine belastbaren Studien zur sozialen Zusammensetzung der christlichen Kirchen Keralas in den 1960ern zur Verfügung stehen, muss dieser Umstand zum Verständnis des kirchlichen Wirkens, beispielsweise der syro-malankara katholischen Kirche, Berücksichtigung finden.

bei sozialem und insbesondere wirtschaftlichem Aufstieg war ihnen theoretisch die langsame Assimilation in der hoch angesehenen Kastenansiedlung der Thomaschristen möglich.[18] Gleichwohl war dies in der Realität weitaus schwieriger, als es die christliche Heilsbotschaft versprach.[19] Die Auswirkungen dieser historisch-sozialen Entwicklungen sind bis heute in der Gesellschaft Keralas präsent: „Today there remains a glaring caste difference between the upper-caste Syrian Christians and other denominations of Christians in Kerala".[20] Für den Forschungsgegenstand sind zwei katholische Kirchen der Thomaschristen von zentraler Bedeutung:

- Die syro-malabarisch katholische Kirche
- Die syro-malankara katholische Kirche[21]

Gesellschaft Keralas und die katholische Kirche
Im Zensus von 1961 gaben 21,22 % der Bevölkerung Keralas an christlich zu sein, während sich 60,83 % der hinduistischen und 17,91 % der muslimischen Religionszugehörigkeit zuteilten, sowie 0,04 % anderer Konfessionen (Abbildung 2.3).[22]

---

[18] Vgl. Alexander, 1968, 72.

[19] Vgl. Fuller, März 1976, 55.

[20] Thomas, 2019, 6.
Debatin schrieb 1970 zu dem Thema: „[Die Frage der Riten] stellt in Indien ein Problem dar, von dem der Europäer, der für Indien opfert, gewöhnlich keine Ahnung hat. Es gibt drei Riten, drei Arten der Gottesdienstfeier in Indien, besonders in seinem südlichen Bundesstaat Kerala. Den syrischen, die Sprache des Kultes ist die syrische; den syro-malankarischen, der in einer Gruppe gefeiert wird, die von den orthodoxen Jakobiten herkommt; ihr Erzbischof Mar Gregorios ist ein rigoroser Verfechter der Rechte seines Ritus. Es gibt den lateinischen, den wir in Europa haben, der besonders durch den hl. Franz Xaver und die Missionare nach Indien gebracht wurde und heute dort eingewurzelt ist. Bei aller Bewunderung für die Schönheit der Riten muss man wissen, dass viel Uneinigkeit und Rivalität aus der Verschiedenheit der Riten er wachsen ist. So kann es sein, dass in derselben Stadt drei katholische Kirchen stehen, jede einem anderen Ritus gehörig, oder dass in einer Stadt drei Bischofe Kompetenz haben. Das führte oft zu bedauerlichen Spannungen. Nun soll hier eine Lösung gefunden werden, so dass in einem Gebiet jeweils nur ein Bischof über alle drei Riten zuständig ist." Debatin, 1970, 17–18.

[21] Siehe auch Abbildung 2.2. Vereinfachte Darstellung zur Geschichte der Thomaschristen in Kerala.

[22] Hier zeigt sich bereits die im Vergleich zu ganz Indien anders gelagert religiöse Zusammensetzung des Bundesstaates. In Bezug auf Indien machten 1961 Hindus mit 83,51 % die absolute Mehrheit aus, während Christen nur 2,44 % und Muslime einen Anteil von 10,69 %

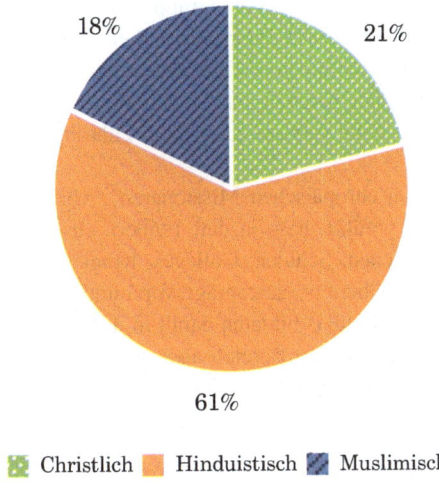

Abbildung 2.3   Religionszugehörigkeit nach Konfession (Census 1961)

Ab dem 19. Jahrhundert stachen die syro-malabarischen Christen neben den hinduistischen Bevölkerungsgruppen der Nayars, Brahmanen und Ezhavas vor allem durch ihr Unternehmertum hervor, was sich im Tee- aber vor allem im ertragreichen Kautschuk-Anbau im 20. Jahrhundert zeigte.[23] Während

---

ausmachten. Vgl. M. K. Devassy, *Census of India 1961 – Volume VII Kerala Part I A (i): General Report* (Trivandrum: The educational Art Press, 1965), 398.

[23] Vgl. Manu S. Pillai, *The Ivory Throne – Chronicles of the House of Travancore* (Haryana: HarperCollins, 2015), 229. Maßgeblich war hier die Kooperation der privilegierten Christen mit den Europäern: „The Christians were, from early times, more enterprising than other communities. They were the first to take advantage of the facilities to start rubber, coffee, cardamom and tea plantations. British planters, towards the latter half of 19th century, pioneered the opening of plantations. Christians were employed in these plantations and probably their religious affiliation helped them in getting along with the British planters. Towards the beginning of this century, Christians started opening up new areas for plantations, very much modelled on the European plantations. At the present, of all the communities of Kerala, Christians have a predominant position in the plantation economy. Now other communities are realizing this lead on the part of Christians and are making an effort to get a share in this field." George Kurian, *The Indian Family in Transition: A Case Study of Kerala Syrian Christians* ('s-Gravenhage: Mouton, 1961), 41–42. Sonja Thomas schreibt zum Phänomen des Unternehmertums der syro-malabarischen Christen, welches in der Gesellschaft Kerala bis heute sehr prominent ist: „Their entrepreneurship is encapsulated in the somewhat disparaging, somewhat envious Malayalam phrase often used to describe the community:

es zwischen den einzelnen christlichen Gruppierungen freilich weitergehende Differenzierungen gab und auch in jeder christlichen Gruppierung selbst kastenbedingte Substrukturen vorzufinden waren, ähnelten sich jedoch die jeweiligen organisationalen Formen der Kirchen einer inhärenten zentralisierten und autoritären Kirchenstruktur, welche sich im autoritären Führungsstil der Bischöfe und Priester widerspiegelte.[24]

Die Involvierung von europäischen Missionaren[25] vor allem im 19. und 20. Jahrhundert hatte dazu geführt, dass in den 1960ern christliche Institutionen in Kerala in Form von Kirchen, Schulen, Colleges, Krankenhäusern und sonstigen karitativen Einrichtungen bereits ausgeprägt vorzufinden waren.[26] Die Organe der katholischen Kirchen Keralas bildeten damit in der damaligen Zeit subsidiäre Funktionen vor allem im sozialen Bereich aus, welche der indische Staat selbst nicht gestalten konnte. In Formen von freien christlichen Vereinigungen wurden in Kerala zudem neue gesellschaftliche Räume für Männer, Frauen und Kinder geschaffen.[27]

Ohne jegliche staatliche Mittel finanzierten sich die Kirchenstrukturen Keralas hauptsächlich aus dem von ihnen betriebenen Institutionen im sozialen Sektor wie auch den Spenden der Gläubigen, deren Einbettung innerhalb der Gemeinschaft, samt kirchlicher Sakramente wie Taufe und Hochzeit, von ihren finanziellen

---

'Kamizhnu veenal, kalpana' ('Even when he's fallen facedown, he stands up holding a coin')." Thomas, 2019, 6.

[24] Vgl. Jose Kuriedath, *Christianity and Indian society: studies in religious sociology* (Bangalore: Dharmaram Publications, 2013), 183.

[25] Zu erwähnen ist in dem Kontext der Mission das in Kerala nach wie vor prominente Wirken Hermann Gunderts, des Großvaters Hermann Hesse. Gundert widmete sich in seiner Zeit bei der protestantischen Basler Missionsgesellschaft in Indien allem voran der Malayalam-Sprachforschung. Neben der Erstellung des ersten Malayalam-Wörterbuchs und der ersten bedeuteten Malayalam-Grammatik, fertigte er die erste Malayalam-Übersetzung der Bibel an. Die daraus erwachsenen kulturellen Beziehungen manifestierten sich unter anderem im 2015 gegründeten Hermann Gundert Chair für Malayalam an der Universität Tübingen, einer von der indischen Regierung gestifteten Gastdozentur für Dozenten aus dem Südwesten Indiens. Vgl. Eberhard Karls Universität Tübingen, „Gundert Chair für Malayalam", o. D. Zur Bedeutung Gunderts in seinem transkulturellen Schaffen siehe Albrecht Frenz, Hrsg., *Bote zwischen Ost und West: Referate des Seminars über Dr. Hermann Gundert. Dr.-Hermann-Gundert-Welt-Malayalam-Konferenz, Berlin, 1. bis 5. Oktober 1986* (Ulm: Süddeutsche Verlagsgesellschaft, 1987); Siegfried Pick u. a., *Überall war Wirklichkeit überall war Zauber: Hermann Gundert, Hermann Hesse und das Sehnsuchtsland Indien* (Heidelberg: Draupadi-Verlag, 2015).

[26] Die Hälfte aller Schulen war 1957 in christlicher Trägerschaft. Vgl. PAA B92 Band 82 Katholische Kirche im Ausland: Situationsbericht über Kerala, 22.05.1957, 7.

[27] Vgl. Alexander, 1968, 76.

Zuwendungen an die Kirche abhing.[28] Weiterhin wurden Spendengelder aus dem Ausland bezogen. Auch die Bundesrepublik Deutschland förderte einige Projekte in der Region, teilweise vermittelt über den Heiligen Stuhl.[29] Im Bereich der Entwicklungshilfe wurden weitere Überweisungen getätigt, insbesondere in den Bereich des Gesundheitswesens Keralas, welches in seiner damaligen problematischen Lage maßgeblich von kirchlicher Trägerschaft bestimmt war.[30]

---

[28] „Pidiyari collection is a practice, whereby the housewife picks up a pinch of rice before boiling it, and this is stored and given to the church once in a month. Harvest festival is another source of income. On this occasion, members will present to the church a share of their agricultural product so that God will bless them and their products. Another source of income is the Kettu-tengu by which a coconut tree is separated for the church and all the coconuts growing on it are given to the church. At the time of marriage, one per cent of the dowry has to be given to the church. Then only the marriage will be conducted. Besides these, special collections may be made occasionally to meet special needs, such as building a school, purchasing some property, renovating church buildings, etc." Alexander, 1968, 75–76.

[29] Beispielsweise die Beihilfe von 10.000 DM für Ausrüstungskosten eines Operationssaales für das Holy Cross Hospital in Kottiyam, Kerala im Jahr 1957. Bei der Zusammenarbeit zwischen dem deutschen Staat und der katholischen Kirche kam es bei diesem Vorgang aufgrund des Aufeinandertreffens der staatlichen formellen Praxis und der informellen Praxis innerhalb der kirchlichen Strukturen zunächst zu Irritationen. Von der deutschen Botschaft beim Heiligen Stuhl sollte für die genehmigte Förderung der Gegenwert von 5.000 DM ausgezahlt werden. Fragend wandte sich die Botschaft an das AA, da die Auszahlung in Bar namentlich an die Haushälterin des Papstes erfolgen sollte. Durch das AA wurde daraufhin bestätigt, dass die Bezahlung wie angewiesen verlaufen solle, da die Person als Prokuratorin des Ordens vom Heiligen Kreuz die Spende „auf sicherem Wege weiterleiten werde". Vgl. PAA B92 REF. 602/IV3 90: Brief, AA Bonn an die Botschaft der Bundesrepublik Deutschland beim Heiligen Stuhl, 12.09.1957.

[30] „Für den Ausbau des Gesundheitswesens ergibt sich in Kerala (wie in ganz Indien, wo einem geschätzten Bedarf von ca. 500 000 ausgebildeten Pflegekräften nur etwa 20 000 vorhandene Pflegekräfte mit ausreichender Ausbildung gegenüberstehen) die dringende Notwendigkeit, Ausbildungseinrichtungen für Pflegepersonal zu schaffen." PAA B92 Band 747 Kirchenprojekte in Indien: Antrag der Zentralstelle für Entwicklungshilfe e. V. an die Bundesregierung, 15.10.1963.
Es finden sich zahlreiche Förderungsanträge beispielsweise über 700.000 DM für eine Krankenpflegeschule mit Internat im *Immaculate Heart of Mary Hospital* in Kerala. Zwischen 1962–1964 entfielen von 6,05 Mio. DM für Entwicklungshilfeprojekte in Indien mit 1,36 Mio. DM 23 % der Mittel auf das Gesundheitswesen. Weiterhin sind finanzielle Zuwendung katholischer Institutionen hervorzuheben: das Bischöflichen Hilfswerkes Misereor bewilligte für Indien zwischen 1959–1964 insgesamt 46,63 Mio. DM, wovon mit 19,95 Mio. DM 43 % dem Gesundheitswesen zukam. Misereor trat als Geldgeber Keralas häufiger in Erscheinung, beispielsweise mit 25.000 DM Einmalhilfe im Rahmen der Flutkatastrophe 1961. Vgl. PAA B37 Band 147: Berichtszusammenfassungen, o. D.; Vgl. PAA B92 Band 204: Brief, Misereor an AA, 10.08.1961.

Der Schutz von religiösen Minderheiten im postkolonialen Indien war in der säkularen Verfassung und entsprechenden Policies der 1949 gegründeten Republik Indiens angelegt.[31] Vor eben diesem Licht sind auch die Entwicklungen der christlichen Kirchen in Indien zu betrachten. In den 1950ern hatte insbesondere die indische katholische Kirche an Selbstbewusstsein gewonnen.[32] In Angesicht der Wahl der Kommunistischen Partei im Jahr 1957 waren die verschiedenen katholischen Kirchen in Kerala zumindest aus nationaler Perspektive als politische Einheit gegenüber einem gemeinsamen Feindbild zusammengerückt, während die inneren Differenzen wie beispielsweise die Kastendistinktion weiter fortbestanden. Kardinal Tisserant, Präfekt der damaligen *Kongregation für die orientalische Kirche*, beorderte kirchenamtlich, dass alle aus Kerala stammenden Priester ihre Auslandsaufenthalte abzubrechen hatten. Sie sollten in die Heimat zurückzukehren, um dort die „zahlreichen eingeborenen Katholiken über die wirtschaftlichen und politischen Tendenzen des Kommunismus gründlich

---

[31] Vgl. Thomas, 2019, 6, 12–13.

[32] 1953 wurde Kardinal Valerian Gracias als erster indischer Kardinal kreiert, nachdem sein Vorgänger drei Jahre zuvor mit der Absicht zurückgetreten war, dass ein Einheimischer den Platz einnehmen sollte. Vgl. Joachim Schmiedl, *Das Konzil und die Orden* (Vallendar: Patris Verlag, 1999), 171.
Eine Expansion der katholischen Kirche in politische Dimension des jungen indischen Nationalstaats ist in der Konferenz der katholischen Bischöfe in New Delhi im Jahr 1960 zu verorten: „Zu der Konferenz waren über 60 Bischöfe und Erzbischöfe nach New Delhi gekommen, eine stattliche Anzahl, wenn man bedenkt, dass in Indien kaum mehr als 6 Millionen Katholiken leben; mit einem zahlenmäßig so starken Klerus dürfte die Kirche jedoch für eine weitere Verbreitung des Katholizismus in Indien gut gerüstet sein. Als Vertreter des Heiligen Stuhls nahm der Präfekt der Kongregation für Glaubenspropaganda Kardinal Agagianian an der Bischofskonferenz teil. Den Vorsitz führte der Erzbischof von Bombay, Kardinal Gracias. Als Gesprächsthemen der Konferenz werden insbesondere genannt: Katholisches Erziehungswesen, Hilfe für soziale Schwache und Körper-Behinderte sowie die sich aus der Industrialisierung Indiens ergebenden Probleme; auch die heikle Frage der Geburtenkontrolle, welche die Kirche hier unter Umständen in Konflikt mit staatlichen Stellen bringen könnte, wurde erörtert. Der indische Staatspräsident Dr. R. Prasad gab den in New Delhi versammelten kirchlichen Würdenträgern am Eröffnungstage der Konferenz einen Tee-Empfang. […] Der ‚The spirit of India‘, der in dem Spiel zum Ausdruck kam, war der eines jugendlich-optimistischen Nationalstolzes. So wurde eindrucksvoll demonstriert, dass die staatsbürgerliche Erziehung der Jugend bei den katholischen Schulen in besten Händen ist und dass Zweifel an der nationalen Loyalität der indischen Katholiken […] durchaus unbegründet sind. […] Die Bischofskonferenz endete am 2.10.d.Js. mit einem großen Gartenfest zu Ehren von Kardinal Agagianian, zu dem die gesamte katholische Bevölkerung Delhis geladen war." PAA B92 Referat 602/IV3 204 Katholische Kirche im Ausland: Bericht, Deutsche Botschaft New Delhi an AA, 24.10.1960.

zu unterrichten".[33] In katholischen Kreisen wurde erwartet, dass die Kommunisten die mit Rom unierten Kirchen zur Aufgabe ihres Kontakts mit dem Vatikan bringen wollten. Dies führte zu einem verstärkten Zusammenwirken der katholischen Kirchen nach 1957.[34] Sie setzten sich 1961 wie folgt zusammen (Abbildung 2.4, Tabelle 2.1):

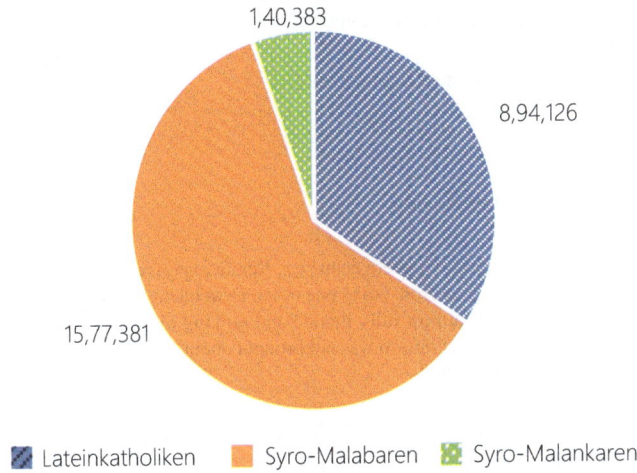

1,40,383

8,94,126

15,77,381

- ▨ Lateinkatholiken
- ▨ Syro-Malabaren
- ▨ Syro-Malankaren

Abbildung 2.4 Zusammensetzung der katholischen Kirchen Keralas (1961)

---

[33] Vgl. PAA B92 REF. 602/IV3 Band 82: Brief, Botschaft der Bundesrepublik Deutschland beim Heiligen Stuhl an das AA, 08.07.1957.

[34] „Durch ‚katholische Zentren' in den einzelnen Dörfern will man im Süden des Landes der Gefahr begegnen, dass die Kommunisten eine Bresche in die stärkste christliche Gruppe des Landes schlagen." PAA B92 Band 82: Situationsbericht über Kerala, 22.05.1957, 7.

Tabelle 2.1 Zusammensetzung der katholischen Kirchen Keralas (1961)

Lateinkatholiken (Erzbischof von Verapoly, Bischöfe von Alleppey, Calicut, Cochin, Quilon, Trivandrum, Vijayapuram)	894 126
Syro-Malabaren (Erzbischöfe von Ernakulam und Changanacherry, Bischöfe von Kothamangalam, Tellicherry, Thrissur, Kottayam, Palai)	1 577 381
Syro-Malankaren (Erzbischof von Trivandrum, Bischof von Tiruvalla)	140 383
Alle Katholiken	2 611 890[35]

Die Soziale Revolution in Kerala

In the late nineteenth to mid-twentieth centuries, Kerala experienced a massive social upheaval that steered the state from being one of the most backward and caste-divided societies in India to being almost fully literate and ranking high on the United Nations' development index. This reform was not brought about by middle-class educated elites but from the bottom up.[36]

Die sogenannte soziale Revolution beschreibt ein Aufbrechen des sozialen Systems Keralas ab dem 19. Jahrhundert, ein Prozess der in den 1960ern vor allem durch den Wandel der Verwaltungseinheit in Anwendung einer entsprechenden Policy an Geschwindigkeit gewann.[37] Die Gesellschaft Keralas war zuvor stark

---

[35] Turlach, 1970, 45.

[36] Thomas, 2019, 28.

[37] Vgl. Ayinipalli Aiyappan, *Social Revolution in a Kerala Village: A Study in Culture Change* (London: Asia Publishing House, 1965), 3. Hinsichtlich der umfassenden Veränderungen und Institutionalisierungen in der Region ist auf die Kontinuität der umfangreichen Prozesse hinzuweisen: „In the first decade of the 19th century the rulers of the tire areas introduced some administrative and social reforms in Kerala. [...] The first important step was the abolition of slavery in Malabar, Travancore and Cochin. The administrative system was modernized. Hereditary offices were abolished. A western style judicial organization was also introduced. Modern civil and criminal laws were introduced. Many cesses which interfered with individual freedom were abolished. The government abolished uzhiyam [regionales System der Zwangsarbeit, Anm. d. Verf.] or compulsory labour for the government without payment of remuneration. The system of service based on payment of wages and salaries was introduced. Other inequalities among different classes like restrictions in the use of ornaments, dress etc. were removed." Rangaswami Pillai Leela Devi, *History of Kerala* (Kottayam [u. a.]: Vidyarthi Mithram Book Depot, 1986), 336.

von den traditionellen Vorstellungen eines Kastenwesens geprägt.[38] Die soziale Revolution erfolgte durch das Wirken von vieler Sozialreformer der dominanten religiösen Gruppierungen. Sie setzten sich gegen das Kastenwesen unter dem angestrebten Ziel einer Gleichberechtigung ein.[39] Im damit einhergehenden Transformationsprozess ist der Einfluss der christlichen Missionsarbeit und der damit eingeführten westlichen Bildungssysteme unbestritten.[40] Hervorzuheben ist das Wirken protestantischer Missionare, die ab dem 19. Jahrhundert in Travancore und Cochin tätig wurden.[41] Seitens der Fürstenhäuser wurde Bildung für die breite Bevölkerung gefördert und auch die christlichen Missionare wirkten im Bildungsbereich unter der Ägide der Fürsten, die bereits ab dem 19. Jahrhundert Schulen und auch spezifisch Mädchenschulen einrichteten.[42] Dieser Aspekt der sozialen Revolution hatte großen Einfluss auf das Leben der Frauen

---

[38] Eine detaillierte Abhandlung zur Gesellschaft „Old Keralas" findet sich bei Jeffrey, 1992, 19–33.

[39] Zu nennen ist u. a. der heute in Kerala noch immer sehr prominente Sri Narayana Guru (*20.08.1856, † 20.09.1928) der Bevölkerungsgruppe der hinduistischen Gruppierung Ezhava. Vgl. Thomas, 2019, 28–29. Zudem ist aus der muslimischen Gruppierung der Sozialreformer Vakkom Mohammed Abdul Khader Moulavi (*28.12.1873, † 01.10.1932) zu nennen. Vgl. P. Khadeeja, „Social reforms movements among the Kerala Muslims (19th to 20th Century)", *Proceedings of the Indian History Congress* 56 (1995): 687–89.

[40] Vgl. Kurian, 1961, 40–41.
Im Kontext der postkolonialen Forschung wird der westliche Einfluss im Bereich der Bildung und insbesondere der Frauenbildung auf das damalige Geschlechterrollenverständnis als koloniales Projekt „civilizing the natives" dekonstruiert. Vgl. J. Devika und Avanti Mukherjee, „Re-forming Women in Malayalee Modernity", in *The enigma of the Kerala woman: a failed promise of literacy*, hg. von Swapna Mukhopadhyay (New Delhi: Social Science Press, 2007), 104.

[41] Vgl. Leela Devi, 1986, 347.

[42] „The expansion of education in Kerala can be largely attributed to the initiatives of the rulers of kingdoms like Travancore and Cochin [...]. Rulers like Rani Gouri Parvathi Bai, who was the ruling queen of Travancore in 1817, made it clear as early as then that the state should provide education to all by defraying the cost of education. She believed that education would help in the spread of enlightenment which would in turn help to produce better subjects and public servants. This would ultimately help in the advancement of the reputation and prosperity of the state." Aparna Sivaraman, „Woman in the Kerala Model of Development", *Jindal Journal of Public Policy* 3, Nr. 1 (2017): 100. Zum Beitrag der christlichen Kirchen zur Bildung der Frauen in Kerala und Indien siehe Jnana-Deepa Vidyapeeth, „Christianity and Education in India", in *Indian Christianity and its public role: socio-theological explorations* (Chennai: Department of Christian Studies, University of Madras, 2019), 41–42.

in der Gesellschaft Keralas, da nun der Zugang zur Sekundarstufe gegeben war.[43] Christliche Schulen wurden von der gesamten Bevölkerung geschätzt und waren fortan die bekanntesten und beliebtesten Institutionen.[44] Da auch die Briten keine kastenbedingte Barrieren hinsichtlich des Zugangs zu Anstellungsverhältnissen auferlegten, ermöglichte die neue westliche Bildung eine bis dahin ungesehene soziale Mobilität für Christen, vor allem den Konvertiten aus vormals niedrigeren Kasten.[45]

Die Auswirkungen der sozialen Revolution schlugen sich in den 1960ern in mehreren sozialen Indikatoren nieder. 1961 wies Kerala eine Alphabetisierungsrate von 55 % der Männer und 39 % der Frauen vor, was weit über den anderen indischen Bundesstaaten lag.[46] Zudem sank die Mortalität in den 1940ern und 1950ern drastisch, während sich die Geburtenrate hoch und stabil hielt.[47] Gegen weitverbreitete Korruption, welche in Kerala gängige gesellschaftliche informelle Praxis darstellte, wurden in den 1960ern erste institutionelle Maßnahmen eingeleitet.[48]

---

[43] „Throughout Indian history, women have had bad experiences and never-ending struggles to break away from the traditions of the greater patriarchal system. This male-dominant family structure expects always women 'to live selflessly while properly carrying out all domestic duties'." Thomas Varghese, *Abuse of Women in Indian Christian Families: Roles of Clergymen, Church and Theological Institutions* (New Delhi: Indian Society for Promoting Christian Knowledge, 2013), 43.

[44] Vgl. Kurian, 1961, 40–41.

[45] „The missionaries paid special attention to evangelical work. They succeeded in converting to Christianity large numbers of Hindus belonging to low castes. These members of the low castes converted to Christianity, to gain higher status in society because the ruling British being Christians, Christians enjoyed special privileges. These mass conversions [...] created an atmosphere favourable for social reforms. The opening of factories in towns, migration of rural people to towns, developments in transport and increase in communication facilities all speeded up the social changes." Leela Devi, 1986, 339–40.

[46] Vgl. Turlach, 1970, 20; Devassy, 1965, 359.
Hierbei handelt es sich um eine Schulbildung in der einheimischen Sprache Malayalam, welche der drawidischen Sprachfamilie angehört. Die indoarische Sprache Hindi, die seit 1950 neben Englisch als überregionale Amtssprache der indischen Zentralregierung eingesetzt wurde, sprachen 1961 nur 0,2 % der Keraliten. Vgl. Devassy, 1965, 387.

[47] Zachariah, Mathew, und Rajan, 2003, 13.

[48] Korruption ist als Schattenphänomen nur schwer erforschbar. Unbestreitbar ist die Relevanz für den Forschungsgegenstand unter Anbetracht der Involvierung von Institutionen. Auch Hubert Debatin erwähnte in seiner Veröffentlichung von 1970 im Kontext der indischen Wirtschaft das Thema der Korruption. Vgl. Debatin, 1970, 77–78. Im Jahr 1964 wurde

Die wirtschaftliche Situation Keralas

Etwa am 10° Breitengrad, in der Nähe des Äquators gelegen, geprägt durch den jährlichen Monsun und die fruchtbaren Backwaters[49], stellte die Landwirtschaft das Fundament der Wirtschaft Keralas dar.[50] Dieser Umstand ist mit der Topografie zu erklären.[51] Die Region war hinsichtlich einer etwaigen Industrialisierung vernachlässigt worden und damit war in den 1960ern nur vereinzelt Kleinindustrie vorzufinden.[52] Im Zensus von 1961 wurden 84,96 % der Bevölkerung Keralas als ländlich („rural") kategorisiert, während der Anteil auf die gesamte indische Nation gesehen bei 82,16 % lag.[53] Abgesehen von den Handelszentren in den Hafenstädten war die Monetarisierung dieser hauptsächlich ländlich geprägten Gesellschaft Keralas nur teilweise erfolgt.[54] Vor allem in den Subsistenzwirtschaften der ländlichen Gebiete wurden wirtschaftliche Transaktionen auf nicht monetärer Basis organisiert.[55]

---

gegen Korruption das staatliche Vigilance & Anti-Corruption Bureau Kerala gegründet. Vigilance and Anti-Corruption Bureau, „About Vigilance and Anti-Corruption Bureau, Kerala", o. D.

[49] Ein von Kochi bis Kollam reichendes verzweigtes Wassersystem, bestehend aus Flüssen, Lagunen und Seen.

[50] „The geographical location of Kerala, at the lands' end of the subcontinent, has determined to a very considerable degree the economic structure of the country. This, along with the scarcity of the basic raw materials and minerals, has contributed to the fact that the economic activities in the State bear to an important extent the stamp of what can best be described as the provision of services. This is particularly discernible in the high levels reached by trade, commerce and certain forms of social services, such as health, education and transportation. […] Agriculture is the chief economic activity of the people engaging a little above 53 per cent of the total working population." Government of Kerala, *Kerala 1961 – An Economic Review* (Trivandrum: Government Press, 1962), 1.

[51] „The high mountainous wall of the Western Ghats and its close proximity to the sea is responsible for the heavy and regular rainfall which this State receives. The high characteristic rainfall, in turn, is responsible for a number of features of this State. The large number of high value yielding plantation crops and the rich forest growth owe their existence to the rainfall and the suitable climatic conditions found in the Western Ghats. The abundant rainfall has also provided Kerala with a large number of rivers." *Techno-Economic Survey of Kerala* (New Delhi: National Council of Applied Economic Research, 1962), 3–4.

[52] Für eine detaillierte Darstellung der ökonomischen Situation zu Beginn der 1960er siehe *Techno-Economic Survey of Kerala*, 1962.

[53] Vgl. Velu R. Pillai und Puthenveetil G. K. Panikar, *Monetisation in Kerala* (New Delhi: Research Programmes Committee [Planning Commission], 1970), 12.

[54] Eine detaillierte Studie zur Monetarisierung im Zeitraum von 1962–63 auf Grundlage von Befragungen in Dörfern der Distrikte Tichur, Palghat und Kozhikode findet sich in Pillai und Panikar, 1970.

[55] „A large proportion of the factors of production used by the subsistence farmer is not bought for money. The labour contributed by himself and the members of his family, as also

Kerala und Migration

Im Gegensatz zur Gegenwart, in der Kerala mit einer hohen Emigrationsrate in den internationalen Raum in Verbindung gebracht wird, war der Anteil sowohl der Emigration als auch der Immigration im subindischen, aber auch im internationalen Kontext zu Beginn der 1960er Jahre noch sehr gering.[56] Die weithin assoziierten internationalen Emigrationsbewegungen aus Kerala sind ein Phänomen, das aufgrund der kumulierenden Umstände der Region erst ab den 1960ern seinen Anfang nahm.[57] Die Bevölkerungszahl in dem flächenmäßig kleinen Bundesstaat war von 13,5 Millionen im Jahr 1951 zu Beginn der 1960er bereits

---

the ploughing done with his bullocks have not to be paid for. The input of seed which he prepared out of previous harvests, or the cow-dung, wood ash and green manure collected from his farm does not create a monetary transaction. But when he goes in for the services of hired labour or hired bullocks or buys manures, an exchange transaction takes place; however, it need not necessarily be a monetary transaction. The labourers may be paid in kind, the services of draught cattle may be obtained from his neighbours by lending his bullocks in turn and cow-dung may be got in exchange for grazing rights or fodder." Pillai und Panikar, 1970, 2.

[56] Bei der Region des heutigen Kerala handelte es sich bis Mitte des 20. Jahrhunderts um eine Einwanderungsregion. Vor allem Bauern aus der *Madras Presidency* migrierten in die ruralen Gegenden, vorrangig in die Bergregionen, um Agrarwirtschaft zu betreiben (vgl. Joseph, 1988, 1–2.). Unter dem britischen Einfluss waren in den 1930ern wenige Migrationsbewegungen u. a. in die Golfstaaten zu verzeichnen. Vgl. World Health Organization, „Review of international migration of nurses from the state of Kerala, India" (Genf, 2022), 19. Der Staat Travancore-Cochin verzeichnete zudem bis in die 1940er eine Immigration ärmerer Bevölkerungsteile aus Gebieten des heutigen Tamil Nadus. Nur wenig Abwanderung war in naheliegende Länder wie nach Burma, Sri Lanka und Malaysia zu Beginn des 20. Jahrhunderts zu verzeichnen. Vgl. Joseph, 2006, 32–44. Erst der Zweite Weltkrieg brachte mit einer weitreichenden Rekrutierung von Malayalis als Soldaten, Militärangestellte und zivile Angestellte erstmals Keraliten in einem größeren Ausmaß jenseits der Westghats. Vgl. Zachariah, Mathew, und Rajan, 2003, 12–13.

[57] Vgl. Zachariah, Mathew, und Rajan, 2003, 1.

In Anbetracht der maritimen Verknüpfung Keralas mit der Welt über die Handelswege ist interessant aus welchen Gründen die weitreichenden Migrationsbewegungen erst in der zweiten Hälfte des 19. Jahrhunderts einsetzten: „In this context, the questions is, why has migratory movement been absent from Kerala till towards the end of nineteenth century. The question assumes added significance because Kerala had maritime trade connections with foreign countries dating back to the ancient past. Merchants and sailors from ancient Rome, Palestine, Arabia, Persia, China etc., used to frequent Kerala coast and quite a few of them settled down in Kerala. Furthermore, Kerala was in regular contact with the Europeans since the arrival of Vasco da Gama in Kozhikode in 1498. Interestingly, Joseph, 'the Indian' a native of Cranganore in Kerala accompanied Cabral to Lisbon in 1501 and visited many European countries. Since then, Keralalites used to visit various parts of Europe and West Asia for one reason or other. Nevertheless, nobody opted to migrate from Kerala. In

auf 16,9 Millionen angewachsen.[58] Der demografische Wandel und die sozio-ökonomische Situation trafen auf eine stagnierende Wirtschaftssituation Indiens der 1960er, die von einer Symbiose von Privat- und Staatswirtschaft und der sogenannten „Hindu-Rate of Growth" geprägt war.[59] Im Gegensatz zur restlichen Bevölkerung Indiens, die in weiten Teilen Analphabeten blieb, erhöhte sich die Zahl der ausgebildeten Personen Keralas immer weiter, während der Staat immer weniger in der Lage war, diese Personen in entsprechende Arbeitsplätze zu bringen.[60] Innerhalb Keralas boten sich in den 1960ern abseits der Arbeit in der Landwirtschaft kaum anderweitige Beschäftigungsmöglichkeiten.[61] Mit einer Arbeitslosigkeitsquote von 1,9 % lag Kerala 1961 im Vergleich weit vor allen anderen indischen Bundesstaaten.[62] Dagegen zeigte die in der am 26.11.1950 in Kraft getretenen indischen Verfassung nach Art. 19 (d) garantierte Freizügigkeit innerhalb des gesamten Territoriums Indiens neue Möglichkeiten für die Bevölkerung der Region auf.[63] Anstellungen beispielsweise in den Zentren der nationalisierten Industrie oder bei der Staatsbahn wurden damit für die Menschen

---

this context, why Keralites remained as an immobile class, is a question requiring serious consideration." Joseph, 2006, 8.

[58] 1961 gab es in Kerala mehr Frauen als Männer. Auf 1 000 Männer kamen in dem südindischen Bundesstaat 1 022 Frauen, was deutlich über dem gesamtindischen Durchschnitt von 940 Frauen pro 1 000 Männer lag. Government of Kerala, 1962, 1, 2.

[59] „Der indische Wirtschaftswissenschaftler Raj Krishna prägte das geflügelte Wort von der „Hindu rate of growth", der Hindu-Wachstumsrate, von 3,5 Prozent pro Jahr, die bei einem Bevölkerungswachstum von zwei Prozent immerhin zirka 1,5 Prozent Wachstum des Pro-kopfeinkommens pro Jahr bedeutete." Dietmar Rothermund, „Die Liberalisierung Indiens", *Ruperto Carola*, Nr. 3 (1996).
In den 1960ern bestimmten Dürre-bedingte Hungerkatastrophen (zwei Dürrejahre ab 1965), der indisch-chinesische Grenzkrieg 1962, der zweite pakistanisch-indische Krieg sowie die 1966 um die Hälfte abgewertete Rupie die problematische Wirtschaftssituation der indischen Nation. Weitergehend siehe Dietmar Rothermund, *Indien: Aufstieg einer asiatischen Weltmacht* (München: Beck, 2008), 97–102.

[60] Vgl. Zachariah, Mathew, und Rajan, 2003, 14.

[61] Vgl. Zachariah, Mathew, und Rajan, 2003, 14.

[62] Devassy, 1965, 736.

[63] Vgl. The Gazette of India, *Constitution of India* (New Delhi, 1949).

aus Kerala zugänglich.[64] Migration wurde für die junge Generation der Malayalis zur validen Handlungsoption:

> With the demographic expansion of Kerala and the opportunities which opened up after independence, agricultural stagnation which followed agrarian reforms and the emergence of militant trade unionism in all economic sectors, youth began to move out in larger numbers to Chennai, Mumbai, Kolkota and other major cities in the country. This was purely an economic consequence of the imbalance between demographic expansion and employment opportunities in Kerala. Most of the outmigrants had all intentions of returning to Kerala once their work was over. In fact, except for those who moved into the neighbouring states of Karnataka and Tamil Nadu, most of the migrants returned once their tenure of work was over.[65]

Die Gemengelage führte zur Einleitung der ab den 1960ern zu verzeichnenden keralitischen Migrationskultur – der intraregionalen, aber auch internationalen Migration – welche eine Diaspora in der ganzen Welt begründete.[66]

Frauen in der Gesellschaft Keralas – Reflexionen der abgeschafften Matrilinearität

Im Gegensatz zu Frauen im restlichen Indien sollte sich im kleinen Bundesstaat an der Südspitze des Subkontinents vor allem während der sozialen Revolution durch eine regionale, historische Besonderheit eine Transformation der Rolle der Frau in der Gesellschaft vollziehen: Reflexionen abgeschaffter *matrilinearer Systeme*[67] schlugen sich maßgeblich in den gesellschaftlichen Positionen von Frauen

---

[64] „Migration to metropolitan centres [...].also represented – for those with no certificate o formal education or technical skills, no land of their own and the prospect of being forced to work as casual manual laborers – a way not only to escape unemployment and to seek better fortunes elsewhere, but also to save face and preserve prestige." Filippo Osella und Caroline Osella, *Social Mobility in Kerala: Modernity and Identity in Conflict* (London [u. a.]: Pluto Press, 2000), 76.

[65] Zachariah, Gopinathan Nair, und Rajan, 2006, 45.

[66] Einen kurzen Überblick über die Einleitung und den Verlauf einiger der grundlegenden Migrationsbewegungen findet sich bei Joseph, 2006, 32–62.

[67] Erbfolgeregelung über die weibliche Abstammungslinie. Obwohl im Rahmen dieser kursorischen Kontextualisierung von dem „Matrilinearen System" gesprochen wird, ist zu betonen, dass es de facto keine einheitliche Praxis gab und sich die Organisation regional aber auch innerhalb der Gemeinschaften unterschied. Während die Frage nach Einfluss und zeitlicher Präsenz der Matrilinearität in Kerala ganze Historikerdebatten ausmacht, ist zumindest festzustellen, dass die Praxis ab etwa 800–1100 n. Chr. in der Chera Dynastie archäologisch zu belegen ist. Vgl. Mahmood Kooria, „Encounters of Indic-Abrahamic Religions with Matriliny in Premodern Southern India", *Entangled Religions* 11, Nr. 5 (4. Februar 2022).

im Kerala der 1960er nieder. Matrilinear organisierte Gruppierungen in der „alten" Gesellschaft Keralas strukturierten über Jahrhunderte hinweg die Erbfolge über die weibliche Abstammungslinie.[68] Dieses System war nicht matriarchalisch – Frauen regierten nicht den Haushalt – dennoch gewährte das System Frauen partiell innerhalb der Gesellschaft mehr Freiheiten, Handlungsräume, Wahlmöglichkeiten und Respekt, als es für Frauen in weiten Teilen der Welt bis zum zwanzigsten Jahrhundert gängig war.[69] Durch Konvertierungen ausgelöst durch das Wirken westlicher Missionare war das matrilineare System auch zur Praxis innerhalb einiger christlicher Gruppierungen geworden:

> At the end of the nineteenth century, after sixty years of Christian-missionary conversion had eaten into Hindu numbers, 56 per cent of all families in Travancore, regardless of religion, were matrilineal. The proportion in Cochin and Malabar would have been at least as high.[70]

Die Verdrängung des matrilinearen Systems zu Gunsten eines Systems nach patrilinearer Erblogik erfolgte im ausgehenden 19. und eingehenden 20. Jahrhundert inkrementell durch Reformen und neue Rechtsnormen, die im Rahmen der kolonialen Gesetzgebung der Briten stattfand.[71] Die Transformation der Familiensysteme bestimmte vor allem die erste Hälfte des 20. Jahrhunderts und prägte eine starke Politisierung der Gesellschaft Keralas:

---

[68] Hier sind ist die hinduistische Gruppierung der Nayar hervorzuheben, die als Kriegerkaste nicht nur eine matrilineare Organisation der Familien verfolgten, sondern auch noch nach einer Studie von 1963 Polyandrie praktizierten. Vgl. Sarva Daman Singh, *Polyandry in Ancient India* (New Delhi: Vikas Publishing House, 1978), 167. Zur Funktion und Organisation des matrilinearen Systems in Kerala siehe Jeffrey, 1992, 34–41.

[69] Vgl. Jeffrey, 1992, 35.

[70] Jeffrey, 1992, 35.
Das matrilineare System war auch bei muslimischen Gruppierungen Keralas verbreitet: „Matriliny also governed the family arrangements of high-status Muslims in Kerala until the 1950 s. Virtually all Mappilas in north Malabar – where they were less than a quarter of the population and where a Muslim family, the Arakkal Rajas, once ruled – were matrilineal, as were the commercial Mappilas of Calicut and other towns. In Malabar, the right to demand an individual share of a family's property came only with legislation in 1939, and it was 1962 before all intestate Muslims were governed by Islamic, not matrilineal, inheritance law." Jeffrey, 1992, 112.

[71] Mit diesem Prozess wurde auch die zuvor gesellschaftlich akzeptierte Polyandrie zugunsten einheitlich praktizierter Monogamie verdrängt. Zum Prozess der Abschaffung des Systems unter einer detaillierten Auflistung der relevanten Gesetze siehe Jeffrey, 1992, 41–49.

Between the 1920s and the 1950s, disarray and dispute in matrilineal families affec-
ted the lives of hundreds of thousands of people in Malabar, Cochin and Travancore.
Intense and widespread, the problem drove people to try to change laws relating to
inheritance and marriage. It thereby drew a larger proportion of people into public political activity than occurred elsewhere in India where family structures did
not break down so completely. Women in matrilineal families could do little to preserve the advantages of their forebears; yet even in the emerging patrilocal, patrilineal
society, they created a place for themselves that was unique in India.[72]

Angesichts der Rolle der Frauen im Rahmen des alten Systems der Matrilinea-
rität war es vielen jungen Frauen schon vor der Errichtung eines zentralisierten
Schulsystems möglich gewesen Schulen zu besuchen.[73] Mit der sozialen Revolution, die mit der Expansion des sozialen Sektors einherging, wurden neue
Berufe für gebildete Frauen geöffnet und gleichzeitig der Bildungszugang für
Frauen flächenweit ermöglicht. In den Schulen setzten selbstverstärkende Wech-
selwirkungen aus Bildung und den Reflexionen der Erfahrungen aus der Zeit der
Matrilinearität ein, welche die Gesellschaft wie auch die Rollen und Positionen
der Frauen beeinflussten:

Without schools, the place of women in Kerala would be very different; but without
women, Kerala's school system would be unrecognisable. The proposition may seem
self-evident. [...] The school system became the robing room where two or three gene-
rations of women shed aspects of the matrilineal culture that had allowed them to be
there in the first place and put on skills that gave them economic value in the new
world of salaried job and patriarchal monogamy.[74]

Vor diesem Hintergrund war die Lebensrealität junger Frauen in der dynamischen Gesellschaft Keralas der 1960er von Räumen und Perspektiven aber auch

---

[72] Vgl. Jeffrey, 1992, 34.
  Es bleibt zu betonen, dass nicht nur der europäische Einfluss u. a. der Missionare, sondern
auch die Abwertung durch Hindus hohen Status anderer Regionen Indiens zur Abschaffung
des Systems führte: „The matrilineal joint-family did not fit any all-India Hindu model, at
least as interpreted by the Victorian elite. The Hindu of Madras intoned against ‚the slur [...]
on Malabar Society [...] of universal concubinage'." Jeffrey, 1992, 40.

[73] „Having permitted their girls to go to the old schools, matrilineal families let them go to
the new ones as well. At the same time, European Christian missionaries made it increasingly
respectable for Christian girls, both newer converts and Syrians, to go to school." Jeffrey,
1992, 55.

[74] Jeffrey, 1992, 157.

spezifischen Grenzen geprägt, die sich in einigen Aspekten von weiten Teilen des restlichen Indien maßgeblich unterschieden und in anderen sehr ähnelten.[75]

Rechtliche Position von Frauen und die Lebensrealität in *Joint-Families*
Zwar wurde durch Art. 14 und Art. 16 der indischen Verfassung auch die Gleichstellung von Mann und Frau verankert, dennoch sah in den 1960ern die gesellschaftliche Realität durch die traditionelle Prägung sowie partikulare Gesetzeslagen vor allem im Bereich des Familienrechts anders aus.[76]

Abseits von jeglichen sozialen Sicherungssystemen, welche vonseiten des Staates zu Beginn der 1960er quasi nicht existent waren, wurde der Familie als soziales System in der gesellschaftlichen Organisation eine immens hohe Priorität zugeschrieben. In diesen familiären – nun patrilinear und patrilokal– organisierten Strukturen war jedoch eine systematische Ungleichbehandlung zwischen Frau und Mann festgeschrieben.[77]

---

[75] „Women may do more things in Kerala than elsewhere in India; but they do not enjoy equality with men. If they leave the accepted spheres to enter public politics, they face innuendo, ridicule and disappointment." Jeffrey, 1992, 216.

[76] Vgl. The Gazette of India, 1949. Bis heute gibt es in Indien kein einheitliches Familienrecht, das Ehe-, Scheidungs-, Unterhalts- oder Erbrecht regelt. Diese Rechtsgebiete werden durch religiös ausgerichtete Systeme des Familienrechts (personal laws) geordnet, in denen patriarchalische und diskriminierende Normen die wirtschaftliche Abhängigkeit von Frauen festschreiben. Vgl. Jona Aravind Dohrmann, „Frauen und Recht in Indien", *Indien – Politik Wirtschaft* (4. April 2017): 97–122 Seiten.

[77] „Within the family, because of patrilocal residence, patrilineal inheritance and the practice of dowry, sons were preferred to daughters to some extent, and preferential treatment was given to sons in such matters as education, etc." Alexander, 1968, 77.

In den meisten Fällen waren die christlichen Haushalte in den 1960ern als *Joint Family*[78] organisiert.[79] Neben Großeltern und Eltern lebten die Töchter und Söhne, nach der Eheschließung die Ehefrauen der Söhne und deren Kinder nach patrilokaler Residenzregel unter einem Dach. Das Familiensystem war temporär angelegt, denn über die Zeit bauten die verheirateten Söhne eigene Häuser und zogen mit ihren Kernfamilien aus dem Elternhaus aus.[80] Das gemeinsame Leben mit den Eltern des Ehemannes war jedoch weithin gängige Praxis.[81] Die Verpflichtungen gegenüber einer gemeinsamen Einkommensverantwortung betraf jedes Mitglied der *Joint Family*. Dies bildete sich in Anbetracht der Entscheidung ab, nach Abschluss der Grundschule entweder einer höheren Bildung zu folgen oder einer einfachen Arbeit nachzugehen.[82] Die Machtverhältnisse waren von patriarchalen Strukturen geprägt und bildeten damit ein System von sozialen Beziehungen ab, dessen dominante Prinzipien, Normen, Regeln und Werte durch Männer (hier in der Familienrolle als Großväter, Väter, Onkel und älterer Brüder)

---

[78] „We call that household a joint family which has greater generation depth (i. e. three or more) than the nuclear family and the members of which are related to one another by property income and the mutual rights or obligations. The members may be related collaterally or lineally." I. P. Desai, „The Joint Family in India – An Analysis", in *The family in India: structure and practice* (New Delhi: Sage Publications, 2005), 85.

Die folgenden Ausführungen zu *Joint Families* basieren größtenteils auf Teilen der 1961 veröffentlichen Forschungsergebnisse von Georg Kurian zu den ruralen Verhältnissen von Thomaschristen in Kerala: „The rural group is composed mostly of planters and businessmen. [This rural group has] a fairly high standard of living, earning around Rs. 500/- per month. Although they are not fully representative of the average person in the country, especially from an income point of view, these groups were studied as future indicators of a society where much planned economic development is taking place to raise the standard of living." Kurian, 1961, 21.

[79] Die Abschaffung des matrilinearen Systems hatten zu einer allgemeinen Einführung des patrilinearen und patrilokalen Systems geführt. Die syro-malabarische Community hatte jedoch schon zuvor in Tradition der hoch angesiedelten Kasten der Hindus ebenso Patrilinearität praktiziert. Vgl. Thomas, 2019, 141.

[80] Vgl. Alexander, 1968, 77.

[81] Vgl. Kurian, 1961, 38–39.

[82] Vgl. Alexander, 1968, 133.

Zwar war Kerala mit seinem Bildungssystem im Vergleich zum Rest von Indien weit vorangeschritten, dennoch stellte der höhere Bildungsweg im Rahmen des Besuchs der Sekundärstufe für beide Geschlechter in den 1960ern nicht die Regel dar. In der Altersgruppe aller 6–11 waren 95,9 % der Männer und 86,7 % der Frauen vertreten, in der Altersgruppe 11–14 noch 38,6 % der Männer und 27,5 % der Frauen, in der Altersgruppe 14–17, also der Sekundarstufe, nur noch 20,0 % der Männer und 11,0 % der Frauen. Vgl. Kurian, 1961, 45.

gesetzt, geprägt und kontrolliert wurden.[83] Der bereits erwähnte matrilineare Einfluss aus der Vergangenheit prägte jedoch ebenso die Gesellschaft, Perspektiven und Räume der Aushandlung. Doch nicht nur das Geschlecht, sondern auch das Alter war innerhalb der Machtverteilung der *Joint Family* relevant. Beispielsweise wurde Frauen der älteren Generation mehr Entscheidungsmacht zugewiesen.[84]

Das Zusammenleben im großen Familienverband einer *Joint Family*, ohne jegliche Privatsphäre, ging zumeist auf die Kosten der Frauen, welche die Sorgearbeit im Bereich Haushalt, Pflege der Angehörigen sowie Sozialisierung des Nachwuchses trugen.[85] Gleichzeitig wurde die Lohnarbeit im Sinne von geschlechtsspezifischen Tätigkeiten außerhalb des Hauses von Frauen erwartet, da sie zur Sicherheit und zur sozialen Mobilität der gesamten Familie beitrugen.[86] Erst mit der Heirat schieden Töchter aus dem Haus ihrer eigenen *Joint Family* und wurden Teil der *Joint Family* des Ehemanns, wobei das durchschnittliche Heiratsalter der Frauen Keralas 1961–1971 bei 20,88 Jahren lag.[87] Hinsichtlich der Eheschließung war die soziokulturelle Praxis der Mitgift weiter bestimmend.[88]

---

[83] „It has often been a misconception that matrilineal societies translate into female empowerment. It is also often falsely assumed that women in these societies have more rights and access to property. In reality, responsibility for land management vested principally with older men, usually brothers or maternal uncles." Sivaraman, 2017, 101.

[84] „Within the family very great reverence was always paid to the old men and women, and when anything affecting the welfare of the whole family was in question, like the choice of a bride for a son of the house, all members must do their best to attend the deliberations. Nothing was ever done without consulting the grand-father or grand-mother of a house, and often the life of the household revolved around them." Brown nach Kurian, 1961, 39.

[85] „While such a system has frequently been hard on the individual, stifling personality and even leading to grave injustice and ill-treatment, the credit side has been considerable for it has provided the greatest possible insurance and solidarity for the clan. Illness, loneliness, loss of parents, widowhood, handicaps and old age were no longer problems of the same magnitude in a group as in the single-family unit. The joint family, however, imperfectly gave shelter and protection. Relations always had a home to go to in times of distress, the old never felt useless and abandoned, and living expenses were greatly reduced by the economic factors of a common roof and kitchen." Tara A. Baig, Hrsg., Women of India (New Delhi: Publications Division [Ministry of Information and Broadcasting, Govt. of India], 1958), 109.

[86] Vgl. Devika und Mukherjee, 2007, 109.

[87] Vgl. Leela Gulati, *Fisherwomen on the Kerala Coast: Demographic and Socio-Economic Impact of a Fisheries Development Project* (Geneva: International Labour Office, 1984), 22.

[88] Dies gilt es zu betonen, obwohl 1961 die Mitgiftpraxis mit dem *The Dowry Prohibition Act* staatlich für illegal erklärt wurde. In der Studie Rural Economic and Demographic Survey (REDS) wird davon ausgegangen, dass zwischen 1960–2008 in 95 % aller Eheschließungen

Die Praxis der Mitgift und der Entwurf eines Lebens in einem Ordenshaus

Die Praxis der Mitgift als Vermögentransfer, welche in Form von Gütern durch die Familie der Braut in eine Ehe gebracht wird, spielte in den 1960er Jahren in der Gesamtregion Südasien und auch bei der christlichen Minderheit Keralas eine große Rolle.[89] Eine höhere Bildung der Tochter führte auch zu einer höheren Mitgiftsumme für den Familienverband, die es aufzubringen galt. Familien erschien es häufig nicht attraktiv ihre Töchter einer kostenpflichtigen höheren Ausbildung zuzuführen, da die Tochter mit dem Ausscheiden aus der Ehe auch aus finanziellen Verpflichtungen ihrer leiblichen Familie schied.[90]

Die Heirat innerhalb der christlichen Gruppierungen wurden in der damaligen Zeit normalerweise durch die Eltern arrangiert, wobei die Summe der Mitgift im Übereinkommen beider Elternpaare und damit letztendlich der Festlegung einer Hochzeit eine entscheidende Rolle zukam.[91] Mit dem Übergang in die neue *Joint Family* durch die Heirat übernahm die Ehefrau traditionell die Verpflichtungen gegenüber der *Joint Family* ihres Ehemanns, was auch die Haus- sowie die Sorgearbeit um die Angehörigen des Ehemannes betraf.

Mitgift gezahlt wurde. Vgl. S Anukriti, Prakash Nishith, und Kwon Sungoh, „The Evolution of Dowry in Rural India: 1960–2008", 30. Juni 2021.

[89] „In marriage, payment of dowry was, and is, a great determining factor in deciding the match. The bridegroom's wealth or the bride's ability to provide a big sum as dowry is a very important factor. Probably this is a development of the money economy. The girl's education makes her a more attractive proposition in present times, rather than reliance only on looks and ability to run a household. Premarital chastity is something which is taken for granted." Kurian, 1961, 37.

In diesem Zusammenhang ist auf eine näher zu untersuchende Korrelation der Mitgiftsummen in den 1960ern und der zunehmenden Emigration von keralitischen Frauen hinzuweisen: Mit 1964 – dem Beginn der Nirmala-Aktion – verdoppelte sich innerhalb der christlichen Community der Schnitt der Mitgift innerhalb von vier Jahren von knapp 20.000 INR auf etwa 40.000 INR, während der Schnitt der Mitgift in den anderen religiösen Communities eine nahezu gleiche Wachstumsrate verzeichnete. Vgl. Anukriti, Nishith, und Sungoh, 30. Juni 2021.

[90] Sheba Mariam George verweist in diesem Kontext auf die Aussage einer Interviewpartnerin: „As one of my female respondents put it, investing money in a girl's welfare and education was seen as 'watering the fruit trees in your neighbor's garden'." George, 2005, 42.

[91] Vgl. Alexander, 1968, 78.

Verbunden mit den finanziellen Implikationen einer parentalen Verantwortung gegenüber einer Tochter war auch der Ordenseintritt als Abgabe in ein familiäres Ersatzsystem gängig, wobei auch dort für einen Eintritt ein Einbringegut erwartet wurde.[92] Trotz der ökonomischen Implikationen wurden Klostereintritte als alternativer Lebensentwurf zur eigenen Familiengründung durch Verehelichung qualifiziert, da eine *Joint Family* trotz des aufzubringenden Einbringeguts in einer Gesamtkostenanalyse finanziell entlastet werden konnte.[93]

Bei der Prägung der christlichen Familien kam zudem das religiöse Leben in der kirchlichen Gemeinschaft hinzu, welches den Familienalltag strukturierte, die Kastenzugehörigkeit des Familienverbands sicherte, zugleich aber zugleich die Individuen in ein weiteres soziales Machtsystem mit patriarchaler Hierarchie einbettete:

> The patriarchal form of culture that is so deeply embodied in the Indian ethos has sanctioned an institutionalized system of male domination at many levels of Indian culture and it even constantly affects the activities of the church. Women are facing multiple forms of abuse due to the unique feature of the patriarchal system in Indian society in which there is male domination. In every patriarchal pattern there is a hierarchical structure. This structure exists in the Christian community and subjugates women in the Church as well.[94]

Die Ursprünge eines Berufs- und Migrationsmodells für christliche Keralitinnen

Durch das Zusammenspiel der christlichen Missionen in Indien und dem Wirken britischer Kolonialmächten, hatte nicht nur die westliche Medizin, sondern auch die westliche Konzeption eines institutionell organisierten Gesundheitssektors in

---

[92] Während es hierzu keine dezidierte Forschungsliteratur gibt, findet die Praxis auch Erwähnung in Dougal, 1971, 78.

[93] In Zeiten höherer Mitgiftsanforderungen, in Zeiten ungleicher Geschlechterverteilung resultierend aus Krieg oder Epidemien, sind mehr Klostereintritte zu verzeichnen. Vgl. Siwan Anderson, „The Economics of Dowry and Brideprice", *Journal of Economic Perspectives* 21, Nr. 4 (1. November 2007): 165.

[94] Varghese, 2013, 41.

Südasien Einzug gehalten.[95] Dies war in Kerala im 19. Jahrhundert durch Unterstützung der lokalen Fürstenhäuser geschehen.[96] In diesen Entwicklungen ist auch der Import des westlich traditionellen Rollenbilds der Krankenschwester zu

---

[95] Die Organisation von Pflegefachkräften für die indischen Streitkräfte war für die imperialen weltumspannenden Kriege der britischen Kolonialmacht unerlässlich. Diese Entwicklungen festigten das System der modernen Krankenpflege in Indien. Vgl. Nair, 2012, 29. Für eine historische Einordnung zur Etablierung des öffentlichen Gesundheitssektors in British Indien siehe Muhammad Umair Mushtaq, „Public Health in British India: A Brief Account of the History of Medical Services and Disease Prevention in Colonial India", *Indian Journal of Community Medicine* 34, Nr. 1 (2009): 6. Zur Entwicklung der Krankenpflege in Indien siehe Nair, 2012, 29–40. Zur Entwicklung der Krankenpflege in Kerala siehe Nair, 2012, 40–47.

[96] „Kerala has a long history of organized health care. Before the advent of European medicine, families of practitioners of indigenous systems like Ayurveda handed their traditions from generation to generation. People were accustomed to approaching caregivers when they were sick, rather than turning to self-treatment. When the colonial powers established their presence in the region, they brought their medical system with them. In the 19th century, the princely rulers of the erstwhile states of Travancore and Cochin (which later were integrated into the state of Kerala along with the Malabar district of the Madras presidency in British India) took the initiative in making the western system of care available to their subjects. A royal proclamation of 1879 made vaccination compulsory for public servants, prisoners and students. […] the general hospitals in Trivandrum and Cochin are about 150 years old." V Raman Kutty, „Historical analysis of the development of health care facilities in Kerala State, India", *Health Policy and Planning* 15, Nr. 1 (2000): 104.

verorten, wie es vor allem durch Florence Nightingale geprägt wurde.[97] Gleichwohl stellte vor 1947 für eine Keralitin der Berufsweg als Krankenschwester die Ausnahme dar.[98]

Missionskrankenhäuser in abgelegenen Gebieten in Trägerschaft christlicher Kirchen steigerten nach und nach die Nachfrage an indischem Pflegepersonal, wobei vor allem junge christlichen Frauen sich für den Beruf der Krankenschwester entschieden.[99] Ab den 1940ern ist zu verzeichnen, dass Frauen aus Kerala für das Studium und die Arbeit an Orte wie Mumbai und Patna zogen, wo sie in Krankenpflegeschulen und Krankenhäuser ausgebildet wurden und arbeiteten, die von Missionaren geleitet wurden.[100] Die Ausweitung der Ausübung des Krankenpflegeberufs in Verbindung mit einem internationalen Migrationsprojekts erfolgte unter britischem Einfluss: Bereits in den 1930ern waren einige Menschen aus Kerala in den Nahen Osten migriert, so auch nach Kuwait, das unter britischem Protektorat stand. In Kuwait war derweil in der ersten Hälfte des 20.

---

[97] „Florence Nightingale is known to nurses all over the world. Nurses learn of her life and her impact on current nursing care during academic studies. Although she is best known for her impact on the care of wounded soldiers in Turkey during the Crimean War (1854–1856), she also made other significant contributions to patient care. Nightingale was a nurse in Great Britain in the 19th century. Many believe she is a pioneer of modern nursing. Still others criticize her work and subject her to ridicule. Others believe her work is outdated. Despite the varying opinions, Nightingale impacted patient care, and many of her teachings are still evident today." Vickie A Miracle, „The life and impact of Florence Nightingale", *Dimensions of critical care nursing* 27, Nr. 1 (1. Januar 2008): 21–23.

Nightingale selbst sollte durch eine Auswertung statistischer Daten zum Gesundheitszustand der Soldaten des Britischen Empires zu sanitären Reformen im British Raj bewegen. Vgl. Judith C. Hays, „Florence Nightingale and the India Sanitary Reforms", *Public Health Nursing* 6, Nr. 3 (September 1989): 152–54.

1914 rekrutierten die britischen Kolonialkräfte die ersten indischen Krankenschwestern für den Indian Military Nursing Service unter direkter Leitung von Florence Nightingale, wobei diese Frauen hauptsächlich aus christlichen Gemeinschaften Keralas sowie aus der anglo-indischen Gruppierung stammten. Vgl. George, 2005, 41.

[98] „Eight Swiss nuns began work as nurses in Trivandrum in 1906, and formal nursing courses were established in hospitals in Trivandrum and Ernakulam in the 1920 s. But by 1938, Travancore had only 180 nurses, more than 50 of whom were Europeans. In 1950, the new state of Travancore-Cochin had fewer than 400 nurses, though most by then were Malayalees." Jeffrey, 1992, 193.

[99] Vgl. Kutty, 2000, 104.

[100] Vgl. World Health Organization, 2022, 19.

Jahrhunderts ein institutionalisiertes Gesundheitssystems nach westlichen Ordnungsprinzipien durch christliche Missionare begründet worden.[101] Der in den frühen 1950ern einsetzende Ölboom in Kuwait führte zu einer Expansion des dortigen Pflegesektors und damit zu einer hohen Nachfrage an Pflegepersonal, wodurch indische Krankenschwestern aus Kerala Beschäftigung fanden.[102] Vorausgesetzt war die partielle Akzeptanz der patriarchal dominierten Gesellschaft der Christen Keralas, dass Frauen einer Lohnarbeit nachgingen:

> The advantage of Kerala women lay in families' readiness, demonstrated since the 1920s, to send young women into salaried work. Once nursing opened up as a sure avenue of employment in the 1950s, families - often, but not exclusively, Christian - readily directed their high-school educated daughters towards it.[103]

---

[101] Die Einsatzmöglichkeit der Krankenschwestern aus Kerala in den Golfstaaten bereits in den 1950ern ist auf die Resonanz der Organisation von Krankenpflege nach religiösen Vorstellungen zurückzuführen. Die Wurzeln des institutionellen Gesundheitssektor Kuwaits sind auch im Handeln kirchlicher Akteure unter Unterstützung der lokalen Regierung zu verorten: „Great strides have been made in health, since 1910 in which, curative health services were provided by American missionaries, till the time being. One of the largest ministries in Kuwait, the Ministry of Health was established in 1936. However, the history of healthcare in Kuwait is much older – dating back to the first years of the twentieth century when the ruler, Shaykh Mubarak Al Sabah the Great, invited doctors from the Arabian Mission of the Dutch Reformed Church in the United States to establish a clinic. By 1911 the group had organized a hospital for men and in 1919 a small hospital for women. In 1934 the thirtyfour-bed Olcott Memorial Hospital opened. Between 1909 and 1946, Kuwait experienced gradual, albeit limited, improvement in health conditions. […] After the government began receiving oil revenues, it expanded the health care system, beginning with the opening of the Amiri Hospital in 1949. The *Kuwait Oil Company* (KOC) also opened some small health facilities. […] In the 1950 s, the government introduced a comprehensive health care system offering free services to the entire population. Free health care was so extensive that it even included veterinary medicine." World Health Organization, „Health Care System Profile – Kuwait" (Genf: Regional Health Systems Observatory- EMRO, 2006), 17.

[102] Vgl. World Health Organization, 2022, 17.

[103] Jeffrey, 1992, 194.

Während eine steigende Nachfrage seitens junger Frauen zu verzeichnen war, blieb der Krankenpflegeberuf gesellschaftlich mit einem Stigma versehen. Resonanz war vor allem bei Frauen aus strukturell benachteiligten Familien zu verzeichnen.[104] Gleichwohl öffnete sich für die gebildeten Frauen Keralas durch die Berufswahl die Möglichkeit die traditionell durch die *Joint Families* diktierten Lebensentwürfe auszuloten und eine neue Rolle innerhalb der Familien einzunehmen:

> As nursing opened up a window of opportunity for young women to contribute to the family income, there was a concurrent change in their status both in the family and in the wider Keralite society. These young women were transformed from burdens and liabilities into financial assets within the family. But because of nursing's negative status in Kerala, and its gender and class stigmas, society was not without ambivalence about this transformation. Moreover, the greater autonomy of nurses was offset by their culturally prescribed dependence both within the family and in their gender and class positions in society.[105]

Die Entwicklungen eines beginnenden „Exports"[106] von Krankenschwestern durch ein Migrationsprojekt führte ab den 1950ern zu einer nahezu exponentiellen Expansion der Krankenschwesternzahl in Kerala (Abbildung 2.5) (Tabelle 2.2).[107]

---

[104] „Despite the religious packaging of the profession highlighting its noble aspects, nursing was seen as a low-status trade rather than as an education. In the early years, nursing schools, eager for students, were known to accept those who had failed to complete high school. After three and a half years of simultaneously taking classes and working in hospitals affiliated to the nursing schools, the nurses received diplomas rather than degrees. Within the Christian community in Kerala, mostly young women from the less well-off families responded to the recruitment efforts of the nursing schools. Many nursing schools provided free education and a monthly stipend to the students they recruited, in return for a period of bonded service by the nursing graduate." George, 2005, 41.

[105] George, 2005, 41–42.

[106] Weitergehend zu den Implikationen der Entwicklungen in den 1960ern hin zur regionalen Ausbildung eines Wirtschaftssystems, das u. a. auf der weltweiten Entsendung von Pflegepersonal basiert, siehe in Kapitel 5.3. 60 Jahre später – Schmetterlingseffekt der 1960er?

[107] Zusammengetragen durch Robin Jeffrey auf Grundlage von Zensus Daten und weiteren Veröffentlichen des Departments of Economics and Statistics (Trivandrum). Vgl. Jeffrey, 1992, 194.

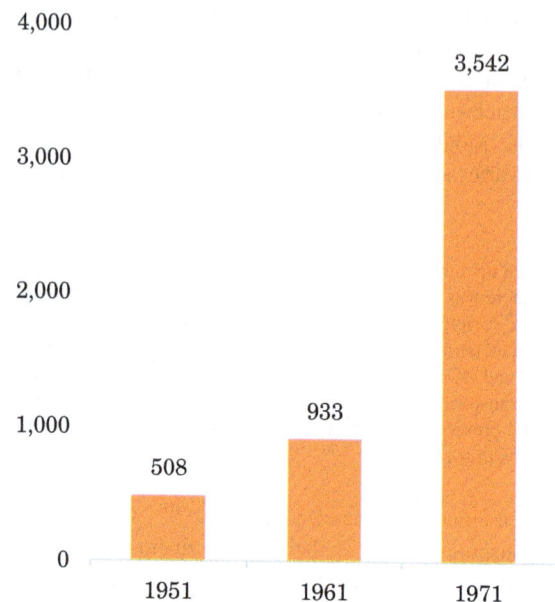

Abbildung 2.5 Anzahl der Krankenschwestern in Kerala (1951–1971)

Tabelle 2.2 Anzahl der Krankenschwestern in Kerala (1951–1971)

Jahr	Anzahl	Verhältnis Krankenschwestern zur Bevölkerung	Krankenschwestern auf 100 000 Menschen
1951	508	1: 26 770	4
1961	933	1: 18 115	6
1971	3.542	1: 6 040	17

2.2   Empfängerregion: Bundesrepublik Deutschland

Vom „Wirtschaftswunder" über die Politik zur neuen Konsumkultur
Die 1960er Jahre in der Bundesrepublik Deutschland waren ein Jahrzehnt des religiösen, ökonomischen, politischen, sozialen und gesellschaftlichen Wandels[108] Politisch hatte sich nach Kriegsende 1945 die am 23.05.1949 gegründete junge Bundesrepublik Deutschland zu Beginn der 1960er Jahre im wirtschaftlichen sowie politischen Sinne zu einem stabilen Staat entwickelt.[109] Die vorangegangenen 50er Jahre waren gekennzeichnet durch einen raschen wirtschaftlichen Aufstieg und Strukturwandel, welche in der breiten Gesellschaft unter dem Begriff „Wirtschaftswunder" mystifiziert wurde.[110] Die Prosperität war die Grundlage der Transformationsprozesse, die sich auf verschiedenen Ebenen vollzogen.[111] Auf gesellschaftlicher Ebene erhielt die Konsumkultur in der breiten

---

[108] Für eine kondensierte Abhandlung der Sozialgeschichte der 1960er in der Bundesrepublik Deutschland siehe Axel Schildt, *Die Sozialgeschichte der Bundesrepublik Deutschland bis 1989/90* (München: Oldenbourg, 2007), 30–53.

[109] Im vorausgegangen Konsolidierungsprozess der Bundesrepublik Deutschland sind u. a. die am 20. Juni 1948 in Kraft getretene Währungsreform und die Verabschiedung des deutschen Grundgesetztes am 23. Mai 1949 zu nennen.

[110] Zum Mythos Wirtschaftswunder siehe Werner Abelshauser, „Wunder gibt es immer wieder. Mythos Wirtschaftswunder", *D-Mark, Aus Politik und Zeitgeschichte,* 68. Jahrgang, Nr. 27/2018 (2. Juli 2018). Zur Einordnung der wirtschaftlichen Entwicklungen und den Änderungen in der Wirtschaftsordnung der Bundesrepublik Deutschland in den 1960ern siehe Gerd Hardach, „Krise und Reform der Sozialen Marktwirtschaft. Grundzüge der wirtschaftlichen Entwicklung in der Bundesrepublik der 50er und 60er Jahre", in *Dynamische Zeiten: Die 60er Jahre in den beiden deutschen Gesellschaften,* hg. von Karl C. Lammers, Axel Schildt, und Detlef Siegfried (Hamburg: Christians, 2000).

[111] „Das Bruttosozialprodukt [...] als grundlegende Kennziffer einer Volkswirtschaft hatte sich – berechnet nach konstanten Preisen – bereits von 1950 bis 1960 mehr als verdoppelt und verdoppelte sich dann nahezu nochmals bis zur Mitte der 1970er Jahre. Hohe jährliche Zuwachsraten von bis zu acht Prozent und im Durchschnitt des Jahrzehnts von über vier Prozent – lediglich im Rezessionsjahr 1967 stagnierte das BSP – zeigen die enorme wirtschaftliche Prosperität in den 1960er Jahren." Schildt, 2007, 30.

Gesellschaft Einzug.[112] Auf politischer Ebene beeinflusste die von Bundeskanzler Adenauer[113] verfolgte Westintegration wesentlich die Entscheidungen in der Außenpolitik und im Außenhandel der 1960er.[114]

Religion und die Kirchen in der Bundesrepublik Deutschland
Als signifikanter Akteur im gesellschaftlichen Geschehen in dieser Zeit ist die katholische Kirche hervorzuheben. Die christlichen Kirchen nahmen in der Nachkriegszeit eine wichtige gesellschaftliche Rolle ein. Nach Kriegsende genossen die katholische und evangelische Kirche das Vertrauen der Bevölkerung, waren Gesprächspartner für die Besatzungsmächte und waren im Gegensatz zum Staat die einzigen Institutionen, die noch aktiv Kontakte ins Ausland hielten.[115] Zudem waren die Kirchen wichtige Träger der Pflege-Institutionen der Bundesrepublik Deutschland.[116]

---

[112] Vgl. Axel Schildt, „Materieller Wohlstand – pragmatische Politik – kulturelle Umbrüche. Die 60er Jahre in der Bundesrepublik", in *Dynamische Zeiten: Die 60er Jahre in den beiden deutschen Gesellschaften*, hg. von Karl Christian Lammers, Axel Schildt, und Detlef Siegfried (Hamburg: Christians, 2000), 16–17.

[113] Konrad Adenauer (CDU) war bis 1963 der erste Bundeskanzler der Bundesrepublik Deutschland. Ihm folgte 1963–1966 Ludwig Erhard (CDU),1966–1969 Georg Kiesinger (CDU) und 1969–1974 Willy Brandt (SPD).

[114] Zu den integralen Verträgen dieser Bemühungen gehören unter anderem durch das Petersberger Abkommen (1949), die Mitbegründung der Montanunion (1951), den Deutschlandvertrag (1955) sowie der Beitritt zur WEU (1955) und zur NATO (1955). Der Beitritt zum Vertrag über die Europäische Wirtschaftsgemeinschaft (1958) stellte einen großen Meilenstein für die weitergehende regionale Integration mit den westeuropäischen Staaten dar. Vgl. Werner Abelshauser, *Deutsche Wirtschaftsgeschichte: von 1945 bis zur Gegenwart* (München: Beck, 2011), 256–62.

[115] Vgl. Markus Würtz und Ulrike Schröber, „Kirchen", in *Lebendiges Museum Online* (Stiftung Haus der Geschichte der Bundesrepublik Deutschland, 28. Januar 2016).

[116] Tobias Jakobi stellte noch 2005 hinsichtlich einer statistischen Erfassung zu Krankenhäusern in kirchlicher Trägerschaft fest, dass bis zu diesem Zeitpunkt weder von staatlicher Seite noch durch die beiden Kirchen entsprechende Statistiken geführt wurden, aus denen verbindliche Zahlen hervorgehen. Zur Bedeutung der kirchlichen Einrichtungen hält er dennoch fest: „Mit der Herausbildung des Sozialstaats am Ende des 19. Jahrhundert nahmen die Kirchen jedoch als bedeutende Trägergruppe an der enormen quantitativen und qualitativen Entwicklung des Krankenhauswesens teil. Kirchliche Krankenhäuser wurden im demokratischen Sozialstaat nach 1945 in die freigemeinnützigen kirchlichen Wohlfahrtsverbände eingegliedert und als wichtige Agenturen des Sozialstaats in das Sozial- und Gesundheitswesen eingebunden." Tobias Jakobi, „Kirchliche Krankenhäuser im Umbruch" (Frankfurt: Oswald von Nell-Breuning Insitut, 2005), 35.

Die deutsche Gesellschaft war in der ersten Hälfte der 1960er noch immer von einer starken religiösen Rückbindung innerhalb der Kirchenstrukturen geprägt.[117] Die gesellschaftlichen Entwicklungen resonierten aber auch mit den Kirchen und die innerkirchlichen Entwicklungen der 1960er sollten die Strukturen des gesamten katholischen Christentums aufwirbeln, und damit auch für die katholische Kirche in Deutschland eine Zeit des massiven Umbruchs bedeuten.[118] In Rom hatte Papst Johannes XXIII. bereits 1959 eine Anpassung des kanonischen Kirchenrechts, welches zu diesem Zeitpunkt maßgeblich auf dem *Codex*

---

[117] 1961 waren 43,9 % der deutschen Bevölkerung katholische sowie 50,2 % evangelische Kirchenmitglieder. Nach einer Umfrage des Allensbacher Institut für Demoskopie zur religiösen Praxis besuchten 1963 55 % der deutschen Katholiken regelmäßig den Gottesdienst. Eine Änderung der religiösen Verankerung innerhalb der Kirchen ist in der zweiten Hälfte der 1960er zu verzeichnen: „Von den 1950er Jahren bis Mitte der 1960er Jahre war das Niveau der Kirchenaustritte äußerst niedrig. Jährlich verließen damals nicht mehr als Zwanzig- bis Dreißigtausend die katholische und Dreißig- bis Vierzigtausend die evangelische Kirche […]. Das entspricht einer jährlichen Kirchenaustrittsrate von 0,1 bis 0,2 % […]. Die Zahl der Eintritte und Wiederaufnahmen belief sich bei den Katholiken auf 15 000 bis 20 000, bei den Evangelischen auf etwa 35 000 und lag damit kaum unter dem Niveau der Kirchenaustritte. Die Aufnahmen glichen in den Jahren zwischen 1950 und 1965 die Austritte also nahezu aus. In der zweiten Hälfte der 1960er Jahre schnellten die Kirchenaustrittszahlen jedoch quasi „über Nacht" nach oben." Vgl. Detlef Pollack, „Religiöser und gesellschaftlicher Wandel in den 1960er Jahren", in *Religion und Lebensführung im Umbruch der langen 1960er Jahre*, hg. von Claudia Lepp, Harry Oelke, und Detlef Pollack (Göttingen: Vandenhoeck & Ruprecht, 2016), 37, 41.

[118] „Für keine Institution und soziale Gruppe in der deutschen Gesellschaft dürften die 60er Jahre von ähnlich weitreichender Bedeutung gewesen sein wie für die katholische Kirche und die Katholiken. Sie brachten mit dem Zweiten Vatikanum und seinen Umsetzungsbemühungen in Deutschland einen unerwarteten Auf- und Umbruch zugleich. Vom Tridentinum bis in die unmittelbare Vorkonzilszeit hinein zieht sich durch das neuzeitliche katholische Christentum eine dominierende und sich stets aufs Neue durchsetzende Linie der Abgrenzung gegenüber der modernen Welt insgesamt sowie gegenüber einzelnen Umweltsegmenten. Die Abgrenzung richtete sich gegen den Verlust der eigenen Monopolstellung in der westlichen Christenheit durch den Protestantismus, gegen die europäische Aufklärung und ihren Anspruch des autonomen menschlichen Vernunftgebrauchs sowie gegen die Deutungsversuche der modernen Welt in den Ideologiesystemen des Liberalismus und Sozialismus. Der Widerspruch galt jener Transformation, die heute in der Gesellschaftstheorie relativ unbestritten als Kern des gesellschaftlichen Umbaus zur Moderne hin betrachtet wird: der Umstellung des dominierenden Differenzierungsprinzips von hierarchischer Schichtung auf funktionale Differenzierung." Karl Gabriel, „Zwischen Aufbruch und Absturz in die Moderne. Die katholische Kirche in den 60er Jahren", in *Dynamische Zeiten: Die 60er Jahre in den beiden deutschen Gesellschaften*, hg. von Karl Christian Lammers, Axel Schildt, und Detlef Siegfried (Christians: Hamburg, 2000), 528. Gabriel, 2000, 528.

Iuris Canonici (CIC 1917)[119] basierte, „an die Erfordernisse der heutigen Zeit sowie die vollständige Promulgation des ostkirchlichen Gesetzbuches" angekündigt.[120] Die Veränderungsbestrebungen erhielten im Rahmen des II. Vatikanum (1962–1965) vielfältigen Ausdruck.[121] Die Beschlüsse ordneten unter anderem die Rolle der Bischöfe und der nationalen Bischofskonferenzen neu.[122] Zudem wurden neben Liturgiereformen und dem Umgang mit Andersgläubigen vor allem ein neues Kirchenverständnis erklärt, was sich in einem neuen kirchlichen Verhältnis gegenüber den Staaten sowie der aufkommenden Frage nach der Rolle der Frau innerhalb der Kirchenstrukturen widerspiegelte.[123]

---

[119] „Das Gesetzbuch wurde auf Anordnung Papst Pius X. vom 19. März 1904 erarbeitet, nachdem sich seit der Vorbereitung des I. Vatikanums die Einsicht in die Notwendigkeit einer Neufassung des Kirchenrechts immer stärker durchgesetzt hatte. Auf dem Geheimen Konsistorium vom 4. Dezember 1916 konnte Papst Benedikt XV. die Fertigstellung des Werkes bekanntgeben. Mit der Apostolischen Konstitution *Providentissima Mater Ecclesia* vom 27. Mai 1917 hat Benedikt XV. den CIC promulgiert." Heribert Schmitz, „§ 3 Der CIC und das konziliare und nachkonziliare Kirchenrecht", in *Grundriß des nachkonziliaren Kirchenrechts*, hg. von Joseph Listl, Herbert Müller, und Heribert Schmitz (Regensburg: Verlag Friedrich Pustet, 1980), 22.

[120] Schmitz, 1980, 24.

Die Arbeiten an der Reformierung des CIC dauerten noch bis 1982 an. Der überarbeitete *Codex Iuris Canonici* wurde von Papst Johannes Paul II. im Jahr 1983 promolgiert (CIC 1983). Zu den kirchlichen Rechtsquellen siehe *Acta Apostolicae Sedis* als (gesamt-) kirchenamtliches Promulgations- und Publikationsorgan des Heiligen Stuhls. The Holy See, „Acta Apostolicae Sedis", o. D.

[121] Die Literatur hinsichtlich des II. Vatikanums gestaltet sich sehr umfangreich. Exemplarisch wird verwiesen auf Bernhard Häring u. a., Hrsg., *Das Zweite Vatikanische Konzil: Konstitutionen, Dekrete und Erklärungen (Lateinisch und Deutsch) - Kommentare I, II & III. [3 volumes] (Lexikon für Theologie und Kirche, Erg. Bd 1,2 & 3)* (Darmstadt: Wissenschaftliche Buchgesellschaft, 2014); Karl Rahner und Herbert Vorgrimler, *Kleines Konzilskompendium: alle Konstitutionen, Dekrete und Erklärungen des Zweiten Vaticanums in der bischöflich beauftragten Übersetzung: allgemeine Einleitung, 16 spezielle Einführungen, ausführliches Sachregister* (Herder, 1967).

[122] Mit der Gründung der Deutschen Bischofskonferenz im Jahr 1968 wurden die katholischen Kirchenstrukturen Deutschlands weiter institutionalisiert und die (Erz-)Diözesen weiter im föderalen Sinne vernetzt.

[123] „Mit dem Einbruch der Konsumkultur und der sexuellen Revolution in den 1960er Jahren und den damit verbundenen Veränderungen der Frauenrolle kollabierte der religiöse Diskurs, der 150 Jahre das Selbst- und Weltverständnis bestimmt hatte, und es kam zur simultanen Entpietisierung der Weiblichkeit und Entfeminisierung der Frömmigkeit." Detlef Pollack, „Einleitung", in *Religion und Lebensführung im Umbruch der langen 1960er Jahre*, hg. von Claudia Lepp, Harry Oelke, und Detlef Pollack (Göttingen [u. a.]: Vandenhoeck & Ruprecht, 2016), 12.

Frauenbilder in der Bundesrepublik der 1960ern

Das vorherrschende Familienbild der frühen 1960er Jahre orientierte sich an der bürgerlichen Familie: ein verheiratetes Elternpaar, in dem der Ehemann die Rolle als männlicher Ernährer und die Ehefrau die Rolle als Hausfrau übernahmen, samt derer leiblichen Kindern, wobei die Sozialisierung der Kinder als Hauptfunktion des Familiensystems angesehen wurde.[124] Nach dem Zweiten Weltkrieg war es zu einer „Restauration" der traditionellen Geschlechterbilder gekommen.[125] Die Kirchen hatten das Leitbild der bürgerlichen Familie gefördert, das im Rahmen der Arbeitsplatzknappheit der unmittelbaren Nachkriegszeit zudem den wirtschaftlichen Zweck erfüllte, Frauen vom Arbeitsmarkt abzuziehen.[126] Die gesellschaftliche Ausrichtung auf eine „Hausfrauenehe" spiegelte sich in der patriarchal geprägten Gesetzgebung wider, obwohl die Gleichbehandlung von Mann und Frau eigentlich im Grundgesetz verankert worden war.[127] Die Lebensrealität einer Frau zu Beginn der 1960er war entsprechend noch sehr von traditionellen Vorstellungen geprägt.[128]

Papst Paul VI. betonte in der Abschlusserklärung des Konzils im Jahr 1965: „[…] the hour is coming, in fact has come, when the vocation of woman is being achieved in its fullness, the hour in which woman acquires in the world an influence, an effect and a power never hitherto achieved." Papst Paul VI., „Messages of the Council: To women", 8. Dezember 1965.

[124] Vgl. Bundesministerium für Familie, Senioren, Frauen und Jugend, „Familienleben und Familienpolitik in Ost- und Westdeutschland", Monitor Familienforschung (Berlin, 2022), 16.

[125] Vgl. Waltraud Cornelissen, „Traditionelle Rollenmuster – Frauen- und Männerbilder in den westdeutschen Medien", in *Frauen in Deutschland 1945–1992*, hg. von Gisela Helwig und Hildegard M. Nickel (Bonn: Bundeszentrale für politische Bildung, 1993), 53.

[126] Vgl. Bundesministerium für Familie, Senioren, Frauen und Jugend, 2022, 17.

[127] „Zwar sind im Grundgesetz bereits seit 1949 sowohl der private Charakter der Familie (Artikel 6 GG) als auch die Gleichberechtigung von Frauen und Männern (Artikel 3 Absatz 2 GG) festgeschrieben. Diese verfassungsrechtlichen Vorgaben standen jedoch lange Zeit in starkem Kontrast zu den Regelungen des Familienrechts, das sich auf Regeln im Bürgerlichen Gesetzbuch (von 1896) stützte. So oblag dem Ehemann als Oberhaupt der Familie bis zum Inkrafttreten des Gleichberechtigungsgesetzes 1957 das Entscheidungsrecht in allen wichtigen Belangen der Familie. Die Haushaltsführung war demgegenüber alleinige Pflicht der Ehefrau. Noch bis 1977 war der Ehemann berechtigt, die Arbeitsstelle der Frau zu kündigen, falls er der Ansicht war, dass sie durch die Erwerbstätigkeit ihre Hausfrauenpflichten verletze." Bundesministerium für Familie, Senioren, Frauen und Jugend, 2022, 18.

[128] „Allerdings galt es als ideal, wenn das Kind bis zur Einschulung und außerhalb der Schule (überwiegend) von der Mutter betreut wurde. Die Kindererziehung durch die Mutter wurde

Das neu aufkommende gesellschaftliche Bild der „modernen Frau" war dagegen eng mit dem Konzept der Konsumgesellschaft verwoben.[129] Im Kontext der sich ausweitenden Konsumgesellschaft stieg im Verlauf der 1960er durch die Expansion des Dienstleistungssektors auch der Anteil der Frauen, die einer Lohnarbeit nachgingen. Zudem trug die geförderte Form der Teilzeitarbeit zunehmend zur Akzeptanz der weiblichen Lohnarbeit bei.[130] Im Verlaufe der 1960er begann sich die Lebensrealität von Frauen und damit deren gesellschaftliche Rolle maßgeblich zu ändern:

> Ab den späten 1960er-Jahren kam es als Folge der kulturellen Liberalisierung der Geschlechterbeziehungen, der verbesserten Geburtenkontrolle durch die Einführung der Pille sowie wachsender Ansprüche der Frauen auf Gleichberechtigung zu weitreichenden Verhaltensänderungen der jüngeren Generationen, die auch in einer zunehmenden Pluralisierung der Lebensformen resultierten. Gerade auch die Einführung der Pille gilt als ‚historischer Schritt' für Frauen (in der Bundesrepublik Deutschland) und führte zu einer, zahlreiche Lebensbereiche umfassenden, größeren Unabhängigkeit für Frauen.[131]

Der Wandel des gesellschaftlichen Frauenbildes wirkte sich in den Bereichen der bis dahin geschlechtsspezifisch zugeschriebenen Frauenberufe aus, beispielsweise im Pflegesektor.[132]

---

als Grundlage dafür angesehen, dass die Familie – in historischer Abgrenzung zum NS-Regime und als bewusstes Gegenmodell zur damaligen DDR – als ‚staatsfreie Privatsphäre' fungieren konnte, welche als ‚Stützpfeiler der freien Gesellschaft' galt. Entsprechend der Vorstellung, dass Frauen in erster Linie für Haushalt und Kindererziehung zuständig sind, war die Erwerbstätigkeit von Frauen nur in Phasen der finanziellen Not und zeitlich befristet sozial akzeptiert. Berufstätigen Frauen wurde ‚Wohlstandsfieber' und ‚Geltungsstreben' vorgeworfen und arbeitende Mutter galten als ‚Rabenmütter'." Bundesministerium für Familie, Senioren, Frauen und Jugend, 2022, 17.

[129] „Nicht zuletzt die ‚Mitarbeit' der Frauen erlaubte es dem durchschnittlichen Arbeitnehmerhaushalt, in den 60er Jahren am enorm gestiegenen Konsum der neuen ‚Wohlstandsgesellschaft', die bekanntlich fast durchgängig Arbeitslosenquoten von unter einem Prozent (‚Vollbeschäftigung') aufwies, teilzuhaben. Die monatlichen Nettoeinkommen der Arbeitersowie der Angestellten- und Beamtenhaushalte stiegen in jener Dekade um ca. 50 Prozent auf ca. 1.300 bzw. 1.400 DM." Schildt, 2000, 26.

[130] „Im Oktober 1960 waren lediglich 7,1 Prozent der erwerbstätigen Frauen in abhängigem Beschäftigungsverhältnis in Teilzeitstellen, im April 1971 hatte sich ihr Anteil auf 19,3 Prozent nahezu verdreifacht." Schildt, 2007, 38.

[131] Bundesministerium für Familie, Senioren, Frauen und Jugend, 2022, 20.

[132] „[Die] zentrale Rolle für die Ausbildung des Pflegeberufs spielt die im 19. Jahrhundert vorherrschende geschlechtsspezifische Ideologie der bürgerlichen Gesellschaft, die den Grundstein für die Entwicklung der Pflege als charakteristischen Frauenberuf gelegt hat."

„Pflegenotstand" im Pflegesektor – eine Bestandsaufnahme
Bezüglich des deutschen Pflegesektors fand in der Nachkriegszeit eine weitgehende Modernisierung statt.[133] Es entstanden viele moderne Kliniken, die ein weitere Nachfrage nach Pflegepersonal schufen.[134] Die personelle Situation des westdeutschen Pflegesektors gestaltete sich Anfang der 1960er angespannt, was im Diskurs unter dem Phänomen „Pflegenotstand" verhandelt wurde. Dabei waren staatliche Einrichtungen wie auch private Institutionen, wie beispielsweise in kirchlicher Trägerschaft, betroffen.[135] Der deutsche Pflegesektor blickte im

---

Zur Entwicklung der Frauenrolle und Frauenberufstätigkeit im 19. und 20. Jahrhundert in Bezug auf die Krankenpflege siehe weitergehend Claudia Bischoff-Wanner, *Frauen in der Krankenpflege: zur Entwicklung von Frauenrolle und Frauenberufstätigkeit im 19. und 20. Jahrhundert* (Frankfurt am Main [u. a.]: Campus-Verlag, 1997).

[133] Nach dem Zweiten Weltkrieg setzte im deutschen Pflegesektor eine Zeitspanne der Expansion ein, bevor ab den 1970ern das Primat der Kostenminimierung zentral wurde, was bis heute anhält. Vgl. Michael E. Porter und Clemens Guth, „The German Health Care System: Overview and Historical Development", in *Redefining German Health Care* (Berlin [u. a.]: Springer, 2012), 53.

[134] Vgl. Kreutzer, 2020, 146.

[135] „Obwohl es Ende 1957 im Bundesgebiet rund 121 000 in der Krankenpflege beschäftigte Personen gab, fehlen immer noch etwa 40 000 Krankenschwestern. Dieser Schwesternmangel ist nicht nur bei der einen oder anderen Schwesternorganisation, sondern bei allen in größerem oder geringerem Maße vorhanden. Er hängt zum großen Teil damit zusammen, dass immer mehr Krankenhäuser, Altersheime, Erziehungsheime, Kindergärten usw. gebaut oder bestehende vergrößert werden und dadurch der Bedarf an Krankenpflegepersonal ständig erhöht wird, ohne dass der Nachwuchs mit dieser Entwicklung Schritt hält. Der Mangel an Nachwuchskräften wird weiterhin verschärft durch die Tatsache, dass er zwangsläufig zu einer auf die Dauer unerträglichen Überbeanspruchung und dadurch in zahlreichen Fällen zu vorzeitiger Berufsunfähigkeit der in der Krankenpflege tätigen Schwestern führt. Dies hat zur Folge, dass schon aus diesem Grunde viele vor der Berufswahl stehende junge Mädchen sich scheuen, den Krankenpflegeberuf zu ergreifen oder, wenn sie schon eine gewisse Zeit darin tätig waren, sich entschließen, ihn wieder aufzugeben und sich einem anderen Beruf zuzuwenden. Schließlich kommt noch hinzu, dass, soweit eine eigentliche Entlohnung überhaupt in Betracht kommt, diese den an den Beruf einer Krankenschwester, insbesondere in Bezug auf ihre Ausbildung, ihre Arbeitsleistung und ihre Verantwortung gestellten schweren Anforderungen keineswegs entspricht. Bei einem Vergleich mit dem Einkommen von Altersgenossinnen, die bei etwa gleichwertiger Ausbildung als Beamtinnen, Sekretärinnen oder Facharbeiterinnen bei wesentlich weniger Arbeit und Verantwortung eine weit höhere Vergütung erhalten, muss bei den einer Organisation angehörigen weltlichen Schwestern notwendig das Gefühl aufkommen, dass sie und ihre Arbeit nicht ihrem wahren Wert entsprechend eingeschätzt werden, und es darf dann nicht wunder nehmen, dass auch aus diesem Grunde viele Schwestern aus ihrer Organisation wieder austreten." Eugen Savaète, „Die Rechtsstellung der auf Grund von Gestellungsverträgen in Krankenanstalten tätigen Krankenschwestern", Arbeit und Recht 7, Nr. 1 (1959): 5.

expandierenden deutschen Sozialstaat auf eine lange Kontinuität zurück, welche im Deutschen Kaiserreich mit der unter Kanzler Otto von Bismarck 1883 eingeführten Krankenversicherung ihre Initialzündung fand. Angesichts 83 % gesetzlich versicherter Menschen im Jahr 1960 wurde der „Pflegenotstand" mit zum zentralen Gegenstand der Politik.[136]

Vor allem im Bereich der psychiatrischen Pflege bestand bei den Staatskrankenhäuser größte Mühe den notwendigen Nachwuchs zu akquirieren. Neben den PLKs waren vor allem die Universitätskliniken besonders stark durch die Personalknappheit betroffen.[137] Insbesondere die Psychiatrien waren in einem maroden Zustand, was nicht zuletzt auf Kontinuitäten aus Zeiten der Inhumanität unter dem NS-Regime zurückzuführen war.[138] Der Mangel an Pflegepersonal nahm 1963 derartige Formen an, dass die einwandfreie Betreuung der Kranken nicht mehr gewährleistet war. Nach dem Klinikdirektor des PLK Emmendingen kam es so

---

[136] Vgl. Porter und Guth, 2012, 58; Christa Altenstetter, „Insights From Health Care in Germany", *American Journal of Public Health* 93, Nr. 1 (Januar 2003): 39.

[137] Vgl. BArch B149/22419 Beschäftigung indischer Arbeitnehmer in der Bundesrepublik (1959–1972): Brief, Bundesanstalt für Arbeitsvermittlung und Arbeitslosenversicherung an Bundesminister für Arbeit und Soziales, 18.09.1964.

[138] Einen Wandel in der Ausgestaltung des psychiatrischen Bereichs der Bundesrepublik Deutschland ergab sich erst 1975 mit der Psychiatrie-Enquête: „In der Geschichte der Medizin hat kein Ereignis das Schicksal der Kranken und die psychiatrische Versorgung so einschneidend verbessert wie die Psychiatrie-Enquête der Bundesrepublik Deutschland 1971–1975. Dieser radikalen Reform ging der Übergang von der Wegsperrtradition der europäischen Wohlfahrtspolitik zum medizinischen Modell mit der Entstehung der Psychiatrie im 19. Jahrhundert voraus. Der soziale Wandel löste um die Jahrhundertwende einen enormen Versorgungsbedarf aus, der zur Schaffung einer großen Zahl öffentlicher Irrenheilanstalten in Deutschland führte. Der Mangel an Wissen über Ursachen und Behandlung psychischer Krankheiten und die Überzeugung, dass Irre gefährlich seien, hatten langfristige geschlossene Unterbringung zur Folge. 1945, nach Krieg und Massenmord an psychisch Kranken, war das Vertrauen in die Psychiatrie verloren. Die verbliebene Anstalten waren überfüllt und größtenteils verrottet. Es fehlte an Personal, an Nachwuchs, es fehlte an allem. Eine Reform war unvermeidbar. Analysen und Reformvorschläge unserer Denkschrift (1965) wurden noch überhört."; „Ungewöhnlich rasch besserten sich die Lebensverhältnisse der Bevölkerung in der jungen Bundesrepublik. Die psychisch Kranken in den verbliebenen Anstalten aber wurden vernachlässigt und weitgehend vergessen." Heinz Häfner, „Psychiatriereform in Deutschland. Vorgeschichte, Durchführung und Nachwirkungen der Psychiatrie-Enquête. Ein Erfahrungsbericht", *Schriftenreihe der Deutschen Gesellschaft für Geschichte der Nervenheilkunde* 21 (1. Januar 2015): 119, 125.
Siehe auch Sachverständigenkommission Psychiatrie-Enquête, *Bericht über die Lage der Psychiatrie in der Bundesrepublik Deutschland Zur psychiatrischen und psychotherapeutisch /psychosomatischen Versorgung der Bevölkerung (Drucksache 7/4200, Unterrichtung durch die Bundesregierung)* (Bonn: Verlag Dr. Hans Heger, 1975).

weit, dass die resultierenden Anforderungen an das vorhandene Personal sich so gestalteten, dass diese auf Dauer untragbar und „ebenso wenig zu verantworten" waren, dass sie auch „unweigerlich zu erheblichen gesundheitlichen Schäden führen müssen".[139] Daraus resultierend rechnete man mit weiterem Personalausfall, in Folge derer sogar letzten Endes die etwaige Stilllegung einzelner Abteilungen erwartet wurde. In Baden-Württemberg bestanden im Jahr 1962 innerhalb aller PLKs 211 Fehlstellen in der Pflege, im Jahr 1963 insgesamt 181 Fehlstellen.[140] Der gegebene Personalstand war untragbar, eine Vermehrung des Personalstandes und das Heranziehen junger Nachwuchskräfte war unausweichlich. Seitens der staatlichen Stellen wurde versucht die Attraktivität des Pflegeberufs zu steigern oder anderweitig Bewerbungsanreize zu schaffen:

> Der Schwesternmangel am hiesigen Psych. Landeskrankenhaus nimmt leider auch nach Fertigstellung des Schwesternwohnheimes laufend zu. Wir hatten während der letzten Monate ständig ca. 40 Fehlstellen, sodass eine geordnete Versorgung der Kranken in Frage gestellt ist. Wir haben im Jahre 1963 mit allen Mitteln auch der modernen Werbung versucht, dieses Schwesterndefizit wenigstens etwas auszugleichen. In den führenden Tageszeitungen unseres Aufnahmebezirkes war ein längerer webender Artikel abgedruckt, eine Rundfunkreportage des Krankenhausdirektors wurde mehrfach über UKW und Mittelwelle des Südwestfunks gesendet, wir haben außerdem mehrfach in Tageszeitungen und sonstigen Zeitschriften Inserate aufgegeben. Die Bewerberinnen, die sich daraufhin meldeten, reichten gerade eben aus, um die ständig sich ergebenden Lücken durch Austritt von Schwestern aufzufüllen.[141]

Im PLK Emmendingen wurde im Frühjahr 1964 eine Krankenschwesternvorschule eingerichtet, wie sie zu diesem Zeitpunkt bereits an den Psychiatrischen Landeskrankenhäusern Kaufbeuren und Heppenheim bestanden. Junge Frauen sollten so direkt nach der Schulentlassung ihr Interesse für den Beruf einer psychiatrischen Krankenschwester finden und in einer Vorschule auf die Krankenpflegeschule vorbereitet werden, damit sie nicht in andere Berufe abwandern

---

[139] GLAK G 463 Wiesloch 97, Direktorenkonferenzen 1963–1971: Niederschrift über die wesentlichen Ergebnisse der Dienstbesprechung der Direktoren der psychiatrischen Landeskrankenhäuser, 10.05.1963.

[140] GLAK G 463 Wiesloch 97, Direktorenkonferenzen 1963–1971: Niederschrift über die wesentlichen Ergebnisse der Dienstbesprechung der Direktoren der psychiatrischen Landeskrankenhäuser, 14.10.1963.

[141] StAF G 1215/3 881 – Anstaltsverwaltung: Einrichtung einer Krankenpflegevorschule in der Heil- und Pflegeanstalt Emmendingen: Brief, PLK Emmendingen an Regierungspräsidium Südbaden, 10.01.1964.

würden.[142] Weiterhin wurde die Besoldungsgruppe von Krankenpflegepersonal von A4 auf A5 angehoben.[143]

„Pflegenotstand" – die Frage nach den Ursachen
Der „Pflegenotstand" resultierte aus der Verflechtung verschiedener Aspekte, dabei ist die damalige Wahrnehmung und Organisation des Pflegeberufs als geschlechtsspezifisch konzipierter Frauenberuf hervorzuheben.

Der Nachwuchsmangel an deutschen Ordenshäusern trug zum zunehmenden Personalmangel im Pflegesektor bei.[144] Ausschlaggebend war aber vor allem das Verständnis des Pflegeberufs in Westdeutschland, das zu Beginn der 1950er weiterhin durch die Vorstellungen des Berufsbildes von kirchlichen Kongregationen geprägt war.[145] Auch Krankenschwestern ohne Ordensbindung waren zum Teil gezwungen in Unterkünften der Krankenanstalten zu wohnen. Dem Zeitgeist entsprechend wurden diese Frauen dadurch in ihren verfassungsrechtlich gewährleisteten Freiheitsrechten massiv beschnitten.[146] Die Konzeption der Ganzheitspflege und die daraus resultierenden Arbeitsbedingungen sowie die

---

[142] Vgl. StAF G 1215/3 881 – Anstaltsverwaltung: Einrichtung einer Krankenpflegevorschule in der Heil- und Pflegeanstalt Emmendingen: Brief, PLK Emmendingen an Regierungspräsidium Südbaden, 10.01.1964.

[143] Eine Aufführung anderweitiger Bemühungen um Nachwuchskräfte anzuwerben findet sich bei Susanne Kreutzer, Vom»Liebesdienst« zum modernen Frauenberuf – Die Reform der Krankenpflege nach 1945 (Frankfurt am Main: Campus, 2005), 26–30.

[144] „So berichtet der Caritasverband 1949, der Nachwuchs für die Mutterhäuser belaufe sich nur noch auf 50 Prozent des Vorkriegsstands. Sowohl Caritas als auch Innere Mission mussten um 1950 eingestehen, dass sie keine neuen Tätigkeitsfelder mehr übernehmen könnten, sondern umgekehrt eher gezwungen seien, einzelne Stationen oder Krankenhäuser aufzugeben, da es ihnen an Schwestern mangele." Kreutzer, 2005, 21–22.

[145] „Die Schwesternschaften vertraten ein dezidiert unberufliches Konzept von Krankenpflege als christlichen ‚Liebesdienst' am Nächsten. Eine ‚gute' Schwester verstand ihre Tätigkeit folglich nicht als Beruf, sondern als Berufung; nicht als Arbeit, sondern als Dienst. Damit war die Pflege keinesfalls als medizinischer Assistenzberuf konzipiert, sondern in hohem Maße als religiöser Auftrag." Kreutzer, 2020, 145.

[146] „Überdrüssig waren die Schwestern auch etlicher Schikanen. Wohnten sie in der Klinik, war es ihnen verboten, Besuch in ihren Zimmern zu empfangen. Selbst Eltern, Freundinnen und Verwandte mussten in Gemeinschaftsräumen abgefertigt und zudem pünktlich um zehn Uhr abends verabschiedet werden. Erst mit 28 Jahren wurden die Krankenschwestern in Freiburg eines Einzelzimmers für würdig erachtet. Bis dahin mussten sie sich in spartanisch ausgestatteten Zwei- und Dreibettzimmern einrichten, falls sie es nicht vorzogen, von ihrem knappen Netto-Monatsverdienst (etwa 330 Mark) ein Zimmer in der Stadt zu finanzieren." 16. Juli 1963.

Behandlung des Personals durch die Arbeitsgeber erwies sich jedoch als immer weniger gesellschaftsfähig.[147]

Darüber hinaus stand der traditionelle Pflegeberuf in diametraler Ausrichtung zum traditionellen Familienverständnis und war kaum mit der gesellschaftlichen Konstruktion der „Hausfrauenehe" zu vereinen. Die Ausübung der Tätigkeit nach dem traditionellen Berufsbild unter gänzlicher Selbstaufopferung war entsprechend nur kinderlosen Frauen möglich, die keine weitergehenden Verpflichtungen hatten. Hinzu kam, dass das in der Gesellschaft neu entstandene Bild der „modernen Frau" der Konsumgesellschaft dieser traditionellen Konzeption des Pflegeberufs ebenso widersprach. Mithin verschärfte sich das Problem der Stellenfehlbesetzung zunehmend.[148] Erst im Verlauf der 1960er wurde der Pflegeberuf langsam in Reaktion auf die problematische Situation des Pflegesektors hin zum „modernen Frauenberuf" reformiert.[149]

Migrationsbewegungen in die Bundesrepublik Deutschland – die Zeit der „Gastarbeitenden"

> Die enorme Expansion des bundesdeutschen Arbeitsmarkts im Zeichen einer massiven Ausweitung des Außenhandels, die zugleich Ursache und Folge des Wirtschaftsbooms nach dem Ende der unmittelbaren Nachkriegszeit war, bildete den Hintergrund für die Anwerbung von Millionen Arbeitswanderern (‚Gastarbeiter') beiderlei Geschlechts aus Südeuropa.[150]

---

[147] In einem Spiegelartikel berichtet eine Krankenschwester über die Arbeitsbedingungen: „Hier in Freiburg [...] sind wir meist nur Putzfrauen in Schwesterntracht. Wir müssen die Fußböden bohnern, die Fenster putzen und ähnliche Arbeiten verrichten. Am Krankenbett würden wir selbst 50 Stunden in einer Woche und noch länger, ohne zu murren, Dienst tun. Aber der ewige Putzlappen hängt uns zum Hals heraus." 16. Juli 1963, „Der weiße Alptraum".

[148] Kreutzer betont, dass das tradierte Verständnis des Pflegeberufs in der zweiten Hälfte der 1950er „massiv unter Druck" geriet: „Das Ideal der Selbstaufopferung passte immer weniger in die sich entwickelnde Konsumgesellschaft, und kaum noch eine junge Frau war bereit, sich einem Mutterhaus anzuschließen. Dabei war der Schwesternmangel nicht auf ein grundsätzlich sinkendes Interesse am Pflegeberuf zurückzuführen. Ganz im Gegenteil belegen die Statistiken der Berufsberatungsstellen, dass der Krankenpflegeberuf nach wie vor zu den gefragtesten Ausbildungsberufen zählte. Allerdings waren die jungen Frauen nicht mehr bereit, ihr gesamtes Leben dem Dienst am Kranken zu widmen." Kreutzer, 2020, 146.

[149] Für eine eingehende Analyse der Modernisierung und Verberuflichung und der Krankenpflege siehe Kreutzer, 2005.

[150] Klaus J. Bade und Jochen Oltmer, „Mitteleuropa: Deutschland", in *Enzyklopädie Migration in Europa: vom 17. Jahrhundert bis zur Gegenwart* (Paderborn: Schöningh Fink, 2008), 159.

Die 1960er werden wie kein anderes Jahrzehnt mit Immigration von Arbeitskräften verbunden, wobei die Zeitspanne als ‚Zeit der Gastarbeiter' im deutschsprachigen Kollektiv Erinnerung findet. Auch die Migrationsbewegungen des
Forschungsgegenstandes sind dem Bereich der Arbeitsmigration zuzuordnen und
betten sich entsprechend in die aktive Anwerbepolitik Westdeutschlands zwischen
1955 und 1973 ein.[151]

Seitens der Bundesrepublik wurde eine aktive Anwerbepolitik verfolgt, die
als arbeitsmarktpolitisches Steuerungsinstrument auf eine Kontinuität zurückzuführen ist, die noch vor die Weimarer Republik zurückreicht.[152] Die ab den
1950ern kommenden sogenannten „Gastarbeiter" trugen im hohen Maße zum
Wirtschaftswachstum der kommenden Jahre bei, wobei wegen des 1961 erfolgten Mauerbaus verstärkt die bilaterale Anwerbung mit südeuropäischen Ländern
erfolgte.[153] Die bilateralen Verträge hinsichtlich Arbeitsmigranten zum Ausgleich
des in der Bundesrepublik Deutschland vorherrschenden Arbeitskraftmangels

---

[151] „Vom Ende der 1950er Jahre bis zum Anwerbestopp 1973 kamen rund 14 Millionen
ausländische Arbeitskräfte nach Deutschland, rund 11 Millionen kehrten wieder zurück, die
anderen blieben und holten ihre Familien nach." Bade und Oltmer, 2008, 159.

[152] „Im 19. Jahrhundert war Deutschland ein klassisches Auswanderungsland. Ursache der
Massenauswanderung war das lange anhaltende Missverhältnis im Wachstum von Bevölkerung und Erwerbsangebot. Im hoch-industrialisierten Kaiserreich wuchs zum Jahrhun-
dertende hin schließlich die Wirtschaft und damit das Erwerbsangebot noch schneller als
die erwerbsfähige Bevölkerung. Arbeitskräftemangel trat deshalb an die Stelle des frühe-
ren Überangebots an Arbeitskraft. Die transatlantische Massenauswanderung lief Anfang
der 1890er Jahre aus, und die kontinentale Zuwanderung ausländischer Arbeitskräfte (vor
allem aus dem russischen Zentralpolen, aus Italien und dem österreichischen Galizien) stieg
seit den 1890er Jahren zur Massenbewegung auf: Waren in der dritten und letzten Aus-
wanderungswelle des 19. Jahrhunderts (1880–93) noch ca. 1,8 Mio. Deutsche allein in die
Vereinigten Staaten ausgewandert, oft mehr als 200 000 Menschen im Jahr, so gab es am Vor-
abend des Ersten Weltkriegs im Reich schon rund 1.2 Mio. ausländische ‚Wanderarbeiter'.
Von ihnen war, trotz aller Werbung in deutschsprachigen Siedlungsgebieten Südosteuropas,
nur ein verschwindend geringer Teil ‚deutschstämmig'. […] Über allen Konflikten um das
Für und Wider der Ausländerbeschäftigung und um Fragen von Einwanderung und Einbür-
gerung stand der Grundkonsens, dass die jährlich neu angeworbenen ausländischen Arbeitskräfte nicht Einwanderer werden, sondern bleiben sollten, was sie von Anbeginn waren:
‚ausländische Wanderarbeiter'." Bade, 1994, 38.

[153] Wenig Beachtung findet indes der Fakt, dass die Beschäftigung von ausländischen
Arbeitsmigranten eine Persistenz der NS- und der Nachkriegszeit darstellte: „Im Spätsommer 1944 waren auf dem Gebiet des ‚Großdeutschen Reichs' 7,6 Millionen ausländische
Zwangsarbeiter (Zivilarbeiter und Kriegsgefangene) offiziell als beschäftigt gemeldet, hinzu
kamen zu diesem Zeitpunkt noch etwa 200 000 KZ- Häftlinge. Sie stellten damit zu diesem Zeitpunkt etwa ein Viertel aller in der gesamten Wirtschaft des Deutschen Reiches
registrierten Arbeitskräfte […]. Der nationalsozialistische ‚Ausländereinsatz' stellte somit

wurden entsprechend der großpolitischen Lage gefällt.[154] Die Organisation orientierte sich an einer befristeten Beschäftigung der Arbeitsmigranten auf mittlere Frist mit unbedingt beabsichtigter Rückkehr der Arbeitskräfte nach einem Rotationsprinzip:

> Die Aufenthalts- und Arbeitsgenehmigung für ausländische Arbeitskräfte sollte nach diesem Konzept nach einigen Jahren automatisch ablaufen und die Gastarbeiter wieder in ihre Heimatländer zurückkehren, um durch neu angeworbene ersetzt zu werden; dadurch würden, so die Befürworter dieses Konzepts, die Aufenthaltszeiten ausländischer Arbeitskräfte in der Bundesrepublik verkürzt, Familiennachzug und Aufgabe des Rückkehrwunsches verhindert und die Notwendigkeit erhöhter Aufwendungen für die Infrastruktur vermieden.[155]

Im Rahmen der Emigration der Arbeitsuchenden waren auch die Push-Faktoren der Senderegionen von Belang, da sich auf dieser Grundlage auch das Angebot der Arbeitskräfte für den westdeutschen Arbeitsmarkt formte.[156] Die staatliche Anwerbung wurde über verwaltungsaufwendige Anwerbekommissionen in

---

den größten Fall der massenhaften, zwangsweisen Verwendung von ausländischen Arbeitskräften in der Geschichte seit dem Ende der Sklaverei im 19. Jahrhundert dar. Als aber nur 16 Jahre nach dem Kriege, im Jahr 1961, die Beschäftigung von Ausländern in der Bundesrepublik in größerem Umfang wieder begann, wurde auf diese Vorgeschichte der ‚Gastarbeiter'-Beschäftigung öffentlich mit keinem Wort eingegangen. Der Grund für diesen Wahrnehmungsbruch lag vor allem darin, dass die freiwerdenden Arbeitsplätze der ausländischen Zwangsarbeiter nach deren Rückkehr in ihre Heimatländer zu einem erheblichen Teil von den aus den besetzten Ostgebieten und der Sowjetischen Besatzungszone, dann der DDR, nach Westdeutschland strömenden deutschen Flüchtlingen und Vertriebenen eingenommen wurden." Herbert und Hunn, 2000, 273.

[154] Zu nennen sind bilaterale Verträge mit Italien (1955), Griechenland und Spanien (1960), Türkei (1961), Marokko (1963), Portugal (1964), Tunesien (1965) und Jugoslawien (1968). Vgl. Jochen Oltmer, *Migration vom 19. bis zum 21. Jahrhundert* (Berlin, Boston: De Gruyter Oldenbourg, 2016), 56.

[155] Herbert und Hunn, 2000, 306. Siehe zu diesem Themenkomplex ebenso Christoph Rass, „Temporary Labour Migration and State-Run Recruitment of Foreign Workers in Europe, 1919–1975: A New Migration Regime?", *International Review of Social History* 57 (2012): 191–224.

[156] „Wanderungsbestimmend war vor allem die aus dem wirtschaftlichen Entwicklungsgefälle resultierende Rangspannung" zwischen industriell hochentwickelten Zielgebieten und oft noch stark agrarisch-vorindustriell geprägten Ausgangsräumen: In allen südeuropäischen Entsendeländern kamen die Arbeitsmigrantinnen und -migranten in den 1960er und 1970er Jahren in der Regel aus armen ländlichen, oft gebirgigen Gebieten mit unzureichendem

den Senderegionen organisiert.[157] Die bürokratischen Verfahren gestalteten sich langwierig und standen den Interessen der Arbeitnehmer und Arbeitgeber einer möglichst schnellen Vermittlung entgegen.[158] Die heute gängige Forschungsmeinung[159] geht davon aus, dass vor allem die arbeitsmarktpolitischen Vorteile für Deutschland zur Ausweitung der „Ausländerbeschäftigung" führten:

> Der wirtschaftliche Nutzen der Ausländerbeschäftigung wurde in der hohen Mobilität und Flexibilität im Konsumverzicht und in der beiderseitig als vorübergehend gedachten Beschäftigung gesehen. Auf diese Weise sollten ‚Gastarbeiter' bedarfsorientiert eingesetzt werden - als ‚industrielle Reservearmee' und als ‚Konjunkturpuffer'. Allerdings spielten für das Wirtschaftsministerium auch lohnpolitische Überlegungen eine Rolle. Denn durch den regionalen und strukturellen Arbeitskräftemangel nahm der

---

Erwerbsangebot [...]. Sie suchten nach Auswegen aus struktureller Arbeitslosigkeit, Unterbeschäftigung oder nach Chancen, bei höherem Verdienst in kürzerer Zeit ihre wirtschaftlichen Existenzgrundlagen in der Heimat zu verbessern bzw. zu erweitern." Bade, 2000, 315.

[157] „Auf der Grundlage dieser Abkommen errichtete die Bundesanstalt für Arbeit in den einzelnen Ländern eigene Anwerbekommissionen, die der westdeutschen Wirtschaft die dringend gesuchten Arbeitskräfte vermittelten. Die Angeworbenen durchliefen ein mehrstufiges Auswahlverfahren, das ihre gesundheitliche Verfassung, aber auch ihre geschlechtsspezifische Verwendbarkeit für die vorgesehenen Arbeitsplätze überprüfte." Monika Mattes, „Migration und Geschlecht in der Bundesrepublik Deutschland. Ein historischer Rückblick auf die ‚Gastarbeiterinnen' der 1960/70er Jahre", *Femina Politica – Zeitschrift für feministische Politikwissenschaft* 17, Nr. 1 (15. Mai 2008): 20.

[158] Vgl. Lorber, 2017, 18.

[159] Verkürzte historische Betrachtungen gilt es im Allgemeinen zu problematisieren, da sie zu einer Verzerrung der historischen Realität führen können. Beispielsweise vertritt Heike Knortz die kontroverse Forschungsmeinung, dass das erste bilaterale Abkommen mit Italien einzig als außenpolitische Fortsetzung und Intensivierung einer europäischen Integrationspolitik zu lesen ist, wobei die Initiative der Entsendung auf bilateraler Ebene von den Herkunftsländern, mit Ziel die eigenen Zahlungsbilanzen zu entlasten, ausgegangen sei (vgl. Heike Knortz, Gastarbeiter für Europa: die Wirtschaftsgeschichte der frühen europäischen Migration und Integration (Köln [u. a.]: Böhlau Verlag, 2016), 14). Wenngleich außenpolitische Erwägungen bei der Ausgestaltung staatlich gelenkter Migration berücksichtigt werden müssen, werden hochkomplexe Migrations- und Politikvorgänge durch eine solche einseitige Betrachtung unterkomplex dargestellt. Migration ist ein Phänomen, das in der Aushandlung in verschiedenen Ebenen stets eine Vielzahl an Begründungskontexten aufweist, die teilweise in Ambiguität nebeneinander bestehen. Entsprechende Kritik gab es bereits zu einer vorhergehenden Veröffentlichung Knortz aus dem Jahr 2008, in der sie analoge Thesen vertrat (vgl. Heike Knortz, Diplomatische Tauschgeschäfte: „Gastarbeiter" in der westdeutschen Diplomatie und Beschäftigungspolitik 1953–1973 (Köln [u. a.]: Böhlau Verlag, 2008); Karl-Heinz Meier-Braun, „Buchrezension: Merkwürdiger Beitrag zur Migrationsgeschichte", 26. März 2009; Patrice G. Poutrus, „Buchrezension: H. Knortz – Diplomatische Tauschgeschäfte", 18. Juni 2008).

Konkurrenzdruck zwischen den Unternehmen bei der Suche nach Arbeitskräften zu und begann sich in Lohnzugeständnissen an die Arbeiterschaft auszuwirken. Durch die Ausweitung des Arbeitskräfteangebots konnte dieser Entwicklung entgegengesteuert werden.[160]

Von den Arbeitenden aus dem Ausland wurde erwartet, dass sie vergleichbar schlechtere Löhne und Arbeitsbedingungen akzeptierten, wenig Ansprüche an die soziale Infrastruktur stellten und sich nicht in Arbeitskämpfe einmischen – und dass aus der Migration der Ausländer keine sozio-kulturellen Folgen für die Empfängerregion entstehen.[161] Das Ziel zwar Arbeitskraft zu importieren, jedoch keine Menschen, sollte sich nicht erfüllen.[162] Die Arbeitsmigrationsbewegungen der 1960er, welche nur auf mittlere Frist angelegt waren, transformierten sich, sodass Westdeutschland – wider politischen Willen – ab 1970 de facto zu einem Einwanderungsland wurde.[163] Dies geschah nicht zuletzt durch den Druck nichtstaatlicher Akteure.[164] Heute wird diese ‚Zeit der Gastarbeitenden' im kollektiven Gedächtnis vor allem mit der Anwerbung aus südeuropäischen Ländern verknüpft. Dennoch ist festzuhalten, dass die außereuropäische Anwerbung ebenso eine große Rolle spielte, wobei unter anderem bilaterale Abkommen mit Südkorea, aber auch die Anwerbung aus Japan für den Bergbau zu nennen sind.[165]

---

[160] Herbert und Hunn, 2000, 276.

[161] Vgl. Derya Ozkul und Stephen Castles, „Circular Migration: Triple Win, or a New Label for Temporary Migration?", in *Global and Asian Perspectives on International Migration*, hg. von Graziano Battistella (Berlin [u. a.]: Springer, 2014), 32.

[162] Vgl. Stephen Castles und Godula Kosack, *Immigrant Workers and Class Structure in Western Europe* (London [u. a.]: Oxford University Press, 1973), 39–43.

[163] „Dafür gab es klare, seinerzeit schon erkannte und benannte Kriterien: Arbeitswanderer gehen, wenn nicht schiere Not sie zwingt, vor allem deshalb ins Ausland, weil sie mit den hier unter besseren Lohnbedingungen gemachten Ersparnissen ihre Existenzgrundlage im Herkunftsland verbessern oder eine andere aufbauen wollen. Die mit fester Rückkehrabsicht begonnene Arbeitsaufnahme im Ausland wird meist beendet, wenn das angesparte Kapital zur Realisierung der im Herkunftsland erstrebten Zwecke ausreicht. Um ein möglichst hohes Lohnniveau zu erreichen, akzeptieren Arbeitswanderer häufig auch härteste Arbeitsbedingungen. Sie leisten Konsumverzicht, um den Lohngeldtransfer ins Herkunftsland möglichst hoch zu halten." Bade, 1994, 42.

[164] Beispielsweise machten in den 1960er Jahren die Gewerkschaften die Aufnahme in die Sozialversicherung zur Voraussetzung für die Zulassung eines „Imports" von ausländischen Arbeitnehmern. In der Folge hatten sowohl voll- als auch teilzeitbeschäftigte Gastarbeiter die gleichen Rechte und Pflichten in der staatlichen Krankenversicherung. Vgl. Altenstetter, Januar 2003, 39.

[165] Siehe weiterführend Kataoka u. a., 2012.

Es gab aus dem Ausland auch weitergehende Anfragen über die Vermittlung von außereuropäischen Arbeitskräften, so beispielsweise männlicher Arbeitsmigranten aus Südasien im Jahr 1959 durch den Handelsattaché der indischen Botschaft.[166] Die Verhandlungen versiegten jedoch, nachdem die von der Bundesrepublik Deutschland zwingend vorausgesetzten formellen Bewerbungsvoraussetzungen seitens des Auswärtigen Amtes kommuniziert wurden.[167] Aber auch kirchliche Akteure Keralas wandten sich mit dem Anliegen einer Arbeitsvermittlung an die deutschen staatlichen Stellen, so zum Beispiel im Jahre 1960 die *Malankara Syrian Knanaya Young Men's Association* aus Kottayam in Kerala, die sich an die bundesdeutsche Zentralstelle für Arbeitsvermittlung wandte, mit der Bitte 200 ausgebildete und unausgebildete indische, männliche Arbeitnehmer anzustellen.[168] Diese Anfrage sollte wie weitere internationale Anfragen erfolglos bleiben.[169]

---

[166] Dabei handelte es sich um etwa 100 Landwirte samt Familien, die mit den deutschen Agrartechniken vertraut gemacht werden und „nach einer gewissen Zeit" wieder nach Indien zurückkehren sollten, dazu 250 hochqualifizierte Ingenieure mit abgeschlossenem Hochschulstudium. Vgl. BArch B149/22419 Beschäftigung indischer Arbeitnehmer in der Bundesrepublik (1959–1972): Aktenvermerk, BMA, 11.11.1959.

[167] „Aussichten auf Vermittlung eines Arbeitsplatzes in der Bundesrepublik bestehen nur für solche indischen Bewerber, die eine abgeschlossene, Berufsausbildung haben (z. B. Diplom-Ingenieure, Absolventen von Technischen Hochschulen, Ingenieurschulen u. ä.), und die möglichst eine mehrjährige praktische Tätigkeit nachweisen können. Bedingung wäre ferner, dass die Bewerber ohne Begleitung von Familienangehörigen In die Bundesrepublik Deutschland kommen, da die Firmen Wohnräume nur für die Beschäftigten selbst, nicht aber auch für Familienangehörige beschaffen oder bereitstellen. Außerdem können nur Bewerber berücksichtigt werden, die in der Lage sind, sich in der deutschen Sprache zu verständigen. In einigen Fällen wird die Beherrschung der Sprache zur Bedingung gemacht. Übereinstimmend wurde zum Ausdruck gebracht, dass an einer vorherigen Vorlage von schriftlichen Bewerbungsunterlasen, festgehalten werden müsse, damit ausreichend Gelegenheit geboten sei, sich über den beruflichen Werdegang des Bewerbers zu informieren." BArch B149/22419 Beschäftigung indischer Arbeitnehmer in der Bundesrepublik (1959–1972): Verbalnote, AA Bonn an die indische Botschaft, 13.10.1960.

[168] „Zum Teil wird eine langfristige Tätigkeit in der Bundesrepublik Deutschland angestrebt. Die zu vermittelnden Arbeitskräfte sollen nach Möglichkeit bereits in Indien deutschen Sprachunterricht erhalten." BArch B149/22419 Beschäftigung indischer Arbeitnehmer in der Bundesrepublik (1959–1972): Brief, Bundesanstalt für Arbeitsvermittlung und Arbeitslosenversicherung an Bundesminister für Arbeit und Soziales, 29.07.1960.

[169] Es bleibt anzumerken, dass es aber dennoch Migrationsbewegungen aus Indien in die Bundesrepublik Deutschland gab. Butsch identifiziert drei Phasen der indischen Migration die den Entwicklungen der 1960er vorweggingen: „Phase 1 (1900–1933): Studierende und Freiheitskämpfer, Phase 2: (1933–1945): Radikale Freiheitskämpfer, Phase 3 (1950–1965) Studierende und Hochqualifizierte." Butsch, 2019, 49.

Die vernachlässigte Frage nach den „Gastarbeiterinnen"
Durch den Begriff „Gastarbeiter" wurde die weibliche Seite der Arbeitsmigration
in der aktiven Anwerbepolitik der 1960er lange unsichtbar gemacht. Dabei war
der weibliche Anteil alles andere als unbeachtlich:

> Zwischen 1960 und 1973 versechzehnfachte sich die Zahl ausländischer Arbeitneh-
> merinnen von rund 43 000 auf über 706 000. Ihr Anteil an der Gesamtzahl ausländi-
> scher Arbeitskräfte stieg in diesem Zeitraum von 15 auf rund 30 Prozent. Erwerbs-
> arbeit war für die meisten Migrantinnen der zentrale Zweck ihres Aufenthalts in der
> Bundesrepublik. Im Jahr 1970 waren mit rund 55 Prozent mehr als die Hälfte aller in
> der Bundesrepublik lebenden ausländischen Frauen erwerbstätig, mit 29 Prozent aber
> nicht einmal ein Drittel aller westdeutscher Frauen.[170]

Die Sozialwissenschaftlerin Monika Mattes zeigte in ihrer Forschung auf, dass die
weibliche Arbeitsimmigration durch gezielte Anwerbung ausländischer Frauen
verstärkt wurde. Sie erweitert die gängige Forschungsmeinung der Ausländeranwerbung vor dem arbeitsmarktpolitischen Begründungskontext um den Aspekt
der geschlechtsspezifisch-organisierten Nachfragestruktur des Arbeitsmarktes:

> [Es] ist festzuhalten, dass die Migrationsbewegung in die Bundesrepublik in hohem
> Maße durch die geschlechtsspezifische Nachfragestruktur des westdeutschen Arbeits-
> marktes gefördert wurde. MigrantInnen schien es attraktiv, sich auf längere Zeit in
> der Bundesrepublik einzurichten, hielt doch der Arbeitsmarkt für beide Geschlechter
> Erwerbsmöglichkeiten bereit.[171]

Mattes zeigt auf, dass die Anwerbepolitik unmittelbar mit der Geschlechter-
politik der Zeit verzahnt war, wobei sich ihre Untersuchungen auf Berufe im
Niedriglohnsektor des Arbeitsmarktes stützen.[172]
Ihre Thesen der geschlechtsspezifischen Nachfragestruktur in der Zeit der ersten Anwerbephase sind in Hinblick auf die außereuropäische Anwerbung auch

---

[170] Mattes, 2005, 10.

[171] Mattes, 15. Mai 2008, 27.

[172] „Der Niedriglohnbereich des Arbeitsmarktes, in dem sich das Gros der Frauenarbeits-
plätze konzentrierte, war durch das Fehlen weiblicher Arbeitskräfte in seinem Weiterbestand
akut gefährdet. Vor allem in der Nahrungs- und Genussmittel-, der Textil- und zunehmend
der Metallindustrie, aber auch im Bereich hauswirtschaftlicher Dienstleistungen war die
Situation besonders alarmierend. Nicht nur die herkömmlichen Lohnhierarchien zwischen
Frauen und Männern schienen von Auflösung bedroht; auch die gesellschaftlich und kulturell verankerten Norm- und Wunschvorstellungen darüber, wie Arbeiten zwischen den
Geschlechtern aufgeteilt werden sollen, standen seit Ende der 1950er Jahre immer deutlicher
zur Disposition." Mattes, 2005, 11.

auf die damaligen Berufe im Pflegesektor anzuwenden, wobei nicht nur staatlich, sondern häufig über private Vermittler angeworben wurde, wie im vorliegenden Fall über Akteure der katholischen Kirche.[173] Im Sinne dieser Ausgangsthese ist in der vorliegenden Untersuchung zunächst der größere Kontext der Anwerbung von Arbeitsmigrantinnen in den 1960ern in den deutschen Pflegesektor zu rekonstruieren.

Die bisher nahezu unsichtbaren „Gastarbeiterinnen" im deutschen Pflegesektor

Der Gedanke, die vorhandenen Fehlstellen des Pflegesektors mit außereuropäischen Arbeitskräften zu besetzen, war in den verantwortlichen staatlichen Stellen schon zu Beginn der 1960er präsent.[174] Jedoch ist keine durch private Dritte durchgeführte systematische Arbeitsmigration aus außereuropäischen Staaten für den deutschen Pflegesektor nachzuweisen, die vor der Migrationsbewegung aus Kerala eingeleitet wurde.[175] Gleichwohl ist festzuhalten, dass die außereuropäische Anwerbung von Arbeitskräften für den Pflegesektor – zum Großteil spezifisch Frauen – in den 1960ern im Rahmen „einer Reihe von Einzelfällen der Erteilung von Arbeitserlaubnis an Bewerber aus den außereuropäischen Ländern" zu einem gängigen Modell der deutschen Arbeitsbehörden wurde.[176] 1966 waren mit Beschäftigungsschwerpunkten in den Landesarbeitsamtsbezirken Nordrhein-Westfalen, Baden-Württemberg und Hessen bereits 330 Menschen aus Afrika,

---

[173] Über die staatliche Anwerbung in den Pflegesektor ist wenig bekannt. Es ist allerdings nachzuweisen, dass von 4 189 angeworbenen Arbeitnehmenden 3 976 Frauen waren. Vgl. BArch B 149/22407: Schreiben, Präsident der Bundesanstalt für Arbeitsvermittlung und Arbeitslosenversicherung an Bundesminister für Arbeit und Sozialordnung, 20.10.1966. Die zugehörigen Daten sind in Anhang 1 im elektronischen Zusatzmaterial einsehbar.

[174] In den Niederschriften der Direktorenbesprechungen heißt es beispielsweise in einem Protokoll vom 23.11.1962 zum Unterpunkt „Ausländische Schwestern und Ärzte für die psychiatrischen Landeskrankenhäuser": „Es wurde bekanntgegeben, dass die 12 aus Manila angebotenen Krankenschwestern in 2 Gruppen nach Weinsberg und Winnental eingesetzt werden. Des Weiteren seien 40 Schwestern aus Japan angeboten worden, die angeblich kaum Sprechschwierigkeiten hätten. Emmendingen, Reichenau, Weinsberg und Wiesloch seien an der Vermittlung dieser Schwestern interessiert. Dagegen bestehe kein Interesse an dem angebotenen Arzt und dem Zahnarzt aus Manila." GLAK G 463 Wiesloch 97, Direktorenkonferenzen/1963–1971: Niederschrift über die wesentlichen Ergebnisse der Dienstbesprechung der Direktoren der psychiatrischen Landeskrankenhäuser, 23.11.1962.

[175] Dagegen wurden auch durch deutsche staatliche Anwerbekommissionen Arbeitskräfte aus Europa gewonnen. Die zugehörigen Daten sind im Anhang 1 im elektronischen Zusatzmaterial einsehbar.

[176] Vgl. BArch B 149/22419 Beschäftigung indischer Arbeitnehmer in der Bundesrepublik (1959–1972): Brief, Bundesanstalt für Arbeitsvermittlung und Arbeitslosenversicherung an

273 aus Amerika, 1 420 aus Asien und 22 Menschen aus Australien als Pflegepersonal im westdeutschen Bundesgebiet beschäftigt, wobei von der Gesamtzahl
von 2 045 Personen insgesamt 1 477 Frauen zu identifizieren sind.[177] In den
Anwerbungsvorgängen waren in vielen Fällen zunächst kirchliche Akteure als
Vermittler involviert.[178] Im Jahr 1972, ein Jahr nachdem die Arbeitsmigration
von Krankenpflegepersonal erstmals über ein bilaterales Abkommen mit Südkorea geregelt wurde, ging die Caritas für das Vorjahr von der Anwesenheit
von 5 500 Koreanerinnen, 1 500 Inderinnen, 3 000 Philippinerinnen, ca. 200
Chinesinnen und ca. 200 Indonesierinnen aus, die als Arbeitsmigrantinnen (ausschließlich als Krankenschwestern und Krankenpflegehelferinnen) im deutschen
Pflegesektor gearbeitet hatten.[179] Die Anwerbung im Pflegesektor erfolgte ebenfalls – wie auch bei den bilateral angeworbenen Arbeitsmigranten – unter der

---

das Innenministerium Baden-Württemberg, 14.09.1964. Weitere Aufschlüsse über diese Entwicklungen gibt auch die Caritas-Erhebung von 1967 über asiatische Pflegekräfte in deutschen Krankenhäusern. ADCV 380.40.028 Fasz.01: Diverse Tabellen, Unterlagen und Antwortschreiben der durch den DCV angefragten Einrichtungen, 1967.

[177] Mit 367 Personen stellte die indische Nationalität vor dem Iran mit 328 Personen die
größte Gruppierung dar. Dabei führte Indien die Liste auch anteilsmäßig im Bereich der
Anstellung als „sonstige Hilfskräfte", also im Bereich der ungelernten Arbeit im Haus- und
Küchendienst an. Vgl. BArch B149/22407 Anwerbung und Vermittlung von Arbeitskräften
aus außereuropäischen Ländern: Brief, Bundesanstalt für Arbeitsvermittlung und Arbeitslosenversicherung an Bundesminister für Arbeit und Soziales, 22.03.1966. Die zugehörigen
Daten sind im Anhang 2 im elektronischen Zusatzmaterial einsehbar.

[178] Beispielsweise im Rahmen Einleitung der Arbeitsmigration aus Südkorea: „Anfangs wurden [die Frauen] einzeln oder als kleine Gruppe durch kirchliche und private Vermittlun-
gen und ab 1966 in größerer Zahl und in Sammelverfahren angeworben." Friedrich-Ebert-
Stiftung, *Ankommen, Anwerben, Anpassen? Koreanische Krankenpflegerinnen in Deutschland – Erfahrungen aus fünf Jahr- zehnten und neue Wege für die Zukunft* (Bonn, 2016),
13.

[179] Vgl. ADCV 380.40.026: Brief, DCV an Lehrerin für leitendes Pflegepersonal,
12.12.1972 sowie ADCV 380.40.026 Fasz.01 – Krankenpflegekräfte aus Übersee. Publikationen: Bericht, Deutscher Verband katholischer Mädchensozialarbeit e. V., September
1971. Nach dem Jahresbericht 1971 der Bundesanstalt für Arbeit arbeiteten am 31.12.1971
insgesamt 56 490 Ausländer in der Krankenpflege der Bundesrepublik Deutschland. Die
undifferenzierten Angaben der Bundesanstalt für Arbeit, aus denen nicht hervorgeht, inwieweit es sich wirklich um Pflegepersonal und nicht um Hilfskräfte im Rahmen des gesamten
Krankenhauses handelt, umfassten: „3 171 Italiener (davon 2 653 Frauen), 4 556 Griechen
(davon 3 972 Frauen), 3 452 Spanier (davon 2 964 Frauen), 5 708 Türken (davon 4 469
Frauen), 1 204 Portugiesen (davon 1 092 Frauen), 16 901 Jugoslawen (davon 15 541 Frauen),
183 Marokkaner (davon 18 Frauen), 129 Tunesier (davon 72 Frauen)." ADCV 380.40.026:
Brief, DCV an Lehrerin für leitendes Pflegepersonal, 12.12.1972. Die zugehörigen Daten
sind im Anhang 4 im elektronischen Zusatzmaterial einsehbar.

Voraussetzung einer zeitlich begrenzten Verwendung der Arbeitskräfte und einer damit vorausgesetzten Rückkehr.[180]

Die Erfahrungen der Arbeitsmigrantinnen im deutschen Pflegesektor unter den prekären Arbeitsbedingungen waren von Ambiguität geprägt.[181] Zu Beginn der 1970er wurde zudem auf Bundesebene die weitergehende Anwerbung bereits von ausgebildetem Pflegepersonal genehmigt, was die Zahl der im Ausland angeworbenen Arbeitsmigrantinnen im deutschen Pflegesektor in der Folge weiter steigen ließ.[182] Nach den Schätzungen des DCV war der Höhepunkt der Beschäftigung außereuropäischer Pflegekräfte Mitte 1976 zu verorteten, als ca. 16 000 Frauen

---

[180] Ein eigentümlicher Zwischenfall belegt diese Praxis: In einem Schreiben vom 30.07.1968 wandte sich das Lufthansa Büro Kalkutta an die Zentralstelle für Arbeitsvermittlung in Frankfurt mit dem Angebot, in Anbetracht des Mangels an Pflegepersonal in deutschen Krankenhäusern, 50–80 ausgebildete indische Krankenschwestern zu vermitteln. Diese Frauen waren bereits mit dem Ausbildungstand des General Nursing zertifiziert. Die Krankenschwestern waren Angehörige der anglo-indischen Gemeinschaft und entstammten binationalen britisch-indischen Ehen. Diese Menschen waren nach der Unabhängigkeit Indiens vielseitigen Diskriminierungen ausgesetzt. Angehörige der anglo-indischen Gemeinschaft bemühten sich in zunehmendem Maße um eine dauerhafte Emigration. Auf Bundesebene traf die Anfrage auf Kritik der Vertreter der Inneren Verwaltung: „[…] eine Hereinnahme des […] Personenkreises [steht] im Widerspruch zu Nr. VI der Richtlinien für die Zulassung von Ausnahmen für Staatsangehörige aus außereuropäischen Ländern […]. Danach komme eine Zulassung von Ausnahmen in der Regel dann nicht in Betracht, wenn erkennbar sei, dass die Begründung eines dauernden Aufenthalts im Bundesgebiet beabsichtigt sei". Vgl. BArch B149/22419 Beschäftigung indischer Arbeitnehmer in der Bundesrepublik (1959–1972): Ergebnisprotokoll, Sitzung des Arbeitskreises für Fragen der Beschäftigung ausländischer Arbeitnehmer, 29.01.1969. Es ist aus der eingesehenen Aktenlage nicht ersichtlich, ob schlussendlich eine Anwerbung dieser indischen Krankenschwestern über die Lufthansa-Fluggesellschaft stattgefunden hat.

[181] Zu den Erfahrungen der „Gastarbeiterinnen" aus Südkorea im deutschen Pflegesektor berichtet eine Zeitzeugin: „Die meisten der Krankenschwestern aus Südkorea wurden ohne Rücksicht auf ihre beruflichen Qualifikationen und Erfahrungen in den einfachsten Diensten des Krankenhauses als Lückenfüller eingesetzt. Dadurch entstanden Probleme durch andere Vorstellungen und Erwartungen an die Tätigkeit auf beiden Seiten. Hintergrund dafür sind die unterschiedlichen Ausbildungssysteme im deutschen und koreanischen Gesundheitswesen, Unterschiede im Selbstverständnis des Krankenschwesternberufes sowie der Informationsmangel über die Arbeit einer Krankenschwester in Deutschland, und auch hier die erheblichen Sprachbarrieren." Friedrich-Ebert-Stiftung, 2016, 15.

[182] „Nearly 8 000 foreign nurses were reported to be in the Federal Republic of Germany in 1971, making up 6 % of stock." Alfonso Mejía, Helena Pizurki, und Erica Royston, *Physician and Nurse Migration: Analysis and Policy Implications; Report of a WHO Study* (Geneva: World Health Organisation, 1979), 44.

aus Asien in der Bundesrepublik Deutschland arbeiteten „etwa 8 500 Koreanerinnen, 4 000 Inderinnen und 3 500 Filipinas – mithin 4 000 bis 5 000 Frauen, die unser Land bereits verlassen haben" (Abbildung 2.6).[183]

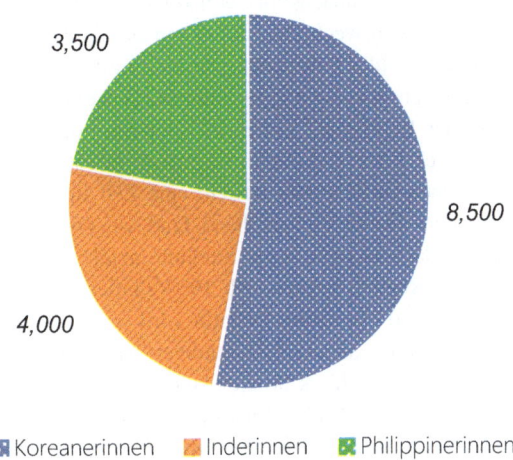

Abbildung 2.6   Beschäftigung außereuropäischer Pflegekräfte in der BRD (1976)

2.3   Biografische Annäherung–Pfarrer Hubert Debatins Werdegang bis zur „Indienarbeit"

Pfarrer Hubert Debatin ist als Initiator der Fachkräftemigration aus Kerala als eine zentrale Person des Forschungsgegenstandes hervorzuheben. Sein Werdegang ist eng mit der Migrationsbewegung vieler Malayalis verwoben. Im folgenden Abschnitt wird Debatins Biografie in Bezug auf sein Wirken mit dem katholischen Netzwerk Indiens rekonstruiert. Die im erzbischöflichen Archiv Freiburg erhaltene Personalakte des Geistlichen bietet die Möglichkeit, ein solches Bild des Menschen und des Pfarrers Debatin innerhalb Institution der katholischen Kirche nachzuzeichnen.

---

[183] ADCV 380.40.026 – Krankenpflegekräfte aus Übersee: Informationen des DCV 3/78 Nr.19, 1978, 3.

Hubert Debatin wurde am 06.11.1914 als Sohn eines Krankenpflegers in Wiesloch geboren, wo er mit seinen Geschwistern aufwuchs.[184] Die Kindheit und
Jugend wurden durch eine körperliche Beeinträchtigung eines verkürzten Hals-
muskel geprägt, welche sich auch auf das Verhalten und die Psyche des Jungens
auswirkte. Debatin besuchte zunächst die Volksschule, später die Realschule, bis
er 1930 auf das Gymnasium wechselte, das er mit besten Noten in den Fächern
Religion und Deutsch abschloss. Dennoch war die Entscheidung, den Weg eines
Geistlichen einzuschlagen, keine einfache Wahl für Debatin.[185]

Das Hadern mit der Berufswahl war nicht zuletzt mit der allgemeinen Situation Anfang der 1930er Jahre verknüpft. So musste Debatin seine Studienwahl
zu einer Zeit politischer Unsicherheit treffen, eine Zeit in der Millionen Deutsche arbeitslos wurden. Damit einhergehend fand ein politischer Umbruch in
Deutschland statt, sodass Debatin sein Studium unter dem neu verankerten
nationalsozialistischen Regime begann. Ab 1933 studierte Debatin Katholische
Theologie in Freiburg und Tübingen. Debatin wird in seinem Skrutinialbericht
als recht gut begabter und „innerlich lebendiger Alumnus, der freilich seine
Begabung nicht ganz zum Ausdruck bringen konnte" beschrieben. Nach der Einschätzung des Gutachters des Collegium Borromaeum sei Debatins Gesinnung
„edel, der Charakter zuverlässig". Ein operativer Eingriff im ersten Studienjahr
hatte die körperliche Beeinträchtigung der schiefen Kopflage gebessert, was sich
auch positiv auf das Auftreten des jungen Mannes ausgewirkt hatte.[186] Als noch
junger Theologiestudent veröffentlichte Debatin 1935 das Büchlein „Sünde – was
ist das?", welches in den theologischen Überlegungen zwischen „Gottes Plan
und Menschenwollen" eine Kritik an dem ethischen Rahmen des Zeitgeistes im

---

[184] Siebler, 1999, 85.

[185] „Er redet nicht viel, mitteilsam ist er nicht. Infolge einer kleinen körperlichen Missbil-
dung durch Beschränkung der Halsmuskelbewegung im Nacken litt er unter einem Min-
derwertigkeitsgefühl, das ihm zur Gefahr wurde, ein verbitterter Mensch zu werden. Auch
sein priesterliches Berufsvorhaben kam dadurch stark ins Wanken. Wohl kaum einer der
diesjährigen Abiturienten hat so um seinen Beruf mit sich gerungen wie H. Debatin.",
EAF Personalakte Debatin, H.: Sitten- und Berufszeugnis über den Abiturienten, Ludwig-
Wilhelm-Gymnasium Rastatt, 25.02.1933.

[186] Vgl. EAF Personalakte Debatin, H.: Skrutinialbericht, Collegium Borromaeum, o. D.

NS-Regime übt.[187] Während des Studiums verändern sich auch die Beschreibungen des Charakters Debatins durch seine kirchlichen Begutachter hin zu einer negativen non-konformen Charakterisierung.[188]

Die Priesterweihe Debatins erfolgte am 27.03.1938 in St. Peter, Freiburg. Der Zweite Weltkrieg brach während Debatins Tätigkeit als Vikar aus, die er in Lenzkirch, Sinzheim und Mannheim verbrachte. 1940–1943 leistete der junge Pfarrer den Kriegsdienst als Sanitäter, zuletzt als Unteroffizier. Während des Kriegsdienstes wurde ihm das Eiserne Kreuz der zweiten Klasse sowie das Panzerkampfabzeichen Ägypten verliehen.[189] 1943 geriet Debatin in Kriegsgefangenschaft, die er bis 1947 in Algerien verbrachte. Bereits in dieser Zeit übte er freiwillig die Funktion des Kriegsgefangenseelsorgers aus, einem Dienst, dem er sich auch nach seiner Freilassung weiter widmete.[190]

---

[187] So ist Debatins Schrift unter anderem im Kontext des Gesetzes zur Verhütung erbkranken Nachwuchses (RGBl. I S. 529) vom 14.07.1933, als Reaktion auf die ideologischen Entwicklungen um das deutsches Sterilisationsgesetz, zu lesen. Das Gesetz trat zum 01.01.1934 in Kraft. Debatin schreibt in seinem Buch in Bezug auf „Unwertes Leben": „In unseren Tagen wird gegen die Kirche oft der Vorwurf erhoben, sie sei lebensverneinend, weil sie die Wahrheit der Erbsünde und der persönlichen Sünde lehre. Eine solche Lehre sei für die Schwachen und Erbärmlichen, für die, welche ihre Hoffnung auf das Jenseits richten, weil sie auf Erden den Kampf des Lebens nicht aufzunehmen vermöchten. [...] Heute gelte allein der Starke. Der Lebensbejaher, der die Sünde nicht kenne. [...] Jeder, der die Kirche kennt, weiß, dass sie es ist, die das Leben am stärksten bejaht, ja, dass sie eigentlich die Lebensbejahung selbst ist, das Ja zu allem, was lebt. Und das, obwohl sie weiß, wie weit die Menschen oft von dem entfernt sind, was sie sein sollen. Sie sieht auch dort den Wert des Lebens, wo oberflächliches Denken es bereits als unwert erklärt hat, und keine Mühe spart sie, um auch hier hinaufzuerziehen." Hubert Debatin, *Sünde – was ist das? Von ihrem Wesen und Geheimnis* (Amorbach: Albert Burgmaier, 1935), 14.

[188] Eine Charakterbeschreibung im Rahmen eines Zeugnisses aus dem Studienjahr 1937/38, kurz vor der Priesterweihe, zeichnet das folgende Bild: „D. sieht man den Schalk im Gesichte an, und keineswegs bedarf es hierzu der ‚Debatinwitze' als Beweis. Aber ein ganz harmloser und harmlos zu nehmender Alumnus ist D. doch nicht. D. weist viel Unreifes, Impulsives, selbst Taktloses auf, ebenso herkommend von einem fahrigen, als unüberlegten und kaum Übermittler befähigten Denken [sic]. Es wird gut sein, diesen Seelsorger im Auge zu behalten, zumal von jugendlichem Drange beseelt und allen möglichen Gegenständen zugewandt, er Gedanken nachzuhängen scheint, die von realen Seelsorgeaufgaben = u. Gedanken weit abstehen." Vgl. EAF Personalakte Debatin, H.: Zeugnis, Priesterseminar St. Peter, 07.03.1938.

[189] Vgl. Siebler, 1999, 85.

[190] Erhalten ist unter anderem die Weihnachtsansprache wie auch die Weihnachtspredigt zur Mitternachtsmette, gehalten 1946 im Kriegsgefangenenlager XI.T.A. St. Hélène Constatine/Algerien. Vgl. EAF Personalakte Debatin, H.: Weihnachtsansprache, Weihnachtspredigt, 22.01.1948.

1947–1948 ging er der seelsorgerischen Aufgabe auch in den nordfranzösischen Kriegsgefangenenlagern Rouen, Amiens und Lille nach. In den Nachkriegswirren traf Debatin in der Kriegsgefangenschaft auf Menschen unterschiedlichster Nationen, so auch Personen aus Indien.[191] Durch die gegebenen herausfordernden Bedingungen der Kriegsgefangenschaft war Debatin gezwungen in dieser Zeit in seiner geistlichen Funktion lediglich aus den eigenen Ressourcen, ohne die institutionelle Unterstützung der katholischen Kirche, zu wirken. Umso zufriedener schaute er seiner neuen geregelten Aufgabe entgegen, als er 1948 nach Kriegsende wieder nach Deutschland zurückkehrte und eine Stelle als Vikar in St. Leon antrat.[192] 1949 zog er an den Bodensee, um in der Funktion eines Cooperators in Konstanz (Münster) zu wirken. Dort wurde man unter anderem durch seine

---

[191] Vgl. PA AA B92 Band 441: Aktenvermerk, 16.09.1970.

Die Involvierung von indischen Menschen in Kriegshandlungen des Zweiten Weltkriegs fernab des eigenen Landes gehört zu den eher unbekannten Facetten des Weltenbrands. Mit etwa 2,7 Millionen indischen Soldaten stellte Indien die größte Freiwilligenarmee der Welt, die sowohl im Osten als auch im Westen außerhalb der eigenen Landesgrenzen kämpfte. Indische Soldaten kämpften u. a. im Dienst der British Indian Army und anderer Alliierter, gleichwohl ist zu betonen, dass im Kriegsverlauf indische Menschen auch auf Seiten der Achsenmächte kämpften. Mit dem Ziel das eigene Land in die Unabhängigkeit zu führen, gründete Subhash Chandra Bose, ein nationalistischer Vertreter des *Indian National Congress*, 1943 die provisorische Regierung Indiens *Azad Hind* („Freies Indien"). Aus dieser politischen Agenda heraus gründete Bose nach seiner Flucht nach Europa die sogenannte *Indische Legion*. Die Legion setzte sich aus indischen Kriegsgefangenen zusammen, die zuvor für die British Indian Army im Einsatz gewesen waren und in Kriegsgefangenschaft der Achsenmächte abgeworben wurden. Die Indische Legion wurden von der Wehrmacht ausgerüstet, von deutschen Indologen ausgebildet und 1944 der Waffen-SS unterstellt. 1945 waren für die Indische Legion 2593 Inder im französischen Hoheitsgebiet im Einsatz. Vgl. Joachim Oesterheld, „Die Indische Legion in Frankreich", in Fremdeinsätze: Afrikaner und Asiaten in europäischen Kriegen, 1914–1945, hg. von Gerhard Höpp und Brigitte Reinwald (Berlin: Das Arabische Buch, 2000), 211. Weiterführende Literatur zum Themenkomplex: Jan Kuhlmann, Subhas Chandra Bose und die Indienpolitik der Achsenmächte (Berlin: Verlag Hans Schiler, 2003); Kaushik Roy, India and World War II: War, Armed Forces and Society, 1939–1945 (New Delhi: Oxford University Press, 2016).

[192] „Ich bin acht Jahre in der Fremde und davon 67 Monate in Gefangenschaft gewesen. Während dieser Zeit habe ich die Seelsorge an meinen Kameraden ausgeübt, fast immer ohne jede Unterstützung und Hilfe von einer kirchlichen vorgesetzten Stelle. Ich habe diese Arbeit gerne getan und ich glaube sagen zu können, ich habe sie getan ohne mich zu schonen. Nun ist diese Zeit zu Ende, und ich stehe zum ersten Mal wieder in der normalen Seelsorge. Ich empfinde es beglückend, nach all den langen Jahren einer einseitigen Arbeit endlich wieder in einem abgerundeten Wirkungsbereich zu stehen. Ich habe keinen anderen Wunsch, als den, in ihm auch weiterhin zu stehen." EAF Personalakte Debatin, H.: Brief, Debatin an den Erzbischof, 30.03.1949.

Tätigkeit als Dekanatsjugendseelsorger auf seine Stärke der Jugendarbeit aufmerksam, auf deren Grundlage Debatin nach einem Religionslehrer-Examen in den baden-württembergischen Schuldienst aufgenommen werden sollte.[193] Debatin selbst war von dem Gedanken nicht angetan und versuchte zunächst die Entscheidung um den Eintritt in den Lehrberuf zu verzögern. Schließlich bat er bei seinem Weihbischof um die Billigung seines Zurücktretens von dieser beruflichen Entwicklung, mit der Begründung, dass ihm während der fast sechs Jahren Gefangenschaft klar geworden sei, dass sein Platz in der ordentlichen Seelsorge liege.[194]

Ab dem 25.11.1951 wurde Debatin Pfarrer in Weil am Rhein. Sein Charakter wird in den Beurteilungen zu dieser Zeit als „cholerisch-sanguinisch; etwas hart und stur" beschrieben.[195] Erzbischof Eugen Seiterich[196] selbst bezeichnete Debatin als „etwas überspannt", gleichzeitig wird in den Jahresberichten stets die Gewissenhaftigkeit und die große Missionsbegeisterung des Pfarrers hervorgehoben.[197] So überkam Debatin eben in dieser Zeit der Wunsch, sich für die Mission in Nordafrika freistellen zu lassen. Sein Anliegen wurde vom Raphael Walzer, dem ehemaligen Beuroner Erzabt, unterstützt. Walzer war seit 1952 Abt des Klosters St. Benoit in Tlemcen (Algerien). Während der Kriegsjahre hatte er in Rivet (Algier) ein Seminar für kriegsgefangene deutsche Theologen gegründet und dieses auch zeitweise geleitet.[198] In einem Brief an den Erzbischof bat Walzer am 24.05.1956 darum, seinen ehemaligen „Schuetzling" Debatin bei möglicher Abkömmlichkeit zu einer „raschen Abfahrt Segen und Erlaubnis zu gewähren".[199] Das Ordinariat schlug Debatin jedoch diese Bitte auch nach dessen und Walzers mehrfachen Ersuchen um die gewünschte Freistellung aus. Der Erzbischof begründete seine Entscheidung mit dem damalig laufenden Kirchenbau in Friedlingen sowie Debatins zuvor geäußerten Wunsch nach einer Tätigkeit, die sich lediglich auf die ordentliche Seelsorge beschränke.[200]

---

[193] Vgl. EAF Personalakte Debatin, H.: Bischöfliches Dekanat, Jahresbericht für 1950, 09.02.1951.

[194] Vgl. EAF Personalakte Debatin, H.: Brief, Debatin an den Weihbischof, 19.06.1951.

[195] EAF Personalakte Debatin, H.: Bischöfliches Dekanat, Jahresbericht für 1954, o. D.

[196] Eugen Seiterich, *09.01.1903, Priesterweihe am 19.03.1926, Erzbischof von Freiburg 1954–1958, † 03.03.1958.

[197] EAF Personalakte Debatin, H.: Bischöfliches Dekanat, Jahresbericht für 1955, 20.02.1956.

[198] Vgl. Siebler, 1999, 85.

[199] EAF Personalakte Debatin, H.: Brief, Walzer an Erzbischof, 24.05.1956.

[200] EAF Personalakte Debatin, H.: Brief, Erzbischof an Walzer, 13.08.1956.

Aus Debatins Charakterbeschreibungen innerhalb der Jahresberichte dieser
Zeit sticht vor allem das Attribut „selbstlos" hervor. Weiterhin wird sein Wirken
in der Seelsorge als „seeleneifrig" und als „neuzeitliche Seelsorge" beschrieben.[201] Seine priesterliche Lebensführung wird zu dieser Zeit durchgängig als
„einfach franziskanerisch" charakterisiert.[202]

Während der zweiten Hälfte der 1950er hatte eine indische Person, die Debatin
in Kriegsgefangenschaft kennengelernt hatte, dem Pfarrer in Deutschland einen
Besuch abgestattet.[203] Bei dieser Gelegenheit habe diese Person Debatin mit
weiteren Indern zusammengebracht. Durch diese Erlebnisse wurde bei Pfarrer
Debatin das Interesse für Indien geweckt.[204] Diese Begegnungen stellten den
Beginn von Debatins weitreichendem Indiennetzwerk dar.

Gleichzeitig galt das Interesse des Pfarrers noch immer der Missionsarbeit.
Nach dem Tod des Erzbischofs Eugen Seiterich im Jahr 1959 wurde Hermann
Schäufele[205] zum Erzbischof von Freiburg ernannt. Daraufhin traten Debatin
und Walzer erneut mit der Bitte auf eine Freistellung für den Missionsdienst
an die neue Leitung des Ordinariats. Doch auch der neue Freiburger Erzbischof[206] verweigerte Debatin die Freistellung mit der Begründung, dass ein akuter
Priestermangel bestehe und sich die Situation angesichts der steigenden Zahlen
der Katholiken durch natürlich zunehmende Bevölkerung wie auch durch den
„Zustrom der Flüchtlinge" verschärfe.[207]

Im selben Jahr begab sich Debatin auf seine erste Indienreise, welche in ihrer
Vorbereitung mit einer Konfrontation mit seinem Ordinarius verbunden war und
den Pfarrer viel Energie und Willenskraft kostete.[208] Mit diesem Besuch in Kerala
im Jahr 1959 sollten die Entwicklungen ihren Lauf nehmen, die Debatin selbst
in Zukunft seine „Indienarbeit" nannte.

---

[201] EAF Personalakte Debatin, H.: Bischöfliches Dekanat, Jahresbericht für 1957, o. D.

[202] EAF Personalakte Debatin, H.: Bischöfliches Dekanat, Jahresbericht für 1958,
22.02.1959.

[203] Aus den Akten ergeben sich keine weiteren Erkenntnisse über diese Person.

[204] Vgl. PAA B92 Band 441: Aktenvermerk, 16.09.1970.

[205] Hermann Schäufele, *14.11.1906, Priesterweihe am 25.10.1931, Erzbischof von Freiburg
1958–1977, † 26.06.1977.

[206] Zu Gunsten des Leseflusses wird im weiteren Verlauf der Arbeit der Freiburger Erzbischof Hermann Schäufele als „Erzbischof" ohne Ortsangabe bezeichnet. Andere Kirchenamtsträger werden dagegen unter Angabe des geistlichen und administrativen Verantwor-
tungsbereichs genannt. Die gleiche Vorgehensweise ohne Ortsangabe wird für das Freiburger
Ordinariat genutzt, das im Folgenden schlicht „Ordinariat" genannt wird.

[207] EAF Personalakte Debatin, H.: Brief, Ordinariat an Debatin, 21.03.1959.

[208] Vgl. Siebler, 1999.

Teil B: Rekonstruktion 3

3.1 Die Migration von Frauen aus Kerala nach Deutschland über den Kirchenraum – Von der Idee zur Umsetzung

Am 05.05.1959 wandte sich Debatin an den Erzbischof mit der Bitte um Genehmigung einer Indienreise. Angesichts seines jährlich im Frühjahr bevorstehenden Heuasthmas und Heufiebers wolle er das „Notwendige mit dem Nützlichen" verbinden und einer Einladung des syro-malankarischen Bischofs Mar Athanasios[1] in Thiruvalla nachkommen, um nach Südindien zu reisen. Debatin war mit Mar Athanasios durch eine persönliche Begegnung seit dessen Deutschlandbesuch 1957 verbunden, aber auch dadurch, dass mehrere Pfarrer des indischen Bischofs, die in Rom studierten, bereits bei Debatin zu Gast gewesen waren. Die förmliche Bitte um Genehmigung seiner geplanten Reise unterstrich Debatin mit dem Verweis, dass diese Reise auch einen „missionarischen Zweck" verfolge.[2]

Der ablehnende Bescheid des Ordinarius erging nur wenige Tage darauf. Darin verwies der Ordinarius auf eine eingehende Besprechung der Causa innerhalb der

---

[1] Bischof Mar Athanasios: syro-malankarischer Bischof der Diözese Thiruvalla (1955–1977). Zum Werdegang des Bischofs siehe *Übersicht der beteiligten kirchlichen Akteure Indiens*. Die zugehörigen Daten sind im Anhang 6 im elektronischen Zusatzmaterial einsehbar.

[2] EAF Personalakte Debatin, H.: Brief, Debatin an Erzbischof, 05.05.1959.

Ergänzende Information Die elektronische Version dieses Kapitels enthält Zusatzmaterial, auf das über folgenden Link zugegriffen werden kann https://doi.org/10.1007/978-3-658-46082-2_3.

© Der/die Autor(en) 2025
T. S. Großmann, *Fachkräftemigration – Pflegenotstand – Nächstenliebe*,
https://doi.org/10.1007/978-3-658-46082-2_3

Ordinariatssitzung, bei der man sich einig gewesen sei, dass man derlei hohe Auslagen kaum vor den Gläubigen verantworten kann. Zudem hegte der Freiburger
Erzbischof Zweifel, ob in diesem Fall die Apostolische Nuntiatur[3], welche gemäß
der Apostolischen Konstitution „Exul Familia"[4] einbezogen werden müsse, ihre
Genehmigung erteilen wird.[5]

Zwei Tage später beantwortete Debatin das Schreiben unter dem Verweis, dass
der Grund der Ablehnung hinfällig sei, da sich die geplante Reise finanziell selbst
getragen wird.[6] Debatin insistierte bei seinem Ordinarius weiterhin auf seinen
Reisewunsch rekurrierend auf seine bisherigen Bemühungen um die katholische
Kirche in Südindien.[7] Debatins abendliche Ansprachen und Vorträge hätten den
Bau einer Kirche in Südindien ermöglicht, ganz zu schweigen von den „sonstigen
Einsätzen für die Mission".[8]

Der Brief an den Ordinarius entfaltete die gewünschte Wirkung. Der Erz-
bischof verfasste einen detaillierten, wohlwollenden Brief an die Apostolische
Nuntiatur in Bad Godesberg mit der Bitte um die Genehmigung der geplanten
Indienreise Debatins. Innerhalb dieses Empfehlungsschreibens hob der Erzbischof
vor allem die Missionsbegeisterung und die damit einhergehenden bisherigen
Anstrengungen des Pfarrers hervor.[9] Die Apostolische Nuntiatur genehmigte mit

---

[3] Eine Apostolische Nuntiatur ist der durch die Regierung eines anderen Staates akkreditierte
Botschafter des Heiligen Stuhles.

[4] Eine am 01.08.1952 durch Papst Pius XII erlassene Konstitution, die zum ersten Mal Richtlinien über das Vorgehen in der seelsorgerischen Betreuung von Auswanderern festlegte.
Vgl. Papst Pius XII, „Exsul famila, Constitutio apostolica Pii XXII de spirituali emigrantium
cura", 1. August 1952.

[5] EAF Personalakte Debatin, H.: Brief, Erzbischof an Debatin, 08.05.1959.

[6] „Dazu wissen die Gläubigen meiner Gemeinde sehr wohl, dass ihr Pfarrer sich persönlich keinen Luxus [sic!] und manchmal auch das nicht gönnt, was sie als nicht übertrieben
ansehen. Sie wissen, dass ich meine dienstlichen Fahrten per Autostopp mache, um Geld
zu sparen. Manche wissen auch, dass meine wenigen Ersparnisse in die Arbeit der Pfarrei
geflossen sind. Vielleicht darf ich noch dazu bemerken, dass ich kein Messstipendium und
keine Stolgebühr für mich zurückbehalte. Umso mehr tut es mir leid, dass bei den Herren
der Ordinariatssitzung der Eindruck entstehen konnte, als handle ich in diesem Punkte nicht
verantwortungsgerecht, und dass aufgrund dieser Voraussetzung die Entscheidung negativ
ausfiel. Vielleicht ist es erlaubt, darauf hinzuweisen, dass auch andere Priester der Diözese
Reisen machten, die sie weiter führten." EAF Personalakte Debatin, H.: Brief, Debatin an
Erzbischof, 10.05.1959.

[7] Über diese Tätigkeiten Debatins in Indien vor der Einleitung des Nirmala-Vorgangs 1964
sind keine Details überliefert.

[8] EAF Personalakte Debatin, H.: Brief, Debatin an Erzbischof, 10.05.1959.

[9] EAF Personalakte Debatin, H.: Brief, Erzbischof an Apostolische Nuntiatur, 01.06.1959.

No. 76312/XVI am 03.06.1959 die für sechs Wochen angesetzte Indienreise, deren Auswirkungen nicht nur Debatins Leben nachhaltig prägen sollte. Auch wenn sich Pfarrer Debatin gegenüber seinem Ordinarius noch über die wahren Absichten seiner Reise bedeckt hielt, ist davon auszugehen, dass Debatin bereits mit dem Vorsatz der Ergründung seiner konkreten Idee einer Arbeitsmigration über den Kirchenraum 1959 nach Indien reiste.[10] So ergeht aus einer Korrespondenz zwischen Debatin und dem Auswärtigen Amt (AA), dass das Auswärtige Amt die Reisekosten Debatins von 1959 zu 50 % gefördert hatte, nachdem er einen entsprechenden Antrag gestellt hatte.[11] Debatin argumentierte in seinem Antrag mit seiner Absicht „für unsere Krankenhäuser Schwestern bzw. Mädchen zur Ausbildung zu bekommen".[12] Der Antrag wurde durch das Auswärtige Amt mit der Begründung genehmigt, dass die Reise „mit einer sozialen und Völker verbindenden Absicht" erfolgen sollte.[13] Von dieser Interaktion ließ der Pfarrer jedoch seinen Ordinarius nichts wissen.

Über den Verlauf der Reise Debatins sind keine Überlieferungen erhalten. Die Erfahrungen und Beobachtungen des Pfarrers müssen jedoch eindrücklich gewesen sein, sodass er sich fortan zentral seiner „Indienarbeit" widmete. Vor allem die Auswirkungen des Kastensystems hatten Debatins Motivation geweckt, mit seinem Wirken nichts Geringeres als eine Veränderung im sozialen Gefüge Keralas anzustoßen. So erklärte er seine Motivation in einem Schriftwechsel mit dem Auswärtigen Amt:

> Mein Gedanke geht vor allen Dingen dahin, den Jungen und Mädchen der niederen Kasten die Möglichkeit einer besseren Ausbildung und eine Aufnahme in unsere Häuser in Deutschland zu ermöglichen. Bis jetzt ist diesen Menschen der Aufstieg zwar theoretisch erlaubt, aber praktisch kaum möglich. Sollte es uns gelingen, einige Gruppen von begabten Menschen dieser Kasten bei uns auszubilden und sie dann mit diesen Kenntnissen in ihre Heimat zurückzuschicken, so hätten wir damit einen sozialen Durchbruch erzielt und eine positive Entwicklung zur Hebung dieser Kasten angebahnt. Bis jetzt ist in dieser Richtung noch nicht viel geschehen. Ich habe mir diese Arbeit zusätzlich zu meinem großen Aufgabenbereich noch zugemutet, weil

---

[10] „Mit der Absicht, diese Möglichkeit zu prüfen, flog ich das erste Mal nach Indien." Debatin, 1968, 165.

[11] Ein Verweis auf diese 1959 erteilte Förderung findet sich in einer späteren Korrespondenz mit dem AA, in der Debatin sich um eine erneute Förderung bewarb. Vgl. PAA B92 Band 384: Brief, AA Bonn an Debatin, 28.03.1963.

[12] PAA B92 Band 384: Brief, Debatin an Legationsrat AA Bonn, 14.03.1963.

[13] PAA B92 Band 384: Brief, Debatin an Legationsrat AA Bonn, 14.03.1963.

ich ganz einfach eine Notwendigkeit des Helfens erkenne, der ich glaube, mich nicht entziehen zu dürfen.[14]

Debatin selbst berichtete retrospektiv, dass die indischen Bischöfe von seiner Idee begeistert gewesen seien und ihn in seinem Anliegen unterstützt hätten.[15]

Gleich nach seiner Rückkehr aus Indien richtete sich Debatin im Oktober 1959 mit der in Kerala explorierten Idee offiziell an seinen Ordinarius:

> Heute möchte ich ein Anliegen vortragen, dass mir in Indien sehr deutlich geworden ist: dort gibt es, besonders bei den Malabaresen, sehr viele Ordensberufe. Die Bischöfe geben Jahr für Jahr solche Berufe ab an die anderen Diözesen Indiens, doch immer bleiben welche, die nicht zum Zug kommen – weil eben die Zahl der Berufe sehr groß ist. Bei uns ist es umgekehrt, wir haben die Mutterhäuser, haben die Ausbildungsmöglichkeiten – und haben nicht genügend Berufe, sie auszufüllen. Was also dort in großer Zahl gegeben ist, das fehlt uns. Was wir haben, fehlt dort. Es gab sich also ganz von sich selbst der Gedanke, hier einen Ausgleich zu überlegen. Ich konnte mit den in Frage kommenden Bischöfen darüber sprechen. Sie waren für diese Möglichkeit sehr offen. Auch Kardinal Gracias hat sich positiv dazu ausgesprochen. Ich habe diese Dinge natürlich nur privat vortragen können als eine persönliche Auffassung. Doch war es bezeichnend, die positive Reaktion überall festzustellen. Mit dem heutigen Briefe möchte ich mir erlauben, diesen Fragenkomplex Ihnen, hochwürdigster Herr Erzbischof vorzutragen und Ihrer Beurteilung vorzulegen.[16]

Der Generalvikar beantwortete Debatins Brief in wenigen Sätzen unter Anmerkung von bisher positiven Erfahrungen mit der Berufung von spanischen Schwestern in der Diözese Speyer, gleichwohl äußerte der Erzbischof größere Bedenken in Bezug auf die Berufung von Schwestern aus dem außereuropäischen Ausland.[17]

Im folgenden Monat November erreichte den Freiburger Erzbischof ein anonymes Schreiben „einiger beherzter Männer" aus Debatins Pfarrei St. Peter & Paul Weil am Rhein.[18] Darin beziehen sich die Gemeindemitglieder auf die

---

[14] PAA B92 Band 384: Brief, Debatin an Legationsrat AA Bonn, 14.03.1963.

[15] „In Bombay habe ich Sr. Eminenz, Kardinal Gracias, meine Gedanken vorgelegt die Kandidatinnen für unsere Mutterhäuser. Er ermutigte das damals noch neue Beginnen und sagte: „push it, push it!". Ich habe mit den zuständigen Bischöfen alle Fragen und eventuellen Schwierigkeiten ausführlich besprochen. Auch für die Nirmala-Arbeit habe ich vorher persönlich bei Cardinal Gracias die Genehmigung in Bombay eingeholt.": EAF B2–1945/1551 Indische Mädchen: Brief, Debatin an Erzbischof, 14.9.1966.

[16] EAF Personalakte Debatin, H.: Brief, Debatin an Erzbischof, 14.10.1959.

[17] EAF Personalakte Debatin, H.: Brief, Ordinariat an Debatin, 22.10.1959.

[18] EAF Personalakte Debatin, H.: Brief, Anonym an Erzbischof, November 1959.

Absicht ihres Pfarrers „Mädchen" aus Indien nach Deutschland bringen zu wollen, um diese im Schutze eines Ordens auszubilden, damit sie als „barmherzige Schwestern segensreich" wirken.[19] Der Gedanke sei gut, dennoch müsse die Gewissensfrage gestellt werden:

> Hat man das Recht Menschen aus ihrer Heimat zu verpflanzen wie unter Hitler, zumal Mädchen mit einer unserem Klima nicht angepassten zarten oft schwächlichen Konstitution, die allein das Heimweh schon krank macht. Die 2. Absicht ist, indische Mädchen in Pfarr- und evtl. Privathäuser zu verteilen. Man kauft sie sich sozusagen durch Bezahlung ihrer Reise. Dann kann man mit dem armen, kindlich willenlosen Geschöpf tun und lassen was man will – das ist moderne Sklaverei. Wir glauben gerne, dass es schön ist und pikant eine eigene Privat-Anbeterin und Tänzerin zu besitzen. Aber wir glauben nicht, dass unsere katholische Kirche die Durchführung dieser ausgefallenen Idee einem Menschen gestattet, der nur an die Delikatesse und den Vorteil denkt und nicht an eine riesengroße Verantwortung.[20]

Das Freiburger Ordinariat konfrontierte Debatin unmittelbar mit dem Inhalt des Briefs anonymer Absender. Danach bedürfe die Absicht des Pfarrers, indischen Mädchen innerhalb deutscher Schwesterngenossenschaften einen Klosterberuf und eine Ausbildung zu ermöglichen, die für den späteren Einsatz in der Heimat in Frage kommt, einer ernsthaften Prüfung, jedoch könne das Freiburger Ordinariat der weitergehenden Absicht, „indische Mädchen an private Haushalte nach Deutschland zu vermitteln, nie zustimmen".[21]

Debatin nahm kurz darauf innerhalb eines Schreibens an den Generalvikar zum Vorwurf Stellung.[22] Im vorliegenden Brief zu den Anschuldigungen der anonymen Gemeindemitglieder echauffierte Debatin sich zunächst darüber, dass ein Gemeindemitglied glaube etwas weiterzugeben zu müssen, was „wir hier unter uns besprochen hätten", vor allem aber darüber, dass „die betreffende Person das Gespräch vollständig falsch verstanden bzw. böswillig oder einfältig

---

[19] EAF Personalakte Debatin, H.: Brief, Anonym an Erzbischof, November 1959.

[20] EAF Personalakte Debatin, H.: Brief, Anonym an Erzbischof, November 1959.

[21] EAF Personalakte Debatin, H.: Brief, Ordinariat an Debatin, 10.11.1959.

[22] Debatins Rechtfertigung zeichnet eine schriftliche Rhetorik aus, die sich in vielen seiner Korrespondenzen mit Beteiligten des Migrationsvorgangs, insbesondere aber in der innerkirchlichen Kommunikation, in einer ähnlichen Form wiederfindet. Zunächst weist Debatin die erhobenen Vorwürfe zurück, spielt den Stellenwert der Angelegenheit herunter und diskreditiert den Sender. Anschließend äußert er zunächst mehrdeutige Aussagen seiner wahren Absichten verbunden mit der Unterstellung eines vorausgegangenen Missverständnisses seiner Worte. Eklektizistisch werden einzelne Argumente der Gegenseite als obsolet dargestellt, um abschließend die bisherige Position und das Handeln erneut zu bekräftigen.

verdreht" habe.[23] Es bestehe die Gefahr, „dass diese Person auch innerhalb der
Pfarrgemeinde durch solche unrichtigen Äußerungen Verwirrung stiftet, die dem
Missionsgedanken nur abträglich sein kann".[24] Im Interesse der Seelsorge bat
Debatin, dass man ihm die Möglichkeit einräume mit dem Schreiber der Zeilen
zu sprechen, um so die Dinge zum Besten der Pfarrgemeinde klären zu kön-
nen.[25] Abschließend bestärkte Debatin seine Idee einer Anwerbung von indischen
Frauen:

> Zur Sache selbst möchte ich nur sagen, dass ich natürlich in keiner Weise an Absich-
> ten denken konnte, wie sie in dem an den Hochwürdigen Erzbischof gerichteten Brief
> ausgedrückt sind. Zunächst wurde in unserem Gespräch ganz klar herausgestellt, dass
> man nur solche Menschen in Betracht ziehen dürfte, die die notwendigen Voraus-
> setzungen mitbringen. Von einer Gewissensfrage, wie sie der anscheinend sehr zart
> besaitete Schreiber empfindet, kann also keine Rede sein. Was den Gedanken betraf,
> indische Mädchen in Deutschland die Möglichkeit guter Arbeit, eines geordneten Ver-
> dienstes und eine persönliche Fortbildung zu verschaffen, so kann man diesen ohne
> weiteres akzeptieren. Von einer Sklaverei etc. zu sprechen, ist absurd.[26]

Das Ordinariat ließ Debatin umgehend eine Ladung zum persönlichen Vorspre-
chen beim Referenten Ordinariatsrat Dr. Vomstein zugehen.[27] Der Termin am
08.12.1959 ist durch eine Aktennotiz festgehalten, welche sowohl von Debatin
also auch von Vomstein unterzeichnet wurde:

> Es wird mit ihm die Angelegenheit der Vermittlung indischer Mädchen in deutschen
> Familien durchgesprochen. Stadtpfarrer Debatin erklärt, dass er über diese Frage nur
> informatorisch in einem Kreis von Akademikern gesprochen habe, um in der Dis-
> kussion die Art der Voraussetzungen und Bedingungen für eine solche Vermittlung
> zu klären. Er hat nie die Absicht, selbst eine solche Vermittlung durchzuführen, die
> nur von einer entsprechenden kirchlichen Organisation in die Hand genommen wer-
> den könnte. Der Genannte ist sich wohl bewusst, dass eine solche Aktion besondere
> Gefahren und Risiken in sich birgt. Er hat sich um diese Sache auch nur geküm-
> mert auf Bitten eines indischen Bischofs. Zu der Angelegenheit wird er einen Bericht
> und die Übersetzung eines Briefes eines indischen Bischofs vorlegen. Stadtpfarrer
> Debatin bittet erneut um die Gewährung einer Audienz in der Frage der Förderung
> indischer Schwesternberufe.[28]

---

[23] EAF Personalakte Debatin, H.: Brief, Debatin an Ordinariat, 12.11.1959.

[24] EAF Personalakte Debatin, H.: Brief, Debatin an Ordinariat, 12.11.1959.

[25] Vgl. EAF Personalakte Debatin, H.: Brief, Debatin an Ordinariat, 12.11.1959.

[26] EAF Personalakte Debatin, H.: Brief, Debatin an Ordinariat, 12.11.1959.

[27] EAF Personalakte Debatin, H.: Brief, Ordinariat an Debatin, 02.12.1959.

[28] EAF Personalakte Debatin, H.: Brief, Aktennotiz, Ordinariat, 08.12.1959.

Über weitere erfolgte Gespräche zwischen Debatin und seinem Ordinarius in dieser Angelegenheit ist nichts überliefert. Gleichwohl ist festzuhalten, dass Debatin sein Anliegen weiterverfolgte und die Anwerbung indischer Postulantinnen für deutsche Ordenshäuser ab 1960 ihren Anfang nahm. Diese erste Migrationsbewegung sollte die Blaupause für die ab 1964 beginnende Nirmala-Aktion werden.

3.2   Die ersten Kandidatinnen für das Kloster St. Trudpert im Münstertal 1960 – Die Blaupause für den Nirmala-Vorgang

Im Frühjahr 1960 sprach Pfarrer Debatin im Kloster St. Trudpert Münstertal vor und warb mit seiner Idee, indische junge Postulantinnen aus Kerala zu holen, um dem sich verschärfenden Nachwuchsmangel an den deutschen Ordenshäusern entgegenzuwirken.[29] Debatin hatte bei seiner Vorsprache argumentiert, dass es im indischen Bundesstaat Kerala viele junge Mädchen gebe, „die gerne in ein Kloster eintreten möchten, aber in Indien nicht aufgenommen würden, weil entweder die Klöster überfüllt, oder sie nicht die nötige Mitgift einbringen konnten".[30] Die Aufnahme dieser Frauen im deutschen Ordenshause stelle an sich ein

---

[29] Vgl. Schaffer, 2020, 269.

[30] EAF B5–1945/20 Ordensniederlassungen St. Trudpert: Austritt/Entlassungen: Brief Kloster St. Trudpert an Kläre Müller, 01.10.1970.
    Die von Debatin angesprochene Mitgift im Kontext eines Klostereintritts wird im deutschsprachigen Raum „Einbringegut" genannt. Während über die Praxis des Einbringeguts in indischen Ordenshäusern wenig bekannt ist und keine Forschungsliteratur zur Verfügung steht, kann anhand deutscher Presseveröffentlichungen nachvollzogen werden, dass es auch in Deutschland in dieser Zeit üblich war bei einem Klostereintritt auch einen Vermögensübertrag zu vollziehen, was mit einer ehelichen Mitgift vergleichbar ist. Vgl. „Mitgift der heiligen Töchter", Der Spiegel, 13. Juli 1954. In Sonia Dougals Veröffentlichung von 1971 findet sich ein Ausschnitt eines Gesprächs mit indischen Postulantinnen, die von der Praxis des Einbringeguts in Kerala im Kontext einer Mitgiftzahlung der Ehe berichten: „‚It costs a lot of money to get married in Kerala,' one girl told me, ‚and very often the parents cannot afford the dowry.' ‚So what happens?' I asked. ‚Sometimes the Church comes forward and helps out. Otherwise the girl doesn't get married. The parents have to pay if their daughter wants to go into a convent, too.' ‚A lot of money?' ‚Less than to get married, but it is still quite a lot of money.' ‚So, if parents haven't enough money to pay, does that mean that the daughter doesn't go into a convent?' ‚Yes. '" Dougal, 1971, 158.
    Zur Mitgift im soziokulturellen Kontext Keralas im Sinne eines Vermögentransfers, welcher in Form von Gütern durch die Familie der Braut in eine Ehe gebracht wird, siehe Kapitel 2.1. Senderregion: Bundesstaat Kerala, Indien.

„christliches Werk" dar.[31] Am 02.06.1960 befasste sich Ratssitzung unter Provinzoberin Mutter Thomas mit der „Angelegenheit mit Indien".[32] Kurz darauf wurde die Migration der ersten Gruppe von Kandidatinnen als Novum eingeleitet. Die Chronik des Klosters rekurriert die Ereignisse wie folgt:

> Ein einschneidendes Ereignis in der Geschichte unserer Kongregation ist die Aufnahme indischer Mädchen in unser Postulat. Nach langer Prüfung und mit Genehmigung der Kirchenbehörde haben wir dies Wagnis auf uns genommen. Im Herbst 1960 kamen 12; 1962, 7, 1963, 9 und 1964 6 Mädchen aus Kerala, sodass wir insgesamt 40 indische Postulantinnen aufgenommen haben. Sie berechtigen zum Teil zur guten Hoffnung. Eine mussten wir allerdings wegen mangelndem Beruf nach Indien zurückschicken. Wir hoffen auf unseren Stationen durch sie eine fühlbare Hilfe zu bekommen.[33]

In dieser Weise agierte Debatin in seinem transnationalen Netzwerk innerhalb des katholischen Kirchenraums, welches er in der Nachkriegszeit in Deutschland sowie auf Reisen in Indien aufgebaut hatte, um junge Frauen, die der syro-malabarischen Ostkirche angehörten, für die römisch-katholischen Mutterhäuser in Deutschland anzuwerben.[34] Die Organisation der ersten Kandidatinnen aus Kerala erfolgte aus Debatins Pfarrei in der Freiburger Diözese in Zusammenarbeit mit dem indischen Pater Vilangadan[35], der vor Ort in Indien als Partner

---

[31] EAF B5–1945/20 Ordensniederlassungen St. Trudpert: Austritt/Entlassungen: Brief Kloster St. Trudpert an Kläre Müller, 01.10.1970.

[32] „Nach reiflicher Überlegung und ,vielem Gebet' und mit Zustimmung von Superior Gnädinger sowie Erlaubnis des Erzbischofs Hermann Schäufele sagte der Rat zu." Schaffer, 2020, 269.

[33] ProvA St. Trudpert Kloster-Chronik Nr.337, S. 308.

[34] In diesem Fall handelte es sich um Debatins Verbindungen mit der syro-malabarisch katholischen aber auch zur lateinisch katholischen Kirche Keralas. Die ab 1964 im Nirmala-Vorgang beteiligten Kirchenamtsträger gehörten jedoch vornehmlich der syro-malankarischen Kirche an.

Hinsichtlich der Migration an deutsche Ordenshäuser ist nach Aktenlage nur für die ersten Generation die Beteiligung der syro-malabarischen Kirche nachzuhalten. Es ist zu vermuten, dass auch alle 40 weiteren Postulantinnen gemäß der etablierten Praxis bis einschließlich 1964 ebenso aus dem syro-malabarischen Ritus stammten. Über die Praxis an anderen deutschen Ordenshäusern kann dahingehend keine Aussage getroffen werden.

[35] Msgr. Joseph Vilangadan D.C.L.: Syro-malabarischer Priester und promovierter Kirchenrechtler. Zum Werdegang des Priesters siehe *Übersicht der beteiligten kirchlichen Akteure Indiens*. Die zugehörigen Daten sind im Anhang 6 im elektronischen Zusatzmaterial einsehbar.

Debatins zur Verfügung stand.[36] Als indischer Kirchenamtsträger war zunächst der syro-malabarische Erzbischof Joseph Parecattil[37] der Erzdiözese Ernakulam eingebunden.[38] Ihm wurden für die erste Gruppe von acht Frauen 9.000 DM Reisegeld geschickt, zudem wurde seitens der deutschen Ordensgemeinschaft die Bereitschaft erklärt, alle etwaig darüberhinausgehenden Kosten zu übernehmen.[39] Weitere vier Frauen kamen über Bischof Alapatt[40] der Erzdiözese Thrissur nach. Die gesamten Kosten des deutschen Mutterhauses für indische Postulantinnen und Schwestern beliefen sich im Jahr 1960 gemäß Rechnungsprüfung auf 15.063,57 DM.[41]

Im Spätsommer 1960 erfolgte die Einreise der ersten acht Kandidatinnen über den Seeweg bis Genua, wo sie von einer Delegation von St. Trudpert abgeholt wurden. Mit der ersten Gruppe kamen auch vier indische Ordensschwestern, die an der Krankenpflegeschule des Ordens im Loretto-Krankenhaus Freiburg

---

[36] Vgl. ProvA St. Trudpert Nr.121: Bericht „Die Josefsschwestern von St. Trudpert", 1993, 8.

[37] Erzbischof Joseph Parecattil: Syro-malabarischer Erzbischof der Erzdiözese (1956–1987). Zum Werdegang des Erzbischofs siehe *Übersicht der beteiligten kirchlichen Akteure Indiens*. Die zugehörigen Daten sind im Anhang 6 im elektronischen Zusatzmaterial einsehbar.

[38] Während die Einbindung der syro-malabarischen Kirche nachzuweisen ist, entbehrt sich den Überlieferungen, ob auch Frauen des syro-malankarischen Ritus als Kandidatinnen in deutsche Ordenshäuser migrierten. Gleichwohl dokumentieren Bilder der Klosterchronik den Besuch syro-malankarischer Bischöfe. Vgl. ProvA St. Trudpert Kloster-Chronik Nr.337, 311–313.

[39] Vgl. Schaffer, 2020, 269.

[40] Bischof George Alapatt: Syro-malabarische Bischof der Erzdiözese Thrissur (1944–1970). Zum Werdegang des Bischofs siehe *Übersicht der beteiligten kirchlichen Akteure Indiens*. Die zugehörigen Daten sind im Anhang 6 im elektronischen Zusatzmaterial einsehbar.

[41] Die Kosten der indischen Postulantinnen und Schwestern wurden in der Rechnungsprüfung minutiös aufgeschlüsselt. Dieser Aufwendung von 15.063,57 DM stand im Jahr 1960 ein Gesamtertrag der Kongregation von 693.701,25 DM gegenüber und war somit ein vergleichbar geringer Posten. Vgl. EAF B5–1945/19 Ordensniederlassungen St. Trudpert: Rechnungsprüfung: Bericht Solidaris Treuhand GmbH, 1960.
Die Aufwendungen für indische Postulantinnen und Schwestern lagen im Jahr 1961 bei 9.473,16 DM, 1962 bei 18.832,25 DM, 1963 bei 16.230,98 DM, 1964 bei 10.499,10 DM, 1965 bei 3.022,45 DM, 1966 bei 1.925,15 DM, 1967 bei 1.461,00 DM, 1968 bei 24.643,65 DM, 1969 bei 24.156,96 DM. Die auffällig durchwachsene Kostenstruktur ist mit der Aufnahme von neuen Postulantinnen zwischen 1960–1964 und damit zusammenhängenden Reisekosten der Einreise zu erklären. Der weitere enorme Anstieg in den Jahren 1968 und 1969 mit dem ersten Heimaturlaub der Novizinnen in Indien ab 1969 vor ihrem ewigen Gelübde zu erklären. Vgl. EAF B5–1945/19 Ordensniederlassungen St. Trudpert: Rechnungsprüfung: Berichte Solidaris Treuhand GmbH. 1961–1969.

eine Ausbildung im Pflegebereich durchliefen. Im November kamen neben vier weiteren Kandidatinnen auch vier weitere Ordensschwestern aus der Erzdiözese Thrissur, um in der ordenseigenen Krankenpflegeschule ausgebildet zu werden.[42]

Die zwölf Kandidatinnen wurden nach der formellen Zulassung[43] durch den Erzbischof mit dem Akt der Einkleidung am 07.09.1961 in St. Trudpert zu Postulantinnen.[44] Anhand der Quellen des EAF sowie aus dem vorangestellten Chronikabschnitt wird das Ausscheiden einer Frau aus dem Postulat ersichtlich.[45]

---

[42] Vgl. EAF B5–1945/19 Ordensniederlassungen St. Trudpert: Rechnungsprüfung: Berichte Solidaris Treuhand GmbH. 1961–1969. Hier zeichnet sich eine weitere – ebenso weitgehend unsichtbare – Kategorie von Arbeitsmigrantinnen ab: Frauen, die bereits in Indien als Ordensschwestern aufgenommen worden waren und als Arbeitskräfte in die Bundesrepublik migrierten, um dort einen Beruf im Pflegesektor zu erlernen. Mit dieser Ausbildung war es ihnen möglich in einem der zahlreichen deutschen Krankenhäuser, welche unter katholischer Trägerschaft betrieben wurden, zu arbeiten.

[43] Das mehrmonatige Postulat dient der Überprüfung der eigenen Berufung zum Ordenslebens und zum Kennenlernen einer Ordensgemeinschaft. Heute wird das Postulat kirchenrechtlich in c. 597 § 2 CIC/1983 geregelt.

[44] Vgl. EAF B5–1945/21 Ordensniederlassungen St. Trudpert: Aufnahme/Weihe/Profess/ Jubiläum: Brief, Superior an Ordinariat, 10.07.1961.

[45] Über das Schicksal dieser Person und die etwaige Rückführung sind keine weiteren Informationen überliefert. Es sticht heraus, dass dieser Vorfall durch die kircheninterne Kommunikation des Klosters und in der öffentlichen Kommunikation durch die KNA unsichtbar gemacht wurde, indem trotz ausgeschiedener Postulantin weiterhin stets von zwölf Novizinnen aus Kerala berichtet wurde, die ihr Gelübde abgelegt hätten. Vgl. ProvA St. Trudpert Nr.121, Bericht „Die Entwicklung unserer Gemeinschaft in Indien", 1993.; sowie EAF B5– 1945/21 Ordensniederlassungen St. Trudpert: Aufnahme/Weihe/Profess/Jubiläum: Artikel „Professfeier in St. Trudpert – Mutiges Wagnis des Ordens. Schwestern in Deutschland", KNA, 22.09.1962.
Sonia Dougal betont, dass die Unterscheidung zwischen einer tatsächlichen spirituellen Berufung und anderen Beweggründen eines Ordenseintritts ein Problem der Anwerbung von Kandidatinnen aus Kerala darstellte. Die Thematik wird in ihrem Buch mehrfach exploriert. Exemplarisch dafür steht das Gespräch mit einer europäischen Ordensoberin, die sich ein paar Wochen in Kerala aufhielt: „‚If you only knew,' she said, ‚if you only knew what a problem these girls are! Here in India the European Congregations take their own girls and train them but it's not a very rewarding job. There are plenty of girls who want to be nuns, but a lot of sifting out has to be done because they have so many motives for wanting to enter the convent and you can never be really sure why they have come at all. Sometimes they come because they are poor and hope to get a piece of bread to eat; sometimes they come to study because their parents can't afford to pay for them to continue; sometimes they come because their parents haven't enough money to marry them off. That's one of the greatest problems over here: marrying the daughter. A daughter is almost considered a curse on the family when she's born because they know that they have to find a husband for her. And it is the custom here not to marry the second daughter until the first has settled down. It costs a lot for a dowry here, so what do many families do? They suggest that the daughter enters

Das erste Gelübde und damit der Beginn des Noviziats der verbleibenden elf Frauen erfolgte am 08.09.1962. Das vorgeschriebene Einbringegut der indischen Novizinnen wurde auf Antrag der Ordensgemeinschaft durch das Erzbischöfliche Ordinariat Freiburg erlassen.[46]

Mit Beginn des Noviziats begann für die Novizinnen auch die Berufsausbildung für verschiedene Tätigkeiten im karitativen Bereich, „entsprechend Wunsch und der Eignung jeder einzelnen".[47] Diese Frauen wurden ebenso in der ordensbetriebenen Krankenpflegeschule im Loretto-Krankenhaus Freiburg ausgebildet.

Während die Organisation ab 1960 autonom durch das Ordenshaus in Zusammenarbeit mit Debatin und seiner indischen Kontakte unter kirchenamtlicher Unterstützung in Kerala übernommen wurde, wies das Freiburger Ordinariat im Juli 1963 die Ordensleitung St. Trudpert darauf hin, dass im Falle der Postulantinnen aus Indien, die nicht dem lateinischen Ritus angehörten, die Zustimmung der

---

a convent: there she will lack nothing, be educated, be looked after when she is old. Yet, in India, more money is needed to enter a convent, although it is always smaller than the amount asked for a dowry.' ‚Do you mean to say that all these vocations out here spring up for these reasons?' ‚Many, yes. Of course, there are genuine vocations and God can even use these circumstances to bring out a real vocation. But the Sisters here have a terrible job selecting the true from the false. The girls themselves never tell you the truth, you have to find it out for yourself. And when you've found it out you may have to send the girl home, and that's one of the biggest problems for a Community to face...' ‚Why's that?' ‚Because the families don't want them back, as you can imagine. They thought that the girl was nicely settled for life and were perfectly convinced that she had a vocation. The circumstances, not the girl's disposition, had proved it. When she comes back, they think that God has rejected her. The neighbours and even other members of the family look down on her and deride her: an outcast of God! These are things that are quite incomprehensible to us Europeans but this is the way people think over here.' ‚But surely they don't just send their children into convents?' ‚Oh no! The girl is probably considered quite pious. They put the thing to her: she accepts. And that is that. Women aren't used to questioning their parents or superiors over here. The decision to marry or not is made by the father for the girl. Only now are things beginning to change and the girl has a right to refuse to marry a man if she doesn't want to.' ‚So what happens when you send the girl home?' ‚There's a terrible fuss. The girl protests that she doesn't want to go, the parents try to persuade us to keep her. [...] Sometimes they even get violent over it.'" Dougal, 1971, 89–90.

[46] In diesem Kontext ist in den archivalischen Überlieferungen von einer Dispens für alle betroffene Frauen die Rede. Dies ist insofern ungewöhnlich und formal nicht korrekt, da eine Dispens kirchenrechtlich stets eine Einzelfallentscheidung darstellt. EAF B5–1945/21 Ordensniederlassungen St. Trudpert: Aufnahme/Weihe/Profess/Jubiläum: Brief, Ordinariat an Kloster St. Trudpert, 26.07.1962.

[47] EAF B5–1945/20 Ordensniederlassungen St. Trudpert: Austritt/Entlassungen: Brief Kloster St. Trudpert an Kläre Müller, 01.10.1970, 1.

Heimatbischöfe und der hl. Kongregation für die Orientalische Kirche notwendig sei, dass die Frauen[48] für die Zeit der Zugehörigkeit zu der Kongregation zum lateinischen Ritus übergehen können.[49] Die entsprechende Zustimmung der indischen Bischöfe traf noch im gleichen Monat ein und das Freiburger Ordinariat unterrichtete die Ordensleitung im August 1963, dass die Hl. Kongregation für die Orientalische Kirche dem Gesuch der genannten Postulantinnen und Novizinnen stattgegeben hatte.[50]

Nach den Konstitutionen der Kongregation sollten zwischen dem ersten zeitlichen Gelübde und dem zweiten ewigen Gelübde sechs Jahre liegen, im Fall der jungen indischen Frauen entschied sich die Ordensleitung jedoch dazu, die Frauen vor dem ewigen Gelübde nochmals in ihre Heimat zurückkehren zu lassen.[51]

Ab 1960 kamen jährlich regelmäßig weitere Kandidatinnen und Ordensschwestern, die den gleichen Migrationspfad innerhalb des Kirchenraums beschritten, welcher durch die Pioniermigrantinnen der ersten Gruppe erschlossen wurde, bis das Migrationsprojekt im Sinne der Hereinnahme neuer Kandidatinnen im Jahr 1964 durch das Kloster zumindest vorerst eingestellt wurde.[52] Nach den Entwicklungen in St. Trudpert etablierten sich auch ähnliche Anwerbungen an

---

[48] Hierbei handelte es sich sowohl um die neuen Postulantinnen als auch um Novizinnen, die bereits ihr erstens Gelübde abgelegt hatten. Vgl. EAF B5–1945/21 Ordensniederlassungen St. Trudpert: Aufnahme/Weihe/Profess/Jubiläum: Brief, Ordinariat an Kloster St. Trudpert, 09.08.1963.

Entsprechend kann davon ausgegangen werden, dass die Vorgänge durch den Vatikan registriert und wahrscheinlich geduldet wurden.

[49] EAF B5–1945/21 Ordensniederlassungen St. Trudpert: Aufnahme/Weihe/Profess/ Jubiläum: Brief, Ordinariat an Kloster St. Trudpert, 09.07.1963.

[50] Vgl. EAF B5–1945/21 Ordensniederlassungen St. Trudpert: Aufnahme/Weihe/Profess/ Jubiläum: Brief, Ordinariat an Kloster St. Trudpert, 09.08.1963.

[51] „Dort sollten sie unbeeinflusst im Benehmen mit ihren Eltern und Geschwistern die Berufsfrage nochmals überdenken. Gegebenenfalls könnten sie ohne irgendwelche Formalitäten in der Heimat bleiben. Nach ihrem Aufenthalt von 5 Wochen kamen sie jedoch alle wieder zu uns zurück." EAF B5–1945/20 Ordensniederlassungen St. Trudpert: Austritt/ Entlassungen: Brief Kloster St. Trudpert an Kläre Müller, 01.10.1970, 2.

Im Jahr 1969 legten zehn verbleibende Frauen der ersten Gruppe von 1960 als erste indische Frauen in einem deutschen Ordenshaus das ewige Gelübde ab. Vgl. EAF B5–1945/21 Ordensniederlassungen St. Trudpert: Aufnahme/Weihe/Profess/Jubiläum: Brief, Kloster St. Trudpert an Ordinariat, 18.01.1969.

Zu den weiteren Entwicklungen innerhalb der Kongregation St. Trudpert in Bezug auf die Migration aus Kerala siehe Schaffer, 2020, 269–71; 338–43; 384–86.

[52] 1960/12 Frauen, 1962/7 Frauen, 1963/9 Frauen und 1964/6 Frauen. Vgl. ProvA St. Trudpert Kloster-Chronik Nr.337, S. 308. Über den Fortgang der Praxis einer Anwerbung von keralesischen Kandidatinnen an anderen deutschen Ordenshäuser auch nach 1964 kann im Rahmen der Forschungsarbeit keine Aussage getroffen werden. In St. Trudpert kamen 1968

anderen deutschen Ordenshäusern.[53] Knapp sieben Jahre später schrieb Debatin dazu in seiner Veröffentlichung „Tagebuch einer Indienfahrt 1967":

> Eine Feststellung konnte ich dieses Jahr noch mehr als letztes Mal machen: Immer mehr Gruppen für Ordensgemeinschaften gehen aus Indien, speziell aus Kerala, nach Europa und Übersee. Darüber sollte ich mich eigentlich freuen. Ich habe vor neun Jahren den Gedanken ausgesprochen, indische junge Mädchen, die Ordensberufe haben, zu uns nach Deutschland herüber zu holen mit dem Ziel, diese Berufe zu retten. […] Aus dem kleinen Anfang vor neun Jahren ist eine immer mächtiger werdende Bewegung geworden. Hafen und Flughafen Cochin sind dafür ein dauerndes Zeugnis. Dass diese Entwicklung so rasch gewachsen ist, beweist, dass sie nur angestoßen werden braucht. Den ersten Gruppen sind viele weitere gefolgt und werden noch viele folgen zum Segen der Kirche und damit der Menschen.[54]

Innerhalb der katholischen Kirche wurde der Vorgang der Kandidatinnen-Migration kontrovers diskutiert. Laute Zweifel wurden vor allem seitens der missionsnahen katholischen Organe geäußert.[55] Der Jesuit Joseph Albert Otto, seines Zeichens Missionswissenschaftler und Herausgeber der Zeitschrift *Die katholischen Missionen*, veröffentliche gemeinsam mit dem niederländischen Priester Harry Haas einen Sonderdruck aus dem Format *Priester und Mission*.[56] Darin machten sie zunächst sichtbar, dass viele „indische Mädchen", überwiegend aus Kerala, in die Bundesrepublik Deutschland kämen, um in Ordensgemeinschaften einzutreten. Es müssten einige Hundert sein, teilweise seien sie noch Postulantinnen oder Novizinnen. Viele hätten aber bereits auch schon die Profess abgelegt. Missionsgesellschaften seien an dieser Aktion nicht beteiligt. Diese

---

unerwartet erneut sechs indische Postulantinnen an, die seitens der Kongregation gerne aufgenommen wurden. 1984 entschied das Sachkapitel (Generalkapitel), dass keine indischen Postulantinnen mehr aufgenommen werden sollten. Vgl. Schaffer, 2020, 334–37.

[53] Die vorliegende Forschungsarbeit beschränkt sich auf die Betrachtung der Vorgänge in St. Trudpert. Allerdings sind an anderen deutschen Ordenshäusern vergleichbare Vorgänge nachzuweisen, die nach der Ankunft der Pioniermigrantinnen eingeleitet wurden. Es liegen Erhebungen der Anzahl *Ordensschwestern und Novizinnen aus Kerala im Zeitraum 1960–1970 in Europa und den USA* nach Untersuchung des Vatikans vor. Die zugehörigen Daten sind im Anhang 5 im elektronischen Zusatzmaterial einsehbar.

[54] Debatin, 1968, 164–66.

[55] So war unter anderem ein deutscher Jesuitenpater 1964 für Nachforschungen nach Indien gereist und hatte daraufhin das AA einen anonymen Hinweis auf die aus seiner Sicht problematischen Vorgänge gegeben. Vgl. Kapitel 3.3.32. Von der „Nonnenaffäre" zum diplomatischen Zwischenfall – Die Involvierung des Auswärtigen Amtes.

[56] EAF B2–1945/1551 Indische Mädchen: Sonderdruck aus „Priester und Mission", Heft 1/1965, 03.10.1964.

würden ihren indischen Nachwuchs in ihren indischen Häusern selbst ausbilden, nur einzelne Schwestern würden nach Deutschland geschickt, um eine Spezialausbildung zu erhalten. Einige deutsche Ordensgenossenschaften, welche bisher keine Missionen betrieben hätten, hätten jedoch nun mit der Absicht solche Frauen aufgenommen, um später in Indien mit ihren indischen Schwestern und einigen der deutschen Schwestern in Indien Missionen zu übernehmen. Es bleibe zu hoffen übrig, dass es sich hierbei nicht nur um einen Vorwand handle, um indische Frauen für den Einsatz in Deutschland zu gewinnen. Das eigentliche Problem seien aber die indischen Frauen, die an deutsche Ordensgemeinschaften geholt werden, um den Mangel an Schwestern in deutschen Häusern aufzufüllen.[57]

In einem Artikel der Katholischen Nachrichten Agentur vom 25.03.1964 heißt es, dass 120 junge Inderinnen seit Spätjahr 1960 in sechs Mutterhäusern der Erzdiözese Freiburg Aufnahme gefunden hätten, wo sie auf den Ordensberuf vorbereiteten. Alle diese Frauen stammten aus den Erzdiözesen Thrissur und Ernakulam.[58] Zwischen 1960 und 1964 waren allein in St. Trudpert 40 Postulantinnen aufgenommen worden.[59] Debatin selbst nahm für die KNA wie folgt Stellung: „Die Aufnahme indischer Ordensberufe in deutsche Mutterhäuser ist nichts anderes als eine Verwirklichung der Weltkirche, die für alle Nationen, Sprachen und Kulturen Raum hat in der Einheit der Liebe".[60] Nach Debatins Angaben hatten sich 1964 die Verbindungen zwischen den Mutterhäusern und den kirchlichen Stellen in Indien eingespielt, wodurch die Migrationsbewegung keine Mehrarbeit für den Pfarrer bedeutet habe.[61]

Es waren aber allem voran die Erfahrungen in den ersten Jahren ab 1960 mit diesen zunächst wenigen keralesischen Frauen, den Pioniermigrantinnen, die maßgeblich für die Weichenstellung des darauffolgenden Nirmala-Vorgangs waren. Die Erfahrungen der deutschen Institutionen mit diesen Frauen stellte eine Blaupause dar, an denen sich die am Nirmala-Vorgang beteiligten Entscheidungsträger der deutschen Staatsinstitutionen orientierten. So bezog sich der

---

[57] Vgl. EAF B2–1945/1551 Indische Mädchen: Sonderdruck aus „Priester und Mission", Heft 1/1965, 03.10.1964, 1.

[58] Vgl. DAR F98/Indische Mädchen-Gemeinschaft „Nirmala-Seva-Dalam" 1964–1970: Artikel „Junge Inderinnen als Schwestern in Deutschland", KNA, 25.03.1964.

[59] Vgl. Schaffer, 2020, 271.

[60] DAR F98/Indische Mädchen-Gemeinschaft „Nirmala-Seva-Dalam" 1964–1970: Artikel „Junge Inderinnen als Schwestern in Deutschland", KNA, 25.03.1964.

[61] Vgl. EAF Personalakte Debatin, H.: Brief, Debatin an Erzbischof, 21.09.1964. Dies deckt sich mit dem rekonstruierten Vorgang des Nirmala-Unterfangens, dem Pfarrer Debatin ab 1964 sein ganzes Engagement widmete.

baden-württembergische Innenminister Filbinger in Rahmen der Begrüßungsrede einer der ersten Nirmala-Gruppen in Emmendingen im Dezember 1964 auf die vorausgegangenen Klosterkandidatinnen, die sich bereits als Schwesterschülerinnen behauptet hatten: „Just in the next town Freiburg there are Indian nurses who finished there [sic.] examination a couple of months ago with very good success. They are living here for 3 years and they like to be in Germany".[62]

3.3 Der Nirmala-Vorgang – „Gastarbeiterinnen" für den deutschen Pflegesektor durch ein privates Gelübde auf Zeit

Der Beginn der Nirmala-Aktion im Jahr 1964 ist mit der vorangehend aufgezeichneten Vermittlung keralesischer Kandidatinnen für deutsche Ordenshäuser verwoben. Während die Migration der Kandidatinnen innerhalb des Kirchenraums autonom von staatlichen Akteuren geordnet und geregelt wurde, sollte die institutionelle Regelung des Nirmala-Vorgangs in Verschränkung mit staatlichen Stellen aufwendiger werden. Die Nirmala-Aktion wurde 1964 auf konkreten Auftrag des deutschen Staates hin als Weiterentwicklung der vorangegangenen Migrationsbewegung in deutsche Ordenshäuser eingeleitet:

> Den Anstoß zur Vermittlung indischer Mädchen als Pflegerinnen in den Landeskrankenhäusern von Baden-Württemberg gab eine Begutachtung des Antrages von Pfarrer Debatin an das Wirtschaftsministerium, betreffend des Zuschusses zur Vermittlung indischer Mädchen als Klosterkandidatinnen in die badischen Mutterhäuser. Dr. Sautter hat die Verantwortung für die 10 Landeskrankenhäuser Baden-Württembergs, in denen 150 offene Schwesternstellen zu besetzen sind. Dieser Personalmangel veranlasste ihn zu einer Rücksprache mit Pfarrer Debatin. Das Innenministerium finanzierte die notwendigen Reisen und Verhandlungen in Indien. Bischof Athanasios, Diözese Thiruvalla, nahm am Katholikentag in Stuttgart teil und verhandelte in dieser Sache persönlich mit dem Innenministerium.[63]

Entsprechend des geplanten Einsatzes an staatlichen Krankenhäusern ohne den institutionellen Mantel eines Mutterhauses, forderte die Nirmala-Aktion eine

---

[62] StAF F23/24 Nr.972 Indische Pflegerinnen: Rede Filbinger, Emmendingen, 21.12.1964. Die Rede liegt im Volltext vor. Die zugehörigen Daten sind im Anhang 8 im elektronischen Zusatzmaterial einsehbar.

[63] ADCV 380.40.030 Fasz.01 – Krankenpflegekräfte aus Übersee. Vermischtes Schriftgut 1963–1967: Aktennotiz Besprechung im Innenministerium Stuttgart, 03.06.1965.

institutionelle Aushandlung zwischen den staatlichen und den kirchlichen Akteuren, die ein knappes halbes Jahr vor dem Eintreffen der Migrantinnen begann.

3.3.1 Organisation und Vorbereitungen der Nirmala-Aktion in der Bundesrepublik Deutschland

In den Überlieferungen der Archive tritt die Nirmala-Aktion im Juli 1964 erstmals aktenkundig in Erscheinung. Die erste schriftliche Erwähnung zur „Beschäftigung ausländischer Krankenpflegeschülerinnen" ohne nähere inhaltliche Details, erfolgte in der Veröffentlichung der Tagesordnung zur anstehenden Dienstversammlung der Verwaltungsleiter der psychiatrischen Landeskrankenhäuser am 14.07.1964.[64] Es ist anzunehmen, dass kurz zuvor die ersten Absprachen zum Vorgang zwischen Pfarrer Debatin und den höchsten Stellen des baden-württembergischen Innenministeriums getroffen worden waren.[65]

Innerhalb kurzer Zeit wurde aus einer vagen Idee ein konkretes Projekt, für das der Staat einen klaren Auftrag formulierte. Für diesen Auftrag wurde zunächst verwaltungsintern der tatsächliche Bedarf an Arbeitskräften ermittelt. In Anwesenheit von Vertretern des Innenministeriums, der Regierungspräsidien und den Vertretern der PLK wurde bei der Dienstversammlung der psychiatrischen Landeskrankenhäuser am 21.07.1964 die intendierte Beschäftigung der indischen Arbeitsmigrantinnen wie folgt protokolliert:

> Die Verwaltungsleitung und die Sachbearbeiter der Regierungspräsidien wurden von der Absicht des Innenministeriums unterrichtet, zunächst 50 indische Mädchen als Krankenpflegeschülerinnen einzustellen. Näheres wird den Regierungspräsidien und den psychiatrischen Landeskrankenhäusern durch Erlass mitgeteilt werden, sobald

---

[64] StAF G 1215/3 946 – Anstaltsverwaltung: Schnellbrief, Innenministerium an psychiatrische Landeskrankenhäuser, 14.07.1964.

[65] Diese kurz zuvor vorangegangenen konkreten Absprachen zwischen Debatin und Filbinger und/oder Regierungsdirektor Obermedizinalrat Dr. Sautter sind nicht überliefert. Erzbischofs Schäufele hielt die Vorkommnisse durch einen Aktenvermerk fest, den er nachträglich zu den Akten seines Ordinariats gab: „Im Monat Juni oder Juli des Jahres [1964, Anm. d. Verf.] hat mir Pfarrer Debatin mitgeteilt, dass er nach einer Aussprache mit Herrn Innenminister Dr. Filbinger für die Psych. Anstalt in Emmendingen und noch für eine Anstalt indische Mädchen besorgen soll, und bat um mein Einverständnis." EAF B2–1945/1551 Indische Mädchen: Aktenvermerk, Erzbischof, 03.10.1964

die Verhandlungen des Innenministeriums mit den zuständigen Stellen abgeschlossen sind.[66]

Die bei der Dienstversammlung erhobene Umfrage unter den PLK-Leitern ergab einen höheren Bedarf (insgesamt 168 Stellen), als eigentlich registrierte freie Stellen zur Verfügung standen (insgesamt 140 Stellen).[67]

Die weiteren Vorbereitungen des deutschen Staates wurden unter Hochdruck umgesetzt. Das Innenministerium Baden-Württemberg verhandelte mit dem Kultusministerium über den Einsatz von 100 Frauen an Universitätskliniken, die in dessen Geschäftsbereich lagen.[68] Angesichts der mit dem indischen Staat zu regelnden Ausreiseformalitäten erging der Erlass des Innenministeriums Baden-Württemberg zur Erteilung der Aufenthaltserlaubnis für die Arbeitsmigrantinnen am 28.08.1964. Darin ersuchte das Innenministerium die Regierungspräsidien, die für den künftigen Wohnsitz zuständigen Ausländerbehörden anzuweisen, ihrerseits die Aufenthaltsgenehmigung nach § 2 der Ausländerpolizeiverordnung[69]

---

[66] StAF G1215/3 946 – Anstaltsverwaltung: Dienstbesprechungen der Verwaltungsleiter der psychiatrischen Landeskrankenhäuser in Baden-Württemberg 1954–1967, Protokoll, 21.07.1964.

[67] Vgl. StAF G1215/3 946 – Anstaltsverwaltung: Dienstbesprechungen der Verwaltungsleiter der psychiatrischen Landeskrankenhäuser in Baden-Württemberg 1954–1967, Protokoll, 21.07.1964. Die im Dokument überlieferte ‚Objektivierung' der Frauen als frei verfügbare, respektive frei bestellbare Arbeitskräfte, zeigt die Systemlogik der Verwaltung und die primäre Intention der staatlichen Akteure der Bundesrepublik Deutschland, nämlich einen Ausgleich der vorhandenen Fehlstellen zu schaffen. Die vorherrschende eindimensionale Intention des deutschen Staates im Rahmen des Nirmala-Vorgangs hinsichtlich der Besetzung der gegebenen Fehlstellen, wird in den archivalischen Überlieferungen durch staatliche Stellen mehrfach ausformuliert. So schrieb beispielsweise ein Regierungsmedizinalrat in seinem Schreiben vom 11.08.1964 an Debatin: „Darf ich Ihnen für Ihre Tätigkeit in Indien bestens danken, die, wie man hoffen darf, in Bälde zu einer Besserung der Personallage bei den staatlichen Krankenhäusern führt." StAF F23/24 Nr.972 Indische Pflegerinnen: Brief, Regierungsmedizinalrat an Debatin, 28.08.1964.

[68] StAF G1215/3 946 – Anstaltsverwaltung: Dienstbesprechungen der Verwaltungsleiter der psychiatrischen Landeskrankenhäuser in Baden-Württemberg 1954–1967, Protokoll, 21.07.1964.

[69] Zu Beginn des Nirmala-Vorgangs wurde der technische Aspekt der Aufenthaltsgestattung noch immer durch die Ausländerpolizeiverordnung geregelt: „Für das Aufenthaltsrecht relevant blieb vor Inkrafttreten des Ausländergesetzes von 1965 die Ausländerpolizeiverordnung von 1938, die 1952 trotz ihres nationalsozialistischen Entstehungskontextes wieder in Kraft gesetzt worden war." Monika Mattes, „Wirtschaftliche Rekonstruktion in der Bundesrepublik Deutschland und grenzüberschreitende Arbeitsmigration von den 1950er bis zu den 1970er Jahren", in Handbuch Staat und Migration in Deutschland seit dem 17. Jahrhundert, hg. von Jochen Oltmer (Berlin [u. a.]: De Gruyter Oldenbourg, 2016), 822. Nach

zu erteilen.[70] Schließlich waren durch das Innenministerium im Einvernehmen mit dem Kultusministerium bei der Bundesanstalt für Arbeitsvermittlung und Arbeitslosenversicherung in Nürnberg für insgesamt 150 indische Frauen eine Arbeitserlaubnis beantragt worden.[71]

Am 02.09.1964 wurden die letzten offenen Angelegenheiten des Nirmala-Vorgangs im Rahmen eines Zusammentreffens der beteiligten Amtsträger des deutschen Staates und einem Vertreter der syro-malankara katholischen Kirche konkretisiert.[72] Der indische Bischof Mar Athanasios, der sich im Rahmen des 102. Katholikentags in der Landeshauptstadt Stuttgart befand, führte in dieser Angelegenheit gemeinsam mit Pfarrer Hubert Debatin Gespräche mit den Vertretern des baden-württembergischen Innenministeriums, darunter der baden-württembergische Innenminister Hans Filbinger.[73] In Anbetracht der entwicklungspolitischen Dimension wurde auch der Bundesminister für Wirtschaftliche Zusammenarbeit der Bundesrepublik Deutschland in Kenntnis gesetzt.[74] Fest

---

dem Ausländerpolizeiverordnung vom 22.08.1938 war der Aufenthalt im „Reichsgebiet" den Ausländern erlaubt, die „die nach ihrer Persönlichkeit und dem Zweck ihres Aufenthalts im Reichsgebiet die Gewähr dafür bieten, dass sie der ihnen gewährten Gastfreundschaft würdig sind". Gemäß § 2 (1) war eine besondere Aufenthaltsgestattung erforderlich, „wenn der Ausländer im Reichsgebiet a) sich als Arbeitnehmer betätigen will". Der Reichsminister des Innern, „Ausländerpolizeiverordnung vom 22.August 1938" (Zeitschrift für ausländisches öffentliches Recht und Völkerrecht, 22. August 1938).

[70] Vgl. StAF F23/24 972 Indische Pflegerinnen: Erlass Nr. X 8304/110, Innenministerium, 28.08.1964.

[71] Im Erlass Nr. X 8304/110 an die beteiligten Einrichtungen werden unter anderem Aufenthaltsgestattungen für 30 Haus- und Küchenmädchen für das Universitätsklinikum Freiburg beantragt, jedoch liegen außer der Aufführung in den staatlichen Erlassen keine Primärquellen vor, die einen tatsächlichen Einsatz einer Nirmala-Gruppe an dem besagten Universitätsklinikum in Freiburg rekonstruieren lassen. Auch eine Anfrage im Universitätsarchiv Freiburg blieb erfolglos. In den archivalischen Überlieferungen des EAF und des DCV bleibt Freiburg als Einsatzort einer Nirmala-Gruppe gänzlich unerwähnt.

[72] „Die Besprechung hat am 02.09.1964 stattgefunden. Außer Pfarrer Debatin haben ein indischer Bischof und ein Dolmetscher an der Besprechung teilgenommen. Für die Fahrt wurde der Dienstkraftwagen des PLK Emmendingen zur Verfügung gestellt." StAF F23/24 Nr.972 Indische Pflegerinnen: Aktenvermerk Nr. I 3 M/28/4501/390, September 1964.

[73] Die Chronologie der Vorverhandlungen in der Bundesrepublik Deutschland wurden 1965 durch die DCV rekonstruiert. Vgl. ADCV 380.40.030 Fasz.01 – Krankenpflegekräfte aus Übersee. Vermischtes Schriftgut 1963–1967: Aktennotiz Besprechung im Innenministerium Stuttgart, 03.06.1965. Über die konkreten Inhalte der Besprechung liegen keine Überlieferungen vor.

[74] Vgl. BArch B149/22419 Beschäftigung indischer Arbeitnehmer in der Bundesrepublik (1959–1972): Brief, Bundesanstalt für Arbeitsvermittlung und Arbeitslosenversicherung an Bundesminister für Arbeit und Sozialordnung, 18.09.1964.

steht, dass sich das Baden-Württembergische Innenministerium unter Wissen einer Grundrechts verletzenden Behandlung der Frauen auf den Anwerbevorgang in staatliche Krankenhäuser einließ, wobei den staatlichen Entscheidungsträgern der autoritäre Charakter der Nirmala-Organisation offensichtlich klar war. Darüber hinaus wurde die Kostendeckung der Rückkehr schlichtweg auf die Arbeitsmigrantinnen ausgelagert und durch die Zusage einer etwaigen finanziellen Vorleistung durch das Land Baden-Württemberg der Vorgang erst möglich gemacht:

> Das Innenministerium Baden-Württemberg hat auf Anfrage [...] mitgeteilt, dass die Kosten für die Rückreise des indischen Krankenpflegepersonals von der Gemeinschaft ‚The Nirmala Seva Dalam' übernommen werden. Herr Pfarrer Debatin, Freiburg/Br. als Beauftragter der Gemeinschaft erhält vom Land Baden-Württemberg eine monatliche Gestellungsvergütung, die für 50 Mädchen etwa 15.000 DM beträgt. Diese wird auf einem Sonderkonto angelegt. Die Mädchen erhalten nur ein Taschengeld. Für den Fall, dass eine Rückführung erforderlich sein sollte, bevor die Gemeinschaft über die nötigen Mittel verfügt, wird das Land Baden-Württemberg die Rückreisekosten vorlegen und dann an der Gestellungsvergütung einbehalten.[75]

In Anbetracht der anstehenden Vorbereitung in Kerala wandte sich Pfarrer Debatin mit seinem Anliegen auch an die deutsche Botschaft in New Delhi, um die diplomatische Vertretung des deutschen Staates über sein Vorhaben zu informieren und gleichzeitig über das Goethe-Institut als kulturdiplomatische Einrichtung Unterrichtsmaterial zu erbitten:

Der Vorgang wurde bereits 1965 dezidiert durch das Bundesministerium für wirtschaftliche Zusammenarbeit als etwaiges entwicklungspolitisches Projekt abgelehnt, nachdem bei dem Ministerium ein Antrag auf Übernahme der Anreisekosten und Gewährung einer einmaligen Einkleidungshilfe für einige der Inderinnen gestellt wurde: „Leider kann ich die Auffassung [...], dass es sich bei der Anlernung und Beschäftigung von 15 indischen Krankenschwestern um eine entwicklungspolitisch förderungswürdige Maßnahme handelt, nicht teilen. Die Anwerbung der indischen Schwesternschülerinnen für das psychiatrische Krankenhaus Rottweil liegt ausschließlich im arbeitsmarkt-politischen Interesse. Die geplante 3-Jährige Grundausbildung und anschließende 2-Jährige Beschäftigung in der Bundesrepublik Deutschland widerspricht den für die entwicklungspolitischen Aus- und Fortbildungsmaßnahmen geltenden Grundsätzen. Es ist mir daher leider nicht möglich, die beantragten Zuschüsse zu bewilligen." BArch B149/22419 Beschäftigung indischer Arbeitnehmer in der Bundesrepublik (1959–1972): Brief, Bundesministerium für wirtschaftliche Zusammenarbeit an Bundesministerium für Familie und Jugend, 18.08.1965.

[75] BArch B149/22419 Beschäftigung indischer Arbeitnehmer in der Bundesrepublik (1959–1972): Brief, Bundesanstalt für Arbeitsvermittlung und Arbeitslosenversicherung an Bundesminister für Arbeit und Sozialordnung, 28.12.1964.

Darf ich mich in einem Anliegen, das für Sie von Interesse sein dürfte, an Sie wenden: Seit Jahren bin ich mit dem Lande Kerala in Verbindung. Wir haben eine Aktion gestartet, die beiden, sowohl der indischen, als auch der deutschen Seite helfen könnte. Unsere Krankenhäuser leiden an Mangel an Schwestern und Kräften. In Kerala ist große Not. Viele Mädchen haben ihr S.S.L.C.-Examen gemacht und sind arbeitslos. Wir haben mit deutschen Stellen vereinbart, solche Mädchen bei uns zur Ausbildung aufzunehmen. In dankenswerter und selbstloser Weise hat der Erzbischof Mar Gregorios von Trivandrum und Bischof Mar Athanasios von Thiruvalla die Aufgabe der Vorbereitung übernommen. Seit 7 Wochen bekommen die Mädchen auch Deutsch-Unterricht und sonstige Einführung ins deutsche Leben. Eine große Not ist der Mangel an deutschen Lehrbüchern und darum möchte ich Sie bitten mir zu gestatten, dass ich mich an Sie wende. Wäre es nicht nötig von Seiten der Kulturabteilung der Deutschen Botschaft den beiden Bischofshäusern eine Anzahl Unterrichtsbücher zur Verfügung zu stellen? [...] Es wäre sicher auch eine Empfehlung für unser Land, könnte die Kulturabteilung der Botschaft den beiden Bischofshäusern für den künftigen Unterricht Material zur Verfügung stellen.[76]

Die erbetenen Bücher wurden durch das Goethe-Institut gestellt.[77] Und auch die restliche deutsche Verwaltung in der Bundesrepublik Deutschland reagierte nach den Verhandlungen mit den Kirchenvertretern mit den notwendigen Veranlassungen in einer bemerkenswerten Geschwindigkeit.

Der regelnde Erlass H 0503/24 des Kultusministeriums für den Einsatz von 100 Frauen in Nirmala-Gruppen an Universitätskrankenhäusern erging im Spätjahr 1964, kurz vor der Ankunft der ersten Nirmala-Gruppe in der Bundesrepublik Deutschland.[78] Unter dem Betreff „Beschäftigung von indischen Mädchen bei den Universitätskliniken" wird die Maßnahme wie folgt eingeordnet:

Das Kultusministerium hat davon Kenntnis erhalten, dass Pfarrer Debatin seit Jahren dem Mangel an Personal in deutschen Krankenhäusern tatkräftig dadurch entgegenwirkt, dass er katholischen Schwesternorden, die in Südbaden ihren Sitz haben, indische, für Krankenhäuser geeignete Mädchen vermittelt. Im Hinblick auf den empfindlichen Personalmangel bei den Universitätskliniken und in Anbetracht der Schwierigkeiten, in Deutschland und Europa Arbeitskräfte für die Universitätskliniken zu gewinnen, ist das Kultusministerium an Herrn Pfarrer Debatin herangetreten mit der

---

[76] PAA B92 Band 384: Brief, Debatin an deutsche Botschaft New Delhi, 28.10.1964.

[77] Vgl. PAA B92 Band 384: Schreiben, Deutsche Botschaft New Delhi an AA, 18.02.1965.

[78] Der offizielle Erlass des Innenministeriums X 6382/18 zur Einstellung von 50 indischen Krankenpflegerinnen erging erst nachträglich nach dem Eintreffen der Frauen an die Regierungspräsidien Südbaden. Vgl. StAF F23/24 972 Indische Pflegerinnen: Erlass Nr. X 6382/ 18, Innenministerium, 03.02.1965.
Ebenso wurden die sogenannten „Gestellungsverträge" erst nach Ankunft der Frauen rückwirkend abgeschlossen. Siehe Kapitel 3.3.8. Die sogenannten „Gestellungsverträge" der Nirmala-Vereinigung

Bitte, auch für die Universitätskliniken in dieser Richtung tätig zu werden. Auch das Innenministerium hat sich für die Psychiatrischen Landeskrankenhäuser um solche Arbeitskräfte bemüht. Nach den angestellten Erhebungen werden im Bereich der Universitätskliniken vordringlich Haus- und Küchenmädchen benötigt.[79]

Angesichts des Arbeitsvermittlungsmonopols der Bundesanstalt für Arbeitsvermittlung und Arbeitslosenversicherung wäre vor der Einleitung der Anwerbungsmaßnahmen eigentlich die Einholung der Zustimmung der Behörde notwendig gewesen.[80] Gleichwohl erteilte die Behörde nachträglich auf Informierung durch das Baden-Württembergische Innenministerium hin die Genehmigung, lediglich mit dem Hinweis, dass „ein entsprechender Antrag beim Landesarbeitsamt Baden-Württemberg" bei zukünftigen Vorhaben mit Dankbarkeit goutiert werde.[81]

Im Gegensatz zur Absprache mit den Landeskrankenhäusern, wo ausschließlich die Einstellung von Krankenschwesterschülerinnen vorgesehen war, weist der Erlass des Kultusministeriums lediglich den Einsatz von 10 Krankenpflegeschülerinnen auf. Mit einer Anzahl von 90 Personen wurde dagegen der Großteil der Frauen als Haus- und Küchenmädchen eingestellt.[82]

Die staatlichen Stellen hatten zu diesem Zeitpunkt geplant, den vorgesehenen Ausbildungs- und Beschäftigungsverhältnissen der Frauen bei den Universitätskliniken und Psychiatrischen Landeskrankenhäusern nach den gegebenen Voraussetzungen in „zweckmäßigster Weise Rechnung" zu tragen.[83] Fern lag der

---

[79] UAT 389/16 Schwestern aus Indien: Erlass H 0503/24, Kultusministerium, 15.11.1964.

[80] Vgl. § 42, Abs. 1. „Die Arbeitsvermittlung und [...] Anwerbung von Arbeitnehmern im Auslande für eine Beschäftigung im Inlande führt unbeschadet § 54 Abs. 1 Satz 2 die Bundesanstalt durch. Im Übrigen bedürfen hierzu Einrichtungen und Personen außerhalb der Bundesanstalt ohne einen besonderen Auftrag nach § 54 Abs. 1 Satz 2 in jedem Einzelfalle der vorherigen Zustimmung der Bundesanstalt." Bundesministerium für Justiz, „Neufassung des Gesetzes über Arbeitsvermittlung und Arbeitslosenversicherung" (1957), 328.

[81] Vgl. BArch B149/22419 Beschäftigung indischer Arbeitnehmer in der Bundesrepublik (1959–1972): Brief, Bundesanstalt für Arbeitsvermittlung und Arbeitslosenversicherung an das Innenministerium Baden-Württemberg, 14.09.1964.

[82] Die Einstellung der indischen Frauen als Haus- und Küchenmädchen ist insofern pikant, da bereits seit Beginn der 1950er, in weiten Teilen Einigkeit bestand, dem Personalmangel durch Rationalisierung der Tätigkeitsfelder zu begegnen: „Als Schlüsselbegriffe zur Lösung der Personalprobleme galten eine Rationalisierung der Krankenpflege und eine Entlastung der Schwestern von den von so genannten berufsfremden Arbeiten. Damit waren vor allem hauswirtschaftliche Tätigkeiten gemeint." Kreutzer, 2005, 23.

[83] Vgl. UAT 389/16 Schwestern aus Indien: Erlass H 0503/24, Kultusministerium, 15.11.1964.

Gedanke, alle Frauen paritätisch einer gleichwertigen Ausbildung zur Pflegefach-
kraft zuzuführen.[84] Es kann hier von keiner einheitlichen Systematik ausgegangen
werden, welche auf alle Frauen angewandt wurde, da schließlich ein geringer
Anteil der Frauen, beispielsweise die Nirmala-Gruppe am PLK Emmendingen,
bereits direkt – ohne einjähriges Pflegepraktikum – als Krankenpflegeschülerinnen eingestellt wurde. Dieser Ausbildungszug war den Frauen vorbehalten,
welche mit Vertrag mit dem Innenministerium über 50 Krankenschwesterschülerinnen angestellt worden waren sowie den erwähnten 10 Frauen die im Erlass des
Kultusministeriums Erwähnung fanden.[85]

Festzuhalten gilt, dass Mitte der 1960er auf der höchsten politischen Entschei-
dungsebene der Bundesrepublik Deutschland eine Anwerbung von ausgebildeten
Krankenschwestern aus Indien aus (entwicklungs-)politischen Gründen aus-
schied und die Nirmala-Aktion nur als Anwerbe- und Migrationsprojekt von
unausgebildeten Frauen möglich war:

> Schließlich gehe ich [der Präsident der Bundesanstalt für Arbeitsvermittlung und
> Arbeitslosenversicherung, Anm. d. Verf.] davon aus, dass Anwerbeaktionen der
> durchgeführten Art nicht eine unerwünschte Schwächung des Fachkräftepotentiale in
> den Entwicklungsländern und damit möglicherweise eine Gefährdung von Maßnah-
> men der technischen oder personellen Entwicklungshilfe der Bundesrepublik nach
> sich ziehen. Da es sich im vorliegenden Fall um Haus- und Küchenpersonal sowie
> um Krankenpflegeschülerinnen handelt, bestehen Bedenken in der angegebenen Rich-
> tung nicht. Mein Hinweis erfolgt lediglich vorsorglich für den Fall, dass später an
> eine Hereinnahme von bereits ausgebildetem Krankenpflegepersonal gedacht werden
> sollte.[86]

---

[84] Die zunächst geplante Verwendung als Haus- und Küchenmädchen kann auch als eine
Maßnahme gelesen werden, welche die Anwerberinnen gemäß der Zulassungsvoraussetzun-
gen des Krankenpflegegesetz bezüglich einer erforderlichen einjährigen Arbeitserfahrung
qualifizieren sollte: „Bewerberinnen müssen außerdem eine einjährige hauswirtschaftliche
Tätigkeit in eigener oder fremder Familie, in einer geeigneten Anstalt, einer hauswirtschaft-
lichen Schule oder einer Schwesternvorschule abgeleistet haben." Vgl. § 8 Abs. 2, „Gesetz
über die Ausübung des Berufs der Krankenschwester, des Krankenpflegers und der Kinderkrankenschwester (Krankenpflegegesetz)" (1957), 717.
Jedoch ist zu betonen, dass im gleichen Erlass andere Frauen ohne geleistetes Vorberei-
tungsjahr direkt als Krankenpflegeschülerinnen eingestellt wurden.

[85] Hier ist zudem zu differenzieren, dass es im deutschen Pflegesektor unterschiedliche Ausbildungsmöglichkeiten gab, denen die Frauen während ihres Aufenthaltes zugeführt wurden.
Der Großteil der über das Innenministerium angeworbenen 50 Krankenschwesterschülerinnen wurden als Krankenschwestern der Psychiatrie ausgebildet.

[86] BArch B149/22419 Beschäftigung indischer Arbeitnehmer in der Bundesrepublik (1959–
1972): Brief, Bundesanstalt für Arbeitsvermittlung und Arbeitslosenversicherung an das
Innenministerium Baden-Württemberg, 14.09.1964.

Aus Korrespondenzen der Anstaltsverwaltung Tübingen geht hervor, dass die Frauen den Anstalten zunächst als Arbeitskräfte für einfache Arbeiten zugeführt werden sollten und die weitergehende Betreuung und Förderung im Sinne von Ausbildungsmöglichkeiten den einzelnen Verwaltungsleitungen oblag.[87] Hierbei ist die Intransparenz über die im Vorfeld getroffenen Entscheidungen hervorzuheben, dies gilt vor allem für die Berufszuteilung der Frauen. Aber vor allem hinsichtlich einer Rückkehr der Frauen nach Indien mit der Absicht in dem in Deutschland erlernten Beruf zu arbeiten, zeichnete sich hier bereits vor der Ankunft der Frauen die Problematik einer etwaigen Anerkennung der Berufsabschlüsse ab.[88]

Angesichts des baldigen Eintreffens der Arbeitsmigrantinnen ging Pfarrer Debatin im Spätjahr 1964 mit der Präsentation auf Rundreise durch Baden-Württemberg und lud an den entsprechenden staatlichen Krankenhäusern zu

---

Hier ist auf die bisher fehlerhaften Erwähnungen der Migrationsbewegung in der deutschsprachigen Forschungs- und Populärliteratur hinzuweisen, da hier zu oft von der Anwerbung von „indischen Krankenschwestern" in den 1960ern gesprochen wird. Es handelte sich jedoch bis 1970 um die Migration von Krankenpflegeschülerinnen oder Haus- und Küchenpersonal.

[87] „Wir haben hier in Tübingen die indischen Mädchen sehr gefördert. Sie sollten ursprünglich als Haus- und Küchenmädchen in den Kliniken verwendet werden. Sie wurden jedoch von uns in unserer Krankenpflegeschule zur Pflegehelferinnen ausgebildet. Ein Teil (9 Mädchen) besuchen nun auch noch die Krankenpflegeschule zwei weitere Jahre lang, um später das Abschlußexamen einer Krankenschwester zu machen." DAR F98/Indische Mädchen-Gemeinschaft „Nirmala-Seva-Dalam" 1964–1970: Brief, Direktor Hugger an Ordinariatsrat Mühlbacher, 19.02.1968.

[88] Es stellt sich dahingehend die Frage inwieweit eine Ausbildung in der Altenpflege ohne staatliches Diplom, eine Ausbildung als Krankenpflegehelferin, wenn auch mit staatlichem Diplom oder eine psychiatrische Ausbildung mit staatlichem Diplom oder eine psychiatrische Ausbildung mit verwaltungseigener Prüfung und selbst ein staatliches Volldiploms als Krankenschwester welches in Indien nicht anerkannt wurde einen tatsächlichen Mehrwert für die Frauen hinsichtlich der Arbeitsmöglichkeiten in Kerala entfalten hätte können. Die Anerkennung des deutschen Krankenschwesternexamens in Indien war mit Einleitung des Nirmala-Vorgangs nicht geklärt. Die Frage nach der Anerkennung war und wurde im Verlauf des Vorgangs zu einem bestimmenden Topos, welches weder durch kirchliche Stellen noch durch staatliche Stellen gelöst wurde. Aus der Korrespondenz zu einer etwaigen Arbeitsmigration von Chinesinnen als Krankenschwesterschülerinnen im Jahr 1963 geht hervor, dass der DCV Generalsekretär sich bereits im Klaren war, dass deutsche Diplome im angelsächsischen Krankenpflege-System keine Gültigkeit erlangten. Vgl. AEK DBK Sekretariat der DBK 203/II: Brief, DCV Generalsekretär Hüssler an Prälat Wissing, 26.06.1963.

einem Lichtbildvortrag. In seinem Referat konstruierte Debatin sein spezifisches Bild der Migrantinnen, das dem Nirmala-Vorgang zu Grunde gelegt wurde.[89]

3.3.2 „Indische Mädchen" – Konstruktion zwischen Zuschreibung und Festschreibung

Die Etablierung eines spezifischen Bilds der erwarteten Migrantinnen war integral für die vorhergehenden Verhandlungen und den Vorbereitungen innerhalb der Empfängerregion. Diese konstruierte Identität diente den Entscheidungsträgern als Vorlage ihrer Beschlüsse sowie den anderen Instanzen als Ausgangspunkt der Vorarbeit innerhalb der Bundesrepublik Deutschland vor der Ankunft der Frauen. Am 08.10.1964 referierte Debatin unter dem Titel „Christentum im alten Kulturland Indien" am PLK Emmendingen anlässlich der Direktorenkonferenz der psychiatrischen Landeskrankenhäuser.[90]

Debatin stellte seinem in großen Teilen *orientalisierenden*[91] Vortrag voran, dass in Kerala seit dem 1. Jahrhundert christliche Gemeinschaften und Gemeinden lebten:

> Ihr Lebensstil ist in allem orientalisch, ihre Lebensweise noch sehr stark ausgeprägt von dem Gedanken der Familie und Autorität. Der Vater ist das Haupt der Familie, seine Entscheidungen sind für die Familienmitglieder verpflichtend. Gehorsam und Ehrfurcht gegenüber dem Familienoberhaupt, gegenüber den Eltern und überhaupt gegenüber Vorgesetzten und jeder Autorität sind Kennzeichen der Haltung der dortigen Christen.[92]

---

[89] StAF F23/24 Nr.972 Indische Pflegerinnen: Zusammenfassung Referat Debatin, 08.10.1964.

[90] StAF F23/24 Nr.972 Indische Pflegerinnen: Zusammenfassung Referat Debatin, 08.10.1964.

[91] Zur Dekonstruktion des Orients ist Edward Said zu nennen. In seinem 1978 erstmals erschienenen Werk *Orientalism* dekonstruiert er den eurozentristischen westlichen Blick auf „den Orient" als eine auf der einen Seite selbsterhöhende Zuschreibung eines vermeintlich aufgeklärten Westens gegenüber einem „mystischen" Osten, wodurch ein durch den Westen dominiertes Machtverhältnis ausdrückt und reproduziert wird. Saids Analyse dieses *Otherings* bildeten die Grundlage der wissenschaftlichen Postkolonialismus-Strömungen. Vgl. Edward W. Said, *Orientalism* (London [u. a.]: Penguin Books, 2003).
    In der deutschen Sprache wird der Begriff *Othering* unter anderem mit „Andersmachung" übersetzt.

[92] StAF F23/24 Nr.972 Indische Pflegerinnen: Zusammenfassung Referat Debatin, 08.10.1964.

Als Kernzelle des sozialen Gefüges wies Debatin der Familie als Schutzraum die zentrale Rolle zu. Sie sei der „schützende Raum um das Mädchen". Das Klima der Familie sei stark vom Glauben her geprägt: „Religiöse Aufgeschlossenheit und moralische Sauberkeit prägen die Jugend der christlichen Familien des Landes Kerala".[93]

Debatin führte zu den erwarteten Arbeitsmigrantinnen weiter aus, dass die meisten Frauen aus meist kleinen, bäuerlichen Familien kommen, die sehr kinderreich seien. Alle Mädchen hätten den S.S.L.C. Schulabschluss, der im Gesamten elf Schuljahre umfasst, davon vier Jahre in der Volksschule und sieben in der Mittelschule. Die Frauen seien sehr wissensbestrebt und „willig, viel Neues zu lernen".[94] Als Fremdsprache hätten die Frauen alle einige Jahre Englisch in der Schule gelernt, dennoch beherrschten sie diese Sprache nicht fließend.[95]

Diese Generalisierungen als vermeintlichen ‚Naturzustand' der Frauen zur Grundlage genommen, elaborierte Debatin seine Vision hinsichtlich des anstehenden Arbeitsaufenthaltes der Frauen in der Bundesrepublik Deutschland:

> Es ist im Interesse sowohl der indischen Schwestern als auch der Arbeit für unsere Kranken, dass diese Schwestern in ihrer religiösen und geistigen Welt nicht angetastet werden. Sie sollen die Werte ihrer Heimat beibehalten und in organischer Entfaltung die unseres westlichen Lebens in sich aufnehmen.[96]

Durch Debatins aktive Öffentlichkeitsarbeit in Form von Vorträgen gewann die Nirmala-Aktion an Prominenz und wurde bereits im Spätjahr 1964, noch vor Eintreffen der ersten Nirmala-Migrantinnen, auf weitere Häuser ausgeweitet.[97] So hatte Debatin abseits der ersten staatlichen Verhandlungen zur offiziellen

---

[93] StAF F23/24 Nr.972 Indische Pflegerinnen: Zusammenfassung Referat Debatin, 08.10.1964.

[94] StAF F23/24 Nr.972 Indische Pflegerinnen: Zusammenfassung Referat Debatin, 08.10.1964.

[95] Vgl. StAF F23/24 Nr.972 Indische Pflegerinnen: Zusammenfassung Referat Debatin, 08.10.1964.

[96] StAF F23/24 Nr.972 Indische Pflegerinnen: Zusammenfassung Referat Debatin, 08.10.1964.

[97] „Wie vorauszusehen war weitet sich die begonnene Aktion sehr rasch aus. Das Ministerium hat zusätzlich zu den 50 Schwesterschülerinnen für die Universitätskliniken Freiburg, Heidelberg und Tübingen je 30 Mädchen erbeten, dazu 10 nach Tübingen für den Krankenschwesternkurs. Weitere 20 sind für die Anstalt Herten vorgesehen, dazu noch 30 für ein Mutterhaus, das psychiatrische und andere Krankenhäuser betreut. Die erste Gruppe dieser Mädchen wird Anfg./Mitte Oktober hier erwartet, die andern in den folgenden Wochen." EAF B2–1945/1551 Indische Mädchen: Brief, Debatin an Erzbischof, 21.09.1964.

Nirmala-Aktion mit dem Innenministerium und dem Kultusministerium Baden-
Württembergs als Vertragspartner die Organisation von weiteren Gruppen für
andere staatliche Krankenhäuser bereits initiiert.

Debatins Konstruktion der sozialen Identität der „indischen Mädchen" samt
der positiven Arbeitserfahrungen mit den Pioniermigrantinnen an den deutschen
Ordenshäusern sind als entscheidend zu qualifizieren, da es ihm damit gelang, die
staatlichen Entscheidungsträger der Bundesrepublik Deutschland, beispielsweise
den baden-württembergischen Innenminister Filbinger, zu überzeugen, das risikoreiche Unterfangen der Nirmala-Aktion durchzuführen. Debatin wurde seines
Zeichens die Rolle des Experten vor allem durch staatliche Entscheidungsträger
zugeschrieben. So sagte Filbinger im Rahmen seiner englischsprachigen Rede
während des Begrüßungsfestaktes der ersten Nirmala-Gruppen: „Father Debatin
is the best advisor for you and for us! He will know what is to be done even in
the most difficult situation".[98]

3.3.3 „Die zuständigen Bischöfe in Indien" – Zu den Kirchenamtsträgern in Indien

Die Durchführung der Idee Debatins war nur durch die entsprechende kirchenamtliche Unterstützung in der Senderregion Kerala möglich gewesen. Debatins
kirchenamtliche Ansprechpartner in der Nirmala-Aktion waren Mar Gregorios[99]
und Bischof Mar Athansios der syro-malankarischen Kirche, die einzigen zwei
Kirchenamtsträger der syro-malankarischen (Erz-)Diözesen Keralas.[100] Debatin

---

[98] StAF F23/24 Nr.972 Indische Pflegerinnen: Rede Filbinger, Emmendingen, 21.12.1964.

[99] Bischofs Gregorios, *01.02.1916, syro-malankarischer Erzbischof der Erzdiözese Trivandrum (1955–1994). Zum Werdegang des Erzischofs siehe *Übersicht der beteiligten
kirchlichen Akteure Indiens*. Die zugehörigen Daten sind im Anhang 6 im elektronischen
Zusatzmaterial einsehbar.

[100] Mit 140 383 Mitgliedern stellte die syro-malankarische Kirche im Jahr 1961 eine katholische Minderheit dar (Gesamtzahl der Katholiken Keralas im Jahr 1961 betrug 2 611 890
Personen). Vgl. Turlach, 1970, 45. Die deutschen staatlichen Stellen differenzierten jedoch
nicht entsprechend des katholischen Ritus, sondern sprachen sich in ihren Korrespondenzen nur zu „(Erz-)Bischöfen" aus, wobei sehr wohl auch die zuständigen (Erz-)Diözesen
genannt werden. Vgl. u. a. BArch B149/22419 Beschäftigung indischer Arbeitnehmer in der
Bundesrepublik (1959–1972): Brief, Bundesanstalt für Arbeitsvermittlung und Arbeitslosenversicherung an Bundesminister für Arbeit und Soziales, 18.09.1964.

war im Sommer 1964 nochmals auf Kosten des Landes Baden-Württemberg nach Indien gereist, um mit den (Erz-)Bischöfen die Aktion zu planen.[101] Bischof Mar Athansios hatte daraufhin persönlich auf einer Reise das Innenministerium Baden-Württemberg in Stuttgart besucht, um weiterführende Gespräche zu führen.[102] Von Erzbischof Mar Gregorios hatte Debatin indes eine Blanko-Vollmacht erhalten. Der Erzbischof der Erzdiözese Trivandrum delegierte mit Schreiben vom 27.07.1964 die Vollmacht für Verhandlungen an Debatin als Repräsentant von „The Nirmala Seva Dalam".[103] Diese vorhandene Vollmacht wurde von den deutschen staatlichen Stellen offensichtlich als rechtskräftig und ausreichend angesehen und die Verträge wurden von den staatlichen Stellen mit Pfarrer Debatin als Vertreter der Gemeinschaft abgeschlossen.[104] Die Aktenlage zeigt zudem, dass zwischen den zwei syro-malankarischen Bischöfen und dem Freiburger Erzbischof bis in das Jahr 1969 kein direkter Kontakt bestand.[105]

---

[101] Vgl. BArch B149/22419 Beschäftigung indischer Arbeitnehmer in der Bundesrepublik (1959–1972): Brief, Bundesanstalt für Arbeitsvermittlung und Arbeitslosenversicherung an Bundesminister für Arbeit und Soziales, 18.09.1964.

[102] Siehe Kapitel 3.3.1. Organisation und Vorbereitungen der Nirmala-Aktion in der Bundesrepublik Deutschland.

[103] „I, Archbishop of Trivandrum, Benedict Mar Gregorios, certify, that Fr. Hubert Debatin […] is the representative in Germany of the association 'The Nirmala Seva Dalam' and that he is authorized to make all necessary negociations and arrangements regarding the working of 'The Nirmala Seva Dalam'. UAT 389/16 Schwestern aus Indien: Vollmacht, Bischof Mar Gregorios, 27.07.1964.

Dabei ist angesichts der fehlenden kirchenamtlichen Bestätigung der Vereinigung auch der Wirkungsbereich der Vollmacht in Frage zu stellen. Weiterhin lag nur die Vollmacht des Erzbischofs von Trivandrum vor, während auch Frauen aus der Diözese Thiruvalla unter Bischof Athanasios ebenso am Migrationsvorgang beteiligt waren. Weitergehend siehe Kapitel 5.1.2. Der Nirmala-Vorgang.

[104] Eine Vollmacht des zuständigen deutschen Freiburger Erzbischofs in dessen Jurisdiktion die Aktion stattfand, ist weder überliefert, noch lässt sich aus dem Aktenbestand auf die Existenz eines solchen Dokuments schließen. Vielmehr zeichnet die Rekonstruktion des Vorgangs das Bild eines Ordinarius der aufgrund des problematischen Kommunikationsverhaltens Debatins und der allgemeinen defizitären Informationslage der damaligen Zeit erst sukzessive von dem Ausmaß der Nirmala-Aktion erfuhr.

[105] Dies ist allem voran bemerkenswert, da zumindest Bischof Athanasios zum einen am 02.09.1964 die ersten Gespräche mit dem baden-württembergischen Innenministerium in Stuttgart, also wissentlich in der Jurisdiktion eines anderen Bischofs, persönlich führte sowie die Nirmala-Migrantinnen zu mehreren Anlässen während des Nirmala-Vorgangs an den Einsatzorten besuchte.

Vgl. AkKEm: Diverse Aufnahmen im Fotoalbum sowie PAZ2: Diverse Aufnahmen im Fotoalbum. Zudem ist in der Chronik des Klosters St. Trudpert verbürgt, dass syro-malankarische Bischof Mar Athanasios, der syro-malabarische Bischof Mar George Alapatt

Die konkreten Namen der beteiligten (Erz-)Bischöfe in Kerala beließ Debatin in seiner Korrespondenz mit seinem zuständigen Ordinariat Freiburg stets unbenannt und sprach nur von den „zuständigen Bischöfen". Mit diesen habe er sich gemäß einem Schreiben vom 21.09.1964 während des Indienaufenthalts „lang und ausführlich" besprochen, um „alle Bedingungen für eine gute Arbeit zu beschaffen".[106] Nach Debatin hätten die Bischöfe die folgenden Voraussetzungen gemacht:

> Die Bischöfe haben für die in Frage kommenden Mädchen eine Art Kongregation vorgesehen mit bestimmten Richtlinien und Verpflichtungen. Sie wollen dadurch nicht bloß erreichen, dass die Mädchen in ihrer religiösen Haltung keinen Schaden erleiden, sondern sie wollen auch damit die Voraussetzung für eine gute Arbeit an den Kranken sichern. Sie stellen ferner die Bedingung, dass die Arbeitsgruppen nicht weniger als fünf Personen umfassen und dass diese Gruppen unter der Leitung einer katholischen Schwester oder Pflegerin und eines Geistlichen stehen.[107]

Der nächste Brief Debatins an seinen Ordinarius erging am 21.09.1964. Neben den Schilderungen zur Ausweitung der Aktion unter Nennung konkreter Zahlen verwies Debatin erneut auf „eine Art Kongregation" der indischen Bischöfe, die der Erzbischof in einem persönlichen Gespräch gebilligt habe, welche bestimmte Satzungen für die Migrantinnen festhielten. Dem Brief Debatins war dieses zentrale Dokument des Migrationsprojekts „Grundsätze und Satzungen der Gemeinschaft: ‚The Nirmala Seva Dalam'" erstmals beigelegt.[108]

3.3.4 ‚Grundsätze und Satzungen der Gemeinschaft' – Die Konstruktion des Nirmala-Regimes

Das Grundlagendokument ‚Grundsätze und Satzungen der Gemeinschaft', bestehend aus drei Seiten, begleitet den Nirmala-Vorgang durch die Jahre der Durchführung (Abbildung 3.2, 3.3 und 3.4).[109] Zwar findet sich das Dokumente nicht in den Überlieferungen der höchsten Ebene des deutschen Staates,

---

und der syro-malabarische Erzbischof Joseph Parecattil mehrere Male die Frauen aus Kerala in dem von Freiburg nur etwa 16 km Luftlinie entfernt liegenden Ordenshaus im Münstertal besuchten. Vgl. ProvA St. Trudpert Kloster-Chronik Nr.337, 311–313.

[106] EAF B2–1945/1551 Indische Mädchen: Brief, Debatin an Erzbischof, 12.08.1964.

[107] EAF B2–1945/1551 Indische Mädchen: Brief, Debatin an Erzbischof, 12.08.1964.

[108] Vgl. EAF B2–1945/1551 Indische Mädchen: Brief, Debatin an Erzbischof, 12.08.1964.

[109] Vgl. EAF B2–1945/1551 Indische Mädchen: ‚Grundsätze und Satzungen der Gemeinschaft', o. D.

dennoch ist nachweisbar, dass der Staat im Besitz des Dokumentes war und diese für die konkrete Umsetzung nutzte, um es während der Vorbereitungen in die entsprechenden Einrichtungen einzusteuern.[110] Hier zeigt sich die Funktion des Dokuments als verbindendes Element zwischen den Institutionen Staat und Kirche, den Migrantinnen, deren Familien in den Senderregionen und der Gesellschaft in der Empfängerregion. Die in den Senderregionen verbleibenden Familien und Kirchenamtsträger der emigrierenden Frauen gaben sich mit deren Abwanderung einverstanden unter dem Vertrauen, dass der vereinbarte Rahmen innerhalb der ‚Grundsätze und Satzungen der Gemeinschaft' umgesetzt werden sollte. Für die Migrantinnen stellten die gleichen ‚Grundsätze und Satzungen der Gemeinschaft' einen Verhaltenskodex für die Zeit in der Bundesrepublik Deutschland dar. Für die Empfängerregion wiederum waren die ‚Grundsätze und Satzungen der Gemeinschaft' eine Handlungsanleitung für den Umgang mit den indischen Frauen. Dabei war das in den Grundsätzen und Satzungen definierte Ordnungssystem als Bündelung der Prinzipien, Normen und Regeln zwischen den beteiligten Akteuren und definierten Entscheidungs- bzw. Machstrukturen, die formale Abstraktion des Nirmala-Regimes, unter dem die Nirmala-Arbeitsmigrantinnen ab 1964 in der Bundesrepublik Deutschland lebten.[111]

So zentral das Dokument für den Migrationsvorgang war, so wenig geht aus seiner Anlage bezüglich der rechtlichen Qualifikation des Dokuments hervor.[112] Fest steht, dass das Dokument spezifisch für die Empfängerregion erstellt wurde, mit der Absicht die in der Senderregion ausgehandelten informellen Vereinbarungen des Vorgangs zu formalisieren.[113] Gleichwohl basiert das Dokument auf

---

[110] Das Universitätsklinikum Tübingen erhielt vor dem Eintreffen der Migrantinnen einen Abzug des Dokuments ‚Grundsätze und Satzungen der Gemeinschaft' mit einem handschriftlichen, informellen Schreiben eines Beamten des Kultusministeriums vom 08.10.1964 mit der Bitte um Beachtung. Dieses Schreiben enthält keine Referenz, wie es bei einer offiziellen Korrespondenz oder Weisung des Kultusministeriums üblich ist. UAT 389/16 Schwestern aus Indien: Brief, Kultusministerium an Universitätsklinikverwaltung, 08.10.1964.

[111] Zur Verwendung des *Regime* Begriffs siehe Fußnote 51 in Kapitel 1.4.

[112] Weder ein Datum noch ein Verfasser ist auf dem Dokument verbürgt. Es finden sich keine Signaturen. Die Schlagwörter „Grundsätze", „Satzungen" und „Statute" suggerieren einen Rechtscharakter des Dokuments, der sich jedoch bei näherer Betrachtung in dieser Andeutung erschöpft. Festzuhalten ist, dass es sich allein durch die Anlage des Dokuments um kein Rechtsdokument nach kanonischem Recht, geschweige denn nach deutschem oder indischem Staatsrecht handelt.

[113] Das Dokument – auf Deutsch verfasst – adressiert konkret Empfänger in der Bundesrepublik Deutschland: „Für die indischen Mädchen, die in unseren deutschen Krankenhäusern, Kliniken und Häusern arbeiten, haben die für sie verantwortlichen Eltern, Geistlichen und

den vorhergegangenen Absprachen und Vorbereitungen in Kerala.[114] So ging den
Grundsätzen und Satzungen vor der Ausreise aus Kerala „ein freiwilliges, feierliches Versprechen vor dem Ordinarius" voraus, in dem sich die Frauen als
Mitglieder der Nirmala-Gemeinschaft verpflichteten „diese Statuten treu zu halten und im Falle eines schweren Verstoßes sich dem Spruch der Verantwortlichen
zu unterwerfen und evtl., falls von diesen verlangt, nach Hause zurückkehren".[115]

Und obwohl die ‚Grundsätze und Satzungen der Gemeinschaft' das Grundlagendokument eines Arbeitsverhältnisses in Deutschland sein sollten, findet sich
in ihm nichts über die konkreten Arbeitsvereinbarungen. Lediglich ein Verweis
„Die Ordnung ihres Dienstes" sagt aus, dass der Zeitrahmen ihres Einsatzes auf
etwa sechs Jahre festgelegt war und die Frauen unter der Annahme einer temporären Beschäftigung angestellt wurden, verbunden mit der Vorstellung einer
Rückführung der Frauen in mittlerer Frist.[116]

In der Empfängerregion Deutschland diente das Dokument der Konstruktion einer sozialen Gruppenidentität, welche die Frauen auf eine gemeinsame
vermeintlich homogene religiöse Identität reduzierte. Die Zugehörigkeit zur „Gemeinschaft" ging einher mit der Legitimation eines Entsendungsauftrags mit dem
Ziel einer Verwirklichung ihrer religiösen Mission:

> Entscheidend für eine gute und allseits befriedigende Arbeit ist, dass diese Mädchen
> in ihrer religiösen und menschlichen Haltung belassen und vertieft werden. Sie wer-
> den ihren Dienst umso williger und hingebender tun, je mehr sie aus der Mitte ihres
> Denkens und Glaubens heraus leben und arbeiten können.
>
> Der Name der Gemeinschaft ist:
>
> „The Nirmala Seva Dalam"
>
> Ihr Motto: „Dienen in Freude"

Bischöfe eine Gemeinschaft gegründet und dafür die folgenden Grundsätze und Satzungen
aufgestellt. Diese sollen sowohl der persönlichen Förderung der Mädchen als auch ihrem
Einsatz in unseren Häusern dienen." EAF B2–1945/1551 Indische Mädchen: ‚Grundsätze
und Satzungen der Gemeinschaft', o. D., 1.

[114] Siehe Kapitel 3.3.5. Organisation in Kerala – Vorbereitungen in Indien im Sommer 1964.

[115] EAF B2–1945/1551 Indische Mädchen: ‚Grundsätze und Satzungen der Gemeinschaft',
o. D., 3.
  In diesem Kontext wird zwar von Statuten gesprochen, es ist jedoch hervorzuheben, dass
die formalen Kriterien nicht denen einer rechtlichen Satzung entsprechen und der Begriff
damit fehlleitet. Die definierte Regelung findet sich in c. 304 § 1 CIC/1983, analog c. 576
§ 1 CCEO.

[116] Vgl. EAF B2–1945/1551 Indische Mädchen: ‚Grundsätze und Satzungen der Gemeinschaft', o. D., 1.

Ihr Abzeichen: Die Lotusblume mit dem für ihre Heimat typischen Malankara-Kreuz

Als Vorbild haben sie die „Mutter der Barmherzigkeit".

Ziel und Zweck der Gemeinschaft ist das Apostolat der Nächstenliebe aus dem Glauben. Sie wollen den Kranken und Hilfsbedürftigen dienen um Christi Willen mit der Hingabe ihrer ganzen Persönlichkeit.[117]

Durch einen vorweggestellten Passus entzog sich das Dokument einer kritischen Auseinandersetzung. Demnach könnten die beschlossenen und ausgearbeiteten Satzungen „nur verstanden werden von der Lebensweise und den Gewohnheiten des Landes her, aus dem diese Mädchen kommen": „Wer europäische Maßstäbe anlegt, übersieht das Wesentliche und kommt zu Fehlurteilen und Fehlentscheidungen".[118]

Die Frauen sollten gemäß dem Dokument in Gruppen von wenigstens fünf Mitgliedern zusammengefasst werden, wobei das gemeinsame Wohnen der Frauen als conditio sine qua non galt. Die Verantwortung für jede Gruppe fiel jeweils auf einen katholischen Priester und „eine katholische Schwester oder Pflegerin".[119] Diese wurde „von dem Geistlichen oder in Übereinstimmung mit dem Geistlichen oder dem Ordinarius der Institution, in der die Mädchen arbeiten", bestimmt (Abbildung 3.1).[120] Die Mitglieder der Gemeinschaft hatten den Bestimmungen des zuständigen Priesters und der für sie zuständigen Schwester oder Pflegerin Folge zu leisten.

Jede Nirmala-Gruppe sollte eine Verantwortliche als Sprecherin oder Vertreterin wählen, welche monatlich dem zuständigen indischen Ordinarius einen Bericht über „das Leben und den Stand der Gemeinschaft" übersenden sollte.[121]

---

[117] EAF B2–1945/1551 Indische Mädchen: ‚Grundsätze und Satzungen der Gemeinschaft', o. D., 1.

[118] EAF B2–1945/1551 Indische Mädchen: ‚Grundsätze und Satzungen der Gemeinschaft', o. D., 1.

[119] „Die Schwester oder Pflegerin ist zu bestimmen von dem Geistlichen oder in Übereinstimmung mit dem Geistlichen oder dem Ordinarius der Institution, in der die Mädchen arbeiten. Sie muss genügend Zeit haben, um sich den Mädchen widmen zu können." EAF B2–1945/1551 Indische Mädchen: ‚Grundsätze und Satzungen der Gemeinschaft', o. D., 2.

[120] An der Begrifflichkeit zeigt sich die unklare Konzeption der Grundsätze und Satzungen, die sich zur Definition konkreter Verantwortung ausschweift. Es bleibt offen wer mit der Amtsbezeichnung Ordinarius bezeichnet wird. Dies wirft Fragen auf, da die Frauen allem voran in staatlichen Kliniken angestellt wurden, die Amtsbezeichnung jedoch zur gegebenen Zeit nur in den Kirchen- und Hochschulstrukturen Verwendung fand.

[121] EAF B2–1945/1551 Indische Mädchen: ‚Grundsätze und Satzungen der Gemeinschaft', o. D., 2. Im weiteren Verlauf des Nirmala-Vorgangs wurden diese Gruppenanführerinnen auch „Leader" genannt.

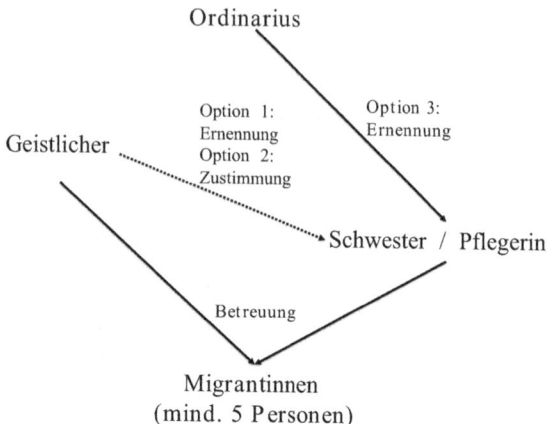

Abbildung 3.1 Grafische Darstellung des Nirmala-Betreuungssystems

Den zentralen Teil des Dokuments nehmen die Regeln zur Lebensführung der Migrantinnen in Deutschland ein, welche ein „geweihtes Leben" auf Zeit der Frauen ohne Mutterhaus ausbuchstabieren. So durften die Frauen, die in einem privaten Versprechen vor ihrem Ordinarius für die Zeit des Aufenthaltes Ehelosigkeit versprochen hatten, keine Privateinladungen ohne die Zustimmung des verantwortlichen Priesters und der für sie zuständigen Schwester annehmen. Als Markierung ihrer Gruppenzugehörigkeit sollte stets das Zeichen der Gemeinschaft getragen werden. Westliche Zivilkleidung war ihnen verboten, stattdessen sollten sie entweder Schwesterntracht oder den traditionellen Sari tragen.[122] „Der Sitte ihrer Heimat folgend" sollten sie nie alleine ausgehen besonders in der Dunkelheit, sondern stets in Begleitung eines anderen Mitgliedes der Gemeinschaft. Die Mahlzeiten waren gemeinsam einzunehmen. Die Frauen verpflichten sich zudem ihre Freizeit zum „eifrigem Studium" zu verwenden.[123]

---

[122] Der Sari war zu dieser Zeit in Kerala ein modernes Kleidungsstück. In einer soziologischen Studie von 1961 heißt es zur Bekleidung christlicher Frauen: „The women have a white dhoti [einfacher Wickelrock, Anm. d. Verf.] wrapped around two or three times with the top end projecting like a fan, with a white blouse and a half Saree [simple Form des Saris, Anm. d. Verf.]. The Saree is now increasingly replacing the traditional attire." Kurian, 1961, 39. Es gilt jedoch anzumerken, dass Bekleidung wie auch verschiedene Sari-Variationen allgemein als Markierung hinsichtlich der Kastendistinktion getragen wurden. Eine detaillierte Abhandlung findet sich im Kapitel „Clothes Reading" in Thomas, 2019, 35–66.

[123] EAF B2–1945/1551 Indische Mädchen: ‚Grundsätze und Satzungen der Gemeinschaft', o. D., 2.

Als weitere Kondition forderten die ‚Grundsätze und Satzungen der Gemeinschaft' ein, dass das religiöse Leben der Mitglieder gewährleistet werden muss. Sie wollen aus der Haltung des Glaubens heraus regelmäßig dem Gottesdienst beiwohnen. Dazu gehört, soweit irgendwie nur möglich, die Feier der Sonntagsmesse und Zeit für die täglichen Gebete.[124] Sofern es ihr „Dienst" zulässt, sollten sie täglich zu einer bestimmten Zeit gemeinsam beten.[125]

Während sich das Dokument zu den konkreten Verantwortlichen aus der Senderregion ausschweigt, wurde die Verantwortung und Zuständigkeit für die Nirmala-Migrantinnen innerhalb Deutschlands unter detaillierter Auflistung weitreichender Befugnisse Pfarrer Debatin zugeteilt.[126]

Als Erzbischof Schäufele die ‚Grundsätze und Satzungen der Gemeinschaft' im September 1964 Debatins Brief beigelegt erstmals erhielt, stießen diese auch bei ihm auf starke Bedenken. Obwohl er sich zu diesem Zeitpunkt in Rom beim II. Vatikanum aufhielt, reagierte er trotz seiner Absenz zunächst mit einem Aktenvermerk für die Ordinariatsakten. Er hielt fest, dass Debatin im Juni oder Juli 1964 an ihn herangetreten sei. Debatin habe nach einer Aussprache mit Herrn Filbinger „indische Mädchen" für die psychiatrische Anstalt in Emmendingen besorgen sollen.[127] Seine damit verbundenen Vorbehalte hielt der Freiburger Erzbischof wie folgt fest:

---

[124] Vgl. EAF B2–1945/1551 Indische Mädchen: ‚Grundsätze und Satzungen der Gemeinschaft', o. D., 2.

[125] Hier verschwimmt endgültig der ‚Arbeitsdienst' mit dem ‚religiösen Dienst'. Darin zeigt sich die Schnittmenge mit dem damalig in der Bundesrepublik Deutschland tradierten Berufsbild der Krankenschwester entsprechend der Ausführungen von Susanne Kreutzer: „Das Arbeitsethos des aufopferungsvollen ‚Liebesdienstes' basierte auf dem christlichen Gebot der Barmherzigkeit. Indem sich die Schwestern den kranken und bedürftigen Menschen widmeten, zeugten sie von der Liebe Gottes und nahmen am Aufbau seines Reiches teil. So gesehen verstand sich die Krankenpflege nicht in erster Linie als medizinischer Assistenzberuf, sondern in hohem Maße als religiöser Auftrag. Eine ‚gute' Schwester, wie sie zum Beispiel der Caritasverband sah, zeichnete sich weniger durch eine solide berufliche Ausbildung als durch eine ‚Berufung zur Nächstenliebe' aus." Kreutzer, 2005, 17.

[126] Pfarrer Debatin, der gemäß seiner Personalakte über keinerlei Ausbildung in Arbeitsrecht oder sonstigen juristischen Kenntnissen vorzuweisen hatte, wurde im Dokument zur allverantwortlichen Instanz des Nirmala-Regimes erklärt: „[Pfarrer Debatin] regelt mit den deutschen Dienststellen und Behörden den Einsatz, die Arbeitsbedingungen und die Entlohnung der Mitglieder. Er ist auch verantwortlich für die Einhaltung der Verträge und hat sich zu überzeugen, dass die arbeitsmäßigen und sonstigen Bedingungen der Mitglieder der Gemeinschaft in Ordnung sind. Alle Verhandlungen betr. indischer Arbeitskräfte und Schwesterschülerinnen gehen über ihn." Vgl. EAF B2–1945/1551 Indische Mädchen: ‚Grundsätze und Satzungen der Gemeinschaft', o. D., 3.

[127] Vgl. EAF B2–1945/1551 Indische Mädchen: Aktenvermerk, Erzbischof, 03.10.1964.

„Mir gefiel dieser moderne ‚Sklavenhandel' nicht: nur deshalb, weil deutsche Mädchen sich zu schade sind die eigenen Kranken zu pflegen, müssen indische Mädchen
kommen. Jedoch auf den Hinweis, dass andere die Sache aufgreifen würden, wenn
wir es nicht tun, habe ich um der religiösen Betreuung willen zugesagt."[128]

Nach der kursorischen Skizzierung der vorangegangenen Ereignisse verwies der
Erzbischof auf die letzte Briefkorrespondenz mit Debatin. Mit Erhalt des letzten
Briefs des Pfarrers am 02.10.1964 sei der Freiburger Erzbischof vor „vollendete
Tatsachen" gestellt worden: „zusammen mit Bischof Mar Athanasios hat sich
Pfarrer Debatin eine neue Stelle geschaffen bez. eine neue Aufgabe, nämlich indi-
sche Mädchen zu besorgen und sie seelsorgerlich zu betreuen".[129] Der Erzbischof
führte weiter aus:

> Nach reiflicher Überlegung gebe ich mein Einverständnis dazu, dass Pfarrer Debatin
> die indischen Mädchen innerhalb und nur innerhalb des Landes Baden-Württemberg
> seelsorgerlich betreut und die mit den indichen [sic.] Bischöfen getroffenen Abspra-
> chen wahrnimmt. Ich mache zur Bedingung, dass in den Satzungen gewährleistet
> wird, dass die Mädchen unbedingt an Sonn- und Feiertagen den Gottesdienst besu-
> chen können. Es muss ferner jedem Mädchen jederzeit die kostenlose Rückfahrt
> zugesichert sein, wenn es aus einem vertretbaren Grund in die Heimat zurückkehren
> will. Weiterhin muss der Abschluss der Sozialversicherung, Krankenkasse etc. wie bei
> deutschen Angestellten zugesagt sein. Eine Fertigung der Satzungen muss meinem
> Ordinariat zur Genehmigung vorgelegt werden. Im Übrigen untersteht Pfarrer Debatin
> auch in der Wahrnehmung dieser Aufgabe seinem Ordinarius.[130]

Das Ordinariat sandte eine entsprechende Weisung an Debatin mit dem Hinweis,
dass ihm seine Organisation lediglich innerhalb Baden-Württembergs gestattet
sei. Darüber hinaus wurde nach einer juristisch eindeutigen Fassung der ‚Grundsätze und Satzungen der Gemeinschaft' verlangt, welche die vom Erzbischof
beanstandeten Punkte in überarbeiteter Form beinhalteten sollte. Diese sollten
dem Ordinariat zur Genehmigung vorgelegt werden.[131] Es folgte die Bitte darum
keinerlei Verlautbarungen oder Berichte innerhalb der Presse zu veröffentlichen.

---

[128] EAF B2–1945/1551 Indische Mädchen: Aktenvermerk, Erzbischof, 03.10.1964.

[129] EAF B2–1945/1551 Indische Mädchen: Aktenvermerk, Erzbischof, 03.10.1964.

[130] EAF B2–1945/1551 Indische Mädchen: Aktenvermerk, Erzbischof, 03.10.1964.

[131] Das Ordinariat relativierte in dem Schreiben an Debatin eine Forderung des Erzbischofs:
Während der Erzbischof gefordert hatte, dass die Rahmenbedingungen des Arbeitsverhältnisses „wie bei deutschen Angestellten" geregelt werden sollten, sprach das Ordinariat von
einer Regelung wie bei „Gastarbeiterinnen". EAF B2–1945/1551 Indische Mädchen: Brief,
Ordinariat an Debatin, 21.10.1964.

Zudem schloss der Erzbischof mit dem Hinweis auf die aus der hierarchischen Struktur der katholischen Kirche resultierende Weisungsgebundenheit des Pfarrers: „In der Wahrnehmung der künftigen Aufgabe unterstehen Sie Ihrem Ordinarius".[132]

Debatin erklärte in seiner Antwort auf das Schreiben, welches am 28.10.1964 erging, dass er die durch das Ordinariat geforderten Bedingungen dem Ministerium mitgeteilt habe und einen überarbeiteten Entwurf der ‚Grundsätze und Satzungen der Gemeinschaft' dem Ordinariat zukommen lassen werde, sobald ein solcher vorliege.

Debatin verfasste diesen Brief an das Ordinariat jedoch zwanzig Tage nachdem den Universitätskliniken Tübingen bereits durch einen Beamten des Kultusministeriums ein Abzug der bisherigen Fassung der ‚Grundsätze und Satzungen der Gemeinschaft' zugestellt wurde.[133] Dem informellen Schreiben des Kultusministeriums an die Universitätsklinik war darüber hinaus nicht nur ein Entwurf eines „Gestellungsvertrags" beigelegt, sondern auch eine unterzeichnete Vollmacht des Erzbischofs von Trivandrum, welche Debatin hinsichtlich des Nirmala-Vorgangs gänzlich bevollmächtigte.[134]

Eine überarbeitete Version der ‚Grundsätze und Satzungen der Gemeinschaft', wie sie der Freiburger Erzbischof verlangte, sollte es während des gesamten Nirmala-Vorgangs nicht geben. Vielmehr wurden durch Debatin ab diesem Zeitpunkt auf Grundlage der bisherigen ‚Grundsätze und Satzungen der Gemeinschaft' ohne klare formelle Rechtsgrundlage Fakten geschaffen. Debatin hüllte sich gegenüber seinem Ordinarius fortan in Schweigen, während er die Ankunft der Frauen in der Bundesrepublik Deutschland vorbereitete.[135]

---

[132] EAF B2–1945/1551 Indische Mädchen: Brief, Ordinariat an Debatin, 21.10.1964.

[133] Vgl. UAT 389/16 Schwestern aus Indien: Brief, Kultusministerium an Universitätsklinikverwaltung, 08.10.1964.

[134] Vgl. Fußnote 103 in Kapitel 3.3.3.

[135] Gemäß der Überlieferung des Erzbischöflichen Archivs Freiburg gab Debatin von Oktober 1964 bis Mai 1965 keine Information über den Stand des Nirmala-Vorgangs, obwohl nachweislich Schriftwechsel mit dem Ordinariat bestand. So äußerte sich Debatin am 14.11.1964 lediglich proaktiv zum Sonderdruck „Indische Mädchen in deutschen Ordensgenossenschaften" aus „Priester und Mission" von Jos. Alb. Otto SJ und Harry Haas. Über den Stand der Nirmala-Aktion machte er innerhalb seiner mehrseitigen Auseinandersetzung mit der kritischen Publikation zur Migration an deutsche Ordenshäuser keine Angaben. Vgl. EAF B2–1945/1551 Indische Mädchen: Brief, Debatin an Ordinariat, 14.11.1964.
Siehe hierzu auch Kapitel 3.2. Die ersten Kandidatinnen für das Kloster St. Trudpert im Münstertal 1960 – Die Blaupause für den Nirmala-Vorgang.

```
              Grundsätze und Satzungen der Gemeinschaft
                    "The Nirmala Seva Dalam"
      - - - - - - - - - - - - - - - - - - - - - - - - - - - -

    Für die indischen Mädchen, die in unseren deutschen Krankenhäu-
    sern, Kliniken und Häusern arbeiten, haben die für sie verant-
    wortlichen Eltern, Geistlichen und Bischöfe eine Gemeinschaft
    gegründet und dafür die folgenden Grundsätze und Satzungen auf-
    gestellt.Diese sollen sowohl der persönlichen Förderung der Mäd-
    chen als auch ihrem Einsatz in unseren Häusern dienen.
    Entscheidend für eine gute und allseits befriedigende Arbeit ist,
    dass diese Mädchen in ihrer religiösen und menschlichen Haltung
    belassen und vertieft werden. Sie werden ihren Dienst umso willi-
    ger und hingebender tun, je mehr sie aus der Mitte ihres Denkens
    und Glaubens heraus leben und arbeiten können.
                    Der Name der Gemeinschaft ist:
                        "The Nirmala Seva Dalam"
                    Ihr Motto: "Dienen in Freude

                    Ihr Abzeichen: Die Lotosblume mit dem für ihre Heimat
                                typischen Malankara-Kreuz
                    Als Vorbild haben sie die "Mutter der Barmherzigkeit".

    Die in der Heimat der Mädchen beschlossenen und ausgearbeiteten
    Satzungen können nur verstanden werden von der Lebensweise und
    den Gewohnheiten des Landes her, aus dem diese Mädchen kommen.
    Wer europäische Massstäbe anlegt, übersieht das Wesentliche und
    kommt zu Fehlurteilen und Fehlentscheidungen.

    Ziel und Zweck dieser Gemeinschaft ist das Apostolat der Nächsten-
    liebe aus dem Glauben. Sie wollen den Kranken und Hilfsbedürfti-
    gen dienen um Christi willen mit der Hingabe ihrer Ganzen Persön-
    lichkeit.

    Die Ordnung ihres Dienstes in Deutschland ist wie folgt:
    Die Zeit ihres Einsatzes in Deutschland ist auf ca. 6 Jahre
    festgelegt.
```

Abbildung 3.2 Originaldokument ‚Grundsätze und Satzungen der Gemeinschaft', S. 1[136]

---

[136] EAF B2–1945/1551 Indische Mädchen: ‚Grundsätze und Satzungen der Gemeinschaft',
o. D.

- 2 -

Die Mädchen werden in Gruppen von wenigstens 5 Mitgliedern der
Gemeinschaft zusammengefasst, damit sie ein Gemeinschaftsleben
führen können.
Gemeinsames Wohnen muss gewährleistet werden.
Für jede Gruppe ist ein katholischer Priester und eine katholische
Schwester oder Pflegerin verantwortlich. Die Schwester oder Pflegerin ist zu bestimmen von dem Geistlichen oder in Übereinstimmung
mit dem Geistlichen oder dem Ordinarius der Jnstitution, in der
die Mädchen arbeiten. Sie muss genügend Zeit haben, um sich den
Mädchen widmen zu können. Jede Gruppe wählt eine Verantwortliche
als Sprecherin oder Vertreterin aus ihrer Mitte. Letztere gibt
dem zuständigen Ordinarius in Jndien monatlich Bericht über das
Leben und den Stand der Gemeinschaft.
Die Mitglieder der Gemeinschaft folgen den Bestimmungen des zu-
ständigen Priesters und der für sie zuständigen Schwester.
Sie nehmen keine Privateinladungen an ohne die Zustimmung des
verantwortlichen Priesters oder der verantwortlichen Schwester.
Sie nehmen, wenn möglich, ihre Mahlzeiten gemeinsam ein und su-
chen, soweit es ihr Dienst zulässt, täglich zu einer bestimmten
Zeit gemeinsam zu beten.
Sie wollen aus der Haltung des Glaubens heraus regelmässig dem
Gottesdienst beiwohnen.
Das religiöse Leben der Mitglieder muss gewährleistet sein.
Dazu gehört, soweit irgendwie nur möglich die Mitfeier des Mess-
opfers am Sonntag und Zeit für die täglichen Gebete.
In ihren Satzungen steht das Versprechen, ein lauteres Leben zu
führen und alle Gefährdungen dagegen abzuwehren.
Sie haben sich verpflichtet, in der Zeit ihres Aufenthaltes hier
keine Ehe einzugehen.
Sie tragen immer das Zeichen ihrer Gemeinschaft.
Sie tragen grundsätzlich keine Zivilkleidung, sondern Schwestern-
tracht oder den Sari.
Der Sitte ihrer Heimat folgend, gehen sie nie allein aus, sondern
nur in Begleitung eines Mitgliedes der Gemeinschaft.
Ebenfalls nach dem Brauch ihrer Heimat gehen sie nie ohne Grund
abends bei Dunkelheit aus und wenn sie ausgehen müssen, dann
nur in Begleitung eines Mitgliedes der Gemeinschaft.
Sie verpflichten sich, ihre Freizeit zu eifrigem Studium zu
verwenden.

Abbildung 3.3 Originaldokument ‚Grundsätze und Satzungen der Gemeinschaft', S. 2[137]

[137] EAF B2–1945/1551 Indische Mädchen: ‚Grundsätze und Satzungen der Gemeinschaft',
o. D.

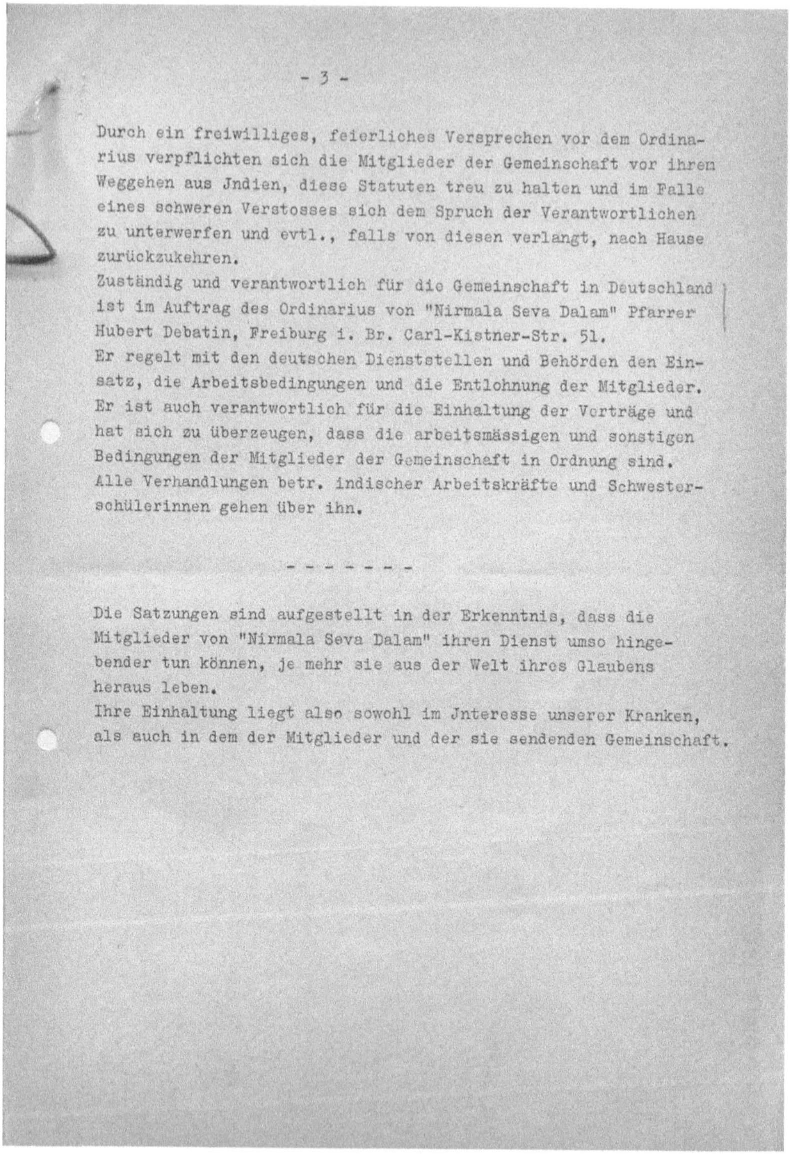

- 3 -

Durch ein freiwilliges, feierliches Versprechen vor dem Ordinarius verpflichten sich die Mitglieder der Gemeinschaft vor ihrem
Weggehen aus Jndien, diese Statuten treu zu halten und im Falle
eines schweren Verstosses sich dem Spruch der Verantwortlichen
zu unterwerfen und evtl., falls von diesen verlangt, nach Hause
zurückzukehren.
Zuständig und verantwortlich für die Gemeinschaft in Deutschland
ist im Auftrag des Ordinarius von "Nirmala Seva Dalam" Pfarrer
Hubert Debatin, Freiburg i. Br. Carl-Kistner-Str. 51.
Er regelt mit den deutschen Dienststellen und Behörden den Einsatz, die Arbeitsbedingungen und die Entlohnung der Mitglieder.
Er ist auch verantwortlich für die Einhaltung der Verträge und
hat sich zu überzeugen, dass die arbeitsmässigen und sonstigen
Bedingungen der Mitglieder der Gemeinschaft in Ordnung sind.
Alle Verhandlungen betr. indischer Arbeitskräfte und Schwester-
schülerinnen gehen über ihn.

- - - - - - -

Die Satzungen sind aufgestellt in der Erkenntnis, dass die
Mitglieder von "Nirmala Seva Dalam" ihren Dienst umso hinge-
bender tun können, je mehr sie aus der Welt ihres Glaubens
heraus leben.
Ihre Einhaltung liegt also sowohl im Jnteresse unserer Kranken,
als auch in dem der Mitglieder und der sie sendenden Gemeinschaft.

Abbildung 3.4   Originaldokument ‚Grundsätze und Satzungen der Gemeinschaft', S. 3[138]

---

[138] EAF B2–1945/1551 Indische Mädchen: ‚Grundsätze und Satzungen der Gemeinschaft',
o. D.

3.3.5   Organisation in Kerala – Vorbereitungen in Indien im Sommer 1964

Die Quellen, welche Aufschlüsse über die Ereignisse innerhalb Kerala vor dem Migrationsvorgang bieten, sind allenfalls als dürftig zu beschreiben. Aus Ego-Dokumenten der Migrantinnen sowie aus späteren Korrespondenzen indischer Kirchenamtsträger geht hervor, dass der Anwerbungsvorgang in Kerala in weiten Teilen gemäß der damalig dort herrschenden informellen Praxis erfolgte.[139] Überlieferungen weniger formeller Dokumente aus dem ADCV, dem EAF sowie die Überlieferungen aus Privatarchiven ermöglichen dennoch eine Rekonstruktion der erfolgten Vorbereitungen in Indien.[140] Beispielsweise kam der Caritasverband der Erzdiözese in den Besitz einiger Dokumente die im Rahmen der Nirmala-Anwerbung aus der Diözese Thiruvalla, ebenso innerhalb der Erzdiözese Trivandrum, versandt wurden.[141] Inwieweit die Dokumente in Kerala tatsächlich ihre formelle Verwendung fanden, lässt sich nicht rekonstruieren, es ist vielmehr davon auszugehen, dass die Unterlagen in die informelle Praxis ‚übersetzt' wurden.[142]

Diese Dokumente wurden im August 1964 innerhalb Keralas an die Gemeinden der beteiligten Diözesen verschickt, nachdem die Pfarrer ihren Ordinarien

---

[139] Dies bestätigte sich ebenso im Rahmen des Feldforschungsaufenthaltes 2023 im Gespräch mit Vertretern der KCBC. Siehe hierzu ebenso Kapitel 1.6. Zur Quellenlage.

[140] Teilweise berichteten die Zeitzeuginnen von den Vorbereitungsprozessen in Kerala. Siehe Kapitel 4.2. Erinnerungen ehemaliger Nirmala-Krankenschwestern.

[141] Die englischsprachigen Unterlagen wurden dem Ordinariat Freiburg durch einen Vertreter der Caritas Rechtsabteilung übermittelt. Vgl. EAF B2–1945/1551 Indische Mädchen: Brief, Caritasverband für die Erzdiözese Freiburg i. Br. an Ordinariat, 05.03.1965. Eine Parallelüberlieferung dieser englischsprachigen Dokumente findet sich im Archiv der katholischen Kirchengemeinde Stettfeld. Vgl. AkKS 796: Englischsprachige Bewerbungsunterlagen, o. D.

[142] Dies ist hervorzuheben, da die Frauen der englischen Sprache kaum, und die Eltern der Frauen angesichts der bevorzugten Auswahl von armen Familien mit größter Wahrscheinlichkeit größtenteils überhaupt nicht der englischen Sprache mächtig waren. Gemäß Zensus von 1961 konnten nur 4 % der Bevölkerung in der englischen Sprache lesen und schreiben. Vgl. Turlach, 1970, 20.

auf erste Nachfrage hin bereits Auskunft über mögliche „Kandidatinnen" für eine „Schwesternausbildung in Westdeutschland" erteilt hatten.[143]

Die Unterlagen setzten sich zusammen aus einem Bewerbungsformular, das von der Kandidatin und gegebenenfalls ihrem Vormund ausgefüllt werden sollte, einem schriftlichen feierlichen Versprechen der Kandidatin vor dem (Erz-) Bischof, den Verhaltensregeln für die Berufsausbildungs-Kandidatinnen sowie einem vertraulichen Fragebogen, welcher durch den Pfarrer der Gemeinde zu ergänzen war. Dies wurde mit einem instruierenden Brief des zuständigen (Erz-) Bischofs an die Pfarrer innerhalb der (Erz-)Diözesen versandt.[144]

Die Anweisung für die indischen Pfarrer stellte unter Emphase klar, dass es angesichts der begrenzten Anzahl an Plätzen jedem Pfarrer nur gestattet sei, einzig eine Frau empfehlen zu dürfen. Diese sei im „Sinne des Fragebogens zu wählen".[145] Aus dem Formular, welches durch den Pfarrer auszufüllen war, ging zudem hervor, dass die Auswahl der jeweiligen Kandidatin eine Anerkennung der Dienste sein sollte, welche die Familie der Kirche geleistet habe. Zudem sollten Berufsausbildungs-Kandidatinnen aus ärmeren Familien bevorzugt werden.[146] Die Pfarrer der Gemeinden wurden angehalten detaillierte Angaben zum religiösen Leben der Bewerberin zu machen, aber auch zu der katholischen Tradition ihrer Familie.[147]

---

[143] EAF B2–1945/1551 Indische Mädchen: Übersetzungen englischsprachiger Dokumente aus Indien, Schreiben (Erz-)Bischof an Pfarrer, 08.08.1964. Die Originale finden sich in EAF B2–1945/1551 Indische Mädchen: Englischsprachige Bewerbungsunterlagen, o. D.
Zur besseren Unterscheidung von den Kandidatinnen für deutsche Ordenshäuser werden die Kandidatinnen des Auswahlverfahrens der Nirmala-Aktion als Berufsausbildungs-Kandidatinnen bezeichnet.

[144] Die Unterlagen erinnern im Duktus an die bereits analysierten ‚Grundsätze und Satzungen der Gemeinschaft', wobei innerhalb der Caritasübersetzungen das Wort „Association" mit „Gesellschaft" statt dem in der deutschen Korrespondenz gewählten Begriff „Gemeinschaft" übersetzt wurde. „Association" ist indes die englischsprachige Übersetzung des Kirchenrechtsbegriffs „Vereinigung".

[145] EAF B2–1945/1551 Indische Mädchen: Übersetzungen englischsprachiger Dokumente aus Indien, Schreiben (Erz-)Bischof an Pfarrer, 08.08.1964.

[146] Vgl. EAF B2–1945/1551 Indische Mädchen: Übersetzungen englischsprachiger Dokumente aus Indien, Information über die Kandidatin für Berufsausbildung in Deutschland (vom Pfarrer auszufüllen), o. D.

[147] Vgl. EAF B2–1945/1551 Indische Mädchen: Übersetzungen englischsprachiger Dokumente aus Indien, Information über die Kandidatin für Berufsausbildung in Deutschland (vom Pfarrer auszufüllen), o. D.

Die von den Berufsausbildungs-Kandidatinnen auszufüllenden Formulare waren mit „Bewerbung für Berufsausbildung in Westdeutschland" übertitelt. Neben allgemeinen Fragen zur Person sollte das monatliche Familieneinkommen, die Schulbildung, wie auch eine Selbstauskunft über religiöse Betätigung innerhalb der Gemeinde abgefragt werden. Abgeschlossen wurde das Dokument von einer Erklärung der Bewerberin, dass ihre Angaben nach bestem Wissen und Gewissen gemacht wurden. Der letzte Passus verweist auf die Einhaltung der Regeln der Gemeinschaft.[148]

Das Dokument enthält darüber hinaus noch eine Erklärung des Vormunds, dass dieser seiner Tochter erlaube nach Deutschland zu gehen und in dem Beruf ausgebildet zu werden, der ihr zugewiesen wurde. Zudem verstehe der Vormund die Regeln und Vorschriften und er übernehme alle Verantwortung die daraus entstünde. Abschließend war eine Signatur des Vormunds unter Angabe von Ort und Datum wie auch die Gegenzeichnung des Pfarrers vorgesehen.[149]

Innerhalb der Dokumente fallen einige Inkonsistenzen auf. Während laut dem Schreiben an die Pfarrer Angaben für eine „Schwesternausbildung in Westdeutschland" erhoben werden sollen, wird in den Dokumenten, welche von den Migrantinnen zu unterzeichnen waren, nur vage von einer „Berufsausbildung in

---

[148] „Ich verstehe vollständig die Regeln und Vorschriften der Gemeinschaft sowie die Verantwortung, die ich mit dem gewählten Beruf übernehme, und verpflichte mich freiwillig dazu." EAF B2–1945/1551 Indische Mädchen: Übersetzungen englischsprachiger Dokumente aus Indien, Bewerbung für Berufsausbildung in Westdeutschland, o. D.

[149] Eine Übertragung der Vormundschaft im Sinne einer gesetzlich geregelten rechtlichen Fürsorge einer unmündigen Person betrifft im herkömmlichen Sinne die formale Geschäftsfähigkeit einer in diesem Fall minderjährigen Person innerhalb eines staatlichen Rechtsapparats. Einen Nachweis über einen derartigen Rechtsakt im Rahmen der Nirmala-Aktion ist weder überliefert, noch geben die Quellen etwaige Referenzen, die eine Existenz einer solchen juristisch legitimierten Vormundschaft innerhalb des deutschen oder indischen Rechtssystems nahelegen. Durch den vorliegenden Passus des Bewerbungsformulars, der durch die Eltern zu unterzeichnen war, wurde keine formale Vormundschaft übertragen. Vielmehr verpflichtete sich der Vormund die Verantwortung zu übernehmen, die aus der Migration des Kindes entsteht. Woraus diese Verantwortung für die Eltern konkret besteht wurde nicht weiter spezifiziert. Das Dokument legt die Involvierung minderjähriger Frauen innerhalb des Migrationsvorgangs nahe. Es finden sich im Verlauf der weiteren Dokumentenanalyse weitere Indizien, dass Frauen ab 16 Jahre angeworben wurden. In der Bundesrepublik Deutschland wurde bis 1975 die Volljährigkeit mit Abschluss des 21. Lebensjahres erreicht, während in Indien die Vollendung des 18. Lebensjahrs die Volljährigkeit bestimmte.

Westdeutschland" gesprochen. Im gleichen Dokument wird im Rahmen der Erklärung des Vormunds das Einverständnis eingeholt, dass die betroffene Migrantin in dem Beruf ausgebildet werde, der ihr zugewiesen wird.[150]

Das feierliche Versprechen vor dem indischen (Erz-)Bischof liegt in schriftlicher Form vor und sollte ebenso von der Bewerberin unterzeichnet werden.[151] Dabei liest sich das Versprechen wie eine kondensierte Ausführung der ,Grundsätze und Satzungen der Gemeinschaft':

> Ich, ... aus der Erzdiözese Trivandrum/Diözese Tiruvalla, verspreche mich an die Regeln und Vorschriften der ...... (Nirmala Seva Dalam), zu halten.
>
> Ich verspreche, im Ausland ein besonders wahrhaftes kath. Leben zu führen: regelmäßig zur Messe zu gehen und die Sakramente zu empfangen.
>
> Ich verspreche den Kranken und körperliche Behinderten in wahrer kath. Nächstenliebe zu dienen. Ich verspreche, keusch zu leben, in [sic.] Ausland keine Ehe einzugehen, keine privaten Einladungen ohne vorherige Erlaubnis anzunehmen, nicht nach Einbruch der Dunkelheit auszugehen ohne die Begleitung eines Mitgliedes der Gesellschaft und in der Öffentlichkeit das Abzeichen der Gesellschaft zu tragen.
>
> Ich verspreche die gemeinsamen Gebete und Mahlzeiten einzuhalten, wenn ich nicht durch die mir aufgetragenen Pflichten verhindert bin und mich regelmäßigem und ernstem Lernen zu widmen.
>
> Wenn ich dieses Versprechen nicht einhalte, verpflichte ich mich in vollkommener Unterwerfung unter die Entscheidungen der Gesellschaft nach Haus zurückzukehren.
>
> Möge der Herr und seine hl. Mutter mir helfen, dieses Versprechen zu halten.
>
> Ort:

---

[150] Unter dem Vorwissen der vorangegangenen Bedarfsklärung innerhalb der PLKs und Universitätskliniken, wobei der Erlass des Kultusministeriums vom 15.11.1964 deren Deckung beabsichtigte, wird die Dissonanz zwischen der geplanten Verwendung der Frauen durch die staatlichen Stellen der Bundesrepublik Deutschland als „Haus- und Küchenmädchen", also einer Tätigkeit ohne Berufsausbildung und dem durch die katholischen Kirchenvertreter kommunizierten Narrativ einer Bewerbung um eine Berufsausbildung in Westdeutschland deutlich. Vgl. UAT 389/16 Schwestern aus Indien: Erlass H 0503/24, Kultusministerium, 15.11.1964.

[151] Wie bei den anderen Dokumenten aus Indien sind auch hier keine durch die Migrantinnen abgezeichneten Unterlagen überliefert.

Datum:

Unterschrift Bewerberin:[152]

Das weiterhin vorliegende Dokument „Verhaltensregeln für die Kandidatinnen für die Berufsausbildung in Westdeutschland" entwirft nicht nur ein Regelwerk, das mit den deutschsprachigen ‚Grundsätzen und Satzungen der Gemeinschaft' inhaltlich weitgehend übereinstimmt, sondern geht mit einer Skizzierung des Nirmala-Vorgangs darüber weit hinaus durch eine Einordnung in den Rahmen einer missionarischen Entsendung.[153] Dies schlägt sich bereits in einer ausführlicheren Definition der Ziele und Aufgaben der Nirmala-Gemeinschaft nieder:

1. In erster Linie ist es ein Apostolat der Nächstenliebe und des Glaubens. Nächstenliebe – entsprechend der Nächstenliebe unseres Herrn für die Kranken und die körperlich Behinderten. Glaube – Christus in den Kranken und den Gebrechlichen erkennen.
2. Gegenseitige Hilfe
   – Hilfe für Deutschland – Zeugnis für ein echtes christliches Leben und einer alten religiösen Tradition.zu [sic.] zu geben.
   – Hilfe für Indien – die Wohltaten der Gebete und die Hilfe der Katholiken in Deutschland wird für Indien erfleht und die Kirche wird als universale christliche Familie sichtbar gemacht.[154]

Das Dokument gibt weiterhin Aufschluss über die gegebenen Auswahlkriterien der Berufsausbildungs-Kandidatinnen, anhand derer die Frauen durch die jeweiligen Gemeindepfarrer ausgewählt wurden. Der aufgeführte Katalog der Anforderungen erschöpft sich in den wenigen Punkten, wobei er sich durch vage statt durch scharfe Kriterien auszeichnet: Die Berufsausbildungs-Kandidatinnen

---

[152] EAF B2–1945/1551 Indische Mädchen: Übersetzungen englischsprachiger Dokumente aus Indien, Feierliches Versprechen der Kandidatin vor dem (Erz-)Bischof, o. D.

[153] Auffallend ist hierbei, dass in diesem Kontext von „Kandidatinnen" gesprochen wird.

[154] EAF B2–1945/1551 Indische Mädchen: Übersetzungen englischsprachiger Dokumente aus Indien, Verhaltensregeln für die Kandidatinnen für die Berufsausbildung in Westdeutschland, o. D., 1.
Die zentrale Stellung der christlichen Überzeugung als Legitimation des Migrationsvorgangs stellt sich hier als Alleinstellungsmerkmal heraus. Neu und in den archivalischen Überlieferungen einzigartig ist hingegen die angeführte Legitimation einer Hilfe für Deutschland im Sinne eines Missionsauftrags der Frauen.

sollten „in der Regel zwischen 16 und 25 Jahre sein" und „wenigstens ihre Schulausbildung abgeschlossen haben".[155] Sie sollten gesund sein, und „den wahren kath. Geist des Dienens haben und die Bereitschaft, sich zum Nutzen der Kirche und besonders der leidenden Menschen aufzuopfern".[156] Weiter hieß es zum Auswahlverfahren:

> Im Falle der Auswahl so eine Vereinbarung mit der Erzdiözese Trivandrum/Diözese Thiruvalla zu treffen und ein feierliches Versprechen vor dem (Erz-)Bischof oder seinen Vertretern mit der Zustimmung ihrer Eltern abzulegen, dass sie bereit sind, die Regel der Gesellschaft zu befolgen. Dafür sollten sie bereit sein, der Kirche und der Erzdiözese/Diözese in jeder möglichen Weise zu dienen.[157]

Ergänzenden Aufschluss über die in Indien kommunizierten Rahmenbedingungen des Nirmala-Vorgangs gibt der Abschnitt über die „Ausbildung" innerhalb des Dokuments. Zunächst sollte eine kurze Vorausbildung „von etwa drei Monaten […] in Trivandrum/Thiruvalla stattfinden", danach in Deutschland eine Ausbildung von etwa zwei bis drei Jahren erfolgen, „je nach der Art des zukünftigen Berufes".[158] Nach der Ausbildung sollten die Kandidatinnen noch drei bis vier Jahre in den entsprechenden Einrichtungen arbeiten, sodass der Aufenthalt in Deutschland insgesamt etwa sechs Jahre dauern sollte.[159]

Auch die finanziellen Rahmenbedingungen wurden in den Unterlagen im Umfang weniger Sätze skizziert. Demnach würden die Kosten der Vorausbildung in Thiruvalla und Trivandrum sowie für die Ausbildung in Deutschland,

---

[155] EAF B2–1945/1551 Indische Mädchen: Übersetzungen englischsprachiger Dokumente aus Indien, Verhaltensregeln für die Kandidatinnen für die Berufsausbildung in Westdeutschland, o. D., 1.

[156] EAF B2–1945/1551 Indische Mädchen: Übersetzungen englischsprachiger Dokumente aus Indien, Verhaltensregeln für die Kandidatinnen für die Berufsausbildung in Westdeutschland, o. D., 1.

[157] EAF B2–1945/1551 Indische Mädchen: Übersetzungen englischsprachiger Dokumente aus Indien, Verhaltensregeln für die Kandidatinnen für die Berufsausbildung in Westdeutschland, o. D., 2.

[158] EAF B2–1945/1551 Indische Mädchen: Übersetzungen englischsprachiger Dokumente aus Indien, Verhaltensregeln für die Kandidatinnen für die Berufsausbildung in Westdeutschland, o. D., 2.

[159] Vgl. EAF B2–1945/1551 Indische Mädchen: Übersetzungen englischsprachiger Dokumente aus Indien, Verhaltensregeln für die Kandidatinnen für die Berufsausbildung in Westdeutschland, o. D., 2.

wie auch die Reisekosten in die Bundesrepublik Deutschland von der „Gemeinschaft" getragen werden.[160] Während der Ausbildung sollten die Frauen eine Summe für ihre persönlichen Ausgaben erhalten, während der praktischen Arbeit in Deutschland sollten sie die normale Bezahlung erhalten.

Gemäß den Bewerbungsunterlagen mussten die Frauen dafür auch finanzielle Verpflichtungen eingehen. Sie sollten von ihrem „Taschengeld oder Gehalt" einen Teil nach Hause schicken, „besonders zur Erziehung ihrer Angehörigen".[161] Pro Person sollten 2.000 DM des Geldes in Deutschland auf den Namen der Frauen zurückgelegt werden, damit mit dieser Summe die Kosten der Rückreise gedeckt werden könnten. Falls die Frauen jedoch vor der Beendigung der Zeit zurückkehren müssten, so hatte die Person die entstehenden Kosten von ihrem

---

[160] Diese Punkte sind als falsche Angaben zu markieren, welche die Nirmala-Gemeinschaft zu Unrecht als finanziell potente kirchliche Vereinigung darstellte. In der Bundesrepublik Deutschland wurde zu dieser Zeit die Ausbildung in Pflegeberufen in weiten Teilen durch den Staat finanziert und die Auszubildenden in Pflegeberufen bezogen in dieser Zeit auch eine Ausbildungsvergütung. Gemäß einem Schreiben des PLK Emmendingen an die Liga der freien Wohlfahrtspflege wurden beispielsweise Krankenpflegeschüler und -schülerinnen in der dortigen Krankenpflegeschule 1964 als volle Arbeitskräfte bezahlt (Vergütungsgruppe Kr. I). Der erste Ausbildungskurs habe 47 Stunden und eine verwaltungseigene Prüfung umfasst wobei keine Gebühren erhoben worden seien. Im zweiten Kurs seien 10 % des Grundgehalts als Gebühr einbehalten worden. Für das praktische Jahr als dritte notwendige Einheit seien keine Gebühren angefallen. Nach dem Bestehen der verwaltungseigenen Prüfung seien die Auszubildenden in die Vergütungsgruppe Kr. II gerückt und nach bestandenem Staatsexamen und abgeschlossenen praktischen Jahr in die Vergütungsgruppe Kr. III. Vgl. StAF G 1215/3 8/8 – Anstaltsverwaltung: Brief, Leiter der Krankenpflegeschule an Liga der freien Wohlfahrtsverbände, 17.09.1964.
Weiterhin besteht innerhalb der Bewerbungsdokumente die Angabe, dass die Reisekosten durch die Gemeinschaft getragen werden. Aus den Erlassen sowie den nachträglich geschlossenen „Gestellungsverträgen" ergeht jedoch, dass die Krankenhäuser und damit der deutsche Staat für die Anreise der Frauen aufkamen: „Die notwendigen Ausgabemittel für den vorbereitenden Aufenthalt in Indien, für die Erledigung der Ausreiseformalitäten, den Flug nach Deutschland und eine Bekleidungserstausstattung in Höhe von 1.750 DM für jedes Mädchen wurden vom Finanzministerium bei den Kap. 0411, 0413 und 0415 Tit. 980 außerplanmäßig zur Verfügung gestellt." UAT 389/16 Schwestern aus Indien: Erlass H 0503/24, Kultusministerium, 15.11.1964. Siehe auch Kapitel 3.3.8. Die sogenannten „Gestellungsverträge" der Nirmala-Vereinigung.

[161] EAF B2–1945/1551 Indische Mädchen: Übersetzungen englischsprachiger Dokumente aus Indien, Verhaltensregeln für die Kandidatinnen für die Berufsausbildung in Westdeutschland, o. D., 6.

Guthaben in Deutschland zu bezahlen.[162] Darüber hinaus wurde eine weitere finanzielle Verpflichtung der Frauen gegenüber den Heimatdiözesen bestimmt. Da die Erzdiözese Trivandrum und die Diözese Thiruvalla der indischen Regierung die Bürgschaft von 10.000 INR für jede Person hinterlegt hatte, sollte jede Frau auch einen Teil ihres Einkommens an diese Stelle übertragen. Jedoch sollte dieser Betrag bei der Rückkehr der Frauen wieder zurückgezahlt werden.[163] Die im Dokument aufgeführten finanziellen Erwartungen an die Frauen reichten noch weiter:

> Es wird erwartet, dass die Kandidatinnen einen Teil ihres Taschengeldes oder Gehaltes dem Fond für die Erziehung armer Studenten der Erzdiözese/Diözese zur Verfügung stellen, in Anerkennung der Wohltaten, die ihnen durch die Erzdiözese/Diözese zuteilwerden.[164]

In diesen wenigen Worten erschöpfen sich jedoch bereits die Angaben zu etwaig entstehender Rücküberweisungen innerhalb des Kirchenraumes an die beteiligten Ostkirchen ohne nähere Angaben dazu, wie die Abgaben an den Fond erfolgen sollten und ohne fixierte Quantifizierung der erwarteten Abgaben.[165]

---

[162] Die archivalischen Überlieferungen zeigen, dass der Nirmala-Gemeinschaft zu Beginn des Vorgangs kein Eigenkapital zur Verfügung stand. Für alle benötigten Gelder hinsichtlich der Einleitung des Vorgangs gingen entweder die indischen Kirchenamtsträger oder der deutsche Staat in Vorleistung. Erst mit der Auszahlung der ersten Gehälter wurden die Gestellungsgelder direkt auf Debatins Privatkonto geleitet, welches er selbstgerecht als Nirmala-Vermögen verwaltete (siehe Kapitel 3.3.25. Treffen mit Vertretern der Bezirkssparkasse – Offenlegung der finanziellen Organisation des Nirmala-Vorgangs). Das Baden-Württembergische Innenministerium sagte zu, im Falle einer vorzeitigen Rückkehr vor dem Aufbau des nötigen Eigenkapitals der Gemeinschaft in Vorleistung zu gehen, unter der Prämisse im gegebenen Fall die Summe von den zukünftigen Gestellungsgeldern einzubehalten. Vgl. Vgl. BArch B149/22419 Beschäftigung indischer Arbeitnehmer in der Bundesrepublik (1959–1972): Brief, Bundesanstalt für Arbeitsvermittlung und Arbeitslosenversicherung an Bundesminister für Arbeit und Sozialordnung, 28.12.1964.

[163] Über eine Praxis einer erfolgten Rückzahlung der 10.000 INR durch die Kirchenstellen in Indien nach dem Arbeitseinsatz ist nichts überliefert. Dergleichen wurde auch auf Nachfrage hin nicht in den Interviews genannt.

[164] EAF B2–1945/1551 Indische Mädchen: Übersetzungen englischsprachiger Dokumente aus Indien, Verhaltensregeln für die Kandidatinnen für die Berufsausbildung in Westdeutschland, o. D., 4.

[165] Da Debatin über die Gelder der Frauen über sein Privatkonto in weiten Teilen eigenmächtig verfügte, ist nicht zu rekonstruieren, in welcher Höhe tatsächlich Rücküberweisungen

3.3.6 Ausreise aus Indien – Wahrnehmung des Vorgangs durch staatliche Stellen Indiens

Den Unterlagen des Caritasverbandes ist ein als „vertraulich" markiertes Schreiben beigelegt, das eine weitere Perspektive auf den Migrationsvorgang seitens eines Vertreters des indischen Staates aufzeigt. Innerhalb eines dreiseitigen Schreibens schildert ein zu diesem Zeitpunkt unbekannter Verfasser das zufällige Zusammentreffen mit einem Passbeamten aus Madras während einer Zugfahrt von Dingidul nach Trichinopoli.[166] Der indische Beamte war in seiner Funktion für die Ausstellung von Pässen in ganz Südindien zuständig gewesen. Als die beiden in ein Gespräch kamen, fragte der Beamte „vorsichtig" zu einer Beobachtung, die er in seiner kurzen Dienstzeit im Amt gemacht habe:

> [...] in diesen drei Monaten habe er über 150 Pässe an meist minderjährige Mädchen aus Kerala ausgestellt, die oft nicht einmal eine abgeschlossene High School Ausbildung hatten und in den meisten Fällen nicht Englisch könnten. In einem Fall sei der Antrag sogar mit dem Daumenabdruck unterzeichnet gewesen.[167]

Der indische Beamte erklärte, dass er hinter den Ereignissen einen unmoralischen Mädchenhandel vermuten würde, wenn er nicht die Information hätte, dass die Kirche dahinterstehe. Er habe sich auch überlegt, dass man die Frauen in Deutschland vielleicht bekehren wolle, aber ihm sei jedoch versichert worden, dass sie schon alle Christinnen seien. Da ihm die Angelegenheit dennoch ominös erschien, habe er Meldung an die Zentralregierung in New Delhi erstattet und um Weisung gebeten, allerdings habe er bis dato noch keine Rückmeldung erhalten. Der indische Beamte habe insistiert, dass es sich hier um eine große Gewissensfrage seinerseits als ausstellende Instanz handle. Der Verfasser ließ darauf anklingen, dass es in Deutschland zumindest auf kirchlicher Seite diesbezüglich

---

an die beteiligten (Erz-)Bischofshäuser geleistet wurden. Siehe Kapitel 3.3.25. Treffen mit Vertretern der Bezirkssparkasse – Offenlegung der finanziellen Organisation des Nirmala-Vorgangs.

Dennoch ist an der Stelle zu betonen, dass die Rücküberweisungen von den Geldern der Arbeitsmigrantinnen eine signifikante Bedeutung für die (Erz-)Diözesen in Kerala innehatten, da die beteiligten Ostkirchen, ohne beispielsweise staatlich erhobene Kirchensteuer, auf die Finanzierung durch ihre Gläubigen angewiesen waren.

[166] Später sollte sich herausstellten, dass es sich beim Verfasser um einen Jesuitenpater handelte, welcher dem Migrationsprojekt kritisch gegenüberstand und in der Angelegenheit auch im AA vorsprach. Siehe Fußnote 585 in Kapitel 3.3.32.

[167] EAF B2–1945/1551 Indische Mädchen: Vertrauliches Schreiben, o. D., 1.

ebenso Bedenken gebe. So sprach der indische Beamte dem Verfasser eine Einladung in sein Büro in Madras aus, welcher der Verfasser nachkam.[168] Der indische Beamte hatte indes eine Aufstellung über den Vorgang anfertigen lassen:

> Nach dieser Aufstellung wurden allein im Jahre 1964 265 Pässe an keralesische Mädchen ausgestellt, 150 weitere Anträge liegen vor, 90 davon allein von Mar Gregorios von Trivandrum.[169]

Der Beamte wisse zudem, dass alle Reisen über die indische Reiseagentur *Kerala Travels* gebucht worden seien.[170] Die Liste der Antragsteller auf der deutschen Seite sei eine ganze Seite lang gewesen: „Alle möglichen Klöster und Genossenschaften und dazu das Kultus- und das Innenministerium von Baden-Württemberg".[171] Die Liste hätte bei dem Passport Officer einen besonderen Eindruck hinterlassen.[172]

Über den Verwaltungsakt berichtete der Beamte, dass für jede ausreisende Person eine finanzielle Garantie von 10.000 INR geleistet werden müsse.[173] Diese müsse nicht in bar hinterlegt werden, sondern mit einem entsprechenden Vermögensnachweis nachgewiesen werden. So habe Erzbischof Gregorios der Erzdiözese Trivandrum diesbezüglich „sein gesamtes Kirchenvermögen als Garantie gegeben".[174] Der indische Beamte bot an, weitere Auskünfte zu geben, falls das deutsche Konsulat hinter der Visavergabe etwaige Irregularitäten vermute.[175]

---

[168] Vgl. EAF B2–1945/1551 Indische Mädchen: Vertrauliches Schreiben, o. D., 1.

[169] Vgl. EAF B2–1945/1551 Indische Mädchen: Vertrauliches Schreiben, o. D., 2.

[170] 1959 durch Familienmitglieder der königlichen Familie von Travancore gegründet war „Kerala Travels" die erste und lange Zeit die einzige Reiseagentur Keralas. Vgl. Kerala Travels, „About Kerala Travels", o. D.

[171] EAF B2–1945/1551 Indische Mädchen: Vertrauliches Schreiben, o. D., 2.

[172] Vgl. EAF B2–1945/1551 Indische Mädchen: Vertrauliches Schreiben, o. D., 2. Dies deckt sich mit den Bürgschaften durch den deutschen Staat, die aus den vorliegenden Ausreiseformalitäten zu erkennen sind. Vgl. PAZ1: Einladungsschreiben des Innenministerium Baden-Württembergs, 11.09.1964; Educational Study Form, o. D.

[173] Die Inflationsrate der Indischen Rupie zwischen 1964 und 2022 entspricht 6 706,5 %. Demnach entsprechen 10.000 INR im Jahr 2023 737.633,21 INR und damit aktuell 8.459,84 Euro. Vgl. Inflation Tool, „Value of 1964 Indian Rupees today – Inflation calculator", o. D.

[174] EAF B2–1945/1551 Indische Mädchen: Vertrauliches Schreiben, o. D., 3.

[175] Vgl. EAF B2–1945/1551 Indische Mädchen: Vertrauliches Schreiben, o. D., 3.

Der Verfasser nahm die Begegnung mit einem Akteur des indischen Staates zum Anlass, um auch mit der Vertretung des deutschen Staates Kontakt aufzunehmen. So sprach er zunächst mit dem Kulturattaché des deutschen Konsulats in Madras, der für den Studentenaustausch zuständig war. Ihm war lediglich die Ausreise von Kleingruppen keralesischer Frauen bekannt, jedoch entsprach sein Wissen über die vorgehenden Migrationsvorgänge in keiner Weise dem Ausmaß, wie es der indische Beamte geschildert hatte. Auch bei einem zweiten Treffen, nach einer weitergehenden Recherche des Kulturattachés, habe dieser keine Informationen zu einer massenhaften Vergabe von deutschen Visa gefunden. Er wolle jedoch auch mit dem Generalkonsul darüber sprechen, da sich eine solche Sache sehr wohl zu einem deutsch-indischen Politikum entwickeln könne.[176]

3.3.7 Die Ankunft der ersten Gruppen in der Bundesrepublik Deutschland – Winter 1964

Die ersten Arbeitsmigrantinnen wurden zunächst in der zweiten Hälfte des Oktobers 1964 erwartet, die Universitätsklinik Tübingen bemühte sich auf Weisung des Kultusministeriums hin eine geeignete Wohnmöglichkeit für die erwarteten Frauen zu besorgen.[177] Die ‚Grundsätze und Satzungen der Gemeinschaft' und die damit verknüpften Bedingungen der zu schaffenden Wohnsituation war telefonisch bereits Anfang September mit dem Kultusministerium besprochen worden.[178] Doch nicht nur die Suche nach einer zweckdienlichen Immobilie stellte für die Klinikverwaltung eine Herausforderung dar. Für die geplante betreute Unterbringung der Gruppe unter einem Dach wurde unter größter Anstrengung eine geeignete Heimleiterin gesucht.[179] Aus den zahlreichen Anfragen des Universitätsklinikums geht hervor, dass sich die Klinikverwaltung kaum

---

[176] Vgl. Vgl. EAF B2–1945/1551 Indische Mädchen: Vertrauliches Schreiben, o. D., 3.

[177] „Herr Reg. Amtmann Wenninger vom Kultusministerium ruft mich heute an und teilt mir mit, dass mit Sicherheit im Laufe des Monats Oktober 1964 40 indische Arbeitskräfte bei uns eintreffen werden. Und zwar seien 30 Mädchen als Haus- oder Stationshilfen zu beschäftigen, während 10 Mädchen als Pflegerinnen in Betracht kämen. Ich habe Herrn Wenninger ausdrücklich noch einmal darauf angesprochen, ob wir Wohnraum für diese Inderinnen bereits ab Oktober 64 mieten könnten. Er hat mir hierauf erklärt, dass die Ermietung eines geeigneten Projektes unter allen Umständen vorgenommen werden soll." UAT 389/16 Schwestern aus Indien: Aktenvermerk, Direktor Hugger, 03.09.1964.

[178] UAT 389/16 Schwestern aus Indien: Aktenvermerk, Direktor Hugger, 04.09.1964.

[179] Vgl. UAT 389/16 Schwestern aus Indien: u. a. Anzeigenaufgabe Katholisches Sonntagsblatt, 18.09.1964.

über den Hintergrund angekündigter Arbeitskräfte gewahr war.[180] Das Kultusministerium hatte der Verwaltung der Universitätsklinik Tübingen mitgeteilt, dass zehn von den vierzig Frauen in der Krankenpflege ausgebildet werden sollten, „es seien Mädchen mit entsprechenden Vorkenntnissen".[181] Dennoch müssten alle Frauen in jedem Fall so lange in der Hauswirtschaft verwendet werden, bis ihre Deutsch-Kenntnisse genügten.[182]

In der Zwischenzeit ergingen durch die jeweiligen Klinikseelsorger Rundschreiben, die auf die anstehende Anstellung der indischen Frauen hinwiesen. Unter anderem schrieb Pfarrer Axtmann der Klinikseelsorge Wiesloch:

> Ende Oktober werden 25 indische Mädchen im Landeskrankenhaus Wiesloch eine neue Heimat finden. Nach Monaten der Vorbereitung werden sie Hand in Hand mit unseren Schwestern im Dienst an den Kranken stehen. So trägt der Same des Evangeliums, den europäische Missionare im alten Kulturland Indien ausgestreut haben, reiche Frucht, die nun wieder auf das Abendland zurückfällt.[183]

Der Erlass des Kultusministeriums, der den Nirmala-Vorgang in den Universitätskliniken regelte, erging am 15.11.1964.[184] Die Ankunft der Frauen, die zunächst auf Oktober angesetzt war, verzögerte sich weiter. Die Frauen, die durch das Innenministerium an den PLKs eingesetzt werden sollten, erreichten am 03.12.1964 über den Luftweg die Bundesrepublik Deutschland.[185] Die Ankunft der Frauen für die Universitätskliniken Tübingen verzögerte sich noch bis zum

---

[180] „Es handelt sich um Mädchen katholischer Konfession, die im Wohnheim und in der Freizeit einer besonderen geistigen Betreuung bedürfen. […] Erwünscht sind [bzgl. der gesuchten Heimleiterin, Anm. d. Verf.] wohl im beschränkten Ausmaß englische Sprachkenntnisse, da diese indischen Mädchen vermutlich die englische Sprache können." UAT 389/16 Schwestern aus Indien: Klinikverwaltung an Jugendleiterinnenseminar des deutschen Caritasverbandes, 25.09.1964.

[181] UAT 389/16 Schwestern aus Indien: Klinikverwaltung an Oberin Eberle, 13.10.1964.

[182] Vgl. UAT 389/16 Schwestern aus Indien: Klinikverwaltung an Oberin Eberle, 13.10.1964.

[183] GLAK G463 Wiesloch 296 Dienstliche Anordnungen der Direktionen bzw. Verwaltung/ 1906–1969: Rundschreiben, Pfarrer Axtmann, 27.09.1964.

[184] Vgl. UAT 389/16 Schwestern aus Indien: Erlass H 0503/24, Kultusministerium, 15.11.1964.

[185] Vgl. GLAK G463 Wiesloch 499 Unterbringung und Beschäftigung von indischen und koreanischen Krankenpflegerinnen 1964–1981: Dienstzeugnis ausgestellt durch Regierungsmedizinaldirektor, 29.07.1967.

Januar und Februar 1965.[186] Dies minderte aber keineswegs das bundesweite Interesse an dem angestoßenen Vorgang. Durch eine Anzeige in der November-ausgabe der Zeitschrift *Krankenhaus-Umschau* wurden die Verwaltungsdirektoren anderer Kliniken auf die Nirmala-Aktion aufmerksam, doch deren händeringende Anfragen wurden lediglich mit Referenz zum Erlass des Kultusministeriums beantwortet.[187]

In einem persönlichen Schreiben vom 07.12.1964 an den ihm persön-lich bekannten Generalsekretär des Deutschen Caritasverbands, Dr. Georg Hüssler, umriss Debatin die vorangegangenen Verhandlungen mit der baden-württembergischen Landesregierung und die geplanten Rahmenbedingungen des Nirmala-Vorgangs, um ihn davon in Kenntnis zu setzen, dass zum einen 25 Frauen in Wiesloch und 23 weitere Frauen in Emmendingen angekommen seien. Zudem sei die „Nirmala-Kongregation" noch nicht in einem Verband oder einer kirchlichen Stelle verankert, wobei Debatin Hüssler darum bat ihm bei der Lösung dieser Probleme behilflich zu sein.[188]

Der Akt der Ankunft der Inderinnen wurde von staatlicher Seite gezielt medial inszeniert. Die Frauen, die über den Vertrag mit dem Innenministerium an das PLK nach Emmendingen kamen und von vornerein für eine Pflegerinnenausbil-dung vorgesehen waren, wurden öffentlichkeitswirksam begrüßt (Abbildung 3.5, 3.6 und 3.7). Dies übernahm der baden-württembergische Minister für das Innere und Gesundheit, Hans Filbinger.[189] In der offiziellen Pressemeldung des Bundesinnenministeriums Baden-Württemberg heißt es dazu:

> Innenminister Dr. Filbinger nahm die Weihnachtsfeier des Psych. Landeskranken-hauses Emmendingen zum Anlass, um dem Krankenhaus einen Besuch abzustatten. Dr. Filbinger besprach mit der Direktion des Krankenhauses anstehende Fragen und verschaffte sich bei einem Rundgang ein Bild über die Sorgen und Nöte des psychia-trischen Landeskrankenhauses. […] Nach Ansicht des Innenministers sind auch auf

---

[186] Vgl. UAT 389/16 Schwestern aus Indien: Aktenvermerk Verwaltungsdirektor, 08.02.1965.

[187] Vgl. UAT 389/16 Schwestern aus Indien: u. a. Brief, Klinikverwaltung Universitätsklini-ken Frankfurt am Main an Klinikverwaltung der Universitätskliniken Tübingen, 24.11.1964; Brief, Klinikverwaltung Universitätskliniken Dortmund an Klinikverwaltung der Universi-tätskliniken Tübingen, 24.11.1964.

[188] Vgl. ADCV 380.40(540) Fasz.01 – Krankenpflegekräfte aus Übersee. Allgemeiner Schriftwechsel Indische Pflegekräfte 1964–1978: Brief, Debatin an Hüssler, 07.12.1964.

[189] Filbinger hatte noch im September mit dem syro-malankarischen Bischof Mar Athana-sios und Debatin Gespräche im baden-württembergischen Innenministerium geführt. Siehe Kapitel 3.3.1. Organisation und Vorbereitungen der Nirmala-Aktion in der Bundesrepublik Deutschland.

personellen Gebiet Verbesserungen erforderlich. Trotz bedeutsamer Stellenhebungen und der Schaffung neuer Beamtenstellen müssten die Bemühungen in dieser Richtung fortgesetzt werden. Zurzeit seien rund 150 Schwesternstellen in den 8 psychiatrischen Landeskrankenhäuser nicht besetzt. Jede unbesetzte Stelle bringe eine Mehrbelastung für das übrige Personal. Aus diesem Grunde möchte er die Gelegenheit wahrnehmen, um dem gesamten Personal des Psychiatrischen Landeskrankenhauses Emmendingen, stellvertretend für das Personal aller Krankenhäuser, herzlich zu danken für den treuen Dienst an den Kranken und die Übernahme der Mehrbelastung. Zum Schluss sprach der Minister in englischer Sprache den 25 indischen Mädchen einen besonderen Dank aus, welche zurzeit in Emmendingen zur Schwesternausbildung sind und eine wertvolle Hilfe darstellen.[190]

Abbildung 3.5   Pressefoto der Begrüßungsveranstaltung für die Nirmala-Angehörigen[191]

---

[190] StAF F23/24 Nr.972 Indische Pflegerinnen: Pressmitteilung Nr. 146/1964, Stuttgart, 21.12.1964.

[191] Bild: Mit freundlicher Genehmigung von Armin E. Möller.

Abbildung 3.6   Begrüßungsveranstaltung für die Nirmala-Angehörigen[192]

Abbildung 3.7   Begrüßungsveranstaltung für die Nirmala-Angehörigen[193]

---

[192] Bild: Mit freundlicher Genehmigung von Armin E. Möller.
[193] Bild: Mit freundlicher Genehmigung von Armin E. Möller.

Anwesend waren neben Hans Filbinger und den 25 Inderinnen der südbadische Regierungspräsident Anton Dichtel sowie Hubert Debatin. Filbingers Rede dieses Anlasses ist die einzig erhaltene direkte Kommunikation zwischen den deutschen staatlichen Institutionen und den Migrantinnen, wogegen jegliche andere Kommunikation über die Vermittlerinstanz Debatin oder qua Dienstanweisung in den beteiligten Krankenhäusern erfolgte. In seiner Rede entwickelte Filbinger ein Narrativ, gemäß dessen durch die Arbeitskräftekräftemigration die ausländischen Arbeitnehmerinnen, die deutschen Arbeitgeber und die Senderregion profitieren und gewinnen.[194]

Bildbeschreibung:

Erste Reihe von links nach rechts: Pfarrer Hubert Debatin, Anton Dichtel (Regierungspräsident des Regierungsbezirks Südbaden), Dr. Hans Karl Filbinger (Ministerpräsident Baden-Württembergs), Prof. Dr. Siegfried Haddenbrock (Direktor Psychiatrischen Landeskrankenhaus Emmendingen).

Frauen im Hintergrund: Angehörige der Nirmala-Vereinigung.

Das Ordinariat wartete derweil noch immer auf die von Debatin erbetenen überarbeiteten Version der ‚Grundsätze und Satzungen der Gemeinschaft‘. Über ungeklärte Informationskanäle hatte der Freiburger Erzbischof Ende Januar 1965 über die ergangenen Fortschritte des Nirmala-Vorgangs erfahren und Einblick in einen Vertragsentwurf erhalten. Der Erzbischof versuchte, angesichts der völlig undurchsichtigen Gemengelage innerhalb seiner eigenen Jurisdiktion, seine kirchenamtliche Position als Ordinarius zu nutzen, um Debatins Handeln Einhalt zu gebieten:

Zu dem vorgelegten Entwurf eines Vertrages mit dem Innenministerium des Landes Bad.-Wttbg. zur Regelung des Einsatzes von indischen Mädchen in den psychiatrischen Landeskrankenhäusern können wir unsere Genehmigung nicht erteilen, da entscheidende Punkte nicht hinreichend geklärt sind.

Vor allem ist die Frage der „Gemeinschaft" näher zu klären. Dafür ist – wie immer darüber endgültig entschieden wird – ein Statut zu erarbeiten, aus dem die Rechtsform sowie die Rechte u. Verpflichtungen der einzelnen Mitglieder klar hervorgeht. Sodann ist die Frage der Vertretung dieser Gemeinschaft gegenüber dem Innenministerium, den Entsenderstellen u. den Einsatzstellen zu klären. Wir beabsichtigen damit den

---

[194] Das Narrativ erinnert an die institutionellen Erzählungen der heutigen *Triple-Win* Anwerbeprozesse. Siehe Kapitel 5.3. 60 Jahre später – Schmetterlingseffekt der 1960er?
Der Aspekt der christlichen Nächstenliebe, welcher vor allem im Anwerbeverfahren in Indien von großer Relevanz war, fand in der Rede Filbingers keine Erwähnung.

Diözesancaritasverband zu beauftragen, der über die erforderlichen Fachreferenten u. Verbindungen verfügt.

Schließlich berücksichtigt der vorliegende Vertragsentwurf zu wenig, dass es sich bei der Gemeinschaft um indische Mädchen handelt, deren Herkunft und Tradition unter allen Umständen beachtet werden muss u. die deshalb eine andere Behandlung u. Betreuung erfahren müssen als etwa die europäischen Gastarbeiter.

Aus diesen Gründen haben wir den Diözesancaritasverband zunächst beauftragt unter Berücksichtigung der obigen Hinweise den Vertragsentwurf zu überarbeiten. Voraussetzung hierfür jedoch ist, dass zuerst ein Statut für die Gemeinschaft erarbeitet wird.

Wir bitten Sie deshalb einen Entwurf dafür umgehend hierher vorzulegen. Alle Abmachungen und Verträge bedürfen nicht nur unserer ~~Zustimmung~~ Genehmigung, sondern auch der Zustimmung der Bischöfe der entsprechenden indischen Diözesen.[195]

Das Schreiben wurde nicht nur an Debatin, sondern auch an den Deutschen Caritasverband versandt. Debatin ließ das Schreiben des Erzbischofs trotz der zweifachen Aufforderung zu einer Stellungnahme bis Mai 1965 unbeantwortet.[196] In der Zwischenzeit fand Anfang März 1965 in Hofheim/Taunus die Plenarkonferenz der Bischöfe der Diözesen Deutschlands statt. Thematisiert wurde dort nicht nur „die Herübernahme von Mädchen aus Indien und anderen überseeischen in deutsche Schwesterngenossenschaften", zu denen von den Bischöfen während der Konferenz erste konkrete Kriterien zur Durchführung festgelegt wurden.[197] Darüber hinaus wurde in der Frage, wie die „asiatischen Mädchen behandelt werden sollen, die als Laien – Krankenhauskräfte – nach Deutschland gebracht worden sind" entschieden, dass der Caritasverband sich diesen Frauen annehmen solle.[198] Debatin ließ seinem Ordinariat erst am 06.05.1965 ein Schreiben zukommen, dem er einen „Gestellungsvertrag" mit den Universitätskliniken Tübingen sowie

---

[195] EAF B2–1945/1551 Indische Mädchen: Briefentwurf, Erzbischof an Debatin, 02.02.1965.
Der Brief ist als handschriftliches Manuskript des Erzbischofs erhalten, wobei die Stempel der Ordinariats Verwaltung die Übersendung quittieren.

[196] Vgl. EAF B2–1945/1551 Indische Mädchen: Briefe, Ordinariat an Debatin, 05.03.1965, 26.04.1965.

[197] Vgl. EAF B2–1945/1551 Indische Mädchen: Brief, Erzbischof Hermann Schäufele an den Präsidenten des Deutschen Caritasverbandes Stehlin, 03.04.1965.

[198] EAF B2–1945/1551 Indische Mädchen: Brief, Erzbischof Hermann Schäufele an den Präsidenten des Deutschen Caritasverbandes Stehlin, 03.04.1965.

eine unveränderte Ausführung der ‚Grundsätze und Satzungen der Gemeinschaft' beilegte.[199]

Debatin verwies in seinem Schreiben an das Ordinariat weiterhin darauf, dass er auf Anordnung des Ordinariats den Vertragsentwurf dem zuständigen Assessor der Rechtsabteilung des Caritasverbandes vorgelegt habe, dieser habe ihn „positiv begutachtet".[200] Seitdem sei noch keine weitergehende Stellungnahme des Caritasverbandes erfolgt.[201]

In seinem Schreiben an den Caritasverband gab Debatin einen ersten Aufschluss über das Ausmaß des Nirmala-Vorgangs innerhalb des ersten halben Jahres. Debatin reichte eine Übersicht der eingesetzten Frauen ein, unter dem Verweis, dass sich die Zahlen im Laufe des Monats noch ändern könnten, da die Stammgruppen in Wiesloch und Emmendingen aufgeteilt werden und voraussichtlich im Mai weitere Gruppen ankommen werden:[202]

Im Landeskrankenhaus [sic] Wiesloch arbeiten	25	Nirmala-Schwestern
Im Landeskrankenhaus Emmendingen	15	Nirmala-Schwestern
Im Landeskrankenhaus Zwiefalten	8	Nirmala-Schwestern
In den Universitätskliniken Tübingen	25	Nirmala-Schwestern

Der ebenso beiliegende „Gestellungsvertrag" wurde zwischen der Klinikverwaltung der Universität Tübingen, vertreten durch den Verwaltungsdirektor und

---

[199] Während Debatin in seinem Schreiben von einem beigelegten „Vertragsentwurf" spricht, lässt sich durch den vorliegenden Vertrag aus dem Universitätsarchiv Tübingen festhalten, dass der gleiche Vertrag am 02.03.1965 durch Debatin in Vertretung der Gemeinschaft mit den Universitätskliniken Tübingen bereits unterzeichnet wurde und dieser rückwirkend auf den 12.02.1965 in Kraft trat. Vgl. UAT 389/16 Schwestern aus Indien: „Gestellungsvertrag", Universitätskliniken Tübingen, 02.03.1965. und EAF B2–1945/1551 Indische Mädchen: Brief, Debatin an Ordinariat, 06.05.1965.

[200] EAF B2–1945/1551 Indische Mädchen: Brief, Debatin an Ordinariat, 06.05.1965.

[201] Ein Schreiben Debatins vom 13.05.1965, welches samt beigelegten „Gestellungsvertrag" an den Caritasverband versendet wurde, zeigt jedoch auf, dass Debatin dem Caritasverband zum angegebenen Zeitpunkt noch keinen Vertragsentwurf vorgelegt hatte. Stattdessen hatte er erst am 20.05.1965 der Rechtsabteilung den originären Vertrag zukommen lassen, weiterhin unter der Behauptung, dass es sich bei der Anlage nur um einen Vertragsentwurf handle: „Ich wäre Ihnen dankbar, könnte der Vertragsentwurf bald begutachtet, bzw. die Änderung vorgeschlagen werden, damit der Vertrag selbst bald abgeschlossen werden kann.", EAF B2–1945/1551 Indische Mädchen: Brief, Debatin an DCV, 13.05.1965.

[202] EAF B2–1945/1551 Indische Mädchen: Brief, Debatin an DCV, 13.05.1965.

der „Gemeinschaft The Nirmala Seva Dalam" geschlossen, welche durch Hubert Debatin vertreten wurde.[203]

3.3.8 Die sogenannten „Gestellungsverträge" der Nirmala-Vereinigung – Ein Rechtsinstitut schafft einen partikular rechtsfreien Raum

Das Rechtsinstitut der Gestellungsverträge machte als rechtliche Grundlage den Nirmala-Vorgang in seiner Form möglich und brachte später aufgrund der Rechtssituierung auch die charakteristischen Nirmala-Problematiken hervor.[204] Angesichts der ordensmäßigen Organisation der Nirmala-Gemeinschaft verständigten sich die beteiligten Akteure auf den Einsatz eines modifizierten Gestellungsvertrages.[205]

Die geschlossenen Verträge mit den PLKs und den Universitätskliniken weisen einige Besonderheiten auf, die sie von herkömmlichen Gestellungsverträgen unterscheiden, weshalb man besten Falls von sogenannten „Gestellungsverträgen" sprechen kann.[206] Im Folgenden werden exemplarisch die Vertragsinhalte anhand

---

[203] EAF B2–1945/1551 Indische Mädchen: „Gestellungsvertrag", Universitätskliniken Tübingen, 02.03.1965 sowie UAT 389/16 Schwestern aus Indien: „Gestellungsvertrag", Universitätskliniken Tübingen, 02.03.1965.

[204] „Unter Gestellungsverträgen versteht man Verträge mit außerhalb des Ordens stehenden Dritten, nach deren Inhalt Ordensangehörige bei dem Dritten Dienste zu verrichten haben. Dabei handelt das einzelne Ordensmitglied nach der Weisung des Obern und nimmt selbst keinerlei Einfluss auf die Gestaltung des Vertrages, wie z. B. den Ort, die Zeit, die Art der Tätigkeit oder die Höhe des von dem Dritten zu entrichtenden Gestellungsgeldes." Simone Glenski, „Die Stellung der Ordensangehörigen in der Krankenversicherung" (Köln, Universität zu Köln, 2000), 20.

[205] „Im Hinblick auf die in Indien gegründete Gemeinschaft und auf die Grundsätze und Satzungen dieser Gemeinschaft erschien der Abschluss von Gestellungsverträgen zweckdienlicher. […] Das vorgesehene Muster eines einheitlichen ‚Gestellungsvertrags' ist auf die gegebenen besonderen Verhältnisse abgestellt und wird den Verwaltungen der Universitätskliniken nach Abschluss des Verwaltungsverfahrens geleitet." UAT 389/16 Schwestern aus Indien: „Gestellungsvertrag", Universitätskliniken Tübingen, 02.03.1965.

[206] In diesem Kontext ist die Absicherung in soziale Systeme, welche durch den Arbeitgeber erfolgte, aber auch die Sachleistungen (Kost, Wohnung, Heizung, Beleuchtung und Wäschereinigung) zu nennen. Es ist jedoch zu betonen, dass klassische Gestellungsverträge sowie modifizierte „Gestellungsverträge" in den 1950ern gängige Praxis in Kooperation mit Mutterhäusern und Schwesternorganisationen darstellten. Vgl. BArch B149/22419

des mit den Universitätskliniken Tübingen geschlossenen „Gestellungsvertrages"
dargestellt.[207]

Die Verträge wurden zwischen den Direktionen der staatlichen Krankenhäuser und „der Gemeinschaft The Nirmala Seva Dalam", vertreten durch Pfarrer

---

Beschäftigung indischer Arbeitnehmer in der Bundesrepublik (1959–1972): Brief, Bundesanstalt für Arbeitsvermittlung und Arbeitslosenversicherung an Arbeitsgemeinschaft deutscher Schwesternverbände, 03.08.1968.

In einer juristischen Auseinandersetzung mit dem Rechtsinstitut kam 1955 ein Regie-
rungsassessor zu dem Schluss, dass die durch Gestellungsverträge vermittelte Krankenschwestern als Leiharbeiterinnen anzusehen" sind, präziser gefasst als „unechte Leihar-
beiter". Der Abschluss solcher modifizierter „Gestellungsverträge" erfolgte mit Vertragspartnern, wie „geistlichen Orden, die Diakonissenmutterhäuser, die Schwesternschaften des
Caritas-Verbandes und der sonstigen Berufsarbeiter der Inneren Mission, das Deutsche
Rote Kreuz mit seinen Mutterhäusern, die Landesgruppen des Agnes-Karll-Verbandes, der
Bund freier Schwestern in der Gewerkschaft Öffentliche Dienste, Transport und Verkehr
sowie auch die Schwesternschaften der Arbeiterwohlfahrt und des neuen Reichsbundes freier
Schwestern." Vgl. Günther Trieschmann, „Die Gestellungsverträge der Schwesternorganisationen", *Recht der Arbeit*, 1955, 53–54. Eine weitere juristische Auseinandersetzung von
1959 zeigt, dass derartige Verträge Anfang der 1960er noch immer die breite Praxis in Anbetracht der Anstellung von Krankenschwestern darstellten, und die Lebensrealität von deutschen Krankenschwestern bestimmten: „ Die in Krankenanstalten beschäftigten Schwestern
werden in den meisten Fällen nicht von den Krankenhausträgern (Bund, Ländern, Kreisen,
Gemeinden und Sozialversicherungsträgern) selbst eingestellt, sondern ihnen auf Grund von
Gestellungsverträgen, die sie mit einer Schwesternorganisation abschließen, von dieser in der
benötigten Zahl zur Dienstleistung zur Verfügung gestellt. Der Krankenhausträger zahlt der
Schwesternorganisation für jede Schwester eine monatliche Vergütung in bestimmter Höhe,
mit der auch sämtliche Leistungen für Versicherungen und Altersversorgung abgegolten sind
Die Schwestern erhalten in der Krankenanstalt regelmäßig freie Wohnung und Verpflegung,
Heizung, Beleuchtung und Wäschereinigung und gewisse Leistungen im Krankheitsfalle.
An Barvergütung erhalten die Schwestern von ihrer Organisation zur Befriedigung ihrer
sonstigen materiellen und ideellen Bedürfnisse ein Taschengeld. Die Schwesternorganisation bestimmt durch ihre Oberin. die unmittelbare Vorgesetzte aller Schwestern ist, Ort und
Art des Einsatzes. Sie ist auch berechtigt, die in der Krankenanstalt eingesetzten Schwestern
abzuberufen und durch andere zu ersetzen unter selbstverständlicher Wahrung der Interessen
des Krankenhausträgers. Nach den Gestellungsverträgen regelt die Schwesternorganisation
auch die Freizeiten und den Erholungsurlaub der Schwestern. Beides erfolgt durch die Oberin der Schwesternschaft im Einvernehmen mit dem Chefarzt der Anstalt." Savaète, 1959,
6.

[207] Bis auf die Einstellung von „Haus- und Wirtschaftsgehilfinnen" anstatt von „Krankenpflegeschülerinnen", wurden mit den PLKs und den Universitätskliniken identische Verträge geschlossen. Als Vertragspartner wird in den Verträgen bezüglich der PLKs stets das
Innenministeriums Baden-Württemberg referenziert. Der „Gestellungsvertrag" von Tübingen wurde nachträglich am 02.03.1965 nach der Ankunft der Frauen abgeschlossen. Laut
§ 13 trat der Vertrag am 12.02.1965 in Kraft. Vgl. UAT 389/16 Schwestern aus Indien:
„Gestellungsvertrag", Universitätskliniken Tübingen, 02.03.1965, 8.

Hubert Debatin, geschlossen. Gemäß § 1 Abs. 2 mussten die gestellten Haus- und Wirtschaftsgehilfinnen bezüglich der Vorbildung und Gesundheit die notwendigen Voraussetzungen erfüllen, so galt: „gesundheitlich und fachlich nicht geeignete Mitglieder der Gemeinschaft können zurückgewiesen werden".[208] Gemäß § 1 Abs. 4 des Vertrags verpflichteten sich die Verwaltung der Kliniken neben den Mitgliedern der Gemeinschaft keine „indischen Mädchen" zu beschäftigen.[209] Wie in einem herkömmlichen Gestellungsvertrag traten die Mitglieder der Gemeinschaft gemäß § 2 Abs. 1 in kein Ausbildungs- oder Arbeitsverhältnis mit der Verwaltung der Kliniken. Mitglieder der Gemeinschaft blieben auch während ihrer Ausbildung oder Beschäftigung Mitglieder der Gemeinschaft.[210] In dieser Position waren die Frauen als Angehörige der Gemeinschaft durch § 2 Abs. 2 an die Regeln des Nirmala-Regimes gebunden: „Die Mitglieder der Gemeinschaft erfüllen ihre Pflichten nach den Grundsätzen und Satzungen der Gemeinschaft und den Dienstanweisungen der Universitätskliniken Tübingen".[211]

Vertraglich wurde ebenso die bereits in den Grundsätzen und Satzungen angerissene Betreuungssituation fixiert. Eine staatlich eingestellte „hierfür geeignete Kraft katholischen Glaubens" sollte im Einvernehmen mit dem für die Universitätskliniken zuständigen katholischen Geistlichen die Betreuung der Frauen übernehmen.[212] Die im Rahmen der Ausbildung oder Beschäftigung sich ergebenden Angelegenheiten sollten durch Weisung des zuständigen katholischen Geistlichen durch die Betreuerin geregelt werden.[213] Diese betreuende Person war ebenso für die „Versorgung" und „persönliche Betreuung" der Mitglieder der

---

Der Vertrag mit PLKs in Vertretung durch das Innenministerium Baden-Württembergs am 21.01.1965, laut § 13 in Kraft tretend am 01.12.1964. Vgl. StAF F23/24 972 Indische Pflegerinnen: „Gestellungsvertrag", PLKs, 21.01.1964, 8.

[208] UAT 389/16 Schwestern aus Indien: „Gestellungsvertrag", Universitätskliniken Tübingen, 02.03.1965, 1.

[209] Vgl. UAT 389/16 Schwestern aus Indien: „Gestellungsvertrag", Universitätskliniken Tübingen, 02.03.1965, 1.

[210] Dies war im Falle einer kirchenrechtlich verankerten Vereinigung staatskirchenrechtlich legitim und war historisch aus der *Societas-Perfecta-Lehre* gewachsen. Vgl. Fußnote 19 in Kapitel 5.1.2.

[211] EAF B2–1945/1551 Indische Mädchen: „Gestellungsvertrag", Universitätskliniken Tübingen, 02.03.1965, 2. Daraus resultierte für die Arbeitsmigrantinnen bereits ein Spannungsfeld zwischen dem Regelwerk der ‚Grundsätze und Satzungen der Gemeinschaft' und den Dienstanweisungen der Universitätskliniken.

[212] EAF B2–1945/1551 Indische Mädchen: „Gestellungsvertrag", Universitätskliniken Tübingen, 02.03.1965, 2.

[213] Diese vertraglich geregelte Bevormundung der Frauen innerhalb des Arbeitsverhältnisses des Nirmala-Vorgangs gilt es im Kontext zum Art. 2 Abs. 1 GG zu problematisieren.

Gemeinschaft verantwortlich.[214] Ferner sollten gemäß § 2 Abs. 2 die Verwaltung der Klinik den Mitgliedern der Gemeinschaft den nötigen Schutz und Rückhalt „zur Erfüllung ihrer Pflichten" gewähren.

Bezüglich der Verantwortlichkeiten der Gemeinschaft wurde unter § 3 der Wechsel von Mitgliedern näher bestimmt. Ein Wechsel von Mitgliedern der Gemeinschaft war demnach nur im Einvernehmen mit der Verwaltung der Kliniken vorzunehmen, „es sei denn, dass sich ein Mitglied der Gemeinschaft den Verpflichtungen gegenüber der Gemeinschaft entzieht".[215]

Ferner wurde die Gemeinschaft verpflichtet den „Anträgen der Verwaltung der Kliniken auf Abberufung eines Mitglieds der Gemeinschaft, das sich nicht bewährt, dessen Leistungsfähigkeit die Weiterverwendung nicht mehr rechtfertigt oder bei ernstlichen Verfehlungen gegen Gesetze oder Dienst- und Hausordnungen zu entsprechen".[216] Zudem wurde die Gemeinschaft nach § 2 Abs. 4 in die Verantwortung genommen, für von Mitgliedern der Gemeinschaft verursachte Schäden zu haften.[217]

Hinsichtlich der Tätigkeit der eingestellten 40 Haus- und Wirtschaftsgehilfinnen wurde festgehalten:

> Haus- und Wirtschaftsgehilfinnen sollen bei ihrer Beschäftigung auch Fertigkeiten und Kenntnisse erwerben; der Arbeitseinsatz soll deshalb unter Berücksichtigung der dienstlichen Belange, der Eignung, des Alters und der besonderen Interessen möglichst vielseitig gestaltet werden.[218]

Die weiteren im Vertrag fixierten Rechte und Pflichten stellten die Arbeitsmigrantinnen, obwohl sie vertraglich kein direktes Arbeitsverhältnis mit der Verwaltung eingingen, auf eine Ebene mit den anderen Angehörigen der Universitätskliniken.

---

[214] Dies sollte „nach den vom Krankenhausgeistlichen festgesetzten Richtlinien für die Versorgung und persönliche Betreuung der Mitglieder der Gemeinschaft" erfolgen. EAF B2–1945/1551 Indische Mädchen: „Gestellungsvertrag", Universitätskliniken Tübingen, 02.03.1965, 2. Die benannten Richtlinien der Betreuung gelangten im Verlaufe des Nirmala-Vorgangs in den Fokus. Siehe Kapitel 3.3.11. „Betreuende Krankenschwestern" – Der Streit um Zuständigkeiten und Verantwortlichkeit.

[215] EAF B2–1945/1551 Indische Mädchen: „Gestellungsvertrag", Universitätskliniken Tübingen, 02.03.1965, 3.

[216] EAF B2–1945/1551 Indische Mädchen: „Gestellungsvertrag", Universitätskliniken Tübingen, 02.03.1965, 3.

[217] Vgl. EAF B2–1945/1551 Indische Mädchen: „Gestellungsvertrag", Universitätskliniken Tübingen, 02.03.1965, 2.

[218] EAF B2–1945/1551 Indische Mädchen: „Gestellungsvertrag", Universitätskliniken Tübingen, 02.03.1965, 2.

So war gemäß § 4 die Arbeitszeit und nach § 9 die Urlaubs- und Arbeitsbe-
freiungsbestimmungen an die jeweils gesetzlichen und tariflichen Bestimmungen
für das Personal der Universitätskliniken angepasst.[219] Aber auch die Bezahlung
in Form des Gestellungsgeldes sollte dem Aufwand entsprechen, welcher der
Klinikverwaltung entstünde, „wenn das gestellte Mitglied Ausbildungsbeihilfe
oder Vergütung nach den getroffenen Regelungen bzw. Vergütungen oder Löhne
nach Maßgabe der jeweils anzuwendenden Tarifverträge in der gültigen Fassung
erhielte".[220] Entsprechend wurden durch die Einrichtungen für die Inderinnen die
gleichen Löhne entrichtet wie für deutsche Kolleginnen und Kollegen.

Darüber hinaus wurde die Klinikverwaltung durch § 5 Abs. 8 hinsichtlich
der allgemeinen rechtlichen Absicherung der Arbeitsmigrantinnen in die Pflicht
genommen:

> Die Verwaltung der Kliniken nimmt im Auftrag und im Namen der Gemeinschaft alle
> Verpflichtungen wahr, die nach den sozialversicherungsrechtlichen und steuerlichen
> Bestimmungen dem Arbeitsgeber obliegen. Das Gestellungsgeld mindert sich um die
> dem Land hieraus entstehenden Auslagen, insbesondere um die Arbeitgeberbeitrags-
> anteile.[221]

Es ist hervorzuheben, dass zu den rechtlichen Bestimmungen auch die Sozialleistungen gehörten, welche in § 7 des Vertrages geregelt wurden: Die Frauen
wurden nach Abs. 1 gemäß den gesetzlichen Bestimmungen in der Krankenversicherung, der Rentenversicherung sowie der Arbeitslosenversicherung versichert,
aber nach Abs. 2 durch den Arbeitsgeber auch hinsichtlich Arbeitsunfälle durch
eine Versicherung bei der örtlich und sachlich zuständigen Berufsgenossenschaft
abgesichert.[222] Die Absicherung hinsichtlich Rente und Arbeitslosigkeit stellt ein
Spezifikum dar, welches in normalen innerkirchlichen Gestellungsverträgen keine
Verwendung fand.

---

[219] Vgl. EAF B2–1945/1551 Indische Mädchen: „Gestellungsvertrag", Universitätskliniken
Tübingen, 02.03.1965, 2, 9.

[220] EAF B2–1945/1551 Indische Mädchen: „Gestellungsvertrag", Universitätskliniken
Tübingen, 02.03.1965, 4.

[221] EAF B2–1945/1551 Indische Mädchen: „Gestellungsvertrag", Universitätskliniken
Tübingen, 02.03.1965, 5.

[222] Dies stellt den größten Unterschied zu einem originären Gestellungsvertrag der Zeit dar.
Eine soziale Absicherung war im Rahmen eines Gestellungsvertrages mit einer Angehö-
rigen eines Ordenshauses nicht vorgesehen. Exemplarisch vgl. StAF F23/24 972 Indische
Pflegerinnen: Gestellungsvertrag mit Dominikanerinnenkloster Zoffingen, 25.07.1966.

Auch sonstige Zulagen wurden gemäß der geltenden Tarifbestimmungen gewährt.[223] Nach § 2 Abs. 3 war zudem vorgesehen, dass die Mitglieder der Gemeinschaft unter den gleichen Voraussetzungen an Betriebsausflügen teilnehmen sollten wie Angehörige der Universitätskliniken.

Die Aufgabe der Versorgung der Frauen wurde für die Zeit des Arbeitseinsatzes vertraglich an die Klinikverwaltung übertragen. An Sachleistungen wurde den Frauen so gemäß § 6 Abs. 1 Kost, Wohnung, Heizung, Beleuchtung und Wäschereinigung durch die Klinikverwaltung gewährt. Darüber hinaus wurde die Klinikverwaltung für die notwendige Bekleidungserstaustattung in die Pflicht genommen, die „im Einvernehmen mit dem Vertreter der Gemeinschaft von der Verwaltung der Kliniken" zu beschaffen war.[224] Der dadurch entstandene Mehraufwand sollte in angemessenen Teilbeträgen vom Gestellungsgeld einbehalten werden.[225] Zur Finanzierung der Reisekosten der Arbeitsmigrantinnen heißt es in § 3 Abs. 4 weiterhin, dass die Kosten für die Anreise der Mitglieder der Gemeinschaft die Verwaltung zu tragen hatte. Die Kosten für die Rückreise waren hingegen „in jedem Fall von der Gemeinschaft" zu tragen.[226]

Als Vertreter der Gemeinschaft wurde Debatin als zentraler Knotenpunkt des Nirmala-Vorgangs auch in den „Gestellungsverträgen" festgeschrieben. Nicht nur als Vertragspartner in Vertretung der Gemeinschaft, sondern auch zentral für die finanzielle Organisation des Nirmala-Vorgangs trat aus § 5 Abs. 7 hervor: „Das Gestellungsgeld wird zum Ende jeden Monats an den Vertreter der Gemeinschaft überwiesen".[227] Weitergehend wurde Debatin und dem zuständigen katholischen Geistlichen durch § 11 hinsichtlich des Informationsrechts das Recht zugestanden, „die Mitglieder der Gemeinschaft zu besuchen sowie deren Wohn- und

---

[223] „Nachtdienstentschädigung, Überstundenvergütung bzw. Zeitzuschläge, Bereitschaftsdienstvergütung, Schmutz-, Gefahren- oder Erschwerniszulage usw.", EAF B2–1945/1551 Indische Mädchen: „Gestellungsvertrag", Universitätskliniken Tübingen, 02.03.1965, 4.

[224] EAF B2–1945/1551 Indische Mädchen: „Gestellungsvertrag", Universitätskliniken Tübingen, 02.03.1965, 6.

[225] Nach Aktenlage ist nicht ersichtlich, dass die Arbeitsmigrantinnen über diese Rückzahlung informiert wurden. Die vor Einreise der Frauen fixierte Rückzahlung wurde ebenso nicht im Kontext der Informierung während der Anwerbung in Kerala angeführt. Siehe auch Kapitel 3.3.23. Die Frage des Lohns – Einblick in die Kontoauszüge der Nirmala-Gruppe Emmendingen.

[226] UAT 389/16 Schwestern aus Indien: „Gestellungsvertrag", Universitätskliniken Tübingen, 02.03.1965, 3.

[227] EAF B2–1945/1551 Indische Mädchen: „Gestellungsvertrag", Universitätskliniken Tübingen, 02.03.1965, 5.

Arbeitsräume zu betreten und sich über die Arbeit und Leistungen der Mitglieder der Gemeinschaft unterrichten zu lassen".[228]

Eine spätere Exploration durch die Bundesanstalt für Arbeitsvermittlung und Arbeitslosenversicherung verdichtete die Besonderheiten der Nirmala „Gestellungsverträge" auf fünf Punkte:

1.) Zwischen dem Krankenhausträger und den indischen Mädchen wird kein Arbeitsverhältnis begründet (,Die Gemeinschaft stellt...Krankenpflegerinnen zur Verfügung'),
2.) die Mädchen erhalten kein Arbeitsentgelt (,Die Gemeinschaft erhält ein Gestellungsgeld'),
3.) die Beschäftigungsdauer ist auf 6 Jahre festgelegt,
4.) Mädchen, die sich nicht bewähren, werden auf Antrag des Krankenhausträgers von der Gemeinschaft ,abberufen',
5.) eine Verpflichtung zur Ausbildung der Mädchen enthält der „Gestellungsvertrag" nicht,
6.) Sozialversicherungsschutz wird den Mädchen nach dem „Gestellungsvertrag" gewährt.[229]

3.3.9 Der Caritasverband auf Spurensuche – Orientierungslosigkeit in der katholischen Wohlfahrtsorganisation

Debatin hatte am 13.05.1965 dem zuständigen Assessor der Rechtsabteilung des DCV diverse Dokumente zur Begutachtung zukommen lassen.[230] Der beteiligte Assessor der Caritasrechtsabteilung schrieb seinerseits dem Ordinariat am 21.05.1965, dass die Abteilung des Caritasverbandes in der Sache der Nirmala-Aktion noch nicht tätig geworden sei, da der Status der Gemeinschaft noch nicht geklärt worden sei. Entsprechend formulierte der Assessor die Frage, ob die vorliegenden ,Grundsätze und Satzungen der Gemeinschaft' als endgültiges Statut

---

Die Angaben des Kontos für die Gestellungsgelder aller vorliegenden „Gestellungsverträge" stimmen überein und zeigen ein Konto auf Pfarrer Hubert Debatins Namen bei einer nordbadischen Sparkasse an.

[228] EAF B2–1945/1551 Indische Mädchen: „Gestellungsvertrag", Universitätskliniken Tübingen, 02.03.1965, 7.

[229] BArch B149/22419 Beschäftigung indischer Arbeitnehmer in der Bundesrepublik (1959–1972): Aktenvermerk, Bundesanstalt für Arbeitsvermittlung und Arbeitslosenversicherung, 06.02.1969.

[230] Vgl. EAF B2–1945/1551 Indische Mädchen: Brief, Debatin an DCV, 13.05.1965.

anzusehen seien.[231] Das Freiburger Ordinariat bat die Rechtsabteilung vorerst nichts zu unternehmen, da es nach dem Beschluss der Fuldaer Bischofskonferenz zunächst eine Besprechung mit dem Caritaspräsidenten geben sollte. Eine Abschrift dieses Schreibens wurde auch an Pfarrer Debatin versandt.[232]

Am 11.06.1965 wurde eine Sitzung zum Nirmala-Vorgang in Anwesenheit des Domkapitulars Julius Schäuble und Vertretern des Deutschen Nationalverband der katholischen Mädchenschutzvereine e. V. abgehalten. Der DNdKM e. V. ließ kurz darauf dem Ordinariat ein Gutachten zum aktuellen Stand des Nirmala-Vorgangs zukommen. Demnach waren zu diesem Zeitpunkt 48 Inderinnen in der Bundesrepublik Deutschland auf der Grundlage eines Vertrags, der mit dem Innenministerium in Stuttgart abgeschlossen worden war. Die Frauen wurden nach einer fünfmonatigen Einführungszeit in Emmendingen und Wiesloch auf Landeskrankenhäuser innerhalb Baden-Württembergs verteilt:

Emmendingen	10
Wiesloch	13
Weinsberg	7
Winnental	10
Zwiefalten	8[233]

Die weiteren 25 Inderinnen arbeiteten unter Vertrag mit dem Kultusministerium an den Tübinger Universitätskliniken als Stationsmädchen. Sie wurden als Teilzeitarbeitskräfte für einen Stundenlohn von 2,64 DM eingestellt und erhielten drei Doppelstunden Deutsch-Unterricht in der Woche. Darüber hinaus wurden noch 15 weitere Frauen für Tübingen sowie 30 Frauen für die Heidelberger Universitätskliniken erwartet. Der DNdkM e. V. zeigte den Missstand auf, dass die Frauen mit der festen Erwartung einer Berufsausbildung nach Deutschland gekommen waren.[234] Abschließend wurde im Gutachten betont, dass es zunächst wichtig sei die Anwerbe- und Vorbereitungsarbeit in Indien einzustellen, da

---

[231] Vgl. EAF B2–1945/1551 Indische Mädchen: Brief, Rechtsabteilung Caritasverband an Ordinariat, 21.05.1965.

[232] Vgl. EAF B2–1945/1551 Indische Mädchen: Brief, Ordinariat an Rechtsabteilung Caritasverband, 25.05.1965.

[233] EAF B2–1945/1551 Indische Mädchen: Brief, DNdkM e. V. an Ordinariat, 15.06.1965.

[234] „Da die Mädchen mit der festen Erwartung einer Berufsausbildung nach Deutschland gekommen sind und eine Auswahl erfolgte ‚in Anerkennung der Verdienste, die die Familien der Kirche in Indien bereits geleistet haben', wird unsere Linie zuerst die sein, dass für die Mädchen die Erfüllung der Verträge bezüglich der Berufsausbildung zum Zug kommt. Wir sehen darin eine Verantwortung, die wir auch als Frauen für die Frauen in Indien vor

zunächst abzuwarten bleibe, ob die bereits getätigten Verträge der Frauen die bereits in Deutschland sind, umgesetzt werden können.[235]

Unter dem Verweis, dass der Deutsche Caritasverband als Treuhänder gegenüber den deutschen staatlichen Stellen bestellt worden war, forderte das Ordinariat am 22.06.1965 Debatin erneut dazu auf, konkrete Angaben zum aktuellen Stand des Nirmala-Vorgangs zu machen. Neben Angaben zur Anzahl der Frauen und Nennung der entsprechenden Krankenhäuser und Anstalten sollte Debatin auch darüber Aufschluss geben, für wie viele Frauen in Indien die Ausreise beantragt und erteilt worden war. Zudem sollte er offenlegen wer in Indien die Verhandlungen verantwortlich führe.[236] Debatin reagierte jedoch nicht auf diese Dienstweisung. Stattdessen schrieb er dem Ordinariat hinsichtlich einer Korrespondenz, die er mit dem Chefredakteur der *Neuen Bildpost*[237] geführt hatte, den er anhand mehrerer Zitate aus dem Schriftwechsel mit einem „Mangel an christlichem Denken" diskreditierte, während er sich zum Nirmala-Vorgang und der vorangegangenen Aufforderung seitens seines Ordinarius weiter ausschwieg.[238] Auch auf die erneute Ermahnung des Ordinariats am 13.07.1965 zur Erfüllung des vorangegangenen Erlasses gab Debatin keine Reaktion.

Die Rechtsabteilung des Caritasverbands richtete am 14.07.1965 ein Schreiben an den Erzbischof mit einer weiteren Einschätzung des Status Quo. Der Assessor hatte sich direkt in den Tübinger Universitätskliniken erkundigt und erfahren, dass die 15 bereits eingesetzten Frauen in keiner Weise einsatzfähig seien und von den Schwestern eher als eine Belastung wahrgenommen wurden.[239] Er habe darüber

---

uns sehen." EAF B2–1945/1551 Indische Mädchen: Brief, DNdkM e. V. an Ordinariat, 15.06.1965.

[235] Vgl. EAF B2–1945/1551 Indische Mädchen: Brief, DNdkM e. V. an Ordinariat, 15.06.1965.

[236] Vgl. EAF B2–1945/1551 Indische Mädchen: Brief, Ordinariat an Debatin, 22.06.1965.

[237] Die *Neue Bildpost* bezeichnet sich selbst als überregional erscheinende christliche Wochenzeitung. Diese wird noch heute über eine private GmbH verlegt. 1965 geriet das Blatt, das zuvor in den katholischen Kirchenräumen auslag, in die Schlagzeilen der weltlichen Medien, da an verschiedenen Stellen der Vorwurf von Miss- und Falschinformation vermengt mit einer intendierten politischen Meinungsbildung erhoben wurde. Ab 1963 gingen bereits vereinzelt Bischöfe gegen das Blatt vor und so wurde es mancherorts aus den Kirchenräumen verbannt. Laut einem im *Spiegel* 1965 wiedergegebenen Zitat Kardinal Döpfners begnüge sich damit „das Leben in kleine, nicht selten zersetzende Sensationen [zu] zerhacken und den Leser eher [zu] verwirren, statt ihm hilfreiche Übersicht zu verschaffen." „Neue Bildpost – Zerhacktes Leben", *Der Spiegel*, 20. Januar 1965.

[238] EAF B2–1945/1551 Indische Mädchen: Brief, Debatin an Ordinariat, 08.07.1965.

[239] Vgl. EAF B2–1945/1551 Indische Mädchen: Brief, Rechtsabteilung Caritasverband an Ordinariat, 14.07.1965.

hinaus erfahren, dass den Frauen von der Klinikverwaltung ein Taschengeld von 40 DM ausbezahlt werde, „der übrige Lohn wird angeblich auf ein persönliches Konto von Herrn Pfarrer Debatin überwiesen, der seinerseits von Zeit zu Zeit einen Geldbetrag an die Eltern in Indien weiterleitet".[240] Die Frauen seien unzufrieden und es sei zu Klagen gekommen, da das Geld in Indien sehr unregelmäßig eintreffe. Darüber hinaus sei eine der ‚Nicht-Ordensfrauen' schwanger geworden. Sie sei im Einvernehmen mit der Klinikverwaltung im St. Augustinusheim in Freiburg untergebracht worden, was mit konkreten rechtlichen Konsequenzen verbunden war.[241]

Der Freiburger Domkapitular antwortete auf das Schreiben des Assessors mit dem Verweis darauf, dass Debatin wieder trotz reklamierter Rückfrage keine Antwort gebe und Erzbischof Schäufele ihn anlässlich der anstehenden Firmung in der nächsten Woche persönlich ansprechen werde.[242] Eine Aktennotiz des gleichen Tages lässt die Orientierungslosigkeit des Ordinariats erahnen:

1. Die Rechtsfragen sind trotz Bemühungen um die erforderlichen Unterlagen seit 1 Jahr noch nicht geklärt.
2. Treuhänder auf deutscher Seite muss der Caritasverbund sein (der Deutsche Verbund für die Verhandlungen mit Bonn und Indien, der Diözesanverband für die in seinem Bereich eingesetzten Mädchen).
3. Niemand weiß, wie viele Mädchen bis jetzt schon in deutschen Krankenhäusern sind und wo.
4. Die Ausbildungs- und Vergütungsfragen sind nicht geklärt.
5. Wie mitgeteilt wurde sind weitere Verhandlungen mit Indien im Gange, obwohl für die bisher schon eingesetzten Indierinnen [sic!] keine Frage richtig geklärt ist.

Auf Anfragen und Anforderungen von Unterlagen zur Klärung der offenen Fragen erfolgt in der Regel von Herrn Pfarrer Debatin keine Antwort oder erst nach wiederholter Mahnung. So ist unser Erlass vom 22.6.65 mit wichtigen Fragen noch nicht beantwortet. Dagegen liegen Beschwerden vor, u. a. befindet sich bereits ein indisches Mädchen im Augustinusheim in Freiburg.[243]

---

[240] EAF B2–1945/1551 Indische Mädchen: Brief, Rechtsabteilung Caritasverband an Ordinariat, 14.07.1965.

[241] „Die materielle Sicherung dieses Mädchens nach dem Mutterschutzgesetz ist, wie die Verhandlungen mit der Krankenkasse ergeben haben, noch ungesichert. Möglicherweise wird man Sozialhilfe in Anspruch nehmen müssen." EAF B2–1945/1551 Indische Mädchen: Brief, Rechtsabteilung Caritasverband an Ordinariat, 14.07.1965.

[242] Vgl. EAF B2–1945/1551 Indische Mädchen: Brief, Ordinariat an Rechtsabteilung Caritasverband, 16.07.1965.

[243] EAF B2–1945/1551 Indische Mädchen: Aktennotiz, Ordinariat, 16.07.1965.

Schließlich ging nach weiter mehrfacher Aufforderung im Ordinariat am 26.07.1965 ein Schreiben Debatins ein, welches er selbst auf den 01.07.1965 rückdatiert hatte.[244] In wenigen Zeilen bestätigt er, dass im Rahmen der Nirmala Aktion derzeit 73 Frauen in verschiedenen Anstalten eingesetzt seien, genaue Zahlen und Angaben der Orte könnten erst erfolgen sobald „endgültige Regelungen getroffen seien".[245] Für 127 weitere Frauen sei die Ausreisegenehmigung beantragt worden, es gebe eine Unsicherheit bei der Ausstellung der Pässe. Es sei auch beabsichtigt weitere Gruppen nach Deutschland zu holen, dabei würden die Verhandlungen von verschiedenen Stellen geführt, wie beispielsweise von den „für die Mädchen zuständigen Bischöfen".[246]

3.3.10 Die erste Zeit der Frauen in der Bundesrepublik Deutschland – Ein Einblick in die Lebensrealitäten

Zunächst gingen die Nirmala-Arbeitsmigrantinnen einfachen Tätigkeiten in den Krankenhäusern nach und lernten als Ausbildungsvorbereitung vor allem die deutsche Sprache.[247] Die ersten Erfahrungen mit Arbeitsmigrantinnen wurden von den Direktoren der beteiligten Krankenhäuser „als gut" befunden, es sei insbesondere zu erfahren gewesen, dass „die Inderinnen durch ihr freundliches Wesen zur Verbesserung der Atmosphäre auf den Krankenstationen beitragen"(Abbildung 3.9).[248]

---

[244] Vgl. EAF B2–1945/1551 Indische Mädchen: Brief, Debatin an Ordinariat, 01.07.1965.

[245] EAF B2–1945/1551 Indische Mädchen: Brief, Debatin an Ordinariat, 01.07.1965.

[246] EAF B2–1945/1551 Indische Mädchen: Brief, Debatin an Ordinariat, 01.07.1965.

[247] „Es ist notwendig, mit dem deutschen Sprachunterricht solange fortzufahren, bis die indischen Mädchen dem theoretischen Unterricht an den Krankenpflegeschulen folgen können." StAF G 1215/3 946 Anstaltsverwaltung: Niederschrift über die wesentlichen Ergebnisse der Dienstbesprechung der Direktoren der psychiatrischen Landeskrankenhäuser, 15.06.1965.

[248] StAF F23/24 972 Indische Pflegerinnen: Niederschrift über die wesentlichsten Ergebnisse der Dienstversammlung der Direktoren der psychiatrischen Landeskrankenhäuser, 29. Juli 1965.

Das von den institutionellen Stellen wahrgenommene freundliche Auftreten sagt jedoch wenig über das tatsächliche Innenleben der Nirmala-Angehörigen aus. Diese subjektive Perspektive der damaligen Zeit bleibt mangels geeigneter Überlieferungen weiterhin ein Enigma. Analog wurde aber beispielsweise in einem deutlich späteren Bericht des DCV aus dem Jahr 1971 zu Arbeitnehmerinnen aus Ostasien aus der Perspektive der betreuenden Sozialarbeiter bezeichnend festgehalten: „Die allgemeinen Integrationsschwierigkeiten im Hinblick auf Sprache, Mentalität, Lebensgewohnheit, Klima, Gesellschaftsstruktur usw., sind für viele der jungen Asiatinnen schwerer zu bewältigen, als es nach außen hin den Anschein

Die Bundesanstalt für Arbeitsvermittlung und Arbeitslosenversicherung berichtete dem Bundesminister für Arbeit und Sozialordnung über den Arbeitseinsatz der indischen Frauen wie folgt:

> Die Inderinnen, welche in Krankenanstalten des Landes Baden-Württemberg auf Initiative des Innenministeriums Baden-Württemberg unter Mitwirkung kirchlicher Stellen die Arbeit aufgenommen haben, worden von den Krankenhäusern fast durchweg gut beurteilt. Man betont ihre menschliche Hilfsbereitschaft. Es bestehen gegenwärtig lediglich noch gewisse Schwierigkeiten bei der Bewältigung körperlicher Arbeit und des Arbeitstempos.[249]

Die Inderinnen wurden in den überlasteten Krankenhäusern alsbald in die Pflicht genommen. Am 01.10.1965 trat das vom Bundestag neu beschlossene Krankenpflegegesetz in Kraft.[250] Mit dem neuen Krankenpflegegesetz wurde unter anderem die Dauer der Ausbildung von 2 auf 3 Jahre verlängert.[251] Das Innenministerium empfahl in einem Schnellbrief den psychiatrischen Landeskrankenhäusern noch vor dem Stichtag im Oktober mit einem Krankenpflegelehrgang

---

hat. Das gleichbleibend freundliche Lächeln täuscht oft darüber hinweg, dass sie unter Isolierung, Missverständnissen und Heimweh leiden, dass sie vielfach persönliche Probleme und Schwierigkeiten zu bewältigen haben, die z. T. schon in der Heimat bestanden, bzw. den Anlass zur Wanderung ins Ausland gaben." ADCV 380.40.026 Fasz.01 – Krankenpflegekräfte aus Übersee. Publikationen: Bericht, Arbeitnehmerinnen aus Ostasien in deutschen Krankenhäusern, 01.07.1971. Im Falle der Nirmala-Gruppe Tübingen waren 1968 „Spannungen und Schwierigkeiten [aufgetreten], die zu einem demonstrativen Selbstmordversuch einer Inderin geführt hätten. […] Die Mädchen seien enttäuscht, dass sie nicht zur Ausbildung als Schwesternschülerinnen zugelassen wurden und hätten ‚wohl das Gefühl, dass das Leben etwas an ihnen vorbeigehe'." BArch B149/22419 Beschäftigung indischer Arbeitnehmer in der Bundesrepublik (1959–1972): Aktenvermerk, Bundesanstalt für Arbeitsvermittlung und Arbeitslosenversicherung, 06.02.1969. Über den erwähnten Selbstmordversuch einer Inderin der Tübinger Gruppe liegen keine weitergehenden Informationen vor.

[249] BArch B149/22407 Anwerbung und Vermittlung von Arbeitskräften aus außereuropäischen Ländern: Brief, Bundesanstalt für Arbeitsvermittlung und Arbeitslosenversicherung an Bundesminister für Arbeit und Soziales, 22.03.1966.

[250] Der Krankenpflegelehrgang wurde zuvor auf Grundlage des Gesetzes über die Ausübung des Berufs der Krankenschwester, des Krankenpfleger und der Kinderkrankenschwester (Krankenpflegegesetz) vom 15.07.1957 geregelt. Vgl. 1957, 716–19.

[251] Vgl. Bundesministerium für Justiz, *Krankenpflegegesetz in der Fassung vom 20. September 1965* (Bonn: Bundesgesetzblatt, 1965), 1443–47.

zu beginnen, hinsichtlich der indischen Krankenpflegeschülerinnen wurde dezidiert festgestellt, dass „nach Auffassung des Innenministeriums die sprachlichen Voraussetzungen für die Übernahme in einen Lehrgang nunmehr erfüllt" sind.[252]

Im Juli 1965 waren inzwischen im Universitätsklinikum Heidelberg weitere 22 indische Frauen angekommen, die als Haus- und Küchenmädchen eingesetzt wurden. Die Zahl der Frauen wurde im Oktober auf die im mit dem Kultusministerium abgeschlossenen Vertrag vorgesehene Zahl von insgesamt 30 Personen erhöht.[253] Die Arbeitssituation auf den Stationen verschärfte sich hinsichtlich des Personalmangels weiterhin dermaßen, sodass 1966 im PLK Emmendingen sogar in Betracht gezogen wurde, die auf Schwesternstellen laufenden Kräfte wie Schreibhilfen und Therapeutinnen zur Aushilfe in den Sonntags- und Bereitschaftsdienst heranzuziehen.[254] Derweil wurden neue Nirmala-Gruppen angeworben, beispielsweise die Nirmala-Gruppen an die PLKs Weissenau und Reichenau sowie an das Stadtkrankenhaus Achern und das Stadtkrankenhaus Karlsruhe ab Spätsommer 1966.[255] Im gleichen Zeitraum wurden die bereits fertig ausgebildeten Nirmala-Schwestern erstmals in den Nachtwach- und Bereitschaftsdienst einbezogen. Seitens der staatlichen arbeitsgebenden Stellen wurden die Frauen im Nirmala-Regime, die keine familiäre Bindungen hatten, als flexible Arbeitskräfte ohne Ortsbindung angesehen, über deren Mobilität bei Bedarf entsprechend verfügt wurde. So wurden einige der ausgebildeten Frauen schon bald unter Absprache mit Debatin nach „dienstlichen Belangen" versetzt.[256]

---

[252] StAF G 1215/3 878 – Anstaltsverwaltung: Schnellbrief, Innenministerium Baden-Württemberg Nr. X. 6390/93, 19.08.1966.

[253] Aus der Korrespondenz der betreuenden Schwester aus Heidelberg mit dem Freiburger Ordinariat geht hervor, dass sie offiziell durch die Kliniken in der Vergütungsgruppe IX des Bundes-Angestellten-Tarifvertrages (BAT) angestellt wurden. Vgl. EAF B2–1945/1551 Indische Mädchen: Brief, Katholische Klinikseelsorge Heidelberg an Ordinariat, 13.10.1965.

[254] StAF G 1215/3 988 – Anstaltsverwaltung: Betriebsrat: Niederschriften über die Sitzungen des Betriebsrats/Personalvertretung: Niederschrift über die Sitzung der Personalvertretung PLK Emmendingen vom 17.1.1966, 20.01.1966.

[255] Vgl. GLAK G463 Wiesloch 499 Unterbringung und Beschäftigung von indischen und koreanischen Krankenpflegerinnen 1964–1981: Brief PLK Weissenau an PLK Wiesloch, 04.11.1966; StAF F23/24 972 Indische Pflegerinnen: Aktenvermerk Regierungspräsidium Südbaden, 04.10.1965; Cornelius Gorka, *100 Jahre Krankenhaus Achern – Vom städtischen Krankenhaus zum Ortenau Klinikum Achern 1913 – 2013* (Achern: Ortenau Klinikum Achern, 2013), 60.

[256] Exemplarisch: „Nach Abstimmung mit der Direktion des PLK Emmendingen und mit Pfarrer Debatin stimmt das Innenministerium zu, dass die 9 Inderinnen vom PLK Weißenau sofort zum PLK Emmendingen, das 28 Stellen für Pflegepersonal nicht besetzt hat, versetzt

Die ‚Grundsätze und Satzungen der Gemeinschaft' bestimmten durchgängig das Leben der Nirmala-Angehörigen. Dadurch war allen Gruppen gemeinsam, dass eine gemeinsame Gruppenunterbringung an den jeweiligen Standorten gewährleistet war. Die Praxis und die Erfahrungen der Gruppen unterschieden sich jedoch voneinander, da sich durch unterschiedliche Anforderungen und Gegebenheiten die Gruppen verschieden beeinflussten und sich in der Konsequenz verschiedenartige Gruppendynamiken manifestierten. Ein Bericht des Deutschen Verbands katholischer Mädchensozialarbeit e. V. zeugt davon, dass die Lebensrealität der Nirmala-Frauen nicht einfach war:

> Für die Mädchen selbst ist es schwierig, die westliche Umwelt zu verstehen und ihren Anforderungen nachzukommen. Selbst da wo die Bedingungen günstig sind, erfordert es ein großes Durchhaltevermögen, sich dem ungewohnten Leben anzupassen, die Sprachschwierigkeiten zu überwinden und vor allem den Anforderungen der Ausbildung zu genügen.[257]

Neben der Erwerbsarbeit wurde durch die Betreuerinnen und die Seelsorger der Rahmen für die religiöse Praxis der Frauen geschaffen, wobei immer auch der Spracherwerb mitschwang. Die Frauen der Nirmala-Gruppe in Heidelberg erhielten beispielsweise durch ihre Betreuerin insgesamt neun Wochenstunden Religionsunterricht.[258] Zunächst sollten die jungen Frauen die wichtigsten deutschen Gebete und Lieder lernen. Weitergehend wurde der Unterricht an den arbeitsfreien Wochentagen zunächst genutzt, um die Frauen auf die erste deutsche Beichte vorzubereiten.[259] Das Freiburger Ordinariat stellte der Nirmala-Gruppe 30 Exemplare des katholischen Katechismus und des Magnifikats zur Verfügung,

---

werden." StAF F23/24 972 Indische Pflegerinnen: Schnellbrief/Erlass X6010, Innenministerium Baden-Württemberg, 29.06.1967.

[257] ADCV 380.40.026 Fasz.01 – Krankenpflegekräfte aus Übersee. Publikationen: Bericht, Deutscher Verband katholischer Mädchensozialarbeit e. V., 27.02.1968.

[258] Vgl. EAF B2–1945/1551 Indische Mädchen: Brief, betreuende Schwester Heidelberg an Ordinariat, 26.10.1965.

[259] Debatin sah die Beichte als wichtiges Element des religiösen Lebens der indischen Frauen an, so sollten zunächst indische Priester aus Kerala die sich im Rahmen ihres Studiums oder besuchsweise in der Bundesrepublik Deutschland aufhielten den Frauen Beichtgelegenheit in der Muttersprache geben. Eine Jurisdiktionsvollmacht zum Predigen und Beichthören für die Erzdiözese im Zeitraum 22.11.1965–31.01.1966 ausgestellt auf einen Pater aus Kerala ist erhalten. Vgl. EAF B2–1945/1551 Indische Mädchen: Jurisdiktionsvollmacht, 22.11.1965. Dennoch sollten die Frauen im Laufe der Zeit auch die Beichte auf Deutsch ablegen können. Vgl. EAF B2–1945/1551 Indische Mädchen: Rundbrief, Debatin an die Seelsorger und Betreuerinnen, 15.09.1965.

mangels der Sprachkenntnisse lief der Unterricht „nur langsam und beschwerlich".[260] Allabendlich erfolgte eine kurze Betrachtung im Anschluss an das Kirchenjahr oder des Tagesheiligen auf Englisch und Deutsch. Vor den Sonn- und Feiertagen wurden die Epistel und das Evangelium gelesen und erklärt. Während der Messe sei von einer Angehörigen der Nirmala-Gruppe in der Muttersprache Malayalam gesungen worden.[261]

Auch Erholungsurlaub wurde den Frauen genehmigt, welcher nicht individuell, sondern jeweils für die ganze Gruppe erteilt wurde. Belegbar sind beispielsweise für die Tübinger Nirmala-Gruppe 14 Tage Erholungsurlaub im Mai 1966, da dahingehend die Überweisung des wegen Abwesenheit zustehenden Verpflegungsgeldes an den Vertreter der Gemeinschaft durch das Klinikenpfarramt Tübingen beantragt wurde.[262] Einige Gruppen verbrachten aber auch in Ordensmanier gemeinsam Exerzitien, wie zum Beispiel die Emmendinger Gruppe im September 1965 (Abbildung 3.8).[263] Die Pflegehelferinnen der Tübinger Nirmala-Gruppe unternahmen später auch beispielsweise eine Pilgerfahrt nach Rom.[264]

---

[260] EAF B2–1945/1551 Indische Mädchen: Brief, betreuende Schwester Heidelberg an Ordinariat, 26.10.1965.

[261] Vgl. EAF B2–1945/1551 Indische Mädchen: Brief, betreuende Schwester Heidelberg an Ordinariat, 26.10.1965.

[262] Bei dem Tagessatz von 3,57 DM entsprach die Gesamtsumme für 25 Frauen insgesamt dem Betrag von 1.249,50 DM. Vgl. UAT 389/16 Schwestern aus Indien: Brief, katholisches Klinikenpfarramt Tübingen/Neckar an die Verwaltung der Universitätskliniken Tübingen, 25.05.1966.

[263] Vgl. StAF F23/24 972 Indische Pflegerinnen: Aktenvermerk Regierungspräsidium Südbaden, 30.09.1965.

[264] Dies geschah 1968 allem Anschein nach aus versöhnlichen Gründen, nachdem es innerhalb der dortigen Nirmala-Gruppe zu Spannungen gekommen war, nachdem nicht alle Frauen für die Ausbildung der großen Krankenpflege zugelassen wurden. Vgl. BArch B149/22419 Beschäftigung indischer Arbeitnehmer in der Bundesrepublik (1959–1972): Brief, Bundesanstalt für Arbeitsvermittlung und Arbeitslosenversicherung an Bundesminister für Arbeit und Soziales, 30.07.1968.

Abbildung 3.8 Nirmala-Angehörige mit Ordensfrau aus Kerala vor Kloster St. Trudpert[265]

Über die Betreuung und die religiösen Aspekte der Lebensrealitäten innerhalb der Nirmala-Gruppen geben unter anderem zahlreiche überlieferte Rundbriefe Debatins Aufschluss, in denen er sich im unregelmäßigen Abstand an die Frauen und auch an die Seelsorger und die Betreuerinnen wandte. Debatin eröffnete sein erstes Schreiben im September 1965 an die Seelsorger und Betreuerinnen mit dem Verweis auf das Selbstverständnis der Nirmala-Aktion und der daraus resultierenden religiösen Verpflichtungen:

> Ich darf zunächst einmal hinweisen darauf, dass unsere Nirmala-Schwestern wie es ausgesprochen wurde, und in Indien auch festgelegt ist, „Ordensschwestern auf Zeit" sind. D. h. dass sie gewisse Gebetsverpflichtungen unbedingt einzuhalten haben.[266]

---

[265] Bild: PAZ4. Dies ist eines der wenigen Bilder, welches Nirmala-Angehörige in anderer Kleidung als Sari oder Arbeitskleidung zeigt. Vermutlich wurde für den Klosterkontext die Sari-Bekleidung als ‚zu freizügig' eingestuft.

[266] EAF B2–1945/1551 Indische Mädchen: Rundbrief, Debatin an die Seelsorger und Betreuerinnen, 15.09.1965.

Abbildung 3.9 Angehörige der Nirmala-Gruppe Emmendingen putzen in Arbeitskleidung ein Auto[267]

Das hieße jedoch auch, dass die Frauen nicht alle Dinge des europäischen Lebens mitmachen sollten und stattdessen den Mut aufbringen müssten, sich in manchen Dingen davon zu unterscheiden.[268] Die dahingehende Erziehung durch die Betreuerinnen und die Seelsorger sei eine unbedingte Voraussetzung des Unterfangens, so appellierte Debatin an die Betreuerinnen und die Seelsorger:

> Ohne die religiöse Ausrichtung schaffen wir es nicht. Ohne sie werden wir es nicht erreichen, dass unsere Nirmala-Schwestern ihre eigenen indischen Werte beibehalten und die positiven unseres Landes dazu gewinnen. Wenn sie aber in ihrer religiösen Grundhaltung belassen und vertieft werden, dann werden die 6 Jahre in Deutschland eine gesegnete Zeit für sie sein.[269]

---

[267] Bild: PAZ3.

[268] Vgl. EAF B2–1945/1551 Indische Mädchen: Rundbrief, Debatin an die Seelsorger und Betreuerinnen, 15.09.1965.

[269] EAF B2–1945/1551 Indische Mädchen: Rundbrief, Debatin an die Seelsorger und Betreuerinnen, 15.09.1965.

Mit dem Verweis auf die ‚Grundsätze und Satzungen der Gemeinschaft' insistierte Debatin auf Kontrolle der sozialen Kontakte.[270] Auch das Taschengeld, das
die Frauen erhielten, sollte durch die Betreuerinnen kontrolliert werden (Abbildung 3.11). Die Frauen sollten angewiesen werden ein Buch über ihre Ausgaben
zu führen. Zusätzlich sollten Ausgaben nur erfolgen, sofern die Zustimmung
der entsprechenden Betreuerin erfolgt war und die „Ausgabe im Rahmen des
Notwendigen" war, wobei als Referenzrahmen stets Kerala und die bestehenden
transnationalen Bande zu ihren Familien herangezogen werden sollte.[271]

Debatin wies zudem an, dass sich die Gruppen gegenseitig schreiben und
sich bei Möglichkeit auch besuchen sollten, um den Frauen die Gewissheit eines
„Verbundenseins" erlebbar zu machen (Abbildung 3.10).[272] Eine Verantwortliche
jeder Gruppe („Leader")[273] war zudem verpflichtet worden jeden Monat einen
Brief an ihren Bischof zu schreiben. Ebenso sollte sie monatlich einen Brief
an Debatin verfassen. Auch sprach sich Debatin dazu aus, dass es einen dauernden Kontakt zwischen den verantwortlichen Geistlichen und Betreuerinnen
geben sollte. Dahingehend werde es Konferenzen zum Austausch geben, welche
bereits durch das Innenministerium und das Kultusministerium genehmigt worden
seien.[274]

---

[270] „Keine Einzeleinladungen, keine Einladung ohne Genehmigung des zuständigen Priesters. Wichtig dürfte es auch sein, sie bei ihrer Arbeit, sowohl zu einer hingebenden Erfüllung
der Arbeit, als auch zu einer diskreten Distanz zu den Menschen zu erziehen." EAF B2–
1945/1551 Indische Mädchen: Rundbrief, Debatin an die Seelsorger und Betreuerinnen,
15.09.1965.

[271] „Auch hier [Taschengeld, Anm. d. Verf.] ist die Europäische Welt sehr verlockend und
sehr verführerisch für Menschen des Orients. Auch hier muss die Erziehungsarbeit immer
nebenher gehen. Helfen kann dabei der Hinweis darauf, dass sie mit dem Geld, das sie nach
Hause schicken, ihren Familien weitgehend helfen können. Die Nirmala-Schwestern sollen bewusst sich der Not ihrer Heimat verpflichtet wissen." EAF B2–1945/1551 Indische
Mädchen: Rundbrief, Debatin an die Seelsorger und Betreuerinnen, 15.09.1965.

[272] EAF B2–1945/1551 Indische Mädchen: Rundbrief, Debatin an die Seelsorger und
Betreuerinnen, 15.09.1965.

[273] Zur Konzeption des Nirmala-Regimes und der vorgesehenen Rolle der Gruppenanführerin siehe Kapitel 3.3.4 ‚Grundsätze und Satzungen der Gemeinschaft' – Die Konstruktion des
Nirmala-Regimes.

[274] Vgl. EAF B2–1945/1551 Indische Mädchen: Rundbrief, Debatin an die Seelsorger und
Betreuerinnen, 15.09.1965.

Abbildung 3.10 Nirmala-Gruppe Emmendingen in deutscher Gastfamilie[275]

3.3.11 „Betreuende Krankenschwestern" – Der Streit um Zuständigkeiten und Verantwortlichkeiten

Die problematische Rechtssituation der Nirmala-Organisation ließ schon bald Zuständigkeitsfragen im Zusammenhang mit der Betreuung der Frauen sichtbar werden.[276]

Im Juli 1965 hatte der Klinikseelsorger der Universitätskliniken Tübingen, Pfarrer Kirchner, die betreuende Krankenschwester Magdalena Sommer einberufen, um ihr die unerwartete Schwangerschaft einer der Nirmala-Migrantinnen zu eröffnen.[277] Im Gespräch wurde auch darüber gesprochen wie es für die Betroffene weitergehen könnte. Kirchner habe Schwester Magdalena Sommer

---

[275] Bild: PAZ3.

[276] In einigen Nirmala-Gruppen wurden Ordensschwestern durch das Innenministerium Baden-Württemberg per Gestellungsvertrag mit Ordensgemeinschaften als Betreuerinnen eingesetzt. So unter anderem für die Nirmala-Gruppe Reichenau. Dort wurde für die Betreuung eine Ordensfrau der Dominikanerinnen (Kloster Zoffingen in Konstanz) angestellt. Vgl. StAF F23/24 972 Indische Pflegerinnen: Gestellungsvertrag zwischen dem Innenministerium Baden-Württemberg und der Ordensgemeinschaft der Dominikanerinnen, 12.10.1965.

[277] Vgl. EAF B2–1945/1551 Indische Mädchen: Brief, Schwester Magdalena an Debatin, 27.08.1965.

Magdalena Sommer (Pseudonymisiert) war staatlich angestellte Krankenschwester (‚Nicht-Ordensfrau'). Im Folgenden wird Frau Sommer bewusst gemäß den archivalischen Überlieferungen als Schwester Magdalena Sommer bezeichnet, da sich hier der

Abbildung 3.11   Nirmala-Angehörige der Emmendinger Gruppe mit betreuender Krankenschwester[278]

dabei auch mitgeteilt, dass er bereits mit Pfarrer Debatin in Erwägung gezogen
hätte, sich in der Sache an eine katholische Schwesternschaft in Freiburg zu wenden. Schwester Magdalena Sommer wurde von Pfarrer Kirchner gefragt, ob sie
noch ein weiteres Haus kenne, wo die schwangere Frau gut versorgt sein würde.
Nach dem Gespräch hatte sich die betreuende Schwester „entsprechend ihres
Beschäftigungsvertrags und ihres Diensteids" verpflichtet gefühlt die vorgesetzte
Dienststelle, Herrn Direktor Hugger, von diesem Fall in Kenntnis zu setzen. Ihr

---

Konflikt der strukturellen Einbettung von Ordensschwester, Krankenschwester im Sinne
des damals tradierten religiösen Berufsbildes und moderner Krankenschwester im Sinne
einer Lohnarbeiterin kondensierte. Die beteiligten Geistlichen nannten Frau Sommer in der
Korrespondenz stets Schwester Magdalena.

[278] Bild: PAZ3.

Vorgesetzter habe wiederum die Weisung erteilt, dass sie, sobald sie eine geeignete Einrichtung für die Unterbringung gefunden habe, möglichst schnell handeln
sollte. Ohne weitere Rücksprache mit Pfarrer Kirchner oder Pfarrer Debatin
brachte Schwester Magdalena Sommer daraufhin die werdende Mutter im Juli
1965 in eine katholische Einrichtung für Mütter und Säuglinge.[279] In der Folge
der Ereignisse wandte sich Debatin an Schwester Magdalena Sommer.

Debatin warf der betreuenden Schwester in einem ersten Schreiben noch im
Juli 1965 vor, dass ihr Vorgehen zwar gut gemeint gewesen sei, aber ihr Handeln als eine Überschreitung der ihr zustehenden Kompetenzen zu werten sei,
da sie vor dem Eingreifen seine oder Pfarrer Kirchners Weisung oder zumindest
Zustimmung einholen hätte müssen.[280] Debatin betonte die hierarchische Organisation der Nirmala-Konstruktion, entsprechend sei der Verhandlungspartner für
die Universitätsklinik nach wie vor der für die gesamte Gemeinschaft zuständige
Pfarrer sowie die für die einzelnen Teilgruppen der jeweiligen Krankenhausseel-
sorger. Schwester Magdalena solle daran denken, dass es sich um eine „religiöse
Gemeinschaft" handle, deren Führung in den Händen der von den Bischöfen
aufgestellten Geistlichen liegt.[281]

Im August wurden Schwester Magdalena Sommer die Richtlinien für „eine
Zusammenarbeit zwischen dem geistlichen Leiter und den bestellten Mitarbeite-
rinnen in der Betreuung der indischen Schwestern ,Nirmala Seva Dalam' in
Tübingen" ausgehändigt.[282]

Das auf den 20.08.1965 datierte doppelseitige Dokument führt die Rolle der
Nirmala-Betreuerin in Zuständigkeit und Verantwortlichkeit aus.[283] Im ersten
Absatz wird unter Verweis auf § 2 Abs. 2 des mit der Universität Tübingen
geschlossenen „Gestellungsvertrages" die Erstverantwortlichkeit des bestellten
katholischen Geistlichen betont. Ihm stünden bei der Betreuung der Migrantinnen
vor allem die religiösen Belange und die religiöse Weiterbildung zu. Im Interesse

---

[279] Vgl. UAT 389/16 Schwestern aus Indien: Bescheinigung katholischer Einrichtung, o. D.

[280] Vgl. EAF B2–1945/1551 Indische Mädchen: Brief, Debatin an Schwester Magdalena,
08.07.1965.

[281] EAF B2–1945/1551 Indische Mädchen: Brief, Debatin an Schwester Magdalena,
08.07.1965.

[282] Vgl. EAF B2–1945/1551 Indische Mädchen: Richtlinien Betreuung, 20.08.1965; Brief,
Schwester Magdalena an Debatin, 27.08.1965.

[283] Das Dokument weist nur Schreibmaschinensignaturen von Pfarrer Debatin und Pfarrer Heinrich Kirchner auf, als Ortsangabe ist Debatins Gemeinde Stettfeld angegeben. Das
Dokument zeigt die erwartete Rolle der Betreuerin aus der Perspektive der beiden Organisatoren. Eine Einbindung der Klinikenverwaltung ist nicht ersichtlich. Vgl. EAF B2–1945/
1551 Indische Mädchen: Richtlinien Betreuung, 20.08.1965.

des Geistlichen liege auch die Gesamtbildung und -ausbildung der Frauen, wofür von ihm geeignete Fachkräfte beauftragt werden können.[284] In der Kompetenz der im Einvernehmen mit den staatlichen Behörden vom Geistlichen beauftragten Betreuerin der Gruppe stehe es, innerhäusliche Angelegenheiten wie beispielsweise „Waschen, Bügeln, Baden, Reinigen etc." zu vollziehen und zu verteilen.[285] Es solle eine zweite Arbeitskraft als zweite betreuende Schwester geben, mit der die „Arbeit und die freie Zeit" zu teilen sei.[286] Es bestehe jedoch keine Verpflichtung, dass der zweiten Schwester Kompetenzen eingeräumt werden die der ersten leitenden Kraft zustehen, beispielsweise Besprechungen mit höheren Stellen zu führen. Der für die Gruppe verantwortliche Geistliche habe jedoch das Recht auch ohne die erste und die zweite Kraft Besprechungen mit höheren Stellen zu führen, falls dies die Umstände erforderten. Weiterhin wies das Dokument darauf hin, dass die durch die Universitätsklinik genehmigte Deutschlehrerin lediglich den Auftrag habe den Deutschunterricht zu erteilen. Zwar könnten Erfahrungen in der Begegnung mit den Frauen wahrgenommen und ausgewertet werden, jedoch habe diese Person keine leitende oder bestimmende Funktion.[287] Der Unterricht sei darüber hinaus unter Absprache mit dem geistlichen Leiter zu gestalten und man habe ihn über die Fortschritte der Frauen regelmäßig zu informieren. Regelmäßige Besprechungen der Verantwortlichen der Gruppe seien erwünscht und sollten dazu führen, dass Erfahrungen ausgetauscht, verschiedene Aufgabenbereiche koordiniert und neue Ziele umrissen und angegangen werden. Um die Gemeinschaft weiter zu fördern, sollte das Klinikenpfarramt als regelmäßiger Treffpunkt genutzt werden.[288]

Ende August 1965 bestätigte Schwester Magdalena Sommer Pfarrer Debatin den Erhalt eben dieser Richtlinien, verwies in Irritation jedoch auf ihren Diensteid und ihre vertragliche Verpflichtung gegenüber ihrem Arbeitgeber: Sie stehe in einem staatlichen Beschäftigungsverhältnis und sei daher ihrem staatlichen Arbeitgeber verpflichtet, vor allem wenn es um Belange gehe, die mit

---

[284] Vgl. EAF B2–1945/1551 Indische Mädchen: Richtlinien Betreuung, 20.08.1965.

[285] EAF B2–1945/1551 Indische Mädchen: Richtlinien Betreuung, 20.08.1965.

[286] EAF B2–1945/1551 Indische Mädchen: Richtlinien Betreuung, 20.08.1965.

[287] Diese Einlassungen sind insofern interessant, da sich die Tübinger Deutschlehrerin aktiv für die Frauen einsetzen sollte. Siehe Kapitel 3.3.14. Vorzeitige Rückkehr wider Willen – Die Nirmala-Gemeinschaft als autoritäres System eines Pfarrers.

[288] „Dort [im Klinikenpfarramt, Anm. d. Verf.] sollen und können die Mädchen so oft wie möglich ihr gemeinsames Mahl einnehmen, können sich erholen und spielen, sollen sie immer wieder Gelegenheit zur Weiterbildung und zur Kontaktaufnahme mit anderen Menschen haben, sollen sie vor allem in der Kapelle dem gemeinsamen und stillen Gebet obliegen." Vgl. EAF B2–1945/1551 Indische Mädchen: Richtlinien Betreuung, 20.08.1965.

dem staatlichen Arbeitsverhältnis der Frauen selbst zusammenhingen.[289] Demnach gingen die Kompetenzen der betreuenden Schwester weit über die in den Richtlinien festgehaltenen Punkte hinaus, da sich aus dem persönlichen Verhältnis wie auch der Tätigkeit als Heimleiterin in Bezug auf gesundheitliche Belange usw. weitere Aufgabenfelder ergaben, in denen die betreuende Schwester allein ihrem Arbeitgeber verantwortlich sei. Davon abgesehen sei in Sachen religiöser und seelsorgerlicher Betreuung selbstverständlich der zuständige geistliche Leiter verantwortlich. Schwester Magdalena Sommer fasste ihre unklare Situation zwischen den Erwartungen der Kirchenvertreter und ihrem Arbeitsverhältnis in klare Worte:

> Es hat sich gezeigt, und dies zeigen die Richtlinien nochmals ganz klar, dass hier die staatliche Zuständigkeit eines kirchlichen Amtsträgers, der in ganz anderen Rechtsverhältnissen steht, sich hier derartig überschneiden, dass nur eine unabhängige, neutrale Rechtsstelle hier Klarheit schaffen kann, u. a. auch über die Frage der Rechtsgültigkeit der Richtlinien in dieser Form. Bis eine solche rechtliche Entscheidung gefällt ist, fasse ich meinen Aufgabenkreis und meine Zuständigkeit wie bisher auf und werde danach handeln.[290]

Die betreuende Krankenschwester kritisierte weiterhin das vorangegangene Verfahren mit der schwangeren Inderin. Demnach sei die Schwangere aus dem laufenden Dienst abgeholt und anschließend von einem männlichen Arzt der Universitätskliniken untersucht worden, obwohl die Mitglieder der Nirmala-Gruppe laut Anfangsvereinbarung nur von Ärztinnen untersucht werden sollten.[291] Die Untersuchung sei ohne die Inanspruchnahme der Krankenkasse abgelaufen. Nach der Untersuchung sei die weinende Inderin zurück zur Arbeit gebracht worden, später sei sie für eine weitere ärztliche Inaugenscheinnahme nochmals auf die gleiche Weise unter den Augen des Klinikpersonals abgeholt und zurückgebracht worden: „So stand das Mädchen zwischen Arbeitsplatz und Untersuchung mit ihrem Kummer allein, für ein Mädchen in diesem Zustand eine fast untragbare Belastung".[292]

---

[289] Vgl. EAF B2–1945/1551 Indische Mädchen: Brief, Schwester Magdalena Sommer an Debatin, 27.08.1965.

[290] EAF B2–1945/1551 Indische Mädchen: Brief, Schwester Magdalena Sommer an Debatin, 27.08.1965.

[291] Vgl. EAF B2–1945/1551 Indische Mädchen: Brief, Schwester Magdalena Sommer an Debatin, 27.08.1965.

[292] EAF B2–1945/1551 Indische Mädchen: Brief, Schwester Magdalena Sommer an Debatin, 27.08.1965.

Pfarrer Kirchner, der ebenso eine Abschrift von Schwester Magdalena Sommers Brief an Debatin erhielt, konfrontierte Anfang September 1965 die betreuende Schwester schriftlich damit, dass sie offensichtlich mit den Richtlinien nicht einverstanden sei und sich auch anscheinend nicht an diese gebunden fühle.[293] Nach diesen Anschuldigungen führte Pfarrer Kirchner die Verpflichtung der leitenden Schwester anhand des Nirmala-Konstrukts auf:

> Sie sind für diese Aufgabe [leitende Schwester der Nirmala-Gruppe, Anm. d. Verf.] ohne Zweifel vom Staat angestellt und haben sich ihm gegenüber auch zu verantworten. Bestellt und berufen zu dieser Aufgabe sind Sie nicht vom Staat, sondern im Grunde genommen vom Bischof von Thiruvalla, dessen verantwortlicher Mann in Deutschland Pfarrer Debatin ist, der wiederum für die jeweilige Gruppe an einem Ort einen Geistlichen als Erst-Verantwortlichen für die jeweilige Gruppe bestimmt, der die Gesamtführung der Gruppe, gleichsam stellvertretend für den Bischof von Thiruvalla aufgetragen ist.[294]

Pfarrer Kirchner verwies zudem darauf, dass sich diese „klare Definition" erst in der letzten Zeit vollends „herausgeschält" habe.[295] Diese Stellung des Geistlichen sei bei der Art des Einsatzes sehr wichtig, denn eine vom Staat angestellte und bezahlte Kraft sei von Natur aus in einer starken Abhängigkeit vom Staat. Dadurch würde die Möglichkeit bestehen, dass im Ganzen gesehen immer mehr Gruppen ohne geistliche Leitung im zunehmenden Maß in die Abhängigkeit des Staates kommen würden. Der Bischof von Thiruvalla wolle die Gruppe jedoch als religiöse Gemeinschaft gewahrt wissen. Nur unter der Prämisse einer strengen Einhaltung der ‚Grundsätze und Satzungen der Gemeinschaft' seien die Frauen „an die deutschen Institutionen gegeben worden".[296] Im Abschluss seines Briefes betonte Kirchner die im „Gestellungsvertrag" gegebene vertragliche Fixierung, wonach der verantwortliche Geistliche über die Besetzung der deutschen verantwortlichen Kraft zu bestimmen hat. Entsprechend sei es auch bei einer vom Staat

---

[293] EAF B2–1945/1551 Indische Mädchen: Brief, Kirchner an Schwester Magdalena Sommer, 02.09.1965.

[294] EAF B2–1945/1551 Indische Mädchen: Brief, Kirchner an Schwester Magdalena Sommer, 02.09.1965.

[295] EAF B2–1945/1551 Indische Mädchen: Brief, Kirchner an Schwester Magdalena Sommer, 02.09.1965.

[296] EAF B2–1945/1551 Indische Mädchen: Brief, Kirchner an Schwester Magdalena Sommer, 02.09.1965.

angestellten Schwester nicht ohne Bedeutung, wie sie sich gegenüber dem Geistlichen verhalte. Kirchner führte fort, dass dies keineswegs eine „Drohung" sein
soll, dennoch sei „diese Klärung offenbar notwendig".[297]

In ihrem Antwortschreiben nahm Schwester Magdalena Sommer den Brief
Pfarrer Kirchners zum Anlass noch einmal zu betonen, dass die Rechtslage, trotz
der Ausführungen des Pfarrers, nach wie vor unklar sei.[298] Die Rechtsverhältnisse zwischen staatlicher und kirchlicher Zuständigkeit seien so verworren, dass
es einer neutralen, unabhängigen Rechtsstelle bedürfe, um „diese verwickelten
Fäden zu entwirren".[299] Schwester Magdalena Sommer sehe die Richtlinien keineswegs für ungerechtfertigt an, wie es Pfarrer Kirchner ihr in seinem Schreiben
unterstelle. Die Rechtmäßigkeit der Form an sich stehe im Zweifel, weswegen
eine rechtliche Klärung unumgänglich sei. Dabei bezog sich Schwester Magdalena Sommer auf die Rechtsverhältnisse ihrer staatlichen Anstellung durch
den Staat mit dem Tätigkeitsfeld der Betreuung der Frauen. Von Bestimmungen,
die ihr staatlicher Arbeitgeber rechtlich bindend einem Geistlichen rechtskräftig eingeräumt habe – oder die gar eine Kündigung ihres Arbeitsverhältnisses
ermöglichten – sei sie weder unterrichtet, noch dazu angehört worden.[300]

Abschließend nahm Schwester Magdalena Sommer zu der Dissonanz zwischen den öffentlichen Darstellungen des Nirmala-Vorgangs und der von ihr
erlebten Realität der Gruppe in Tübingen Stellung: Die Nirmala-Angehörigen hätten zum Zeitpunkt ihres Versprechens vor ihrem Bischof noch nicht die deutschen
Arbeitsverhältnisse gekannt und seien vor allem von einem sofortigen Antritt
einer Ausbildung ausgegangen. So werde es auch in der indischen Öffentlichkeit präsentiert. In einem Artikel des Pressedienstes der deutschen Botschaft in
New Delhi stehe, dass die Frauen Lernschwestern seien, während sie de facto bei
der Verwaltung der Tübinger Universitätskliniken als Arbeitskräfte laufen. Weiterhin werde in diesem Artikel die Zugehörigkeit der Frauen zu einer christlichen

---

[297] EAF B2–1945/1551 Indische Mädchen: Brief, Kirchner an Schwester Magdalena Sommer, 02.09.1965.

[298] Vgl. EAF B2–1945/1551 Indische Mädchen: Brief, Schwester Magdalena Sommer an
Kirchner, 06.09.1965.

[299] EAF B2–1945/1551 Indische Mädchen: Brief, Schwester Magdalena Sommer an Kirchner, 06.09.1965.

[300] Vgl. EAF B2–1945/1551 Indische Mädchen: Brief, Schwester Magdalena Sommer an
Kirchner, 06.09.1965.

Gemeinschaft bestritten. Gemäß dem Artikel seien die Frauen nur in Deutschland, um Krankenpflege zu lernen und dann der Menschheit zu dienen.[301]

3.3.12 Gesundheitszustand der Arbeitsmigrantinnen im PLK Reichenau – „Arbeitsverwendungsfähigkeit"

Am 30.09.1965 trafen sieben Inderinnen für das PLK Reichenau in der Bundesrepublik Deutschland ein.[302] Alle Frauen waren durch die Reise stark mitgenommen, zwei davon habe man noch vor dem Willkommensgruß durch den katholischen Pfarrer ins Bett schicken müssen. Bei der kurz darauf erfolgten ärztlichen Einstellungsuntersuchung wurden bei den Frauen zahlreiche gesundheitliche Probleme festgestellt. Die Frauen hatten eine Körpergröße zwischen 146 cm und 163 cm und brachten ein Gewicht zwischen 35 kg und 47 kg auf die Waage. Neben einem vorherrschend schlechten Ernährungszustand, mit Knick- /Senkfüßen und schlechten Gebissen wurden in Einzelfällen Hypotonie, unreine Herztöne, Kyphoskoliose und in einem Fall eine Kollapsneigung festgestellt. Bei allen Frauen hatte sich beim Reinigungsbad verschieden starke Kratzeffekte gefunden, zudem bei einigen lebende Kopfläuse, bei anderen Nissen. Die Laboruntersuchung der Frauen ergab, dass fünf Frauen mit Hakenwürmern befallen waren. Zudem waren „alle mehr oder weniger stark mit Askariden- und Trichosephalus- und Peitschenwürmern verwurmt".[303] Bei fünf der Frauen traten keine akuten Krankheiten auf, bei allen bestanden durchweg niedrige Blutdruckwerte. Darauf führte man das allgemein hohe Schlafbedürfnis und die mangelnde körperliche Belastbarkeit zurück. Zwei der Frauen wurden in medizinische Behandlung gegeben: Eine Inderin wurde wegen einer hochgradigen

---

[301] Aus dem abschließenden Satz des Briefes Magdalena Sommers ist zu erkennen, in welchem Spannungsfeld sie sich in ihrer staatlichen Anstellung, aber auch als Teil der christlichen Glaubensgemeinschaft befand „Es kann einem fast Angst werden bei so viel Unklarheit, denn da wurde doch anscheinend die Deutsche Botschaft missverständlich informiert, was unserem Ansehen im Ausland sehr schaden kann. Gerade diese irreführende Veröffentlichung bewegt mich als verantwortungsbewusste katholische Christin sehr und appelliert an mein Gewissen." EAF B2–1945/1551 Indische Mädchen: Brief, Schwester Magdalena Sommer an Kirchner, 06.09.1965.

[302] Vgl. StAF F23/24 972 Indische Pflegerinnen: Aktenvermerk, Regierungspräsidium Südbaden, 04.10.1965.

[303] StAF F23/24 972 Indische Pflegerinnen: Niederschrift über die wesentlichsten Ergebnisse der Dienstversammlung der Direktoren der psychiatrischen Landeskrankenhäuser, 29.07.1965.

sekundären Anämie zur weiteren diagnostischen Abklärung in das Krankenhaus Konstanz gebracht, eine weitere Inderin wegen dem Verdacht auf eine
akute Blasen- bzw. Nierenblutung direkt in die innere Abteilung des gleichen
Krankenhauses eingewiesen.

Der Medizinaldirektor kam in seiner gesundheitlichen Begutachtung der
Frauen zum Schluss:

> Es ist fraglich, ob die zwei z.Zt. im Krankenhaus Konstanz liegenden Inderinnen über-
> haupt voll arbeitsfähig werden. Deshalb ist zu prüfen, ob man sie nicht in ihre Heimat
> zurückführt und anlässlich der Ergänzung auf die volle Zahl 10 Ersatz anfordert.[304]

Es stellte sich in den folgenden Wochen und Monaten heraus, dass die an der
Blase erkrankte Inderin wegen einer Pyozyaneus-Infektion stationär behandelt
werden musste. Wenn auch die Antibiotika-Behandlung noch keine wesentlichen
Fortschritte erzielt hatten, hatte sich bis Ende 1966 zumindest das Allgemein-
befinden nach der Cortison-Therapie erheblich gebessert. Die Stationsoberärztin
rechnete allerdings nicht mit einer Wiederherstellung der Arbeitsfähigkeit in
absehbarer Zukunft. Mithin hatte der Medizinaldirektor bereits am 29.11.1965
und am 13.12.1965 mit Debatin telefonisch Rücksprache gehalten, mit der
Bitte die kranke Frau nach Indien zurückzubringen und „außerdem vier weitere indische Pflegerinnen" zuzuweisen, „damit die vorgesehene Zahl von zehn
erreicht ist".[305] Zudem waren inzwischen bei einer anderen Inderin psychische
Auffälligkeiten in Erscheinung getreten, welche mit „Ratschlägen" behandelt
wurden.[306]

So kam der Medizinaldirektor im Januar 1966 abgesehen von Erkältungser-
scheinungen auf eine zufriedenstellende Zwischenbilanz:

---

[304] StAF F23/24 972 Indische Pflegerinnen: Brief, PLK Reichenau an das Regierungspräsidium Südbaden, 26.10.1965.

[305] StAF F23/24 972 Indische Pflegerinnen: Brief, PLK Reichenau an das Regierungspräsidium Südbaden, 25.01.1966.

[306] „Inzwischen hat sich herausgestellt, dass [eine der Inderinnen, Anm. d. Verf.] zu abnor-
men Erlebnisverarbeitungen mit deutlich psychogener (hysterischer) Note neigt. In einem
solchen Zustand verweigerte sie nach einem Missverständnis mit der betreuenden Schwester – die im Übrigen rührend um die Mädchen besorgt ist und sie liebevoll betreut – die
Nahrung und lag apathisch jammernd im Bett, störte nachts durch Stöhnen und unruhiges
Hin- und Herwälzen. Dieser Zustand klang nach einigen Tagen nach Ratschlägen von uns
ab. Kleineren Nachschwankungen wurde keine besondere Beachtung geschenkt." StAF F23/
24 972 Indische Pflegerinnen: Brief, PLK Reichenau an das Regierungspräsidium Südbaden,
25.01.1966.

Seit dem 3.1.1966 werden sie stundenweise auf Pflegeabteilungen eingesetzt, in der ersten Woche vormittags vier Stunden, seither vormittags vier, nachmittags zwei Stunden an allen Werktagen. Die Mädchen sind einsatzfreudig, allerdings sehr verspielt und zeitungebunden. Die Reaktion des übrigen Pflegepersonals ist unterschiedlich und reicht von mütterlicher Betulichkeit bis zu vereinzelter Ablehnung, die von dem Ressentiment getragen ist, dass man für diese Mädchen mehr investiere als für deutsches Personal. Der katholische Anstaltsgeistliche, Herr Stadtpfarrer Schmidt, bemüht sich mit uns verständnisvoll solche Vorurteile zu zerstreuen. Als Mangel muss angesehen werden, dass Herr Pfarrer Debatin trotz mehrfacher Bitten bisher nicht den vorgesehenen Einführungsvortrag für das übrige Personal gehalten hat.[307]

Im März 1966 wurde bei den Frauen weiterhin eine Anfälligkeit für Erkältungskrankheiten festgestellt. Die Inderin, welche schon in den Monaten zuvor psychische Auffälligkeiten gezeigt hatte, litt weiterhin an erheblichen psychogenen Manifestationen. Der Medizinaldirektor führte dazu weiter aus: „Ihr Arbeitseifer lässt zu wünschen übrig, sodass man u. U. ebenfalls an den Heimtransport denken müsste".[308]

Am 01.02.1966 wurde die an der Blase erkrankte Inderin aus der stationären Behandlung der inneren Abteilung des Krankenhauses Konstanz entlassen. Sie war jedoch nicht genesen. Im Gegenteil waren in den Tagen danach fieberhafte Verschlechterungen aufgetreten. So hatte das PLK Reichenau die „Rückführung in die Heimat angeregt".[309] Ein Termin sei bereits angesetzt gewesen, jedoch habe Pfarrer Debatin darum gebeten zunächst abzuwarten bis ein amtsärztliches Zeugnis über die Arbeitsverwendungsfähigkeit vorliege.[310] Ein Schreiben des staatlichen Gesundheitsamtes Konstanz zur Arbeitsfähigkeit der Frau wies das Leiden der Patientin als chronisch aus und kam zu dem Schluss, dass sie als Schwesternschülerin nicht geeignet sei.[311]

---

[307] StAF F23/24 972 Indische Pflegerinnen: Brief, PLK Reichenau an das Regierungspräsidium Südbaden, 25.01.1966.

[308] StAF F23/24 972 Indische Pflegerinnen: Brief, PLK Reichenau an das Regierungspräsidium Südbaden, 23.03.1966.

[309] StAF F23/24 972 Indische Pflegerinnen: Brief, PLK Reichenau an das Regierungspräsidium Südbaden, 23.03.1966.

[310] Vgl. StAF F23/24 972 Indische Pflegerinnen: Brief, PLK Reichenau an das Regierungspräsidium Südbaden, 23.03.1966.

[311] „Wie aus der hier vorliegenden Abschrift der Städt. Krankenanstalten – innere Abteilung – hervorgeht, war die Obengenannte vom 15.10.65 bis 01.02.1966 in stationärer Behandlung wegen einer nephrotischen Verlaufsform einer Nephritis und Cystopyelonephritis. Eine Ausheilung erfolgte trotz des langen Krankenhausaufenthaltes nicht, sondern eine weitere Behandlung, insbesondere mit „Decortilen", wurde nach der Entlassung empfohlen und wird auch bis heute noch fortgesetzt. […] Sie ist zurzeit nicht arbeitsfähig. Eine

Am 04.04.1966 hielt Debatin an dem PLK Reichenau die Einführungsvorträge für das Klinikpersonal. In diesem Rahmen wurde auch zwischen Direktion, Verwaltung und Betreuung mit Debatin zur „gewünschten Abberufung" der chronisch kranken Frau der Nirmala-Gruppe gesprochen.[312]

Pfarrer Debatin habe dringend gebeten die Inderin, sobald es ihr Zustand zuließe, in den Krankenpflegedienst zu übernehmen. Sollte sich aber zeigen, dass sie nicht belastungsfähig ist oder, dass sich ihre Krankheit wieder verschlechtert, sei er bereit sie in sein Pfarrheim zu übernehmen.[313] Die PLK-Verwaltung sah sich jedoch angesichts der Weisungsgebundenheit gegenüber dem Innenministerium nicht in der Lage, dem Anliegen des Pfarrers Folge zu leisten. Zudem verwies die Verwaltung auf § 3 Abs. 2 und 3 des „Gestellungsvertrages", wonach Abberufung eines Mitgliedes der Gemeinschaft auf Antrag des Innenministeriums zu erfolgen habe. Die Inderin sei seit 15.10.1965 arbeitsunfähig, krank und erhielt Krankenbezüge nach vorliegender Dienstzeit bis zum Ende der 6. Woche. Seither beanspruche sie die Leistungen der Barmer Ersatzkasse. Von dort aus werde in letzter Zeit wiederholt angerufen und es werde nach dem Gesundheitszustand und der Wiederherstellung der Arbeitsfähigkeit gefragt. Zudem sei in der Zwischenzeit ein erneutes kurzes fieberhaftes Rezidiv aufgetreten. Nach der Krankheitslage sei zu erwarten, dass die Inderin durch die Barmer Ersatzkasse in absehbarer Zeit ausgesteuert werde.[314]

Debatins Vorschlag, die Inderin als Schwesternschülerin trotzdem versuchsweise im Stationsdienst einzusetzen, wurden ärztlich-medizinische Bedenken entgegengestellt, da eine vollwertige Arbeitsbeanspruchung auf Kosten ihrer Gesundheit ginge. Die PLK-Verwaltung trat zwar der Überzeugung Pfarrer Debatins bei, dass es sich bei der Frau um ein „gutwilliges, bescheidenes, einsatz- und lernwilliges Mädchen handelt, dem man gern die Enttäuschungen des Versagens ersparen möchte", gleichzeitig sei jedoch zu berücksichtigen, dass „nicht

---

Arbeitsfähigkeit wird auch in absehbarer Zeit nicht erreicht werden." StAF F23/24 972 Indische Pflegerinnen: Brief, staatliches Gesundheitsamt Konstanz an PLK Reichenau an das Regierungspräsidium Südbaden, 16.03.1966.

[312] StAF F23/24 972 Indische Pflegerinnen: Brief, PLK Reichenau an das Regierungspräsidium Südbaden, 06.04.1966.

[313] „Er bat aus menschlichen und psychologischen Gründen von einem Heimtransport abzusehen, da dadurch nicht nur das indische Mädchen einen schweren seelischen Schock, sondern auch ihre Familie in Kerala nach Ansehen und sozialer Bewertung in ihrem angestammten Lebensbereich zu leiden hätten." StAF F23/24 972 Indische Pflegerinnen: Brief, PLK Reichenau an das Regierungspräsidium Südbaden, 06.04.1966.

[314] „Nach unserer telefonisch eingeholten Auskunft zahlt die Barmer Ersatzkasse für diese Krankheit im Ganzen 78 Wochen." StAF F23/24 972 Indische Pflegerinnen: Brief, PLK Reichenau an das Regierungspräsidium Südbaden, 06.04.1966.

nur ethische und versicherungsrechtliche Gegengründe bestehen, sondern, dass u. U. eine Verschlimmerung durch den dienstlichen Einsatz erfolgen kann, die u. U. den späteren Rücktransport oder gar die Lebenserwartung beeinträchtigt".[315] Die PLK-Verwaltung verwies zuletzt auf mögliche Regressionsansprüche von Seiten der Kassen, aber auch der Schwesternschülerinnen selbst. Debatin habe sich für den letzteren Fall aber bereit erklärt, namens der Gemeinschaft und der Angehörigen der betroffenen Inderin, eine Verzichtserklärung zu unterschreiben.[316]

Nach dem Gespräch bat der Medizinaldirektor des PLKs am 06.04.1966 das Regierungspräsidium Südbaden um Entscheidung über die Rückkehr der indischen Schwesternschülerin in „ihre indische Heimat im Sinne des „Gestellungsvertrages".[317] Mit Schreiben vom 13.04.1966 gab das Regierungspräsidium Südbaden an, dass es nicht tragbar sei, die kranke Frau weiter zu beschäftigen.[318]

Trotz der Entscheidung des Regierungspräsidiums reagierte Debatin zunächst nicht. Das PLK Reichenau wandte sich Ende Juni 1966 erneut an das Regierungspräsidium, da über die betreuende Schwester in Erfahrung gebracht worden war, dass im gleichen Monat weitere Frauen aus Kerala ankommen sollten. In Rahmen dessen bat das PLK um die Klärung der noch immer offenen Situation mit der kranken Inderin, die zu diesem Zeitpunkt nach wie vor immer noch nicht arbeitsfähig war.[319]

---

[315] StAF F23/24 972 Indische Pflegerinnen: Brief, PLK Reichenau an das Regierungspräsidium Südbaden, 06.04.1966.

[316] Vgl. StAF F23/24 972 Indische Pflegerinnen: Brief, PLK Reichenau an das Regierungspräsidium Südbaden, 06.04.1966.

[317] StAF F23/24 972 Indische Pflegerinnen: Brief, PLK Reichenau an das Regierungspräsidium Südbaden, 06.04.1966. StAF F23/24 972 Indische Pflegerinnen: Brief, PLK Reichenau an das Regierungspräsidium Südbaden, 06.04.1966.

[318] „[...] zumal nach dem amtsärztlichen Zeugnis vom 16.03.1966 die Schülerin in absehbarer Zeit nicht arbeitsfähig sein wird und für den Beruf als Schwester nicht geeignet sei." StAF F23/24 972 Indische Pflegerinnen: Brief, Regierungspräsidium Südbaden an das PLK Reichenau, 03.04.1966.

[319] „Bei den warmen sonnigen Wetter fühlt sie sich relativ wohl; anlässlich des derzeitigen Kälteeinbruches hat sich ihr Befinden wieder verschlechtert. Wir bitten, die in Aussicht gestellte Zuweisung der indischen Schwesternschülerinnen dazu zu benutzen, diese Angelegenheit zu klären. Kann man nicht auf Pfarrer Debatin einwirken, dass er sie anderweitig unterbringt? Auf jeden Fall bitten wir darum besorgt zu sein, dass uns im Ganzen wie vereinbart zehn einsatzfähige indische Hilfskräfte zur Verfügung stehen." StAF F23/24 972 Indische Pflegerinnen: Brief, PLK Reichenau an Regierungspräsidium Südbaden, 30.06.1966.

Das Regierungspräsidium wandte sich daraufhin direkt an das Innenministerium Baden-Württembergs mit der Bitte, dass Pfarrer Debatin die kranke indische
Frau „endgültig zurückzunehme".[320] Das PLK Reichenau wandte sich im August
1966 erneut an das Regierungspräsidium Südbaden, da der Vertrauensarzt der
Barmer Ersatzkasse unter der weiterhin bestehenden Arbeitsunfähigkeit der Frau
zunehmende Schwierigkeiten bereitet habe, mit dem Ziel eine Limitierung der
Krankenleistungen zu erreichen.[321]

Am 18.10.1966 wurde die betroffene Inderin auf Weisung von Pfarrer Debatin
schließlich „in ihre indische Heimat zurückgeführt".[322]

Im Dezember 1966 wurden vier weitere Inderinnen zur Ausbildung als Krankenschwestern „durch Beauftragte der Gemeinschaft ‚The Nirmala Seva Dalam'"
in das PLK Reichenau gebracht. In der ersten gesundheitlichen Begutachtung
kam der Medizinaldirektor zum Schluss: „Die Mädchen haben im Allgemeinen die Reise gut überstanden und wirkten kräftiger und interessierter als
die erste Gruppe".[323] Gleichwohl ergeht aus der deutlich kürzer ausfallenden
gesundheitlichen Bestandsaufnahme, dass zwei der Frauen wegen Verdacht auf
Mitralstenose und wegen Verdacht auf Myocarditis oder einer sonstigen parain-
fektiösen Herzbeteiligung am 09.01.1967 in das Krankenhaus Konstanz verlegt
wurden.[324]

3.3.13 Der Einsatz der Hirtenfürsorge – Kirchenamtliche Impulse der Fuldaer Bischofskonferenz im Juli 1966

Die Nirmala-Aktion hatte bereits in den ersten zwei Jahren die Problematik der
Organisation einer Arbeitsmigration innerhalb rechtlicher Grauzonen aufgezeigt.
Durch die Faktizität des Nirmala-Vorgangs innerhalb der Jurisdiktionen verschiedener deutscher (Erz-)Bischöfe stellte sich auch bei Kirchenamtsträgern die Frage
nach der Positionierung und dem weitergehenden Umgang mit der vorliegenden

---

[320] StAF F23/24 972 Indische Pflegerinnen: Brief, Regierungspräsidium Südbaden an Innenministerium Baden-Württemberg, 12.07.1966.

[321] StAF F23/24 972 Indische Pflegerinnen: Brief, PLK Reichenau an Regierungspräsidium
Südbaden, 08.08.1966.

[322] StAF F23/24 972 Indische Pflegerinnen: Brief, PLK Reichenau an Regierungspräsidium
Südbaden, 10.01.1967.

[323] StAF F23/24 972 Indische Pflegerinnen: Brief, PLK Reichenau an Regierungspräsidium
Südbaden, 10.01.1967.

[324] Vgl. StAF F23/24 972 Indische Pflegerinnen: Brief, PLK Reichenau an Regierungspräsidium Südbaden, 10.01.1967.

Sachlage.[325] Dies geschah zu der Zeit, in der sich im Rahmen der Beschlüsse des II. Vatikanums die katholischen Kirchenstruktur auch in Deutschland institutionalisierte.[326] Die Deutsche Bischofskonferenz war mit ihrer neuen Verantwortung erst mit Inkrafttreten des selbst gegebenen Statuts am 02.03.1966 arbeitsfähig geworden.[327] Der Umgang mit den Migrationsbewegungen innerhalb des Kirchenraums, vor allem aus Kerala, sollte zu einem ersten Anliegen der kirchlichen Institution werden.

Im Juli 1966 erging durch Kardinal Döpfner, dem Vorsitzenden der Fuldaer Bischofskonferenz, ein Rundbrief an die Mutterhäuser der Genossenschaften und die kirchlichen Institutionen, welche indische „Mädchen aus Übersee zur Ausbildung oder anderweitigem Einsatz aufnehmen":

> Aus ernster Hirtensorge wendet sich der deutsche Episkopat an Sie. Zunehmend kommen Mädchen aus überseeischen Ländern nach Deutschland, um hier als Krankenschwestern, medizinisch-technische Assistentinnen oder anderweitig ausgebildet zu werden.[328]

Die Involvierung des deutschen Episkopats, also die Gesamtheit der deutschen Bischöfe, welche sich in dieser Angelegenheit an die entsprechenden Stellen der eigenen Institution wendeten, zeigt, dass es sich bei der Arbeitsmigration von jungen Frauen aus außereuropäischen Ländern in die Bundesrepublik Deutschland über das Netzwerk der katholischen Kirche um ein größeres, bundesweites Phänomen handelte, in welchem die Nirmala-Aktion nur eine Facette ausmachte. Gemäß dem Schreiben war auf transnationaler Ebene bereits ein Brief an die Bischöfe der Entsendeländer hinsichtlich der schweren Bedenken dieser Form

---

[325] Hinsichtlich der Nirmala-Aktion hatte nicht zuletzt das Engagement der ersten Deutsch-Lehrerin der Tübinger Gruppe die Aufmerksamkeit der Kirchenamtsträger auf die Situation der Frauen gelenkt. Vgl. Fußnote 360 in Kapitel 3.3.14.

[326] Durch das Konzilsdekret Christus Dominus wurde erstmals konkret eine für jedes Land vorgeschriebene Bischofskonferenz als feste Institution vorgeschrieben. Während es zwar auch vor 1965 die Fuldaer Bischofskonferenz und anderweitige Zusammenkünfte der Bischöfe in Form von bischöflichen Beratungsgremien für den informellen Austausch gab, wurden die Deutsche Bischofskonferenz mit dem Konzilsdekret als „auctoritas territorialis" erstmals mit Gesetzgebungskompetenz ausgestattet. Vgl. Art. 38 in Papst Paul VI., „Konzilsdekret: Christus dominus – Über die Hirtenaufgabe der Bischöfe (deutsch)", 28. Oktober 1965.

[327] Zur Geschichte der Deutschen Bischofskonferenz siehe Deutsche Bischofskonferenz, „Geschichte der Deutschen Bischofskonferenz", o. D.

[328] EAF B2–1945/1551 Indische Mädchen: Rundbrief, Vorsitzender der Fuldaer Bischofskonferenz an Seelsorgeämter, DCV, Mutterhäuser der Genossenschaften u. a., 07.07.1966.

der Migration seitens der deutschen Bischofskonferenz ergangen.[329] Gleichwohl wurde auch versucht in dem Schreiben eine andere Perspektive dieser Migrationsbewegungen aufzuweisen, die erstmals von der eurozentristischen Wahrnehmung innerhalb der Bundesrepublik Deutschland abwich. So argumentierte das Schreiben, dass die Frauen, die dennoch nach Deutschland kommen, dies nicht tun, um eine Notlage in Deutschland zu beheben. Vielmehr strebten sie eine Ausbildung an, um später ihrem Heimatland „dienen" zu können.[330] Dies sei unbedingt zu respektieren. In jedem Falle müssten die Rahmenbedingungen der Migration im Vorfeld durch schriftliche doppelsprachige Abmachungen zu den einschlägigen Fragen festgelegt werden.[331] Weitergehend forderte der Episkopat, man solle die Vertragstreue und die Lohngerechtigkeit mit Argusaugen beobachten. Die Reisekosten sollten das Gehalt nicht zu sehr verringern, dazu sollte die Forderung, die eigenen Reisekosten zu erarbeiten, nicht den Aufenthalt in Deutschland

---

[329] Innerhalb des Schreibens an die 215 Ordinarien der Entsendeländer spricht der Episkopat in differenzierter Form mannigfaltige Bedenken hinsichtlich einer Ausbildung von Frauen aus Übersee in der Bundesrepublik Deutschland aus. Neben der Hürde des notwendigen Spracherwerbs auf berufsbedingt sehr hohem Niveau wurden auch die etwaigen Problematiken der neuen Einflüsse durch das Leben in einem kulturfremden Land aufgezeigt. Neben einer möglichen Entfremdung gegenüber der Heimat sei auch, je nachdem wohin Frauen kommen, die Gefährdung des Glaubens nicht zu vermeiden. Jedoch wird auch die Unterschiedlichkeit der Berufsbilder in verschiedenen Ländern hervorgehoben. Nach dem englischen System z. B. steht die Krankenschwester so in ihren Aufgaben eher in der Nähe des Berufsbildes des Arztes, anders als in Deutschland. Dahingehend wird arbeitsrechtlich angemerkt, dass in Deutschland abgelegte Examina nicht ohne Weiteres in den Heimatländern anerkannt werden. Darüber hinaus führten die in Deutschland im Pflegeberuf vorherrschenden praktischen Pflegeaufgaben der Krankenschwestern zudem dazu, dass die Frauen von ihrer Ausbildung enttäuscht seien. Der hiesige Arbeitskräftemangel verleite zudem dazu, dass die Frauen nicht nur zur Ausbildung eingesetzt werden, sondern „im falschen Einsatz fehlende Arbeitskräfte ersetzen müssen". Hinsichtlich der problematischen Entsendung von minderjährigen Frauen wurde auf die notwendige umfassende Übertragung des elterlichen Personensorgerechtes verwiesen, welche als Muster nach deutschem Recht dem Schreiben an die ausländischen Bischöfe angehängt wurde. Zudem könnten seelsorgerliche Schwierigkeiten daraus entstehen, dass die Frauen in nichtkirchliche Anstalten entsendet werden. Im Falle einer all dessen ungeachtet erfolgter Entsendung könne keine materielle Hilfe geleistet werden, man werde jedoch bemüht sein die Frauen seelsorglich zu betreuen. Vgl. EAF B2–1945/1551 Indische Mädchen: Rundbrief an ausländische Bischöfe, Vorsitzender der Fuldaer Bischofskonferenz, 07.07.1966 sowie AEK DBK Sekretariat der DBK 404: Diverse Dokumente.

[330] EAF B2–1945/1551 Indische Mädchen: Rundbrief, Vorsitzender der Fuldaer Bischofskonferenz an Seelsorgeämter, DCV, Mutterhäuser der Genossenschaften u. a., 07.07.1966.

[331] Der Episkopat zählte hierzu die Klärung der Zahlung der Reisekosten, der Art des Arbeitseinsatzes, des Ausbildungsganges, des Verdienstes, der Sozialversicherung, der Freizeit, der etwaigen vorzeitigen Rückkehr wegen Krankheit, Sondersituation der Familie,

verlängern. In diesem Sinne beauftragte der Vorsitzende der deutschen Bischofskonferenz den DCV mit einem expliziten Arbeitsauftrag.[332] Weiterhin wurde das
Bischöfliche Werk Misereor durch den Vorsitzenden der Bischofskonferenz angeregt, zu prüfen, ob in den Entsendeländern zusätzliche Ausbildungsmöglichkeiten
geschaffen werden könnten, und gegebenenfalls vorrangig Neugründungen bzw.
Erweiterungen entsprechender Ausbildungsstätten durch Zuschüsse zu ermöglichen seien, „damit man die Mädchen nicht unter dem Vorwand zur Ausbildung
nach Deutschland schickt, es bestünden nicht genug Möglichkeiten dazu in der
Heimat".[333]

Mithin können die Bemühungen des Episkopats als Versuch zusammengefasst
werden, die vorhandenen Migrationsprozesse unter einem verantwortungsvollen
Ansatz zu einer rechtskonformen Organisation zu steuern. Zudem sollte etwaigen
missbräuchlichem Handeln entgegnen werden. Dabei sollte eine möglichst klare
Trennlinie zu einer Deutung gezogen werden, dass die Migrationsbewegung als
Menschenhandel ausgelegt werden konnte.

Nach der Beauftragung des DCV durch die Deutsche Bischofskonferenz
wurde eine Besprechung im Freiburger Lorenz-Werthmann-Haus angesetzt.
Neben dem Generalsekretär des DCV, Georg Hüssler, und P. Bernhard Rüther[334],
Zentralvorstand des DCV, waren noch eine Mitarbeitende aus dem Seminar
für Entwicklungshilfe anwesend. Das Ergebnisprotokoll hält fest, dass sich die
Bischöfe aus Übersee gegenüber Kardinal Döpfner sehr wenig erfreut über die
Stellungnahme des deutschen Episkopats geäußert hätten. Auch weitere Fälle

---

Heimweh oder aus anderen Gründen sowie die Frage nach einem Schiedsgericht für Zwei-
felsfälle. Vgl. EAF B2–1945/1551 Indische Mädchen: Rundbrief, Vorsitzender der Fuldaer Bischofskonferenz an Seelsorgeämter, DCV, Mutterhäuser der Genossenschaften u. a.,
07.07.1966.

[332] Der DCV wurde beauftragt selbst oder durch die angeschlossenen Fachorganisationen in
ständigem Kontakt mit den beteiligten Mutterhäusern und kirchlichen Institutionen zu bleiben, die „Mädchen aus Übersee" zur Ausbildung oder zum anderweitigen Einsatz aufnehmen. Dabei solle er Regionalkonferenzen für die Betreuer abhalten, eine regionale Zusammenfassung des Sprachunterrichts verfolgen, regionale Treffen der ausländischen Frauen in
die Wege leiten sofern diese zweckmäßig seien und die Anerkennung deutscher Prüfungen
und die Möglichkeit eines Ergänzungsexamens mit den zuständigen Botschaften verhandeln.
Zudem möge der DCV Erkundigungen einholen, ob ein Ergänzungsexamen in England oder
Irland zweckmäßig sei und „in geeigneter Weise in Erfahrung zu bringen versuchen, wo etwa
in krassen Fällen Missständen nachgegangen werden muss." EAF B2–1945/1551 Indische
Mädchen: Brief, Vorsitzender der Fuldaer Bischofskonferenz an DCV, 07.07.1966.

[333] EAF B2–1945/1551 Indische Mädchen: Brief, Vorsitzender der Fuldaer Bischofskonferenz an Bischöfliches Hilfswerk Misereor, 07.07.1966.

[334] P. Bernhard Rüther OSC war seines Zeichens im Zentralvorstand des DCV und hatte u. a.
die Geschäftsführung des Katholischen Krankenhausverbandes inne.

asiatischer Arbeitsmigrantinnen unter Involvierung staatlicher und katholischen Stellen wurden besprochen.[335]

Ferner wurde bei dieser Besprechung auch explizit über die Nirmala-Aktion gesprochen. Pfarrer Debatin sei gemäß der von ihm vorgelegten Unterlagen der Auffassung gewesen, dass seine Nirmala-Organisation alle Wünsche der Bischöfe erfüllte. Sein Vorschlag sei gewesen, die Organisation in der bestehenden Form in den Caritasverband einzubauen. Eine andere Form der Betreuung sei nach Debatins Meinung nicht notwendig gewesen. Dagegen sei jedoch seitens des DCV dargelegt worden, dass sehr wohl große Bedenken gegen einen solchen Einbau bestanden. Rüther fasste seine Meinung zum weiteren Vorgehen des DCV abschließend zusammen:

> Im Ganzen bin ich der Meinung, dass wir nicht mehr behördliche Stellen einschalten als nötig, weil sich sonst u. U. keine Aktivitäten auf katholischer Seite entwickeln und wir sehr wohl diese Aufgaben, soweit sie überhaupt lösbar sind, selbst in der Hand behalten möchten.[336]

Am 26.10.1966 wurde eine DCV-Konferenz in Königstein einberufen. Der DCV setzte sich mit dem größeren Bild des damaligen Migrationsgeschehens auseinander, wobei die Migration aus Kerala nur eine Facette eines größeren Phänomens darstellte:

> Seit 2-3 Jahren kommen mehr und mehr Mädchen aus Übersee, vor allem aus Indien, Korea und Trinidad in deutsche Krankenhäuser. Sie werden von katholischen, aber in der letzten Zeit auch von staatlichen und städtischen Krankenhäusern angestellt. Die Mädchen arbeiten zunächst 1 Jahr als Stationshilfe. Sie sollen in der Zeit die deutsche

---

[335] So sei nach Absprache mit Anton Sabel, Präsident der Bundesanstalt für Arbeitsvermittlung und Arbeitslosenversicherung, und dem AA geplant, 1000 philippinische Krankenschwestern in kommunale Krankenhäuser zu bringen. Diese Frauen seien zu diesem Zeitpunkt bereits zum Teil schon in den Kliniken von Düsseldorf, Hamburg, Berlin, Frankfurt gewesen. Daraufhin hätten sich 17 philippinische Bischöfe für einen Besuch angekündigt und im DCV frage man sich nun was geschehen solle. Ein Vermittlungsversuch dieser philippinischen Frauen sei zuvor auch an die katholischen Krankenhäuser ergangen, diese hätten die Vermittlungsaktion abgelehnt. Auch die deutsche Krankenhausgesellschaft habe die Vermittlung abgelehnt. Trotzdem müsse sich der DCV nun um die Frauen kümmern und im ersten Akt zunächst die Situation klären. Vgl. ADCV 380.40.030 Fasz.01 – Krankenpflegekräfte aus Übersee. Vermischtes Schriftgut 1963–1967: Aktennotiz Besprechung im Lorenz-Werthmann-Haus Freiburg, 13.09.1966.

[336] ADCV 380.40.030 Fasz.01 – Krankenpflegekräfte aus Übersee. Vermischtes Schriftgut 1963–1967: Aktennotiz Besprechung im Lorenz-Werthmann-Haus Freiburg, 13.09.1966.

Sprache erlernen, um dann eine Ausbildung als Krankenpflegerin [sic.] zu absolvieren. Meist verpflichten sie sich noch 2 oder mehr Jahre nach der Ausbildung im Haus zu bleiben. Die Fahrtkosten werden in der Regel vom Haus vorgestreckt und im ersten Jahr vom Lohn abgehalten.[337]

Hinsichtlich der Migration von Inderinnen wurde festgehalten, dass diese, abgesehen von Debatins Nirmala-Aktion, zum Teil durch indische Bischöfe vermittelt wurden, die in direktem Kontakt zu Schwesterngenossenschaften in Deutschland stünden.[338] Probleme resultierten jedoch bei den Migrantinnen aus allen Ländern in gleicherweise daraus, dass die Häuser in erster Linie den Arbeitskräftemangel ausgleichen wollten, während die Frauen eine gute Ausbildung suchten. Die deutsche Krankenpflegeausbildung werde beispielsweise in Indien nicht anerkannt.[339] Weitere Schwierigkeiten hätten sich aus den Umstellungsschwierigkeiten auf eine „völlig ungewohnte Arbeit, einen anderen Lebensrhythmus und unbekannte Gesellschaftsformen" ergeben: „Die Mädchen sind in ihrer Mentalität nicht leicht zu verstehen, das führt zusammen mit den Sprachschwierigkeiten häufig zu sehr enttäuschenden Missverständnissen".[340]

Im Namen des DCV verfasste Rüther einen Bericht, welcher sich dem Untersuchungsgenstand über drei Kategorien näherte: Schülerinnen aus Übersee, Schwestern aus Übersee sowie die Nirmala-Schwestern aus Indien. Hinsichtlich der Nirmala-Aktion wurde festgestellt, dass arbeitsrechtliche und vertragliche Bedingungen, welche durch die Fuldaer Bischofskonferenz vorgeschrieben wurden, überall eingehalten seien. Dennoch bleibe für die Deutsche Bischofskonferenz zu prüfen, ob sie diese Aktion ausdrücklich anerkennen oder gutheißen sollte. Dahingehend sollten Experten der Indienmission einbezogen werden, zudem seien die kirchenrechtlichen Voraussetzungen einer Anerkennung zu prüfen. Obgleich der idealen Zielsetzung der Nirmala-Gruppe könne der Vorgang selbst nur als risikoreich bezeichnet werden, was auch vonseiten der Verantwortlichen zugegeben werde. So sei bereits absehbar, dass nicht alle Kandidatinnen zu

---

[337] ADCV 380.40.030 Fasz.01 – Krankenpflegekräfte aus Übersee. Vermischtes Schriftgut 1963–1967: Ergebnisprotokoll, Königstein, 26.10.1966.

[338] Vgl. ADCV 380.40.030 Fasz.01 – Krankenpflegekräfte aus Übersee. Vermischtes Schriftgut 1963–1967: Ergebnisprotokoll, Königstein, 26.10.1966.

[339] Auch in Korea sei die deutsche Krankenpflegeausbildung nur einer zweitrangigen Ausbildung gleichgestellt gewesen. Vgl. ADCV 380.40.030 Fasz.01 – Krankenpflegekräfte aus Übersee. Vermischtes Schriftgut 1963–1967: Ergebnisprotokoll, Königstein, 26.10.1966.

[340] ADCV 380.40.030 Fasz.01 – Krankenpflegekräfte aus Übersee. Vermischtes Schriftgut 1963–1967: Ergebnisprotokoll, Königstein, 26.10.1966.

einer Vollausbildung in der Krankenpflege gelangen könnten. Von den Anstaltsträgern würden die Frauen in erster Linie als Arbeitskräfte angesehen. Darüber hinaus berge das säkulare Milieu an den PLKs sowie den Universitätskliniken besondere Gefahren. Davon abgesehen bringe der Einsatz in Tuberkulose-Anstalten eigene Gefahren. Gleichwohl habe man durch die Vermittlung an Anstalten des Landes Baden-Württemberg den Vorteil, dass einheitliche arbeitsrechtliche und finanzielle Regelungen möglich seien. Es sei fraglich, ob kirchliche Häuser die Aufgabe ausschließlich übernehmen könnten, da es inzwischen eine große Anzahl an Nirmala-Schwestern gebe. Zu prüfen seien die Ausbildungsfragen, die Frage nach geeigneten Ausbildungsträgern und allen voran die Frage nach der Rechtsform der Nirmala-Gesellschaft.[341]

Im Sommer 1967 wandte sich der Vorsitzende der Fuldaer Bischofskonferenz, Kardinal Döpfner, an Erzbischof Schäufele, mit der Bitte die noch immer ungeklärten Fragen zum Einsatz der indischen Frauen in Deutschland, insbesondere soweit sie der Nirmala-Gruppe angehörten, zu klären.[342] Daraufhin richtete das Ordinariat Freiburg am 23.07.1967 eine Konferenz aus, an der die Vertreter des Deutschen Caritasverbandes sowie die Geistlichen teilnahmen, welche die Nirmala-Gruppen an ihrem Ort betreuten.[343]

Das einseitige Ergebnisprotokoll der Konferenz[344] gibt Aufschluss über die Situation der Nirmala-Aktion im Sommer 1967. Demnach waren zu diesem Zeitpunkt „267 ind. Mädchen aus Kerala, alle katholisch, teils aus dem lat., teils aus dem syro-malankarischen Ritus in Deutschland".[345] Sie seien durch ihre Bischöfe ausgewählt und entsandt worden, weitere Gruppen sollten folgen. Zweck des 5-

---

[341] „Die finanziellen Transaktionen scheinen sowohl eine verantwortliche Rechtsform (eingetragener Verein) als auch eine Aufsicht und eine Rückendeckung notwendig zu machen." Vgl. EAF B2–1945/1551 Indische Mädchen: Bericht „Indische Mädchen in Deutschland", 20.04.1967.

[342] Vgl. EAF B2–1945/1551 Indische Mädchen: Brief, Ordinariat an DCV, 30.05.1967.

[343] Vgl. EAF B2–1945/1551 Indische Mädchen: Ergebnisprotokoll der Konferenz vom 23.07.1967, 07.07.1967.

[344] Auffällig ist in diesem Kontext, dass bei der Konferenz kein Vertreter der beteiligten staatlichen Institutionen anwesend war. Umso weniger verwundert es, dass bei dieser Konferenz hinsichtlich des Zwecks der Nirmala-Aktion der eigentliche Ursprungsimpuls des Innenministeriums, dem Pflegenotstand an den staatlichen Krankenhäusern zu entgegnen, im besagten Protokoll nicht aufgeführt wird. Vielmehr kann aus dem vorliegenden Protokoll das innerhalb der kirchlichen Institution vorherrschende Narrativ einer Missionsentsendung der Frauen gelesen werden.

[345] EAF B2–1945/1551 Indische Mädchen: Ergebnisprotokoll der Konferenz vom 23.07.1967, 07.07.1967.

bis 6-jährigen Aufenthaltes sei zum einen die Fachausbildung in der Krankenpflege mit deutschem Abschluss, zum anderen die „positive Entwicklungshilfe
durch Hinführung junger Inderinnen zu europäischer Auffassung von Arbeit,
sozialer Hilfe und Verantwortung, religiöser Betätigung usw.".[346]

Im Rahmen der Konferenz wurde innerkirchlich die Annahme übernommen,
dass die Nirmala-Konstitution nur vorläufig aufgestellt worden sei und eine langfristige Lösung bzw. die kirchenrechtliche Verankerung in der Einleitung des
Vorgangs nicht gegeben war. Die gewählte Form der Organisation sollte demnach
nur ein Provisorium gewesen sein, welches von Pfarrer Debatin im Benehmen mit
den indischen Bischöfen für die Ermöglichung des Migrationsvorgangs genutzt
worden war.[347] Dieses nun aber rechtlich bestehende Problem transformierte
die Frage nach dem legitimen kirchenamtlichen Verantwortungsbereich und dem
davon ausgehend erforderlichen Handeln.

3.3.14 Vorzeitige Rückkehr wider Willen – Die Nirmala-Gemeinschaft als autoritäres System eines Pfarrers

Die Sanktionen im Falle von ‚Fehlverhalten' der Inderinnen oder im Falle der
Verletzung der ‚Grundsätze und Satzungen der Gemeinschaft' sind kaum zu
rekonstruieren. Der Vorfall der Schwangerschaft einer der Migrantinnen im Sommer 1965, der eigentlich durch das Regelwerk verhindert werden sollte, stellte
bereits einen paradigmatischen Vorfall dar, der ungeklärte Zuständigkeiten und
die Problematik der Entscheidungshoheiten und damit gleichzeitig die Schwä-
chen der Nirmala-Konstruktion innerhalb der beteiligten Institutionen sichtbar
machte.[348] Gleichwohl ergeht aus der Aktenlage, dass auch einige Frauen der
Nirmala-Gruppen aus „disziplinären Gründen", wegen der Nichteinhaltung der
‚Grundsätze und Satzungen der Gemeinschaft', nach Kerala zurückgeschickt wurden.[349] Gemäß einem Schreiben vom 09.12.1966 hatte Debatin im Winter bereits
die Tübinger Nirmala-Gruppe besucht und die Gruppe maßregelnd gebeten „sie

---

[346] EAF B2–1945/1551 Indische Mädchen: Ergebnisprotokoll der Konferenz vom
23.07.1967, 07.07.1967.

[347] Vgl. EAF B2–1945/1551 Indische Mädchen: Ergebnisprotokoll der Konferenz vom
23.07.1967, 07.07.1967.

[348] Vgl. Kapitel 3.3.10. Die erste Zeit der Frauen in der Bundesrepublik Deutschland – Ein
Einblick in die Lebensrealitäten.

[349] Vgl. StAF F23/24 972 Indische Pflegerinnen: Brief, PLK Reichenau an das Regierungspräsidium Südbaden, 10.01.1967.

möchte einem guten Gehorsam und im Geist der Gemeinschaft sich nun verhalten".[350] Nachdem es zu weiteren Regelverstößen gekommen war, wandte sich Debatin schriftlich an die Gruppe:

> Ich muss erfahren, dass Ihr drei Euch daran nicht haltet, dass Ihr offen ungehorsam seid und durch Euer ungutes Beispiel das Leben der Gruppe in Tübingen negativ beeinträchtigt. Euer Beispiel und Verhalten und Eure Worte schaden der Gruppe. Da ich nicht dulden kann, dass eine Schwester sich gegen die Anordnungen der Betreuung auflehnt und die Gruppe durch solches Beispiel schlechter wird – und da ich Euch zum zweiten Male gesagt habe, dass ich Schwestern, die sich weiterhin in so schwerer Weise gegen die [sic.] Geist der Nirmala-Gemeinschaft vergehen, nach Hause geschickt werden, bestimme ich, dass Ihr drei mit dem Flugzeug der Air India bald nach Hause fliegt.[351]

Bei den Frauen handelte es sich zum einen um die Gruppenanführerin („Leader")[352] der Tübinger Nirmala-Gruppe sowie zwei weitere Frauen. Debatins allein getroffene Entscheidung zur Rückkehr der Frauen zeichnet das Bild einer rigoros autoritären Durchsetzung der ‚Grundsätze und Satzungen der Gemeinschaft' ohne weitere Kontrollmechanismen. Die Frauen, welche sich den Folgen beugen mussten, waren den Entscheidungen des Pfarrers schutzlos ausgesetzt. Rechtsstaatliche Möglichkeiten, beispielsweise gegen die Entscheidung der aufoktroyierten Heimkehr über neutrale Stellen entsprechende Rechtsmittel einzulegen, waren den Betroffenen nicht möglich, da durch die Beschäftigung im Rahmen eines Gestellungsvertrags keine Vertragsbindung der einzelnen Frauen mit den Kliniken einklagbar war. Für Debatin hatte die Konsequenz der von ihm verordneten Heimkehr auch die Funktion einer Bestrafung der Frauen:

---

[350] UAT 389/16 Schwestern aus Indien: Brief, Debatin an Tübinger Nirmala-Gruppe, 09.12.1966.

[351] UAT 389/16 Schwestern aus Indien: Brief, Debatin an Tübinger Nirmala-Gruppe, 09.12.1966.

[352] Die Aufgabe der Leader war unter anderem einen monatlichen Bericht zu verfassen. Debatin ordnete die Rolle und die eingeräumten Kompetenzen der Leader vor den Frauen wie folgt ein: „Die Leader hat vorzudienen, nicht zu herrschen. Die Leader hat eine Hilfe zu sein für die Ammachi [Ammachi bedeutet auf Malayalam „Mutter" und ist das Gegenstück zu Appachen, dem „Vater", wie sich Debatin selbst gegenüber den Nirmala-Frauen nannte; Anm. d. Verf.]. Sie hat keine besonderen Rechte, z. B. Besuche einzuladen ohne Wissen der Ammachi oder des Pfarrers. Ich möchte den Leaders danken, die ihre Arbeit selbstlos tun." EAF B2–1945/1551 Indische Mädchen: Rundbrief Debatin an die Nirmala-Gruppen, 03.11.1966.

Ich bedaure sehr, dass ich diese Maßnahme aussprechen muss. Ich bedaure es auch im Interesse Eurer Familien und Eures Landes, dem Ihr einen schlechten Dienst erwiesen hat [sic.]. Ich hoffe, dass Ihr aus Euren Fehlern lernt und im Geist einer ehrlichen Reue in der Heimat besseren Willen zeigt.[353]

Ohne Zweifel galt die Strenge der Entscheidung nicht nur den von der erzwungenen Heimkehr betroffenen Frauen.[354] So lag in der Entscheidung eine klare Kommunikation gegenüber den verbleibenden Frauen in der Bundesrepublik Deutschland, welche hinsichtlich der zwingenden Einhaltung der ‚Grundsätze und Satzungen der Gemeinschaft' Druck aufbaute.[355] Die ehemalige Deutschlehrerin der Tübinger Gruppe, welche sich während des gesamten Vorgangs für die Inderinnen einsetzte, schilderte die Vorkommnisse aus ihrer Sicht in einem Schreiben an das Freiburger Ordinariat:

Am 17.12.1966 wurden von einem Tag zum anderen, ohne Einschaltung der deutschen Ausländerbehörden und unter diskriminierenden Umständen – man könnte von Freiheitsberaubung sprechen – drei Inderinnen der Tübinger Gruppe mit der Begründung, aufsässig gewesen zu sein, nach Indien zurückgeschickt. Auch die Eltern der Mädchen in Indien waren nicht benachrichtigt worden. Die Mädchen mussten als „Gezeichnete" in ihre Familie zurückkehren. [...] Über kirchliche Stellen, besonders über die CAJ Stuttgart, Herr Kaplan Stöfflmaier, habe ich mich bemüht, eine Abrechnung über die Einkünfte der drei Mädchen während ihres Aufenthaltes in Deutschland zu erhalten. Nach allen Abzügen, auch dem erzwungenen Rückflug, hat jede von ihnen nach meiner Rechnung noch rund 2000 DM zu erhalten. Auch die Eltern der

---

[353] UAT 389/16 Schwestern aus Indien: Brief, Debatin an Tübinger Nirmala-Gruppe, 09.12.1966.

[354] Debatin war klar, dass eine außerplanmäßige Rückkehr der Frauen ein soziales Stigma für die Frauen und ihre Familien bedeutete. So bat Debatin die deutschen Behörden, die aufgrund des arbeitsuntauglichen Gesundheitszustands eine Inderin nach Kerala zurückführen wollten, davon „aus menschlichen und psychologischen Gründen [...] abzusehen, da dadurch nicht nur das indische Mädchen einen schweren seelischen Schock, sondern auch ihre Familie in Kerala nach Ansehen und sozialer Bewertung in ihrem angestammten Lebensbereich zu leiden hätten." Vgl.StAF F23/24 972 Indische Pflegerinnen: Brief, PLK Reichenau an das Regierungspräsidium Südbaden, 06.04.1966.

[355] „Liebe Nirmala-Schwestern! Euch will ich ein Wort schreiben zur Heimkehr der drei aus Eurer Gruppe. Ihr wisst, dass ich Euch herzlich gebeten habe, Ihr möchtet in Eurem Interesse Euer Leben nach den principles der Nirmala-Gemeinschaft und im Geist des Gehorsams aufbauen. [...] Euch bitte ich: helft nun alle miteinander, dass Eure Gruppe wieder gut und froh wird. Seid offen und gehorsam zu Eurem Appachen und zu Eurer Ammachi. Betet mehr als bisher und macht gut, was Ihr vielleicht mit falsch gemacht habt. Ich hoffe, dass ich in Zukunft keine solche schweren Entscheidungen mehr treffen muss wie heute. Betet für die drei, dass sie in ihrer Heimat das gut machen, was sie hier verdorben haben." UAT 389/16 Schwestern aus Indien: Brief, Debatin an Tübinger Nirmala-Gruppe, o. D.

Mädchen in Indien haben Herrn Pfarrer Debatin um eine Abrechnung gebeten. Alles blieb ohne Erfolg: den Eltern wurde nicht geantwortet, die Dame war im Urlaub, die die Abrechnungen macht, auf erneute Anfrage wurde der Bischof der Mädchen vorgeschoben, er sei zuständig, zuletzt antwortete Herr Pfarrer Debatin der CAJ überhaupt nicht mehr, obgleich diese ihn nachdrücklich darauf hinwies, dass jeder Arbeitnehmer in Deutschland gesetzlich Anrecht auf eine Lohnabrechnung hat, die die Klinikenverwaltung in Tübingen nicht ausstellen konnte, da Herr Pfarrer Debatin für diese Dinge immer voll verantwortlich zeichnete. Inzwischen war Bischof Athanasius aus Tiruvalla, der Bischof der Mädchen hier. Ich sprach mit ihm und er versprach mit Herrn Pfarrer Debatin zu sprechen. Eine spätere telefonische Rücksprache mit dem Bischof ergab, dass Herr Pfarrer Debatin das Geld überweisen werde. Nichts erfolgte.[356]

Aus einem Rundbrief von 1967 an alle Nirmala-Gruppen geht hervor, dass neben den erwähnten drei Frauen aus Tübingen bis Ende 1966 noch eine weitere Frau, die Gruppenanführerin der Nirmala-Gruppe am PLK Reichenau, nach Kerala zurückgeführt worden war.[357] Wie bei den anderen Fällen sind die Hintergründe dieses Falls nicht weiter überliefert.[358] Dennoch sticht heraus, dass es sich bei den bekannten zwei von vier betroffenen Frauen, welche erzwungen zurückgeführt wurden, um Gruppenanführerinnen („Leader") handelte, welche in institutioneller Sicht der Nirmala-Konstruktion eine Verantwortung für die anderen Frauen übernahmen und auch als deren Interessenvertreterinnen handelten.

In der Korrespondenz der ehemaligen Deutschlehrerin der Nirmala-Gruppe Tübingen mit dem Freiburger sowie dem Rottenburger Ordinariat sowie an das Erzbischöfliche Ordinariat München und Freising wird geschildert, dass die Frauen den Rückflug gemäß den ‚Grundsätze und Satzungen der Gemeinschaft' selbst zu tragen hatten. Dies habe bedeute, dass diese Frauen nach ihrer Rückkehr von ihrem Arbeitseinsatz in der Bundesrepublik Deutschland keinerlei Geld übriggehabt hätten.[359]

Aus den Briefen geht weiterhin hervor, dass aufgrund der intensiven Bemühungen der Tübinger Deutschlehrerin um eine „Wiedergutmachung" auch eine andere Kirchenstelle sich einsetzte, um die zurückgeführten Frauen gleichsam zu

---

[356] EAF B2–1945/2492 Nirmala-Vereinigung e. V. – Indische Mädchen: Brief, ehemalige Deutschlehrerin der Tübinger Gruppe an Weihbischof Gnädiger, 25.08.1970.

[357] EAF B2–1945/1551 Indische Mädchen: Rundbrief an alle Nirmala-Gruppen, Januar 1967.

[358] Gleichwohl wird der Vorfall durch den zuständigen Medizinaldirektor in einem Nebensatz an das Regierungspräsidium gemeldet. Vgl. StAF F23/24 972 Indische Pflegerinnen: Brief, PLK Reichenau an das Regierungspräsidium Südbaden, 10.01.1967.

[359] EAF B2–1945/1551 Indische Mädchen: Brief, ehemalige Deutschlehrerin der Tübinger Gruppe an Erzbischof Döpfner, 09.01.1966.

rehabilitieren.[360] Der erste Versuch der Deutschlehrerin, die zwei Frauen über einen baden-württembergischen Landrat in eine Ausbildung zu bringen, wurde durch Pfarrer Debatin vereitelt.[361] Nach Vermittlung durch Kardinal Döpfner und durch die materielle Hilfe durch die Deutschlehrerin selbst war es gelungen, zwei der Frauen auf ihren eigenen ausdrücklichen Wunsch hin wieder nach Deutschland zu holen, um ihnen in München eine Ausbildung zur Krankenschwester zu ermöglichen.[362] Die dritte zurückgeschickte Frau wollte trotz des Angebots einer Rückkehr in ein deutsches Ausbildungsverhältnis in Indien bleiben.[363]

Debatin wandte sich nach der erzwungenen Rückkehr in einem deutlichen Appell an die verbleibenden Frauen:

> Bleibt gute Inderinnen, seid gute Nirmala-Schwestern. Haltet Abstand von den Menschen und Dingen, die in Deutschland nicht gut sind. Denkt daran: Ihr wirkt umso lächerlicher je mehr Ihr das Europäische nachmachen wollt. Ihr wirkt umso besser und freundlicher, als Ihr echte und gute Inderinnen seid.[364]

---

[360] Allein im DAR sind 19 Briefe der ehemaligen Deutschlehrerin der Tübinger Gruppe erhalten. Die mehrseitigen, in sauberer Schreibmaschinenschrift unter enger Setzung verfassten Dokumente zeugen von messerscharfen Argumentationslinien. Dabei verfolgte die ehemalige Deutschlehrerin in einer renitenten Weise die kirchenrechtliche Klärung des Nirmala-Statuts und monierte gegebene Gerechtigkeitsfragen. Viele der Briefe wurden durch das Ordinariat nicht beantwortet, dennoch schrieb die ehemalige Deutschlehrerin der Tübinger Gruppe weiterhin in einer Monatstaktung verschiedene Instanzen des Ordinariats an. Dabei führte sie ihr Engagement für die Inderinnen als konvertierte Katholikin stets auf ihren Glauben zurück: „Meinem Brief darf ich ein Wort aus dem Konzilsdekret über die dogmatische Konstitution der Kirche vorausschicken, nach dem die Laien ‚die Möglichkeit, bisweilen auch die Pflicht‘ haben, ‚ihre Meinung in dem, was das Wohl der Kirche angeht, zu erklären.‘ (Kap. 4, Ziff.37). Von dieser Möglichkeit bzw. von dieser Pflicht glaube ich Gebrauch machen zu dürfen wegen der indischen ‚Nirmala Gemeinschaft‘ angehenden Fragen und Probleme". DAR F98/Indische Mädchen-Gemeinschaft „Nirmala-Seva-Dalam" 1964–1970: Brief, ehemalige Deutschlehrerin der Tübinger Gruppe an Domkapitular Weitmann, 29.04.1966.

[361] „Irgendwie erfuhr Pfarrer Debatin davon, setzt er sich mit Landrat in Verbindung, dieser widerrief daraufhin seine Zusage." AEK DBK Sekretariat der DBK 203/II: Aktenvermerk, Ordinariat Köln, 19.06.1967.

[362] Vgl. AEK DBK Sekretariat der DBK 203/II: Brief, Erzbischöfliches Sekretariat München an Ordinariat Köln, 21.07.1967.

[363] Vgl. DAR F98/Indische Mädchen-Gemeinschaft „Nirmala-Seva-Dalam" 1964–1970: Brief, ehemalige Deutschlehrerin der Tübinger Gruppe an Domkapitular Weitmann, 29.04.1966.

[364] EAF B2–1945/1551 Indische Mädchen: Rundbrief an alle Nirmala-Gruppen, Januar 1967.

3.3.15 1968 – Überprüfung der Nirmala-Aktion in der Bundesrepublik Deutschland durch den indischen Staat

Nach einem Aktenvermerk des Freiburger Ordinariats zählten im ganzen Bundesgebiet im Jahr 1968 rund 300 Krankenschwestern zu den Nirmala-Gruppen.[365]

Anfang 1968 sah sich Pfarrer Debatin gesundheitlicher Probleme ausgesetzt, wobei vermutlich die kumulierenden Umstände rund um die Organisation des Nirmala-Vorgangs ihren Teil beigetragen hatten. So wurde ihm nach Vorlage einer ärztlichen Bescheinigung, welche Debatin einen körperlichen und nervlichen Erschöpfungszustand attestierte, durch das Ordinariat ein Kuraufenthalt von mehr als einem Monat genehmigt.[366]

Im gleichen Jahr, vier Jahre nach Einleitung des Vorgangs, sollte eine Überprüfung der Nirmala Aktion durch den indischen Staat erfolgen, nachdem in indischen Presseberichten behauptet wurde, dass die Inderinnen in der Bundesrepublik Deutschland wegen der schlechten Bedingungen nach Indien zurückkehren wollten. In der Folge gingen in der Indischen Botschaft in Bonn sowie bei der Regierung Keralas zahlreiche Anfragen ein.[367] Dies führte den stellvertretenden indischen Gesundheitsminister Murthy dazu, die staatliche Untersuchung der Angelegenheit öffentlichkeitswirksam im indischen Parlament bekanntzugeben.[368] Die Indische Botschaft Bonn wandte sich postalisch an die ihnen bekannten Krankenhäuser, in denen Nirmala-Gruppen beschäftigt waren, um Informationen über das Ausbildungsverhältnis und die damit einhergehende berufliche Zertifizierung der Frauen einzuholen.[369] Zudem wurden Frauen aus

---

[365] Vgl. EAF B2–1945/1551 Indische Mädchen: Aktenvermerk, Freiburger Ordinariat, 17.09.1968.

[366] Vgl. EAF Personalakte Debatin, H.: Brief, Ordinariat an Debatin, 28.03.1968.

[367] Vgl. PAA B92 Band 441: Fernschreiben Nr. 621, 1970.

[368] Vgl. BArch B149/22419 Beschäftigung indischer Arbeitnehmer in der Bundesrepublik (1959–1972): Artikel, FAZ, 23.04.1968.

[369] UAT 389/16 Schwestern aus Indien: Brief, Indische Botschaft Bonn an Universitätskliniken Bonn, 04.06.1968. Die Verwaltung der Tübinger Universitätskliniken beantwortete das Schreiben in Rücksprache mit Pfarrer Debatin wie folgt: „1. Alle Schwestern haben die 1-jährige Krankenpflegeausbildung durchlaufen und nach Ablegung der Prüfung die staatliche Anerkennung als Krankenpflegehelferinnen erhalten. Ein Teil der Schwestern, die die nötige Begabung haben, besuchen weiterhin bis zum Jahre 1970 die Krankenpflegeschule und erhalten dann nach Bestehen der Prüfung die staatliche Anerkennung als Krankenschwester; 2. Die staatliche Anerkennung als Krankenpflegehelferin bzw. Krankenschwester wird vom Reg. Präsidium Südwürttemberg-Hohenzollern- Abt. Gesundheitswesen – in Tübingen für

der Nirmala-Gruppe Bonn befragt. In der Angelegenheit wurden auch die verfasste Kirche Indiens einbezogen: Zwischen dem indischen Episkopat und der indischen Ministerpräsidentin Indira Gandhi wurde Kontakt hergestellt.[370]

Mit Abschluss der Untersuchung wurde seitens des indischen Staates festgestellt, dass 262 Frauen aus Kerala im Rahmen der Nirmala-Aktion in die Bundesrepublik Deutschland gereist waren, um im Pflegesektor ausgebildet zu werden und dort zu arbeiten. Ihre Lebens- und Arbeitsbedingungen wurden im Rahmen der behördlichen Prüfung als befriedigend befunden.[371] In der abschließenden Beantwortung der schriftlich gestellten Frage vor dem Parlament *Lok Sabha* heißt es:

> Full enquires have been made regarding the terms and conditions of the training of these girls at Bonn and they appear to be quite satisfactory. No instances have ever come to the notice of Government of any atrocities being inflicted on these girls. Under German law, it is necessary for foreign nationals, when they wish to marry German nationals, to obtain certificate from their respective Missions to the effect that they are eligible to marry. The allegation that they are being made to solemnize marriages, either forcibly or otherwise, appears therefore to be quite incorrect. No complaints have been received from the girls who have gone to Germany under their own arrangements and they all appear to be happy. Officers of Government in the course of their official duties, had occasion to meet some of these girls at student functions, etc., and have so far not received any complaints from them. No complaints from any of these girls, have been communicated to Government nor any complaint made to the Government of Kerala.[372]

Zeitgleich zu dieser Überprüfung durch die indischen Behörden fiel im Jahr 1968 in Deutschland die Gründung eines eingetragenen Vereins durch Nirmala e. V. durch kirchliche Akteure gemäß dem Beschluss der Plenarkonferenz vom 28.02.-04.03.1966 des deutschen Episkopats.[373] Die Vereinsgründung sollte in den

---

die hier tätigen Schwestern erteilt". UAT 389/16 Schwestern aus Indien: Brief, Universitätskliniken Bonn an Indische Botschaft Bonn, 21.06.1968.

[370] Vgl. UAT 389/16 Schwestern aus Indien: Brief, Universitätskliniken Bonn an Indische Botschaft Bonn, 21.06.1968. Über Details dieser Interaktion ist nichts überliefert. Eine Involvierung des deutschen Episkopats in der staatlichen Untersuchung durch den indischen Staat im Jahr 1968 ist aus der Aktenlage nicht ersichtlich.

[371] Vgl. PAA B92 Band 441: Fernschreiben Nr. 621, 31.08.1970.

[372] BArch B149/22419 Beschäftigung indischer Arbeitnehmer in der Bundesrepublik (1959–1972): Schreiben der indischen Botschaft mit Schreiben zur Unstarred Question No.5831, Fourth Session 1968 of the Lok Sabha, 23.12.1969.

[373] Vgl. EAF B2–1945/2492 Nirmala-Vereinigung e. V. – Indische Mädchen: Brief, Freiburger Erzbischof an Kardinal Gracias, 02.06.1970.

nächsten Jahren das etablierte und autoritär gelenkte Nirmala-Regime Debatins massiv irritieren und auch den Pfarrer an den Rand seiner Kräfte bringen.

3.3.16 Der Nirmala e. V. – Eine neue Rechtsstruktur

Die Idee, den Nirmala-Vorgang in die rechtliche Form eines eingetragenen Vereins zu bringen, findet sich zum ersten Mal in einem Schreiben der ehemaligen Deutschlehrerin der Nirmala-Gruppe Tübingen an Erzbischof Döpfner.[374] Einige ihrer Briefe wurden durch das Münchner Ordinariat auch an das Freiburger Ordinariat weitergeleitet. In einem dieser Briefe aus dem Januar 1966 war der ehemaligen Deutschlehrerin die Verwaltung der Gelder der Nirmala-Gruppen von zentraler Bedeutung, wobei sie eine Vereinsstruktur als potentielle Rechtsform erwähnte, die qua ihrer Rechtskonstitution zwangsläufig eine Prüfung der Geldtransaktionen erforderte.[375] Diese Idee wurde von zahlreichen kirchlichen Stellen fortan bis zur Vereinsgründung weitergetragen.[376]

Auf Aufforderung des Vorsitzenden der Fuldaer Bischofskonferenz Kardinal Döpfner rief Domkapitular Schäuble am 23.06.1967 eine Besprechung ein, die der Vereinsgründung vorhergehen sollte.[377] Hier wurde neben dem Beschluss

---

Der kirchenamtliche Auftrag zur Vereinsgründung erfolgte durch Kardinal Döpfner als Vorsitzender der Fuldaer Bischofskonferenz, nachdem er im Amt des Erzbischofs von München und Freising auf Bitten der Tübinger Deutschlehrerin zwei durch Debatin unter Zwang zurückgeführte Nirmala-Angehörige rehabilitiert hatte. Siehe Kapitel 3.3.14. Vorzeitige Rückkehr wider Willen – Die Nirmala-Gemeinschaft als autoritäres System eines Pfarrers. Ob die Vereinsgründung letztendlich in Auftrag gegeben wurde, da eine Satzung der Vereinigung fehlte, oder da es Missstände gab, die man beheben wollte, ist aus den Akten nicht zu erheben.

[374] Die Deutschlehrerin wandte sich in vielen Briefen an die verfasste Kirche der Bundesrepublik Deutschland, u. a. an Erzbischof Döpfner, demgegenüber sie sie die unklare Rechtsituation der Nirmala-Gemeinschaft und die daraus resultierende Willkür, derer sich die Frauen ausgesetzt sahen, anklagte. Siehe Fußnote 360 in Kapitel 3.3.14.

[375] Vgl. EAF B2–1945/1551 Indische Mädchen: Brief, ehemalige Deutschlehrerin der Tübinger Gruppe an Erzbischof Döpfner, 09.01.1966.

[376] Im Folgenden wird zur besseren Differenzierung und in Anklang an die archivalischen Überlieferungen von *dem* Nirmala-Vereinigung e. V. in Bezug auf den weltlichen Verein gesprochen. Dies erfolgt in Abgrenzung zu *der* Nirmala-Gemeinschaft als christliche Vereinigung.

[377] Geladen wurden neben dem DCV Generalsekretär Hüssler, Pater Bernhard Rüther und Hubert Debatin sowie alle weiteren Anstaltsgeistlichen, die als Betreuer der Gruppen im Erzbistum Freiburg von kirchlicher Seite aus für die Gruppen in Verantwortung waren.

einer Vereinsgründung auch eine breit angelegte Agenda für den Nirmala-Vorgang festgelegt, um die geschaffenen Strukturen in gegebene Rechtsstrukturen zu leiten. In diesem Rahmen sollten auch die ‚Grundsätze und Satzungen der Gemeinschaft' überarbeitet und dazu den Frauen selbst eine Mitsprachemöglichkeit eingeräumt werden.[378] In dem daraufhin folgenden Abschnitt des Nirmala-Vorgangs besetzte der Emmendinger Stadtpfarrer Joseph Maier[379] eine exponierte Rolle. Er sollte später mit voranschreitender Vereinsarbeit zu einem personifizierten Gegenpol Debatins werden. So war es auch Pfarrer Maier, der einen Entwurf einer Vereinssatzung der Nirmala-Vereinigung am 06.03.1968 dem Freiburger Ordinariat vorlegte.[380] Das Ordinariat leitete den Entwurf an die

---

[378] „Derzeitige Planung: Nach fast dreijähriger Erfahrung erfolgt nun der Übergang aus dem bisherigen Provisorium zur festen Form. Es soll ein eingetragener Verein gebildet werden. Ziel bzw. Zweck: Ausbildung indischer Krankenschwestern in Deutschland, die auf der Grundlage der Nirmalakonstitution während ihres Deutschlandaufenthaltes leben. Die Satzung – mit Juristen ausgearbeitet – wird u. a. ein verantwortliches Gremium, eine Mitgliederversammlung mit genauen Zuständigkeiten, eine gewisse Mitsprachemöglichkeit der Nirmala-Schwestern vorsehen. Die Konferenz der betreuenden Geistlichen und Schwestern hat bereits die Neufassung der Konstitution, in der die gemachten Erfahrungen berücksichtigt sind, in Auftrag gegeben, Daran wird z.Zt. gearbeitet. Federführend der Unterzeichnete. In Satzung bzw. Konstitution soll u. a. besonders verankert werden: Genaue Auswahl der Bewerberinnen, Vorbildung bereits in Indien, Betreuung und Förderung in Deutschland und Weiterbetreuung und Förderung auch nach der Rückkehr nach Indien." EAF B2–1945/1551 Indische Mädchen: Ergebnisprotokoll der Besprechung vom 23.06.1967, 07.07.1967.

[379] Josef Maier: *1910, Stadtpfarrer Emmendingen 1943–1970, †2002.
Maier ersetzte ab 1943 den Emmendinger Stadtpfarrer Oswald Haug, der durch die Gestapo verhaftet, in Einzelhaft und anschließend in das KZ Dachau kam. In der Zeit des Nationalsozialismus stand Maier unter höchstem Risiko gegen das NS-Regimes ein: „Im März 1943 kam Pfarrer Josef Maier hierher und hat noch mehr als zwei Jahre die NS-Verhältnisse in Emmendingen hautnah erlebt. Man hat seine Telefonate abgehört. Seine Besuche wurden von der Gestapo überwacht. Stadtschreiber Karl Faller, der spätere Oberbürgermeister z. B., musste sich abends durch den dunklen Stadtgarten ins Pfarrhaus schleichen, wenn er unbemerkt seinen Pfarrer sprechen wollte. […] In der 2. Aprilhälfte 1945 sollten die letzten verbliebenen Patienten der hiesigen Anstalt von einer SS-Einheit in einem nahe gelegen Waldstück erschossen werden. Über einen katholischen Hinweisgeber aus der Anstalt hatte der Stadtpfarrer davon erfahren. Sofort informierte er Erzbischof Gröber darüber. Dieser protestierte in Anwesenheit von Pfarrer Maier telefonisch beim badischen Reichsstatthalter Robert Wagner und drohte mit offenem Kanzelwort. Wagner tobte, aber gab nach. Die Patienten blieben unbehelligt. Pfarrer Maier auch." Hans-Jürgen Günther, *St. Bonifatius Emmendingen. Eine Pfarrei und ihre geschichtlichen Fundamente* (Emmendingen: Römisch-Kath. Kirchengemeinde Emmendingen-Tenningen, 2014), 189.

[380] Der Zweck des Vereinsentwurf wurde folgendermaßen fixiert: „§ 2: Der Verein verfolgt ausschließlich und unmittelbar gemeinnützige, mildtätige und kirchliche Zwecke i. S. der Gemeinnützigkeitsverordnung v. 24. Dezember 1953. Insbesondere hat er den Zweck, die

Rechtsabteilung des DCV weiter, durch welche einige Lücken des Entwurfs als bedenklich markiert wurden.[381] Die Rechtsabteilung legte einen Gegenentwurf der Vereinssatzung vor, auf dessen Grundlage mit kleinen Änderungen die Gründungsversammlung des Vereins am 27.05.1968 in Emmendingen im Rahmen des Betreuertreffens abgehalten wurde.[382]

Die Zusammensetzung des ersten Vorstands[383] stellte eine Vernetzung der zuvor lose im Bundesgebiet zerstreuten Akteure des Nirmala-Vorgangs samt

Ausbildung und Betreuung der indischen Gruppen der Nirmala-Gemeinschaft in Deutschland zu vermitteln, zu überwachen und zu fördern." Unter § 3 Ziff. 2 war die Mitgliedschaft der folgenden Personen ipso facto vorgesehen: der Kraft des Amtes vom Erzbischof von Freiburg bestätigte Leiter der Nirmala-Gruppen, sein Stellvertreter, zwei Vertreter der Anstalten, ein Vertreter des Deutschen Caritasverbandes, ein Vertreter des zuständigen Ordinarius, zwei Vertreter der Betreuer: nämlich ein Geistlicher und eine Schwester sowie jede juristische und natürliche Person, die sich schriftlich zur Förderung des Vereinszwecks angemeldet hatte. EAF B2–1945/1551 Indische Mädchen: Satzungsentwurf der Nirmala-Vereinigung, o. D.

[381] So war im Vertragsentwurf u. a. für eine Änderung der Satzung sowie zur Auflösung des Vereins eine 2/3 Mehrheit der in der Mitgliederversammlung anwesenden Mitglieder sowie die Zustimmung des Vorstandes vorgesehen. Vereinsrechtlich war eine solche Zustimmungsbedürftigkeit von Beschlüssen der Mitgliederversammlung durch den Vorstand jedoch unmöglich. Vgl. EAF B2–1945/1551 Indische Mädchen: Brief, Caritas Rechtsabteilung an Ordinariat, 01.04.1968.

[382] Vgl. StAF G 540/5 Nr. 11501: Protokoll der Gründungsversammlung des Nirmala-Vereinigung e. V., 27.05.1968.

[383] „Der Gesamtvorstand besteht aus 1. dem geschäftsführenden Vorstand (= Vorsitzender, stellvertr. Vorsitzender, die aus dem Gesamtvorstand gewählt werden, dem jeweiligen Leiter der Nirmala-Gemeinschaft, dem Geschäftsführer und bis zu zwei weiteren Mitgliedern), 2. einem Vertreter des Deutschen Caritasverbandes 3. einem Vertreter des für den Sitz des Vereins zuständigen Ordinariates, 4. einem Geistlichen und einer Schwester aus dem Kreis der Betreuer der Nirmala-Gruppen, 5. zwei Vertretern für solche Anstalten, in denen die Nirmala-Gruppen tätig sind, 6. bis zu drei Beiräten, welche von der Mitgliederversammlung gewählt werden. Dem Vorstand obliegt die Überwachung der Verträge, der Vermögensverwaltung sowie die allgemeine Betreuung." EAF B2–1945/1551 Indische Mädchen: Bericht „Betreuung der nicht klösterlich gebundenen indischen Mädchen in Deutschland – Nirmala-Vereinigung e. V.", o. D., 2.

deutscher kirchenamtlicher Aufsicht und unter Teilnahme der wichtigsten DCV-Vertreter dar.[384] Pfarrer Zimmermann[385] aus Rottenmünster, der geistliche Betreuer der dort ansässigen Nirmala-Gruppe, wurde zum ersten Vorsitzenden gewählt, für die Vertretung eine betreuende Oberin aus Freiburg. Pfarrer Debatin war als Leiter der Nirmala Gemeinschaft Teil des geschäftsführenden Vorstands.[386] Weiterhin wurden Pfarrer Maier als Geschäftsführer und eine weitere betreuende Schwester der Universitätskliniken Bonn-Venusberg als weiteres Mitglied einstimmig in den geschäftsführenden Vorstand gewählt.[387] Wie bei der weltlichen Vereins-Organisation einer kirchlichen Vereinigung nahm der Erzbischof von Freiburg die kirchliche Satzungsaufsicht wahr.[388]

Die Anwesenheit von 24 Inderinnen aus Emmendingen, Todtmoos und Bonn, ist durch die überlieferte Anwesenheitsliste nachgewiesen.[389] Dagegen weist die

---

[384] Es ist jedoch zu bemerken, dass trotz der vielschichten Überlieferungen zur Vereinsgründung nicht die Anwesenheit von Entscheidungsträgern der Staatsorgane nachzuweisen ist. Außer den staatlich angestellten Betreuungsschwestern waren keine weiteren Personen von staatlichen Stellen angereist, geschweige denn Vertreter der Stellen des Innenministeriums oder des Kultusministeriums Baden-Württemberg, mit dem letztendlich die ersten Verträge abgeschlossen worden waren. Dies steht gegen die Behauptung eines Berichts, der nach der Vereinsgründung durch das Freiburger Ordinariat mutmaßlich für die Deutsche Bischofskonferenz abgefasst worden war. Darin heißt es zur Gründungsveranstaltung: „Anwesend waren Vertreter und Vertreterinnen aller Einsatzhäuser von Nirmala-Gruppen des Bundesgebietes, Vertreter der Verbindungsstelle Bonn, Vertreter der Landesregierung Baden-Württemberg und Vertreterinnen der indischen Schwestern." Vgl. EAF B2–1945/1551 Indische Mädchen: Bericht „Betreuung der nicht klösterlich gebundenen indischen Mädchen in Deutschland – Nirmala-Vereinigung e. V.", o. D., 2.

[385] Pfarrer Zimmermann starb noch im selben Jahr kurz nach der zweiten Vorstandssitzung des Vereins im Oktober 1968 am 18.11.1968 unerwartet an einem Herzinfarkt. Vgl. EAF B2–1945/1551 Indische Mädchen: Brief Nirmala-Vereinigung e. V. an die Mitglieder des Gesamtvorstandes, 12.12.1968.
Als Nachfolger wurde Pater Dr. Bernard Rüther gewählt (siehe auch Fußnote 334 in Kapitel 3.3.13). Vgl. EAF B2–1945/1551 Indische Mädchen: Brief, Nirmala-Vereinigung e. V. an Ordinariat Freiburg, 22.02.1969

[386] Debatin hatte als „Leiter der Nirmala-Gemeinschaft" seinen Platz im Vorstand qua Vereinssatzung „Wahl-los" gewährt bekommen. Vgl. StAF G 540/5 Nr. 11501: Protokoll der Gründungsversammlung der Nirmala-Vereinigung e. V., 27.05.1968.

[387] Vgl. StAF G 540/5 Nr. 11501: Protokoll der Gründungsversammlung der Nirmala-Vereinigung e. V., 27.05.1968.

[388] Vgl. StAF G 540/5 Nr. 11501: Nirmala-Vereinigung Satzung, o. D.

[389] Vgl. EAF B2–1945/1551 Indische Mädchen: Anwesenheitsliste Tagung, 27.05.1968.

Vereins-Mitgliederliste der Gründungsversammlung in Gänze 26 Personen auf, wobei keine einzige Inderin dem Verein als Mitglied beigetreten war.[390]

Am 28.08.1968 wandte sich Erzbischof Schäufele an das Sekretariat der Deutschen Bischofskonferenz:

> Auftragsgemäß hat eine Kommission die Rechtsform, die Vermögensverwaltung und die seelsorgerliche Betreuung der nicht klösterlich gebundenen indischen Mädchen in Deutschland geklärt. Als Rechtsträger wurde der ‚Nirmala-Vereinigung e. V.', Sitz Freiburg, gegründet. Die Arbeit ist soweit abgeschlossen, dass dieser Punkt wiederum auf die Tagesordnung der Deutschen Bischofskonferenz gesetzt werden kann.[391]

Hier gilt hervorzuheben, dass der Verein sich nur um die Belange der Frauen kümmern sollte, die im Rahmen des Nirmala-Vorgangs nach Deutschland gekommen waren. Dies waren zu diesem Zeitpunkt aber bei weitem nicht alle aus Kerala angeworbenen Arbeitsmigrantinnen in der Bundesrepublik Deutschland.[392] Dies geht auch aus einem kurz darauf angelegten Aktenvermerk des Ordinariats Freiburg hervor:

> Bei den indischen Schwestern sind zwei Gruppen zu unterscheiden, etwa 300 Schwestern zählen zu den Nirmala-Gruppen. Weitere 250 Schwestern, vorwiegend in West- und Norddeutschland, sind auf verschiedenen Wegen nach Deutschland gekommen. Um die letzteren kümmert sich der Sozialdienst katholischer Mädchen. Die Betreuung der Nirmala-Gruppen wird in verschiedener Hinsicht noch zu verbessern sein. Das wird in nächster Zeit die wichtigste Aufgabe des Geschäfteführenden Vorstandes und des Gesamtvorstandes des neuen Trägers sein.[393]

Die Vereinsgründung für die Frauen der Nirmala-Gemeinschaft erfolgte damit auf Beschluss der Deutschen Bischofskonferenz: Ein staatliches Rechtsinstrument sollte genutzt werden, da man kirchenrechtlich keine Grundlage schaffen konnte bzw. wollte, welche den Nirmala-Vorgang im Nachhinein kirchenrechtlich und damit staatskirchenrechtlich gedeckt hätte. Ziel war es, gegebene Strukturen nachträglich in eine legitime Rechtsform zu überführen und das Unterfangen aus dem

---

[390] Vgl. EAF B2–1945/1551 Indische Mädchen: Mitgliederliste Nirmala-Vereinigung e. V., 10.07.1968.

[391] EAF B2–1945/1551 Indische Mädchen: Brief Erzbischof Schäufele an die Deutsche Bischofskonferenz, 28.08.1968.

[392] Inwieweit die Realität dieser erwähnten 250 keralesischen Frauen aussah, die zwischen 1965 und 1968 in die Bundesrepublik Deutschland zur Arbeitsaufnahme migrierten, aussah, ist mangels geeigneter Überlieferungen nicht durch eine Dokumentenanalyse zu rekonstruieren.

[393] EAF B2–1945/1551 Indische Mädchen: Aktenvermerk, Ordinariat Freiburg, 17.09.1968.

zunächst durch und durch privaten Charakter in Händen des Stettfelder Pfarrers zu lösen.[394]

Gleichwohl gelang es nicht die alten Strukturen de facto in eine neue Form zu überführen, stattdessen wurde lediglich eine neue Rechtstruktur durch das Vereinsrecht geschaffen, welche ab Zeitpunkt der Vereinsgründung parallel zu dem eingespielten System Debatins bestand. Dieses System, bestehend aus existierenden Verträgen mit staatlichen Stellen, war jedoch weiterhin intakt. So hatte keine der am Nirmala-Vorgang beteiligten staatlichen Stellen den neugegründeten Verein als bevollmächtigten Rechtsträger anerkannt. Auch seitens der kirchlichen Stellen bestanden Zweifel an der Lösung durch die Vereinsstruktur.[395] Dass sich ein eingetragener Verein als Rechtsform für die hochkomplexe Organisation einer Arbeitsmigration nicht eignete, sollte sich kurz darauf zeigen.

3.3.17 Einleitung einer Überprüfung der hybriden „Gestellungsverträge" auf Bundesebene

Während die Vereinsgründung alle beteiligten Akteure im operativen Bereich der Nirmala-Aktion bewegte, wurde 1968 auf Regierungsebene ein Impuls gesetzt, der eine weitere Ausdehnung des Nirmala-Vorgangs unterbinden sollte. Debatin war mit der Absicht, 33 weitere Inderinnen als Krankenschwesterschülerinnen im Rahmen der Nirmala-Aktion anzuwerben, an die Bundesanstalt für Arbeitsvermittlung und Arbeitslosenversicherung herangetreten.[396] Dort herrschte jedoch Verunsicherung. Mit dem Verweis auf die juristische Abhandlung in der

---

[394] Im Bericht für die Bischofskonferenz heißt es dazu: „Mit der Gründung des e. V. ist die bisherige Alleinverantwortung und -vertretung von Pfarrer Debatin auf einen Verein übergegangen, der seinerseits verantwortlich vom Deutschen Caritasverband und vom Erzb. Ordinariat Freiburg überwacht wird." EAF B2–1945/1551 Indische Mädchen: Bericht „Betreuung der nicht klösterlich gebundenen indischen Mädchen in Deutschland – Nirmala-Vereinigung e. V", o. D., 3–4.

[395] „Es ist nicht zu verschweigen, dass da und dort in der Ausbildung und Betreuung der indischen Gruppen in Deutschland Schwierigkeiten bestehen. Inwieweit diese in der Zukunft zu beheben sind, wird davon abhängen a) ob die Geschäftsführung durch Herrn Pfarrer Maier – Emmendingen in nebenamtlicher Tätigkeit genügen wird, b) ob die Betreuerinnen an den Einsatzorten mit dem notwendigen Gewicht und Einfluss die verschiedenen Schwierigkeiten abbauen können." EAF B2–1945/1551 Indische Mädchen: Bericht „Betreuung der nicht klösterlich gebundenen indischen Mädchen in Deutschland – Nirmala-Vereinigung e. V", o. D., 3–4.

[396] „14 bei den Universitäts-Kliniken in Bonn, 5 beim St. Antonius-Krankenhaus, Köln-Bayenthal, 8 beim St. Josefs-Krankenhaus, Köln-Deutz, 6 im Mutterhaus Aspel." BArch B149/22419 Beschäftigung indischer Arbeitnehmer in der Bundesrepublik (1959–1972):

Zeitschrift *Recht der Arbeit* mit dem Titel „Die Gestellungsverträge der Schwesternorganisationen (Zugleich ein Beitrag zur Leiharbeiterfrage)" aus dem Jahr 1955 wurde samt Übersendung eines Musters eines geschlossenen Nirmala- „Gestellungsvertrages" um Mitteilung der Deutschen Krankenhausgesellschaft (DKG) und der Deutschen Schwesterngemeinschaft e. V. gebeten, „ob der Abschluss von Gestellungsverträgen für Krankenpflegepersonal nach wie vor bei deutschen Krankenhäusern üblich" sei.[397] Zudem wurde eine behördeninterne juristische Überprüfung angestoßen. Die Arbeitsgemeinschaft deutscher Schwesternverbände gab mit Schreiben vom 30.09.1968 zur Antwort:

> Gestellungsverträge mit den Trägern von Krankenanstalten werden vornehmlich von denjenigen Schwesterngemeinschaften geschlossen, die eine genossenschaftliche Struktur haben. Die Mitglieder dieser als gemeinnützig anerkannten Verbände sind keine Arbeitnehmer im arbeitsrechtlichen Sinne, sondern übernehmen krankenpflegerische Aufgaben in Erfüllung Ihrer Pflichten als Mitglieder dieser Gemeinschaften. Wenn auch Form und Inhalt solcher Gestellungs- oder Schwesternschaftsverträge im Einzelnen sehr unterschiedlich sind, so kann man doch wohl sagen, dass der Abschluss eines Gestellungsvertrages nach dem Muster des Ihrem Schreiben beigefügten Vertrages, der sich ausschließlich auf den Einsatz von Krankenpflegeschülerinnen im Krankenpflegedienst bezieht, nicht üblich sein dürfte. [...] Unter diesen Gesichtspunkten scheint uns der übersandte Gestellungsvertrag wenig geeignet. Es erübrigt sich deshalb wohl, die Bedenken gegen einzelne Bestimmungen des Vertrages im Einzelnen darzulegen.[398]

Aufgrund des politischen Drucks angesichts der Überprüfung der Nirmala-Aktion durch die indische Regierung im Juli 1968 wurde auch die rechtliche Organisation des Vorgangs auf Bundesebene in neuer Strenge evaluiert. Die Anwerbung von Nirmala-Gruppen nach dem bisherigen Organisationsmodell wurde durch den Arbeitskreis für Fragen der Beschäftigung ausländischer Arbeitnehmer vorerst

---

Aktenvermerk, Bundesanstalt für Arbeitsvermittlung und Arbeitslosenversicherung, 23.08.1968.

[397] BArch B149/22419 Beschäftigung indischer Arbeitnehmer in der Bundesrepublik (1959–1972): Briefe, Bundesanstalt für Arbeitsvermittlung und Arbeitslosenversicherung an Deutsche Krankenhausgesellschaft und Deutsche Schwesterngemeinschaft e. V., 23.08.1968.

[398] BArch B149/22419 Beschäftigung indischer Arbeitnehmer in der Bundesrepublik (1959–1972): Brief, Arbeitsgemeinschaft deutscher Schwesternverbände an Bundesanstalt für Arbeitsvermittlung und Arbeitslosenversicherung, 30.09.1968.

eingestellt.[399] Derweil schritt das Ringen um die Organisation des Aufenthaltes der bereits in Deutschland lebenden Nirmala-Angehörigen voran.

3.3.18 Vereinssitzung I & II – Machtkämpfe in der Vereinsarbeit für den Nirmala-Vereinigung e. V

Im Rahmen der Vereinsgründungssitzung im Mai 1968 hielt ein Vertreter der Deutschen Bank AG einen Vortrag zu Anlageoptionen für der von den „indischen Gruppen der Nirmala-Gemeinschaft bis zu ihrer Rückkehr nach Indien in monatlichen Raten angesparten Beträge".[400] Er plädierte dazu, die bisherigen bereits erwirtschafteten Gelder, welche nach der damaligen Kenntnis des Vereins im Rahmen von Prämiensparverträgen bei einer nordbadischen Sparkasse angelegt wurden, in einen Investmentfond der Deutschen Bank zu transferieren, um höhere Rendite zu erzielen.[401]

Bei der ersten Vorstandssitzung im Juli 1968 hatte es in dieser Frage „eine harte Auseinandersetzung" gegeben, dennoch war aber beschlossen worden, dass die bisherigen Ersparnisse der Gruppen in Zukunft in Investment-Papieren angelegt werden sollten.[402] Gleichzeitig sollten aber die prämienbegünstigten Konten bei der nordbadischen Sparkasse weiterhin erhalten bleiben.[403]

---

[399] „Auf Drängen des Auswärtigen Amtes hat sich der Arbeitskreis für Fragen der Beschäftigung ausländischer Arbeitnehmer in der Sitzung am 29.01.1969 gegen eine weitere Zulassung indischer Mädchen auf der Grundlage der Satzung der Gemeinschaft und des ‚Gestellungsvertrages' ausgesprochen, solange die Anfrage im indischen Unterhaus nicht abschließend beantwortet worden ist." BArch B149/22419 Beschäftigung indischer Arbeitnehmer in der Bundesrepublik (1959–1972): Aktenvermerk, Bundesanstalt für Arbeitsvermittlung und Arbeitslosenversicherung, 06.02.1969.

[400] EAF B2–1945/1551 Indische Mädchen: Vorschlag für eine ertragbringendere Anlage, Deutsche Bank AG, 27.05.1968.

[401] Im Bericht über die letzte Sitzung des geschäftsführenden Vorstandes am 22. Juli 1968 heißt es: „Nach stundenlanger Debatte, bei der vor allem Pfarrer Debatin für die Belassung des Geldes bei der [nordbadischen] Sparkasse […] gewesen war, hatte der geschäftsführende Vorstand mit 2 gegen 1 Stimme die Anlage bei der Deutschen Bank in Inrenta-Anteilen und Einzelkonten-Führung für jede Schwester beschlossen." EAF B2–1945/1551 Indische Mädchen: Protokoll der Sitzung des geschäftsführenden Vorstandes, 30.10.1968, 1–2.
EAF B2–1945/1551 Indische Mädchen: Aktenvermerk, Ordinariat Freiburg, 17.09.1968.

[402] EAF B2–1945/1551 Indische Mädchen: Aktenvermerk, Ordinariat Freiburg, 17.09.1968.

[403] Die Entscheidung wurde durch den geschäftsführenden Vorstand mit einer 2:1 Mehrheit beschlossen. Vgl. EAF B2–1945/1551 Indische Mädchen: Protokoll der Sitzung des geschäftsführenden Vorstandes, 22.07.1968.

Nach der ersten Bitte um die Überweisung der Gelder durch Stadtpfarrer Maier als Geschäftsführer des Vereins, meldete sich die nordbadische Sparkassenhauptzweigstelle per Brief zurück.[404] Darin riet der Sparkassenfilialleiter davon ab, die bereits angesammelten Beträge für eine Investment-Anlage zu verwenden, da „ohnehin die Kündigungsfrist eingehalten werden müsste, oder ein nicht unbedeutender Vorschusszins bei sofortiger Verfügung in Abzug gebracht werden würde", und man bei der neuen Anlage bei einer anderen Bank keinesfalls mit einem zu hohen Substanzwachstum zu rechnen habe.[405]

In der Zwischenzeit billigte und bestätigte die Deutsche Bischofskonferenz am 26.09.1968 den Nirmala-Vereinigung e. V. als neuen Rechtsträger.[406] Im Oktober 1968 fand eine weitere Sitzung des geschäftsführenden Vorstands des Vereins in Rottenmünster statt. Anwesend waren alle Vorstandsmitglieder bis auf Hubert Debatin, welcher der Sitzung entschuldigt fernblieb. Neben der Frage nach einer neuen Anlageform, welche erneut durch den anwesenden Vorstand einstimmig beschlossen wurde, wurden auch verschiedene andere Problematiken der Nirmala-Gruppen besprochen.[407]. Daran entbrannte die Frage der allgemeinen Finanzierung der Vereinsarbeit, deren vermeintliche Lösung der Vereinsvorstand

---

[404] Das Schreiben sticht hervor, da es sich um einen Brief ohne offiziellen Briefkopf der Sparkasse handelt.

[405] Der Filialleiter schloss den Brief mit dem Vermerk: „Wir möchten abschließend noch bemerken, dass für die bisherige Anlage von uns mindestens eine Halbtagskraft beschäftigt war, die Arbeiten durchführte, die erst die gut rentierliche Anlage ermöglichte und mit der nie ein evtl. Kursverlust verbunden ist." EAF B2–1945/1551 Indische Mädchen: Brief, nordbadische Sparkasse an Nirmala-Vereinigung e. V., 16.08.1968.

[406] EAF B2–1945/2492 Nirmala-Vereinigung e. V. – Indische Mädchen: Protokoll der Sitzung des Gesamtvorstandes, 03.01.1969.

[407] Neben einem Fall der Schizophrenie in der Nirmala-Gruppe Bonn fand in diesem Protokoll auch eine nach den Grundsätzen und Satzungen unerlaubte Liebesbeziehung einer Inderin Erwähnung: „In der Gruppe Winnenden macht ein Mädchen Schwierigkeiten, weil sie ein Verhältnis mit einem deutschen Pfleger hat und trotz Warnung und Verbot davon nicht ablässt. Die Anstaltsleitung hat Herrn Pfarrer Debatin und Pfarrer Maier gegenüber erklärt, sie werde das Mädchen nicht behalten. Es wurde erreicht, dass sie bis zur Ablegung des Staatsexamens noch bleiben kann. Das Examen ist inzwischen gemacht und bestanden. Beschluss: Bischof Mar Athanasios soll als der zuständige Bischof veranlasst werden, die Betreffende mit nach Indien zu nehmen. Der Geschäftsführer hat darüber mit Bischof Mar Athanasios bereits gesprochen. Pfarrer Zimmermann will das auch tun, wenn in den nächsten Tagen Mar Athanasios nach Rottenmünster kommt." EAF B2–1945/1551 Indische Mädchen: Protokoll der Sitzung des geschäftsführenden Vorstands, 30.10.1968, 3–4.

auf Kosten der Migrantinnen verbuchen wollte. Fortan sollte 1 % des Nettolohns aller Frauen für die Vereinsarbeit einbehalten werden.[408] Zudem wurden
weitere Optionen diskutiert, um den Aufenthalt der Nirmala-Gruppen unter
ökonomischen Aspekten effizienter zu gestalten.[409]

Nach der zweiten Vorstandssitzung wandte sich Pfarrer Maier mit dem
Apell um eine gute Zusammenarbeit in einem versöhnlichen Brief an Debatin.[410] Zudem verfügte er als Geschäftsführer des Vereins bei der nordbadischen Sparkassenhauptzweigstelle erneut die Überweisung der Sparguthaben der
Nirmala-Gruppen auf ein Konto der Deutschen Bank in Offenburg.[411] Die Sparkassenstelle teilte daraufhin mit, dass sie das Geld überweisen werde, wenn die
bestehenden offenen Fragen geklärt seien „[...] und die Zustimmung des Verfü-
gungsberechtigten Herrn Pfarrer Debatin vorliege".[412] Eine weitere Reaktion der
Hauptzweigstelle blieb über die folgenden Monate aus.

---

[408] „Bis jetzt stehen der Nirmala-Vereinigung zur Bewältigung ihrer Aufgaben nur die Einnahmen an Mitgliedsbeiträgen zur Verfügung. Dieser Betrag reicht nicht im Entferntesten
für die laufenden Aufgaben, nicht einmal für Porto und Telefongespräche, geschweige denn
für Reisekosten. In Deutschland kann nach gesetzlicher Vorschrift bei Genossenschaften und
Vereinigungen mit gemeinnützigen Aufgaben ein Betrag von bis zu 2,5 % der Einnahmen für
Verwaltungsaufgabe verwendet werden. Die Mitglieder des geschäftsführenden Vorstandes sind der Meinung, dass 1 % wohl reichen würde. Einstimmig wird beschlossen: Vom
Netto-Gehalt der Mädchen soll 1 % einbehalten und von einem Mitglied des geschäftsfüh-
renden Vorstandes verwaltet werden. Aus diesen Beträgen und den Mitgliedsbeiträgen der
Nirmala-Vereinigung sollen die laufenden Auslagen der Nirmala-Vereinigung bestritten wer-
den." EAF B2–1945/1551 Indische Mädchen: Protokoll der Sitzung des geschäftsführenden
Vorstandes, 30.10.1968, 2–3.

[409] Es wurde exploriert, „ob man die Mädchen schon nach 5 Jahren nach Indien zurückschi-
cken könnte. In diesem Fall könnten nämlich die Sozialversicherungsbeiträge rückerstattet
werden, wenn nicht mehr als 59 Beitragsmonate für die Sozialversicherung zusammenka-
men. Das würde bedeuten, dass damit evtl. der Rückflug bezahlt werden könnte." Diese Idee
wurde jedoch im Laufe der Sitzung wieder verworfen, da ein großer Teil der Schwestern
in PLKs tätig waren und damit mit hoher Wahrscheinlichkeit noch zusätzliche Praktika in
anderen Krankenhäusern absolvieren hätten müssen, um die etwaige Anerkennung des deutschen Staatsexamens in Indien überhaupt möglich zu machen. Hierzu wurde das 6. Jahr für
die Nirmala-Gruppen als „unumgänglich notwendig" fixiert. EAF B2–1945/1551 Indische
Mädchen: Protokoll der Sitzung des geschäftsführenden Vorstandes, 30.10.1968, 5.

[410] Pfarrer Maier legte dem Ordinariat am 23.02.1969 seinen Briefwechsel mit Pfarrer
Debatin vor. EAF B2–1945/1551 Indische Mädchen: Brief, Maier an Ordinariat Freiburg,
23.02.1969.

[411] Vgl. EAF B2–1945/1551 Indische Mädchen: Brief, Nirmala-Vereinigung e. V. an nordbadische Bezirkssparkasse, 27.12.1968.

[412] EAF B2–1945/1551 Indische Mädchen: Brief, Nordbadische Bezirkssparkasse an
Nirmala-Vereinigung e. V., 29.12.1968.

Dagegen beantwortete Debatin Anfang Dezember 1968 den vorangegangenen Appell Maiers einer guten Zusammenarbeit mit einer Aufforderung gegen die Beschlüsse des Vereinsvorstands zu handeln. Debatin verwies bei den bestehenden Differenzen darauf, dass sie sich durch „ein Aufeinander-eingehen" leicht lösen könnten. In Bezug auf die bereits getroffene Entscheidung des Vereinsvorstands zu der weiteren Verwaltung der Gruppengelder führte Debatin fort:

> „Darum meine ich, wir sollten in der Finanzfrage einen Kompromiss machen, der nach beiden Seiten entgegenkommt. Diese Lösung ist nicht schwer, und gibt den Weg frei zu einer Arbeit in Harmonie zum Besten aller, auch für uns.[413]

Daraufhin sandte Maier ein Antwortschreiben an Debatin, das er ebenfalls dem Ordinariat vorlegte. Darin beschrieb Maier seine gegenwärtige Lage als Geschäftsführer des Vereins angesichts der weiterhin bestehenden undurchsichtigen Gemengelage sicherlich auch im Detail, um dem Ordinariat seine eigene schwierige Situation im ganzen Ausmaß sichtbar zu machen.

Maiers Ausführungen hatten das Ziel das eigene Wirken innerhalb des Nirmala-Vereinigung e. V. als Handeln im Auftrag durch die Bischofskonferenz zu verorten. Von einem Handeln durch ein privates Ansinnen distanzierte er sich. Zudem zeigte Maier sich im Spannungsfeld zwischen kirchlichen und staatlichen Pflichten und Verantwortungen – zum einen durch sein Amt als Geschäftsführer im Verein mit der Zielsetzung qua bestehender Satzung, zum anderen als Pfarrer innerhalb der katholischen Kirche.[414]

Ferner machte Maier Pfarrer Debatin darauf aufmerksam, dass der Verein auf dessen Ansinnen und Wirken hin gegründet worden sei. Erst auf Debatins Vorschlag hin habe sich Maier um die Verfassung der Satzungen des Vereins gekümmert. Alle Arbeiten seien von da an in Kontakt mit Debatin erledigt worden und alle Entwürfe seien mit seinem Einverständnis verarbeitet oder von ihm mit Änderungsvorschlägen versehen worden. Jegliche Beschlüsse der Gründungsversammlung und alle Wahlen seien einstimmig, auch mit Debatins Stimme,

---

[413] EAF B2–1945/1551 Indische Mädchen: Brief, Debatin an Maier, 03.12.1968.

[414] „Das Wichtige Deines Briefes aber ist dies: In der Frage der Geldanlage soll ich eindeutige Beschlüsse des Geschäfteführenden Vorstandes ignorieren bzw. das Gegenteil davon tun, dann sei alles zwischen uns wieder in Ordnung. Dass ich das nicht tun kann, denn es wäre eine starke Pflichtverletzung, für die mich Kirche und Staat (wir sind e. V.) belangen könnten und werden, steht außer Frage." EAF B2–1945/1551 Indische Mädchen: Brief, Maier an Debatin, 29.12.1968.

erfolgt. So kam Maier zum Punkt: „Du hast sie [die neue Form und Grundlage der Nirmala-Arbeit, Anm. d. Verf.] zwar bestätigt, in praxi aber lehnst Du
sie ab".[415]

Maier warf Debatin vor, dass er die Vereinsarbeit sabotiere, die Existenz der
Vereinigung ignoriere und sein Handeln hinsichtlich der Nirmala-Aktion weiterhin in Grauzonen betreibe.[416] Zudem machte Maier Debatin schwere Vorwürfe
im Zusammenhang mit der autokratischen Verwaltung der Gelder der Frauen.[417]
Maiers innere Zerrissenheit in seiner Pflicht gegenüber der kirchlichen wie auch
staatlichen Institutionen findet vor allem im Abschluss seines Briefes Gestalt:

> So kann die Arbeit nicht weitergeführt werden. Es geht um die indischen Mädchen.
> Wenn es um Dich und mich ginge, wäre die Lösung einfach, nämlich als Loslösung.
> Aber es geht nicht um uns. Ich habe mich in diese Arbeit nicht gedrängt und auf
> und vor der Gründungsversammlung meine Distanzierung davon öffentlich und auch

---

[415] EAF B2–1945/1551 Indische Mädchen: Brief, Maier an Debatin, 29.12.1968.

[416] „Nachdem die Sitzung des Geschäftsführenden Vorstandes in Emmendingen Dich in der
Frage der Geldanlage und des Bereitschaftsgeldes überstimmt hatte, bist Du der zweiten Sitzung in Rottenmünster ferngeblieben. Dass dies für die Arbeit dieser Sitzung ein schweres
Handicap bedeutete, hast Du gewusst und gewollt. Darüber waren sich auch alle Mitglieder
des Gesch. führ. Vorstandes betrübt einig, konnten aber deshalb anstehende Entscheidungen
nicht unterlassen, mit Deiner Zustimmung bin ich einstimmig zum Geschäftsführer bestellt
worden, habe aber bis jetzt von Dir keinerlei Unterlagen dafür erhalten. Ich habe keine Ver-
zeichnisse, keine Verträge; nicht das Allergeringste hast Du bis jetzt in dieser Richtung getan.
Am 9.9. bat ich Dich in Stettfeld noch einmal darum. Nichts ist bis jetzt erfolgt. Mit total lee-
ren Händen, ohne jede Unterlage soll ich am 3. Januar vor dem Gesamtvorstand stehen. Ist
das Deine Absicht? Warum? Und wie stellst Du Dir diese Sitzung und die Arbeit überhaupt
vor? Ich habe nicht einmal die Adresse jeder Gruppe, weiß nicht, was mit neuen Gruppen
beabsichtigt ist. Auf der Sitzung in Rottenmünster wurde berichtet, dass nach Heidelberg
eine neue Gruppe kommen soll, darunter sogar 15jährige. Ich wurde beauftragt, das zu klären. Bitte gib am 3. Januar darüber Auskunft." EAF B2–1945/1551 Indische Mädchen: Brief,
Maier an Debatin, 29.12.1968.

[417] „Bis zur Gründung des E.V. hattest Du alleinige Weisungsbefugnis, hast Dich aber m. W.
stets geweigert, vom Sparkonto der Mädchen etwas frei zu geben. Nach der Gründung des
E. V., als diese Befugnis nicht mehr bei Dir allein sondern beim Kollegium des Geschäftsführenden Vorstandes war, hast Du mehreren Gruppen Beträge von je 1.000 DM und 500 DM
freigegeben. Welche Gruppen, welche Mädchen und welche Beträge das genau waren, weiß
ich nicht. Ich habe nur zufällig aus Bemerkungen von Nirmalaschwestern davon erfahren. –
Eine Mitteilung von Dir an den Gesch.Führ.Vorstand ist nicht erfolgt. Du hast nur zuvor
Zimmermann und mich angeschrieben, ob man wegen der Überschwemmungen in Indien
Beträge freigeben sollte, hast aber dann, ohne den Beschluss der nächsten Sitzung abzuwarten, über das Geld verfügt." EAF B2–1945/1551 Indische Mädchen: Brief, Maier an Debatin,
29.12.1968.

dem Ordinariat angeboten. Beide Seiten haben dieses Angebot nicht angenommen. Es steht von mir aus immer noch.[418]

Maier hatte nach Debatins Versuchen der Einflussnahme auch den Kontakt mit dem Ordinariat gesucht, woraufhin von Domkapitular Schäuble mit ihm eine Besprechung unter vier Augen angesetzt wurde. In diesem Rahmen wies Schäuble Stadtpfarrer Maier an, die Sparkassenstelle erneut anzuschreiben und eine Durchschrift dieses nächsten Schreibens dem Ordinariat vorzulegen.[419] Der so von Pfarrer Maier beim Ordinariat vorgelegte Durchschlag seines Briefes an die nordbadischen Bezirkssparkasse zeigt den ersten Versuch, den Nirmala Vereinigung e. V. bei einem der bisher beteiligten Akteure als neuen Rechtsträger zu etablieren.[420] Im weiteren Verlauf des Briefes an die Sparkassenstelle insistierte Maier auf die Überweisung der gesparten Gelder unter Verweis, dass der geschäftsführende Vorstand in der letzten Sitzung nochmals den Beschluss vom 22.07.1968 „mit allen Stimmen der Anwesenden" bestätigt habe. Die Antwort der Bezirkssparkasse erreichte Stadtpfarrer Maier und das Ordinariat in der ersten Woche des folgenden Jahres 1969:

Zu den von Ihnen angeschnittenen Punkten möchten wir bei der Sitzung am Freitag, den 3. Januar 1969 in Freiburg vor dem Gesamtvorstand uns äußern und Stellung nehmen. Wir beantragen deshalb hiermit, uns zu dieser Sitzung des Gesamt-Vorstandes der Nirmala-Gemeinschaft zuzulassen. Mit Sicherheit nehmen wir an, dass Sie uns im Interesse der Nirmala-Gemeinschaft und in Ihrem eigenen dasselbe Recht einräumen, wie Sie es bereits dem Vertreter der Deutschen Bank gegenüber getan haben.

---

[418] EAF B2–1945/1551 Indische Mädchen: Brief, Maier an Debatin, 29.12.1968.

[419] Vgl. EAF B2–1945/1551 Indische Mädchen: Brief, Nirmala-Vereinigung e. V. an Ordinariat Freiburg, 27.12.1968.

[420] „Wie Ihnen zweifellos bekannt ist, wurde auf Veranlassung der Deutschen Bischofskonferenz am 27.V.68 die ‚Nirmala-Vereinigung e. V.' gegründet für die ‚Ausbildung und Betreuung' der Nirmala-Gemeinschaft. Satzung und Protokoll der Gründungsversammlung tragen die Unterschrift von Herr Pfarrer Debatin. [...] Daraus [Vereinssatzung sowie die Protokolle der Gründungssitzung und der ersten Vorstandssitzung, Anm. d. Verf.] ist ersichtlich, dass der Geschäftsführende Vorstand, dem Herr Pfarrer Debatin angehört, seit der Gründung der Nirmala-Vereinigung e. V. zuständig ist. Überdies haben wir dafür die ausdrückliche Bestätigung der Deutschen Bischofkonferenz erhalten. Nach § 2 Zif. 3 steht die Nirmala-Vereinigung unter der Aufsicht des Herr Erzbischofs von Freiburg. Ich habe vom Erzb. Ordinariat Freiburg den Auftrag erhalten, Durchschlag dieses Schreibens und Ihrer Antwort dort vorzulegen und Ihnen dies ausdrücklich mitzuteilen". EAF B2–1945/1551 Indische Mädchen: Brief, Nirmala-Vereinigung e. V. an nordbadische Bezirkssparkasse, 27.12.1968.

Wir wünschen Ihnen im Jahre 1969 Gottes Segen, vor allem Gesundheit und eine gute Zusammenarbeit zum Wohle der Nirmala-Gemeinschaft.[421]

Im Postskriptum des Briefes merkte der Sparkassenleiter an, dass von der Sparkasse nach Rücksprache mit Pfarrer Debatin „mit Befremden" festgestellt worden sei, dass er als Leiter der Nirmala-Gemeinschaft von dem vorangegangenen Schreiben des Vereins keine Kopie erhalten habe.[422]

3.3.19 Vereinssitzung III – Die Vereinigung oder die Gemeinschaft?

Während nicht zuletzt der Einsatz der Arbeitsmigrantinnen aus Kerala die angespannte Personallage in den PLKs gebessert hatte, war die unklare Rechtssituation der Nirmala-Gemeinschaft nach wie vor ein Problem.[423]

Die Sitzung des Vereinsgesamtvorstandes am 03.01.1969, zu dem alle Vorstandsmitglieder erschienen, ist als Wendepunkt des Migrationsgeschehens zu identifizieren.[424] Ein Jurist der Rechtsabteilung des DCV machte bereits zu Beginn der Sitzung auf die fragwürdige Rechtslage der Gemeinschaft aufmerksam, an der die gesamte rechtliche Bewertung und damit auch die Finanzfragen der gesamten Nirmala-Aktion gekoppelt waren:

> [Der Justiziar des DCV] hat rechtliche Bedenken, da es kein kirchenrechtlich gültiges Statut der Nirmala-Gemeinschaft gibt. Ein solches müsse erst geschaffen werden, damit die Rechtsverhältnisse klar sind. Wir haben jetzt auf deutscher Seite den E.V. mit seiner Zuständigkeit, der z. B. die „Gestellungsverträge", die Pfr. Debatin nicht mehr allein abschließen könne, abschließt. Solange kein Rechtsstatut für die Nirmala-Gemeinschaft vorliegt, müssten diese für jedes Mädchen einzeln abgeschlossen werden. Ebenso ist ohne die Voraussetzung dieser notwendigen Nirmala-Konstitution

---

[421] EAF B2–1945/1551 Indische Mädchen: Brief, nordbadische Bezirkssparkasse an Nirmala-Vereinigung e. V., 31.12.1968.

[422] EAF B2–1945/1551 Indische Mädchen: Brief, nordbadische Bezirkssparkasse an Nirmala-Vereinigung e. V., 31.12.1968.

[423] Im Rahmen einer Direktorenkonferenz im März 1969 wurde einheitlich festgestellt, dass die Personalsituation in den PLKs sich merklich verbessert hatte, so waren im März 1969 insgesamt 70 bis 80 von 1936 Pflegestellen unbesetzt. Vgl. GLAK G 463 Wiesloch 97, Direktorenkonferenzen 1963–1971: Niederschrift über die wesentlichen Ergebnisse der Dienstbesprechung der Direktoren der psychiatrischen Landeskrankenhäuser, 27.03.1969.

[424] Vgl. EAF B2–1945/2492 Nirmala-Vereinigung e. V. – Indische Mädchen: Protokoll der Sitzung des Gesamtvorstandes, 03.01.1969.

keine Klarheit über die Zuständigkeit der Geldanlagen zu erreichen. Mit diesen Ein-zelheiten sollte sich diese Sitzung überhaupt nicht befassen. Es müsse mit den Bischö-fen in Indien zusammen eine rechtsgültige Konstitution verfasst werden.[425]

Da mit Pfarrer Zimmermann im November des Vorjahres der ehemalige 1. Vor-sitzende des Vereinsvorstand verstorben war, erfolgte eine notwendige Neuwahl. Zunächst wurde Pater Rüther durch eine Anwesende als neuer 1. Vorsitzender vorgeschlagen, woraufhin sich Debatin selbst als Kandidat vorschlug, mit dem Argument, dass Rüther mit der Arbeit überlastet sei.[426] Der restliche Vorstand schloss sich dagegen der Befürwortung des Kandidaten Rüther an, der in der anschließenden Wahl gewann und auch annahm.[427]

Für den geplanten Einbehalt (1 %) des Nettolohns der keralesischen Arbeits-migrantinnen zum Zweck der Finanzierung der Vereinsarbeit war die Wahl eines Schatzmeisters notwendig.[428] Der geschäftsführende Vorstand hatte einstimmig beschlossen, dem Gesamtvorstand als Schatzmeister den Vertreter der Deutschen Bank als Schatzmeister vorzuschlagen, der selbst inzwischen Vereinsmitglied geworden war. Der Vorschlag wurde auch seitens der Vertreter des DCV begrüßt, da „die geldlichen Angelegenheiten in die Hände eines Sachverständigen kom-men" sollten.[429] Pfarrer Debatin schlug dagegen den Sparkassenfilialleiter der nordbadischen Bezirkssparkasse vor, woraufhin erneut eine Debatte ausbrach, die erst mit Antrag des DCV-Justiziars um Vertagung der Entscheidung beendet werden konnte.

---

[425] EAF B2–1945/2492 Nirmala-Vereinigung e. V.   Indische Mädchen: Protokoll der Sit-zung des Gesamtvorstandes, 03.01.1969, 2.

[426] Vgl. EAF B2–1945/2492 Nirmala-Vereinigung e. V. – Indische Mädchen: Protokoll der Sitzung des Gesamtvorstandes, 03.01.1969, 2.

[427] „[Der Justiziar des DCV] betont, dass wir die Position des Vorsitzenden entscheidend sehen müssen unter der Eigenschaft des e. V. als juristischer Person. Dessen Vorsitzender müsse sich in den anfallenden juristischen, wirtschaftlichen, sozialrechtlichen und finanziel-len Fragen auskennen. Die Anlage und Verwaltung der Gelder z. B. sollten Pfr. Debatin gar nicht interessieren, da seine Aufgaben auf einem anderen Gebiet liegen. Pfarrer Debatin ist gegenteiliger Meinung. […] Es wird abgestimmt über den 1. Vorschlag; Ergebnis: 7 Stimmen für P. Dr. Rüther. Das ist die Mehrheit. P. Dr. Rüther ist damit gewählt. P. Dr. Rüther nimmt die Wahl an und fügt an, er tue dies, weil er sehe, dass hier „Not am Mann" sei, und bittet um die Mitarbeit aller. Er selbst könne nicht mit jeder Gruppe in Verbindung stehen, aber mit der Sache des e. V. sei er vertraut und wolle sich dafür einsetzen." EAF B2–1945/2492 Nirmala-Vereinigung e. V. – Indische Mädchen: Protokoll der Sitzung des Gesamtvorstandes, 03.01.1969, 3.

[428] Vgl. Fußnote 408 in Kapitel 3.3.18.

[429] EAF B2–1945/2492 Nirmala-Vereinigung e. V. – Indische Mädchen: Protokoll der Sit-zung des Gesamtvorstandes, 03.01.1969, 3.

Es folgte eine weitere Diskussion zum Erlass von Richtlinien für die Nirmala-Gruppen, wie sie in den Vereinssatzungen vorgesehen waren.[430] Rüther stellte fest, dass dahingehend zunächst eine Vorlage geschaffen werden müsse, über die man beraten könne, allerdings trat auch hier das Problem in den Mittelpunkt, dass dem Verein keine Unterlagen, insbesondere keine Dienstverträge, vorlagen. Weitergehend wurde festgestellt, dass zwar die Zuständigkeit des Vereins geschaffen wurde, gleichwohl klare Zuständigkeiten bis dato nicht vorhanden waren. Der Justiziar stellte klar, dass nur ein verbindliches „Rechtsstatut für die Mädchen" in Form einer Konstitution diese Zuständigkeit schaffen könnte. Er schlug weitergehend vor, dass das Freiburger Ordinariat einen solchen Entwurf ausarbeiten solle, „zu dem man dann die indischen Bischöfe und die Mädchen selbst zu hören habe".[431] Der Gesamtvorstand kam zu dem Beschluss, dass Pfarrer Maier als Geschäftsführer die notwendigen Maßnahmen ergreifen solle. Debatin hatte geplant in absehbarer Zeit erneut nach Indien zu reisen, sodass der Vorstand angesichts dieser Reise fixierte, dass der Entwurf der Konstitution noch vor der Reise Debatins angefertigt werden müsse. Maier bat indes darum, dass sich alle Beteiligten Gedanken über diese Konstitution machen sollten und die Vorschläge bis Ende des Monats bei der Geschäftsstelle einreichen sollten.

Auch die weitergehenden Punkte der Tagesordnung zu dienstrechtlichen und wirtschaftlichen Fragen konnten mangels des Kenntnisstands über die Dienstbestimmungen nicht weiter besprochen werden. Dagegen wurde über die Frage der Anerkennung des deutschen Examens in Indien debattiert. Die Versammlung war sich einig, dass die Anerkennung für die in den PLKs abgelegten Examina nur schwer zu erhalten sein wird, da von indischer Seite sicherlich Praktika an anderen Krankenhäusern verlangt würden. Pfarrer Maier wollte sich diesbezüglich in Bonn mit Minister Dr. Seifritz, dem Präsidenten der Deutsch-Indischen Gesellschaft, in Verbindung setzen.[432]

---

[430] „§ 10 (1) Dem Gesamtvorstand obliegt [...] 2. der Erlass von Richtlinien betreffend die Ausbildung, den Einsatz und die Betreuung der Nirmala-Gruppen 3. die Prüfung und Genehmigung des Jahresvoranschlages und der Jahresrechnung 4. die Beschlussfassung über Bürgschaften, Darlehensaufnahmen und Darlehenshingaben, Erwerb, Belastung und Veräußerung von Grundstücken und grundstücksgleichen Rechten sowie über bauliche Veränderungen und andere außergewöhnliche Ausgaben." StAF G 540/5 Nr. 11501: Vereinssatzung Nirmala-Vereinigung e. V., 08.10.1969, 4–5.

[431] „Die indischen Bischöfe und die Mädchen müssten eine Verpflichtung, die verbindlich ist, schon drüben übernehmen." EAF B2–1945/2492 Nirmala-Vereinigung e. V. – Indische Mädchen: Protokoll der Sitzung des Gesamtvorstandes, 03.01.1969, 4.

[432] Die Rolle der Deutsch-Indischen Gesellschaft e. V. kann aufgrund der defizitären Quellenlage nicht weiter erörtert werden.

In Rahmen der Diskussion kam auch zur Sprache, dass nicht für alle Frauen Ausbildungsverträge abgeschlossen wurden. Pfarrer Debatin vertrat in dieser Debatte die Meinung, „dass mehrere Jahre Arbeit in Deutschland den Mädchen viel Bildung, Wissen und Fertigkeit vermitteln würde" und dies ausreichen werde.[433] Der Rest der Versammlung nahm jedoch die Gegenposition ein, dass nur Ausbildungsverträge abgeschlossen werden dürften, wie es auch die Bischofskonferenz eingefordert hatte. So kam der Gesamtvorstand zu dem Ergebnis: „Wenn ein Mädchen die Fähigkeit zum großen Krankenpflegeexamen nicht besitzt, muss eine andere Ausbildung, etwa als Pflegehelferin, vermittelt werden. Aber eine Ausbildung muss gewährleistet sein".[434]

Da in den Nirmala-Gruppen die Frage nach der Möglichkeit eines Heimaturlaubs entbrannt war, beschäftigte sich auch der Gesamtvorstand mit dieser Frage.[435] Die Versammlung kam zu einem negativen Entschluss.[436]

Die Sitzung galt gleichzeitig als Sitzung des geschäftsführenden Vorstandes, weshalb noch weitere Fragen behandelt wurden, welche die Probleme rund um die Frage der Selbstbestimmung der Migrantinnen aufzeigten.[437]

---

[433] Vgl. EAF B2–1945/2492 Nirmala-Vereinigung e. V. – Indische Mädchen: Protokoll der Sitzung des Gesamtvorstandes, 03.01.1969, 5.

[434] EAF B2–1945/2492 Nirmala-Vereinigung e. V. – Indische Mädchen: Protokoll der Sitzung des Gesamtvorstandes, 03.01.1969, 5.

[435] Gewiss ist dieser Umstand der parallelen Entwicklung in den deutschen Ordenshäusern zuzuschreiben und dem Austausch. Dort waren 1969 die Frauen welche 1960 als erste indische Kandidatinnen an deutschen Ordenshäuser kamen, nach dem erfolgten Noviziat noch vor der ewigen Profess zu einer Bedenkzeit von fünf Wochen auf Kosten des Ordenshauses nochmals nach Indien geschickt worden. Die Nirmala-Gruppen standen mit den davon betroffenen Migrantinnen im regen Austausch.

[436] „Nach längerer Beratung fasst P. Rüther zusammen: ‚Wir sind uns alle einig, dass generell indischer Urlaub nicht genehmigt werden kann. In besonderen Fällen aber, wie schwere Erkrankung von Angehörigen kann eine Ausnahme gemacht werden.'" EAF B2–1945/2492 Nirmala-Vereinigung e. V. – Indische Mädchen: Protokoll der Sitzung des Gesamtvorstandes, 03.01.1969, 5.

[437] „1) In Bonn hat ein Mädchen, das das Examen als Pflegehelferin gemacht hat, beantragt, sie wolle künftig ein Taschengeld von 150,00 DM. Der Geschäftsführer bittet um grundsätzliche Klärung. Beschluss: Es bleibt bei der bisherigen Regelung. 2) In Reichenau wollen nicht alle Mädchen eine Ausbildung, manche wollen nur arbeiten. Entscheidung: Sie sind zur Ausbildung da und müssen eine solche erhalten. Wer sich dafür eignet, soll das Staatsexamen machen, die andern wenigstens das hauseigene Examen. EAF B2–1945/2492 Nirmala-Vereinigung e. V. – Indische Mädchen: Protokoll der Sitzung des Gesamtvorstandes, 03.01.1969, 6.

3.3.20 Keine neuen „Gestellungsverträge" – Stille Entscheidung auf Bundesebene verändert das Migrationsgeschehen

Inzwischen waren in der Bundesanstalt für Arbeitsvermittlung und Arbeitslosenversicherung in der Frage um die Weiterverwendung von hybriden „Gestellungsverträgen" weitere fachliche Unterredungen erfolgt, die im Februar 1969 schließlich zu einer weitreichenden Entscheidung führten: Die Anwerbung von Inderinnen war in Zukunft ausschließlich unter der Voraussetzung eines direkten Rechtsverhältnisses zwischen Arbeitnehmer und Arbeitsgeber gestattet. Die hybriden „Gestellungsverträge" fanden damit ein Ende. Damit wurde das Auslaufen der alten Strukturen des Nirmala-Regimes eingeleitet, welche durch das „Gestellungsvertrags"-Rechtsverhältnis eine autoritäre Ausfüllung der Betreuungsfunktion erlaubt hatte:

  a) Die Krankenpflegeausbildung junger Inderinnen, die der Gemeinschaft angehören und möglicherweise künftig nach Deutschland einreisen, vollzieht sich auf der Grundlage regulärer Ausbildungsverträge, wie sie für deutsche Krankenpflegeschülerinnen gelten. „Gestellungsverträge" werden nicht mehr abgeschlossen.
  b) Die Angehörigen der Gemeinschaft werden ausschließlich in solchen deutschen Einrichtungen ausgebildet, deren Examen in Indien anerkannt wird.
  c) Die Betreuung der Inderinnen obliegt weiterhin der Gemeinschaft.[438]

Die konkreten Entscheidungsgründe sind aus den archivalischen Überlieferungen nicht zu erheben. Angesichts der Schnittmenge der Entscheidung durch den Arbeitskreis für Fragen der Beschäftigung ausländischer Arbeitnehmer und der diplomatischen Aktivität des Auswärtigen Amtes und der Deutschen Botschaft ist wahrscheinlich, dass die Behandlung der Frauen unter den „Gestellungsverträgen" gesellschaftspolitisch und in Anbetracht der diplomatischen Dimension zu riskant geworden war. Mit dieser Entscheidung wurden alle nach Februar 1969 als Arbeitsmigrantinnen in den deutschen Pflegesektor neu angestellte Inderinnen zu Rechtssubjekten des Arbeitsrechts, die ihre Rechte direkt einklagen konnten. Für die Frauen der Nirmala-Gemeinschaft, die jedoch bereits zuvor im Rahmen von „Gestellungsverträgen" angestellt worden waren, löste dies die gegebenen Arbeitsverhältnisse nicht auf. Diese Verträge sollten noch bis zum Ende der Vertragslaufzeit ihre Gültigkeit behalten. Mit der Entscheidung des Arbeitskreises

---

[438] Vgl. BArch B149/22419 Beschäftigung indischer Arbeitnehmer in der Bundesrepublik (1959–1972): Schnellbrief, Bundesanstalt für Arbeitsvermittlung und Arbeitslosenversicherung an AA, 13.02.1969.

für Fragen der Beschäftigung ausländischer Arbeitnehmer auf Bundesebene war jedoch das Ende der Nirmala-Regimes eingeläutet worden.

3.3.21 Auf der Suche nach neuer Mission – Dienstreiseantrag für einen erneuten Indienaufenthalt

Anfang März 1969 bat Debatin seinen Ordinarius um die Genehmigung einer weiteren Indienreise, die wegen der „Aufgaben in der deutsch-indischen Zusammenarbeit" notwendig sei. Es seien „Fragen zu besprechen" und vor allem sei „die zukünftige Arbeit unserer Schwestern drüben konkret vorzubereiten".[439]

Der Erzbischof wandte sich daraufhin in einem Brief persönlich an Debatin.[440] Nach einem Verweis auf den Beschluss der Deutschen Bischofskonferenz und den Verein als offiziellen neuen Rechtsträger sprach sich der Erzbischof aus, dass aus Debatins Antrag nicht hervorgehe, um welche Art Verhandlungen es gehe. Auch der Vereinsvorstand habe auf Rückfrage keine befriedigende Auskunft geben können.

Der Erzbischof wies eine Besprechung zwischen Debatin und Pater Rüther als Vorsitzenden des e. V. an, um die geplanten Verhandlungen in Indien konkret zu besprechen. Der Erzbischof hielt Debatin an, „dann nur im Rahmen der getroffenen Absprache zu handeln". Der Vorsitzende des Vereins sollte seines Zeichens anschließend dem Erzbischof das Ergebnis der vorgenannten Besprechung vortragen. Der Erzbischof forderte Debatin überdies „dringend" dazu auf, dem Vorstand des e. V. „alle erforderlichen Unterlagen zu übergeben, damit dieser den ihm von der Bischofskonferenz erteilten Auftrag endgültig erledigen kann".[441] Der Vorstand habe bisher seinen Auftrag nicht erfüllen können, da sich noch alle Unterlagen in Debatins Händen befunden hätten.[442]

Debatins Ordinarius schloss den Brief rekurrierend auf den gestellten Antrag zur Reisegenehmigung:

---

[439] EAF B2–1945/1551 Indische Mädchen: Brief, Debatin an Ordinariat, 08.03.1969.

[440] Vgl. EAF B2–1945/1551 Indische Mädchen: Brief, Freiburger Erzbischof an Debatin, 20.03.1969.

[441] EAF B2–1945/1551 Indische Mädchen: Brief, Freiburger Erzbischof an Debatin, 20.03.1969.

[442] „Dieses sind alle Arbeitsverträge und anderweitigen Abmachungen, deren Rechtsverbindlichkeit zu prüfen ist, sodann die Übergabe sämtlicher Unterlagen über die in der Bundesrepublik angelegten Gelder der Schwestern." EAF B2–1945/1551 Indische Mädchen: Brief, Freiburger Erzbischof an Debatin, 20.03.1969.

Lieber Herr Pfarrer, ich darf annehmen, dass Sie Verständnis dafür haben, dass ich Ihrem Antrag erst entsprechen kann, wenn die vorgenannten Dinge erledigt und die Besprechungspunkte mit dem Vorstand hinreichend abgesprochen sind.[443]

Die klare Nachricht des Erzbischofs zeigte bei Debatin Wirkung. So sandte der Pfarrer unmittelbar nach Erhalt des Briefes des Erzbischofs in einem Zweizeiler die Bitte um seine Pensionierung.[444] Doch der Ordinarius kam Debatins Bitte nicht nach.

Debatin verfasste ein weiteres Schreiben an das Ordinariat in dem er seine Handlungen nochmals verteidigte und den Forderungen des Erzbischofs an keiner Stelle entgegenkam.[445] Er öffnete den Brief mit der Bemerkung, dass sich die Existenz des Vereins bisher „nicht zum Segen der Arbeit entwickelt" habe.[446] Dass der Vereinsvorstand, zu dem er selbst gehöre, eine Aufgabe nicht erfüllen konnte, da ihm Unterlagen gefehlt hätten, sei ihm nicht bekannt geworden. Zudem habe er dem Ordinariat einen Teil der Arbeitsverträge bereits vor längerer Zeit übersandt, ein Prüfungsergebnis sei ihm aber nicht zugestellt worden. Sobald ihm dieses vorliege, könne „eine Prüfung der weiteren Verträge sinnvoll ins Auge gefasst werden".[447] Auch die Anlage der Gelder sei „allen Beteiligten offen". So schloss Debatin seinen Brief: „Dass ich zuwarten möchte, bis die ersten Ergebnisse klar sind und überhaupt eine bessere Atmosphäre eingetreten ist, lässt sich wohl begreifen".[448]

---

[443] EAF B2–1945/1551 Indische Mädchen: Brief, Freiburger Erzbischof an Debatin, 20.03.1969.

[444] Vgl. EAF B2–1945/2492 Nirmala-Vereinigung e. V. – Indische Mädchen: Brief, Debatin an Ordinariat, 22.03.1969.

[445] Debatin nutzte jedoch gegenüber seinem Erzbischof auch gezielt Falschinformationen, um ein anderes Bild der Vereinsarbeit zu erzeugen. So sei er selbst vom Platz des ersten Vorsitzenden des Nirmala-Vereinigung e. V. zurückgetreten, da die Arbeit juristische Kenntnis voraussetze und er Raum für Rüther geben wolle. Er habe zudem gebeten die Stimmen an Rüther zu geben. Dies ist angesichts der vorliegenden Sitzungsprotokolle als Unwahrheit zu identifizieren. Vgl. EAF B2–1945/2492 Nirmala-Vereinigung e. V. – Indische Mädchen: Brief, Debatin an Ordinariat, 31.03.1969. Vgl. auch Fußnote 427 in Kapitel 3.3.19.

[446] „Es sind zu viele Unklarheiten, die z. T. in den, wie ich weiß bisher nicht eingetragenen, Konstitutionen, bzw. Paragraphen begründet sind." EAF B2–1945/2492 Nirmala-Vereinigung e. V. – Indische Mädchen: Brief, Debatin an Ordinariat, 31.03.1969.

[447] EAF B2–1945/2492 Nirmala-Vereinigung e. V. – Indische Mädchen: Brief, Debatin an Ordinariat, 31.03.1969.

[448] EAF B2–1945/2492 Nirmala-Vereinigung e. V. – Indische Mädchen: Brief, Debatin an Ordinariat, 31.03.1969.

Die ausweglos erscheinende Lage führte den Pfarrer dazu, einen neuen Wirkungsraum innerhalb seines Systems zu suchen, wobei er sich geografisch in das Land orientierte, in dem ihn die Kontrollmechanismen seines Ordinariats bisher nicht erreicht hatten: Indien.

3.3.22   Debatins neue Vision – Nirmala-Mutterhaus zur Entwicklungshilfe in Indien?

Zum Osterfest 1969 wandte sich Debatin mit einem Rundschreiben an die Nirmala-Gruppen, dass er unter die Frage stellte: „Was tun, wenn Eure Zeit in Deutschland vorbei ist?".[449] Debatin wisse, dass einige wenige das „schöne Leben im Westen vorziehen und ihrer Heimat nicht mehr dienen wollen".[450] Da aber gleichwohl nicht wenige „Schwestern" in der Gemeinschaft bleiben wollten, habe Debatin einen Vorschlag:

Ich dachte mir, wir wollen Euch drüben ein Haus bauen, an dem Ihr mit Euren Mitteln mitbaut, weil es Euer Haus ist. Dieses Haus soll für immer Eure Heimat bleiben, eine Art Mutterhaus, wie das die religiösen und freien Schwesternschaften haben. Dieses Haus soll Euer Haus sein. Jetzt, d. h. wenn es steht im Alter soll es Euch wieder aufnehmen, wenn die Zeit des Nichtmehrarbeitens gekommen ist. Was sollt ihr tun? Nun, Ihr habt Krankenpflege gelernt, mit diesen Kenntnissen sollt Iht [sic!] Eurer Heimat dienen. Ich stelle es mit [sic!] vor: wir bauen eine [sic!] Zentralkrankenhaus, nicht zu groß, da Arbeit den Outpatients widmen wollen. Vom Mittelpunkt her besucht Ihr die Kranken in den Dörfern mit einem Sanitätswagen. So könnt Ihr viel Gutes tun. So könnt Ihr Eure Kenntnisse verwerten. Es ist möglich, dass ihr in den Ortschaften Kurse haltet über Hygiene, erste Hilfe, Haushaltung u. a. In Verbindung mit den zentralen Mutter- und Krankenhaus solsen [sic!] einige Stationen gebaut werden. Dort werden einige Schwestern am Ort und ih [sic!] der Umgebung die Kranken und die sozial Schwachen betreuen. Diese Außenstationen stehen in direktem Kontakt mit dem zentralen Mutterhaus.[451]

---

[449] Das Schreiben enthält im Vergleich zu den weiteren vorliegenden Korrespondenzen auffällig viele Flüchtigkeits- und Rechtschreibfehler, die teils mit der Schreibmaschine durch Übertippen korrigiert aber auch zahlreich fehlerhaft stehen gelassen wurden. Dies deutet auf ein kurzfristiges Verfassen des Briefs unter Zeitdruck. Vgl. EAF B2–1945/2492 Nirmala-Vereinigung e. V. – Indische Mädchen: Rundbrief Debatin an die Nirmala-Gruppen, 09.04.1969.

[450] „Diese werden ihre egoistischen Wege gehen." EAF B2–1945/2492 Nirmala-Vereinigung e. V. – Indische Mädchen: Rundbrief Debatin an die Nirmala-Gruppen, 09.04.1969.

[451] EAF B2–1945/2492 Nirmala-Vereinigung e. V. – Indische Mädchen: Rundbrief Debatin an die Nirmala-Gruppen, 09.04.1969.

Nach den Ausführungen zu seiner Vision widmete sich Debatin der Frage der
Finanzierung. Freilich könne die Gemeinschaft das Projekt nicht allein durch
eigene Gelder der Nirmala-Gemeinschaft stemmen, dennoch würde der Eigenan-
teil der Frauen ausreichen, sodass sich Debatin zwecks weiterer Projektförderung
an offizielle Stellen wenden könne. Dies seien Institutionen, die an sozialen Pro-
jekten und an Entwicklungsaufgaben arbeiten.[452] Debatin ging der Frage nach,
wie sich das Haus tragen sollte. Auch wenn ein solches Haus „einiges abwerfen"
könne, wolle er nicht, dass nur gut situierte Menschen in das „sauber und gut
geführte" Haus der Nirmala-Frauen kommen sollten, sondern auch Arme sollten
darin Platz finden.

Debatin hatte aber auch eine Vorstellung über die laufende Finanzierung des
Mutterhauses:

> „Aber ich denke, dass wir Land kaufen sollten. Dieses können wir dann, auch hier
> unter Anleitung von Spezialisten, so bewirtschaften, dass es Reingewinn abwirft. Hei-
> mindustrie, vielleicht mit Exportmöglichkeit, könnte dazu kommen. Ähnlich dem St.
> Christina's Home könnten wir uns damit ernähren."[453]

---

[452] „Denn wir wollen durch Unterricht und praktische Kurse, die sehr vielseitig sein sollen,
auch Entwicklungs- und Förderungsarbeit leisten. Ich meine, dass wir Starthilfen bekommen werden und werde mich darum bemühen, wo eine Aussicht auf Erfolg ist." EAF
B2–1945/2492 Nirmala-Vereinigung e. V. – Indische Mädchen: Rundbrief Debatin an die
Nirmala-Gruppen, 09.04.1969.

[453] Vgl. EAF B2–1945/2492 Nirmala-Vereinigung e. V. – Indische Mädchen: Rundbrief
Debatin an die Nirmala-Gruppen, 09.04.1969.
Das *St. Christina's Home* in Pullazhy (Kerala, Indien) wurde 1967 auf Initiative von
Debatins indischem Vertrauten Joseph Vilangadan gegründet. Es wurde durch einige indi-
sche Geistliche zunächst provisorisch für unverheiratete Mütter und ihre Kinder sowie für
Waisenkinder gegründet. Aus der Initiative entwickelte sich die Ordensgemeinschaft *The
Society of Nirmala Dasi Sisters*. Zu Beginn wurde das Haus durch Schwestern der *Congre-
gation of the Mother of Carmel* (CMC) geführt. Bischof Alappat ernannte Priester Joseph
Kundukulam (*26.09.1917) zum Direktor des Hauses. Kundukulam selbst wurde 1970 zum
Bischof der syro-malabarischen Kirche in der Diözese (Eparchie) von Thrissur (1970–1997,
ab 1995 Erzbischof und erster Erzbischof (Metropolit) von Thrissur, † 26.04.1998). So unterstützte Bischof Kundukulam das Projekt vor allem nach seiner Ernennung 1970 aus seiner
neuen kirchenamtlichen Funktion heraus. Auf sein Ersuchen wurde von Vilangadan eine
vorläufige Satzung für die Gemeinschaft ausgearbeitet. Nach dieser durch Kundukulam als
Ortsordinarius genehmigten Satzung wurde die Gemeinschaft als Piusverein kirchenamtlich
als „fromme Vereinigung" bestätigt. 16 Frauen meldeten sich, um der neu gegründeten Vereinigung beizutreten. Die erste Ausbildung der Mitglieder wurde von Bischof Kundukulam
und Vilangadan mit Hilfe von zwei CMC-Schwestern durchgeführt. Am 23.11.1971 wurde
die Vereinigung mit dem Motto „Yes Lord, here I am!" von Bischof Kundukulam geweiht.
Die Kleiderordnung bestand aus einem weißen Sari und einer weißen Bluse. Am 08.12.1973
legten 14 Frauen vor Bischof Kundukulam die erste Profess ab und begannen fortan als erste

Debatin schloss seinen Rundbrief mit dem Verweis auf eine kürzlich stattgefundene Konferenz der Nirmala-Betreuung. Dort seien wichtige Dinge besprochen worden, so auch das Thema der Ferien in Indien zu dem es auch zu einem Beschluss gekommen sei: „Eure Appachens und Ammachis werden Euch Mitteilung machen-wir sind nicht mehr gegen Ferien in Indien!".[454]

Pfarrer Maier wandte sich unmittelbar nach Erhalt des Briefes fassungslos an das Ordinariat mit dem Verweis, dass ihm als Geschäftsführer des Nirmala-Vereinigung e. V. das Projekt des Mutterhauses und die erwähnte Betreuerkonferenz durchweg unbekannt gewesen seien.[455] Zu der besagten Konferenz hätten weder er noch die zuständige betreuende Krankenschwester aus Emmendingen eine Einladung erhalten. Zudem betonte Maier unter Nachdruck, dass bei der letzten Gesamtvorstandssitzung ausdrücklich beschlossen worden sei, dass abgesehen von besonderen Ausnahmefällen generell für Angehörige der Nirmala-Gemeinschaft keine Ferien in Indien genehmigt werden.

Pfarrer Debatin wurde kurz nach Zustellung des Rundbriefes durch das Freiburger Ordinariat zum Gespräch zitiert. Debatin versuchte dem Gespräch durch

---

Gruppe den Dienst im *St. Christina's Home Pullazhi* aufzunehmen. Auf Bischof Kundukulams Bestrebungen hin wurde die Vereinigung am 15.08.1980 durch die damalige Heilige Kongregation für die orientalischen Kirchen in Rom als eigene Ordensgemeinschaft anerkannt: *The Society of Nirmala Dasi Sisters.* Die Ähnlichkeit zur Nomenklatur der Aktion Debatins (*Nirmala-Seva Dalam*, vgl. Fußnote 6 in Abschnitt 1.1) sticht hervor. Es ist hervorzuheben, dass Debatins Vertrauter Priester Vilangadan in der Gründung und Organisation involviert war: „The ardent love of Bishop Kundukulam for the sick, poor, and abandoned as well as the familiarity of Msgr. Vilangadan with many religious congregations of a similar charism in different parts of the world and his knowledge of the Canon Law stood them in great stead in carrying out their new dream and desire." Society of Nirmala Dasi Sisters, „Society of Nirmala Dasi Sisters – History", o. D.

Interessant ist in diesem Zusammenhang das aus dem Sanskrit entlehnte Wort Dasi, dass neben Dienerin auch als Sklavin übersetzt werden kann und Reminiszenzen an die sogenannten Devadasis (Tempeltänzerinnen) im hinduistischen Kontext weckt. Detaillierte Übersetzung nach dem Monier-Williams Sanskrit-English Dictionary von 1899: „ दासी, dāsī […] a female servant or slave". Cologne University. Weitergehend zum Themenkomplex Devadasis siehe Lenka Svejda-Hirsch, *Die indischen devadasis im Wandel der Zeit: „Ehefrauen" der Götter, Tempeltänzerinnen und Prostituierte* (Bern [u. a.]: Peter Lang, 1991).

[454] EAF B2–1945/2492 Nirmala-Vereinigung e. V. – Indische Mädchen: Rundbrief, Debatin an die Nirmala-Gruppen, 09.04.1969.

[455] Vgl. EAF B2–1945/2492 Nirmala-Vereinigung e. V. – Indische Mädchen: Brief, Maier an Ordinariat, 12.04.1969.

einen sehr persönlichen Brief an Domkapitular Schäuble zu umgehen.[456] Nichtsdestotrotz wurde die Besprechung am 17.04.1969 in Beisein von Domkapitular Vomstein und Domkapitular Schäuble abgehalten.[457] Im Aktenvermerk des Ordinariats wurde zunächst festgehalten, dass „Übereinstimmung" darüber bestehe, dass für die Vertretung der Interessen der indischen Mädchen nach außen der e. V. „Nirmala-Vereinigung" zuständig ist.[458] Weiterhin wurde festgestellt, dass für die Nirmala-Gemeinschaft zwar der Text eines Statuts vorliege, der mit den indischen Bischöfen erarbeitet worden sei. Dagegen liege kein offizielles Schreiben vor, aus dem hervorgehe, dass die Nirmala-Gemeinschaft von den indischen Bischöfen genehmigt und kirchenrechtlich errichtet wurde. Pfarrer Debatin habe dazu erklärt, dass er schon Anfang 1969 bei Erzbischof Mar Gregorios darum gebeten habe. Debatin wurde dahingehend durch das Ordinariat in die Pflicht genommen:

> „Er wurde beauftragt, umgehend erneut darum nachzusuchen, da ein kirchenrechtlich anerkanntes Statut für die verantwortliche Weiterarbeit des e. V. unerlässlich ist und im Falle von Schwierigkeiten auch innerhalb der Nirmala-Gemeinschaften oder mit einzelnen indischen Mädchen entscheidende Bedeutung hat. Dieses Statut ist ausschließlich Sache der indischen Bischöfe.[459]

Debatin habe zudem zugestimmt, dass er dem Justiziar des DCV alle Arbeitsverträge vorlegen werde. Bezüglich des in Aussicht gestellten Heimaturlaubes machte das Ordinariat Debatin darauf aufmerksam, dass bei einem solchen Unterfangen die abgeschlossenen Verträge und die damit eingegangenen Verpflichtungen gegenüber deutschen Einrichtungen zu beachten seien. Debatin hingegen erklärte, dass es sich bisher lediglich um eine Umfrage handle und

---

[456] „Lieber Julius! Ich hoffe, dass ich trotz der Amtlichkeit der Materie diese Anrede gebrauchen kann. Mit meinem Brief möchte ich auf die Aufforderung zurückkommen zum Gespräch am nächsten Donnerstag. Ich weiß nicht, ob es sinnvoll ist ohne Kenntnis der Materie jetzt schon zu besprechen. […] Nicht zuletzt ist es die unklare Unterscheidung des deutschen Sektors, d. h. des e. V. und der Gemeinschaft. Ein anderer Grund ist die Überfremdung des Vorstandes. So haben wir jetzt drei Leute vom Caritas-Verband darin. Die Arbeit ist in eine Position gedrängt, auf der ehrlich nicht gearbeitet werden kann." EAF B2–1945/2492 Nirmala-Vereinigung e. V. – Indische Mädchen: Brief, Debatin an Domkapitular Schäuble, 11.04.1969.

[457] Vgl. EAF B2–1945/2492 Nirmala-Vereinigung e. V. – Indische Mädchen: Aktenvermerk, Besprechung vom 17.04.1969, 22.04.1969.

[458] EAF B2–1945/2492 Nirmala-Vereinigung e. V. – Indische Mädchen: Aktenvermerk, Besprechung vom 17.04.1969, 22.04.1969.

[459] EAF B2–1945/2492 Nirmala-Vereinigung e. V. – Indische Mädchen: Aktenvermerk, Besprechung vom 17.04.1969, 22.04.1969.

noch nichts festgelegt sei. Das Ordinariat wies nachdrücklich darauf hin, dass gerade derartige Entscheidungen nicht ohne den Nirmala-Vereinigung e. V. getroffen werden könnten. Zur Frage eines Mutterhauses in Indien erklärte Debatin, dass es sich auch hier um eine Umfrage handle, um „die Meinung zu erfahren und gegebenenfalls rechtzeitig entsprechende Schritte einzuleiten, wenn Nirmala-Mädchen nach Ablauf ihrer Verträge nach Indien zurückkehren und dort unter Umständen soziale Dienste übernehmen wollen".[460] Diese Frage müsse schließlich mit den indischen Bischöfen geklärt werden. Nach der Klärung der offenen Punkte zur Nirmala-Vereinigung solle eine Sitzung des geschäftsführenden Vorstandes mit dem Referenten des Ordinariates angesetzt werden, um die Angelegenheit abschließend zu behandeln. Dies sei dringend erforderlich, da der Bischofskonferenz ein Arbeitsbericht im Sommer 1969 vorzulegen war.[461]

Auch dem Stettfelder Pfarrer wurde eine Abschrift des Aktenvermerks zugeschickt. Doch Debatin zeigte sich mit der Darstellung der Besprechung im Aktenvermerk nicht einverstanden, und schrieb dem Ordinariat:

> Den Erhalt der Aktennotiz über die Besprechung darf ich bestätigen. Leider stelle ich fest, dass derselbe einseitig ausgefallen ist. Im Interesse der Sache, der ehrlichen Zusammenarbeit, wäre es doch wohl gewesen, wenn auch meine Auffassung in der rechten Relation zu Wort gekommen wäre. P.S. Wie ist die Regelung der Fahrtkosten gedacht?[462]

3.3.23   Die Frage des Lohns – Einblick in die Kontoauszüge der Nirmala-Gruppe Emmendingen

Die unklare Organisation um die finanziellen Belange und der damit einhergehenden Verwaltung der Gelder der Nirmala-Gemeinschaft waren mit Grund gewesen, dass die Bischofskonferenz den kirchenamtlichen Auftrag zur Gründung des Nirmala-Vereinigung e. V. gab.[463] Die Praxis der Geldverwaltung ist innerhalb der Aktenlage nur schwer zu rekonstruieren. Fest steht, dass die indischen

---

[460] EAF B2–1945/2492 Nirmala-Vereinigung e. V. – Indische Mädchen: Aktenvermerk, Besprechung vom 17.04.1969, 22.04.1969.

[461] Vgl. EAF B2–1945/2492 Nirmala-Vereinigung e. V. – Indische Mädchen: Aktenvermerk, Besprechung vom 17.04.1969, 22.04.1969.

[462] EAF B2–1945/2492 Nirmala-Vereinigung e. V. – Indische Mädchen: Brief, Debatin an Ordinariat, 25.04.1969.

[463] Siehe Kapitel 3.3.16. Der Nirmala e. V. – Eine neue Rechtsstruktur.

Frauen nach Maßstab der geltenden deutschen Tarifbestimmungen bezahlt wurden und das Geld laut „Gestellungsvertrag" zunächst auf ein Privatkonto Pfarrer
Debatins bei einer nordbadischen Bezirkssparkasse überwiesen wurde.[464] Pfarrer
Debatin veranlasste die monatliche Auszahlung eines Taschengelds an die Frauen
in Höhe von 40–50 DM. Ab Oktober 1966 wurde diese Summe auf 80 DM
erhöht.[465] Debatin veranlasste Rücküberweisungen an die Bischofshäuser nach
Indien oder auch anderweitige Auszahlungen die bis dato aufgrund der Intransparenz und der mangelnden Quellen der Sparkasse nicht nachzuzeichnen sind.
1967 war dem Ordinariat folgendes Bild der finanziellen Regelung bekannt:

> Finanziell waren die Frauen der Nirmala-Gemeinschaft, welche als Krankenschwes-
> tern ausgebildet wurden, den deutschen Lernschwestern gleichgestellt. Ihr Geld wird
> verwaltet: Sie erhalten einen festen Betrag für ihre persönlichen Bedürfnisse; 25 %
> ihres Gehaltes senden sie ihren Eltern; der Rest wird hier angelegt (bis zum zulässigen
> Höchstbetrag auf dem Prämiensparkonto) und steht bei der Rückreise zur Verfü-
> gung.[466]

Die Gelder für den operativen Bereich der Gruppenbetreuung waren knapp und
auch kirchliche Stellen gaben nur in absoluten Ausnahmefällen Zuschüsse für
beispielsweise Ausfahrten einzelner Nirmala-Gruppen. Angesichts der finanziell angespannten Situation, die sich selbstverständlich auch auf die Verfassung
der Frauen auswirkte, wurde von den involvierten deutschen Akteuren auch auf
Nepotismus gesetzt.[467]

---

[464] Freilich erhielten Frauen, die nur als Haus- und Küchenmädchen oder in anderen Funktionen eingestellt waren, weniger Lohn.

[465] Vgl. StAF G 1215/3 946 Anstaltsverwaltung: Niederschrift über die wesentlichen Ergebnisse der Dienstversammlung der Verwaltungsleiter der Krankenhäuser und der Staatlichen
Innenverwaltung, 04.10.1966.

[466] EAF B2–1945/1551 Indische Mädchen: Ergebnisprotokoll der Konferenz vom
23.07.1967, 07.07.1967.

[467] So berichtete beispielsweise Pfarrer Zimmermann seinem Ordinariat zu der Nirmala-
Gruppe Rottenmünster, die in der Kongregation der Barmherzigen Schwestern vom heiligen
Vinzenz von Paul in Untermarchtal untergebracht waren: „In der Tat, die Inderinnen sind
mit Untermarchtal sozusagen fertig. Sie haben im Grunde genommen von dort her auch nie
eine besondere Hilfe und Förderung erfahren, seit sie am 1. August 1965 zu uns kamen.
Von einer „Missions- und Entwicklungshilfe" des Mutterhauses kann wirklich nicht die Rede
sein. Nur die hiesige Verwaltung hat den Mädchen Geld vorgestreckt zur Anschaffung von
Wäsche und Kleidern einschließlich der Dienstkleidung und zur Zahlung der Herflugskos-
ten. Diese Vorschüsse sind von den Mädchen bis auf den letzten Pfennig zurückzuzahlen.
Im August 1968 werden sie die letzte Rate beglichen haben. Herr Superior versicherte,
er werde durch seinen ‚Bundesbruder' Filbinger Entwicklungsgelder erhalten, aber daraus

Zudem wurde bereits durch die getroffenen Vereinbarungen mit den staatlichen Stellen eine Schuld der indischen Frauen beschlossen, bevor diese überhaupt in Deutschland ankamen. Die staatlichen Krankenhäuser gingen nach Verhandlungen mit Debatin und Bischof Mar Athanasios für die Zivilkleider-Erstausstattung[468] der indischen Frauen in Vorleistung, um den Frauen bei ihrer Ankunft im winterlichen Mitteleuropa eine geeignete Kleidung zur Verfügung zu stellen. Die dabei entstandenen Kosten pro Person lagen bei 350 DM, welche in monatlichen Teilbeträgen von 25 DM von den Vergütungen der indischen Frauen, also von den Gestellungsgeldern, direkt von den staatlichen Stellen einbehalten wurden.[469]

Über diese Details der Abmachungen mit den staatlichen Stellen wusste der Vorstand des e. V. nicht Bescheid. Außer Pfarrer Debatin, der die Gelder allein verwaltete, waren alle weiteren Beteiligten des Nirmala-Vorgangs in Unwissenheit gelassen worden. Der Geschäftsführer des Vereinsvorstands insistierte weiterhin bei der beteiligten Sparkasse, und forderte im Auftrag der Frauen der Nirmala-Gruppe Emmendingen am 03.02.1969 bei der nordbadischen Bezirkssparkasse Kontoauszüge für jede einzelne der Frauen an.[470]

Darauf reagierte die nordbadische Sparkassenfiliale schließlich und ließ dem Geschäftsführer des Vereins die entsprechenden Kontoauszüge zukommen, allerdings lediglich für die Beantragung der Frauen der Nirmala-Gruppe Emmendingen ab 1967, die Kontoauskünfte über die Jahre 1965 und 1966 wurden hingegen verweigert.[471] Nach einem Aktenvermerk des Finanzbeauftragten des

---

wurde nichts. Vielmehr erreichte ich durch persönliche Vermittlung des Herrn Abgeordneten Gleichauf, dass das Stuttgarter Innenministerium zu Ende des Jahres 1965 noch für die Hälfte der Flugkosten aufkam." DAR F98/Indische Mädchen-Gemeinschaft „Nirmala-Seva-Dalam" 1964–1970: Brief, Zimmermann an Ordinariat Rottenmünster, 13.06.1968.

[468] „1 Straßenkleid, 1 Wintermantel, 1 Strickweste, 1 Paar Straßenschuhe, 1 Paar Hausschuhe, 1 Paar Wollhandschuhe, 1 Wollschal, 6 Taschentücher, 2 Trikothemden mit kurzem Arm, 2 Trikotschlüpfer, 2 Wollschlüpfer, 2 Unterröcke, 3 Paar Kräuselkreppstrümpfe, 2 Nachthemden und 2 Strumpfhaltergürtel." StAF F23/24 Nr.972 Indische Pflegerinnen: Erlass Nr. X 8080–64/42, Innenministerium Baden-Württemberg an die Regierungspräsidien, 22.10.1964.

[469] Vgl. StAF F23/24 Nr.972 Indische Pflegerinnen: Erlass Nr. X 8080–64/42, Innenministerium Baden-Württemberg an die Regierungspräsidien, 22.10.1964.

[470] Vgl. EAF B2–1945/2492 Nirmala-Vereinigung e. V. – Indische Mädchen: Aktenvermerk „Nirmala-Vereinigung e. V. hier: kritische Bemerkungen zur finanziellen Betreuung durch nordbadische Bezirksparkasse", 06.06.1969.

[471] „Fotokopien handschriftlich geführter Einzelnachweise erhielt er jedoch erst nach Anmahnung im April dieses Jahres. Es drängt sich die Vermutung auf, dass diese handschriftlichen Einzelnachweise nachträglich aufgestellt worden sind." EAF B2–1945/2492

Nirmala-Vereinigung e. V. lag angesichts der Sachlage die Vermutung nahe, dass „Verfügungen über Spargelder vorgenommen wurden, von denen die Nirmala-Schwestern nichts wissen".[472] Zudem sei bei den zehn Nirmala-Schwestern, die im August 1967 von Weißenau nach Emmendingen verlegt wurden, im gleichen Monat jeweils mit einem Betrag von 60 DM belastet worden, zu dessen Abzug die Frauen, die von der Belastung nichts gewusst hätten, keine Zustimmung erteilt hätten. Eine derartige Belastung von Umzugskosten sei im Übrigen nicht vertretbar, „da die Verlegung nicht auf Wunsch der Mädchen erfolgt war".[473] Nach Angaben des verstorbenen Pfarrer Zimmermanns habe Debatin im Jahre 1966 und früher Unterstützungszahlungen in größeren Beträgen nach Indien geleitet, die für die Eltern der Mädchen bestimmt gewesen seien, diese jedoch „offensichtlich nicht in allen Fällen erreicht haben".[474] Es stelle sich hier die Frage, ob größere Beträge gleichfalls ohne besonderen schriftlichen Auftrag der Mädchen ausgeführt worden seien, denn eine Rücküberweisung eines die Eltern nicht erreichenden Betrages ohne den Auftrag der Kontoinhaberin könne schwerwiegende Folgen nach sich ziehen.[475]

Zudem sei durch Pfarrer Zimmermann auch bekannt, dass die Nirmala-Gruppe Rottenmünster allmonatlich für jede Frau einen Unkostenbeitrag von 2,75 DM zahle. Zunächst sei der Zweck eines solchen Unkostenbeitrag ungeklärt, ob dieser für die Organisation der Nirmala-Gemeinschaft oder der Sparkasse abgeführt

---

Nirmala-Vereinigung e. V. – Indische Mädchen: Aktenvermerk „Nirmala-Vereinigung e. V. hier: kritische Bemerkungen zur finanziellen Betreuung durch nordbadische Bezirkssparkasse", 06.06.1969. Aus lediglich zwei überlieferten Kontoauszügen gehen für Dezember 1968 zwei differierende Guthaben hervor. So ist auf dem ersten Konto eine Summe von 1.981,80 DM aufgeführt, während auf dem zweiten 6.240,69 DM lagen. Auf dem ersten Kontoauszug ist zudem ersichtlich, dass eine einmalige Rücküberweisung von 1.000 DM nach Kerala getätigt wurde. Vgl. EAF B2–1945/2492 Nirmala-Vereinigung e. V. – Indische Mädchen: Kontoauszug Nr. 41–099145 und Nr.247573, o. D.

[472] EAF B2–1945/2492 Nirmala-Vereinigung e. V. – Indische Mädchen: Aktenvermerk „Nirmala-Vereinigung e. V.: Kritische Bemerkungen zur finanziellen Betreuung durch die nordbadische Bezirkssparkasse", 06.06.1969, 1.

[473] EAF B2–1945/2492 Nirmala-Vereinigung e. V. – Indische Mädchen: Aktenvermerk „Nirmala-Vereinigung e. V.: Kritische Bemerkungen zur finanziellen Betreuung durch die nordbadische Bezirkssparkasse", 06.06.1969, 1.

[474] EAF B2–1945/2492 Nirmala-Vereinigung e. V. – Indische Mädchen: Aktenvermerk „Nirmala-Vereinigung e. V.: Kritische Bemerkungen zur finanziellen Betreuung durch die nordbadische Bezirkssparkasse", 06.06.1969, 2.

[475] Vgl. EAF B2–1945/2492 Nirmala-Vereinigung e. V. – Indische Mädchen: Aktenvermerk „Nirmala-Vereinigung e. V.: Kritische Bemerkungen zur finanziellen Betreuung durch die nordbadische Bezirkssparkasse", 06.06.1969, 2.

werde. Weiterhin wurde anhand der vorliegenden Einzelnachweise der Nirmala-Gruppe Emmendingen festgestellt, dass in diesem Fall ein solcher Betrag nicht abgeführt wurde.

Aus den Einzelnachweisen der Emmendinger Gruppe ging zudem hervor, dass die nordbadische Bezirkssparkasse die allmonatlich für jede Gruppe eingehenden Beträge zusammengefasst auf ein Sammelkonto verbucht hatte. Die Monatsraten des prämienbegünstigten Sparens von 50 DM waren also nicht separat jeweils dem prämienbegünstigten Sparkonto zugeführt worden, vielmehr habe die Sparkasse im Dezember jeden Jahres 50 DM pro Monat, d. h. 600 DM auf das prämienbegünstigte Sparkonto der jeweiligen Frau übertragen.[476]

Es entzog sich der Kenntnis des Finanzbeauftragten des Nirmala-Vereinigung e. V., ob die Führung der prämienbegünstigten Sparkonten als Sammelkonten von dem für die nordbadische Sparkasse zuständigen Finanzamt genehmigt wurde. Aus den allgemein bekannten Kommentaren zum Sparprämiengesetz gehe jedoch hervor, dass der Gesetzgeber bei jedem Prämiensparer von der Führung einzelner Konten ausgehe. Entsprechend lautete auch eine Auskunft des zuständigen Finanzamtes des Finanzbeauftragten.[477] Weiterhin habe auch die unklare kirchenrechtliche Situation eine Auswirkung auf die Vertragslage. Angehörige katholischer Orden, die nur die einfachen Gelübde im Sinne des kanonischen Rechtes, nicht aber die feierlichen Gelübde, abgelegt haben, „können prämienbegünstigt sparen, wenn sie den Sparvertrag im eigenen Namen schließen, die Sparbeträge aus dem ihnen verbliebenen Vermögen leisten und die Sparprämie ihrem Vermögen zufließt (BFH-Urteil vom 10.05.1968, BStBl.II, Seite 595)".[478] Da die Frauen der Nirmala-Gemeinschaft keine öffentlichen Gelübde in diesem Sinne abgelegt hätten, sei hieraus zu schließen, dass die Finanzbehörden den Frauen die Prämienbegünstigung absprechen könnten, falls sich herausstellt, dass

---

[476] Vgl. EAF B2–1945/2492 Nirmala-Vereinigung e. V. – Indische Mädchen: Aktenvermerk „Nirmala-Vereinigung e. V.: Kritische Bemerkungen zur finanziellen Betreuung durch die nordbadische Bezirksparkasse", 06.06.1969, 4. Die zwei überlieferten Kontoauszüge weisen zudem die Irregularität auf, dass für das prämienbegünstigte Sparkonto nicht wie im Aktenvermerk erwähnt 600 DM für das Jahr 1968 im Dezember abgeführt wurde, sondern die unklaren Summen von 498 DM (Nr. 247573) sowie 498 DM (Nr. 41–099145). Vgl. EAF B2–1945/2492 Nirmala-Vereinigung e. V. – Indische Mädchen: Kontoauszug Nr. 41–099145 und Nr.247573, o. D.

[477] Vgl. EAF B2–1945/2492 Nirmala-Vereinigung e. V. – Indische Mädchen: Aktenvermerk „Nirmala-Vereinigung e. V.: kritische Bemerkungen zur finanziellen Betreuung durch die nordbadische Bezirkparkasse", 06.06.1969, 4.

[478] EAF B2–1945/2492 Nirmala-Vereinigung e. V. – Indische Mädchen: Aktenvermerk „Nirmala-Vereinigung e. V.: kritische Bemerkungen zur finanziellen Betreuung durch die nordbadische Bezirksparkasse", 06.06.1969, 4.

die Frauen über die gesparten Beträge und über Sparprämien nicht voll verfügen können und „vielmehr die Nirmala-Gemeinschaft nach Belieben ihre Hand auf diese Gelder legen kann".[479]

Der Finanzbeauftragte kam weiterhin zu dem Urteil, dass die Verfahrensweise der Sparkassenfiliale zur Abbuchung für das prämienbegünstigte Sparen nicht den gesetzlichen Erfordernissen gerecht geworden sei.[480] Abgesehen davon sei den Frauen aufgrund mangelnder Beratung seitens der Sparkassenfiliale der finanzielle Vorteil durch vermögenswirksame Anlagen entgangen.[481]

Der Aktenvermerk war in Anbetracht der anstehenden Vereinssitzung erstellt worden, bei der auf der Tagungsordnung unter dem vierten Punkt „Entscheidung über finanzielle Fragen" besprochen werden sollte.[482]

3.3.24 Vereinssitzung IV – Ein Vereinsvorstand tritt auf der Stelle

Die Sitzung des Gesamtvorstandes des Nirmala-Vereinigung e. V. wurde am 09.06.1969 auf Weisung des erzbischöflichen Ordinariats abgehalten, da das Freiburger Ordinariat bei der folgenden Bischofskonferenz im Sommer 1969 einen Arbeitsbericht vorzulegen hatte.[483]

Zunächst erfolgte im Bericht des Geschäftsführers die kurze Einordnung der letzten Entwicklungen, samt der am 17.04.1969 erfolgten Besprechung

---

[479] EAF B2–1945/2492 Nirmala-Vereinigung e. V. – Indische Mädchen: Aktenvermerk „Nirmala-Vereinigung e. V.: kritische Bemerkungen zur finanziellen Betreuung durch die nordbadische Bezirksparkasse", 06.06.1969, 4.

[480] „Laut der Verordnung zur Durchführung des Sparprämiengesetzes vom 31.5.1967 (BGBl. I, Seite 569) § 3 können nicht rechtzeitig geleistete Sparraten bei Sparverträgen mit festgelegten Sparraten innerhalb eines halben Jahres nach Fälligkeit nachgeholt werden. Die im Januar fällige Sparrate kann demnach spätestens im Juli des gleichen Jahres, keinesfalls jedoch im Dezember des gleichen Jahres nachgeholt werden." EAF B2–1945/2492 Nirmala-Vereinigung e. V. – Indische Mädchen: Aktenvermerk „Nirmala-Vereinigung e. V.: kritische Bemerkungen zur finanziellen Betreuung durch die nordbadische Bezirksparkasse", 06.06.1969, 4.

[481] Vgl. EAF B2–1945/2492 Nirmala-Vereinigung e. V. – Indische Mädchen: Aktenvermerk „Nirmala-Vereinigung e. V.: kritische Bemerkungen zur finanziellen Betreuung durch die nordbadische Bezirksparkasse", 06.06.1969, 5–6.

[482] EAF B2–1945/2492 Nirmala-Vereinigung e. V. – Indische Mädchen: Protokoll der Sitzung des Gesamtvorstandes, 09.06.1969, 1.

[483] Vgl. Fußnote 461 in Kapitel 3.3.22.

zwischen Debatin und den Referenten des Ordinariats sowie einer Betreuerkonferenz, zu der nicht alle Betreuer und Betreuerinnen eingeladen worden
waren.[484] Diese Konferenz unter Debatin habe Beschlüsse gefasst, die den dezi-
dierten Beschlüssen des Vereins widersprachen. In diesem Sinne wurde zunächst
das Thema eines Indienurlaubs der Migrantinnen besprochen, welchen Debatin
gegenüber den Frauen im Rundbrief in Verweis auf die kleine Betreuerkonferenz genehmigt hatte. Der Geschäftsführer des Vereins hatte Bedenken wegen der
aufenthaltsrechtlichen Auswirkungen eines solchen Urlaubs und hatte sich dahingehend beim Gewerbeaufsichtsamt und der Ausländerstelle des Landratsamtes
Emmendingen erkundigt:

> Der 6-jährige Aufenthalt der Mädchen in Deutschland ist im Rahmen der Entwick-
> lungshilfe zur Ausbildung erlaubt, eine Verlängerung könne höchstens auf 3 Monate
> erfolgen, wenn dadurch ein 3-monatiger Urlaub aufgeholt werden sollte. Bei einem
> Auslandsurlaub über 3 Monate erlischt die Aufenthaltserlaubnis in Deutschland.[485]

Die kleine Betreuergruppe habe bei ihrer Konferenz zudem beschlossen, in Fällen, in denen die Anstalten damit einverstanden seien, den Aufenthalt der Frauen
auf 59 Monate zu beschränken, also „einen Teil der indischen Mädchen schon
nach 5 Jahren nach Indien zu entlassen".[486]

Auch hinsichtlich der Schilderungen Debatins über die Wahl des 1. Vorsitzenden wurde erneut diskutiert. Alle Anwesenden bestätigten in einer längeren
Aussprache, dass Debatin sich zwar zweimal zur Wahl vorgeschlagen habe, dass
aber nur ein Wahlvorgang stattgefunden habe, in welchem Rüther gewählt worden
sei.[487]

Weiterhin wurde mit Verweis auf die Zielsetzung in der Satzung erneut festgestellt, dass die Verantwortung des Vereins in drei Bereiche zerfalle (Arbeitsverträge, Ausbildung, Betreuung). So falle auch die Entscheidung über Indienurlaub
und Kürzung des Deutschlandaufenthaltes in die Zuständigkeit des e. V. und sei

---

[484] Vgl. Fußnote 455 in Kapitel 3.3.22.

[485] EAF B2–1945/2492 Nirmala-Vereinigung e. V. – Indische Mädchen: Protokoll der Sitzung des Gesamtvorstandes, 09.06.1969, 2.

[486] EAF B2–1945/2492 Nirmala-Vereinigung e. V. – Indische Mädchen: Protokoll der Sitzung des Gesamtvorstandes, 09.06.1969, 2.

[487] „[Der Justiziar des DCV, Anm. d. Verf.] stellt den Antrag, darüber zu entscheiden:
‚Das Protokoll entspricht in seiner Wiedergabe der Wahl des 1.Vorsitzenden dem, was tatsächlich geschehen ist.‘ Die Abstimmung ergibt: 7 gegen 1 Stimme". EAF B2–1945/2492
Nirmala-Vereinigung e. V. – Indische Mädchen: Protokoll der Sitzung des Gesamtvorstandes,
09.06.1969, 2.

von diesem auch wie bekannt bereits entschieden worden. Entscheidungen dieser Qualität gehörten nicht in die Zuständigkeit der Betreuergruppen.[488]

Debatin hielt dem entgegen, dass der Verein gedacht war „als Mantel um die Gemeinschaft und schützt diese nach Außen; so gehören die Arbeitsverträge zur Kompetenz des Vorstandes, nicht aber die Entscheidung über Urlauberegelung".[489] Der Justiziar des DCV konterte die Argumentation damit, dass der Urlaub der rechtliche Ausfluss der juristisch erfassbaren Tätigkeit in Deutschland sei und deshalb in die Zuständigkeit des Vereins falle:

> Die Mädchen unterstehen in Deutschland dem deutschen Recht; deshalb und dafür ist dieser e. V. gegründet worden. Herr Pfarrer Debatin sei Mitglied des Geschäftsführenden Vorstandes und müsse sich dessen Beschlüssen fügen.[490]

Der nächste Punkt der Tagesordnung behandelte „Wesen und Art der Gestellungsverträge", zu dem der Justiziar des DCV einen Fachvortrag hielt. Er kam zu dem Schluss, dass der Verein und letzten Endes das Ordinariat Freiburg die Bestätigung des zuständigen indischen Bischofs haben müsse, um in der Angelegenheit überhaupt tätig werden zu können. Pfarrer Debatin behauptete daraufhin, dass eine solche Bestätigung eines indischen Bischofs vor wenigen Wochen angekommen sei. Der Domkapitular forderte den Pfarrer auf dieses Dokument umgehend dem Ordinariat vorzulegen.[491]

In der weiteren Diskussion wurde festgestellt, dass die „Gestellungsverträge" der Nirmala-Gruppen von Emmendingen, Winnenden, Zwiefalten, Wiesloch und Weinsberg weiterhin nicht vorlagen. Aus der Diskussion kristallisierte sich ebenso das Ergebnis, dass außer der Bestätigung eines indischen Ordinarius auch eine klar gefasste Konstitution der Nirmala-Gemeinschaft notwendig war,

---

[488] Vgl. EAF B2–1945/2492 Nirmala-Vereinigung e. V. – Indische Mädchen: Protokoll der Sitzung des Gesamtvorstandes, 09.06.1969, 2–3.

[489] EAF B2–1945/2492 Nirmala-Vereinigung e. V. – Indische Mädchen: Protokoll der Sitzung des Gesamtvorstandes, 09.06.1969, 3.

[490] EAF B2–1945/2492 Nirmala-Vereinigung e. V. – Indische Mädchen: Protokoll der Sitzung des Gesamtvorstandes, 09.06.1969, 3.

[491] Vgl. EAF B2–1945/2492 Nirmala-Vereinigung e. V. – Indische Mädchen: Protokoll der Sitzung des Gesamtvorstandes, 09.06.1969, 3–4.
Handschriftlich ist neben der entsprechenden Passage des Protokolls vermerkt, dass die Bestätigung auch bis zum 10.07.1969, über einen Monat nach der Sitzung des Gesamtvorstandes, nicht im Ordinariat eingetroffen war.

die der Gemeinschaft die Eigenschaft einer kirchenrechtlich fassbaren Institution verleihe.[492]

Doch sah der Gesamtvorstand trotz der verfahrenen Lage einen Ausweg. So war bekannt, dass Mar Gregorios, ein beteiligter indischer Ordinarius, geplant hatte im Herbst 1969 nach Deutschland zu kommen. Angesichts der Sachlage sollten die vorhandenen Unterlagen des Vereins dem Ordinariat übergeben werden. Im Herbstsollte aber auch bereits ein Text einer solchen Konstitution vorliegen, die ihm zur Genehmigung vorgelegt werden könne. Denn erst Kraft dieser beiden gezeichneten Dokumente[493] wäre das Handeln des Vereinsvorstands rechtlich gesichert gewesen.

Pfarrer Debatin brachte einen neuen Aspekt der Migrationsbewegung in die Sitzung. Er gab an, sieben indische, ausgebildete Krankenschwestern für Bonn vermitteln zu wollen. Die Vermittlung könne aber durch keine Privatperson geschehen. So stellte er die Anfrage, ob der Verein dies als Rechtsträger leisten würde. Daraufhin entstand eine grundlegende Debatte zu diesem Novum: die Übernahme und Betreuung von schon ausgebildeten Krankenschwestern, welche zu keinem konkreten Ergebnis führte.[494]

Im Rahmen dieser Sitzung wurde auch erneut das Streitthema der Finanzen behandelt. Der Geschäftsführer schnitt die Frage um die Konteneinsicht der bestehenden Konten und deren Verfügungsberechtigung an. Der indische Bischof Mar Athanasios und eine Reihe der Mädchen wünschten die Einsicht in die bisherige Kontenentwicklung. Diese Einsicht sei bisher jedoch nur für das vergangene Jahr gegeben worden.[495] Pfarrer Debatin weigerte sich dahingehend und sprach sich dagegen aus in der Konteneinsicht zeitlich weiter zurückzugehen. Seitens des Finanzbeauftragten des Vereins wurden starke Bedenken geäußert, da Debatin bis dato über die Konten allein verfügungsberechtigt war. Es müsse so geregelt werden, dass zwei Unterschriften, die der Kontoinhaberin und eines Vertreters des Vereinsvorstands, entweder durch Debatin oder Maier, die Verfügungsrechte

---

[492] „Ob die Eigenschaft der PIA UNIO dem schon entspricht, darüber besteht unter den Anwesenden keine Klarheit." EAF B2–1945/2492 Nirmala-Vereinigung e. V. – Indische Mädchen: Protokoll der Sitzung des Gesamtvorstandes, 09.06.1969, 4.

[493] Der Konstitution der Nirmala-Gemeinschaft als kirchenrechtliche Institution (Satzung) samt Bestätigung des indischen Ordinarius.

[494] Vgl. EAF B2–1945/2492 Nirmala-Vereinigung e. V. – Indische Mädchen: Protokoll der Sitzung des Gesamtvorstandes, 09.06.1969, 6.

[495] Vgl. Kapitel 3.3.23. Die Frage des Lohns – Einblick in die Kontoauszüge der Nirmala-Gruppe Emmendingen.

bewirken. Die „jetzige Regelung [...] könnte große Unannehmlichkeiten bis zum Skandal bringen".[496]

Pfarrer Debatin entgegnete darauf, dass die ganze Arbeit auf Risiken aufgebaut sei und Gefahr von Angriffen immer bestehe. Zudem berichtete Pfarrer Debatin, dass bis jetzt 1 % von jedem Mädchen abgezogen und „auf Extrakonto für den Bau eines Hauses und die Zukunft in Indien gelegt worden seien".[497] Der 1. Vorsitzende betonte daraufhin, dass in dieser Angelegenheit ebenso der Verein zuständig sei und die ganzen Geldanlagen einwandfrei geregelt werden müssten. Selbst dieses eine Prozent müsse in den Statuten verankert werden. Pfarrer Debatin sprach sich dagegen aus, alles Bestehende nochmals juristisch zu evaluieren: „Für die Zukunft sei das gut, für die Vergangenheit soll man die Sache ruhen lassen".[498]

Aber auch der Umgang mit den Spargeldern wurde wieder zentrales Diskussionsthema. Das Ordinariat hatte nach einer Besprechung mit Pfarrer Debatin die Unterlagen der nordbadischen Sparkasse (Sparkonto) und der Deutschen Bank (Inrenta-Anlage) der Finanzkammer mit der Bitte um ein neutrales Gutachten übergeben. Das Gutachten, das hinsichtlich eines potentiell höheren Ertrags von 1–2 % zu einem positiven Ergebnis des Angebots der Deutschen Bank kam, wurde verlesen und durch Domkapitular Schäuble erläutert, der zur Schlussfolgerung kam: „Die Pflicht der Gerechtigkeit verlangt die bessere Anlage".[499] Pfarrer Debatin zeigte auch hier trotz der neutralen Beurteilung weiterhin Bedenken. Gleichwohl erging aufgrund des Gutachtens durch den Gesamtvorstand der folgende Beschluss:

1. Alle neuen Konten werden in Inrenta-Anteilen angelegt.
2. Von den bereits bestehenden nur diejenigen, die mindestens 3 Jahre oder länger in Deutschland bleiben.

Abstimmung: 6 Stimmen dafür, Herr Pfarrer Debatin enthält sich der Stimme, Er wünscht einen sauberen Modus der Erledigung mit der Sparkasse.[500]

---

[496] EAF B2–1945/2492 Nirmala-Vereinigung e. V. – Indische Mädchen: Protokoll der Sitzung des Gesamtvorstandes, 09.06.1969, 5.

[497] EAF B2–1945/2492 Nirmala-Vereinigung e. V. – Indische Mädchen: Protokoll der Sitzung des Gesamtvorstandes, 09.06.1969, 5.

[498] EAF B2–1945/2492 Nirmala-Vereinigung e. V. – Indische Mädchen: Protokoll der Sitzung des Gesamtvorstandes, 09.06.1969, 5.

[499] EAF B2–1945/2492 Nirmala-Vereinigung e. V. – Indische Mädchen: Protokoll der Sitzung des Gesamtvorstandes, 09.06.1969, 4.

[500] EAF B2–1945/2492 Nirmala-Vereinigung e. V. – Indische Mädchen: Protokoll der Sitzung des Gesamtvorstandes, 09.06.1969, 4.

Entsprechend wurde angesetzt, dass der Geschäftsführer sowie der Finanzbeauftragte als Vorstandsmitglied gemeinsam mit Debatin den Transfer mit dem Sparkassenfilialleiter Anfang Juli 1969 persönlich besprechen sollten. Diese Besprechung legte bald darauf die drastische de-facto Situation der finanziellen Organisation des Nirmala-Vorgangs offen.

3.3.25 Treffen mit Vertretern der Bezirkssparkasse – Offenlegung der finanziellen Organisation des Nirmala-Vorgangs

Am 01.07.1969 fand in der beteiligten nordbadischen Sparkasse ein Treffen zwischen leitenden Personen der Sparkasse[501] und Vertretern des Gesamtvorstands des Nirmala-Vereinigung e. V.[502] statt, um die technische Abwicklung der teilweisen Umdisposition der Spargelder in Inrenta-Anteile sowie die technischen Aspekte der weiteren Verwaltung der Gelder zu besprechen.[503] Zu einer solchen Besprechung im Sinne des Auftrages des Gesamtvorstandes sollte es aber nicht kommen. Der Aktenvermerk zeugt von der Begegnung, zu deren Beginn die tatsächlichen Vertragsverhältnisse der Frauen bei der Sparkasse offengelegt wurden:

> Die [nordbadische] Sparkasse [...] führt die Sparkonten der indischen Mädchen als Privatkonten (Unterkonten) des Herrn Pfarrer Debatin, der seit Eröffnung dieser Konten vor 3 und mehr Jahren allein verfügungsberechtigt ist. Eine Verfügungsberechtigung der Nirmala-Vereinigung e. V. kann die Bezirkssparkasse [...], wenngleich ihr vom Geschäftsführer der Nirmala-Vereinigung e. V. im Dezember 1968 die Satzung des e. V. sowie die Protokolle der Gründungsversammlung zugesandt worden waren, erst dann anerkennen, wenn Pfarrer Debatin diese Konten förmlich auf die genannte Vereinigung übertragen hat. Dies ist bislang nicht geschehen, und Pfarrer Debatin hat, wie er ausdrücklich erklärte, einstweilen auch nicht die Absicht, sich aus seiner alleinigen Verfügungsberechtigung über die genannten Konten zu begeben. Aus diesem Grunde ist die Bezirkssparkasse [...] nicht bereit, Aufträge der Nirmala-Vereinigung

---

[501] Anwesend war neben zwei Sparkassendirektoren, von denen einer das Amt als Geschäftsführer des Sparkassenvorstandes bekleidete, der Leiter der beteiligten nordbadischen Sparkasse.

[502] Seitens des Gesamtvorstands reiste der Geschäftsführer, der Beirat, der dem Vorstand als Finanzexperte diente, sowie Pfarrer Debatin als Leiter der Gemeinschaft an.

[503] EAF B2–1945/2492 Nirmala-Vereinigung e. V. – Indische Mädchen: Aktenvermerk Besprechung am 01.07.1969, 02.07.1969.

e. V. bzw. der hierfür zuständigen Organe dieses Vereins bezüglich der Verwaltung der Spargelder der Inderinnen auszuführen.[504]

Debatin seinerseits zeigte aber die Absicht, der Bezirkssparkasse die Anweisung im Sinne der Vorstandsbeschlüsse des Nirmala-Vereinigung e. V. zu erteilen. Dies begründete er mit der Behauptung, dass der Vorstand des Vereins das Gutachten der Finanzkammer „falsch interpretiert habe".[505] Der Leiter der Gemeinschaft wolle daher zwecks etwaiger anderer Anlageoptionen nochmals Gespräche mit dem erzbischöflichen Ordinariat und der Finanzkammer führen.

Im Gespräch in der Bezirkssparkasse bezog Debatin als Leiter der Gemeinschaft gemeinsam mit den Vertretern der Sparkassen gegenüber den zwei anderen Vorstandsmitgliedern des Nirmala-Vereinigung e. V. Stellung.[506] Dabei zeigten sich die Vertreter der Sparkasse auch darüber verwundert, dass der Nirmala-Vereinigung e. V. „ohne die Zustimmung jeder einzelnen Kontoinhaberin über die Gelder verfügen wolle".[507]

Die zwei Mitglieder des Vorstands baten Debatin daraufhin eine Aktennotiz zu unterzeichnen, um dem 1. Vorsitzenden der Nirmala-Vereinigung über die Gründe berichten zu können, weshalb der Auftrag des Gesamtvorstandes nicht ausgeführt werden konnte. Debatin wies die Unterzeichnung mit der Bemerkung zurück, dass ihm die „Formulierung zu scharf" sei.

---

[504] EAF B2–1945/2492 Nirmala-Vereinigung e. V. – Indische Mädchen: Aktenvermerk Besprechung am 01.07.1969, 02.07.1969.

[505] EAF B2–1945/2492 Nirmala-Vereinigung e. V. – Indische Mädchen: Aktenvermerk Besprechung am 01.07.1969, 02.07.1969.

[506] „Die Herren der Bezirkssparkasse […] verwiesen insbesondere auf den von ihnen angebotenen Rentenfonds Renditdeka. […] [Einwände gegen diese Form einer Geldanlage] ließen die Herren der Bezirkssparkasse und Herr Pfarrer Debatin nicht gelten. […] Während des Gespräches bat Pfarrer Debatin die Herren der Bezirkssparkasse mehrfach darum, ihm objektiv zu sagen, welche der zur Debatte stehenden Anlageformen die für die indischen Mädchen beste sei. Die Herren der Bezirkssparkasse wiederholten die von ihnen in der Vergangenheit bereits vorgebrachten Argumente für ein Belassen der Guthaben auf Sparkonten. […] Sie wiesen aber auch wiederholt darauf hin, dass es ihnen in Anbetracht der mit der Führung der Konten in der Vergangenheit verbundene Arbeit ungerecht erscheine, dass nunmehr ein Teil der Guthaben von der Bezirkssparkasse […] abgezogen werden solle." EAF B2–1945/2492 Nirmala-Vereinigung e. V. – Indische Mädchen: Aktenvermerk Besprechung am 01.07.1969, 02.07.1969.

[507] EAF B2–1945/2492 Nirmala-Vereinigung e. V. – Indische Mädchen: Aktenvermerk Besprechung am 01.07.1969, 02.07.1969.

Aus „Termingründen" verließ Debatin die Besprechung vorzeitig.[508] Er gab sich auch im letzten Moment nicht einverstanden eine neu formulierte Erklärung zu unterschreiben, wobei ihn die Vertreter der Sparkassen in seiner Auffassung unterstützten.[509]

Ein Aktenvermerk des Freiburger Ordinariats vom 10.07.1969, also kurz nach der Besprechung verfasst, bezeugt Pfarrer Debatins Absicht, auch weiterhin keralesische Frauen holen zu wollen.[510]

3.3.26 Vereinssitzung V – Wandel in Sichtweite?

Die Sitzung des Gesamtvorstandes des Nirmala-Vereinigung e. V. am 02.10.1969 sollte die vorerst letzte Sitzung der recht kurzen Vereinsgeschichte werden.[511] Angesichts der jüngsten Ereignisse hatte sich das große Bild der problematischen Organisation gezeigt. Zu Beginn der Sitzung las der Geschäftsführer zunächst den Aktenvermerk des Treffens mit Vertretern der Bezirkssparkasse am 01.07.1969 vor.[512] Aus der daraus erwachsenden Debatte kristallisierte sich zum einen erneut die dringende Notwendigkeit eines kirchlichen Statuts heraus.[513] Zum anderen wurde festgestellt, dass es nach deutschem Recht nicht zulässig war, dass Debatin alleine über die Konten der Frauen verfügte, und den Frauen auch keinen

---

[508] EAF B2–1945/2492 Nirmala-Vereinigung e. V. – Indische Mädchen: Aktenvermerk Besprechung am 01.07.1969, 02.07.1969.

[509] Die zurückgelassene Gruppe führte die Besprechung fort, in Rahmen derer der Zweigstellenleiter preisgab, dass von einigen Nirmala-Gruppen „Aufwandsentschädigungsbeiträge für die Betreuung der Nirmala-Gruppen" abgezweigt wurden. EAF B2–1945/2492 Nirmala-Vereinigung e. V. – Indische Mädchen: Aktenvermerk Besprechung am 01.07.1969, 02.07.1969.

[510] „Er nannte einmal die Zahl von 300-350. Näheres konnte darüber nicht aus ihm herausgebracht werden." EAF B2–1945/2492 Nirmala-Vereinigung e. V. – Indische Mädchen: Aktenvermerk, 11.07.1969.

[511] Ausschließlich zum Zwecke der Vereinsauflösung erfolgt die letzte Sitzung des Gesamtvorstandes am 08.01.1971 statt. Siehe Kapitel 3.3.33. Vereinssitzung VI – Auflösung eingetragenen Vereins im Jahr 1971.

[512] Siehe Kapitel 3.3.25. Treffen mit Vertretern der Bezirkssparkasse – Offenlegung der finanziellen Organisation des Nirmala-Vorgangs.

[513] „Domkapitular Schäuble bittet – wie schon früher – H. Pfr. Debatin, dieses Statut ihm zur Verfügung zu stellen. H. Pfr. Debatin erwidert, ein solches sei nur im Sinne einer Pia Unio vorhanden; in der letzten Sitzung sei aber festgestellt worden, dass dies nicht genüge, deshalb habe er es auch nicht mehr vorgelegt." EAF B2–1945/2492 Nirmala-Vereinigung e. V. – Indische Mädchen: Protokoll der Sitzung des Gesamtvorstandes, 02.10.1969, 2.

Einblick in die Kontenentwicklung gewährt wurde. Ohne kirchenrechtliches Statut könne „nach deutschem Recht sogar jedes Mädchen über sein Konto allein verfügen, wenn es nicht durch Unterschrift diese Verfügungsgewalt abtritt bzw. teilt".[514] Zudem wurde erneut klargestellt, dass der Verein auf ausdrücklichen kirchenamtlichen Auftrag der Bischofskonferenz gegründet worden sei, damit die Verantwortung im Nirmala-Vorgang, und damit auch die finanzielle Organisation, kollegial geteilt werde. Der Justiziar des DCV nutzte den Augenblick der Vereinssitzung und forderte Pfarrer Debatin auf, eine verpflichtende Erklärung zu unterzeichnen, unter der Begründung, dass der Verein ansonsten seine Aufgabe nicht erfüllen und keinerlei Verantwortung übernehmen könne. Pfarrer Debatin willigte ein. So formulierte der Justiziar im Benehmen mit Debatin die folgende Erklärung, die direkt von beiden Personen unterschrieben wurde:

> Aus der Führung und Verwaltung der Gelder der indischen Schwestern wurden die verschiedenen Gesichtspunkte erneut vorgetragen. Pfarrer Debatin gab erneut eine Darstellung der Entwicklung vom Anfangsstadium bis in die heutige Situation. Demgegenüber wurde von Mitgliedern des Vorstandes erneut auf die Rechtslage hingewiesen, von der aus dem Vorstand die hier anstehenden Fragen entsprechend dem Auftrag der deutschen Bischofskonferenz zu prüfen und zu regeln hat. [Der Justiziar des DCV] stellt dann an Pfarrer Debatin die Frage: Sind Sie bereit, die derzeitigen Funktionen und Zuständigkeiten in der Verwaltung der Gelder der indischen Schwestern niederzulegen und eine entsprechende Erklärung der Bezirkssparkasse […] gegenüber unverzüglich abzugeben. Pfarrer Debatin erklärt: Ja, wenn der Vorstand des Vereins von der Voraussetzung ausgeht, dass die indische Schwester nach deutschem Recht zunächst die Alleinverantwortung für ihr Geld hat. Der Vorsitzende erklärt hierzu, dass das selbstverständlich ist und er sich an diesem Ausgangspunkt bei allen Überlegungen halten wird. Bei der heutigen Diskussion über diesen Punkt ergab sich, dass ein kanonisches Statut über die Nirmala-Gemeinschaft nicht zur Verfügung steht.[515]

Pfarrer Debatin erklärte sich zudem damit einverstanden, dass der Geschäftsführer des Vereins die gezeichnete Erklärung der nordbadischen Sparkasse zukommen ließ.

Angesichts diesen sich andeutenden Wandels der kommenden Vereinsarbeit, war sich der Gesamtvorstand einig, dass baldmöglichst eine Konferenz der Betreuer stattfinden müsste, um mit ihnen den zukünftigen Modus Operandi in der Finanzverwaltung der Frauen zu besprechen. Jedoch war sich der Gesamtvorstand des Vereins dabei ebenso einig, dass man den Arbeitsmigrantinnen in

---

[514] EAF B2–1945/2492 Nirmala-Vereinigung e. V. – Indische Mädchen: Protokoll der Sitzung des Gesamtvorstandes, 02.10.1969, 2.

[515] EAF B2–1945/2492 Nirmala-Vereinigung e. V. – Indische Mädchen: Erklärung im Anhang des Protokolls der Sitzung des Gesamtvorstandes, 02.10.1969.

der Verfügung über die eigenen Einkünfte weiterhin keine Selbstbestimmung zugestehen wollte.[516] Ferner beschäftigte die Sitzung die Frage, ob die Nirmala-Aktion mit den bereits in Deutschland anwesenden Frauen nun ihren Abschluss finden sollte oder noch weitere Gruppen kommen sollten. Zwar hätten in der Runde Bedenken bestanden, dennoch ging man davon aus, dass mit Sicherheit weitere indische Frauen nach Deutschland kommen werden. Angesichts dessen kam der Gesamtvorstand zu dem Urteil, dass es besser sei, wenn man diese Frauen auf Basis einer Gruppengemeinschaft betreuen würde, „wie das die Nirmala-Gemeinschaft tut".[517] Doch angesichts der Überforderung der Anwesenden mit der Frage wurde die Weiterführung der Debatte vertagt.

Hinsichtlich der „Gestellungsverträge" wies der Justiziar des DCV darauf hin, dass er noch immer nicht alle „Gestellungsverträge" vorgelegt bekommen habe und der Verein überhaupt nicht genau wisse, wie viele Gruppen sich wo und in welcher Gruppenstärke in der Bundesrepublik Deutschland aufhielten. Der Vorsitzende des Vereins wandte sich daraufhin an Debatin mit der erneuten Bitte eine Aufstellung sämtlicher Gruppen einzureichen sowie alle Abschriften zu den geschlossenen Gestellungs- und Arbeitsverträgen vorzulegen. Der Justiziar des DCV machte an dieser Stelle darauf aufmerksam, dass ein Vertrag zunächst auch gut laufe, wenn er nicht allen gesetzlichen Vorschriften entspreche, kritisch werde es jedoch bei Schwierigkeiten. Debatin entgegnete darauf: „wenn es zunächst um Prüfung juristischer Fragen gegangen wäre, dann würden wohl keine Schwestern nach Deutschland gekommen sein".[518]

Der Justiziar des DCV hielt dagegen, dass die kanonische Rechtsgrundlage bis jetzt fehle, und entsprechend die „Gestellungsverträge" als solche nicht rechtskräftig seien. Nur Einzelverträge seien zulässig, diese aber fehlten. Der 1. Vorsitzende folgerte daraus, dass eine rechtliche Absicherung gegenwärtig nur möglich sei, wenn Einzelverträge vorliegen. Eine solche etwaige Umwandlung der bestehenden Verträge sollte auch auf der geplanten Konferenz der Betreuer

---

[516] „Alle sind sich einig darüber, dass die Mädchen ihr Konto nicht allein verwalten sollen, es müsste also eine Gegenzeichnung erforderlich sein. Dazu brauchen wir aber die Einwilligung jeder einzelnen Kontoinhaberin." EAF B2–1945/2492 Nirmala-Vereinigung e. V. – Indische Mädchen: Protokoll der Sitzung des Gesamtvorstandes, 02.10.1969, 3.

[517] Hier findet sich ebenso ein Verweis auf die Frauen, die abseits des Nirmala-Vorgangs angeworben worden waren: „Einzelne Mädchen werden vom Caritasverband im Rahmen des Mädchenschutzes betreut." EAF B2–1945/2492 Nirmala-Vereinigung e. V. – Indische Mädchen: Protokoll der Sitzung des Gesamtvorstandes, 02.10.1969, 3.

[518] EAF B2–1945/2492 Nirmala-Vereinigung e. V. – Indische Mädchen: Protokoll der Sitzung des Gesamtvorstandes, 02.10.1969, 4.

besprochen werden. Der Justiziar stellte zudem fest, dass aus der heutigen Situation geschlossen werden könne, dass der für die Gemeinschaft zuständige indische Bischof die Gesamtverantwortung für die Gemeinschaft in Indien und in Deutschland trage. Jedoch sei es zweifelhaft, „ob er die Tragweite erkannt hat und willens ist, dafür einzustehen".[519]

3.3.27 Beobachtungen und Beschwerden – Externe Wahrnehmung der Arbeitsmigrantinnen

Während man in Freiburg den anstehenden Besuch des indisches Bischofs Mar Gregorios erwartete, erreichte ein Brief eines besorgten Fachlehrers das Freiburger Ordinariat.[520] Als Lehrkraft für das Bekleidungsgewerbe hatte er die Frauen der Nirmala-Gemeinschaft, welche in der psychiatrischen Klinik auf der Insel Reichenau als Krankenpflegerinnen arbeiteten, im traditionellen Sari für die Berufsfachschule abgelichtet.

In seinem Schreiben bezieht sich der Fachlehrer auf die Verfassung der Frauen. Sie seien bei der Arbeit wegen ihrer Selbstlosigkeit, Gewissenhaftigkeit und Freundlichkeit geschätzt. Jedoch sei es schlicht Erpressung und letzten Endes rechtswidrig ihr Arbeitsverhältnis davon abhängig zu machen, dass sie nicht heiraten und keine Kinder gebären dürften. Im Gespräch mit den Frauen habe sich der Eindruck verfestigt, dass es den Frauen nicht gut gehe:

> Einige waren in ärztlicher Behandlung, und fast alle klagten über den schweren Dienst und über die vielen Nachtwachen. ‚Müde, müde, schlafen, schlafen', war immer wieder zu hören. Sie sahen übernächtigt und abgearbeitet aus. Einige äußerten sich noch deutlicher: Ich habe Furcht. Jetzt habe ich Jahre hier gearbeitet und muß noch weitere Jahre hier arbeiten. Komme ich dann zurück nach Indien, nach sechs Jahren(!), so habe ich keinen Beruf gelernt. In ganz Indien gibt es solch ein Krankenhaus nicht. (Für Nervenkranke und Süchtige.) Und sie drückte sich einige Tränen aus den Augen! Eine andere: ‚Wir haben soeben unterschreiben müssen, dass wir jetzt während des Heimaturlaubs nicht heiraten dürfen.[521]

---

[519] EAF B2–1945/2492 Nirmala-Vereinigung e. V. – Indische Mädchen: Protokoll der Sitzung des Gesamtvorstandes, 02.10.1969, 4.

[520] Vgl. EAF B2–1945/2492 Nirmala-Vereinigung e. V. – Indische Mädchen: Brief, Fachlehrer für Bekleidungsgewerbe an Ordinariat, 05.10.1969.

[521] EAF B2–1945/2492 Nirmala-Vereinigung e. V. – Indische Mädchen: Brief, Fachlehrer für Bekleidungsgewerbe an Ordinariat, 05.10.1969.

In diesem Beschwerdevorgang wurde die innerkirchliche Bearbeitung für eine Beantwortung auf wenige Tage beschleunigt. Nach Rücksprache mit dem für die entsprechende Nirmala-Gruppe verantwortlichen Geistlichen der Gemeinde Konstanz Wollmatingen wurde ein Antwortschreiben entsandt.[522]

Das Ordinariat berief sich darauf, dass die Frauen auf ihre Verpflichtungen während des Aufenthaltes bereits vor dem Dienstantritt aufgeklärt worden seien. Das Antwortschreiben des Ordinariats gibt aber auch Rückschlüsse auf die Erfüllung der Ausbildungsverhältnisse der Nirmala-Gruppe Reichenau:

> Leider war es nicht möglich, alle Mädchen zur Prüfung zuzulassen, weil – vielfach durch eigenes Verschulden – die Sprachkenntnisse zu gering waren. Es wird gerade von der Direktion des Psych. Landeskrankenhaus alles getan, um die Mädchen beruflich zu fördern. Leider haben einige erklärt, sie wollen keine Prüfung machen, also auch die Krankenpflegeschule nicht besuchen. Andere konnten infolge mangelnder Kenntnisse zur großen Krankenpflegeschule nicht zugelassen werden.[523]

3.3.28 Kirchenamtliches Handeln – Erste transnationale Interaktion zwischen den indischen und den deutschen Bischöfen

Am 03.11.1969 kam es zur ersten direkten kirchenamtlichen Verknüpfung auf Bischofsebene zwischen dem Freiburger Erzbischof Schäufele und dem syromalankarischen Erzbischof Mar Gregorios. Neben zwei weiteren indischen Priestern waren Domkapitular Schäuble und der Geschäftsführer des Nirmala-Vereinigung e. V. zugegen, während Debatin bei der Besprechung nicht anwesend war.[524]

Zu einem simplen Unterzeichnen eines Statuts, respektive einer Bestätigung der Nirmala-Vereinigung durch einen indischen Ordinarius, wie es sich der Vorstand des Vereins vorgestellt hatte, sollte es bei diesem Zusammentreffen jedoch nicht kommen. Erzbischof Mar Gregorios erbat stattdessen ein kirchenamtliches Schreiben des Erzbischofs als dem Beauftragten der Deutschen Bischofskonferenz. Darin sollte der Beschluss der Deutschen Bischofskonferenz und die

---

[522] Vgl. EAF B2–1945/2492 Nirmala-Vereinigung e. V. – Indische Mädchen: Brief, Ordinariat an Fachlehrer für Bekleidungsgewerbe, 17.10.1969.

[523] EAF B2–1945/2492 Nirmala-Vereinigung e. V. – Indische Mädchen: Brief, Ordinariat an Fachlehrer für Bekleidungsgewerbe, 17.10.1969.

[524] Vgl. EAF B2–1945/2492 Nirmala-Vereinigung e. V. – Indische Mädchen: Aktenvermerk, Besprechung zwischen Erzbischof Schäufele und Erzbischof Mar Gregorios, 03.11.1969.

Darlegung der konkreten Schwierigkeiten mit der Bitte um ein von den indischen Bischöfen genehmigtes Statut für die Nirmala-Vereinigung enthalten sein. Auf dieser Grundlage wollte Mar Gregorios das Anliegen im Rahmen der nächsten Catholic Bishops' Conference of India (CBCI) vortragen, da er in dieser Konferenz „der Beauftragte für Mädchen aus Kerala in der Bundesrepublik" war.[525]

Bezüglich der Verwaltung der Gelder erklärte Mar Gregorios, dass die indischen Bischöfe die Forderung des Freiburgers Erzbischofs und des Vereins unterstützen. Entsprechend forderte Mar Gregorios, dass die Verantwortung für die Konten der Frauen auf den Nirmala-Vereinigung e. V. übertragen werden und die Frauen selbst Einsicht in ihren Kontenstand erhalten. Aber auch Mar Gregorios forderte, dass die Frauen über ihre Konten nur im Benehmen mit einer beauftragten Person des Nirmala-Vereinigung e. V. verfügen sollten, wobei die juristischen Fragen durch die Rechtsabteilung des DCV abgesichert werden sollte. Der nordbadischen Bezirkssparkasse sollte die entsprechende Anweisung gegeben werden. Bezüglich der Frage nach Ferien in Indien für die Frauen der Nirmala-Vereinigung betonte der indische Erzbischof nachdrücklich, dass vor Ablauf der ersten sechs Jahre, auf die sich die Frauen verpflichtet hatten, kein Heimaturlaub gewährt werden sollte. Ferner sollten zukünftig soweit möglich geeignete indische Priester zur Verfügung stehen, die zur ständigen Mitarbeit in die Betreuung der Mädchen einbezogen werden. Die Anwesenden stellten fest, dass die Frage eines eigenen Hauses für die „heimkehrenden indischen Mädchen in Indien [...] ausschließlich Sache des indischen Episkopates" sei.[526]

Zum Ende der Besprechung wies Erzbischof Schäufele nochmals darauf hin, dass die indischen Frauen in der Bundesrepublik für die Dauer ihres Aufenthaltes dem deutschen Recht unterstehen und die Deutsche Bischofskonferenz mit der praktischen Arbeit und Verantwortung den Nirmala-Vereinigung e. V. beauftragt hatte. Als Voraussetzung hierfür sei aber ein Statut der Nirmala-Vereinigung, das von der Indischen Bischofskonferenz bzw. ihrem Beauftragten Mar Gregorios genehmigt sein muss, unerlässlich.

Die Erzbischöfe kamen überein, dass die künftige Korrespondenz in der Angelegenheit direkt zwischen dem Erzbischof Schäufele und Erzbischof Mar Gregorios geschehen sollte.[527]

---

[525] EAF B2–1945/2492 Nirmala-Vereinigung e. V. – Indische Mädchen: Aktenvermerk, Besprechung zwischen Erzbischof Schäufele und Erzbischof Mar Gregorios, 03.11.1969.

[526] EAF B2–1945/2492 Nirmala-Vereinigung e. V. – Indische Mädchen: Aktenvermerk, Besprechung zwischen Erzbischof Schäufele und Erzbischof Mar Gregorios, 03.11.1969.

[527] Vgl. EAF B2–1945/2492 Nirmala-Vereinigung e. V. – Indische Mädchen: Aktenvermerk, Besprechung zwischen Erzbischof Schäufele und Erzbischof Mar Gregorios, 03.11.1969.

Noch im Dezember 1969 richtete der Erzbischof von Freiburg aufbauend auf dem Aktenvermerk der Besprechung einen Brief an Erzbischof Mar Gregorios.[528] Zudem hatte der Erzbischof von Freiburg den römisch-katholische Erzbischof von Bombay, Kardinal Gracias, als Präsident der katholischen Bischofskonferenz von Indien bei einem persönlichen Besuch im Mai 1970 mit in die Kommunikation eingebunden.[529] Die Unterstützung durch Kardinal Gracias war in der Einleitung des Migrationsvorgangs durch Pfarrer Debatin als Argument und kirchenamtlicher Rückhalt genutzt worden. Der Kardinal stellte seine Rolle im Sinne der Einbindung in die innerkirchliche Aushandlung der Migrationsbewegung öffentlich in Frage.[530]

Allerdings sollte die Korrespondenz außer einiger Zwischenbescheide ohne konkrete Ergebnisse bleiben. Das Thema wurde zwar zunächst im kirchenamtlichen Rahmen der indischen Bischofskonferenz in New Delhi besprochen.[531]

---

[528] Vgl. EAF B2–1945/2492 Nirmala-Vereinigung e. V. – Indische Mädchen: Brief, Erzbischof Freiburg an Erzbischof Trivandrum, 19.12.1969.

[529] Vgl. EAF B2–1945/2492 Nirmala-Vereinigung e. V. – Indische Mädchen: Brief, Statement by the President of the Catholic Bishop Conference of India, 25.08.1970.

[530] „ I was not familiar with what was happening and was not at all competent to make any assessment of the situation of girls from Kerala being sent abroad. As a matter of fact it is only now through the Press that I come to know of Fr. Cyriac Puthenpura and of his Institute, Nirmala Bhavan. [...] But it is very surprising that, even though I have met Cardinal Doepfner in Rome several times during the last few years, His Eminence has never engaged me in conversation on this subject; nor have any ecclesiastical authorities in Italy, France, England, Germany, Holland – in the course of my travels; nor has the Vatican. If matters were as bad the Press makes them out to be, the least I should have expected would have been a hint from some responsible quarters" EAF B2–1945/2492 Nirmala-Vereinigung e. V. – Indische Mädchen: Brief, Erzbischof Bombay an Zeitungsherausgeber, 07.09.1970.

[531] Zur Verfasstheit der katholischen Kirche in Indien und Kerala ist an dieser Stelle anzumerken, dass auch dort erst in den 1960ern als Ausfluss des II. Vatikanums die Institutionalisierung der Kirchenstrukturen nach nationaler Codierung erfolgte: „In 1944 a Conference of Indian Bishops known as „Catholic Bishops' Conference of India" (CBCI) was established. When the National Episcopal Conferences got juridical and structural recognition in Second Vatican Council, the CBCI began to reorganize itself with infrastructures such as National Commissions, Regional Councils of Bishops and National Organizations working under its guidance and directives." Conference of the Catholic Bishops of India, „History CCBI". Die Kerala-spezifische differenzierte Ausbildung einer institutionalisierten Zusammenarbeit der drei vorrangigen Kirchen (syro-malabar, syro-malankar, latein) erfolgte (nachdem es schon zuvor die Praxis eines informellen Austausches zwischen den Kirchen gegeben hatte) mit der formellen Gründung der Kerala Catholic Bishops' Council (KCBC) mit dem The Pastoral Orientation Centre (POC) als Sekretariat der KCBC am 19.02.1968: „The Regional Bishops' Council for the State of Kerala, is constituted under the Catholic Bishops' Conference of India (CBCI) to cater the special needs of the apostolate in the State. It is to be

Allerdings wurde der Auftrag nach Feststellung, dass es sich nur um Frauen aus Kerala handelte und entsprechend nur diese Ordinariate betroffen waren, an die regionale Bischofskonferenz Keralas delegiert.[532] Während in Indien die verfasste Kirche begann sich mit der Angelegenheit auseinanderzusetzen, änderte sich 1970 auch die dortige öffentliche Wahrnehmung durch die mediale Darstellung des Migrationsgeschehens, die noch auschlaggebend sein sollte.[533] Aber nicht nur in Indien waren Umbrüche zu verorten. In Deutschland hatten sich nicht nur durch die jüngste Offenbarung der finanziellen Organisation demotivierende Auswirkungen auf das Handeln der ehrenamtlich Engagierten entfaltet. Auch die Tatsache, dass das sechste und damit letzte Jahr der ersten Generation der Nirmala-Frauen angebrochen war, sollte zu einer maßgeblichen Verdichtung der Ereignisse führen.

---

understood as an assembly in which all the Catholic Bishops of Kerala, „conscious of their unity and solidarity, received by virtue of the Episcopal consecration" (CD 3), „jointly exercise their pastoral office in order to promote that good which the Church offers all mankind" (CD 38), „and thus foster unity of action and strive together to meet their common tasks" (OE 4), on questions of common concern to the Episcopal Bodies of three Churches sui iuris of Kerala, and of a state-wide and supra-ritual character and importance, questions involving the Catholic Church and other bodies, and any other matter which the three Episcopal Bodies desire the Council to deal with (cfr. Statutes of KCBC, Art. 2) The decisions and resolutions of the Council are recommendatory in nature, the competence of each diocesan and eparchial bishop remaining intact, except in cases where legislative power is given to it by the Apostolic See. The Council is a juridical person recognized both by the civil and the Canon Laws and therefore has all the rights, privileges, duties and responsibilities and competencies accorded to such juridical entities in civil law and Church law." Conference of the Catholic Bishops of India. Im Rahmen der weitergehenden Institutionalisierung konstituierte sich 1974 die *Commission for Labour & Migrants* als Organ der KCBC. Vgl. Kerala Catholic Bishops' Council, „KCBC Commission for Labour & Migrants Kerala Labour Movement (KLM)", o. D.

[532] „We discussed the matter with the Members at the Meeting of the Standing Committee held in New Delhi on 9th, 10th, and 11th August 1970. Archbishop Mar Gregorious, Archbishop of Trivandrum, was present. He was able to explain to the Committee what he knew. We decided that since the matter concerns girls from Kerala, the Regional Episcopal Conference of Kerala should make their suggestions directly to Your Grace. For this purpose they should convene a Meeting." EAF B2–1945/2492 Nirmala-Vereinigung e. V. – Indische Mädchen: Brief, Kardinal Gracias an Erzbischof von Freiburg, 02.09.1970.

[533] Siehe Kapitel 3.3.30. Internationaler Medienskandal – „Novizinnenhandel – Sklavenhandel unter christlichem Zeichen?".

3.3.29 Das letzte Jahr der ersten Nirmala-Generation – Der Hirnschlag an dem die Vereinsarbeit zerbrach

Angesichts des Umstandes, dass 1970 das letzte Jahr des 6-Jahres-Vertrags der ersten Nirmala-Generation begonnen hatte, war das letzte Möglichkeitsfenster angebrochen, um die Ausbildungsverhältnisse in Deutschland in der Weise zu ordnen, damit eine etwaige Anerkennung des Examens in Indien ermöglicht werden konnte. Dies betraf u. a. die Frauen die am PLK Emmendingen arbeiteten und dort eine Ausbildung durchlaufen hatten, für die es in Indien kein Äquivalent gab und respektive mangels Institutionen für die Behandlung von psychiatrischen Krankheiten im indischen Pflegesektor auch keine Anerkennungsoptionen des Examens hatten.

Der Emmendinger Stadtpfarrer Joseph Maier, der die Nirmala-Vereinsarbeit als Geschäftsführer seit 1968 nebenamtlich zu organisieren versuchte, war seit 1964 als zuständiger Geistlicher auch für die Betreuung der Nirmala-Gruppe am PLK Emmendingen zuständig gewesen. Stadtpfarrer Maier versuchte der Nirmala-Gruppe die Möglichkeit einer umfassenden Allgemeinausbildung zukommen zu lassen. Am Nachmittag des 31.12.1969 lies Stadtpfarrer Maier als Vorsitzender des Nirmala-Vereinigung e. V. durch einen Boten den folgenden Brief nach Dienstschluss der PLK-Verwaltung in das dortige Postfach ablegen:

> Da ich nicht genau weiß, ob nicht bindende Vorschriften bezüglich einer vierteljährlichen Kündigungsfrist bestehen, möchte ich hiermit fürsorglich schriftlich wiederholen, was wir bereits am 23. Dezember mündlich besprochen hatten:
>
> Die neun indischen Schwestern der ersten Nirmala-Gruppe sollen ab 1. April 1970 ein 6-monatiges Praktikum in einem allgemeinen Krankenhaus beginnen, so soll also hiermit die Kündigung auf den 31. März 1970 ausgesprochen sein.
>
> Wir sind uns bewusst, dass der Abgang von neun ausgebildeten Schwestern für das Landeskrankenhaus eine große Belastung bedeutet, andererseits dürfen wir aber mit Ihrem Verständnis rechnen, dass wir den indischen Schwestern noch ein Praktikum in einem allgemeinen Krankenhaus vermitteln müssen von einem Umfang, der die Anerkennung ihrer deutschen Ausbildung in Indien ermöglicht.[534]

Klinikdirektor Prof. Dr. Haddenbrock ließ in seiner Antwort an den Geschäftsführer der Nirmala-Vereinigung seine Zweifel anklingen, ob der Brief des

---

[534] StAF F23/24 Nr.972 Indische Pflegerinnen: Brief, Nirmala-Vereinigung e. V. an PLK Emmendingen, 31.12.1969.

Nirmala-Vereinigung e. V. als Kündigung überhaupt eine Rechtswirksamkeit ent-
falte.[535] Zum einen, da über eine etwaige Kündigung das Innenministerium
Baden-Württemberg als Vertragspartner des „Gestellungsvertrag" zu befinden
habe, zum anderen, da als Vertreter der Nirmala-Gemeinschaft Pfarrer Debatin als
der kündigungsberechtigte Vertreter des anderen Vertragspartners anzusehen sei.
Weiterhin verletze die vorgelegte Kündigung signifikante Vertragsbestimmungen
des bestehenden „Gestellungsvertrags".[536] Der Klinikdirektor hatte zur Klärung dieser Fragen auf dem Dienstweg über das Regierungspräsidium Südbaden
eine entsprechende Anfrage an das Innenministerium weitergeleitet.[537]

Tatsächlich sollte das Regierungspräsidium der Argumentation des Klini-
kendirektors folgen.[538] An dieser Zuständigkeitsfrage wurde erstmals seit der

---

[535] Vgl. StAF F23/24 Nr.972 Indische Pflegerinnen: Brief, PLK Emmendingen an Nirmala-
Vereinigung e. V., 02.01.1970.

[536] „Ich selbst habe Zweifel ob Ihr einseitiges Vorgehen dem § 1 Abs. 4 des „Gestellungsvertrages" gerecht wird, wo es heißt, dass eine Vermehrung oder Verminderung der Zahl der
gestellten Mitglieder der Gemeinschaft durch Vereinbarung der vertragschließenden Parteien
erfolgt. Wenn Ihr Schreiben als eine Kündigung im Sinne von § 12 des „Gestellungsvertrages" aufgefasst werden soll, darf ich Sie auf die hier verankerte ‚Frist von 6 Monaten auf
Ende eines Kalendermonats' hinweisen." StAF F23/24 Nr.972 Indische Pflegerinnen: Brief,
PLK Emmendingen an Nirmala-Vereinigung e. V., 02.01.1970.

[537] „Wie aus meinem gleichzeitig im Durchschlag beigefügten Antwortbrief an Herrn Stadtpfarrer Maier sich ergibt, wurde ich von der Absicht, die Tätigkeit der gut eingearbeite-
ten neun indischen Schwestern bereits vorzeitig auf den 31.03.1970 zu kündigen, völlig
überrascht. Es wird um baldmöglichste Entschließung gebeten, ob die hier ausgesprochene
Kündigung rechtsverbindlich gültig ist, wir also mit Ausscheiden der neun hier sehr müh-
sam ausgebildeten Schwestern bereits zum 31.03.1970 rechnen müssen. Meine persönlichen
Zweifel an der rechtlichen Gültigkeit dieser Kündigung ergeben sich aus dem anliegenden
Brief an Herrn Stadtpfarrer Maier. Da es von großer Bedeutung ist ob wir bei der angespannten Personallage dennoch mit dem vorzeitigen Ausscheiden dieser Schwestern rechnen
müssen, bitte ich im Interesse einer ausreichenden Krankenversorgung, mich so frühzeitig
als möglich von dem Ergebnis zu unterrichten." StAF F23/24 Nr.972 Indische Pflegerinnen:
Brief, PLK Emmendingen an Regierungspräsidium Südbaden, 02.01.1970.

[538] „Nach § 1 Abs. 4 des „Gestellungsvertrages" erfolgt eine Vermehrung oder Verminderung der Zahl der gestellten Mitglieder der Gemeinschaft durch Vereinbarung der ver-
tragsschließenden Parteien, also dem Innenministerium und dem Vertreter der Gemeinschaft,
Herrn Pfarrer Hubert Debatin. Gemäß § 3 Abs. 1 o. a. Vertrags ist ein Wechsel der Mitglieder
der Gemeinschaft nur im Benehmen mit dem Innenministerium möglich, wobei man davon
ausging, dass eine Beschäftigung der Schwestern bei den psych. Landeskrankenhäusern etwa
6 Jahre betragen soll. Nach unserer Auffassung ist diese Zeit frühestens am 05.12.1970 abgelaufen." StAF F23/24 Nr.972 Indische Pflegerinnen: Brief, Regierungspräsidium Südbaden
an PLK Emmendingen, 02.01.1970.

Vereinsgründung dekliniert, dass die Anerkennung des Nirmala-Vereinigung e. V. seitens der deutschen staatlichen Akteure nicht angenommen wurde:

> Im Übrigen halten wir Herrn Stadtpfarrer Maier als Vertreter der Nirmala-Vereinigung e. V. nicht für ermächtigt, eine Auflösung des Arbeitsverhältnisses der Schwestern von sich aus in die Wege zu leiten. Wir bitten deshalb, die Angelegenheit im Benehmen mit Herrn Pfarrer Debatin zu regeln und uns über die getroffenen Absprachen zu unterrichten.[539]

Stadtpfarrer Maier selbst sollte in dieser Angelegenheit nicht weiter engagiert bleiben. Die Kumulierung der Gesamtumstände hatten ihm gesundheitlich drastisch zugesetzt. Anfang Januar 1970 erlitt Stadtpfarrer Maier nach einer über die Feiertage verschleppten Grippe einen schweren Hirnschlag, infolgedessen ihn die Ärzte dienstuntauglich schrieben und ihm jede Tätigkeit untersagten.[540]

Im März 1970 hatte sich der Gesundheitszustand des Stadtpfarrers soweit gebessert, dass er kurz aufstehen konnte, der behandelnde Arzt legte ihm jedoch nahe, sich mit dem Gedanken der Pensionierung vertraut zu machen.[541] Stadtpfarrer Maier selbst sah die Ursache seiner Erkrankung hauptsächlich im Verhalten von Pfarrer Debatins.[542] Doch auch vor seiner Erkrankung hatte sich Maier dazu entschlossen, die Geschäftsführung abzugeben und sich aus dem Nirmala-Vorgang zurückzuziehen, mit der Begründung, dass Pfarrer Debatin zu keiner Zusammenarbeit bereit sei und weiterhin sämtliche Auflagen und Beschlüsse des geschäftsführenden Vorstandes ignoriere. Von Debatins Unternehmungen, wie beispielsweise einer Heimatreise einiger Frauen, erfahre man nur über Dritte.[543] Auch der Beirat, der dem Vorstand als Finanzexperte diente, lehnte eine weitere

---

[539] StAF F23/24 Nr.972 Indische Pflegerinnen: Brief, Regierungspräsidium Südbaden an PLK Emmendingen, 02.01.1970.

[540] Vgl. StAF F23/24 Nr.972 Indische Pflegerinnen: Brief, Pfarramt Emmendingen an Ordinariat, Januar 1970.

[541] EAF B2–1945/2492 Nirmala-Vereinigung e. V. – Indische Mädchen: Aktenvermerk „Besuch bei Herrn Pfarrer Maier, Emmendingen", Geschäftsführer der Nirmala-Vereinigung e. V., 09.03.1970.

[542] Vgl. EAF B2–1945/2492 Nirmala-Vereinigung e. V. – Indische Mädchen: Aktenvermerk „Besuch bei Herrn Pfarrer Maier, Emmendingen", Geschäftsführer der Nirmala-Vereinigung e. V., 09.03.1970.

[543] Weitere Überlieferungen, welche die partielle Heimreise einiger Nirmala-Gruppen rekonstruierbar machen, waren in den eingesehen Archivbeständen nicht auszumachen. Gleichwohl findet eine Heimreise bei einem Interview Erwähnung. Vgl. Interview Kapitel 4.2.2. Thankamma Kehrbauer.

Mitarbeit ab, da er sich einen Skandal, der seiner Meinung nach drohe, nicht leisten könne. Stadtpfarrer Maier schlug vor, dass der DCV den erteilten Auftrag an
die Bischofskonferenz zurückgeben solle.[544] Zu seiner Einschätzung zur Arbeit
mit der Nirmala-Gruppe am PLK Emmendingen berichtete Stadtpfarrer Maier:

> Die Gruppe war sowohl vom Krankenhaus als auch durch ihn optimal betreut.
> Trotzdem ergaben sich so viele Schwierigkeiten (überstürzte und daher unbewältigte
> Emanzipation, überhöhte Ansprüche), dass die Verwaltung von der Ausbildung einer
> neuen Gruppe absieht. Schon bei der Ankunft in Deutschland waren alle – mit Aus-
> nahme von zwei – Mädchen verlobt. Doch auch für diese beiden werden die Eltern,
> wie Pfarrer Maier vermutet, inzwischen eine Heirat beschlossen haben. Er habe allen
> geraten, möglichst einen Mann zu heiraten, der schon in Europa war, da sonst die Ehe
> ungeheuer belastet und gefährdet sei. Die Resozialisierung wird nach Meinung von
> Pfarrer Maier ungeheuer schwierig sein und er hält den europäischen Aufenthalt für
> eine lebenslange Belastung für die Mädchen. Es sei auch nicht gelungen, die jungen
> Inderinnen zu einer sozialen Verantwortung zu erziehen. Pfarrer Maier hält dafür die
> Einflüsse der Hindu-Religion für maßgeblich, die Armut und Krankheit für eine Folge
> der Verfehlungen eines früheren Lebens hält. Den Armen und Kranken zu helfen,
> würde diesen den Weg zur Vollkommenheit nur erschweren.[545]

Debatin hielt sich unterdessen mit seiner Kommunikation über den Dienstweg
bedeckt. Im März 1970 schrieb der 1. Vorsitzende Rüther ihn erneut an, mit der
Frage nach dem Status quo hinsichtlich der Umwandlung der Konten und des
vermeintlich ihm vorliegenden Statuts der Gemeinschaft seitens der indischen
Bischöfe. Weiterhin bat er um die langerbetene Aufstellung der vorhandenen
Nirmala-Gruppen in Deutschland und etwaiger weiterer kommenden Gruppen,
um auf Grundlage dieser Informationen die nächste Sitzung des Vereinsvorstan-
des einzuberufen.[546] Debatin antwortete erst im April 1970 mit der Begründung,
dass durch die Krankheit von Stadtpfarrer Maier die Arbeiten liegen geblieben
seien, „doch hat die Einzelarbeit dadurch wohl keinen Schaden genommen".[547]
Debatin seines Zeichens bat um die Rückgabe der von ihm eingereichten Verträge

---

[544] Vgl. EAF B2–1945/2492 Nirmala-Vereinigung e. V. – Indische Mädchen: Aktenvermerk
„Besuch bei Herrn Pfarrer Maier, Emmendingen", Geschäftsführer der Nirmala-Vereinigung
e. V., 09.03.1970.

[545] EAF B2–1945/2492 Nirmala-Vereinigung e. V. – Indische Mädchen: Aktenvermerk „Besuch bei Herrn Pfarrer Maier, Emmendingen", Geschäftsführer der Nirmala-Vereinigung
e. V., 09.03.1970.

[546] Vgl. EAF B2–1945/2492 Nirmala-Vereinigung e. V. – Indische Mädchen: Brief, Rüther
an Debatin, 18.03.1970.

[547] EAF B2–1945/2492 Nirmala-Vereinigung e. V. – Indische Mädchen: Brief, Debatin an
Rüther, 06.04.1970.

und führte zu den weiteren Anfragen des 1. Vorsitzenden aus: „Ich meine, wir sollten die Dinge ruhen lassen, bis eine Klärung eintritt".[548]

In der „Betreuung geistlicher Art" der Gruppen habe sich aber eine etwas neue Situation ergeben. So sei durch die Orientalische Kongregation in Rom ein indischer Priester Dr. Vilangaden, beauftragt worden, die Gruppen zu besuchen. Seine offizielle Beauftragung sei durch die vatikanischen Stellen ergangen und er habe neulich seinen ersten Besuch beim päpstlichen Nuntius in Bonn gemacht. Hinsichtlich der offenen Fragen zu den Finanzen machte Debatin den Vorschlag, ob man nicht, bevor „wir eine Entscheidung treffen", vorsichtshalber mit Vilangaden sprechen sollte, um dadurch „eine Überschneidung" zu vermeiden.[549] Vilangaden befinde sich derzeit auf seiner Europavisitation und werde bald in Baden-Württemberg eintreffen.

Unerwähnt blieb in seinem Schreiben indes, dass Vilangadan bereits seit 1960 Debatins vertrauter Partner war und er mit ihm die Einleitung des Migrationsvorgangs der Pioniermigrantinnen an deutsche Ordenshäuser eingeleitet hatte.[550] Doch auch Pater Vilangadans Besuch der Gruppen auf vermutlich kirchenamtlichen Auftrag der höchsten Stelle der verfassten Kirche, der vatikanischen Stellen, erfolgte zudem nicht ohne Grund: Kurz zuvor waren erste Gerüchte über einen „Nonnenhandel" aufgekommen, welche durch den Vatikan offiziell dementiert wurden. Es dauerte nicht lange, bis aus dem Gerücht des Menschenhandels mit „indischen Mädchen" ein internationaler Medienskandal werden sollte.

3.3.30 Internationaler Medienskandal – „Novizinnenhandel – Sklavenhandel unter christlichem Zeichen?"

Fernab der Bundesrepublik Deutschland und fernab von Indien, im amerikanischen Kansas City, ertönte ein medialer Impuls, dessen Widerhall das

---

[548] EAF B2–1945/2492 Nirmala-Vereinigung e. V. – Indische Mädchen: Brief, Debatin an Rüther, 06.04.1970.

[549] EAF B2–1945/2492 Nirmala-Vereinigung e. V. – Indische Mädchen: Brief, Debatin an Rüther, 06.04.1970.

[550] Siehe Kapitel 3.2. Vilangadan war zudem 1967 Initiator des *Christina's Home* und der daraus erwachsenen Kongregation der *Nirmala Dasi Sisters* (siehe Fußnote 453 in Kapitel 3.3.22). In der Korrespondenz mit dem Ordinariat ließ Debatin seine Partner vor Ort in Indien stets unbenannt und so blieb Vilangadan bis zu diesem Zeitpunkt innerhalb der Überlieferungen des Ordinariats unerwähnt. Die Zusammenarbeit Debatins mit Vilangadan geht vielmehr aus Akten des PAA und dem ProvA St. Trudpert hervor.

transnationale Geschehen rund um die Migrationsbewegung erschüttern sollte. Im Juni 1970 erschien dort im *National Catholic Reporter* ein Artikel zur Migration von Inderinnen in europäische Klöster.[551] Im europäischen Raum erlangte analog eine Meldung durch die Londoner *Sunday Times* Prominenz und erreichte spätestens durch die Reproduktion durch die BBC ein mediales Echo. Das Thema wurde zu einem internationalen Medienskandal hochgespielt. Die Meldungen stellten einen Fall dar, in dem ein indischer Priester namens Cyriac Puthenpura im keralesischen Kottayam ein Säkularinstitut namens *Nirmala Bhavan*[552] eingerichtet hatte, um dort junge Frauen in dreiwöchigen Kursen auf den Klostereintritt in Europa vorzubereiten. Den Anschuldigungen nach hätten interessierte Klöster in Europa 6000 INR pro Person gezahlt. Weniger als die Hälfte sei in die Flugtickets geflossen, der Rest sei dem Institut zugegangen. Den Eltern der Frauen sei nichts ausbezahlt worden, vielmehr hätten sie für den Klostereintritt ihrer Kinder ebenso Gebühren entrichten müssen.[553] Die medialen Anschuldigungen

---

[551] Vgl. PAA B92 Band 441: Fernschreiben Nr. 621, 31.08.1970.
Eine Erklärung der ersten Presse-Veröffentlichung in Amerika wird durch Sonia Dougal beschrieben. Dougal habe sich nach ihrer Recherche in Kerala auf die Suche nach einem geeigneten Pressehaus für eine entsprechende Veröffentlichung begeben. Die Katholikin habe beabsichtigt das Fehlverhalten indischer Priester nur in einer kleinen katholischen Zeitung zu veröffentlichen, um größeren Schaden an der katholischen Kirche abzuwenden. Da die katholischen Pressehäuser Roms sich jedoch gegen eine Veröffentlichung ausgesprochen hätten, habe sie ein Manuskript bei einer amerikanischen katholischen Zeitung eingereicht, die Interesse an der Veröffentlichung äußerte. Dougal habe sich kurz darauf mit dem Rom-Korrespondenten der Zeitung getroffen. Anschließend sei ihr angeboten worden, dass die Geschichte unter Namen des Korrespondenten veröffentlicht werden könne und sie dafür eine finanzielle Entschädigung bekommen solle. Angesichts der Brisanz und zu Gunsten einer differenzierten Darstellung habe Dougal darauf bestanden, die Geschichte selbst zu veröffentlichen. Gleichwohl habe der Korrespondent die Geschichte schlicht geklaut und trotz der nicht ihm vorliegenden Quellen erstmals in Amerika veröffentlicht. Daraufhin habe sich Dougal in London unter Zeitdruck an mehrere große Pressehäuser gewandt, um die Oberhand in der Berichterstattung zu behalten. Die *Sunday Times* gab ihr schließlich den Zuschlag. Vgl. Dougal, 1971, 135–55, 173–85.

[552] Detaillierte Übersetzung nach dem Monier-Williams Sanskrit-English Dictionary von 1872: „निर्मल, nirmala [...] spotless, free from spots or dirt or impurities [siehe Fußnote 6 in Kapitel 1.1] / भवन, bhavana [...] a place of abode, house, home, [...] a mansion [...] a palace, residence [...] building, temple". Cologne University.

[553] Vgl. PAA B92 Band 441: Fernschreiben Nr. 621, 31.08.1970.
Die Zeitzeugin Sonia Dougal fasst den Vorwurf wie folgt auf: „Many sources had, in fact, given a distorted version of the affair, leading people to believe that the nuns in Europe had 'bought' Indian girls from their parents in order to fill their empty noviciates and do domestic work where labour was costly, whereas the core of the scandal lay in the 'double money' reputed to have been received by the principal recruiter: Fr. Cyriac Puthenpura. This priest,

betrafen die Bundesrepublik Deutschland als Randphänomen, als Ziel von Sekundärmigration der betroffenen Frauen, die nach ihrer Primärmigration nach Italien vermeintlich in die Bundesrepublik weitergewandert waren:

> Der erwähnte Priester hat keine Mädchen nach Deutschland vermittelt. Jedoch sollen einige, die mit den in italienischen Klöstern vorgefundenen Bedingungen nicht zufrieden waren, nach Deutschland weitergewandert sein, wo sie, nach der von indischen Blättern zitierten katholischen Wochenschrift ‚The Tablet' (London) vom 27. August, um der harten germanischen Disziplin und Arbeitsbelastung zu entgehen, der Prostitution anheimfielen.[554]

Ferner war im Artikel der *Sunday Times* erwähnt worden, dass bereits „1960 größere Transporte junger Mädchen aus Asien als Nachwuchs für katholische Klöster und Orden in die Bundesrepublik gekommen seien".[555]

Die tendenziösen Schlagzeilen in der deutschen Presse überschlugen sich. Die deutsche Wochenzeitung *ZEIT* titelte mit: „Der Nonnenfänger von Kerala".[556] Die *Bildzeitung* widmete am 15.08.1970 dem Thema die Titelseite mit der Überschrift: „Vatikan prüft Vorwürfe gegen einen Pater – Mädchen für 2000 Mark an

---

as well as receiving donations and large sums of money from the European Communities (the Convent at Alton claimed to have paid him £300 for each girl; Medstead paid £260; Careggi-Florence – paid five million lire = about £3,300 for eleven girls) ostensibly for travelling and other expenses although the air fare is estimated at £150 per girl, was alleged to have taken money also from the families of the girls (see admission of Keralese novice on B.B.C. programme 24 Hours) some of whom were living in conditions of dire poverty." Dougal, 1971, 188.

[554] PAA B92 Band 441: Fernschreiben Nr. 621, 31.08.1970. Etwaige Hinweise, welche in der Lage wären diese geschilderten Ereignisse in Bezug auf die Bundesrepublik Deutschland zu verifizieren, sind in keinen der eingesehenen Überlieferungen ersichtlich. Auch Dougal berichtet davon, dass nach ihrer Recherche keine Beweise vorliegen, welche diese Geschichte belegen würden. Vgl. Dougal, 1971, 190.

[555] PAA B92 Band 441: Drahterlass, AA Bonn an Deutsche Botschaft New Delhi, 31.08.1970.

[556] PAA B92 Band 441: Zeitungsartikel, Die Zeit, 04.09.1970.

Frauenkloster ‚verkauft'?".[557] Es erschienen jedoch auch gemäßigtere Titelzeilen, so beispielweise in der *Frankfurter Allgemeinen Zeitung (FAZ)*: „Zu harten Vorwürfen ein allgemein gehaltenes Dementi vom Vatikan".[558] Was jedoch alle beteiligten Medien teilten, war das semantische Narrativ: mehr als 1200 „indische Mädchen" aus den ärmlichsten Verhältnissen des „Elendsgebiet" Kerala, meist aus Bauernfamilien, seien in Frauenklöster nach Italien, Frankreich, Deutschland, Großbritannien und in die Vereinigten Staaten „eingeführt" worden, wobei sich die Organisatoren an der Aktion bereichert hätten.[559] Die *Stuttgarter Zeitung* berichtete aus Italien, dass der sozialistische Abgeordnete Fortuna den damaligen Regierungspräsidenten Colombo sowie den Innen-, Außen- und den Justizminister aufgefordert habe, in der „Nonnen-Affäre" augenblicklich eine Untersuchung einzuleiten.[560]

Ferner berichtete die *FAZ*, dass es bereits im Juni 1969 Gerüchte gegeben habe, die durch den Heiligen Stuhl als „einen Haufen übler Lügen" abgetan worden sei.[561] Einige Mitglieder der vatikanischen Kongregation für die Ostkirchen

---

[557] „Die armen Töchter sollten Nonnen werden – Der Vatikan prüft: Leben hinter den Mauern mehrerer europäischer Klöster junge Inderinnen, die unter Druck und gegen Geld zu Nonnen werden sollten? […] Ein Gewährsmann der Zeitung aus dem Vatikan erklärte: Der Vatikan glaubt selbst, dass nur 1200 indische Mädchen nach Europa ‚vermittelt' wurden. Ich habe jedoch in einem italienischen Kloster kürzlich so viele indische Gesichter gesehen, dass ich glaubte, ich sei in Bombay! Der Gewährsmann weiter: ‚Unseres Wissens wurde in Deutschland – und das ist eine Ausnahme – eine Anzahl indischer Mädchen erfolgreich ausgebildet. Sie erhielten lohnende Stellungen. In anderen Fällen ließ die Lernfähigkeit der Mädchen dies jedoch nicht zu oder ihre Oberen erlaubten es nicht und sie wurden Haushaltsgehilfinnen.' Nach Berichten aus Rom soll der päpstliche Nuntius in Bombay selbst mit der Untersuchung beauftragt worden sein." EAF B2–1945/2492 Nirmala-Vereinigung e. V. – Indische Mädchen: Zeitungsartikel, Bild Zeitung, 24.08.1970.

[558] EAF B2–1945/2492 Nirmala-Vereinigung e. V. – Indische Mädchen: Zeitungsartikel „Zu den harten Vorwürfen ein allgemein gehaltenes Dementi vom Vatikan", FAZ, 25.08.1970.

[559] U. a. EAF B2–1945/2492 Nirmala-Vereinigung e. V. – Indische Mädchen: Zeitungsartikel „Zu den harten Vorwürfen ein allgemein gehaltenes Dementi vom Vatikan", FAZ, 25.08.1970.

[560] „Laut Fortuna könne die geheime Untersuchung des Vatikans, von der die Öffentlichkeit ausgeschlossen ist, nicht genügen. Souveränität und Autorität der weltlichen Behörden verlangten ein gesondertes Einschreiten." EAF B2–1945/2492 Nirmala-Vereinigung e. V. – Indische Mädchen: Zeitungsartikel „Italienische Zeitung soll untersuchen", Stuttgarter Zeitung, 27.08.1970.

[561] EAF B2–1945/2492 Nirmala-Vereinigung e. V. – Indische Mädchen: Zeitungsartikel „Zu den harten Vorwürfen ein allgemein gehaltenes Dementi vom Vatikan", FAZ, 25.08.1970.

hätten aus dem Handel Nutzen gezogen und eine erste Untersuchung des Vatikans sei niedergeschlagen worden.[562]

Die tatsächlichen Untersuchungsvorgänge des Vatikans sind an dieser Stelle nicht zu rekonstruieren.[563] Gleichwohl korrelieren diese Umstände mit der peripheren Erwähnung Debatins einer durch die vatikanischen Stellen beauftragten Untersuchung durch den Kirchenrechtler Vilangaden.[564] Der Medienskandal führte aber vor allem zu Bewegungen innerhalb der verfassten Kirche Indiens und zur politischen Debatte innerhalb der ersten Kammer des indischen Parlaments.

---

[562] Vgl. EAF B2–1945/2492 Nirmala-Vereinigung e. V. – Indische Mädchen: Zeitungsartikel „Zu den harten Vorwürfen ein allgemein gehaltenes Dementi vom Vatikan", FAZ, 25.08.1970.

[563] Gegenwärtig sind im vatikanischen Archiv nur die Bestände einschließlich des Pontifikats von Pius XII. einsehbar, welches mit seinem Tod am 09.10.1958 endete. Vgl. Papst Franziskus, „Address of his holiness Pope Francis to Officials of the Vatican Secret Archive", 4. März 2019.

[564] Vgl. EAF B2–1945/2492 Nirmala-Vereinigung e. V. – Indische Mädchen: Brief, Debatin an Rüther, 06.04.1970. Der Einsatz von Fr. Vilangaden als durch den Vatikan eingesetzte prüfende Instanz wird auch von Sonia Dougal aufgezeigt und problematisiert, da Vilangaden selbst als Vermittler von Frauen tätig war und somit in seiner Untersuchung befangen gewesen sei: „Later, when I was working with the Sundays Times in their office in London, I was to learn that Fr. Vilangaden had already acted as the defender of the 'transfer' of Indian girls many years before. I read some of his letters in an exchange of correspondence between Fr. Harry Haas (the Dutch priest who had tried to stop girls going to Germany) and him. Obviously, the purpose in sending Fr. Vilangaden to Europe could not have been to expose but to defend. According to reports issued later by a Vatican spokesman, speaking on behalf of the Congregation for Oriental Rites, a priest had interviewed over six hundred girls and he had reported that they were all happy and contented. This may be true. He had not interviewed Anna or Marykutty or Thresiamma from Rome. But I knew the nuns had expressed their own doubts with regard to the vocations of the other girls in their charge. They had told him that they were thinking of sending a couple back to India. I had also noticed in many ways that these two girls had not settled down. One of them easily burst into tears and did not mix with her companions." Dougal, 1971, 147–48. Die Involvierung Fr. Vilangadens als Vermittler ist in der Migration der ersten Kandidatinnen an das Kloster St. Trudpert nachzuweisen. Siehe Kapitel 3.2. Die ersten Kandidatinnen für das Kloster St. Trudpert im Münstertal 1960 – Die Blaupause für den Nirmala-Vorgang.

3.3.31 Stellungnahmen von indischen Kirchenamtsträgern und Debatte im indischen Parlament Lok Sabha

Noch am 25.08.1970 erfolgte eine umfangreiche offizielle Stellungnahme Kardinal Gracias, des Vorsitzenden der CBCI, an alle Bischöfe und die Presse.[565] Darin schildert der Vorsitzende der CBCI, dass bereits im Rahmen des ständigen Ausschusses der katholischen Bischofskonferenz von Indien vom 9. bis 11. August 1970 in New Delhi der Brief des Erzbischofs von Freiburg zur Sprache kam, welcher junge Frauen aus Kerala an deutschen Krankenhäusern thematisierte. Bereits bei der Allgemeinen Versammlung in Ernakulam vom 7. bis 16. Januar 1970 habe Mar Gregorios auf die Angelegenheit hingewiesen. Kardinal Gracias machte in seiner Erklärung bezüglich der Nirmala-Aktion das Problem einer ausstehenden kirchenrechtlichen Bestätigung transparent:

> The part concerning these nurses was only in connection with some Association and its Statutes in regard to their material welfare and future. [...] The Statutes of the proposed Association had to be approved both by the CBCI and the German Episcopal Conference.[566]

Weiterhin nahm der Vorsitzende der CBCI Bezug auf die Entwicklungen in der Presse, in denen Anfang August 1970 Artikel unter Titeln wie z. B. „Girls Flying To Europe Like Fire-Flies" erschienen waren.[567] Es habe auch Gegendarstellungen und Kritik an der medialen Darstellung gegeben, unter anderem eine Erklärung durch Erzbischof Brini, dem damaligen Sekretär der Kongregation für die orientalischen Kirchen. Hinsichtlich der bisherigen Behandlung der Angelegenheit im Episkopat führte Kardinal Gracias aus:

> Most of the members present had no personal knowledge of the situation concerning the girls from Kerala as candidates in convents; whereas two or three others, who had personal knowledge, vouched for the fact that the candidates were happy, were well-treated and were making a fine contribution. It was in this connection that I was asked to circularise the Bishops and the Conference of Religious of India and ask that in future they should hold themselves responsible for the girls going abroad and joining convents, whether the recruiting was done by individual priests or by a religious

---

[565] Vgl. EAF B2–1945/2492 Nirmala-Vereinigung e. V. – Indische Mädchen: Erklärung, Erzbischof von Bombay an die Hierarchie und die Presse, 25.08.1970.

[566] EAF B2–1945/2492 Nirmala-Vereinigung e. V. – Indische Mädchen: Erklärung, Erzbischof von Bombay an die Hierarchie und die Presse, 25.08.1970.

[567] Vgl. EAF B2–1945/2492 Nirmala-Vereinigung e. V. – Indische Mädchen: Erklärung, Erzbischof von Bombay an die Hierarchie und die Presse, 25.08.1970.

congregation. To the best of my knowledge, I referred also to a letter that I had received some years ago from Cardinal Döpfner, President of the Episcopal Conference of Germany, requesting that prospective candidates going abroad should be carefully screened from every point of view. This, I think, I had already brought to the notice of the hierarchy.[568]

Zur größten Überraschung des Vorsitzenden der CBCI wurden am 24.08.1970 die Vorwürfe der *Sunday Times*[569] in einer Medienkampagne von anderen Medienhäusern übernommen und publiziert, ohne dass zuvor Fühlung mit dem Vatikan zwecks einer Faktenüberprüfung aufgenommen worden sei. In unmittelbarer Reaktion habe es eine amtliche Stellungnahme des Vatikans gegeben.[570]

Niemand könne für irgendeine Kandidatin oder irgendeine Oberin eines Klosters bürgen – weder in Kerala noch im Ausland. Kerala verfüge noch über eine große Zahl an Berufungen und leiste damit einen wertvollen Beitrag für den Fortschritt der Kirche in Kerala und im Ausland. In vielen religiösen Frauengemeinschaften gebe es eine große Zahl von jungen Frauen aus Kerala als Postulantinnen, Novizinnen und Professschwestern. Da ein tatsächlicher Mangel an religiösen Berufen für europäische Frauengemeinschaften herrscht, sei es natürlich, dass die Kongregationen besorgt sind, die zukünftigen Kandidatinnen von Kerala zu erhalten. Dies gelte insbesondere für jene Kongregationen, die ihre Gründungen in Indien haben. Viele der Frauen werden möglicherweise nach der Ausbildung nach Indien zurückkehren, wie es in vielen Fällen bereits geschehen sei. Der Vorsitzende der indischen Bischofskonferenz machte die globalen Ausmaße der Emigration aus Kerala innerhalb des Kirchenraums an einigen Beispielen deutlich.[571] Er führte weiter aus, dass die Skandalisierung von Priestern,

---

[568] EAF B2–1945/2492 Nirmala-Vereinigung e. V. – Indische Mädchen: Erklärung, Erzbischof von Bombay an die Hierarchie und die Presse, 25.08.1970.

[569] Siehe Kapitel 3.3.30. Internationaler Medienskandal – „Novizinnenhandel – Sklavenhandel unter christlichem Zeichen?".

[570] Die Stellungnahme ist in den eingesehenen Überlieferungen nicht erhalten. Darin sei jedoch zugestanden worden, dass „in Folge von Unzuträglichkeiten und Beschwerden" bereits eine Untersuchung eingeleitet worden sei. EAF B2–1945/2492 Nirmala-Vereinigung e. V. – Indische Mädchen: Zeitungsartikel, Artikel, KNA, 25.08.1970.

[571] „Only the other day, the Superior General of a Congregation in Alba, Italy, called on me – she desired to have a Foundation in Bombay. The Congregation has some 20 nuns from Kerala – all trained and formed in their Novitiate in Alba. With these, the Congregation intends starting its work in Bombay. [...] for example, the Congregation of the Little Sisters of the Poor had some of their Indian nuns in their convents in Europe. I met one in Paris, hailing from Bandra, who was there for over 20 years and died there; another in Lyons, hailing from Mangalore, who lived happily there for 20 years. [...] Actually, apart from girls from Kerala joining different religious congregations of women in Europe, in Rome itself

Nonnen etc. der sensationshungrigen Presse nicht überraschend sei. Mit Verweis auf ein Interview, das Erzbischof Mar Gregorios in der Angelegenheit der Zeitung *The Indian Express* gegeben hatte, nannte Kardinal Gracias die Mediendarstellungen gemäß Shakespeare als „much ado about nothing" – „Viel Lärm um nichts".

Unter Verweis auf die Verantwortung der jeweiligen Bischöfe von entsendeten Kandidatinnen schloss der Vorsitzende der CBCI seine Erklärung mit einem Plädoyer einer Entskandalisierung der Entwicklungen:

> We might end with a quotation from Archbishop Brini, who is reported to have said that it is to the advantage of both India and Europe that vocations from Kerala, where they are abundant, be made available to Europe which is suffering from a shortage. He added – ‚If there have been abuses up to now, they are certainly not sufficient to constitute a scandal or to call into question the value of the ideal'. From the statement of Archbishop Brini it is clear that the Sacred Congregation for the Oriental Churches is not supinely indifferent to the reports but have undertaken a complete investigation. However, from all this we can take a lesson in ensuring, as recommended at the meeting of the Standing Committee, that Bishops should check very carefully on candidates going abroad to join convents.[572]

Die Stellungnahme wurde aus seinem Erzbistum Bombay ebenso an den Freiburger Erzbischof weitergeleitet.[573] Am gleichen Tag gab Erzbischof Mar Gregorios eine kurze Stellungnahme für die Presse:

---

there are so many in convents or as students in universities and at the 'Regina Mundi' the largest batch is that of the Indian nuns. Already because of the shortage of religious women in Europe, there have been regular convents composed only of Indian nuns, for example: (a) for the last ten years, the Congregation of the "Poor Sisters of Our Lady" of Bombay, at the request of Cardinal Koenig, has established a Convent at Vienna with a community of about ten, who are helping in the hospital, kindergarten etc., and whose work is highly appreciated by the Cardinal, the priests and nuns there; (b) the "Missionaries for Charity" have community in Rome and Foundations in Nigeria, Venezuela, Australia And now in the Jordan. And there must be other similar Foundations." Vgl. EAF B2–1945/2492 Nirmala-Vereinigung e. V. – Indische Mädchen: Erklärung, Erzbischof von Bombay an die Hierarchie und die Presse, 25.08.1970.

[572] EAF B2–1945/2492 Nirmala-Vereinigung e. V. – Indische Mädchen: Erklärung, Erzbischof von Bombay an die Hierarchie und die Presse, 25.08.1970.

[573] Vgl. EAF B2–1945/2492 Nirmala-Vereinigung e. V. – Indische Mädchen: Brief, Kardinal Gracias an Freiburger Erzbischof, 02.09.1970. Der Erzbischof von Freiburg betonte in seinem Antwortschreiben, dass angesichts der „Propaganda" gegen „kirchliche Einrichtungen, insbesondere aber gegen die Ordensberufe [...]" es unerlässlich sei, „dass alle Fragen, die nunmehr in der Öffentlichkeit diskutiert werden, durch eindeutige Erklärungen der indischen

Aufmerksam verfolge ich die Berichte bestimmter Zeitungen, die sich mit jungen indischen Frauen befassen, welche sich in europäischen Klöstern befinden. Diese Bewegung begann vor wenigen Jahren. Sie stellt eines der höchsten und edelsten Ideale dar, die Indien je verfolgt hat. Wenn unsere Studierenden insgesamt dazu beigetragen haben, ein ehrenvolles Bild unseres Landes im Ausland abzugeben, so haben diese jungen Ordensfrauen mitgeholfen, dem Westen einige der edelsten Aspekte unserer Lebensweise vor Augen zu führen. In der Regel sind diese durch ihre Bischöfe ausgewählt worden. Man gab Ihnen ein wahres Bild von dem Leben, das sie führen sollten, und sie wurden für dasselbe vorbereitet. Nur jene, die sich freiwillig gemeldet hatten und die die entsprechenden geistigen und physischen Qualitäten besaßen, wurden nach Europa gesandt. Im Westen wurden sie wie Engel aus einem Land tiefer Religiosität und Tradition des Geistes empfangen. Ihr bescheidenes Leben, ihr glühender Gebetsgeist und ihr aufopferungsvoller Dienst wurden überall hoch gerühmt. Die europäischen Klöster, die diese Bewegung unterstützten, kamen im Allgemeinen für die Reisekosten auf, sehr oft aber wurde dies über die ‚Air India International' direkt getan. In gar keiner Weise ging es um irgendwelche Geldzahlungen bei jenen Schwestern, die als Botschafterinnen Indiens oder nach verschiedenen Orten nach [...] Europa und Amerika gingen. Es wäre unfreundlich, dieses Bild zu zerstören und dieses edle Bemühen in den Bereich der Sensation ziehen.[574]

Die Stellungnahme wurde kurz darauf an den Freiburger Erzbischof versandt, nachdem dieser proaktiv im Erzbistum Trivandrum angefragt hatte, da die medialen Entwicklungen in Kerala auch Rückwirkungen auf das Freiburger Ordinariat zeigten.[575]

Die internationale Medienaufmerksamkeit führte dazu, dass das Thema am Tag nach den kirchlichen Presse-Stellungnahmen in der ersten Kammer des indischen Parlaments *Lok Sabha* am 26. und 27. August 1970 „stürmisch erörtert" wurde.[576] Zeitungsartikel verwiesen darauf, dass das Thema im Rahmen der anstehenden Wahl des Einkammerparlaments *Kerala Legislative Assembly*

---

und der deutschen Bischofskonferenz beantwortet werden". EAF B2–1945/2492 Nirmala-Vereinigung e. V. – Indische Mädchen: Brief, Freiburger Erzbischof an Erzbischof Bombay, 14.09.1970.

[574] EAF B2–1945/2492 Nirmala-Vereinigung e. V. – Indische Mädchen: Übersetzung der Erklärung des Erzbischofs von Trivandrum, 25.08.1970.

[575] „Unter anderem steht in der Meldung über die Pressekonferenz, dass Sie mitgeteilt hätten, ‚für das Programm in Deutschland ist der Erzbischof von Freiburg zuständig'. Aufgrund dieser Meldung kommen täglich mehrere Anrufe, auch vom Ausland an mein Ordinariat. Aus diesem Grunde wäre ich Ihnen dankbar, wenn Sie mir den Wortlaut Ihrer Erklärung vor der Pressekonferenz übermitteln könnten." EAF B2–1945/2492 Nirmala-Vereinigung e. V. – Indische Mädchen: Brief, Freiburger. Erzbischof an Erzbischof von Trivandrum, 26.08.1970.

[576] PAA B92 Band 441: Drahterlass, Deutsche Botschaft New Delhi an AA Bonn, 31.08.1970.

im September 1970 von der oppositionellen Partei der hindunationalistischen Partei *Bharatiya Jana Sangh* instrumentalisiert wurde, um die zuletzt regierende Koalition unter Führung der *Communist Party of India Marxist* (CPMI) zu diskreditieren.[577]

Am 31.08.1970 trat die Kerala Catholic Bishops' Conference (KCBC) zusammen. Die KCBC nahm den Vorschlag des Freiburger Erzbischofs auf, einen Verantwortlichen für die Angelegenheit junger Inderinnen, die aus Kerala emigrierten, zu wählen. Erzbischof Mar Gregorios wurde als verantwortlicher indischer Bischof in der Angelegenheit nominiert und nahm die Nominierung an.[578] In einem Schreiben an den Freiburger Erzbischof bat der Erzbischof von Trivandrum um mehr Zeit für die Erstellung eines Status der Nirmala-Gemeinschaft.[579]

3.3.32 Von der „Nonnenaffäre" zum diplomatischen Zwischenfall – Die Involvierung des Auswärtigen Amtes im Jahr 1970

Mit steigendem Druck des Medienskandals stiegen auch die eingehenden Anfragen in der Deutschen Botschaft New Delhi. Am 31.08.1970 erfolgte eine dahingehende Anfrage der Deutschen Botschaft New Delhi an das Auswärtige Amt mit der Bitte um die Unterrichtung über zum einen die Anzahl der Frauen, die in der Bundesrepublik Deutschland als Krankenschwestern ausgebildet werden, zum anderen die Anzahl der als Ordensangehörige tätigen indischen Frauen. Zwar hatte Pfarrer Debatin selbst der deutschen Botschaft New Delhi von seinem Vorhaben der Nirmala-Aktion bereits im Jahr 1964 mitgeteilt.[580] Dennoch war der Vorgang bis 1970 nur peripher in der diplomatischen Institution aufgetaucht. Die angeforderten Informationen zum Status Quo des Vorgangs musste damit zunächst von der Behörde unter Mühe ermittelt werden.

---

[577] Vgl. GLAK G463 Wiesloch 499 Unterbringung und Beschäftigung von indischen und koreanischen Krankenpflegerinnen 1964–1981: Zeitungsartikel, Heidelberger Tageblatt, 26.08.1970.

[578] Vgl. EAF B2–1945/2492 Nirmala-Vereinigung e. V. – Indische Mädchen: Brief, Sekretär der Kerala Catholic Bishop Conference an Erzbischof von Freiburg, 12.09.1970.

[579] Vgl. EAF B2–1945/2492 Nirmala-Vereinigung e. V. – Indische Mädchen: Brief, Ordinariat Trivandrum an Ordinariat Freiburg, 26.09.1970.

[580] Vgl. Fußnote 11 in Kapitel 3.1. Zudem war Debatins erste Reise nach Kerala im Jahr 1959 auf Antrag Debatins durch das Auswärtige Amt zu 50 % gefördert worden. Siehe Kapitel 3.1. Die Migration von Frauen aus Kerala nach Deutschland über den Kirchenraum.

Das Auswärtige Amt antworte der Deutschen Botschaft New Delhi über Drahterlass am 31.08.1970, dass die Anzahl der in der Bundesrepublik „als Krankenschwestern oder als Ordensangehörige tätigen indischen Mädchen" dem Katholischen Büro Bonn und damit auch dem Auswärtigen Amt nicht bekannt war.[581]

Weiterhin kontextualisierte das Auswärtige Amt für die Botschaft in New Delhi, dass bereits 1963 Gerüchte über „unerfreuliche Umstände dieser Umsiedlung [...] in Kreisen der deutschen katholischen Kirche zirkuliert" seien. Ein deutscher Jesuitenpater hätte sich der Angelegenheit angenommen und sei 1964 nach Indien gereist. Dort hätten sich seine Befürchtungen im Wesentlichen bestätigt. Weder die Deutsche Botschaft in New Delhi noch die katholische Hierarchie Indiens hätte den Jesuitenpater unterstützt, „der sich bei seinen Ermittlungen vielmehr einige Feindschaft zugezogen habe".[582]

In einem als Verschlusssache kategorisierten Fernschreiben vom 07.09.1970 der Deutschen Botschaft New Delhi an das Auswärtige Amt erfolgte ein erster Vorschlag über den diplomatischen Umgang mit den Vorgängen in Indien:

> [Die] Vorgänge in der Bundesrepublik stehen nicht im Zentrum der im Ganzen übertriebenen und aus oft zweifelhaften Motiven gespeisten Kritik. Die Stoßrichtung der Diskussion zielt auf katholische Einrichtungen in Indien und Italien. Inzwischen hat die Presse auch faire und positive Berichte gerade über die in Deutschland tätigen indischen Schwestern veröffentlicht. Wir sollten daher bei aller Notwendigkeit einer Untersuchung etwaiger Missstände nicht durch unangemessene Aktivität uns selbst in den Vordergrund der Debatte drängen.[583]

Zudem machte die Botschaft auf die sprachliche Differenzierung aufmerksam, welche aus dem problematischen Sprachgebrauch erwächst. Unterschieden werden sollte zwischen „Krankenschwester (nurses)" und „Nonnen (sisters)".[584]

Weiter ergeht, dass die Angelegenheit der Anwerbung „mehrerer hundert katholischer indischer Mädchen als Krankenschwestern und Ordensnachwuchs" in der internen Auseinandersetzung des Auswärtigen Amtes erstmals im Januar 1965 behandelt wurde. Zunächst ging ein anonymes Schreiben ein, das auf die

---

[581] PAA B92 Band 441: Drahterlass, AA Bonn an Deutsche Botschaft New Delhi, 31.08.1970.

[582] PAA B92 Band 441: Drahterlass, AA Bonn an Deutsche Botschaft New Delhi, 31.08.1970.

[583] PAA B92 Band 441: Drahterlass, Deutsche Botschaft New Delhi an AA Bonn, 07.09.1970.

[584] PAA B92 Band 441: Drahterlass, Deutsche Botschaft New Delhi an AA Bonn, 07.09.1970.

Aktion aufmerksam machte und Bedenken äußerte. Kurze Zeit später stellte sich ein Jesuitenpater als Verfasser des Briefes vor und brachte zum Ausdruck, „dass er gegen die ‚Kerala-Aktion' eingestellt sei". Die Deutsche Botschaft riet dem Jesuitenpater, dass er sich in dieser Angelegenheit mit der Internuntiatur in Verbindung setzen solle. Nach dem Besuch des Kirchenvertreters waren 1965 innerhalb des Auswärtigen Amtes keine weiteren Veranlassungen erfolgt.[585]

Nach kurzfristiger behördeninterner Rücksprache mit dem Bundesministerium für Arbeit und Sozialordnung vermeldete das Auswärtige Amt der Deutschen Botschaft New Delhi, dass nach Stand Juni 1970 insgesamt 742 Inderinnen in der Krankenpflege in der Bundesrepublik beschäftigt waren, welche sich in 287 ausgebildete Krankenschwestern, 378 Krankenschwesterschülerinnen und 77 Krankenpflegehelferinnen untergliederten.[586] Die Zahl der innerhalb von religiösen Orden als Krankenschwestern oder Nonnen tätigen Inderinnen konnte allerdings auch durch das dem Bundesministerium für Arbeit und Sozialordnung nicht ermittelt werden, da in diesem Falle keine Arbeitsermittlung nötig war und sich die Frauen damit einer statistischen Erhebung durch den Staat entzogen.[587] Auch das Bundesministerium für Arbeit und Sozialordnung reagierte am Tag darauf mit einem Schnellbrief an den Bundesminister des Innern mit der Mitteilung, dass aufgrund der Presselage zu indischem Krankenpflegepersonal vorerst keine Zustimmungen zur Anwerbung indischer Schwesternschülerinnen erteilt werde.[588] Weiterhin bat das Ministerium um Mitteilung, ob die diplomatische Vertretung angesichts der Reaktionen in der indischen Öffentlichkeit einen

---

[585] Vgl. PAA B92 Band 441: Drahterlass, Deutsche Botschaft New Delhi an AA Bonn, 07.09.1970.

[586] Vgl. PAA B92 Band 441: Drahterlass, AA Bonn an Deutsche Botschaft New Delhi, 08.09.1970.

[587] Vgl. Vgl. PAA B92 Band 441: Drahterlass, AA Bonn an Deutsche Botschaft New Delhi, 08.09.1970. Die Unterrichtung über eine quantitative Einschätzung durch die Vereinigung höherer Ordensoberinnen Deutschland sollte das AA Bonn erst im November 1970 erreichen, als das öffentliche Interesse an dem Skandal wieder gänzlich verebbt war. Die Aufstellung über in Deutschland befindliche indische Ordensschwestern hatte ergeben, dass 520 indische Mädchen in deutsche Klöster eingetreten waren. Davon waren etwa 20 wieder nach Indien zurückgekehrt, sodass sich noch etwa 500 in Deutschland befanden. Vgl. PA AA B92 Band 441: Brief, Vereinigung Höherer Ordensoberinnen Deutschlands an Kommissariat der Deutschen Bischöfe, 05.11.1970.

[588] Vgl. PAA B92 Band 441: Schnellbrief, Bundesministerium für Arbeit und Sozialordnung an Bundesminister des Innern und Bundesinnenminister für Jugend, Familie und Gesundheit, 10.09.1970.

temporären allgemeinen Anwerbestopp für indisches Krankenpflegepersonal für notwendig halte.[589]

In einem weiteren Schnellbrief an den Präsidenten der Bundesanstalt für Arbeit teilte das Bundesministerium für Arbeit und Sozialordnung mit, dass es einen Anwerbestopp für ausgebildetes indisches Krankenpflegepersonal gegenwärtig nicht für geboten halte, „weil das ausgebildete Personal nach [den Zustimmungsbescheiden des Bundesanstalt für Arbeit] zur Anwerbung auf der Grundlage des Musterarbeitsvertrages für außereuropäische Staatsangehörige beschäftigt werden muss".[590]

Soweit Zustimmungen zur Anwerbung indischer Krankenschwesternschülerinnen bereits erteilt wurden, aber die Anwerbung noch nicht abgewickelt worden war, wurde darum gebeten, es bei den erteilten Anwerbegenehmigungen zu belassen, „es sei denn, dass Ihren Dienststellen Tatsachen bekannt werden, die auf unlautere Anwerbemethoden schließen lassen".[591]

Ferner sei Hubert Debatin darüber unterrichtet worden, dass die Bundesanstalt für Arbeit einstweilen keine Zustimmung zur Anwerbung indischer Schwesternschülerinnen erteilen wird.[592]

Wenige Tage später kontaktierte die Deutsche Botschaft New Delhi das Auswärtige Amt mit der Meldung, dass sich die öffentliche Wahrnehmung der Thematik durch positive Presseberichterstattung wandle.[593] Zur gleichen Zeit besuchte Pfarrer Debatin die Nirmala-Gruppe in Bonn, wobei er die Möglichkeit

---

[589] „[...] mit Rücksicht darauf, dass die Bundesrepublik lt. Botschaftsbericht vom 31. August 1970 von den Dingen nur wenig betroffen und außerdem das Anwerbevolumen verhältnismäßig gering ist, die Anwerbung sowohl von ausgebildetem Pflegepersonal als auch von Schwesternschülerinnen wie bisher fortgesetzt werden kann. Zum Umfang der Anwerbung teile ich Ihnen mit, dass die Dienststellen der Bundesanstalt für Arbeit im ersten Halbjahr 1970 die Zustimmung zur Anwerbung erteilt haben für 70 indische Krankenschwestern, 13 indische Pflegehelferinnen, 4 indische Krankenschwesternschülerinnen." PAA B92 Band 441: Schnellbrief, Bundesministerium für Arbeit und Sozialordnung an Bundesminister des Innern und Bundesinnenminister für Jugend, Familie und Gesundheit, 10.09.1970.

[590] PAA B92 Band 441: Schnellbrief, Bundesministerium für Arbeit und Sozialordnung an Präsidenten der Bundesanstalt für Arbeit, 10.09.1970.

[591] PAA B92 Band 441: Schnellbrief, Bundesministerium für Arbeit und Sozialordnung an Präsidenten der Bundesanstalt für Arbeit, 10.09.1970.

[592] Vgl. PAA B92 Band 441: Schnellbrief, Bundesministerium für Arbeit und Sozialordnung an Präsidenten der Bundesanstalt für Arbeit, 10.09.1970.

[593] Dies lag allem voran daran, dass Krankenschwestern, die sich zu diesem Zeitpunkt zum Heimaturlaub in Kerala befanden in Interviews gegenüber der Presse positiv äußerten. Vgl. PAA B92 Band 441: Brief, Deutsche Botschaft New Delhi an AA Bonn, 16.09.1970.

nutzte, beim Auswärtigen Amt vorzusprechen. Der zuständige Beamte vermerkte zu seinem Gespräch mit dem Stettfelder Pfarrer:

> Pfarrer Debatin schilderte seine Arbeit als nicht einfach, aber erfolgreich. Die Auswahl werde sehr sorgfältig getroffen, sodass Misserfolge und Enttäuschungen in Grenzen blieben. Meist seien es einzelne Mädchen, die ganze Gemeinschaften durcheinander brächten – nicht selten durch Deutsche angestiftet, die Ihre Auffassungen vom Leben auf die Inderinnen übertragen wollen, die eine ganz andere Erziehung und Einstellung haben. Ursprünglich war die Vermittlung von indischen Mädchen zur Krankenpflege auf religiöse Genossenschaften beschränkt. Inzwischen werden auch andere Gemeinschaften gebildet, in denen neben Inderinnen christlichen Bekenntnisses Mädchen nicht-christlicher Religionen vertreten sind. Wesentlich für Ihre Auswahl sind Charakter und menschliche Haltung.[594]

Zum Thema der Entlohnung betonte Debatin, dass die Inderinnen gut verdienten. Das Gehalt liege offiziell netto bei 280 DM für Schülerinnen und 380 bis 480 DM für ausgebildete Schwestern. In Wirklichkeit würde der Lohn aber durch Trinkgelder oder Sonderzulagen wie z. B. Nachtwachen deutlich höher ausfallen. Die Hälfte des Lohns werde auf ein langfristiges Sparkonto angelegt, das bei der endgültigen Heimreise ausgezahlt wird. Von dem verbleibenden Geld schickten die Inderinnen ausnahmslos einen Teil nach Hause, womit sie wesentlich zum Unterhalt der Familie beitragen. Sie seien mit der Familie im starken Maße verbunden. Der finanzielle Beitrag der Frauen zum Unterhalt der Familie sei meist höher als der ihres Vaters. Der Sparbetrag am Ende ihrer Beschäftigung in Deutschland werde die Inderinnen als wohlhabend ausweisen, was ihnen wegen ihrer nicht unbeachtlichen Mitgift gute Heiratsaussichten geben werde.[595] Damit kam der Beamte des Auswärtigen Amtes zu seiner Schlusseinschätzung:

> Ich hatte einen positiven Eindruck von Herrn Pfarrer Debatin, der von seiner guten Sache überzeugt ist und sie in ruhiger, bestimmter Weise vertritt. Das Auswärtige Amt sollte ihn in seiner Arbeit unterstützen, soweit dies möglich ist.[596]

Aus der Deutschen Botschaft in New Delhi erreichte das Auswärtige Amt kurz darauf die Meldung einer Entspannung der öffentlichen Wahrnehmung Indiens und damit der diplomatischen Situation:

---

[594] PAA B92 Band 441: Aktenvermerk, AA Bonn, 16.09.1970.

[595] Vgl. PAA B92 Band 441: Aktenvermerk, AA Bonn, 16.09.1970.

[596] PAA B92 Band 441: Aktenvermerk, AA Bonn, 16.09.1970.

Die Angelegenheit wurde in der indischen Presse letztlich nur noch im Zusammenhang mit Richtigstellungen behandelt. Sie verdeutlichten, dass sich die vorangegangene negative Berichterstattung nicht auf Personen bezog, die auf der Grundlage eines arbeitsrechtlichen Vertrags in Deutschland beschäftigt werden. Die Botschaft hält aus diesem Grund einen Anwerbestopp für indisches Krankenpflegepersonal nicht [...] für erforderlich.[597]

Der indische Staat schloss die Untersuchung im November 1970 offiziell ab, mit dem Ergebnis, dass der Zustand der indischen Frauen in europäischen Klöstern unbedenklich war.[598] Während der indische Staat sich damit aus der Angelegenheit zurückzog, verblieben die Frauen der Nirmala-Vereinigung nach wie vor weiterhin in ihrer unklaren Rechtssituation in der Bundesrepublik Deutschland.

---

[597] PAA B92 Band 441: Schriftbericht, Deutsche Botschaft New Delhi an AA Bonn, 28.09.1970.

[598] „Der indische Außenminister Swaran Singh erklärte jetzt vor dem Parlament in New Delhi, sein Haus sei zu dem Ergebnis gekommen, die in europäischen Klöstern lebenden indischen Novizinnen würden gut behandelt. Die mit den Ermittlungen beauftragten diplomatischen Vertretungen im Ausland hätten festgestellt, dass die Mädchen in katholische Klöster ihrer eigenen Wahl gekommen seien und ihnen keine unangemessenen Beschränkungen auferlegt würden. Noch nicht abgeschlossen ist nach den Worten des indischen Außenministers die Untersuchung über die gegen katholische indische Geistliche gerichteten Vorwürfe, sie hätten von europäischen Klöstern Geld für die Mädchen erhalten." EAF B2– 1945/2492 Nirmala-Vereinigung e. V. – Indische Mädchen: Zeitungsartikel, Artikel, KNA, 28.11.1970. Aus weiteren Überlieferung geht hervor, dass das indische Gesundheitsministerium im Jahr 1969, vor dem öffentlichkeitswirksamen Medienskandal, das Migrationsprojekt positiv gegenüberstand und auch bilaterale Verhandlungen in der Angelegenheit in Betracht zog, die von der Bundesrepublik Deutschland jedoch nicht aufgenommen wurden: „Der ehemalige Staatssekretär im indischen Gesundheitsministerium hat jedoch auf Bitten der Botschaft inoffiziell herausgefunden, das in dem in dieser Frage federführenden indischen Ministry of Health, Family Planning and Urban Development keinerlei Bedenken gegen die weitere Tätigkeit und Ausbildung indischer Schwestern und Schwesternhelferinnen in der Bundesrepublik bestehen, dass im Gegenteil die Fortsetzung der Programme begrüßt werden würde und die indische Regierung bereit wäre, darüber auch offiziell Verhandlungen aufzunehmen." BArch B149/22419 Beschäftigung indischer Arbeitnehmer in der Bundesrepublik (1959–1972): Schreiben, Deutsche Botschaft New Delhi an AA Bonn, 17.03.1969.

3.3.33 Vereinssitzung VI – Auflösung eingetragenen Vereins im Jahr 1971

Mar Gregorios hatte indes Ende September 1970 nochmals dem Freiburger Ordinariat schriftlich bestätigt, dass das vorhandene Regelwerk der Nirmala-Gemeinschaft nicht als Statut für eine Vereinigung ausreiche. Der Erzbischof von der Erzdiözese Trivandrum hatte die anderen eingebundenen Bischöfe Keralas hinsichtlich eines neuen Statuts und der offenen Frage nach der Verwaltung der Gelder kontaktiert, und erbat sich gegenüber dem Freiburger Ordinariat mehr Zeit, da die Erstellung eines neuen Statuts mindestens zwei Monate benötige.[599] Das Freiburger Ordinariat berief nach Eingang des Schreibens aus Indien eine Vorstandssitzung des Nirmala-Vereinigung e. V. ein.[600]

Zur letzten Sitzung des Gesamtvorstandes erschienen auch die Vorstandsmitglieder, die 1970 bereits ihren Rücktritt erklärt hatten.[601] Der einzige Tagesordnungspunkt der Sitzung war der Frage gewidmet, „ob und wie die Vereinigung weitergeführt werden soll".[602] Als noch formeller Vereinsvorstand gab Pfarrer Maier an, dass der Verein seinen satzungsgemäßen Zweck nicht erfüllen konnte und deshalb aufgelöst werden sollte. Dagegen proklamierte Pfarrer Debatin den Verein nicht aufzulösen, sondern nur den Vorstand neu zu wählen. An diesem Punkt entzündete sich eine Diskussion über den Sinn und die Gründungsidee des Vereins, wobei festgestellt wurde, dass sich die Umstände der Arbeitsmigrantinnen unterdessen gewandelt hatten. Die ersten Nirmala-Gruppen, die im Rahmen von „Gestellungsverträgen" angestellt worden waren, seien bereits mit ihrer Ausbildung fertig und zum Teil wieder nach Indien zurückgekehrt, oder von dort schon wieder in die Bundesrepublik Deutschland eingereist. Die letzten „Gestellungsverträge" sollten im September 1971 auslaufen.[603]

---

[599] Vgl. EAF B2–1945/2492 Nirmala-Vereinigung e. V. – Indische Mädchen: Brief, Ordinariat Trivandrum an Ordinariat Freiburg, 26.09.1970.

[600] EAF B2–1945/2492 Nirmala-Vereinigung e. V. – Indische Mädchen: Brief, Ordinariat Freiburg an Pfarrer Maier, 20.10.1970.

[601] Siehe Kapitel 3.3.29. Das letzte Jahr der ersten Nirmala-Generation – Der Hirnschlag an dem die Vereinsarbeit zerbrach.

[602] EAF B2–1945/1551 Indische Mädchen: Protokoll der Sitzung des Gesamtvorstandes Nirmala-Vereinigung e. V., 08.01.1968, 1.

[603] EAF B2–1945/2492 Nirmala-Vereinigung e. V. – Indische Mädchen: Aktenvermerk, Ordinariat Freiburg, 08.01.1971. Da die geschlossenen „Gestellungsverträge" nur zum Teil vorliegen, lässt sich nicht zweifelsfrei identifizieren, ob tatsächlich schon 1971 die letzten dieser Verträge ausliefen. Dies ist zweifelhaft, da das Modell der „Gestellungsverträge" erst 1968 eingestellt wurde und die Verträge in der Regel fünf bis sechs Jahre liefen. Es ist jedoch nicht zu rekonstruieren wann der letzte „Gestellungsvertrag" für eine Nirmala-Gruppe

Soweit die Nirmala-Frauen noch da oder wieder da seien, „haben sie Einzelverträge und wollen sich nicht mehr an die Nirmala-Verpflichtung binden lassen".[604]

In einem detaillierten Aktenvermerk des Ordinariats heißt es dazu weiter:

> Pfr. Debatin erklärt darüber hinaus, dass Nirmala als religiöse Vereinigung nicht mehr akut ist. Die wenigsten Mädchen halten sich noch daran oder nur kurze Zeit, vermutlich durch Beeinflussung verschiedener Stellen vor allem aus Indien. Alle Mädchen haben inzwischen Einzelverträge mit ihren Einsatzstellen schon während der Ausbildungszeit.[605]

Für die später gekommenen oder noch kommenden Frauen stellte gemäß Pfarrer Debatin der Abschluss von Einzelverträgen die Praxis dar.[606] Damit sei die Hauptaufgabe des Nirmala-Vereinigung e. V. hinfällig geworden. Zudem war von indischer Seite, weder von der indischen Bischofskonferenz noch von einzelnen Bischöfen, kein Statut für die kanonische Errichtung der Nirmala-Vereinigung zu erhalten gewesen.[607]

Auf Grundlage dieser Vorüberlegungen stellte der Gesamtvorstand an den Freiburger Erzbischof gemäß § 13 der Vereinssatzung den Antrag:

---

abgeschlossen wurde. Siehe Kapitel 3.3.17. Einleitung einer Überprüfung der hybriden „Gestellungsverträge" auf Bundesebene.

[604] B2–1945/1551 Indische Mädchen: Protokoll der Sitzung des Gesamtvorstandes Nirmala-Vereinigung e. V., 08.01.1968, 1.

[605] EAF B2–1945/2492 Nirmala-Vereinigung e. V. – Indische Mädchen: Aktenvermerk, Ordinariat Freiburg, 08.01.1971.

[606] „Etwa 25 haben erst mit der Ausbildung begonnen, haben jedoch auch schon Einzelverträge und nicht alle haben sich auf Nirmala verpflichtet. Der e. V. ist damit praktisch sinnlos geworden." EAF B2–1945/2492 Nirmala-Vereinigung e. V. – Indische Mädchen: Aktenvermerk, Ordinariat Freiburg, 08.01.1971. EAF B2–1945/2492 Nirmala-Vereinigung e. V. – Indische Mädchen: Aktenvermerk, Ordinariat Freiburg, 08.01.1971.

[607] Im Aktenvermerk heißt es hierzu: „[...], weil ein Statut der indischen Bischöfe fehlt und vermutlich auch nie kommen wird, trotz vielfacher Bitten auch des Herrn Erzbischofs." EAF B2–1945/2492 Nirmala-Vereinigung e. V. – Indische Mädchen: Aktenvermerk, Ordinariat Freiburg, 08.01.1971. Im Protokoll wird hierzu ergänzt: „Und wenn [das Statut] käme, würden sich die meisten der in Deutschland weilenden indischen Mädchen nicht mehr darauf verpflichten lassen." EAF B2–1945/1551 Indische Mädchen: Protokoll der Sitzung des Gesamtvorstandes Nirmala-Vereinigung e. V., 08.01.1968, 2.

Unter den gegebenen Umständen erbittet der Vorstand die Genehmigung zur Auflösung des e. V. Der Status der indischen Mädchen ist wie der der übrigen ausländischen
Arbeitnehmer in der Bundesrepublik Deutschland zu sehen. Der DCV übernimmt,
soweit dies von den Inderinnen gewünscht wird, die fürsorgerische Betreuung im
Rahmen seiner bestehenden Einrichtungen (wie bei Gastarbeiterbetreuung). Die seelsorgerliche Betreuung soll durch die jeweiligen Krankenhausgeistlichen erfolgen.[608]

Der Vorstand widmete sich auch den Presseereignissen des vorausgegangenen
Sommers. Die Anwesenden hielten fest, dass die gezielte „Pressekampagne" ausschließlich gegen Ordensschwestern gerichtet war und nicht gegen die Nirmala-
Gemeinschaften. Ferner sei „kein einziger Fall von Beanstandung" in Bezug auf
den Personenkreis des Nirmala-Vereinigung e. V. bekannt geworden.[609]

Pfarrer Debatin hatte sich inzwischen einen neuen Wirkungsbereich gesucht
und hatte einen Missionseinsatz in Südwestafrika. Durch ein Schreiben an die
Krankenhausdirektionen mit der Bitte alle Gehaltsabrechnungen und sonstige
Unterlagen der Nirmala-Gruppen in Zukunft an den Leiter der nordbadischen
Sparkasse zu schicken, übertrug Pfarrer Debatin eigenmächtig die Verantwortung
an einen kirchenamtsexternen Dritten.[610]

Das offizielle Schreiben zur Auflösung des Nirmala-Vereinigung e. V. und
Bitte um kirchenamtliche Zustimmung erging an den Freiburger Erzbischof mit
Mitteilung des Vereinsvorsitzenden am 27.02.1971.[611] Da das Protokoll der
Gesamtvorstandssitzung das Freiburger Ordinariat zu spät erreichte, konnte der
Antrag nicht mehr in der Bischofskonferenz vom 01.-04.03.1971 eingereicht wer-
den. Der Freiburger Erzbischof schlug jedoch vor, die Bischofskonferenz durch

---

[608] EAF B2–1945/2492 Nirmala-Vereinigung e. V. – Indische Mädchen: Aktenvermerk,
Ordinariat Freiburg, 08.01.1971.

[609] EAF B2–1945/2492 Nirmala-Vereinigung e. V. – Indische Mädchen: Protokoll der Sitzung des Gesamtvorstandes Nirmala-Vereinigung e. V., 08.01.1968, 2.

[610] [Der Sparkassenleiter] steht Ihnen in allen einschlägigen Fragen jederzeit gerne zur Verfügung. Mit freundlichem Dank für die gute Zusammenarbeit und mit den besten Wünschen
verbleibe ich Ihr Hubert Debatin" UAT 389/16 Schwestern aus Indien: Brief, Debatin an
Kliniken Tübingen, o. D.
    Über den Fortgang nach dieser Verantwortungsübertragung ist nichts bekannt.

[611] EAF B2–1945/2492 Nirmala-Vereinigung e. V. – Indische Mädchen: Brief, Nirmala-
Vereinigung e. V. an Erzbischof Freiburg, 27.02.1971.

eine schriftliche Umfrage einzubeziehen, um nicht auf das nächste Zusammentreten der Bischofskonferenz warten zu müssen.[612] Am 17.03.1971 genehmigte der Freiburger Erzbischof die Auflösung des Vereins.[613] Pfarrer Debatin gab zu diesem Zeitpunkt seinem Ordinarius erstmals einen umfassenden Überblick der zu dieser Zeit noch betreuten Nirmala-Gruppen (Abbildung 3.12 und Tabelle 3.1).[614]

Tabelle 3.1 Überblick der 1971 betreuten Nirmala-Gruppen

Annweiler	10	Lörrach	8
Bonn	53	Neuß	6
Düsseldorf	12	Reichenau	4
Emmendingen	9	Rottenmünster	15
Heidelberg	65	Todtmoos	13
Immerath	8	Weinsberg	10
Karlsruhe	17	Wiesloch	7
Köln	10	Winnenden	8
Krefeld	10	**Gesamt**	**265**

---

[612] EAF B2–1945/2492 Nirmala-Vereinigung e. V. – Indische Mädchen: Brief, Ordinariat Freiburg an Pfarrer Maier, 01.03.1971.

[613] „Ich entspreche hiermit dem Antrag des Vorstandes und genehmige die Auflösung des Nirmala-Vereinigung e. V. Der Deutschen Bischofskonferenz sowie dem von der Indischen Bischofskonferenz beauftragten Erzbischof Mar Gregorios gebe ich hiervon Kenntnis. Ich bitte Sie, die Mitgliederversammlung, die über die Auflösung des Vereins zu beschließen hat, baldmöglich einzuberufen und mich vom Auflösungsbeschluss alsbald zu unterrichten." EAF B2–1945/2492 Nirmala-Vereinigung e. V. – Indische Mädchen: Brief, Erzbischof Freiburg an Nirmala-Vereinigung e. V., 17.03.1971.

[614] Vgl. StAF G 540/5 Nr. 11501: Brief Erzbischof Freiburg i. Br. an Nirmala-Vereinigung e. V., 17.03.1971.

Legende

- 🟡 Nirmala-Einsatzort
- 🔵 Sonstige relevante Stadt
- ☐ Bundesland
- - - - Ehemalige innerdeutsche Grenze
- ----- Ehemalige Berliner Mauer
- —— Internationale Grenze

Datenquellen:
Natural Earth - https://www.naturalearthdata.com
Bistumsgrenzen: https://www.bistumsatlas.de
Entwurf & Kartographie: T. S. Großmann & D. Brombierstäudl

Abbildung 3.12 Bundesrepublik Deutschland: Bundesländer, Nirmala-Einsatzorte (Angaben Debatins von 1971 ergänzt durch anderweitige Erwähnungen) sowie weitere relevante Städte

Am 16.09.1971 erging ein Rundschreiben an alle beteiligten Akteure des Nirmala-Vorgangs, in dem die Auflösung des Vereins veröffentlicht wurde. Mit dem letzten Absatz schloss der Freiburger Erzbischof die kirchenamtliche Beteiligung an dem Nirmala-Vorgang.[615]

Einige Nirmala-Gruppen bereiteten sich indes auf die von Debatin an dem Vereinsvorstand vorbei organisierte Heimatreise nach Kerala vor, welche die Nirmala-Angehörigen selbst finanzierten.[616] Weitere Nirmala-Gruppen kehrten nach Auslaufen ihres „Gestellungsvertrages" nach Kerala zurück, wo sie einen problematischen Arbeitsmarkt im Pflegesektor vorfanden, der eine hohe Arbeitslosigkeit aufwies.[617] Darüber hinaus war auch die Anerkennung des deutschen Examen in Kerala, trotz offizieller Bestätigung der indischen Botschaft, ungewiss und zumindest mit langwierigen Verhandlungen verbunden.[618] Die Anerkennung von Berufsexamen für Pflegeberufe, die unter dem Pflege-Vollexamen angesiedelt

---

[615] „Bei dieser Sachlage habe ich keinen Priester meiner Erzdiözese mehr für die indischen Mädchen in der Bundesrepublik beauftragt" EAF B2–1945/2492 Nirmala-Vereinigung e. V. – Indische Mädchen: Rundschreiben, Freiburger Erzbischof an beteiligte Akteure, 16.09.1971.

[616] EAF B2–1945/2492 Nirmala-Vereinigung e. V. – Indische Mädchen: Brief, Nirmala-Schwester an Ordinariat Freiburg, 16.09.1971.

[617] „[…] die Krankenhäuser und die Gesundheitsbehörden [sind] völlig überlastet. Andererseits fehlen die Finanzen, um die entsprechende Zahl von qualifiziertem Pflegepersonal zu beschäftigen. Es ergibt sich daher die Tatsache, dass ausgebildete Krankenschwestern, insbesondere in Kerala, zurzeit arbeitslos sind." Vgl. BArch B149/22419 Beschäftigung indischer Arbeitnehmer in der Bundesrepublik (1959–1972): Referat, Bischöfliches Hilfswerk Misereor Aachen über die Rückkehr der Krankenschwestern nach Indien, 09.01.1970.

[618] So heißt es 1977 in der Entschließung der Versammlung der indischen Pflegekräfte in der Bundesrepublik Deutschland am 10. September 1977 in Köln, also aus der Perspektive der betroffenen Personen: „Unsere Krankenpflegeausbildung ist in Indien aber nicht anerkannt und die meisten von uns haben die Altershöchstgrenze, die in Indien für eine Einstellung vorgeschrieben ist, bereits überschritten. Hinzukommt, dass Millionen dort auf einen Arbeitsplatz warten. Eine reelle Chance für einen Neuanfang in Indien, wie manche deutsche Stellen uns nahelegen, besteht für uns überhaupt nicht." ADCV 380.40 (540) Fasz.01: Entschließung der Versammlung der indischen Pflegekräfte in der Bundesrepublik Deutschland am 10.09.1977, Sozialdienst für die Inder in Nordrhein-Westfalen und in Südwest-Deutschland der Katholischen Mädchensozialarbeit im Deutschen Caritasverband der Katholischen Mädchensozialarbeit im Deutschen Caritasverband, 30.09.1977.

waren, gestalteten sich dagegen unmöglich (z. B. für examinierte Pflegehelferinnen).[619] Die Fragen und Verantwortlichkeiten einer sinnvollen beruflichen
Reintegration in Kerala blieben bis zuletzt von allen institutionellen Akteuren
unbeantwortet.[620] Andere ehemalige Nirmala-Angehörige wurden als bereits zer-
tifizierte Krankenschwestern mit deutschen Examen von den deutschen Kliniken
im Rahmen von Einzelverträgen übernommen, was ein arbeitsmarktpolitisches
Novum darstellte und einen diplomatischen Vorlauf und eine Entscheidung
auf Bundesebene erforderte.[621] Doch nur durch diese Entscheidung war es
möglich, die in Deutschland ausgebildeten Nirmala-Frauen, deren „Gestellungsvertrag" auslief, als bereits zertifiziertes indisches Krankenpflegepersonal legitim
erneut anzustellen.[622] Aus der Konsequenz war es ab 1970 dem Deutschen
Pflegesektor auch gestattet, bereits im Ausland ausgebildete Krankenschwestern anzuwerben.[623] Diese Entscheidung wurde im ganzen Entsendeland Indien
auch von ausgebildetem Personal wahrgenommen und genutzt, sodass dieses
Vorhaben entsprechend von Pflege-Institutionen in Indien in Bezug auf einen
‚Fachkräfte-Aderlass' kritisch gesehen wurde.[624]

---

[619] Vgl. BArch B149/22419 Beschäftigung indischer Arbeitnehmer in der Bundesrepublik
(1959–1972): Brief, Bundesministerium für wirtschaftliche Zusammenarbeit an Leiter einer
Krankenpflegeschule, 19.01.1970.

[620] Vgl. BArch B149/22419 Beschäftigung indischer Arbeitnehmer in der Bundesrepublik
(1959–1972): Aktenvermerk, Landeszentrale für politische Bildung, 30.10.1969.

[621] Zwölf ausgebildete Krankenschwestern am Universitätsklinikum Heidelberg schafften
1970 den Präzedenzfall, dem der Arbeitskreis für Fragen der Beschäftigung ausländischer
Arbeitnehmer in seiner Sitzung am 12.03.1970 im Sinne der Anwerbung qualifizierter Krankenschwestern aus Indien zustimmte, nachdem eine Anfrage an die indische Botschaft
gestellt wurde. Auf den Rücklauf der Antwort der indischen Botschaft wurde jedoch vor
der Zustimmung nicht mehr gewartet. Vgl. BArch B149/22419 Beschäftigung indischer
Arbeitnehmer in der Bundesrepublik (1959–1972): Brief, Bundesanstalt für Arbeit an AA,
19.03.1970.

[622] Beispielsweise organisierten gemäß eines Egodokuments zwei ehemalige Nirmala-
Angehörige nach ihrer Rückkehr nach Kerala einen erneuten Einsatz am gleichen PLK. Vgl.
PAZ2: Brief, ehemalige Nirmala-Angehörige an deutsche Familie, 03.01.1971.

[623] Vgl. BArch B149/22419 Beschäftigung indischer Arbeitnehmer in der Bundesrepublik
(1959–1972): Brief, Bundesanstalt für Arbeit an Landesarbeitsämter, 07.04.1970.

[624] Beispielsweise wandte sich die besorgte Oberschwester eines christlichen Krankenhauses
in Vellore (Bundesstaat Tamil Nadu) besorgt an die deutsche Vizepräsidentin des International Council of Nurses: „Six of our nurses have come over to West Germany last month to
work in a hospital in Hamburg. Another batch of about seven nurses received appointment
order and Lufthansa Airlines has arranged their passage. Several of our nurses have infor-
med us that they too are planning to go. [...] I find many more nurses are planning to apply
for jobs in West Germany. Ours is a very large medical college hospital with over 1000 beds

3.3.34 Nach dem Auslaufen der Nirmala-Aktion – Ein Ausblick

Das Ringen um eine nachträgliche Bewertung

Bereits im Jahr 1971 regte der Bürgermeister von Stettfeld, der Heimatgemeinde Debatins während der Nirmala-Aktion, an, den Pfarrer für die Verleihung des Verdienstordens der Bundesrepublik Deutschland vorzuschlagen. Das Erzbischöfliche Ordinariat Freiburg und das Landratsamt hatten die Anregung befürwortet und auch das Regierungspräsidium Nordbaden hatte nach Ermittlungen Pfarrer Debatin der beantragten Auszeichnungen als würdig befunden.[625] Ebenso befürwortete das Innenministerium den Vorschlag auf Verleihung des Verdienstkreuzes am Bande.[626] Das Landratsamt Bruchsal teilte dem Regierungspräsidium Nordbaden die wichtigsten Verdienste Debatins mit:

> Die Zahl der Mädchen, die durch direkte Kontakte Pfarrer Debatins aus Indien nach Deutschland gekommen sind und hier entweder in Krankenhäusern und Pflegeheimen ihre Arbeit verrichten, oder in deutsche Mutterhäuser als Kandidatinnen aufgenommen wurden, beträgt bereits weit über Tausend. Da das Experiment deutsch-indischer Gemeinschaftsarbeit inzwischen als gelungen betrachtet worden kann, sind nunmehr fast alle Staaten des Westens dazu übergegangen, indische Pflegekräfte, Schülerinnen und Kandidatinnen für ihre Arbeit zu verpflichten.[627]

---

and an equally large Out Patient Department with an average of 2,000 to 3,000 patients attending clinics every day. […] I will be happy to see some of the nurses having opportunities in West Germany or elsewhere to go and return, say after a year or two because I do agree travelling as well as experience in other countries is an education. But when too many nurses leave more or less in batches and frequently, it poses a threat to the functioning of the Nursing Service of the hospital. This is our problem." Vgl. BArch B149/22419 Beschäftigung indischer Arbeitnehmer in der Bundesrepublik (1959–1972): Brief, Christian Medical College & Hospital Vellore an International Council of Nurses, 27.05.1971.

[625] Vgl. HStAS EA2/120 Bü 49: Schreiben, Regierungspräsidium Nordbaden an Innenministerium Baden-Württemberg, 26.04.1971.

[626] Vgl. HStAS EA2/120 Bü 49: Schreiben, Innenministerium Baden-Württemberg an Regierungspräsidium Nordbaden, 08.06.1971.

[627] PAA B8 Band 1465: Brief, Landratsamt Bruchsal an Regierungspräsidium Nordbaden, 10.03.1971.
Es lässt sich gegenwärtig nicht feststellen, ob die Nirmala-Aktion tatsächlich die Praxis der Pflegefachkräfte-Migration aus Kerala in den Globalen Norden eröffnet hat. Die einleitenden Entwicklungen in der Bundesrepublik Deutschland sind jedoch zweifelsohne vor dem amerikanischen *Immigration and Nationality Act of 1965* zu verorten.

In der Begründung des Regierungspräsidiums Nordbaden hinsichtlich der Ordensverleihung hieß es, dass Pfarrer Hubert Debatin sich seit vielen Jahren um die
deutsch-indische Zusammenarbeit verdient gemacht habe:

> Durch seine wiederholten Reisen nach Indien und seine Verbindungen die er dadurch
> erhalten hat, ist es ihm außerdem gelungen, eine große Anzahl junger indischer Mäd-
> chen als Schülerinnen und als Hilfskräfte für die Krankenpflege in deutschen Kran-
> kenhäusern und namentlich in den Psychiatrischen Landeskrankenhäusern in Baden-
> Württemberg zu gewinnen. Die von ihm gegründete und durchgeführte Aktion hatte
> zum Ziel, indischen Mädchen die ohne Berufschancen waren, zu einer Berufsaus-
> bildung in Deutschland zu verhelfen und gleichzeitig dem hier bestehenden Mangel
> an Krankenpflegekräften abzuhelfen. Pfarrer Debatin hat durch diese Vermittlungen
> auch zu den Bemühungen mit beigetragen, in der Bundesrepublik Deutschland eine
> ordnungsgemäße Pflege der Kranken in den Krankenanstalten zu gewähren.[628]

Da Debatin unterdessen für seinen Missionseinsatz die Bundesrepublik Deutsch-
land verlassen hatte und sich bereits in Oshakati, Südwestafrika aufhielt, war das
Auswärtige Amt von Amtswegen einbezogen worden, um die Anregung unter
Beteiligung der zuständigen Deutschen Botschaft in New Delhi zu prüfen. In die-
sem Rahmen war das Auswärtige Amt in seiner Prüfung zu einem ablehnenden
Ergebnis aus der diplomatischen Perspektive gekommen:

> Herr Pfarrer Debatin hat sich dadurch sicherlich insoweit verdient gemacht, als er
> half, dem Mangel an Krankenpflegekräften in der Bundesrepublik Deutschland abzu-
> helfen. In Indien ist seine Tätigkeit jedoch auf öffentliche Kritik gestoßen. Die gegen
> die Anwerbetätigkeit von Pfarrer Debatin erhobenen Vorwürfe konnten zwar entkräf-
> tet werden; ein Beitrag für die deutsch-indische Zusammenarbeit wird jedoch aus
> indischer Sicht in der Tätigkeit Pfarrer Debatins nicht gesehen. Das Auswärtige Amt
> sieht sich daher leider nicht in der Lage, dem Herrn Bundespräsidenten die Verlei-
> hung des Verdienstordens entsprechend der dortigen Anregung vorzuschlagen. Um
> vertrauliche Behandlung der Angelegenheit wird gebeten.[629]

---

[628] HStAS EA2/120 Bü 49: Schreiben, Regierungspräsidium Nordbaden an Innenministerium Baden-Württemberg, 26.04.1971.
[629] HStAS EA2/120 Bü 49: Brief, AA Bonn an Staatsministerium, 29.02.1972. Vgl. auch
PAA B8 Band 1465: Deutsche Botschaft New Delhi an AA Bonn, 16.02.1972.

Die Angelegenheit sollte amtsintern nicht weiterverfolgt werden.[630] Gleichwohl legte ein ehemaliger Landtagsabgeordneter, der als Bürgermeister Karlsruhes fungiert hatte, im Mai 1972 dem zuständigen Staatssekretär dem Auswärtigen Amt eine Gegendarstellung zu Gunsten Debatins vor.[631] Es folgte eine erneute amtsinterne Überprüfung innerhalb des Auswärtigen Amtes, die im Juli 1972 trotz der Ambiguität[632] des Vorgangs schließlich mit der folgenden Begründung zu einem positiven Ergebnis kam:

> Pfarrer Debatin hat sich um die Bundesrepublik Deutschland verdient gemacht, indem er dazu beigetragen hat, einen akuten Notstand im deutschen Krankenpflegewesen abzuhelfen.[633]

---

[630] Vgl. PAA B8 Band 1465: Brief, Innenministerium Baden-Württemberg an Regierungspräsidium Nordbaden, 14.03.1972.

[631] „Die Schwestern reisen mit behördlicher Genehmigung aus, sie sind keinem Druck ausgesetzt und ich bin der festen Überzeugung, dass diese Aktion sowohl Indien als auch der Bundesrepublik dient. Waren diese Schwestern nicht Christinnen, so wäre diese Hetzkampagne nicht eingeleitet worden. […] Ich bedaure sehr, dass die Angelegenheit nach ihrem bisherigen Ausgang für Herrn Pfarrer Debatin eine Kränkung bedeutet. Ich bin überzeugt, dass die indische Regierung bei gerechter Würdigung der Tatsachen anders denken und handeln wird, als bis jetzt uns mitgeteilt wurde." PAA B8 Band 1465: Ehemaliger Landtagspräsident an AA, 31.05.1972.

[632] „[…] Pfarrer Debatins Tätigkeit sei in Indien und in der deutschen Öffentlichkeit kritisiert worden. Pfarrer Debatin hatte eine Anzahl junger indischer Mädchen als Hilfskräfte für die Krankenpflege in deutschen Krankenhäusern angeworben. Die gegen die Anwerbetätigkeit erhobenen Vorwürfe konnten zwar entkräftet werden, aus indischer Sicht wird jedoch darin kein echter Beitrag zur deutsch-indischen Zusammenarbeit gesehen. Maßgeblich für die Anwerbungen war zweifellos auch der Mangel an Arbeitskräften in der Bundesrepublik Deutschland. Christliche Institutionen werden in Indien noch als Organe des Kolonialismus angesehen. Die Tätigkeit des Pfarrers Debatin wird bei großzügiger Auslegung ihrer Motive einer Auszeichnung wohl wert. Die zu erwartende Reaktion der indischen Öffentlichkeit, vermutlich auch eines Teils der deutschen Presse, zwangen aber das Auswärtige Amt, von einem Auszeichnungsvorschlag abzusehen." PAA B8 Band 1465: Schreiben, AA Bonn an Staatssekretär, 13.06.1971.
„Ob die Vermittlungtätigkeit von Pfarrer Debatin nicht nur objektiv, sondern auch subjektiv indischen Interessen entsprach, mag dahingestellt bleiben; denn für die Verleihung des Bundesverdienstkreuzes dürfte es auf die Verdienste Pfarrer Debatins um die Bundesrepublik Deutschland ankommen. Diese dürften auf dem Gebiet des deutschen Krankenhauswesens liegen." PAA B8 Band 1465: Schreiben, Abteilung AA Bonn an Staatssekretär, 20.06.1971.

[633] PAA B8 Band 1465: Schreiben, AA Bonn an Staatssekretär, 11.07.1971.

Dem Antrag des Bundesministers des Auswärtigen vom 28.07.1972, Pfarrer
Debatin „in Anerkennung seiner erfolgreichen Bemühungen um die deutsche
Krankenpflege" das Verdienstkreuz am Bande des Verdienstordens der Bundesrepublik Deutschland zu verleihen, wurde durch den Bundespräsidenten
entsprochen.[634]

Der Orden und die Verleihungsurkunde wurden Pfarrer Debatin am 27.09.1972
in der Missionsstation Oshikuku überreicht. Der Bericht des deutschen Konsulats
zeigt an, dass Debatin mit der offiziellen Begründung der Ordensverleihung keine
Zufriedenheit fand.[635]

Nachträgliche Bewertung durch katholische Stellen
Auch von kirchlicher Seite fand Debatins Engagements im Nachgang Bewertung. Debatin wurde in seiner Heimatgemeinde in Stettfeld mit Wirkung vom
13.05.1971 unbefristet vom Seelsorgedienst der Erzdiözese beurlaubt, um im
Missionsauftrag eine Aufgabe im Apostolischen Vikariat Windhoek zu übernehmen.[636] In den Dankesworten der offiziellen Entpflichtung durch den Erzbischof
findet Debatins „Indienarbeit" keine Erwähnung.[637] Gleichwohl wurde der Pfarrer noch vor seiner Ausreise Ende Mai 1971 zum Erzbischöflichen Geistlichen
Rat ad hon. ernannt:

> In Anerkennung seines von seelsorgerlichem Eifer und sozialer Hilfsbereitschaft
> erfüllten priesterlichen Wirkens in den Pfarreien St. Peter und Paul in Weil a. Rh.
> und St. Michael in Freiburg i.Br. in besonderer Würdigung seiner Verdienste um die
> selbstlose Vermittlung und ständige Betreuung vieler junger indischer Christinnen
> bei der Verwirklichung ihrer klösterlichen Berufung oder ihrer Ausbildung als Kran-
> kenschwester in Deutschland, ernennen Wir den hochwürdigen Herrn Pfarrer Hubert

---

[634] PAA B8 Band 1465: Vorschlagliste Nr.6134, Bundesminister des Auswärtigen,
28.07.1971. Siehe auch PAA B8 Band 1465: Schreiben, Chef des Bundespräsidialamtes an
Bundesminister des Auswärtigen, 15.08.1972.

[635] „Die dürftige offizielle Begründung eignete sich leider kaum für eine angemessene Würdigung der Verdienste des Beliehenen bei der Überreichungszeremonie. Pfarrer Debatin sieht
in der Auszeichnung mit dem Verdienstorden der Bundesrepublik Deutschland nicht zuletzt
auch eine amtliche Anerkennung seiner in der deutschen Öffentlichkeit umstrittenen Aktion,
junge Inderinnen für den Krankenpflegedienst nach Deutschland zu holen. Er bittet, dem
Herrn Bundespräsident seinen Dank für die Auszeichnung zu übermitteln." PAA B8 Band
1465: Bericht, Deutsches Konsulat Windhoek an AA Bonn, 04.10.1972.

[636] Das Datum der unbefristeten Beurlaubung Debatins am 13.05.1971 korreliert exakt mit
dem Tag der Veröffentlichung der Ergebnisse der vatikanischen Untersuchungsergebnisse
hinsichtlich der Vorwürfe zum sogenannten „Nonnenhandel". Vgl. Dougal, 1971, 188.

[637] Vgl. EAF Personalakte Debatin, H.: Schreiben, Erzbischof an Hubert Debatin,
04.05.1971.

Debatin zu Unserem Geistlichen Rat ad honorem und versichern demselben diese Unsere Ernennung durch gegenwärtige Urkunde.[638]

Über die Rezeption der Verleihung dieses Ehrentitels durch deutsche Akteure der katholischen Kirche ist nichts überliefert. Knapp 13 Jahre später, im Jahr 1984 wandte sich der syro-malankarische Bischof Isaac Mar Youhanon aus der Diözese Thiruvalla in Kerala an das Freiburger Ordinariat. Debatin sei der syro-malankarischen Kirche seit mehr als 20 Jahren bekannt und werde als ein großer „Wohltäter der syro-malankarischen Kirche, als auch der Diözese Tiruvalla" gesehen:

> „Die Rekrutierung des Pflegepersonals aus Kerala nach Deutschland und damit ver-bundene gegenseitige Bereicherung im kirchlichen als auch im sozialen Leben ist sein Verdienst."[639]

In einem Gespräch mit dem Erzbischof (Metropolitan) von Trivandrum sei der Bischof von Thiruvalla übereingekommen, Pfarrer Hubert Debatin die Ehren-würde eines *Cor-Episcopas* der syro-malankarischen Kirche zu verleihen.[640] Mit der Bitte um Mitteilung ob Debatins Ordinarius hiermit einverstanden sei, bot der Bischof aus Kerala an, den Ehrentitel im Rahmen einer Deutschlandreise persönlich an Pfarrer Debatin zu verleihen.[641] Der Herr Erzbischof von Freiburg erklärte sein Einverständnis, bat jedoch Debatin, „um Missverständnisse zu ver-meiden, den bei uns üblichen und vom Bischof von Thiruvalla im Schreiben von uns gebrauchten Titel ‚Ehrendomherr' und nicht den bei uns nicht gebrauchten und daher missverständlichen Titel ‚Chorbischof' zu gebrauchen".[642]

---

[638] EAF Personalakte Debatin, H.: Schreiben, Erzbischof an Hubert Debatin, 11.05.1971.

[639] EAF Personalakte Debatin, H.: Schreiben, Bischof Isaac Mar Youhanon an Erzbischof Saier, 10.05.1985.

[640] Der Titel „Chorbischof" wird in den verschiedenen katholischen Riten unterschiedlich ausgelegt. Im syro-malankarischen Ritus kann der Titel ehrenhalber auch an Priester anderer Riten verliehen werden.

[641] Vgl. EAF Personalakte Debatin, H.: Schreiben, Bischof Isaac Mar Youhanon an Erzbi-schof Saier, 10.05.1985.

[642] EAF Personalakte Debatin, H.: Schreiben, Ordinariat an Debatin, 01.08.1985. Debatin wird in diesem Schreiben als „Sehr geehrter Herr Ehrendomherr" adressiert. Gleichwohl ergeht aus der Personalakte Pfarrer Debatins, dass er den Titel Chorbischof weiterhin aktiv nutzte, woraus sich weitere Reibungen mit dem Ordinariat ergaben. Vgl. EAF Personalakte Debatin.

Ölpreiskrise, Ausländerpolitik, Abschiebungsandrohungen: Politikwandel in den 1970ern

> Es ist nicht auszuschließen, dass die gegenwärtige Energiekrise die Beschäftigungssituation in der Bundesrepublik Deutschland in den kommenden Monaten ungünstig beeinflussen wird. Unter diesen Umständen ist es nicht vertretbar, gegenwärtig weitere ausländische Arbeitnehmer über die Auslandsdienststellen der Bundesanstalt für Arbeit für eine Arbeitsaufnahme in der Bundesrepublik zu vermitteln.[643]

Die private Anwerbung von indischen Frauen aus Kerala in den deutschen Pflegesektor lief in den 1970ern weiter.[644] Dennoch sollte die Ölpreiskrise 1973 und die politischen Entwicklungen, die auch zu einem „Anwerbestopp" in den bilateralen Abkommen führte, für die anderweitig angeworbenen Inderinnen spürbar werden.[645]

Aufgrund einer „restriktiven Ausländerpolitik" 1977–78 war „fast die Hälfte [der Inderinnen] gezwungen, in die Heimat zurückzukehren – vor allem Schwesternhelferinnen".[646] Während staatliche Stellen wie beispielsweise Ausländerbehörden sich in eine quantitative Orientierung im Sinne des größtmöglichen Entzugs von Aufenthaltsgestattungen begaben, entwickelte die Caritas parallel Integrationskonzepte für die Migrantinnen und Migranten in der Bundesrepublik Deutschland.[647] In diesem Klima versuchte der deutsche Staat gemeinsam mit

---

[643] Aus dem Fernschreiben des damaligen Bundesministers für Arbeit und Sozialordnung mit dem Betreff: „Ausländische Arbeitnehmer; hier: Vermittlung durch die Auslandsdienststellen der Bundesanstalt für Arbeit". Bundeszentrale für politische Bildung, „Originaldokument Anwerbestopp (1973)", 23. November 1973.

[644] Siehe auch 2.2. Empfängerregion: Bundesrepublik Deutschland.

[645] Weitere Ausführungen zu den Ereignissen in den 1970ern finden sich in Goel, 2023.

[646] ADCV 380.40 (540) Fasz.02: Bericht: Indische Krankenpflegekräfte in der Bundesrepublik, 23.07.1981.

[647] „1. Sprach- und Einführungskurse unmittelbar nach Ankunft in Deutschland, 2. Soziale Fortbildungskurse (Integrationskurse) während des Aufenthalts in Deutschland als Teil der allgemeinen Betreuungsaufgabe, 3. Gezielte Seminare zur besseren beruflichen und persönlichen Reintegration ins Heimatland. [...] Die Gesprächsteilnehmer waren sich darüber einig, dass alle drei Kursarten nicht nur eine notwendige Hilfe für den jeweiligen Personenkreis seien, sondern dass es sich dabei auch um eine besondere Aufgabe und Verpflichtung für den Deutschen Caritasverband handle, für die ihm durch die Deutsche Bischofskonferenz auch die direkte Verantwortung und Zuständigkeit übertragen worden sei." ADCV 115 + 187.50 Fasz.01: Aktennotiz: Arbeit des Seminars für asiatische Krankenpflegekräfte in Deutschland, DCV, 25.03.1975.

einzelnen kirchlichen Akteuren[648] aus Indien die Frauen in Rahmen einer „Re-Integration" zu einer Rückkehr zu bewegen.[649] In dieser Zeit formte sich erstmal

---

[648] So auch beispielsweise der Kirchenamtsträger Kardinal Gracias, Erzbischof von Bombay. Hinsichtlich des „Pflegenotstands" in Indien appellierte er in einem Rundbrief vom 12.10.1977 auf Grundlage eines nationalistischen und religiösen Begründungskontexts: „Seien Sie sicher, sie werden sehr willkommen sein, wann immer Sie zurückkehren. Durch Ihre Geburt, Ihre Kultur und Ausbildung gehören Sie zu Indien und wenn Sie zurückkehren, können Sie sicher sein, dass wir Sie mit Freude in Ihrem Heimatland begrüßen werden. Indien braucht auch Sie! Sie alle sind berufstätige Frauen mit adäquater Ausbildung und Erfahrung in Ihrem beruflichen Bereich. Wie Sie sicherlich wissen, hat Indien tausende und tausende von Menschen in den Städten und Dörfern, die Ihre Dienste brauchen. Es ist ein Land, welches sich in der Entwicklung befindet, und so, wie Sie den Kranken in Deutschland einen Dienst geleistet haben, ruft Ihr eigenes Land Sie nun, um Ihren eigenen Landsleuten zu dienen und ihnen dabei zu helfen, sich zu einem starken und gesunden Volk zu entwickeln. […] In Indien warten zahllose Posten in der Krankenpflege auf Sie! Seien Sie mutig, lieben und dienen Sie um Seiner willen, der Sie liebt und Ihnen dient und der Sein Leben für Sie hingab." ADCV 380.40 (540) Fasz.01: Rundbrief, Erzbischof von Bombay an indische Krankenschwestern in Deutschland, 12.10.1977.

[649] Obwohl der DCV in dieser Sache aktiv Gespräche in Indien führte, war in den eigenen Reihen die Problematik einer Re-Integration, wie sie von den staatlichen Stellen unter stark komplexitätsreduzierter Herangehensweise gefordert wurde, bekannt: „1. die meisten Inderinnen durch familiäre Bindungen (60–70 % der Inderinnen in der Bundesrepublik Deutschland sind verheiratet) gehindert seien, außerhalb von Kerala Arbeit aufzunehmen. 2. Nur wenige von ihnen bereit und in der Lage seien noch englisch und eine weitere indische Landessprache zu erlernen. Die meisten Inderinnen haben eine deutsche Krankenpflegeausbildung und können daher kein Englisch. 3. Alle Inderinnen in der Bundesrepublik arbeiten, um Geld für ihre Familien (Eltern, Geschwister, Schwiegereltern usw.) und für sich selbst (notwendiges Heiratsgut als Voraussetzung für eine Eheschließung) zu verdienen und alles daransetzen werden um diese Möglichkeit noch für einige Jahre zu behalten. Von dem Gehalt in Indien (ca. 100 DM monatlich nach Aussage von Schwester Ella) ist dies nicht möglich. Außerdem werden die Inderinnen zunächst einige Monate während der Vorbereitung und des Einarbeitungspraktikums nichts verdienen. 4. Für die ledigen Inderinnen eine Heirat die einzige Existenzsicherung für die Zukunft bedeutet und eine Arbeitsaufnahme in einem indischen Bundesstaat außerhalb von Kerala ihre Aussichten auf eine Heirat sehr vermindern würde". ADCV 380.40.025 Fasz.02: Aktennotiz, DCV, 25.01.1978.
An dieser Stelle zeigen sich im Kontext der Arbeitsmigration aus Kerala die Herausforderungen der indischen Nation als konstruierte postkoloniale „Imagined Community" im Sinne Benedict Andersons. Dies ist insbesondere in Anbetracht der Zugehörigkeit der betroffenen Inderinnen zu einer christlichen und ethnischen Minderheit Indiens zu betonen. Eine Betrachtung des Forschungsgegenstandes aus dieser Perspektive stellt ein eigenes Forschungsfeld dar. Weiterführend siehe Benedict Anderson, *Imagined Communities. Reflections on the Origin and Spread of Nationalism* (London: Verso, 2006); Siegfried O Wolf, „Die Konstruktion einer kollektiven Identität in Indien: Vinayak Damodar Savarkar und sein Hindutva-Konzept" (Heidelberg, Universität Heidelberg, 2009).

ein politischer Zusammenschluss der Diaspora, im Rahmen dessen die Stimmen der Gruppe der „indischen Pflegekräfte in der Bundesrepublik Deutschland" hörbar wurden.[650]

1978 änderte die Reform einer Verwaltungsvorschrift zum Ausländergesetz auch die Lage der Frauen aus Kerala. Während sie zuvor stehts eine befristete Aufenthaltsgestattung – manchmal nur von einem halben Jahr – in Abhängigkeit der Ausländerbehörde standen, bestand nun nach fünfjähriger Berufstätigkeit der Anspruch auf eine unbefristete Aufenthaltserlaubnis.[651] Dies sorgte für die in der Situation der Inderinnen für eine Stabilisierung des aufenthaltsrechtlichen Status und wirkte sich massiv auf das familiäre Leben aus der Diaspora aus.[652]

‚Ehemaligen-Treffen' im Jahr 1991

Am 01.02.1990 ging Pfarrer Debatin in den Ruhestand und wirkte in Fischerbach im Ortenaukreis bis zu seinem Tod am 14.08.1992 weiterhin als Subsidiar.

---

[650] Diese einzigartige und in den Überlieferungen unterrepräsentierte Perspektive findet sich in einem Schlüsseldokument einer Versammlung von indischen Pflegekräften in der Bundesrepublik Deutschland am 10. September 1977 in Köln. Vgl. ADCV 380.40 (540) Fasz.01: Entschließung der Versammlung der indischen Pflegekräfte in der Bundesrepublik Deutschland am 10.09.1977, 30.09.1977. Die zugehörigen Daten sind im Anhang 9 im elektronischen Zusatzmaterial einsehbar.

[651] Vgl. Helmut Rittstieg, „Zur Rechtslage junger Ausländer", *Zeitschrift für Rechtspolitik* 12, Nr. 1 (1979): 13–18.

[652] „Daraufhin heirateten viele von [den Inderinnen] während des Heimaturlaubs und holten ihre Ehemänner dann nach und nach in die Bundesrepublik, so dass heute die indischen Schwestern überwiegend zusammen mit ihren Familien hier leben. Nur noch höchstens ca. 10 % von ihnen sind ledig. Die Zahl dieser indischen Gruppe – Krankenschwestern einschl. Familienangehörige – wird auf 3 500 geschätzt. [...] Durchgängig ist ein verstärktes Anwachsen von Ehe- und Familienproblemen festzustellen. Diese ergeben sich z. T. aus der Unsicherheit der Zukunftsplanung, z. T. aus der durch das Ausländergesetz bedingten Arbeitslosigkeit vieler Ehemänner, die erst nach Ablauf der vierjährigen Wartezeit eine Arbeitserlaubnis erhalten, z. T. aber auch durch die sich mit dem Auslandsaufenthalt wandelnde Vorstellung der indischen Frauen von ihrer eigenen Rolle in Ehe und Familie. [...] In Ballungszentren existieren meist indische Vereine. Sie führen in der Hauptsache kulturelle Veranstaltungen durch und tragen somit zur Kommunikation unter der indischen Bevölkerungsgruppe bei. Z. T. werden sie dabei finanziell und organisatorisch vom Caritasverband unterstützt." ADCV 380.40 (540) Fasz.02: Bericht: Indische Krankenpflegekräfte in der Bundesrepublik, 23.07.1981.

Weitere Betrachtungen zu der Community siehe Christiane Brosius und Urmila Goel, Hrsg., *masala.de: Menschen aus Südasien in Deutschland* (Heidelberg: Draupadi-Verl., 2006); Urmila Goel, Jose Punnamparambil, und Nisa Punnamparambil-Wolf, Hrsg., *Inder-Kinder: über das Aufwachsen und Leben in Deutschland* (Heidelberg: Draupadi Verlag, 2012).

Dort organisierte er mit Unterstützung im Sommer 1991 ein letztes Nachtreffen für die Inderinnen, die sich noch immer in Deutschland aufhielten. Nach einem gemeinsamen Gottesdienst war für den Tag neben einem Mittagsessen nur ein „gemütliches Beisammensein" geplant.[653] Zu diesem Anlass lud Debatin nicht nur die ehemaligen Nirmala-Krankenschwestern, sondern auch Ordensschwestern und Freunde ein.[654] Es war das letzte bundesweit organisierte Nachtreffen welches die Frauen knapp 30 Jahre nach der Einleitung der Migrationsbewegungen zusammenführte.

---

[653] Vgl. PAZ1: Beiliegendes Erklärungsschreiben zu Rundschreiben Debatin, o. D.

[654] „Valeri priya Makkale [auf deutsch: Meine sehr schönen Kinder, Anm. d. Verf.], liebe Schwestern und Freunde! Wenn wir zurückschauen in unser Leben, dann finden wir so vieles, was uns verbindet, besonders in der Zeit der Vorbereitung auf Euer Kommen nach Deutschland und in der Anfangszeit Eures Dienstes hier bei uns. Ihr habt eine gute Arbeit geleistet und die Kranken sind von Euch begeistert. Ich würde mich freuen, wenn wir uns wieder treffen könnten. Ich weiß, dass dieser Wunsch auch in vielen von Euch lebendig ist. Das ergab sich in so manchen Gesprächen. Darum lade ich Euch ganz herzlich zu einem Wiedersehen hier nach Fischerbach ein. Wir wollen miteinander einige Stunden froher Gemeinschaft erleben. […] Ich grüße Euch ganz herzlich, Euch und Euere Familien. Ich segne Euch und bin mit meinen guten Wünschen. Euer Appachen." PAZ1: Rundschreiben Debatin, 04.04.1990.

Teil C: Erinnerungen

4

Das folgende Kapitel ermöglicht die vorhergehend rekonstruierten Ereignisse durch die subjektiven Perspektiven der Zeitzeuginnen zu betrachten. Dafür wurden die Expertinneninterviews anhand der Lebenslinie qualitativ ausgewertet, wobei die Migration als zentrales *Sujet* zwischen der Ausgangssituation in Kerala vor der Emigration und der Zeit nach der Immigration im Fokus steht. Die eigens erstellten Interviewtranskriptionen wurden als Artefakte genutzt, um Kurzportraits über das Leben der Migrantinnen zu entwerfen.[1] Neben Begründungskontexten und Schilderungen von individuellen und innerfamiliären Entscheidungsprozessen, finden sich Beschreibungen und Bewertungen der Zeitzeuginnen aus ihrer heutigen Perspektive, etwa 60 Jahre nach dem Verlassen ihres Geburtslandes.[2] Alle Expertinnen wurden in den 1940-50ern in Zentral-Kerala geboren. Die interviewten Ordensfrauen bestanden auch auf Rückfrage darauf, in der Veröffentlichung mit ihrem Ordensnamen genannt zu werden, da sie das Interview als Möglichkeit sahen, ein Zeugnis für ihren Glauben zu geben. Die ehemaligen Angehörigen der Nirmala-Vereinigung sowie die in den Interviews namentlich genannten Personen wurden anonymisiert. Ausgenommen sind institutionelle Amtsträger. Die Interviews waren teilweise stark dialektal und wurden für eine bessere Lesbarkeit partiell geglättet (Tabelle 4.1). Zur Wahrung einer gewissen Authentizität, wurden jedoch auch grammatikalische Eigenheiten des Sprachgebrauchs der Interviewpartnerinnen übernommen.

---

[1] Mithin wird bei der Darstellung innerhalb der Portraits die grammatikalische Form des Indikativs genutzt. Gleichwohl ist an dieser Stelle erneut darauf hinzuweisen, dass das geschilderte Erlebte nicht mit historischer Faktizität gleichzusetzen ist.

[2] Zur theoretischen Rahmung der Interviews siehe Kapitel 1.5. Zur Vorgehensweise und Struktur der Arbeit c) Erinnerungen.

© Der/die Autor(en) 2025
T. S. Großmann, *Fachkräftemigration – Pflegenotstand – Nächstenliebe*,
https://doi.org/10.1007/978-3-658-46082-2_4

Tabelle 4.1 Erklärung des	Satzunterbrechen	/
genutzten Transkriptionssystem	Sprechpause	(…)
	Lachen	(lacht)
	Auslassung	[…]

4.1   Erinnerungen ehemaliger indischer Ordenskandidatinnen

4.1.1   Sr. Clementa

[...] aber mein Cousin hat es mir erzählt. Da hatte ich gleich gesagt: ‚Ich melde mich.'
Aber meine Eltern wollten nicht. Mit Recht. (lacht) Es war ja erst einmal so etwas /
So weit weg. Auch mein Großvater war eben dagegen. Dann habe ich gedacht: ‚Das
ist doch egal!'[3]

Sr. Clementa war eines von neun Kindern. Ihre Eltern waren in der Landwirtschaft tätig. Der Anbau von Reis, Gemüse und Obst orientierte sich an der
Subsistenzwirtschaft, ging aber durch den Handel mit Gewürzen auch in die
Erwerbswirtschaft über.[4] Die Eltern hatten für die Feldarbeit einige Arbeiter
beschäftigt, die sie mit Reis entlohnten. Geld für eine kostenpflichtige Ausbildung
der Kinder war nicht vorhanden.

Aufgewachsen in einer religiösen Familie hegte Sr. Clementa bereits als Kind
den Wunsch in ein Kloster einzutreten. Sie besuchte in ihrer ersten Schul-
zeit eine gemischte Klosterschule. Später verbrachte sie fünf Jahre auf einem
Mädcheninternat, das durch Karmelitinnen geführt wurde. 1960 schloss sie die
Sekundarschule mit dem Secondary School Leaving Certificate (SSLC) ab.

Die Eltern hätten ihr kein weiterführendes Studium bezahlen können, so trat
sie an Kongregationen heran, um in das Klosterleben einzutreten. Der Eintritt
scheiterte zunächst daran, dass die Eltern das durch den Orden geforderte Einbringegut nicht aufbringen konnten.[5] Sie fand aber einen französischen Orden,

---

[3] Persönliches Interview: Sr. Clementa, St. Trudpert Münstertal, 06.08.2021, Absatz 4.

[4] „Wir haben daheim Landwirtschaft gehabt, Felder und so. Meine Eltern haben hart gearbeitet. Sonst haben wir nicht viel Einkommen gehabt. Nur von dem haben wir gelebt." Interview
Sr. C., Absatz 8.

[5] „Weil damals hatten sie ja Mitgift verlangt. So bestimmte Menge, und das konnte meine
Eltern nicht zahlen. Weil wir haben nur Landwirtschaft daheim gehabt, und ich konnte ja
nicht weiterstudieren aus dem Grund. Aber ich wollte trotzdem ins Kloster. Irgendwo wollte
ich hin […] " Interview Sr. C., Absatz 4.

der bereit gewesen wäre sie aufzunehmen. Sr. Clementa erfuhr jedoch in dieser Zeit von ihrem Cousin, von einem Aufruf des Ortspfarrers: Es wurden Frauen mit SSLC-Abschluss gesucht, die bereit waren, nach Deutschland zu gehen, um in ein Kloster einzutreten. Sr. Clementa meldete sich, obwohl sich ihre Eltern und ihr Großvater dagegen ausgesprochen hatten.[6] Sie wurde mit drei anderen Frauen ihres Dorfes zu einem Interview beim zuständigen syro-malabarischen Bischof eingeladen. Jede Frau führte ein Einzelgespräch mit dem Bischof.[7] Der Bischof sagte, dass nicht klar sei, ob die ausgewählten Frauen wieder nach Indien zurückkehren werden. Der Bischof führte noch ein Einzelgespräch mit dem Onkel von Sr. Clementa. Sie hatte selbst nicht damit gerechnet, dass sie ausgewählt wird. Insgesamt wurden acht Frauen ausgewählt, darunter Sr. Clementa. Sie war zu diesem Zeitpunkt 17 Jahre.[8] Die Eltern und vor allem der Großvater waren noch immer gegen das Migrationsvorhaben der jungen Frau. Gleichwohl unterstütze die Familie den Wunsch der jungen Frau in ein Kloster einzutreten.[9] Sr. Clementa wurde vor ihrer Abreise von ihrer Familie wieder und wieder gefragt, ob sie wirklich nach Deutschland gehen wolle.[10]

Sie selbst sei zu jung gewesen, um sich über die Konsequenzen ihrer Migration Gedanken zu machen. Materielle und finanzielle Unterstützung waren keine Aspekte ihrer Entscheidung, auch wurden Sr. Clementa keine sonstigen Versprechen gemacht. In ihr überwog die Begeisterung und der innere Wunsch, als Ordensfrau wirken zu können und für andere da sein zu dürfen.

Sr. Clementa hatte in der lokalen Zeitung von einer jungen Frau aus dem gleichen Heimatdorf gelesen, welche nach dem Abitur zum Medizinstudium nach Deutschland gegangen war. Diese Frau diente Sr. Clementa als Vorbild.[11]

---

[6] „[...] aber mein Cousin hat es mir erzählt. Da hatte ich gleich gesagt: ‚Ich melde mich.' Aber meine Eltern wollten nicht. Mit Recht. (lacht) Es war ja erst einmal so etwas / So weit weg. Auch mein Großvater war eben dagegen. Dann habe ich gedacht: ‚Das ist doch egal!'" Interview Sr. C., Absatz 4.

[7] „Erst hat er alleine interviewt und gefragt, ob wir freiwillig, ob wir wollen, oder ob uns jemand gezwungen hat, dass wir ins Kloster zu gehen." Interview Sr. C., Absatz 12.

[8] „Und weil ich erst 17 Jahre alt war, musste meine Eltern noch unterschreiben. Mein Vater müsste noch unterschreiben, weil ich noch nicht volljährig war damals. Und das hat der Vater gemacht." Interview Sr. C., Absatz 22.

[9] „Mein Großvater war ganz dagegen. Er hat gesagt, dass seine Freunde mit ihm schimpfen, wenn ein so erwachsenes Mädchen so weit weggeschickt wird." Interview Sr. C., Absatz 22.

[10] „‚Musst du so weit weg?'" Interview Sr. C., Absatz 22.

[11] „Und von unserem Ort war ein Mädchen damals. Die hat ihr Abitur / Nach ihrem Abitur ist sie nach Deutschland zum Medizinstudium und es war in der Zeitung gestanden. Das habe ich damals auch gelesen. Da habe ich gedacht: Also so was. Nach Deutschland zum Medizinstudium. So weit. Das habe ich mir gar nicht vorstellen können. Aber ich habe selber nicht

Sr. Clementa hatte immer gebetet, dass der Großvater seine Zustimmung zu ihrem Vorhaben gab. Am Ende war er einverstanden und bürgte mit seinem Vermögen für seine Enkeltochter. Die Bürgschaft wurde durch eine behördliche Kontrolle der Polizei geprüft.[12]

In Kerala erfolgte eine Woche der Vorbereitung bei Schwestern der Karmelitinnen.[13] Der Sekretär des Bischofs organisierte im September 1960 die Formalien. Zunächst war Sr. Clementa mit vier weiteren Frauen ausgereist, da die Visumsangelegenheit der anderen Frauen noch nicht geklärt war. Das Geld für die Schifffahrt hatte die Familie nicht zahlen müssen.

Bei der 14-tägigen Überfahrt nach Genua waren noch vier Karmelitinnen dabei gewesen, die zum Zweck einer Krankenpflegeausbildung nach Deutschland fuhren. An Bord waren zudem viele Studenten, die in Europa studieren wollten. Sr. Clementa hatte zum Zeitpunkt ihrer Ausreise noch keine Vorstellung von Deutschland und dessen Kultur gehabt. Sie erinnert sich an ihre jugendliche Begeisterung in ein Kloster eintreten zu können und in ein anderes Land zu reisen.

Die damalige Provinzoberin, deren Sekretärin und Pfarrer Debatin erwarteten die indischen Frauen in Genua. Von dort aus fuhren sie gemeinsam mit dem Zug nach Freiburg. Dort wurden sie durch Schwestern des Ordens mit dem Auto abgeholt.

Weitere vier indische Kandidatinnen kamen im November 1960 an. Zunächst wurden die Frauen dieser ersten Gruppe für ein Jahr Postulantinnen.[14] Eine indische Studentin kam alle 14 Tage, um den Frauen zu Beginn alles zu erklären und

---

gewusst, dass ich auch einmal herkomme. Und da war irgendwie auch diese Anregung dabei, dass die so was machen kann. Dann kann ich es ja auch! " Interview Sr. C., Absatz 20.

[12] „Meine Eltern brauchten ja nicht zahlen für die Fahrt und so, aber mir mussten so viel Vermögen anzeigen, wenn man nach Ausland geht. Und das konnten wir von den Grundstücken ja, wir hatten ja Felder und so gehabt. Das konnten sie ja. […] Auch weil die Polizei musste sich ja über alles erkundigen. Die sind auch zu allen Familien gekommen und haben sich erkundigt, ob wir wirklich so viel Vermögen haben. Wenn irgendwas passiert, dass es da etwas da ist. Das war da Vorschrift damals." Interview Sr. C., Absatz 22.

[13] „Da war ein Pater Zimmermann, ein Steyler Pater damals in Changanssery. Die haben ein Haus dort und der Bischof hat ihn gerufen, um uns vorzubereiten. Aber wir konnten ja nicht Deutsch. Gar nichts. Er hat Englisch gesprochen. Wir konnten Englisch von der Schule her etwas verstehen. Und dann hat er etwas von der Kultur und so etwas erzählt, aber gelernt haben wir nichts. Und das Vater Unser hat er uns beigebracht." Interview Sr. C., Absatz 4.

[14] „Und da gab es schon Leben und die waren alle / Mit Hände und Füße haben wir alles verständigt. Und die damalige Provinzoberin konnte Englisch. Die war eine Zeit lang als Schwester in Amerika." Interview Sr. C., Absatz 4.

zu übersetzen. Die Inderinnen wurden von den Schwestern gut aufgenommen.[15] Das Leben im neuen Umfeld stellte die indischen Frauen vor die unterschiedlichsten Herausforderungen.[16] Negative Erinnerungen verbindet Sr. Clementa mit dem deutschen Essen.[17]

Nach dem Postulat begannen die Frauen ihr Noviziat. In diesem Rahmen hatten die Frauen auch ihre neuen Schwesternamen bekommen. Im Noviziat seien neben den Inderinnen auch noch acht deutsche Frauen gewesen.[18] Sr. Clementa erinnert sich, dass sie die Novizinnenmeisterin wie eine Mutter empfunden hat. Einmal in der Woche war eine Deutschlehrerin aus Freiburg gekommen, um die Inderinnen zu unterrichten.[19] Um Deutsch zu lernen, waren die indischen Novizinnen mit deutschen Schwestern zum Dienst eingeteilt worden. Bis heute spricht Sr. Clementa allerdings Dialekt und kein Hochdeutsch.[20]

---

[15] „Die haben viel gelacht, weil wir viel Dummheiten gemacht haben. Alles Mögliche haben wir angestellt, weil man nichts verstanden haben. Aber es war eine schöne Zeit im Noviziat. [...] die deutschen Schwestern [waren] auch wirklich gut zu uns [...]. Und die waren auch neugierig über alles." Interview Sr. C., Absatz 4.

[16] „Wir hatten anfangs Schuhe. Wir waren ja nicht gewöhnt / Daheim Schuhe anziehen. Und dann müssen / Wir haben sie hier und da verkehrt angezogen. Da haben die Schwestern oft viel gelacht. So sind wir verkehrt in die Kirche gegangen. Mit verkehrten Schuhen. (lacht) Und solche Sachen halt. Das war schon eine / War schon ganz neu / Eine Umstellung für uns." Interview Sr. C., Absatz 4.

[17] „Und mit dem Essen war es auch schwer. Ganz schlimm. Wir konnten ja gar nicht die deutschen Sachen essen. Aber wir mussten es halt lernen. Wir durften nichts Indisches essen. Wir hatten aber auch nichts dabei. Also man habe schon was dabei gehabt, aber wir durfte das nicht nehmen / Dass wir lernen / Dass wir uns an deutsches Essen gewöhnen. Und das war schon hart manchmal. Aber sonst war es eigentlich für uns eine gute Zeit." Interview Sr. C., Absatz 4.

[18] „Wir müssen ja auch wollen, dass wir wirklich als Orden im Orden leben und auch der Charakter. Das ist alles ist geprüft worden im Noviziat. Das wird alles geprüft. Ob man gemeinschaftsfähig ist, ob wir auch folgen können. Ob wir auch die Arbeit annehmen, aber miteinander auch gut umgehen." Interview Sr. C., Absatz 32.

[19] „Die Novizenmeisterin hat uns geholfen, die Aufgabe zu machen. Jeden Tag. Und dann / Also die hat sich viel Mühe gegeben, dass wir Deutsch lernen." Interview Sr. C., Absatz 4.

[20] „Der Sprache halt. Wir haben nur Dialekt gehört, immer von den Schwestern, von der Umgebung hier. Dieser Dialekt, wenn die zusammen sind. Deshalb konnten wir auch nicht richtig Deutsch, Hochdeutsch, weil wir oft nur Dialekt gesprochen haben. (lacht) Was wir eben gehört haben. Und einen richtigen Intensivkurs hatten wir ja auch nicht. Einen Deutschkurs. Und es fehlt uns immer noch. Da sagen Sie: „nach so vielen Jahren sprechen Sie noch so schlechtes Deutsch und so." Interview Sr. C., Absatz 82.

Sr. Clementa berichtet davon, dass die Gemeinschaft im Kloster ihr Freude und Kraft bereitet hat. Die indischen Frauen seien nicht traurig gewesen, außer wenn sie mit Briefen ihre Familien in Indien konfrontiert gewesen seien.[21]

Nach einem Jahr Noviziat hatten die Frauen die erste Profess abgelegt. Anschließend waren fast alle Inderinnen in die Ausbildung gegangen, wobei die meisten in die Krankenpflegeausbildung des ordenseigenen Loretto-Krankenhaus in Freiburg durchliefen. Manche hätten aber auch in Kindergärten gearbeitet. Sr. Clementa war zunächst ein halbes Jahr in Mannheim, um die Säuglingspflege zu lernen. Anschließend war sie auf der Neugeborenenstation in Heidelberg eingesetzt worden. Danach hatte Sr. Clementa den großen Kinderkrankenpflegekurs besucht. Während dieser Zeit gab es auch abwertende Erfahrungen mit der deutschen Mehrheitsgesellschaft.[22]

Die Arbeitsbedingungen der Inderinnen seien die gleichen gewesen wie die der deutschen Mitschwestern. Sr. Clementa erinnert sich an beispielsweise vier Wochen Nachtwache mit anschließend lediglich zwei freien Tagen. Es habe aber auch Unterschiede an den verschiedenen Häusern gegeben.[23]

Sr. Clementa erkrankte ein halbes Jahr vor dem Examen an Tuberkulose, wobei sie sich wahrscheinlich bei einem Kind ihrer Station angesteckt hatte. Krankheitsbedingt musste sie nach zweieinhalb Jahren mit dem Pflegeberuf aufhören.

Sie verbrachte zunächst als Patientin 15 Monate im Krankenhaus Garmisch-Partenkirchen. Nach ihrer Genesung kehrte Sr. Clementa zurück in das Mutterhaus St. Trudpert, wo sie hauptsächlich in der Landwirtschaft und im Speisesaal mitarbeitete. Der Arzt hatte die weitere Arbeit mit Kleinkindern untersagt, eine

---

[21] „Heimweh. Also irgendwie haben wir doch immer wieder daheim / Meine Geschwister und so noch. Mein Bruder war erst sechs Monate alt damals. Der eine Bruder. Also nach den Geschwistern und meinen Eltern habe ich schon Heimweh gehabt. Und so waren wir auch froh, wenn wir mit Briefen auch Kontakt gehabt haben." Interview Sr. C., Absatz 58.

[22] „Ob wir doch auch Christen seien? Oder unsere Angehörigen auch noch Heiden sind und solche Sachen haben sie gefragt. Das hat uns schon sehr schön gestört. Aber das haben wir ja gewusst, dass sie das ja nicht wissen. Die / Unsere Lebensverhältnisse kennen sie ja nicht. Deshalb kennen sie ja nur die Sachen von den Missionaren. Die zu den Armen gehen, in der armen Gegend. Da zeigen sie ja nur Elend und so! Da haben viele die Meinung gehabt, dass wir, weil wir keine Möglichkeit zum Leben dort oder aber wegen der Armut, dass wir deswegen nach Deutschland gekommen sind. Und da haben uns auch manche Schwestern gesagt: ‚Kannst du froh sein, dass du hier bist! Da hast du ja noch mal wenigstens etwas zum Essen und zum Kleiden und so.'" Interview Sr. C., Absatz 60.

[23] „Wie ich von der anderen gehört habe, gab es Unterschiede. Dass Schwestern mehr arbeiten müsste als die anderen." Interview Sr. C., Absatz 80.

weitere Ausbildung zur großen Krankenpflege in Hinblick auf ihre körperliche Konstitution wurde durch die Ordensleitung abgelehnt.[24] Sr. Clementa ist anschließend fortan 37 Jahre in der Umgebung des Mutterhauses geblieben. Zwischenzeitlich war sie als Ratsschwester aktiv. Im Rahmen dessen reiste sie in die Missionshäuser nach Indien. Zudem war sie für viereinhalb Jahre in Lourdes (Frankreich), wo sie in der Verwaltung eines Pilgerhauses arbeitete.[25] Neun weitere Monate arbeitete Sr. Clementa in einem Evangelisationshaus und kehrte anschließend in das Mutterhaus zurück. Inzwischen arbeitet sie in der Küche und übernehme leichtere Tätigkeiten mit den älteren Schwestern. St. Trudpert wurde jedoch auch von den Inderinnen geprägt, was sich unter anderem in dem Essensangebot des Klosters niederschlägt.[26]

Sr. Clementa empfindet in ihrem Wirken als Ordensschwester eine innere Freude.[27] Von ihren sieben Schwestern sind alle Krankenschwestern geworden, die inzwischen teilweise mit Familie, Kindern und Enkelkindern im Ausland leben. Auch sei eine ihrer Nichten inzwischen in Indore ins Kloster eingetreten. Alle zwei Jahre darf Sr. Clementa nach Indien in den Urlaub, wo sie ihre zwei verbliebenen Geschwister besucht. Sr. Clementa bezeichnet allerdings St. Trudpert als ihre Heimat, in Indien sei sie inzwischen fremd:

---

[24] „[…] vom Arzt aus durfte ich nicht mehr zu der Kinder, zu den kleinen Kindern. Er hat gemeint, ich könnte ja große Krankenpflege lernen. Aber da hat unser Oberin nicht zugesagt, weil ich zu klein war und diese Krankheit gehabt hatte. Es war schwierig für mich. Und dann / Deshalb durfte ich nicht weiter den Beruf lernen." Interview Sr. C., Absatz 6.

[25] „Aber mit der Sprache war es schwierig. Das war sehr schwer. Französisch. In dem Alter. Ich war ja nicht mehr so jung. Aber die französische Sprache / Ja, wir hatten schon Unterricht gehabt, aber kein Intensivkurs. Nur so zweimal in der Woche oder so. Und es war schwierig, zum Beispiel wenn die Leute im Büro gekommen sind und alles Mögliche wissen wollten. […] Und so war es trotzdem eine schöne Zeit. Wegen der Sprache war es halt hart." Interview Sr. C., Absatz 6.

[26] „Aber wir können zum Beispiel unser indisches Essen kochen. Viele Deutsche essen das gerne. Die sagen immer, wir sollen doch kochen. Die essen so scharf, noch schärfer als wir. (lacht) Und das gibt es immer wieder. Dadurch können wir auch unsere indische Mentalität auch hier etwas / Und da sind sie nicht dagegen. Weil im Allgemeinen essen die meisten Schwestern gerne scharf und die pflanzen sogar Peperoni hier. Die Gärtner. Und da können wir auch holen und können wir immer wieder / Und die Gewürze bringen wir von Indien mit. Oft, wenn wir in den Urlaub gehen und das / So, muss ich sagen, können wir unsere indische Kultur auch hier etwas, doch, etwas einbringen." Interview Sr. C., Absatz 66.

[27] „Aber wenn man wirklich die Einstellung hat, dass man wirklich als Ordensfrau wirken darf, ja auch für andere da sein darf. Dann ist es auch eine Freude, innere Freude, auch, wenn man anderen helfen kann. Und das ja / Wir können ja vielem irgendwie mit unserem Dasein, unsere Arbeit oder / Da kann man schon irgendwie helfen. Psychisch und seelisch auch, das macht mich zufrieden. Irgendwie auch Freude, innere Freude." Interview Sr. C., Absatz 34.

Ich bin richtig beheimatet hier, das muss ich sagen. Ich kann nicht anders, weil in Indien bin ich fremd. Wenn ich nach Indien gehe, dann bin ich fremd. (lacht) Also bei der Familie schon. Aber wenn man sonst irgendwie nach Hause geht / Da ist man irgendwie so unsicher. Aber hier bin ich jetzt / Hier in der Umgebung, muss ich sagen, da bin ich richtig daheim. So fühle ich mich, ja.[28]

4.1.2   Sr. Lellis

> Wenn man jung ist [...], dann denkt man nicht. Also bei mir war es so. Da ist / Ja, was
> hatten wir gelernt? Hitler. Zwei Weltkriege. Mehr wussten wir nicht von Deutschland.
> (lacht)[29]

Sr. Lellis war eines von neun Kindern, wobei einer ihrer Brüder bereits frühzeitig verstarb. Die Familie betrieb Landwirtschaft mit Reis und Kokosnüssen. Als Sr. Lellis etwa neun Jahre alt war, erlitt ihr Vater einen schweren Unfall und wurde zum Pflegefall. Um die Existenz der Familie zu sichern, übernahmen ihre älteren Geschwister die Arbeit des Vaters.[30] Sr. Lellis Vater verstarb wenige Jahre später, als sie erst elf Jahre alt gewesen war. Ihre Mutter starb infolge einer Typhuserkrankung als Sr. Lellis 14 Jahre alt war. Sr. Lellis übernahm fortan die Sorgearbeit für ihre jüngeren Geschwister.[31] Im Jahr 1960 war Sr. Lellis gerade nach abgelegtem Abitur ein Vierteljahr zuhause gewesen. Sie legte in dieser Zeit mit anderen jungen Frauen in der Kirche eine Katechismusprüfung ab. Bei dieser Gelegenheit erwähnte Erzbischof Parecattil die Möglichkeit für einen Ordenseintritt in Deutschland. Es gab ein großes Interesse unter jungen Frauen und auch Sr. Lellis versuchte ihr Glück.[32] Sie machte sich dabei keine großen Gedanken, obwohl sie nicht viel über Deutschland wusste.[33] Sr. Lellis rechnete nicht damit ausgewählt

---

[28] Interview Sr. C., Absatz 108.

[29] Persönliches Interview: Sr. Lellis, St. Trudpert Münstertal, 06.08.2021, Absatz 8.

[30] „[...] er nicht mehr gesund geworden. Und es war die Zeit, wo Antibiotika zum ersten Mal in Handel kam und das hat ihm noch ein paar Jahre das Leben gerettet. [...] Er hatte keine Zähne gehabt, aber so allgemein war es ihm durch diese Medikamente etwas besser geworden." Interview Sr. L., Absatz 8.

[31] „‚Ah ja, du kannst mit dem Kind dahin gehen.‘ Und so wurde ich geschont, oder ich brauchte das nicht. Und so vergingen meine Jahre." Interview Sr. L., Absatz 8.

[32] „Es haben sich viele eingetragen. Also viele wollten. Da habe ich aus Spaß gedacht: ‚Ach, ich versuche es auch‘. Aber gar nicht richtig im Bilde, weil ich hatte gerade mal das Abitur bestanden. " Interview Sr. L., Absatz 4.

[33] „Wenn man jung ist, das wisst ihr ja auch, wenn man jung ist, dann denkt man nicht. Also bei mir war es so. Da ist / Ja, was hatten wir gelernt? Hitler. Zwei Weltkriege. Mehr wussten wir nicht von Deutschland. (lacht)" Interview Sr. L., Absatz 8.

zu werden und teilte auch ihrer Familie nichts von ihrer Bewerbung mit.[34] Als sie ein Einladungsschreiben für die Vorauswahlgespräche erhielt, konnte Schwester Lellis ihren Bruder überzeugen, sie zu dem Gespräch mit dem Bischof zu begleiten, wobei sie ihre restliche Familie uninformiert lies.[35] Als nach vier Wochen die Zusage kam, eröffnete Sr. Lellis vor ihrer Familie ihr Vorhaben. Die Familie war von Sr. Lellis geplanten Migrationsprojekt nicht begeistert gewesen.[36] Sr. Lellis hatte jedoch bereits zuvor mit dem Gedanken gespielt nach dem Abitur in ein Kloster einzutreten und setzte sich mit ihrer Entscheidung durch. Die Entlastung der Familie durch ihren Klostereintritt beeinflusste ebenso ihre Entscheidungsfindung.[37] Ihre Familie musste für ihren Ordenseintritt kein Einbringegut entrichten. Die aus dem Migrationsprojekt erwachsenen neuen Perspektiven stellten für Sr. Lellis eine Erweiterung ihrer bisherigen Handlungsräume dar.[38]

Mit einem deutschen Missionar namens Pater Zimmermann wurde sie mit sieben weiteren Frauen am Bischofshaus auf ihre Reise vorbereitet.[39] Am Tag der Ausreise war Sr. Lellis gemeinsam mit ihrer Familie mit dem Boot nach Ernakulam angereist.[40] Im Hafen Kochi hatten die Frauen schließlich Visa und Pässe ausgehändigt bekommen. Gemeinsam mit einem indischen Pater und vier Karmelitinnenschwestern legte die Gruppe ab. Sr. Lellis litt bereits zu Beginn stark

---

„Und dann habe ich mir gedacht: ‚Ach ja, wenn sie in Deutschland Mädchen brauchen.‘ Das war Nachkriegszeit, die hatten wenig. Da war die Ernte groß, aber wenig Arbeiter. Das kann ich gerade mal so ausdrücken." Interview Sr. L., Absatz 12.

[34] „Ich dachte: ‚Ach was, die werden mich nicht fortschicken.‘" Interview Sr. L., Absatz 4.

[35] „Der Kardinal war auch schon dort gewesen. […] Und dann, als ich jetzt bei ihm zum Interview war, hat er gefragt nach daheim. […] Als er mich angeguckt hat, da hat er gesagt: ‚Aber du bist ja ein bisschen mager und aber ich werde schauen.‘ Das waren fünf Minuten und dann sind wir wieder nach Hause gegangen. " Interview Sr. L., Absatz 4.

[36] „Ja, die habe gesagt: ‚Du kannst doch mal hier ins Kloster gehen.‘ Es gibt ja so viele hier überall. Bei uns gibt es sehr viele Ordensberufe und Priesterberufe. Man kann doch hier irgendwo, ja. Ich habe damals gedacht, eigene / So Nachbarsleute (lacht) / Das habe ich irgendwie nicht so gerne gehabt." Interview Sr. L., Absatz 42.

[37] „Nicht, weil wir jetzt nicht was zum Trinken und Essen gehabt haben, sondern es hat hier geholfen. Weil da gab es ja damals auch viel Nachwuchs, Mädchen. Und da habe ich nicht so anders darüber gedacht." Interview Sr. L., Absatz 12.

[38] „Ich war ja zuvor noch nie aus dem Haus. Ich habe nie so irgendwo / Großes Picknick oder sonst was gemacht. Das war mir nicht möglich." Interview Sr. L., Absatz 4.

[39] „Also acht Tage Sitten und Gebräuche von hier. Wie man nur ‚Ja‘ oder ‚Nein‘ und so sagt. Das war alles von der Sprache, was wir wussten. " Interview Sr. L., Absatz 4.

[40] „Und die anderen sind mit dem Bus gekommen. Die haben bessere Väter." Interview Sr. L., Absatz 4.

unter Seekrankheit.[41] Sie schildert das Zweifeln an der Reise aus gesundheitlichen Gründen.[42] Die Reise selbst schildert Sr. Lellis mit vielen Eindrücken und
Details. Das Schiff legte in Aden an, wo die Gruppe gemeinsam mit dem indischen geistlichen Begleiter ein Missionshaus besuchten.[43] Nach dem Suezkanal
legte das Schiff nochmals in Port Said an.[44] Im italienischen Genua angekommen,
wurde die Gruppe von Pfarrer Debatin, der Generaloberin und ihrer Sekretärin abgeholt.[45] Die Gruppe fuhr in das Ordenshaus St. Trudpert, wo sie in der
darauffolgenden Nacht ankamen. Nach einer kurzen Danksagung in der Kapelle
wurde den Inderinnen ein Essen gereicht, mit dem sich die frisch angereisten
Inderinnen allerdings geschmacklich noch schwertaten.[46] Sr. Lellis berichtet von

---

[41] „Da habe ich gedacht: ‚Mein Gott, wenn es so ist, dann kann ich nicht nach Deutschland,
ich überlebe es nicht.' (lacht) " Interview Sr. L., Absatz 4.

[42] „Ich bin immer im Bett gelegen und habe gespuckt und gespuckt. Und da habe ich mir
gedacht: Also wenn ich jetzt so bin, ich geh jetzt raus. Wenn das in Indien, in Bombay, egal
wo. Es ist ja mein Land, mein eigenes Land. Ich werde jetzt heimfinden und ich werde heim
gehen. (lacht) So schlimm war es." Interview Sr. L., Absatz 4.

[43] „Die haben in Aden so ein Missionshaus. Und dann hat er uns gefragt, ob wir mitgehen.
Sie wollten es uns zeigen. Es ist sehr schön, wie in Indien. Alles grün wie in Indien. So habe ich dort
einen Tag Aufenthalt gehabt. Wir sind da mit hingegangen und. Am Abend bin ich wieder
zurück da ging es wieder, das gleiche Theater los. (lacht)" Interview Sr. L., Absatz 4.

[44] „Und dann kamen wir in den Suezkanal. Das war das Schönste. Da konnte ich auch aufstehen und da konnte man viel Land an beiden Seiten sehen. Auf der einen Seite die Wüste
und der anderen Seite / Da sind irgendwie […] / Ich weiß nicht ganz / Von der Hitze, glaube
ich, waren sie so verändert. Solche Leute hatte ich noch nie daheim gesehen. Aber da war
es am schönsten. Ein ganzer Tag am Schiff, so ruhig. Es war zu beiden Seiten vielleicht ein
Meter. So, so ist der Suezkanal gewesen, gell? […] Die nächste Stadt war Port Said gewesen. Da durfte man ja nicht raus. Das ist eine gefährliche Hafenstadt gewesen. Das ist von
Lichtern / Am Meer, das war schon am Abend, gell. Wir durften nicht rausgehen. […]Aber
bloß so haben wir es gesehen." Interview Sr. L., Absatz 4.

[45] „Also am 17. September in Genua gelandet. Das ist in Italien, Genua. Und da jetzt das
Problem: Ja, wie sehen wir, wo wir raus müssen. So viele Leute waren da. Als 2/3 der Leute,
der Passagiere, schon draußen waren, da standen wir immer noch da. […] Und dann kam
der Pfarrer Debatin, mit unseren Passbildern. Da wussten wir wenigstens, dass da jemand ist.
Dann sind wir mit ihm raus." Interview Sr. L., Absatz 4.

[46] „Ja, die haben ja Reis gehabt. Aber Reis, so bloß halb gekocht, was wir nie gewohnt waren.
Und eine Tomatensoße. Oh, alle haben gemeint: ‚Ach, das ist ja Curry, das ist ja so rot.'
(lacht) Alle haben geschimpft. Süß, alle waren still. (lacht) Verstehen Sie? (lacht) Und dann
hat niemand was gegessen. Und Tee oder sowas hat es gegeben. Dann sind wir ins Bett."
Interview Sr. L., Absatz 4.

der Neugierde zwischen den indischen und den deutschen Frauen im Ordenshaus.[47] Die Kommunikation lief zunächst über Zeichensprache und ein wenig Schulenglisch.[48] Im Noviziat erlernten die Inderinnen in kurzer Zeit die deutsche Sprache. Der Lernprozess wurde unter anderem dadurch forciert, indem das Sprechen der Muttersprache Malayalam zu Teilen verboten wurde.[49] Sr. Lellis berichtet, dass Heimweh erst später auftrat.[50] Sr. Lellis erinnert sich, dass Pfarrer Debatin immer sehr nett zu ihr war, und dass die Inderinnen den Pfarrer regelmäßig in ihr Mutterhaus einluden.[51]

Die berufliche Ausbildung wurde den Inderinnen nach ihren individuellen Fähigkeiten zugeteilt.[52] Sr. Lellis ging zunächst nach Mannheim, um dort die Säuglingspflege zu erlernen. Später machte sie noch das große Krankenpflegeexamen. Für Ordensschwestern gab es im Arbeitsalltag, im Gegensatz zu den freien Schwestern, keine freien Tage.[53] Sr. Lellis tat sich mit Patienten schwer, welche

---

[47] „Und wir waren bis Ende März immer in einem Saal, der war ungefähr in der Mitte mit Vorhang getrennt. Und die waren alle so neugierig, uns zu sehen. Und wir waren es auch und da haben wir uns unterhalten: ‚Die eine, die macht viel Spaß.' Halt unsere Novizenmeisterin, die um uns vorbereiten bestellte Person, die war halt weg und sie hat gute Nacht gesagt. Dann ist die eine aufgestanden und hat so geguckt und wir haben auch geguckt und da haben wir so laut gelacht, weil keiner hat was (unv.) (lacht) Oh lieber Gott!" Interview Sr. L., Absatz 4.

[48] „Die haben uns mit Händen und Füßen eingeführt." Interview Sr. L., Absatz 4.

[49] „Aber die Sprache habe ich auch dadurch gelernt, gell? Und immer, wenn wir spazieren gehen, war es streng verboten. Unsere Novizenmeisterin verlangte immer: eine Deutsche, eine Indische zusammen, dass wir ja nicht in Versuchung kommen Malayalam zu sprechen. Das war gut." Interview Sr. L., Absatz 48.

[50] „Diese Gedanken kamen eigentlich erst nachher. Ich bin von zu Hause fröhlich und munter weg. Natürlich ist der Abschied immer eine andere Sache. (…) Nein, war sie nicht / So (…) Was heißt es? Heimweh? (lacht) (…) Aber ich muss sagen, dass hier war anfangs dieses Heimweh nicht so zum Ausdruck kam. Natürlich /Wissen Sie, die waren alle sehr nett und wir haben nicht an was anderes denken können, als etwas zu lernen. Interview Sr. L., Absatz 48.

[51] „Debatin war wirklich ein frommer Mann. Oder so, wirklich / Er hat nur als Missionar arbeiten wollen." Interview Sr. L., Absatz 64.

[52] „Ich bin ja nicht so eine riesengroße Frau und deswegen bin ich zu den kleinen Säuglingen. Aber ich habe nachher festgestellt: Krankenpflege ist wohl schwer, wie man sagt, aber die Säuglingspflege ist schwerer. Wissen Sie warum? Das sind ja / Die Kinder sind ja unterschiedlich. Manche sind ja Schwächlinge oder zu Frühlinge oder so. Und wenn einer zum Trinken über eine halbe Stunde Zeit braucht, dann müssen ja / Wir können es ja dann nicht einfach hineinstopfen. Dann müssen wir halt so viel Zeit nehmen und so. […] Und so habe ich halt lernen gedurft, das lernen, was ich gewünscht hatte." Interview Sr. L., Absatz 14.

[53] „Da hat es keine freie Tage in dem Sinne gegeben. Ich rede jetzt von früher. Keine Arbeitszeit. Wenn ich als Stationsschwester arbeite, dann musste ich jederzeit erscheinen. Wenn es

statt Demut vor dem eigenen Wohlstand im Krankenhaus hohe Erwartungen an den Tag legten.[54]

Nach acht Jahren reisten die indischen Novizinnen der ersten Gruppe vor ihrem ewigen Gelübde für einen Urlaub das erste Mal nach Indien zurück.

1980 ging Sr. Lellis auf eigenen Wunsch zehn Monate in ein Missionshaus nach Nordindien.[55] Nach ihrer Rückkehr nach Deutschland wurde sie in ein Klinikum des Ordens in Pforzheim versetzt, wo sie auf der Endoskopiestation arbeitete. Sr. Lellis setzte sich durch, für 30 Jahre ausschließlich auf dieser Station zu arbeiten und übernahm auch die Stationsleitung.[56] Nach einer betrieblichen Fusionierung des Klinikums entschied sich Sr. Lellis an ein Pflegeheim im

---

einem Patient schlecht ging oder wenn einer stirbt, dann holten die mich und ich musste da sein." Interview Sr. L., Absatz 76.

[54] „Die ältere Menschen zum Beispiel. [...] Manche haben zwei Weltkriege mitgemacht und die sind heute ist so alt und noch heute sind sie so anspruchsvoll. Also wissen Sie, wenn die heutigen Menschen, wissen Sie die jungen / Manchmal kann ich es nicht ertrage, wenn ich so was sehe. Und dann sage ich / Aber das geschieht teilweise. Wir haben damals das Haus / Noch einen alten Teil und dann einen neu gebauten Teil. Und da war eine super private Patientin und die hat keine Toilette drin gehabt. Und da hat sie sich so quergestellt und so. Und dann habe ich gesagt: ,Achso, sie haben die Nasszelle gemeint? Aber wissen Sie, früher, soviel ich weiß, ich habe es selbst nicht mitgemacht habe, Gott sei Dank, früher haben die Menschen überhaupt nichts gehabt.' [...] Damals war jeder Mensch so froh, wenn man so was gehabt hat. [...] In ein paar Jahren hatten sie es erreicht. Wissen Sie, wenn Sie es merken. Wenn sie schnell zu Reichtum kommen und alles gehabt haben, dann vergessen sie es. Das ist es." Interview Sr. L., Absatz 74.

[55] „Und 1980 habe ich gesagt: Ach, ich, ich gehe mal jetzt nach Indien. Wenigstens so lange ich kann. Weil zwischen Nordindien und Südindien gibt es große Unterschiede. Ich weiß nicht, ob ich in Nordindien die Hitze nach so langer Zeit nach Indien kann. Oder überhaupt das Klima und das Essen, wenn es mir Schwierigkeiten gemacht hätte, dann hier. (lacht) Und meine damalige Oberin hat gesagt: ,Wenn du irgendein Problem hast, dann kommst lieber gleich zurück. Es hat keinen Wert, da noch lange rum zu machen.'" Interview Sr. L., Absatz 4.

[56] „Und da in der Station war die Stationsschwester versetzt, da brauchte man jemanden für die Übersicht. Und dann hat unser Chef gefragt, ob ich „ab und zu mal" / Da habe ich gesagt: „ab und zu mal gibt's nicht. Wenn ich auf der Station bin, dann muss ich auf der Station / Wenn Angehörige kommen und fragen was und wie, ja, was sage ich da? Ja, und dann war ich halt in der Endoskopie. Aber 30 Jahre, das genügte mir." Interview Sr. L., Absatz 4.

Breisgau zu gehen. Dort arbeitete Sr. Lellis bis sie die Stelle aufgrund gesetzlicher Bestimmungen verlassen musste.[57] Seither lebt Sr. Lellis im Mutterhaus St. Trudpert und bringt sich dort nach Bedarf in die Gemeinschaft ein.[58]

Von der Thematik der Entlohnung war und ist sie durch das Mutterhaussystem entbunden.[59] Bei sozialen Härtefällen in Indien konnten die indischen Ordensschwestern über die Ordensoberen eine finanzielle Unterstützung anregen. Die finale Entscheidung lag jedoch bei den Ordensoberen.[60] Inzwischen sei dies allerdings nicht mehr nötig, da Kerala sich weiterentwickelt hat und die Versorgung und Unterstützung anderweitig funktioniert.

Während die Kommunikation mit Kerala früher über Briefe erfolgte, läuft der Kontakt heute unterdessen nur noch über Telefon.[61]

Sr. Lellis schätzt ihr Mutterhaus im Münstertal als Rückzugsort für das Alter und zieht es einem ständigen Aufenthalt in Kerala vor.[62] Inzwischen können die indischen Schwestern alle zwei Jahre nach Kerala reisen. Wenn Sr. Lellis

---

[57] „Nach drei Jahren haben sich die Gesetze geändert und es ist wieder ganz anders geworden. Wie Sie sehen: Da kommen wir älteren Leute nicht nach. Die müssen ja rennen. Die haben ja bestimmte Regeln. Und es war wieder ganz anders als früher. Da habe ich gesagt: Jetzt lerne ich mal das Mutterhaus kennen. (lacht)" Interview Sr. L., Absatz 4.

[58] „Seit drei Jahren bin ich hier. Hier mache ich halt, was ich kann. Und überall / Das ist ja kein Muss und so und so geht's. So geht es mir hier gut. Wenn ich Lust habe, kann ich spazieren gehen. Aber wir haben jetzt ja so kleinere Arbeiten, sonst wird es ja stinklangweilig. So ist das Leben." Interview Sr. L., Absatz 4.

[59] „Wenn Sie mich nach Geld fragen, da weiß, da weiß ich nicht viel. (lacht) Ich meine, hier im Mutterhaus ist es normal." Interview Sr. L., Absatz 80.

[60] „Aber es ist auch jetzt hier möglich. Wenn eine Schwester daheim Schwierigkeiten hat: finanziell, alles verloren und die Eltern oder die Leute so in Schwierigkeiten sind, dass sie nicht überleben können. Wenn wir das dann der Oberin sagen, dass es so schwer ist / Wir kennen ja die Situation hier, wie die Situation hier ist." Interview Sr. L., Absatz 22.

[61] „Oh, ich habe seit 15 Jahren nicht mehr geschrieben, muss ich sagen. (lacht) Sicher jetzt 15 Jahre. Ich habe jetzt neulich ein paar alte Briefe da liegen gehabt. Mein Bruder hat mir die geschrieben vor zehn Jahren. Oh, schöne lange Brief. Jetzt kann ja / Es gibt ja überhaupt keine Briefe, keine Briefverbindung, keinerlei. Nur durch das Telefon." Interview Sr. L., Absatz 54.

[62] „Das ist die letzte Station. Das ist die erste und letzte Station: unser Mutterhaus. Dafür ist das Haus da. Und unser Haus. So wie ihr jetzt zum Beispiel Familie habt. Und dann wolle Sie wieder zurück nach Hause. Das heißt, zu Ihrer Familie und nicht in Indien (lacht) Ja, so ist es. Aber wir haben auch die Möglichkeit gehabt, wenn jemand nach Indien zurück möchte /Manche sind gegangen, aber ich meine, wenn man so lange hier ist, wissen Sie, dann ist es auch schwierig. Auch unsere Leute in Palakkad, Palakkad ist ja in Kerala, aber / Jüngere Generation und ältere Generation. Es gibt wiederum einen Unterschied. Und sonst auch die Sprachen und so. Das ist ja nichts. Und so sind wir hier." Interview Sr. L., Absatz 6.

nach Kerala reist, wohnt sie bei ihrem jüngsten Bruder, der in ihrem ehemaligen Elternhaus lebt.[63] Sr. Lellis folgte ihrem Schicksal stets in ihrem tiefen
Gottesglauben:

> Das liegt nicht an mir, was der Herrgott plant. Der hat auch einen Plan. Wenn er meint:
> ‚Die ist so und so‘, und falls ich mich quer stelle, kann es andernfalls auch schief
> gehen.[64]

4.1.3   Sr. Margaritha

> Der gleiche Jesus ist ja auch in Deutschland. Das war für uns der größte Gewinn. Er
> versteht unsere Sprache. Er hat alles verstanden. Umso mehr, intensiver haben wir
> beten gelernt. Ich. Viel mehr ich, ich weiß, dass ich das sagen kann. Weil man Heim-
> weh gehabt hat. Und manche haben viel geweint. Und ich habe auch geweint. Aber ich
> habe wirklich diesen Trost gefunden. Und wir konnten das nicht nach Hause schrei-
> ben. Ich konnte nicht nach Zuhause schreiben: Ich habe / Ich habe so Sehnsucht nach
> euch. Das konnte ich nicht schreiben, weil ich wollte ja gehen.[65]

Bereits in ihrer Kindheit strukturierte die katholische Religion Sr. Margarithas
Familienleben.[66] Sie wuchs in der Stadt Thrissur auf. Den starken Zusammen-
halt innerhalb ihrer Familie führt sie unter anderem auf die gemeinsame religiöse
Praxis zurück.[67] Die Familie war wirtschaftlich gut situiert. Der Vater züchtete
und handelte mit Betelnüssen, während die Mutter die acht gemeinsamen Kinder sowie drei weitere aus der ersten Ehe des Vaters aufzog und die Hausarbeit
machte. Ein älterer Bruder Sr. Margarithas arbeitete in der Bank, ein anderer
Bruder als Zeitungsredakteur.

---

[63] „Ich gehe nach Hause in mein Elternhaus. Da wohnt mein jüngster Bruder, und da bleibe
ich immer. Nur die andere wohnen alle woanders, außer die Verheirateten. Die anderen. Die
kommen mich zu besuchen und die sind im Dorf. Da kommen wir zusammen." Interview Sr.
L., Absatz 104.

[64] Interview Sr. L., Absatz 34.

[65] Persönliches Interview Sr. Margaritha, Bad Soden-Salmünster, 16.07.2021, Absatz 62.

[66] „Mein Vater hat immer morgens um 4:30 gebetet. Alleine. Wenn er fertig war, hat er alle
unsere Namen gerufen: ‚Es ist 5:30. Steht auf, betet!' Damals habe mir immer wieder so, wie
sagt man, gemurmelt. (lacht) Schon wieder, schon wieder. Aber heute sind wir froh, dass wir
alle im Gebetsleben aufgewachsen sind." Interview Sr. M., Absatz 2.

[67] „Bei uns war immer das Wichtigste, dass man morgens beim Aufstehen betet. Das mit
meinem Vater, das habe ich schon gesagt. Und so sind wir im Gebet immer zusammenge-
wachsen, und die Familie ist immer zusammengeblieben. Das macht viel aus." Interview Sr.
M., Absatz 4.

Geprägt durch ihre ehrenamtlich und sozial aktiven Eltern brachte sich auch Sr. Margaritha als junge Frau in ihrer Gemeinde ein.[68] In der Schule interessierte sich Sr. Margaritha vor allem für Theater, Tanz und Musik auf. Nach ihrem Abitur machte sie einen Lehrerinnenkurs, jedoch hat sie diesen Beruf niemals aufgenommen, da sie noch in den Schulferien durch den Kaplan darauf angesprochen wurde, ob sie nicht als Kandidatin an ein deutsches Ordenshaus gehen wolle. Die Aktion war unter der Idee entstanden, dass die Kandidatinnen nach ihrer Zeit in Deutschland als ausgebildete Ordensschwestern in andere Teile Indiens zurückkehren sollten, unter anderem zur Missionsarbeit.[69] Zwar hatte Sr. Margaritha zuvor mit etwa 15 Jahren einmal den Wunsch geäußert, Ordensfrau zu werden, als der Kaplan sie aber zu diesem Zeitpunkt nach ihrem Abitur erneut fragte, konnte sie es sich nicht vorstellen, eine Ordensschwester zu werden. Stattdessen verwies Sr. Margaritha den Kaplan auf andere junge Frauen, die ihr für das Migrationsvorhaben geeignet schienen. Im Anschluss an das Gespräch mit dem Kaplan erlebte Sr. Margaritha ein spirituelles Berufungserlebnis, welches für ihre Entscheidung

---

[68] „Die beiden haben wirklich für uns / Unser Vorbild waren sie. Krankenbesuch in Krankenhäusern. Und ins Gefängnis gehen. Das war Mama. Mit der Legion von Maria. Oft hat sie von reichen Leuten Geld gesammelt. Und dafür hat sie viel / Also es war eine Gruppe von Frauen. Mama war da immer die treibende Kraft. Sie hat immer geholfen. Und Papa auch. […] Wir waren im Garten am Abend und haben gearbeitet. Ich war auch dabei. Und dann hat ein Bettler gerufen: ,Mama, gib mal was zum Essen?', dann habe ich gesagt: ,Wir haben schon zu Mittag gegessen. Wir haben nichts mehr, unsere Mittagszeit ist fertig.' Da hat mich Papa laut gerufen: ,Was hast du gesagt? Sag, er soll warten. Essen ist doch noch da. Gib ihm Essen. Verbitte niemanden etwas. Man sagt nicht nein.' So war unser Vater. Das wollte ich sagen. Und wir sind da groß geworden. Gute Familie." Interview Sr. M., Absatz 4.

„Es gibt eine Gruppe von Frauen, die was Gutes tun für die Nächsten, zum Beispiel in Gefängnisse gehen oder für arme Menschen Medikamente kaufen. So / Solche Dinge gemacht und Mama war die Chefin dort und ich bin dann mitgegangen mit ihr." Interview Sr. M., Absatz 2.

[69] „Später hatten sie so wenig Nachwuchs in Europa. Sie wollen diese Mädchen haben, damit sie zurückkommen nach Indien und ein Haus aufbauen. So in Mittelindien, in Nordindien, in Kerala. Die brauchen nicht viel. Da hat es genug Berufungen damals gehabt. Aber Kerala ist wichtig, das war der Grund. Also es wäre gut, wenn die Hauptstation in Kerala wäre. Und die Mädchen von Mittelindien kann man ja auch nach Kerala holen und dann vorbereiten für zwei Jahre oder auch Nursing lernen, um sie dann später überall einsetzen zu können, auch zum Missionieren." Interview Sr. M., Absatz 14.

für ein geweihtes Leben relevant war.[70] Sie stellte die Entscheidung einer Migration nach Deutschland und somit den Weg einer Ordensfrau einzuschlagen auf eine spirituelle Probe, welche zu Gunsten der Migration ausfiel.[71] Im Rahmen einer religiösen Ferienveranstaltung der Kirche für Berufungs-Interessierte seien die ersten Kandidatinnen ausgewählt worden, darunter auch Sr. Margaritha.[72] Die Familien der Kandidatinnen mussten kein Einbringegut aufbringen und auch ansonsten nichts für die Reise bezahlen. Ihre eigene Familie hatte in Bezug auf die Migration keine finanziellen Erwartungen an Sr. Margaritha gehegt. Eine mehrmonatige Vorbereitungszeit in der Diözese Ernakulam ging der Migration voraus.[73] Zunächst war eine erste Gruppe von 12 Frauen ausgesucht worden,

---

[70] „,Nein, Herr Pfarrer, ich will nicht Schwester werden. […] Also, ich wollte mal. Damals. […] Aber jetzt will ich nicht mehr, weil ich habe eine Arbeit in einer Schule.' […] Da hat er gesagt: ‚Ja.' Dann bin ich aus dem Büro raus. Meine Mama hat gewartet: ‚Ja, was wollte der Pfarrer von dir?', ‚Er wollte mir ein Buch zum Lesen geben.' ‚Und wo ist das Buch?', ‚Das habe ich zurückgegeben. Es hat mir nicht gefallen.' Und in diesem Moment habe ich es gehört: ‚Ich meine dich. Dich!' Dann habe ich gedacht: Nein, ich kann nicht mehr sprechen. Mit Mama bin ich gelaufen. Immer diese Gedanken. Diese Stimme. Er meint mich. Also ich soll nach Deutschland ins Kloster. Ich konnte es mir nicht vorstellen. Und dann hat Mama unterwegs gefragt: ‚Was? Was ist mit dir los? Warum bist du so leise? Warum sprichst du nicht?', ich habe gesagt: ‚Ich habe Kopfweh.' Dann hat sie gesagt: ‚Ja, wenn du heimkommst, dann wirst du eine richtige Dusche nehmen und wenn es sein muss, eine Tablette nehmen. Leg dich gleich hin.' Ich habe gesagt: ‚Ja, Mama.' Und ich bin immer weitergelaufen." Interview Sr. M., Absatz 2.

[71] „Und kurz bevor ich eine Fahrkarte gehabt habe und alles habe Jesus gesagt: ‚Schick mir eine Krankheit, damit ich nicht gehen muss, wenn es nicht dein Plan ist.' Und ich habe Fieber bekommen. Und ich habe mich so gefreut, dass ich nicht gehen muss. Ich kann nicht meine Eltern verlassen und ich konnte es mir nicht vorstellen. So gute Eltern haben wir gehabt, auch Geschwister. […] Dann einmal ist der Arzt gekommen. Es war schon kurz vor Reise. Dann hat er mir gesagt: ‚Das ist nur eine Erkältungsfieber. Wenn Du diese Medikamente nimmst, dann kannst du kannst fahren.' Dann hab ich gesagt: ‚Jesus, du hast gewonnen.'" Interview Sr. M., Absatz 30.

[72] „Während der Urlaubszeit nach der Schule in den Schulferien, gab es jedes Jahr so ein Treffen für Junge und Mädchen, die Kloster gehen und Priester werden wollten. Und da werden sie ausgewählt und da sind auch durch Father Debatin acht Mädchen gekommen. Das waren ja 110 Kinder, und da konnte man mit einigen sprechen und fragen und so waren da acht dabei." Interview Sr. M., Absatz 12.

[73] „Wir hatten immer am Morgen die Heilige Messe und die Betrachtung und nachher haben wir nach dem Frühstück wurden wir in eine Arbeitszeit eingeteilt. Vielleicht sollte eine beim Nähen zuschauen oder beim Kochen helfen oder bei den Leprakranke vielleicht Fieber messen. Solche Arbeit war es. Nicht in die intensive Nähe zu gehen um zum Beispiel einen Verband zu wechseln oder so, das nicht. Nur so Kleinigkeiten. Das war unsere Arbeit. Und mittags im Garten arbeiten. So Blumen pflegen, gießen. So Sachen waren es. Und wir haben über Klosterlebe auch Vorträge und Unterricht gehabt." Interview Sr. M., Absatz 40.

die in Kleingruppen nach Deutschland reisten. Mit drei weiteren ausgewählten jungen Frauen fuhr Sr. Margaritha mit dem Schiff nach Italien.[74] Dort wurden sie von Pfarrer Debatin und Vertreterinnen der Ordensgemeinschaft in Empfang genommen.

Vor allem die erste Zeit war für die Frauen aus Kerala nicht einfach gewesen, beispielsweise wegen des Essens.[75] Das klösterliche Leben wurde von ihrem Gelübde geprägt, das die jungen Frauen regelmäßig erneuerten.[76] Sr. Margaritha schildert, dass die zu leistende Arbeit im Ordenshaus für die Frauen hart war.[77] Sr. Margaritha berichtet, dass ihr u. a. gemeinsame Streiche mit einer anderen deutschen Kandidatin das Leben erleichtert hatten.[78] Sr. Margaritha betont zudem wiederholt, dass ihr der Umgang mit den anderen Ordensschwestern,

---

[74] „Das war ein Kampf. Die drei, vier Monate. Wir waren auch als Vorbereitung bei den Schwestern. Da haben wir viel gelernt dort, wie man sich benehmen soll im Kloster. Die Vorbereitung war sehr wichtig für uns." Interview Sr. M., Absatz 2.

[75] „Diese Anfangszeit war ja sehr schwer. Alleine wegen des Essens. Stinkkäse. Es hat gestunken. Eine nach der anderen ist zur Toilette gegangen und hat es raus gespuckt. Und dann diese Wurst voller Fett. Oh mein Gott. Ich habe noch nie dieses Stück Fleisch gegessen, mit der Haut von Schweinen. Diese Stücke. Das alles hatte ich nie gegessen. Und Jesus hat es mir leichter gemacht dadurch, weil ich Gelbsucht bekommen hab. (lacht) Ich dürfte kein Fett mehr essen. Ich habe immer Diätkost bekommen. Heute denke ich daran. Ich danke Gott dafür. (lacht) Das ist immer / Immer / Er macht Dinge nur zum Guten. Alles zum Gute. (lacht) Bis heute habe ich keinen Speck gegessen. Ich kann mit gar nicht vorstellen, dass man da reinbeißen kann. (lacht)" Interview Sr. M., Absatz 16.

[76] „So hatten wir es ja auch immer versprochen, immer wieder die Gelübde zu erneuern. Ja, erst einmal jedes Jahr die drei Jahre und dann noch einmal drei Jahre und dann noch sechs Jahre das ewige Gelübde ablegen, für immer. Und dann ist der Gehorsam wichtig. Und auch Armut. Wir dürfen kein Geld behalten. Wir kriegen alles vom Kloster. Alles, was wir brauchen. Dann brauchen wir kein Geld. Und das gehört noch dazu." Interview Sr. M., Absatz 34.

[77] „Und es war so kalt! Dann haben wir die Hände / Wir waren draußen und haben Holz zusammengebracht. Das gab es nicht jeden Tag, aber immer wieder einmal. Aber es war eine solche Arbeit. Und dann habe ich meine Hände mit heißem Wasser gewaschen. Und es hat gebrannt und mir sind die Tränen gelaufen: ‚Jesus, wo hast du mich hingeschickt? Warum ist das alles so?‘, aber ich wollte ja. Und dann habe ich gelernt Das macht man nicht. Man muss kaltes Wasser nehmen. So, manchmal oder das Putzen. Zweierlei Hände und damit haben wir alles gemacht, aber alles gerne gemacht." Interview Sr. M., Absatz 18.

[78] „Auch Dummheiten gemacht. Wir haben bei einer Schwester geklopft und sind beide weggerannt und haben uns versteckt. Es war eine alte Schwester: ‚Wer hat geklopft?‘. (lacht) Oh, die Sr. Romana, sie war so gut. So haben wir es leichter gehabt, so. Also, dass wir viel gelacht haben, obwohl wir das nicht alles durften, aber wir haben solchen Spaß gehabt. (lacht) Ja, das ging zwei Jahre." Interview Sr. M., Absatz 18.

den Ordensoberen und der mütterlichen Novizinnenmeisterin sehr wichtig war.[79]
Die Inderinnen durften pro Monat einen Brief an ihre Eltern nach Kerala schicken, der auch von den Eltern regelmäßig beantwortet wurde. An Pfarrer Hubert
Debatin erinnert sie sich positiv.[80] Debatin nahm später auf seinen Indienreisen
ein Tonbandgerät mit, um so Sprachnachrichten zwischen den jungen Inderinnen in Deutschland und ihren Familien in Kerala auszutauschen.[81] Doch den
Schmerz über das Heimweh wollte Sr. Margaritha, wie die anderen jungen Frauen
gegenüber ihren Familien in Kerala nicht äußern.[82]

1961, etwa ein Jahr nach der Ankunft als Kandidatin wurde Sr. Margaritha ein-
gekleidet. Im Kloster trugen die Inderinnen bald traditionellen indischen Tanz bei
festlichen Anlässen vor. Auch Kirchenlieder auf Malayalam sangen die Frauen
während der Gottesdienste.[83] Die Ausbildung zur Krankenschwester absolvierte
sie im Freiburger Loretto-Krankenhaus. Nach dem Examen wurde sie in Pforzheim eingesetzt. Im Arbeitseinsatz hatte Sr. Margaritha wie auch die anderen
eingesetzten Ordensschwestern im Gegensatz zu den staatlichen Krankenschwestern keine freien Tage gehabt.[84] Im Pforzheimer Krankenhaus war sie später für

---

[79] „Zwei Jahre die Novizinnenmeisterin, sie war wie unsere Mutter. Sie hat sozusagen uns
alles von den Augen abgelesen und sich um alles gekümmert. Aber die Klosterregeln gelten
immer. Das ist sehr wichtig." Interview Sr. M., Absatz 70.

[80] „Mit Debatin habe ich nicht so viel Kontakt gehabt, aber er war so ein guter Priester. Er hat
sich wirklich um uns gekümmert. Immer wieder. Irgendwo haben wir uns getroffen. Er war
uns auch im Kloster besuchen, immer wieder in den ersten zwei Jahren. [...] Pfarrer Debatin
hat für uns immer einmal jede Woche montags Religionsunterricht gegeben." Interview Sr.
M., Absatz 46.

[81] „Da hat er eine Aufnahme gemacht, diese normale, damals noch / Wie heißt das? Ton-
band! Da hat er aufgenommen, wie Papa gesprochen hat. Und Mama, und die Kinder und
die Kleine auch: ‚Ich will dich einmal sehen, wie du aussiehst. Ich kenne dich nicht mehr
oder so!', und Mama hat geweint." Interview Sr. M., Absatz 44.

[82] „Weil man Heimweh gehabt hat. Und manche haben viel geweint. Und ich habe auch
geweint. Aber ich habe wirklich diesen Trost gefunden. Und wir konnten das nicht heim
schreiben. Ich konnte nicht nach Zuhause schreiben: Ich habe / Ich habe so Sehnsucht nach
euch. Das konnte ich nicht schreiben, weil ich wollte ja gehen." Interview Sr. M., Absatz 62.

[83] „Bei der Kommunionausteilen sollten wir singen. Und es hat ihnen so gut gefallen. Manche haben Tränen bekommen. Bei Vava Yesunada. Kennst du das Lied? Ja. Und das war sehr
schön. Sie wollten das immer hören. Zwei, drei Lieder. Das war gut. Das heißt sie haben das
alles angenommen von uns. Wirklich!" Interview Sr. M., Absatz 70.

[84] „[Staatliche Krankenschwestern] haben ja immer ihre Freistunde. Freie Tage. Was wir
nicht haben. An freie Tage kann ich nicht erinnern. Außer wenn wir damals in den Urlaub
gingen. Damals. Damals war das nicht. Heute bekommen die Schwestern genauso frei wie
die anderen. Aber damals nicht." Interview Sr. M., Absatz 88.

vier Nirmala-Angehörige verantwortlich gewesen.[85] Wegen der harten Arbeitsbedingungen in der Pflege wollte Sr. Margaritha nicht, dass ihre eigenen Schwestern als Krankenschwestern nach Deutschland kommen.[86]

Nach acht Jahren wurde es den Novizinnen aus Kerala gestattet, nochmals vor ihrer ewigen Profess nach Indien zu reisen, um ihre Entscheidung zu prüfen. Alle Novizinnen seien nach dieser Reise wieder nach Deutschland zurückgekehrt, um die ewige Profess abzulegen. In den 1970ern machte Sr. Margaritha als erste indische Ordensschwester in Deutschland ihren Führerschein, um eigenständig in der ambulanten Pflege arbeiten zu können.[87] Als der Vater Sr. Margarithas in Kerala im Sterben lag, gestattete es die Ordensleitung, dass sie nach Kerala fliegen konnte, um ihren Vater bis zu seinem Tod zu pflegen.[88] Später übernahm Sr. Margaritha für zwei Jahre in einem Missionshaus des Ordens in Pallakad die Position der Oberin.[89] Durch eine schwere Malariaerkrankung war Sr. Margaritha

---

[85] „Bei mir waren vier Mädchen, die nach Pforzheim gekommen ist. Sie waren alle nett. Sie haben sich alle Mühe gegeben, aber es war schwer. Je nachdem, wo sie herkamen. Wir sehen Sie. Zum Beispiel, ich komme von einer Stadt. Da ist es ein bisschen besser zivilisiert, oder nicht? Als bei denen aus dem Ländlichen, die etwas weniger haben. Da hat bei denen schon ein bisschen gefehlt. Da mussten wir es immer wieder wiederholen: Das nicht, das nicht." Interview Sr. M., Absatz 102.

[86] „Und, dass meine Schwester da ist, das ist auch nicht durch mich gekommen. Ich wollte es nicht, dass sie kommt, weil wenn die Mädchen so viel arbeiten müssten wie ich. Und das will ich niemandem zumuten. Ich wollte es nicht." Interview Sr. M., Absatz 30.

[87] „Ich war die einzige Schwester für das ganze Dorf und so konnte ich alleine entscheiden. Und ja, ich war immer beim Telefon. Wenn jemand mich anruft, dass ich gleich fahren kann. Es war alles eine sehr schöne Aufgabe für mich. [...] Ich habe ja extra Führerschein gemacht, damals in den 70er Jahren. Als erste Indische, der sie das erlaubt haben. Sie haben immer gesagt, dass sie das nicht könnten. Ich habe nie gesagt, ich will Führerschein machen, aber einige andere haben das angesprochen. Sie durften das nicht machen, weil / Es ist gefährlich, haben sie gemeint. Aber ich musste ihn machen, ansonsten konnte ich dort nicht arbeiten. So durfte ich es machen." Interview Sr. M., Absatz 2.

[88] „Er hat Zucker gehabt. Und dann / Unser Bischof war da, um unseren Papa zu besuchen. Der war ja auch da. Und dann hat er gesagt: ‚Na, du siehst gut aus!', Und da hat er gesagt: ‚Ja, mal, seit meine Tochter da ist. Sie kennt sich ja gut aus. Sie hat mir alles gegeben. Katheter und alles, was ich brauche. Und die Wundbehandlung, da ist alles in Ordnung. Sie pflegt mich wie, wie einen Prinz! So viel Hilfe die ich habe. Ich fühle mich wohl.' Und da hat er gesagt: ‚Ja, das ist gut so, die Tochter da zu haben.' Nach zwei Tage ist er gestorben. Ich durfte den ganzen Tag und die ganze Nacht bei ihm sitzen. Die Hand heben und mich für alles bedanken, im Namen aller Kinder. Alles. Dann ist der am Sonntag gestorben. [...] Das war für mich das Wichtigste in meinem Leben, dass ich da dabei war." Interview Sr. M., Absatz 12.

[89] „[...] ich war die Oberin dort, weil dort die Oberin krank geworden war. Sie musste nach Deutschland zurück. Und ich habe Kandidatinnen aufgenommen. Da waren schon welche da, ich habe noch einige dazu genommen. Und ja, ich habe die Gummibäume dort gesetzt, über

gezwungen, wieder zurück nach Deutschland zu reisen. Zu einem späteren Zeitpunkt kam Sr. Margaritha in Indien im Rahmen einer wundersamen Heilung ihrer
Mutter in Kontakt mit Charismatikern. Mit dem Verdacht auf Knochenkrebs lief
Sr. Margaritha selbst zu diesem Zeitpunkt mithilfe von Krücken. Von der Heilung
ihrer Mutter inspiriert besuchte Sr. Margaritha einen Gottesdienst der charisma-
tischen Bewegung. Als sie dort Zeugin einer Wunderheilung wurde, erlebte sie
ihre eigene Wunderheilung und eine Epiphanie, infolge derer sie die Verkündung
des Wortes Gottes als Berufung übernahm.[90] Zurück in Deutschland sprach Sr.
Margaritha mit ihrer Generaloberin über ihre Erfahrung und den Missionsauftrag.[91] Die Generaloberin unterstützte Sr. Margarithas Anliegen. Seit 1999 führt
Sr. Margaritha mit einem kleinen Team ein eigenes Haus im Taunus, wo sie Exerzitien durchführt. Inzwischen hat sie mehrere Bücher geschrieben und bereist mit
ihrem Missionsauftrag die ganze Welt. Heilung und der Missionsauftrag sind bis
heute ihre zentralen Lebensaufgaben.[92]

---

500. (lacht) Ja, ich habe dort sehr gerne gearbeitet. Ich war auch dort in den Dörfern. Da sind
Kranke, viele Kranke zusammengekommen, dass ich sie auch sozusagen behandeln konnte,
mit Medikamenten und alles. Wir haben auch Verantwortung gehabt. War auch / Manchmal
haben wir mit einem Arzt gesprochen, was und wie das weitergeht oder so. Das konnten
wir, wir hatten den Kontakt. Ja, viel gearbeitet, viel gelaufen. Und dort habe ich kein Auto
gehabt." Interview Sr. M., Absatz 118.

[90] „Ich habe gesagt: ‚Jesus, ich glaube dir, dass du hier bist!' Und ich habe angefangen zu
weinen. Und Mama hat eine Freude gehabt, dass ich geweint habe. Und sie / Ich wollte das
alles nicht glauben. Und ich konnte mit dem Weinen nicht aufhören. Mein ganzes Bein war
vorher dick. Und der Gips war eng. Das ist so locker geworden. Ich hatte keine Schmerzen
mehr. Ich war geheilt. Dann habe ich gesagt: ‚Ich mache alles, Jesus, ich mache alles was
du willst!' Ich habe eine Hand auf meiner Schulter gespürt. Ich habe gewusst, das ist Jesus
und mein ganzer Körper hat so vibriert. Ich habe gehört: ‚Gehe hinaus in die ganze Welt und
verkünde mein Wort.' Ich habe gesagt: ‚Ja, Jesus! Ab jetzt. Ich mache alles, was du willst.
Ich bin bereit alles zu machen. Ich muss nicht Pflegedienstleitung sein. Ich kann für dich
Pflegedienstleitung sein.' Ja und da habe ich viel geweint." Interview Sr. M., Absatz 118.

[91] „Ich muss über Jesus sprechen, zu den Deutschen. Dann hat sie gesagt: ‚Das darfst Du. Wir
beginnen jetzt in Mutterhaus ein Programm. 79 Ordensschwestern sind gekommen.' Und ich
hab zwei Priester eingeladen. Das war ein / Gewaltig war das, diese Berührung des Herrn.
Alle! Alle, die krank waren, wurden geheilt. Seitdem habe ich eine Gabe, eine besondere
Gabe. Die Heilungsgabe bekommen." Interview Sr. M., Absatz 118.

[92] Sr. Margaritha beschrieb unter anderem eine Heilung in Indien: „Ich war im Wohnzimmer
gesessen. [...] Eine Frau hat geläutet. [...] Ich habe zugehört. Sie hat geweint. Ihre Schwester
hat zwei Kinder. Sie haben beide Denguefieber. Das war damals vor Jahren. Und die beide
liegen. Sie haben keine Hilfe mehr. Sie werden sterben. Aber es gibt eine Medizin. Sie wollte
wissen, ob wir ihr helfen, für 5.000 Rupien diese Medikamente kaufen. Und ich habe in mir
gehört: ‚Und ich werde sie heilen.' Dann bin ich aufgestanden. Ich habe dieser Frau gesagt:
‚Liebe Frau, die Kinder brauchen keine Spritze. Gehen Sie schnell ins Krankenhaus, wo sie

Sr. Margaritha empfindet es als Entlastung, dass sie als Ordensfrau nichts mit der Praxis der Entlohnung zu tun hat. Sie konnte auch nicht über Geld verfügen. Sie berichtet zudem, dass nach ihr auch eine ihrer Schwestern in ein italienisches Ordenshaus eingetreten sei.[93] Sr. Margaritha schildert aus ihrem beruflichen Leben in Deutschland, dass sie Pflegedienstleiterin in zwei Pflegeheimen war und 623 Menschen in den Stunden ihres Todes begleitete, was sie mit tiefer Freude erfüllt.[94] Der Glaube stellt für Sr. Margaritha eine Ressource dar, auf welche sie stets zurückgreifen kann:

> Wissen Sie, die Menschen, die zu uns kommen, die haben ja Verständnis. Die wissen das ganz genau. Die glauben das. Die haben meine Bücher gelesen. Und das ist gut. Für fremde Leute / Wenn ich hier in eine Kirche gehe, zum Beispiel in eine Pfarrkirche, die sind alle nicht so freundlich. Aber das stört mich nicht. Gott ist immer freundlich. Ob er hier ist oder dort. (lacht) So geht es mir. Und ich freue mich, mit Jesus zu arbeiten und für Jesus zu arbeiten.[95]

---

liegen. Sagen Sie ihre Mutter soll mich anrufen. Ich werde telefonisch beten.' Meine Schwägerin hat mich angeguckt. ‚Geh schnell', habe ich gesagt: ‚Keine Medizin.' Dann ist sie gegangen. Und ich habe gesagt / Das sind ein Mädchen und ein Junge. Nur zwei Jahre Unterschied, die beide sterben. Dann habe ich gesagt: ‚Glaubst Du, dass Jesus Dich jetzt sofort heilt?' Da das Kind gesagt: ‚Ja, ich glaube.' Und ich habe laut gebetet. Ich habe gesagt, dass die Mutter die Hand auflegen soll. Und sie hat das gemacht. Und der Junge hat angefangen zu schwitzen. Das Fieber ging weg. Dann habe ich gesagt: ‚Schwitzen! Das ist gut! Jesus heilt dich! Jetzt die Tochter.' Ich habe für die Tochter gebetet. Und sie wurde auch geheilt. Beide / Beide waren geheilt. Dann habe ich gesagt: Danke! Dankt Ihr Gott! Ihr könnt jetzt entlassen werden. Jetzt könnt ihr heimgehen. Und am nächsten Tag bin ich nach Deutschland." Interview Sr. M., Absatz 128.

Sr. Margaritha erzählte, dass sie den damals geheilten Jungen einige Jahre später als jungen Seminarist wiedertraf.

[93] „Sie ist nach Italien und dort eingetreten. Nach zehn Jahre oder 15 Jahre ist sie wieder zurück nach Indien. Sie haben in Indien angefangen, eine Station, also ein Haus zu gründen und dort auch ein / Sie ist die / Sie hatte den Umgang mit behinderten Kindern studiert. Es waren Kinder in der Schule und sie war die Zuständige, die Administratorin für die Schule. Für alle Kinder hat sie die Verantwortung gehabt. Es waren 50 Kinder, die auch dortgeblieben sind und dort gewohnt haben. Manche davon wurden von ihren Eltern gebracht. Über 20 Jahre war sie dafür zuständig. Jetzt ist sie Rentnerin, und das sind so die Früchte von Eltern." Interview Sr. M., Absatz 2.

[94] „Und da habe ich immer, Tag oder Nacht, habe ich die Hand gehalten und alles vorbereitet. Und ich hoffe, dass sie alle mich auch begrüßen im Himmel. Das war für mich die schönste Aufgabe. Aber natürlich Wort Gottes Verkündigung auch, das macht viel Freude." Interview Sr. M., Absatz 12.

[95] Interview Sr. M., Absatz 122.

4.2   Erinnerungen ehemaliger
Nirmala-Krankenschwestern

4.2.1   Mariamma Chandy

[...] da hat unser Pastor dann immer gesagt: ‚Krankendienst ist Gottesdienst.‘ Wenn
man einmal nicht gehen kann, dann ist das auch nicht so schlimm. Ich brauch nicht
traurig sein und so / Weil wir auch immer in die Kirche wollten. Und ja, dann haben
wir das / Den Spruch, wenn wir jetzt nicht konnten / Dann haben wir den Spruch ernst
genommen und dann sind wir natürlich arbeiten gegangen.[96]

Frau Mariamma Chandy war eine von sechs Schwestern und drei Brüdern. Die
wirtschaftlichen Verhältnisse der Familie schwankten. Vor allem der ältere Bruder unterstützte dank seiner Anstellung die Familie.[97] Die Familie war zunächst
in einer protestantischen Kirche aktiv gewesen. Wegen der attraktiven sozialen Programme der syro-malankarischen Kirche konvertierte die Familie wie
andere protestantische Familien aus der Gegend zum Katholizismus.[98] Dort
war die religiöse Familie innerhalb der Gemeindearbeit sehr aktiv.[99] Nach dem

---

[96] Persönliches Interview: Mariamma Chandy, Deutschland, 02.12.2022, Absatz 12.

[97] „Also wir hatten ja Land. Also Landwirtschaft haben ja in Indien sehr viele Leute und dann
haben wir unsere eigene Ernte gehabt […]. Mein ältester Bruder war dann berufstätig in der
Post. Da hat er gearbeitet und dann / Sein Gehalt war ja dann auch in der Familie, damals
war er ja auch noch nicht verheiratet und so. Und dann hat er auch die Eltern und uns Kinder,
also Geschwister auch so unterstützt und so. Wenn einer etwas verdient hat, haben die dann
die ganze Familie mit unterstützt, sagen wir mal so. […] Auch mädchenmäßig. Unsere Eltern
konnten auch uns alle Mädchen verheiraten, als die Zeit da war.“ Interview M. C., Absatz 14.

[98] „Ja, erst waren wir also familienmäßig, erst waren wir Protestanten. Eine protestanten-
mäßige Kirche. Das war so, weil bei uns in der Nähe gab es diese malankarische Kirche (…)
Gemeinde noch nicht. Und dann waren wir in der protestantischen Kirche, da war ich auch
sehr aktiv, wir gehörten auch alle dazu. Und hinterher kamen diese malankarische Kirche mit
Kapuzinerpastor. Er war das, der hat bei uns mir dieser Kirche angefangen hat, diese Pfarrgemeinde angefangen hat und die Kirche gebaut hat. Und dann hat er viele Familien so dazu
geholt. Die Leute sind dann auch gerne hingegangen, also gewechselt von Protestanten zu
den Katholischen. Ja, und da haben wir dann auch immer mehrere Gebiete / Also sagen wir
mal (…) Möglichkeiten gegeben, auch für die Schulen und dann auch beruflich irgendwas
zu machen. Und andere Unterstützungen. Arme Leute, die keine richtige Wohnung hatten
oder überhaupt keine Wohnung haben usw. denen haben die dann auch immer geholfen.
Dadurch sind auch mehrere Familien in dieser Gemeinde reingegangen, also gewechselt
von der anderen, der anderen Kirche. Und das war auch so ein Vorteil.“ Interview M. C.,
Absatz 10.

[99] „Kirche waren wir ja auch jederzeit. Jeden Sonntag in die Kirche, wenn sonst irgendwie
was. Oder so auch gab es ja auch manchmal so Tage / Die Hausbesuche oder auch sonn-
tags um zum Beispiel. So Frauengemeinschaft und auch Väter, die zusammen, die Männer

Abschluss der Sekundärstufe unterrichtete Frau Chandy fünf Monate in einer Schule, doch sie wollte schon immer Krankenschwester werden.[100] Im Rahmen der Nirmala-Aktion erkundigte sich ihre Familie über die finanzielle Organisation im Vorfeld, wobei ihnen gesagt wurde, dass die Kirche in Vorleistung gehe, aber das Geld durch das Gehalt zurückzuzahlen ist.[101] Frau Chandy wurde zunächst im Nirmala-Auswahlverfahren nominiert, aber wegen der vergleichbar besseren wirtschaftlichen Situierung ihrer Familie wurde ihr kurzzeitig abgesagt, bevor sie letztendlich doch noch eine Zusage für die Teilnahme an dem Migrationsprojekt erhielt.[102] Den Eltern, allem voran der Mutter, fiel der Abschied schwer und auch

---

zusammen irgendwie so. Die so in der Kirche engagiert waren usw. Das fanden wir alles auch sehr gut, viele haben das dann auch immer mitgemacht und einer hat das immer so irgendwie geleitet und so. Das lief eigentlich, das religiöse Leben, das haben wir gehabt, muss ich ehrlich sagen. Wir sind auch immer ohne aufzufallen [...] haben wir immer gesagt ja, gehen und die sind auch immer, immer mitgegangen, in die Messe und so und haben alles mitgemacht. Und das war also wirklich ein religiöses Leben. Haben wir gehabt. Sehr viel. Also sehr gut. Muss ich sagen." Interview M. C., Absatz 12.

[100] „Da war ich dann da für fünf Monate als Lehrerin in der Grundschule und ich musste dann auch jeden Tag zur Schule. Die ganze Strecke. Da fuhr auch kein Bus oder so was. Meistens hat mich mein Vater dann begleitet. Das sind bestimmt mehrere Kilometer gewesen, zu Fuß und dann, hinterher / Also nach dieser Zeit, als dieser Aufruf für Deutschland kam und dann das okay kam, da habe ich da aufgehört. Und von da aus / Davor habe ich dann auch noch mal so Kurse gemacht, wie Hindi, zum Beispiel nordindische Sprachen gelernt und das war mein Lieblingsfach, immer in der Schule." Interview M. C., Absatz 8.

[101] „Und dann haben wir auch natürlich erst einmal die Frage gehabt, wie das mit den finanziellen Sachen geht. Das sind ja die ganzen Vorbereitungen und der Flug. Und alles Mögliche, was dann so ist. Wir wussten auch nicht wie das mit der Schule und so geht, ob wir irgend wie wir zu bezahlen oder wie das überhaupt so aussieht. Ja und dann haben die dann gesagt, also dass die Eltern jetzt keine Kosten haben werden. Sie werden alles vorstrecken, was man so braucht und dass wir dann, wenn wir hier angefangen haben zu arbeiten und verdienen / Dann werden die / Dieser Verdienst geht erst in das Bischofhaus. Nicht zu den Eltern oder in unsere Hand, sondern das geht in das Bischofhaus und die Bischöfe haben dann das verteilt für jede Pfarrgemeinde oder bzw. jede Familie." Interview M. C., Absatz 20.

[102] „[...] unser Pastor [hatte] mich eigentlich auch ausgewählt. Und weil ich das auch immer wollte so, und dann hinterher, haben die die Zahlen gekürzt. So, also so, dass er dann nur sozial schwache, sehr sozialschwache Familie, die also, diese Leute hier hinschicken wollten. Und dann hat er mich dann ausgeschlossen. Dann hat unser Pastor dann gesagt, ne, also, er kann nur eine andere schicken oder zwei. Da gehörte ja dann auch noch eine andere dazu und dann hat er mich ausgeschlossen. Da war ich ja sehr, sehr traurig. Nach der Messe. Nach der Messe hat er es dann gesagt und nach der Messe bin ich dann nach Hause gegangen und dann habe ich so geweint, so geweint, also, dass ich jetzt nicht / Also nicht wegen der Finanzen, aber diese Wünsche waren ja da und er es hat ja auch angeboten. [...] Und dann unsere Pfarrgemeinde, die wussten auch, dass ich gehen durfte. Und dann habe ich gesagt, ich geh nicht mehr in die Kirche und ich will auch von dem Pastor nichts hören. (lacht) Und dann bin

Frau Chandy empfand im Rahmen des Abschieds Zweifel an ihrer Entscheidung zur Migration.[103] Frau Chandy beschreibt die Reise in das winterliche Deutschland und den ersten Kontakt mit dem internationalen Kontext während des Flugs als Kulturschock.[104] Einen weiteren Kulturschock erlitt sie an ihrem ersten Tag im PLK Emmendingen, als sie feststellte, dass in den deutschen Pflegeinstitutionen anders mit pflegebedürftigen Menschen umgegangen wird, als sie es aus Kerala kannte.[105] Die Kliniken waren damals voll kriegsgeschädigter und kranker Menschen.

---

ich auch wirklich so traurig gewesen. Und ich hab gar nicht, ich hab auch gar nicht mehr mit ihm so gesprochen oder so, gar nichts. Und dann, nach ein paar Wochen, hat er denn gesagt, ja, ich sollte doch mal zu ihm kommen, ins Pfarrzentrum. Und da bin ich mit meinem Vater dahingegangen. Und da hat er gesagt: Ja, ich könnte / Er hätte sich das überlegt, ich könnte ja auch mitfliegen, also mit nach Deutschland." Interview M. C., Absatz 4.

[103] „Unsere Familie, also meine Eltern, wollten das gar nicht, als wir ins Flugzeug einsteigen wollten / Und die haben uns begleitet zum Flugzeug. Und da hat auch meine Mutter so geweint, da hat sie gesagt: ‚Kind, das ist immer noch nicht zu spät. Du bist immer noch nicht im Flugzeug. Überleg dir das richtig! Überleg!'. Ich habe gesagt: ‚Mama, ich habe mir das richtig überlegt. Ich fliege. Und dann hat sie so geweint. Dann bin ich in den Flug rein. Also, wir alle. Wir waren zehn Mädchen. Ins Flugzeug rein und die Türen waren zu. Und als wir starten sollten, dachte ich: Mein Gott, was hast du denn bloß getan? Das habe ich mich für mich so gefragt: Was hast du jetzt bloß getan? Du / Hier hast du siehst nicht, hörst nicht. Und dann. Und meine Mutter hat so geweint und so." Interview M. C., Absatz 4.

[104] „Und als wir dort ankamen / Und wir waren alle gleich angezogen, uniformmäßig. Also Sari mussten wir anziehen. Und indisch, also Sari und Sandalen. Und dann steigen wir eben vom Flug aus. Boah! Es war eisig. Es war so hoch Schnee. Und dann muss ich immer vom Flugzeug aus in den Bus einsteigen. Und ich war ja so klein. Und in den Bus sind wir rein. Und dann waren da noch viele so Afrikaner, riesengroße Leute und wir dazwischen so klein. Und wir konnten uns ja auch nicht mal richtig festhalten. Und dann kann man ja oben an den Griff / Irgendwie hab ich den angefasst und gedacht: Mein Gott, was sind das für Menschen hier, das gibt es doch überhaupt nicht. […] Und dann, als der Bus losfuhr, dann haben wir überall so geguckt. Es gab keine, keine grüne Blätter, Bäume, die waren nur alle so ausgetrocknet. Und dann habe ich gesagt: ‚Mein Gott, sind die Bäume hier alle so kahl, dass es keine Blätter gibt', und so. Und dann haben wir, konnte ich auch nicht fragen oder nicht darüber sprechen. Wir haben miteinander darüber gesprochen. (lacht) Und die Schwester haben wir dann gefragt: Wie ist das denn? Die haben, die haben gesehen, dass wir da aufgeregt waren und so und / Dann war die ganze Zeit so gewesen. Das war ein Schock für uns erst Mal." Interview M. C., Absatz 4.

[105] „Mein erster Schritt im Krankenhaus war / [Ein Pfleger] nahm mich mit in ein Zimmer. Er machte die Tür auf. Und dann habe ich gesehen: Mein Gott, da lag eine Omi, so wie ein S-förmig. Nur Haut und Knochen. Sie war fast ein Pflegefall und dann fast am Sterben. So schwer krank. Habe ich so ein Schock gekriegt. Da habe ich gedacht: Was ist das? Der dunkle Raum und kein Mensch ist da. Die Omi liegt da ganz alleine. Haut und Knochen. Wirklich wie wie ein S-Form. Und da habe ich so einen Schock gekriegt. Und dann habe ich gefragt und dann irgendwie gedacht / Die hatten gesagt: Ja, das ist so ist. Da war kein Besuch, also

Ambivalent schildert Frau Chandy vom ersten Weihnachtsfest der Nirmala-Angehörigen in Deutschland, das ihr besonders in Erinnerung geblieben ist.[106] Den Krankenpflegekurs schloss Frau Chandy in einer gemischten Klasse bestehend aus Inderinnen und Deutschen als Einzige und Klassenbeste mit der Note 1 ab.[107] Die daraus erwachsene Möglichkeit der Aufnahme eines Medizinstudiums schlug Frau Chandy zu Gunsten der Sicherstellung einer finanziellen Versorgung ihrer Familie in Kerala aus.[108] Ihre Schilderungen zu ihrer Berufsauffassung als

---

keiner bleibt dabei. In Indien ist es ja so, wenn einer in Krankenhaus liegt, egal wie schwer, dann ist immer eine Person dabei, die Verwandten oder so, Pflegepersonal ist ja nicht dort in der Richtung. Ja. Das hat dann so, so ein Schock in mir versetzt. Und dann habe ich gedacht: Wenn du mal alt bist, bloß nicht hier, so. Das war mein erster Gedanke, der bis jetzt immer noch drin geblieben ist. Und so sind wir dann von einem zum anderen gegangen und dann auch mit der Pflege und auch mit Toilettengang usw. das mussten wir alles lernen. So was kennen wir so alles gar nicht." Interview M. C., Absatz 4.

[106] „Das war so bereichernd, sag ich mal, mit Geschenken, mit speziellem Essen und alles drum und dran. Also Geschenke waren noch und noch und noch. Wir waren da so überrascht, wir hatten so was zum ersten Mal erlebt. In Indien feiern wir auch Weihnachten, aber nicht so großzügig. Nicht so mit vielen Geschenken und so was wie hier. Gedeckte Tische, das war sehr überraschend. Christbaum usw. […] Da waren wir im Speisesaal zum Essen. Und dann roch das so ganz komisch. Mein Gott, was riecht denn hier so? Dann gab es zum Essen: Sauerbraten, Kartoffelklöße und noch irgendein Gemüse dabei. Und dieser Sauerbraten. Das hat uns so / Alles! (lacht) Dieser Geruch alleine schon. Ach, das konnten wir nicht mehr ertragen. Und als Nachtisch gab es dann Banane. Und dann konnten wir unser Fleisch nicht essen. […] Und manche von uns / Was die nicht essen konnten, haben die Bananen aufgepellt und Fleisch in Bananenschalen reingesteckt. (lacht)" Interview M. C., Absatz 4.

[107] „Wir waren 32 Leute in der Krankenpflegerschule. Ja, und dann war ich die Beste. Es gab nur ein einzige, die nur eine 1 hatte und das war ich. Die habe ich bekommen. Und wir waren ja die erste Gruppe in der Psychiatrie, die da die Examen gemacht hatten und als ausländische und (unv.). Und dadurch haben die uns auch in Baden-Württemberg dann groß / Also das war ja der Filbinger damals. Und da haben sie eine Veranstaltung gemacht, um die Urkunden auszuteilen. Da habe ich ja immer noch meine Brosche von Baden-Württemberg und dann meine Urkunden und so. Was man da so / Was es da so gab und dann hat / Ich habe mich wirklich sehr gefreut. Sehr gefreut! Und dann wurde das auch von ihm ausgehändigt und ich wurde auch namentlich erwähnt. So und da haben die sich auch alle sehr gewundert und da haben die sich auch alle gefreut und gesagt: ‚Oh, das ist aber toll' und aus einem fremden Land hierhin und so, Sprache lernen und so einen schweren Beruf und alles." Interview M. C., Absatz 30.

[108] „Was ich jetzt bedauere: Ich habe dann einen Platz angeboten bekommen gehabt. Also von Papa auch. Haus auch in Freiburg. Da konnte man nach 3-jähriger Krankenpflege, wenn man gut abgeschlossen hat, Medizin studieren. Ohne Vorbereitung und ohne was. Da hätte ich gleich anfangen können. Oder hat der Papa mir auch gesagt: ‚Mary, willst du nicht? Du schaffst das und du kannst doch. Und ich kann dir einen Platz besorgen' usw. Und dann habe ich gesagt: ‚Nein, Papa.' Da waren ja auch unsere sechs Jahre noch nicht vorbei. Ich wollte

Krankenschwester entsprechen einer traditionellen religiösen Begründung, welche an eine Berufung erinnert.[109] Frau Chandy betont allem voran das besondere zwischenmenschliche Wirken der indischen Krankenschwestern gegenüber Patienten in schwerwiegender medizinischer Verfassung.[110] Gleichzeitig war ihr auch der menschliche Umgang durch die beteiligten Deutschen sehr wichtig.[111]

Pfarrer Hubert Debatin betreute die Nirmala-Frauen wie Kinder, was Frau Chandy heute durchweg positiv beurteilt.[112] Frau Chandy verweist darauf, dass

---

nach Hause und dann habe ich gesagt: ‚Ja, ich muss jetzt, jetzt verdiene ich ja bisschen mehr. Da muss ich an meine Familie denken.' Es war dumm, also so gesehen. So. Ja, und dann habe ich das gesagt: ‚Nein, ich möchte das jetzt nicht. Vielleicht später', habe ich gesagt, aber später ging auch nicht." Interview M. C., Absatz 116.

[109] „„Also das hat mir so gutgetan, dass sie so manchmal Händchen gehalten haben oder mich so beruhigt haben. Das hat mir so gutgetan. ‚Ich weiß, dass sie wenig Zeit haben' und so was. Da habe ich gesagt, dass das kein Problem ist. Auch wenn ich Freizeit habe, dann kann ich auch helfen. Das ist nicht schlimm. Ich muss jetzt nicht auf die Uhr gucken und so habe. Da konntest du dich wirklich freuen, dass du dein gutes Werk getan hast." Interview M. C., Absatz 22.

[110] „Wenn [die Patienten] uns gesehen haben, dann haben sie dann so gestrahlt! Also am Gesicht konnte man das sehen […]. Und dann war ja auch manchmal da so bronchienkranke Leute, die / Also die haben dann keine Luft gekriegt. Die liegen da und japsten. Da hat man dann ehrlich gesagt so mit, mit so automatisch mit denen so mitgeatmet. So luftnotmäßig und so, an was sie so gelitten haben und dann haben die dann immer um Hilfe gesucht und dann hat man ja natürlich ihre Hand festgehalten oder mal so beruhigt und mal gestreichelt. […] Und dann irgendwie haben wir gesagt: ‚Es ist okay'. Und dann hat man wirklich gemerkt, wie ruhig die so wurden. Dass jemand da ist, der wirklich denen die Hand hält und dann mal zuredet oder mal ablenkt und so. Viele hatten ja auch dieses Angstgefühl. […]Und dann habe ich manchmal auch so gedacht: Schau, wenn du jetzt für andere Menschen es so tust, wenn dann deine Eltern mal in so einer Lage wären oder wenn du selbst mal so wirst oder so, da wird auch jemand für dich da sein. […] Das waren meine Gedanken, immer so. Und das war auch ein Grund, warum ich dann da jemanden nicht so / Alleine zum Sterben liegen und kein Mensch ist da und ich bin eingeschlossen, die Tür ist zu. Ich liege da und keiner sieht oder ist da, um eine Hand festzuhalten oder ein Gefühl zu geben: Du bist nicht alleine oder so. Es gab das ja früher nicht und das habe ich mir immer so gewünscht und ich habe das immer für anderen so gegeben, weitergegeben." Interview M. C., Absatz 22.

[111] „„ Und das Menschliche ist sehr wichtig, was man da am Anfang erlebt hat. Die haben uns dann wirklich wie so eigene Kinder so behandelt. Auch die Leute, die im Krankenhaus waren sehr, sehr liebevoll. Auch von oben, also von der von der höheren Stellen bis unten hin. Alle." Interview M. C., Absatz 48.

„Und da gab es ja kein Telefon. Kein Internet, kein Fax, gar nicht. Ja, und dann haben wir immer Briefe geschrieben, dass es uns gut geht. Und, dass sie sich keine Sorgen machen und, dass wir hier Mama, Papa, Tante, Onkel und alles." Interview M. C., Absatz 4.

[112] „Wie so Kinder, hat er uns auch wirklich so betreut. So, das war das. Und dann haben wir gedacht, och, das ist schön, dann kann man ja armen Menschen, Kranken helfen. Und das ist

die Religion das Berufsleben der Nirmala-Angehörigen strukturierte, gleichzeitig erklärt sie ihr Durchhalten in dieser herausfordernden Situation mit ihrem Gottesglauben.[113] Viel Halt gab der Kontakt mit deutschen katholischen Familien, in denen die indischen Frauen familiäre Geborgenheit fanden und Ersatzbeziehungen eingingen.[114] Einige kulturelle Gebräuche aus Kerala übernahm Frau Chandy auch in Deutschland.[115]

Frau Chandy berichtet davon, dass die finanzielle Organisation der Nirmala-Aktion im Hintergrund lief und den Frauen wie auch den Familien nicht transparent war. Zudem berichtet sie von Unregelmäßigkeiten im Rahmen der finanziellen Rücküberweisungen an die Familien über die kirchlichen Kanäle.[116]

---

ja gerade der Wunsch von vielen von uns gewesen. Und wenn, dann / Also mein Wunsch war das auf jeden Fall." Interview M. C., Absatz 20.

[113] „Wenn wir Freizeit hatten, dann sind wir gegangen, wenn wir einen Dienst hatten, dann / Wenn man morgens Dienst hatte und nachmittags Messe war und dann sind wir auch da hingegangen und so. Das alles also so. Muss ich wirklich sagen, das ganze Leben war kirchlich und religiös. Und der liebe Gott hat geholfen. Deshalb muss ich wirklich sagen, dass er, dass Gott uns alle geschützt hat und wir soweit jetzt auch noch so gesund leben können, weiterleben können. Mal sehen, wie viele Jahre noch (lacht) mal gucken. Interview M. C., Absatz 12.

[114] „Dann war da noch ein Familie, die Familie Zartler: Peter und Anna, sie war auch Pflegedienstleitung da und er war Papa. Wir haben immer Papa und Mama gesagt, weil die haben keine Kinder gehabt und dann haben die uns auch. So haben sie mich auch dann so lieb behandelt, uns alle. […] Tante Lisel und Onkel August waren da. Und dann war da auch eine Junge, der war gerade so klein und so· Er war ganz überrascht, dass er uns dunklen mit langen schwarzen Haaren und so gesehen hat, dass er sich immer unter dem Rock von der Mama versteckt hat. Er war so gerade zehn, elf Jahre alt und wir fanden das so süß und man konnte / Der hat immer / Er war jeden Tag so schüchtern. Aber dann kam er immer wieder, immer wieder so ein bisschen näher. So, dass wir ihn wie einen eigenen Bruder und so mit ihm uns zu Hause gefühlt haben." Interview M. C., Absatz 94.

[115] „Wenn ich jetzt in die Kirche ging bei uns in Indien, dann würde ich auch mein Sari oder Schal oder irgendwas zur Kopfbedeckung / Kopftuch trage ich in der Kirche zum Beispiel. Oder wenn man zu Hause irgendwie betet oder so was." Interview M. C., Absatz 4.

[116] „Und dann haben die damals gesagt, dass sie, der Vater oder Verwandten, oder meistens die Väter hingehen sollten. Und dann, das war am Monatsende oder Anfang des Monats. Manchmal waren die da und haben dafür sehr lange Wege gemacht. Und als sie da waren und, dann war das Geld nicht da. Und dann, wenn die gefragt hatten, dann hatten sie gesagt: ‚Ja, das ist noch nicht angekommen, das Geld ist noch nicht da'. Und so / Ich denke, dass man das von hier das überwiesen hat oder so. Auf jeden Fall da. Manchmal musste man auch mehrmals laufen oder mehrmals da hin, bis wir das Geld bekommen haben. […] Ja, dann manchmal waren wir auch sehr enttäuscht. Die Eltern natürlich, Vater und so, nicht nur von mir. Mehrere Väter, die da von den anderen da waren. Und dann mussten die wieder zurück und wieder wiederkommen und so. Da kann man ja nicht anrufen und fragen: ‚Ist das Geld

Die finanzielle Hilfe an die Familie in Kerala nahm während des Nirmala-
Einsatzes eine wichtige Rolle ein.[117] Frau Chandy wollte damit aus eigenem
Verantwortungsempfinden ihren Eltern für deren Entbehrungen etwas zurückgeben.[118] Es gab einen Zeitpunkt, an dem ihre Rückzahlungen an die Kirche fertig
geleistet waren.[119] Nach fünfeinhalb Jahren waren die Frauen aus Emmendingen
für ein halbes Jahr an ein allgemeines Krankenhaus in Datteln gekommen. Das
PLK Emmendingen ließ die Frauen nur widerwillig gehen.[120]

Am Ende der Nirmala-Aktion transportierte Frau Chandy das verdiente
gesparte Geld der Nirmala-Zeit wie auch die anderen Frauen in bar in ihrer Hand-
tasche zurück nach Kerala. Dort setzte Frau Chandy das Geld zur Finanzierung
der Mitgift ihrer Schwester ein, zudem half sie ihrer Familie anderweitig.[121] Nach

---

da oder kann ich jetzt kommen?', oder so was. Das war ja nicht möglich. Die müssen die
Wege dann immer per Fuß machen, egal wie viel Kilometer" Interview M. C., Absatz 20.

[117] „Und da haben wir auch unterstützt für Studium und so. So sind alle eigentlich jetzt gut
versorgt sind. Manche davon sind auch schon in Rente. In Indien fängt ja mit 55–56 Jahre
schon das Rentenalter an. Und ja, die können Zufriedensein und glücklich sein, dass sie dann,
das es allen so weit gut geht da und Kontakt haben." Interview M. C., Absatz 10.

[118] „Familie unterstützen. Alles für Eltern. Wenn man gesehen hat, wie hart die in der Landwirtschaft und so was gearbeitet haben. Meine Eltern zum Beispiel. Und da hat man auch
gedacht: Oh Mann /. Oder wenn wir da in Indien zur Schule geht und lange Schule haben
und so was, dann nehmen wir immer Mittagessen mit. Also Reis und so Sachen für den Mittag und so. Und dann auch, wenn die auch selber nichts mehr zu essen haben oder so was.
Aber trotzdem haben die für die ihre Kinder immer gut unterstützt und alles mitgegeben und
gut begleitet usw. Also da sollte man natürlich auch eine Dankbarkeit haben, dass man deren
Leben also, denen ihr Leben auch erleichtert haben." Interview M. C., Absatz 46.

[119] „Die hatten ja dann gesagt, dass es dann zu Ende ist, also alles ausgeglichen ist. Wir wussten gar nicht wie viel und was und wie und so. Aber dann konnten wir uns natürlich auch
über / Wir konnten selbst eigene Sachen machen, also eigene Finanzen, so sagen wir mal,
wirtschaften und dann auch der Familie schicken und so. Wir haben auch selbst hier so ein
bisschen gespart, wir mussten ja auch den Flug bezahlen, wenn wir zurückfliegen usw. und
so." Interview M. C., Absatz 20.

[120] „[…] und dann hat auch unsere Professor von da / […] Als wir uns verabschiedet haben,
da wollte er uns eigentlich gar nicht gehen lassen. Er hat gesagt, wir sollen die halbes Jahr
noch dableiben und dann haben wir doch das anders entschieden. Und so hat er gesagt, als
wir gehen wollten / Und dann hat er auch gesagt: Ihr könnt immer mit vollem Koffer vor der
Türe stehen, ohne euch zu melden, jederzeit seid ihr herzlich willkommen und so! Und dann
habe ich gedacht: Oh, finde ich aber ganz, ganz lieb so und dann auch nicht irgendwie so
hochnäsig oder so was. So wie wir das auch gewohnt waren." Interview M. C., Absatz 4.

[121] „Ja, erst einmal den Flug bezahlt und dann waren wir in Indien. Dann habe ich unsere
Wohnung ein bisschen verschönert, renoviert. Unser Haus in Indien. Ja, und dann habe ich
für meine eine Schwester / An die mussten wir noch was zurückzahlen. Also, wo die verheiratet wurde, konnten meine Eltern nicht die ganze zurückgeben / Das ganze Geld geben. Und

der Rückkehr nach Indien bestanden ihre Eltern darauf, dass Frau Chandy heiratet. Sie versuchte in Kerala auch eine Arbeitsstelle als Krankenschwester zu finden. Ein Krankenhaus hatte sie abgewiesen. Ein anderes kirchliches Krankenhaus hätte sie angestellt, allerdings beschäftigte das Krankenhaus ausschließlich ledige Frauen, weswegen Frau Chandy hinsichtlich der bereits geplanten Hochzeit den Beruf doch nicht aufnahm.[122] Frau Chandy heiratete einen indischen Mann, bevor sie nach einigen Widerständen in der Familie erneut zur Arbeitsaufnahme nach Deutschland reiste.[123] Frau Chandy holte ihren Mann später nach Deutschland nach. In verschiedenen deutschen Krankenhäusern übernahm sie bald auch die Stationsleitung, was später als dreifache Mutter eine enorme Mehrfachbelastung darstellte.[124]

Inzwischen ist das Ehepaar Chandy verrentet und lebt in Nordrhein-Westfalen. Ihre gemeinsamen drei Kinder leben mit ihren Familien bundesweit verteilt.

---

den Rest haben wir dann da bezahlt. Und dann war meine jüngste Schwester nach der Entbindung zu Hause. Die hatte gerade ein paar Tage vorher entbunden und dann mussten wir dann für sie einiges machen. Und also Geld. Finanziell musste ich auch einmal ein bisschen unterhalten und helfen. Und so Sachen." Interview M. C., Absatz 180.

[122] „Eine Ärztin hat mich interviewt, die muss ein bisschen Ahnung vom Ausland gehabt haben. Die hat mir dann auch gesagt: ‚Ja, wenn Sie da gelernt haben, dann haben sie ja auch keine Scheu, irgendwie eine Patientin oder Patient Töpfe zu geben, zum Pipi machen oder anderes'. Und da ekle ich mich nicht. Also da bin ich ja nicht so feinfühlig, sage ich mal. Solche Arbeiten mache ich ja auch. Da habe ich gesagt: ‚Ja, mache ich auch. Es ist kein Problem für mich. Wir haben das ja auch alles machen müssen.' Aber in Indien, die das so gelernt haben, die haben ja immer die Nase hoch. Weil erstens sind die Verwandten dabei, die müssen dann alles machen, wenn eine krank da liegt und die selber machen das gar nicht." Interview M. C., Absatz 162.

[123] „Und dann haben [die bereits nach Deutschland zurückgekehrten ehemaligen Nirmala-Angehörigen] gesagt: Kommt doch mal zurück und jetzt ist es ja noch viel schöner. Man verdient auch mehr. Und dann sprach ich / Wir haben ja auch kein Problem und so. Mein Mann wollte das nicht. Aber dann habe ich so gebeten, ob ich vielleicht doch mal ein, zwei Jahre oder so, dann da nochmal hin gehe. Und dann hat er / Haben wir machen doch noch entschieden, also dass ich noch mal komme. Dann kam ich auch wieder nach Emmendingen und von da aus, da habe ich auch ein, zwei Jahre dann gearbeitet und dann bin ich ins Ruhrgebiet gekommen, Nordrhein-Westfalen und habe hier weitergearbeitet." Interview M. C., Absatz 4.

[124] „Da hat auch meine Familie sehr viel Verständnis gehabt, sehr viel Verständnis gehabt, auch meine Kinder. Deshalb haben die auch gesagt: ‚Mama, hey, du musst immer am Wochenende arbeiten, an Feiertagen musst du arbeiten' und so, aber ich habe immer die Familie nie nachgelassen. Mit Essen oder Bildung. Bei meinen Kindern, die Bildung oder so habe ich immer schulische Sachen mitgemacht und aufgepasst. Elternsprechtag und das alles habe ich mitgemacht [...], trotz vieler Verantwortung und das alles unter einen Hut gekriegt." Interview M. C., Absatz 22.

Frau Chandy wünscht sich gesund zu bleiben, um weiterhin nach Kerala pendeln zu können. Sie würde es aber im Fall einer etwaigen Pflegebedürftigkeit vorziehen in Kerala gepflegt zu werden:

> Aber so jetzt, wenn man alt wird und zum Pflegefall wird oder mal bettlägerig wird oder so, dann möchte ich lieber in Indien sein. Sag ich mal so. Also dann fühle ich mich / Dann würde ich mich in Indien besser fühlen, weil ich da liebevoll / Sagen wir mal, wenn man es sich finanziell leisten kann, dann hast du auch liebevolle Betreuung oder auch von der Verwandtschaft her, oder Nichten und Neffen.[125]

4.2.2 Thankamma Kehrbauer

> Es wäre gut, selbst wenn Fremde hierherkommen / Es ist egal, (...) dass man denen das Gefühl gibt: Ihr seid hier willkommen. Das / Das müssen die spüren! Diejenigen. Nicht die Hiesigen, sondern die die reinkommen. Die müssen das spüren. Wir sind hier willkommen. Das Gefühl muss man denen geben.[126]

Thankamma Kehrbauer war eines von sechs Kindern. Die Familie gehörte dem syro-malankara Ritus an und war sehr religiös gewesen.[127] In der Schule habe es das Fach Religion nicht gegeben, dafür hat Frau Kehrbauer jeden Sonntag nach der Kirche den kircheneigenen Religionsunterricht besucht. Innerhalb der Gemeinde sei sie sehr aktiv gewesen.[128] Der Familienzusammenhalt war sehr

---

[125] Interview M. C., Absatz 192.

[126] Persönliches Interview: Thankamma Kehrbauer, Deutschland, 17.12.2022, Absatz 196.

[127] „Die Kirche ist ein fester Bestandteil. Der Pfarrer, der Gemeindepfarrer. Ob das jetzt in der Schule, oder in der Familie, oder eine Beerdigung, oder eine Hochzeit, oder Taufe. Egal was es ist, der Gemeindepfarrer ist der Mittelpunkt. Und selbst auch noch bei diesen Festen oder so. Kenne ich viele, viele Väter oder Mütter, die dann zum Pfarrer gegangen sind und dort gesagt haben: ‚Ich habe die und die Probleme'. Und der hat dann doch in der Richtung mehr oder weniger geholfen. Ob das jetzt noch der Fall ist, weiß ich nicht, aber in unseren Zeiten war das so. Mein Vater war ziemlich, ziemlich mit der Kirche verbunden." Interview T. K., Absatz 74.

[128] „. Und dann habe ich in verschiedenen Gruppen mitgewirkt, weißt du? Es gibt es ja Jugendgruppen und sogar auch als Putzfrau, sogar! In der Kirche musste ja einmal im Monat zusammengefegt werden. Nass wischen. Das haben wir auch gemacht." Interview T. K., Absatz 10.

wichtig und eine positive Darstellung nach außen zentral.[129] Frau Kehrbauer beschreibt ihren Vater als prägende Figur als sehr sozial und hilfsbereit.[130] Sie berichtet zudem einer reflektierten Gesprächskultur innerhalb ihrer Familie, in der es monatlich ein Rückmeldungsgespräch zwischen Kindern und Eltern gab.[131]

Frau Kehrbauers Mutter war Hausfrau gewesen. Nebenher generierte sie durch Nachhilfe in der Nachbarschaft ein kleines Einkommen für die Familie. Frau Kehrbauers Vater arbeitete als Elektriker selbstständig und hatte drei bis vier Leute angestellt. Er war unter anderem für die Projektorentechnik der umliegenden Kinos rund um die Uhr in Bereitschaft gewesen. Und trotz des Einkommens durch den Vater war es der Familie aus finanziellen Gründen nur möglich gewesen, ausschließlich das Studium von Frau Kehrbauers ältesten Bruder und ihrer ältesten Schwester zu finanzieren.[132] Doch selbst das Studium der im Gehen eingeschränkten ältesten Schwester musste unter Unterstützung des Vaters gegenüber

---

[129] „Der Familienzusammenhalt war uns wichtig. Und auch nach außen hin. Wenn du heute nicht was zum Essen hast, dann darf das der Nachbar nicht wissen. So sind wir erzogen worden. Deshalb war das für uns, was in der Familie positiv oder negativ war / Oder, wenn untereinander mit sechs Kinder gibt es immer irgendwas, aber das ist nie nach außen hingetragen wurden. Auch zwischen Vater oder Mutter." Interview T. K., Absatz 8.

[130] „Wenn irgendjemand in Schwierigkeiten ist. Von dem Wenigen hat [mein Vater] immer was gegeben. Wenn wir überlegen würden: ‚Wenn was übrig ist, wenn ich etwas übrighabe, dann gebe ich was', das wird nie kommen! (...) Und diese Einstellung / Auch das meine ich, dieses Zwischenmenschliche. Irgendwo, wenn du eine Schwäche siehst. Wenn du meinst, du sollst dir helfen oder das würde den Leuten helfen, da deine Hand zu reichen. Das ist / Habe ich von, von zu Hause, von meiner Familie. Und das bleibt. Ob das jetzt mein Nachbar ist oder ob das mein Bruder ist. Und das bleibt. Ich glaube viele, viele indische / Das ist eine indische, wie soll man sagen / Unfassbare Schätze eigentlich, was jeder empfindet in der Angelegenheit." Interview T. K., Absatz 144.

[131] „Wir haben immer einmal im Monat eine Aussprache gehabt zwischen Vater, Mutter und Kinder. Das gab es nicht überall so, das ist eine ganz, ganz, ganz seltene Sache. Und da haben wir den vorgelegt oder haben wir gesagt, was man sagen könnte. Auch wenn das manchmal Vater oder Mutter beleidigt hat. Oder / Oder, ich habe / Wir dürfen / Alle Kinder dürfen das sagen, was sie beschäftigt. Also das konnte ich eigentlich auch sagen. Und egal wie das war, das zu sagen, das habe ich daheim gelernt. Auch wenn das wehtut, einem wehtut oder einem / Weil, wenn ich das sage, hat es mir vorher wehgetan. Also sehe ich das in dem Moment, in dem ich das ausspreche." Interview T. K., Absatz 82.

[132] „Aber das war alles wenig. Man kann das nicht so vergleichen, dass man jetzt mit dem riesengroße Sachen machen kann. Und damals war das auch nicht so, dass wir das so ganz Großes machen wollten oder so, dass man jetzt mal einen großen Urlaub macht oder da hinfährt. Sowas gibt es nicht." Interview T. K., Absatz 8.

dem Großvater durchgesetzt werden.[133] Frau Kehrbauer lernte nach ihrem Abitur Stenographie.[134]

Die 1964 innerhalb der Kirchengemeinde ausgerufene Nirmala-Aktion stellte für Frau Kehrbauer eine Chance dar.[135] Frau Kehrbauer berichtet, dass die Aktion durch Pfarrer Hubert Debatin unter der Idee einer gegenseitigen Hilfe initiiert worden war.[136] In Thiruvalla gab es für die Nirmala-Aktion eine Vorbereitungszeit am Bischofshaus, an der 400–500 junge Frauen teilnahmen.[137] Voraussetzung

---

[133] „Und dann war ja auch noch diese grundsätzliche Einstellung: Warum sollen die Frauen eigentlich studieren? Das ist auch schon ein Hintergrundgedanken gewesen. Mein Großvater zum Beispiel. […] Der war ja Polizist damals […]. Er war auch dagegen, dass meine Schwester in die Uni geht. Obwohl sie gehbehindert war und […] von der Intelligenz her, dass sie das zweimal schaffen würde. Wo sie das erste Mal in die Uni gehen wollte, da ist er dann plötzlich dagestanden und hat gesagt: ‚Wo willst du hingehen?'. Dann hatte mein Vater gesagt: ‚Du siehst doch. Ich möchte nicht, dass meine Kinder Abhängigkeiten / Keine Sorge wird. Und man weiß, ob irgendjemand kommt und sie heiratet'. Sie als Frau. Dann sollte sie lernen, soweit sie kann. […] Und da war auch in anderer Weise der Gedanken: Warum soll das Mädel jetzt hier groß studieren? Die geht doch eh in eine andere Familie rein. Interview T. K., Absatz 8.

[134] „Ein Jahr lang, also ein Jahr lang habe ich Stenografie gelernt. Das ist ja nur ein paar Stunden am Tag und der Rest der Zeit war ja mehr oder weniger für den Haushalt." Interview T. K., Absatz 6.

[135] „Und uns ist in der Diözese bzw. in der Gemeinde benachrichtigt worden. Wenn irgendjemand Interesse hat, soll sich dann melden. Vorausgesetzt, dass man die Abitur hat und bereit ist, dass / Die Arbeit hier so zu machen, was uns eigentlich gezeigt wird oder gesagt wird. Und ja gut, ich war eigentlich froh, dass ich dann gedacht habe: Das ist die Zeit. Das ist der Punkt, wo ich das raus aus der Situation herauskann. Und auch meine Familie könnte das auch gut gebrauchen." Interview T. K., Absatz 2.

Auf die Frage, was für Frau Kehrbauer die Alternative gegenüber der Nirmala-Aktion gewesen sei, antwortete sie: „Da werde ich genauso eine Familie gründen, nach den indischen Sitten und Gebräuchen mich dem Mann unterordnen und so weiterführen. Dann ist es aber in dem Moment / Eine Hilfe von mir an meine Familie wäre wahrscheinlich nicht mehr gewährleistet. Weil da muss man ja erst einmal alle Sachen dem Mann gegenüber vorlegen und seine Zustimmung haben, wenn du deiner Familie was geben willst, unterstützen willst oder irgendwie. Aber das ist so, denke ich das mir. Aber ich habe so eine Situation nicht. Gott sei Dank in der Richtung nichts gehabt." Interview T. K., Absatz 44.

[136] „Eigentlich, was Pfarrer Debatin gemeint oder gehofft hatte: Der Familie aber bzw. Indien zu helfen. Denen in Kerala, denen helfen. (…) Und hier war ja der Notstand, mit dem Pflegenotstand. Dann war das eine, ich sage mal gegenseitige Hilfe." Interview T. K., Absatz 16.

[137] „Da haben wir ja wie gesagt, vier oder fünfhundert Mädchen auf einmal in einer Gruppe gewesen, und wir haben morgens Gottesdienst gehabt […] / Wir mussten ja immer selber für uns kochen. Da war ein Küchendienst, da war ein Spüldienst, da war der Putzdienst usw. so aufgeteilt. Einkaufsdienst usw. […] / Und diese Gruppen haben immer eine Person gehabt

war unter anderem Obrigkeitshörigkeit gewesen.[138] Frau Kehrbauer war Teil der ersten Gruppe von 25 Nirmala-Frauen, die am 04.12.1964, nach Zwischenlandung in Bombay und in London, in Deutschland ankamen. Sie erinnert sich vor allem daran, wie es war im Winter anzureisen.[139] Zunächst kamen sie mit anderen Frauen an das PLK in Wiesloch, später wurde sie mit 14 weiteren Frauen an das PLK Winnenden versetzt.

Der Alltag der Nirmala-Angehörigen war sehr durchstrukturiert.[140] In der Freizeit wurden durch die Kirche u. a. Exerzitien organsiert. Das Treffen mit den anderen Frauen der Nirmala-Gruppe Wiesloch vermittelte ein Gefühl von Heimat, zudem half das Sprechen der Muttersprache Malayalam. Auf Station waren die Inderinnen jedoch auch im Fall der gemeinsamen Einteilung verpflichtet gewesen Deutsch zu sprechen. Die Herausforderung der sprachlichen Kommunikation lief zu Beginn auch teilweise auf Englisch und Verständigungshürden durch kreativen Spracheinsatz gelöst.[141] Bei der Tätigkeit als Krankenschwester projizierte Frau Kehrbauer ihre eigenen Verwandten in die Patienten vor ihr.[142]

---

als Gruppenleiter, sagen wir mal so, ja. Und da war ich dann auch in einer Gruppe als Gruppenleiterin und dann haben wir diese Gruppe so geführt. […] Die haben eine Skala gehabt: Verhalten, Religion, Mitwirkung, Hörigkeit und Familie usw. und so fort, da haben sie dann überall gesucht. Und so haben sie dann die ersten 25 Mädchen dann ausgesucht und diejenigen, die großen Punkte gehabt haben, haben die dann hierhergeschickt." Interview T. K., Absatz 14.

[138] „Diejenige, die Abitur gemacht haben und eigentlich keine weitere Ausbildung hatten und auch keine Möglichkeit hatten, irgendwie weiterzukommen. Und auch, die bereit waren, hierher zu kommen. […] Ja, da war auch die Voraussetzungen, dass eigentlich auch in der Gruppe, in der Gemeinschaft einzufügen und vor allem das zu machen, was die Obrigkeit uns sagt. Das war auch sehr wichtig und vor allem ist es vorgeschrieben: Jeden Tag Gottesdienst. Also mehr oder weniger war ja das eigentlich damals schon damals ‚Dienen in Freude‘." Interview T. K., Absatz 2.

[139] „Kalt! Schnee (lacht). Kalt! Die Leute haben Schneeball gemacht und auf uns geworfen. Wie kann man nur so sein? Und wir sind ja so ganz mit den ganz langen schwarzen Mänteln." Interview T. K., Absatz 88.

[140] „Also so waren wir eigentlich immer belegt, unsere Abende, trotz keinerlei Außenaktivitäten. Entweder Nachtwache oder Bereitschaft oder Pfarrer Humpf oder Deutschunterricht. Irgendwie waren wir dann immer immer beschäftigt." Interview T. K., Absatz 90.

[141] „Wie sagen wir denn Hühnerfleisch, oder so? Und dann war ja / Dann sagen wir also: Mutter von Eiern." Interview T. K., Absatz 98.

[142] „Wenn ich jetzt zum Beispiel bei eine ältere Frau hingehe und dann Medikamenten gebe, dann habe ich oft auch meine Oma oder meine Mutter gesehen. Und wie reagiere ich? Wenn die Mutter jetzt mal schimpft oder wenn die Mutter die Medikamente nicht nehmen will." Interview T. K., Absatz 118.

Frau Kehrbauer reflektiert, dass einige problematische Aspekte des frühen Aufenthalts hinter Sprachspielen verschwanden:

> Und dieses Wort: ‚Schön, schön, schön' [...] Dass ‚schön' auch einen Steigerungs-prozess hat, das haben wir erst gewusst nachdem wir die Sprache gekannt haben, da haben wir das gewusst. Aber alles war ‚schön'. Egal, was wir sagen, was wir tun oder was wir nicht tun, alles war immer ‚schön'. Dieses ‚schön, schön, schön', das war eigentlich immer ein Satz für uns, den wir dann selbst gesagt haben: ‚Oh, das hat uns gefallen!' Ja, aber dieses: ‚Aber, man könnte das auch anders machen', das kam ja später.[143]

In diesem Kontext verwies Frau Kehrbauer auf die Arbeitserfahrungen der Nirmala-Angehörigen, die in den deutschen Psychiatrien eingesetzt wurden. In Indien hätten die Frauen noch nicht gewusst, dass sie in Psychiatrien zum Einsatz kommen werden. Der Unterschied zwischen der Lebensrealität des erwarteten Berufs der Krankenpflege und der Versorgung der psychisch kranken Personen in den deutschen Psychiatrien war außerordentlich.[144] Seitens der Patienten war es auch zu rassistischen Äußerungen gegenüber den Inderinnen gekommen.[145]

---

[143] Interview T. K., Absatz 2.

[144] „Aber ein Umgang mit den Patienten. / Eine frisch operierter Patient und eine frisch ein-gelieferter schizophrener Patienten: Das sind zweierlei Sachen. Das kannst du nicht verglei-chen. Und da musste man erst einmal einfühlen bei diesen kranken, bei psychisch kranken Menschen. Ein anderer / Ein Frischoperierte, der hat Schmerzen, dem kann ich sagen, aber er ist in der Gedankenwelt ganz normal. Und das ist anders bei einem psychisch Kranken. Das war für uns sehr schwer damals, also, und deshalb konnten wir auch gar nicht gar nichts vorstellen in Indien: Was erwartet uns hier? Krankenpflege ist Krankenpflege, mehr nicht. Und nachher mit in dieser Psychiatrie. Da musste man erst einmal: Was ist Depression? Was ist manisch? Was passiert in der Phase? Und was ist Schizophrenie? Dann gibt es sehr viele verschiedene Formen von Schizophrenie. Und dann auch die Entwicklung und die Behand-lungsbereiche usw. und auch die diese Schockbehandlung zum Beispiel. Das haben wir auch erst mal gar nicht verstehen können, was das eigentlich wirken soll. Jetzt, ziemlich später. Weil, um überhaupt die Frage zu stellen muss man erst einmal ein bisschen Kenntnis haben." Interview T. K., Absatz 104.

[145] „[...] wir müssen ja die kranken Personen abends immer waschen, dann ins Bett brin-gen. Und wenn man dahingeht, und sagt: ‚Wir gehen jetzt waschen'. In erster Linie, klar, die sind psychisch kranke und demente Personen. ‚Was willst du mich waschen? Gehst du dich waschen? Du bist krank? Du bist schwarz.' Weißt du, das vergessen wir nie. Das waren die Anfangszeiten. Aber mit der Zeit erkennt man schon, oder hat man diese Sicherheit: Die sind krank, wir wollen ihnen helfen. Also, das spielt keine Rolle/ Oder das hat keine Bedeutung." Interview T. K., Absatz 116.
„Ich habe Wachsaaldienst gehabt, dann die wollte rausgehen und die darf nicht raus. Dann ist sie dagestanden: ‚Seit wann beherrschen die Schwarzen die Weißen?' Das war die Frage! Da habe ich ja schon mal gelacht. Dann habe ich gesagt: ‚Jetzt, gerade jetzt!'. Mehr

Über die Rücküberweisungen an die Familien im Heimatland hatten die Nirmala-Angehörigen in Deutschland keinen rechten Überblick gehabt. Frau Kehrbauer geht jedoch davon aus, dass die Kirche in Indien die Flugkosten des Hinflugs bezahlt hat.[146] Frau Kehrbauer differenziert in Bezug auf kritische Aspekte der Organisation, dass es neben negativen Erfahrungen auch immer positive Erfahrungen gegeben hat und eine einseitige Verkürzung in der Bewertung den Ereignissen nicht gerecht werden kann. Um ihr „Ziel zu erreichen" hätten sich die Nirmala-Angehörigen aber bei den negativen Dingen immer auch die „positiven Punkte" gesucht:

> Man kann nicht sagen, dass wir überall willkommen waren. Das kann man nicht sagen. Aber unser Ziel war ja das schon, dass wir hier einen Job finden oder was lernen und einen Job machen und die Familie unterstützen. Das war für uns das A und O: Familienunterstützung. Für uns war die Familie der erste Grund. Egal was wir hier leiden (räuspert sich) oder erleben oder schimpfen, hören von anderen, oder egal in welcher Richtung. [...] Und danach haben wir denn auch eigentlich einiges ‚schön' gefunden, auch wenn das nicht so schön war.[147]

Frau Kehrbauer erklärt, dass sich die Nirmala-Frauen entschlossen lieber in Stille zu leiden, als die tatsächlichen Missstände gegenüber der Heimatregion zu

---

kann man ja nicht sagen, weil sonst würde ja ihre manische Phase wieder hochgehen (lacht). Aber das sind die Situationen, die ich erlebt habe und die bleibt in einem. (lacht) ‚Seit wann beherrschen die Schwarzen die Weißen', ja." Interview T. K., Absatz 122.

[146] „Und wie viel Geld von hier nach Indien geschickt worden ist, das haben wir auch nicht gewusst. Das hat geheißen /Die Kirche hat ja uns hierhergeschickt und die Kirche hat ja das Geld für unsere Flugkarte usw. damals gegeben. Die mussten wir dann mit der Zeit zurückzahlen. Oder die Kirche hat ja gebürgt für uns. Und klar, das sind alles Unkosten gewesen, die mussten wir alle zurückzahlen und dann war es ja so. In zwei Monaten oder drei Monaten Abstand sind irgendwie (…) die Eltern benachrichtigt worden. (…) Von Deutschland ist Geld angekommen. Sie sollen bitte da und da ankommen und das Geld mitzunehmen. Aber so arg viel war das nicht. Aber wie viel und welche Abstände und welche Monate. Ob das jetzt für zwei Monatsgehälter oder über drei Monate waren, das wissen wir alles nicht." Interview T. K., Absatz 124.

[147] Interview T. K., Absatz 2.

kommunizieren.[148] Die Kommunikation der Bedürfnisse und Grenzen gegenüber den deutschen Stellen war gleichzeitig ebenfalls kaum möglich gewesen.[149]

Den Frauen wurde versprochen, dass sie nach sechs Jahren von der Nirmala-Institution befreit werden.[150] Nach der Rücksendung von zwei Nirmala-Angehörigen wegen Fehlverhaltens war es zu Nachfragen aus der Heimat gekommen, was wiederum die Nirmala-Angehörigen in Deutschland in ihrem selbstisolierten Raum in ein Kommunikationsdilemma brachte.[151]

Erst nach dem Examen etwa 1968–1969 erfuhren die Frauen durch einen Regierungsmitarbeiter, dass der deutsche Berufsabschluss in Indien nicht anerkannt werde. Zum Ende der Nirmala-Aktion machte Frau Kehrbauer mit ihrer Nirmala-Gruppe auf eigene Kosten einen Heimaturlaub, von dem alle Nirmala-Angehörigen auch wieder in die Bundesrepublik zurückkehrten.[152]

---

[148] Auf die Frage nach den Erwartungen der Familie antwortete Frau Kehrbauer: „Die Erwartung? Also in erster Linie, dass es mir persönlich auch gut geht. Und, ähm, aber andererseits, dass keiner leidet. Oder sagen wir, dass wir nicht so viel leiden sollten. Und diesen Bereich haben wir eigentlich weniger von uns irgendjemand Eltern gegenüber geäußert oder den Familien gegenüber. Weil erstens, es bringt nicht viel. Und zweitens, sie machen sich noch mehr Sorge." Interview T. K., Absatz 42.

[149] „Oder das zu zeigen: Uns fehlt nicht, oder uns / Wir wollen das nicht und das nicht. Und das. Das war für uns sehr schwer." Interview T. K., Absatz 2.

[150] „Auf der einen Seite waren wir mit dem jeweiligen Krankenhaus verpflichtet, fünf Jahre in dem Krankenhaus zu bleiben, wo wir unsere Ausbildung machen. Ob das in allen Gruppen der Fall war, das weiß ich nicht. Also ich kann jetzt von uns sagen. Da war das so. Die ersten fünf Jahre konnten wir nicht unsere Arbeitsstelle wechseln. Da waren wir dann verbunden in diesem jeweiligen Klinikum oder Krankenhaus. (…) Und nach außen hin ein Kontakt war ja in den damaligen Zeiten verboten. (…) Auch so Bekanntschaften mit Männern. Also Freundschaft mit Männern. War das nicht erlaubt in den ersten fünf Jahren." Interview T. K., Absatz 18.

[151] „Aber die Problematik kam, wo dieses zwei Mädchen zurückgeschickt worden sind. Nach Indien. Und dann kamen von vielen Seiten die Fragen: Wie geht es euch? Was macht ihr? Kriegt ihr denn was zu essen? Habt ihr denn / Wie und was usw. Das war eine große Euphorie für unsere Eltern auch. Plötzlich stehen zwei Mädchen. Wieder zurückgeschickt, weil die hier nicht, ja, nicht gehorsam waren oder nicht das gemacht haben was man erwartet hat oder was (unv.). Und das war schlimm, eigentlich. (…) Und diese eine Situation wollte ich weder für mich noch meine Eltern nicht, ähm, in Frage stellen, weißt du? […] So ein Abgang. Das war schlimm. Das war schlimm für uns alle." Interview T. K., Absatz 42.

[152] „Und nach diesem Examen wollten wir einmal nach Indien (unv.). Und dann haben die gesagt: ‚Ne, der Vertrag ist ja bis sechs Jahre'. Wir können nicht heimgehen. Dann haben wir gesagt: ‚Ne, das ist doch / Wir haben schon Heimweh, wir kommen wieder zurück' usw. Wir sind ja so und so viel, was sollen wir in Indien machen? Aber das hat alles den deutschen Behörden oder bzw. die Krankenhausbehörde nicht interessiert. Die haben gesagt, auf einmal gehen zehn ausgebildete Schwestern nach Indien wieder zurück und / […] Dann haben wir

Da das Examen in Indien nicht anerkannt wurde, reisten viele der Inderinnen nach Auslaufen der Nirmala-Aktion erneut nach Deutschland, um dort zu arbeiten. Doch anstatt nur, wie bisher geschehen, hauptsächlich in Südwestdeutschland zu arbeiten, nahmen die Frauen fortan auch Beschäftigungen in anderen Teilen der Bundesrepublik auf. Einige der Frauen migrierten auch nach Großbritannien oder in die USA, um dort nach einem Anerkennungsjahr im Pflegeberuf zu arbeiten.

Wie auch einige andere Frauen ihrer ehemaligen Nirmala-Gruppe heiratete Frau Kehrbauer nach ihrer Rückkehr einen deutschen Mann und nahm seinen Nachnamen an. Dies hatte sie, als sie 1964 nach Deutschland kam, nicht vorgehabt, im Gegenteil war sie zu Beginn der Nirmala-Aktion davon ausgegangen, dass sie in Kerala nach den traditionellen Normen heiraten wird.[153] Die Hilfe für die Entsenderegion war ihr und ihrem Mann jedoch auch nach der Eheschließung noch weiterhin wichtig gewesen.[154] Nach Auslaufen der Nirmala-Aktion verliefen sich die Kontakte zwischen den Frauen.[155] Frau Kehrbauer arbeitete schnell in einer leitenden Position. Eine weitergehende berufliche Weiterbildung fiel den

---

gesagt: ‚Selbstverständlich kommen wir!'. Aber das war doch für die nicht selbstverständlich. Dann war zum Schluss dieser Gedanke: Ja, vielleicht kann ja eine Betreuerin mitfahren, mitfliegen. […] Das hat uns eigentlich weniger was ausgemacht, ob sie jetzt bei uns ein paar Tage daheim ist oder nicht. Hauptsache wir kommen nach Hause. (…) Und so haben wir mit […] unserer Betreuerin zusammen haben wir die Indienreise unternommen. Es war / Das war eine Freude für uns alle. Das war wirklich schön. […]Also die [Betreuerin] hat ja von Kanyakumari, da unten hin, bei allen / Alle durchgemacht. Und wenn in der Nähe von meiner, von unserem Haus war, dann haben wir sie geholt. Und dann der Nächste ist dann zu mir gekommen und hat sie dann abgeholt. Und so war die die Betreuerin bei allen gewesen und so war unsere vier Wochen auch rum. Dann sind wir wieder zurückgekommen." Interview T. K., Absatz 172.

[153] „Und damals, in den damaligen Zeiten, glaube ich, hat niemanden gesehen überhaupt im Hinterkopf diesen Gedanken gehabt, einen deutscher Mann zu heiraten. Alle wollten wieder zurück nach Indien. Und nach unseren (…) Sitten und Gebräuche. Was der Vater oder was die Eltern aussuchen, den Mann zu heiraten. Das war so." Interview T. K., Absatz 22.

[154] „Und wenn jemand schwer krank war, da haben die sofort geschrieben auch wegen der Kosten für das Krankenhaus usw. habe ich dann alles übernommen oder Hochzeit oder egal. Welche Feste da waren. Also da war ich noch nach wie vor ziemlich gebunden mit der familiären Angelegenheiten." Interview T. K., Absatz 140.

[155] „Und da waren wir befreit bzw. von diesem Vertrag befreit. Und dann war ja diese, ja / Hat man lange Zeit gegenseitig nicht mehr gehört wo wer ist und wer was macht." Interview T. K., Absatz 18.

Frauen aber schwer und gelang meist nicht.[156] Frau Kehrbauer beschreibt, dass das Leben der ehemaligen Nirmala-Angehörigen, die in Indien heirateten und ihre indischen Männer in die Bundesrepublik nachholten, nicht einfach war.[157]

Frau Kehrbauer unterstütze auch weiterhin Projekte ihrer Heimatkirche, jedoch auf freiwilliger Basis. Erst 25–30 Jahre später habe sie die finanzielle Gestaltung der Nirmala-Organisation neu betrachtet, als der ehemalige Direktor des Krankenhauses ihrer damaligen Nirmala-Gruppe sie darauf angesprochen hatte.[158]

Frau Kehrbauer ist retrospektiv froh über die Geschehnisse und schreibt die heutige Anwesenheit der Community aus Kerala in Deutschland der Kirche zu. Zu einer deutschen Freundin, die sie in einer Partnerfamilie 1964 kennengelernt hat, pflegt sie noch heute den Kontakt. Frau Kehrbauer hob vor allem die Bedeutung der Betreuung durch kirchliche Akteure hervor.[159] Sie betont auch, dass vor allem Geistliche wegen ihrer Autorität die Möglichkeit haben Menschen dazu zu

---

[156] „Und nebenher haben wir auch versucht ein bisschen mehr zu lernen, auch zu studieren irgendwie. Aber das alles zusammen unter einen Hut zu kriegen, das war sehr schwer. (...) Das ist uns nicht gelungen." Interview T. K., Absatz 20.

[157] „Dann war ja die erste Aufgabe für die Männer auch noch ein Geschäft zu finden oder eine Arbeit zu finden. Und auch für die war das auch nicht leicht. Und für die Mädchen war auch nichts leicht. Und da musste sie dann immer wieder eine Möglichkeit suchen, egal wo das, und dahinzugehen, wo der Mann auch eine Möglichkeit hat, eine Arbeit auszuüben." Interview T. K., Absatz 18.

[158] „Er hat mich dann gefragt, ob ich einen Durchblick hätte, was wir verdient haben oder was wir nach Hause geschickt haben. Da habe ich gesagt: ‚Ne'. Wir haben nicht gewusst, was wir jeden Monat in unserer / Was wir verdienen, da kam zum Schluss etwas wo das total so draufsteht. Das haben wir angeguckt. Also Kirche, das und das und das und jetzt alles. Aber dieses Geld, von dem haben wir vielleicht 50 Euro als Taschengeld bekommen. Das heißt der Rest ging auf ein Gemeinschaftskonto." Interview T. K., Absatz 124.

[159] „Egal, ob das jetzt so schlecht oder vieles nicht so gut gelaufen ist, wie wir es uns vorgestellt haben. Aber die Kirche hat es ermöglicht. Also wir von der Familie könnten, oder diese Mädchen, die hierhergekommen sind, die könnten niemals eine Reise nach Deutschland finanzieren! Die könnten das nicht! Unvorstellbar! [...] Und dann war ja diese Organisation, dass die Kirche die Arbeit übernimmt bzw. eine gewisse Verantwortung übernimmt, um diese Mädchen, die hierher zu holen und dann unter einem Dach, sagen wir mal. [...] Und diese Schwestern, die Betreuerinnen und auch ein Pfarrer. Die mussten in der Gruppe da sein, damit wir, wenn was ist, einen Ansprechpartner haben." Interview T. K., Absatz 10.

bringen, Unwegsamkeit in der Migration zu akzeptieren.[160] Pfarrer Debatin ordnet Frau Kehrbauer als Initiator dieser Entwicklungen positiv ein.[161] Nicht nur den Umgang mit den Nirmala-Angehörigen hebt sie hervor, sondern auch ihre und die Dankbarkeit der Entsenderegion:

> Pfarrer Debatin hat immer Nirmala-Sisters gesagt. Der hat uns niemals ‚Inderinnen‘ oder ‚indische Mädchen‘ genannt, sondern immer nur ‚Nirmala-Sisters‘ gesagt. [...] Ja, das war unsere / Wie sagt man? Motto! Dienen in Freude. [...] Vieles ist nach seinen Vorstellungen gegangen und er hat nach seinen Vorstellungen vielen Leuten geholfen. Da sind wir alle dankbar. Und auch wir, auch die Familie, die in Kerala ist, und auch in der Diözese sind sehr dankbar dafür.[162]

4.2.3 Annamma Müller

> Du hast in Indien so gelebt, in Armut und Leid. Und du kamst hier in so eine Welt. Und das mit der Arbeit und, dass alle sich um uns gekümmert haben. Wir hatten Hoffnung. Wir kriegen Gehalt![163]

Frau Müller war eines von acht Kindern einer Familie aus der ärmeren Mittelschicht Keralas. Der Vater hatte selbst keine Ausbildung durchlaufen und finanzierte die Familie durch selbsterlernte Vermessung von Land sowie der Tätigkeit als Naturheiler.[164] Die Einkünfte reichten gerade aus, um die Familie zu

---

[160] „Ich habe ja meine Brüder auch hierhergeholt, [...] Aber es gibt so viele Familien, die immer noch ihre Brüder oder ihre Kinder, oder, oder von anderen Bereichen auch usw. hier her zu bringen. Selbstverständlich kann ich auch von meinen Nachbarsleute, aber das ist für mich zu riskant. (...) Weil zu meinem Bruder oder meiner Schwester kann ich gegenüber sagen: ‚Schluck das runter. Du bist noch in der Ausbildung. Das ist so, das musst du durchstehen. Das wird besser.‘ Aber, ob ich das einem Nachbarskind. oder einem Kind, das ich nicht kenne, sagen kann. Das ist schlecht. So viel Autorität besitze ich nicht. [...] Das kann ein Pfarrer sagen, der bereit steht und sagt / Ein Gemeindepfarrer oder jemand anderer. Die können sagen: ‚Das ist halt so, ihr muss das machen.‘ Das kann ich nicht." Interview T. K., Absatz 84.

[161] „Ein guter Mensch. (...) Mit guten Gedanken. (...) Er hatte vielen vielen vielen Familien geholfen. Und die Mädchen (...), die hier waren haben wiederum, jetzt auch noch: Wie viele kommen noch? Wie viele sind noch von den oberen Bereichen her immer noch? Und die Möglichkeit hat er geschaffen." Interview T. K., Absatz 84.

[162] Interview T. K., Absatz 114.

[163] Persönliches Interview: Annamma Müller, Deutschland, 22.07.2021, Absatz 66.

[164] „Er konnte früher schon die Pocken behandeln. [...] In der damaligen Zeit gab es sehr viele Pocken. Überall. Da starben ja auch so viele. Dann ging mein Vater dort hin, dann wurde als erstes die ganze Bekleidung, die man anhatte / Alles ins Feuer gesteckt und dann

ernähren. Frau Müllers Familie gehörte zunächst der Mar-Thoma-Kirche an.[165] Die Ausübung der Religion strukturierte das Familienleben. Jeden Abend wurde nach der gemeinsamen Bibellektüre gebetet und gesungen.[166]

Die Familie war kaum in der Lage die Bildung der Kinder zu finanzieren. Einige der Geschwister waren anstatt zur Schule zu gehen direkt arbeiten gegangen, die älteren Schwestern wurden bereits früh verheiratet. Durch die finanzielle Unterstützung eines Onkels war es Frau Müller möglich gewesen die Sekundarstufe zu absolvieren, womit sie im Vergleich zu ihren Geschwistern eine Ausnahme darstellte.[167] Während dieser Zeit unterrichtete sie bereits Nachbarkinder.

Die Zeit sei nicht einfach gewesen. Familien mit vielen Kindern hatten es schwer gehabt. Nach dem Schulabschluss wurde Frau Müller eine Lehrerposition in einer katholischen Grundschule angeboten, unter der Voraussetzung ihrer Konvertierung. Um den Beruf zu bekommen, besuchte Frau Müller – eigentlich der Mar-Thoma-Kirche angehörig – gemeinsam mit Familienangehörigen fortan die syro-malankarisch katholische Kirchengemeinde, was ihrem Vater missfiel. Frau Müller wurde in der Schule aufgenommen und arbeitete zunächst ohne Bezahlung, da sie keine pädagogische Ausbildung besaß. Um die Genehmigung zu erhalten, an der Schule eine formelle, dreijährige Ausbildung zu durchlaufen, musste Frau Müller in einem Büro Schmiergeld bezahlen, was sich ihre Familie kaum finanzieren konnte. Eines Tages zahlte sie an der entsprechende Stelle

---

werden die für die Behandlung / Wie heißen die kleinen Minizitronen? Limetten! […] Dann haben die das ausgepresst und […] Schaumzucker. Das holte er und dann einreiben und der Familie geben […] Das war seine Behandlung. Das hat geholfen. […] Ich weiß es nicht, ich habe ja nie gefragt / Die gaben dann jedenfalls nur minimal irgendwas. Dann konnte er Gelbsucht behandeln. Das war Naturmedizin, das heißt viele Blätter." Interview A. M., Absatz 8.

[165] Die Mar-Thoma Kirche wurde unter Einfluss reformatorischer Ideen während der britischen Kolonialzeit gegründet.

[166] „Wir haben jeden Abend gebetet. Vorher einen Teil aus der Bibel lesen. Und noch […] Sankeerthanam [Psalmen, Anm. d. Verf.] heißt es. Diese mussten wir auch lesen. Mein Vater las. Ich las. Ja, und dann sangen wir christliche Lieder. Singen und dann beten. Vater betete und Mama auch mitbeten und alles. Jeden Abend." Interview A. M., Absatz 12.

[167] „Das konnten wir nicht leisten, konnten wir nicht. Mein Vater hat gesagt: ‚Wie sollen wir? Wir sind ja so / Acht Kinder muss ich ernähren'. Ja, ich habe mich durchgesetzt und wollte Abi machen. Abi habe ich an diesem Ort gemacht. Bekannterweise hat nur ein Junge noch Abi geschrieben. Er hat bestanden, und als Mädchen nur ich. Keine sonst im ganzen Ort, da war ich auch stolz drauf. Mein Vater war auch sehr, sehr stolz drauf: ‚Was? Du hast das bestanden?'" Interview A. M., Absatz 4.

Bestechungsgeld, damit der Sachbearbeiter die Summe dem Entscheidungsträger weiterleitet. Der Sachbearbeiter behielt jedoch das Geld einfach ein, ohne das Genehmigungsverfahren voranzutreiben.[168] Frau Müller machte den Vorfall unter den anderen Lehrern und Lehrerinnen öffentlich und wandte sich an einen katholischen Priester. Der Priester sah die ausweglose Situation von Frau Müller, die unterdessen drei Jahre ohne Bezahlung gearbeitet hatte, und erzählte von dem Programm, das vorsah, junge Frauen nach Deutschland zu schicken. Gemeinsam mit dem Priester fuhr Frau Müller zum Bischofshaus. Dort sprach sie beim Bischof vor, der ihr jedoch mitteilte, dass die Auswahl der 30 Frauen bereits erfolgt sei. Daraufhin erzählte Frau Müller dem Bischof ihre Geschichte und machte auf ihr Engagement aufmerksam. Schließlich wurde ihr doch eine Teilnahme an dem Migrationsprojekt zugesprochen.

In Kerala hätte man für eine Ausbildung im Krankenpflegebereich viel Schmiergeld bezahlen müssen, was in der Lage von Frau Müller nicht möglich gewesen sei.[169] So wurde sie im Jahr 1964 mit 20 Jahren Teil der ersten Nirmala-Gruppe. Das Verständnis der Krankenpflege und das erwartete Selbstverständnis der Nirmala-Angehörigen war hochgradig religiös aufgeladen gewesen, so berichtet Frau Müller von ihrem privaten Gelübde vor dem Erzbischof, welches später in der Bundesrepublik Deutschland ihre Arbeitswahrnehmung bestimmte:

> Unser Bischof hatte uns in der Kirche gesagt: ‚Kinder, ihr müsst die Kranken pflegen, als ob im Bett Jesus liegt und ihr ihn pflegt. Du musst gucken: Ich pflege meinen Jesus. So müsst ihr pflegen!' [...] Oder deine Verwandten oder deine Mama liegt da und du pflegst sie. Genauso sollten wir Patienten pflegen. Und das hatte ich immer in meinem Kopf drin.[170]

Während der Vorbereitungszeit der ersten Nirmala-Gruppe im Bischofshaus Trivandrum sei es zu einem Unwetter gekommen. Eingeschlossen von einer hohen Überschwemmung forderte die Betreuerin die auf einem Gebäude gefangenen jungen Frauen auf zu beten, wobei sich in dieser Situation innerhalb der Gruppe Unterschiede in der religiösen Verfestigung der Frauen zeigten.[171]

---

[168] „Da muss man hinterher gehen, und im Office Allen Geld geben. Das hatten wir nicht. [...] Das ist ja wichtig gewesen, immer! Wenn man Geld hatte, dann konnte man immer hochkommen. Interview A. M., Absatz 6.

[169] „Wenn du eine Ausbildung als Krankenschwester musst du 3.000–4.000 Rupien erstmal zahlen, Schmiergeld, um die Stelle zu bekommen und dann muss man zahlen, viel Geld. Monatlich und das und jenes [...] Das konnte ich nicht. Interview A. M., Absatz 20.

[170] Interview A. M., Absatz 80.

[171] „Wir sind in der zweiten Etage. Da haben wir geguckt: Um Gottes willen, da kommt da Wasser hoch! Und die Nonne hat gesagt: ‚Wir kommen hier nicht raus, setzt euch mal dahin,

Frau Müller beschreibt, dass sie während der Reise nach Deutschland angesichts der sich ihr öffnenden Perspektiven eine innere Freude verspürte.[172] Sie hatte insbesondere vor, ihrer Familie zu helfen.[173] Die Ankunft in der Psychiatrie in Emmendingen während der Winterzeit sei nicht leicht gewesen.[174] Probleme habe es mit dem Essen und wegen der Gruppendynamik in Bezug auf gruppeninterne Verantwortlichkeiten gegeben.[175] Wichtig war für sie vor allem der mütterliche Umgang der Nirmala-Betreuerin gewesen.[176]

---

betet!'. Alle gesessen und gebetet, gebetet, gebetet. Und dann haben wir gemerkt die Kunjamma […] hat gesagt: ,Hey, die erzählen uns nur, wir kommen hier raus'. Da lachte sie. Da hat die Nonne sie angeguckt: Was macht denn die Frau? Die hat gar nicht gebetet oder so." Interview A. M., Absatz 2.

[172] „Ich hatte mich riesig gefreut. Du weißt ja: ich habe jahrelang gearbeitet, ohne Gehalt und als Lehrerin. Das und jenes. Und dann kommst du dahin. Du erwartest ja: Ich kann ja Geld verdienen! Und außerdem: So ein Glück. Das ist so ein spezielles Glück hierhin zu kommen. Ein fremdes Land. Aber Deutschland. Das ist so! Mein Vater hat mir gesagt: ,Weißt du, dass die Männer in Deutschland ihre Frauen einfach wechseln wie die Wäsche?'. […] Das sagt mein Vater! Ich habe gesagt: ,Ja, das ist doch deren Sache. Aber ich habe überhaupt nichts damit zu tun.' Und dann hat er gesagt: ,Ja, okay, wenn du so was meinst. Okay, ich bin einverstanden'. Und wenn er nicht einverstanden wäre, dann wäre ich trotzdem gekommen. (lacht)" Interview A. M., Absatz 68.

[173] „Oh ja, meine Erwartungen war meiner Familie zu helfen! Meinen Geschwistern […] wollte ich auch helfen. Und das war meine wichtigen Erwartungen. Sonst, mehr nicht." Interview A. M., Absatz 30.

[174] „Wir hatten nichts zum Anziehen (lacht) und wir sind mit dem Sari gekommen. Keine richtigen Schuhe. […] da war ein Sack Mäntel. Den haben sie mitgebracht, dann haben wir alle so Mäntel angezogen und raus / Boah, das war Dezember! […] Dann hatte schon Schule angefangen, die Pflegeschule. Und ohne Sprache, das war schon eigentlich vielleicht ein bisschen hart, aber wir haben das alle durchgekriegt." Interview A. M., Absatz 2.

[175] „Wir konnten das Essen nicht vertragen, und dann konnten viele nichts essen. Die haben von der Anstalt aus der großen Küche, von da haben sie Essen gebracht. Viele sind dünner geworden, krank geworden. Dann haben die Anstaltsleute […] überlegt: Also die Mädchen können ihr eigenes Essen selber kochen. Dann haben sie Reis, Gemüse, Milch und alles gebracht. Dann haben wir selber gekocht. Aber das war ein Problem, wer kocht das? Ja, und da hatten wir auch eine Milch. Eine Aluminium voll Milch. […] Keiner trank Milch, da haben wir alles zurückgeschickt. Dann hatten die Öl-Sardinen mitgebracht. Öh! (lacht) Das war nicht gut für uns, das war schrecklich gewesen. Und dann haben wir alles schon irgendwie durchbekommen. Einige sind dünner geworden." Interview A. M., Absatz 2.

[176] „Da hat sie mit uns viel, viel gemacht und wie eine Mutter hat sie sich um uns alle gekümmert, unsere Ammachi. Wir haben sie Ammachi genannt. Ammachi heißt Mutter." Interview A. M., Absatz 2.

Frau Müller beschreibt im Interview die Nirmala-Zeit als die schönste Zeit ihres Lebens.[177] Über die finanzielle Organisation und die Abführung von Geldern an die Kirche sei sie sich nicht im Klaren gewesen.[178]

In Kerala war Frau Müllers Vater nach Trivandrum zum Bischofshaus gelaufen, um dort die Auszahlung der Rücküberweisungen abzuholen. Die enorme Distanz zu Fuß habe mit dem Bus zwei Stunden gedauert, jedoch habe sich der Vater erst später, nach dem Erhalt von Geldern aus Deutschland, das Busfahren leisten können. Im Rahmen dieser Auszahlungen durch die kirchlichen Stellen an die Familien kam es zu Unregelmäßigkeiten. So war ihr Vater bei Ankunft am Bischofshaus einmal vertröstet worden, ein andermal wiederzukommen, da das Geld noch nicht eingetroffen sei. Gleichzeitig erhielt jedoch der Vater einer anderen Nirmala-Angehörigen seine Auszahlung.[179] Frau Müller wandte sich daraufhin an den Ortspfarrer Emmendingens, der sich für die Frauen einsetzte.[180]

Auch innerhalb ihrer Familie in Kerala sorgten die Rücküberweisungen zu einer ambivalenten Transformation, so schieden beide Brüder aus ihrer Ausbildung und lebten fortan von den Geldern ihrer Schwester aus der Bundesrepublik Deutschland.[181]

---

[177] „Also, […] wenn ich es dir sage, das war ein wunderschönes Leben gewesen! Diese 60er Jahre, ich habe zu Minus nichts zu sagen, überhaupt nichts Negatives zu erzählen. […] Alles nur positive Sachen." Interview A. M., Absatz 2.

[178] „Da mussten wir, ich weiß es nicht, zahlen mussten wir nicht. Wir hatten doch nichts damals, aber wahrscheinlich haben die von unserem Gehalt was abgezogen. Das glaube ich schon. […] Da haben die uns nie was gesagt, dass wir da zahlen müssen oder so. Aber 10 % in der Kirche haben wir zahlen müssen […]." Interview A. M., Absatz 22.
„Wahrscheinlich haben die unser Gehalt […] zurückgenommen, für die Flugtickets. Aber ich wusste es gar nicht. Aber manche erzählen das. Ich glaub schon. Die bezahlen nicht umsonst ihr Geld so zum Flug. Wir haben ja nichts für den Flug bezahlt damals." Interview A. M., Absatz 64.

[179] „Dann haben sie gesagt: ‚Nein, das Geld ist noch nicht da', und haben ihn zurückgeschickt. […] Solche Leute haben die nicht so akzeptiert. […] Dafür muss jemand Pfarrer in der Gemeinde sein, Nonnen und oder reiche Leute." Interview A. M., Absatz 26.

[180] Hier wird von der Zeitzeugin eine Änderung in der Finanzpraxis beschrieben, die nicht mit der Dokumentenanalyse in Einklang zu bringen ist: „Dann habe ich das Appachen [Ansprache gegenüber Pfarrer Maier, Anm. d. Verf.] erzählt: ‚Appachen, so ist das gelaufen. Mein Vater war da' / Das habe ich ihm auch gesagt. Er ist manchmal gelaufen bis Trivandrum, das hat ihn schockiert. […] Appachen hat gesagt: ‚Kinder, das machen wir nicht, nee, das machen wir nicht.' Dann haben die angefangen, unser Gehalt auf ein eigenes Konto zu überweisen." Interview A. M., Absatz 26.

[181] „Ja, die haben erwartet, dass ich monatlich Geld schicke. Dann können die so davon leben können. Aber als Geld geschickt wurde, da ist irgendwie immer auch anderes ein bisschen

Frau Müllers Berufsleben während der Nirmala-Zeit in der Bundesrepublik Deutschland war geprägt von Konformismus und Hörigkeit.[182] Einen Unterschied zwischen den Arbeitsanforderungen an die deutschen Schwestern und die Nirmala-Krankenschwestern hat sie nicht wahrgenommen. Seitens der Patienten war es jedoch zu rassistischen Äußerungen gekommen.[183]

Sie berichtet davon, dass Frauen zurück nach Indien geschickt wurden, wenn sie Aufgaben der körperlichen Pflege nicht übernahmen.[184] Einzelne Frauen brachen jedoch auch aus dem Nirmala-Regime aus.[185]

Frau Müller nahm Pfarrer Hubert Debatin positiv wahr, auch wenn sie mit ihm nur über Veranstaltungen der Gruppen Kontakt hatte. Sie erinnert sich vor allem an die Gemeinschaft mit Familien in Stettfeld, die Pfarrer Debatin initiiert hatte.[186]

---

gelaufen. Mein Bruder hat das Geld dem Vater gebracht. Aber wahrscheinlich war er ziemlich alt und dann hat er es behalten, die Hälfte hat [mein Bruder] gekriegt. Und dann / Alles ist so nicht so richtig gelaufen." Interview A. M., Absatz 38.

[182] „Uns wurden unsere Aufgaben gesagt von den Schwestern, und dann machen wir das. Die haben uns geholfen oder eine ist mitgekommen oder manchmal haben wir es alleine machen müssen. Das war uns beigebracht worden: ‚Wenn ihr pflegt, dann sollt ihr Jesus Christus in dem Patienten sehen‘. Dann liegt da Jesus, ich pflege ihn. […] Viele lachen darüber, aber ich habe das gemacht. Ich weiß das, ich habe gewissenhaft meine Patienten geliebt und die haben mich alle gerne gemocht." Interview A. M., Absatz 96.
„Ich habe gemacht, was die gesagt haben. Da sind wir verpflichtet dafür. So war meine Meinung. Aber wie du das sagst: da muss man / Andere werden dir auch was anderes sagen." Interview A. M., Absatz 126.
„Die Arbeit ist deine Pflicht, weswegen du gekommen bist. Ich hätte gerne / Ich bin bereit gewesen alles zu machen. Manche haben das ja nie gemacht. Ich war eigentlich bereit, was da auch kommt. Du hast es ja in der Kirche bei Mar Gregorios versprochen. Du musst alles machen, was da kommt." Interview A. M., Absatz 104.

[183] „Arbeitsmäßig, muss ich sagen, haben manche Patienten das nicht gemocht, weil wir schwarz sind. ‚Was? Die Schwarze? Woher kommt die? Ich will das nicht von ihr!‘, und solches. Aber das habe ich normal genommen." Interview A. M., Absatz 2.

[184] „Die sollten alles machen: die Patienten trockenlegen. Die wollten immer, dass die zwei das alleine machen und andere machen das für die. Aber in meiner Lage hätte ich das gemacht. Und da sind einige nach Hause geschickt worden, die das nicht machen wollten." Interview A. M., Absatz 108.

[185] „Wir dürfen nicht heiraten, das ist versprochen. Wir dürfen nicht mit Männern ausgehen. […] Vielleicht haben das doch manche Mädchen gemacht. Ja klar, wenn die zu deutschen Männern gehen, die heiraten, dann können die gar nichts dagegen machen. In Deutschland sind wir! (lacht) Das war so, ja." Interview A. M., Absatz 114.

[186] „Die war auch eine Frau, die ein Geschäft hatte und so. Da haben wir auch längere Zeit Kontakt mit denen gehabt. Mit den Familien, immer geschrieben. Sie haben geschrieben. Weihnachtsgeschenke gekriegt. Und das hatte alles Pfarrer Debatin organisiert. […] Er

Die Rücküberweisungen während des Nirmala-Einsatzes hatten eine massive Auswirkung auf Frau Müllers Familiennetzwerk in Kerala.[187] Neben der Zahlung von Mitgift für Frauen ihrer Familie finanzierte sie beispielsweise den Kindern einer am Alkoholismus zerbrochenen Familie innerhalb ihres erweiternden Familiennetzwerks den Kauf von Land.[188]

Nach Rückkehr nach Kerala mietete sich Frau Müller eine eigene Wohnung an. Berufsperspektiven gab es mangels der Anerkennung des deutschen Abschlusses nicht. Sie reiste, wie alle anderen verbleibenden Frauen ihrer Nirmala-Gruppe wieder nach Deutschland, um erneut im Pflegesektor zu arbeiten. Zurück in der Bundesrepublik Deutschland, heiratete sie einen ehemaligen deutschen Patienten und nahm seinen Nachnamen an. Ihre gemeinsamen zwei Kinder wuchsen in Deutschland auf. Das Ehepaar verpflichtete sich weiterhin der finanziellen Unterstützung der indischen Großfamilie. Der Lebensmittelpunkt von Frau Müller ist Deutschland, jedoch würde sie wegen ihrer großen Verwandtschaft am liebsten jedes Jahr nach Kerala reisen. Frau Müller begründet den Verlauf ihres Schicksals mit ihrem Gottesglauben im Sinne einer göttlichen Berufung.[189] Das Narrativ des Helfens als sinnstiftendes Element dominierte das Interview:

> Ich hatte meiner Familie viel geholfen und anderen Leuten geholfen. Meinen Schwestern, Brüdern und allen geholfen. Das ist doch das Wichtigste, was du machen kannst in deinem Leben. Das war auch mein Ziel. Und dann habe ich das auch gemacht.[190]

---

war ein feiner Mensch, denke ich, sonst hätte er nicht so was gemacht." Interview A. M., Absatz 64.

[187] „[Meine Schwester] hat geheiratet, von meinem Geld alleine gezahlt, sonst hätten die ihr Land verkaufen müssen, oder (…) ich habe der ältesten Schwester ihr Haus gebaut, das so kaputt war. Immer wieder, allen viel, viel geholfen. Wo ich verheiratet war, da war mein Mann auch bereit gewesen." Interview A. M., Absatz 132.

[188] „Aber, die sind alle eigentlich nur in Armut gewesen und die sind jetzt so ein bisschen hochgekommen. Deren Kinder studieren, die werden auch nachher was." Interview A. M., Absatz 138.

[189] „Da war mir der liebe Gott da (…) geneigt dahin. Ich denke das immer noch. Wenn du in der Schule so lange / Drei Jahre ohne Arbeitsstelle (lacht) gearbeitet hast. Du konntest alles nicht bekommen und kommst dann hierhin. Das war mein Beruf gewesen, da hat Gott mich ausgesucht." Interview A. M., Absatz 66.

[190] Interview A. M., Absatz 100.

4.2.4 Theresiamma Jacob

> *Niemand war da, um zu helfen.* Niemand hatte einen Beruf in meiner Familie, außer
> mir. Und dann, als ich habe Geld geschickt habe und nachdem die gelernt haben, dann
> hatten die auch einen Beruf.[191]

Theresiamma Jacob stammt aus einer römisch-katholischen, religiösen Großfamilie aus Kollam. Ihre Eltern lebten mit den sechs Töchtern und drei Söhnen unter den einfachsten Verhältnissen. Der Vater sammelte und handelte mit Kokosnüssen, ihre Mutter war Hausfrau. Ihre älteste Schwester war bereits früher in einen Orden eingetreten, wo sie ein Medizinstudium zur Ärztin durchlaufen hatte.

Frau Jacob war als Jugendliche in der Kirche, unter anderem bei der Frauenvereinigung *Legion of Mary* aktiv gewesen. Nach ihrem Abschluss der SSLC gab es den Aufruf zur Nirmala-Aktion innerhalb ihrer Kirchengemeinde. Frau Jacob wollte an der Nirmala-Aktion teilnehmen, um ihre Familie zu unterstützen.[192] Ihre Perspektiven als gebildete Frau in Kerala waren selbst mit SSLC-Abschluss sehr begrenzt gewesen.[193] Sie war im Auswahlverwahren der Nirmala-Aktion nominiert worden, da ihr eigener Onkel Priester war. Von der Kirche war schon zu Beginn kommuniziert worden, dass die Nirmala-Frauen nach dem Einsatz nach Kerala zurückkommen sollten, um dort später zu arbeiten.[194] Es hatte sich u. a. eine hinduistische Frau für den Nirmala-Einsatz gemeldet, sie wurde jedoch

---

[191] Persönliches Interview: Theresiamma Jacob, Kerala (Indien), 06.02.2023, Absatz 50.

[192] „Meine Familie war ja sowieso arm. Deshalb, wenn ich irgendwohin gehe und arbeiten kann, dann kann ich meiner Familie helfen. Deshalb habe ich gedacht: ‚Ja, ich gehe, ich gehe'. Meine Mutter hat / Aber mein Vater hat gesagt: ‚Du, bleibst bei mir, du gehst nicht'. Aber meine Mutter hat gesagt, du kannst gehen. Also, bin ich gegangen. Weißt du, ich wollte schon." Interview T. J., Absatz 22.
„Weil ich meine, wir waren so große Familie, wir sind so große Familie. Mein Vater hat auch nichts zu arbeiten, meine Mutti auch nicht. Wir sind alle am Lernen. Wir müssen alle zur Schule gehen. Ich bin die letzte Drittälteste. Ich musste sie unterstützen, wegen der kleineren, ältere, jüngere Kinder." Interview T. J., Absatz 40.

[193] „Mit der zwölften Klasse kriege ich nicht so schnell einen Beruf. Da muss ich noch weiterlernen. Oder ich muss irgendwo anders / So ganz wenig Geld verdienen. Da kriegst du nicht so große Geld. Da kriegst du vielleicht im Monat so 100 Rupien, das ist alles. Damit kann man nicht leben. Mit dem kann man gar nichts machen." Interview T. J., Absatz 54.

[194] „Ja, das haben die gesagt: […] Ihr sollt zurückkommen. In unserem Land zu arbeiten. Nicht in Deutschland bleiben. Aber die meisten sind in Deutschland geblieben. Da ist es ganz bequem. Das Leben ist ganz gemütlich. Man kann ausgehen und so." Interview T. J., Absatz 70.

durch die kirchlichen Entscheidungsträger abgewiesen.[195] Frau Jacob durchlief mit anderen Frauen eine dreimonatige Vorbereitungszeit in Kollam.[196] Am
06.12.1966 flog die Gruppe der zehn Frauen von Trivandrum nach Frankfurt. An
die herzliche Ankunft am Flughafen erinnert sich Frau Jacob besonders inten-
siv.[197] Die Inderinnen wurden in Omnibussen zu ihrem Dienstort an die städtische
Krankenanstalt Karlsruhe gebracht, wo sie sich zunächst eine Woche akklimati-
sierten.[198] Die Zuteilungen auf die entsprechenden Fachabteilungen konnten die
Frauen selbst mitbestimmen.

Zu Beginn kam es zu kulturellen Herausforderungen. Vor allem die Kleidung, insbesondere der kurze Rock der Krankenschwesterndienstkleidung, traf
auf Widerstände.[199] Die Frauen seien im „indischen Haus" untergebracht worden, an dem noch Spuren aus dem Zweiten Weltkrieg zu sehen waren.[200] Die

---

[195] „Von Hindu School haben die nicht genommen […] mit mir war eine Frau, ein Mädchen. Sie ist in die Hindus School gegangen. Die haben sie nicht genommen. Die / Er hat
gefragt / Fathers, so viele Father waren dabei. Er fragte: ‚Warum bist du in die Hindu Schule
gegangen? Da gibt es keinen Religionsunterricht, keine Beten. Gar nicht von der Religion.
Du weißt gar nichts von der Religion. Dich nehmen wir nicht.' Aber das war so traurig. Sie
war meine Freundin. […] Aber, haben die nicht genommen. Sie war so traurig. Sie hat später
irgendwo einen Hindu geheiratet." Interview T. J., Absatz 28.

[196] Das Interview legt nahe, dass auch die römisch-katholische Kirche Keralas an dem
Migrationsgeschehen beteiligt war. Aufgrund mangelnder archivalischer Überlieferungen
kann diese Involvierung nicht weiter untersucht werden.

[197] „Da war Pfarrer Hubert Debatin und von unserem städtischen Krankenhaus der Direktor
und Schwester Käthe und Schwester Isabella. Viele Leute zu uns / Welcome. Und die haben
uns Kleider gebracht. Frühstück gebracht. Bananen haben sie gebracht. Nach Frankfurt,
Bananen! Und wir haben uns sehr gefreut. Und wir haben alle unsere Haare so hochgestellt.
Hoch gemacht. Und Bilder gemacht, wir haben alle zusammen in Frankfurt Bilder gemacht."
Interview T. J., Absatz 8.

[198] „Wir waren alle in dieses Haus gegangen und dort haben wir ein schönes Zimmer gehabt
und ganz gemütlich. Und das Bett und alles […] Wir waren ganz erstaunt, weil es waren hohe
Federbetten waren. ‚Oh, was ist das?', haben wir gedacht, ‚warum ist denn das so hoch?' Und
danach haben wir es schon gemerkt, weil ich Deutschland ist es so kalt. Wir brauchen dieses
Federbett und dann waren wir unter diesem Federbett den ganzen Tag. Die haben gesagt,
wir sollen uns ausruhen, schlafen. […] Indisches Essen gekriegt. Und dann haben wir eine
Woche nur geschlafen, und gegessen und zu Hause geblieben und danach haben wir schon
angefangen, deutsche Sprache zu lernen." Interview T. J., Absatz 10.

[199] „Paavaada heißt das (…) Rock, Rock Rock! Und / Und da ich so kalt, da muss man Mantel und T-Shirt, das alles anziehen. Das war für uns so, so, so schämlich gewesen. So ein ganz
kurze Rock. (lacht)" Interview T. J., Absatz 14.

[200] „[…] aus der Hitlerzeit. Bomben / Bombardieren. Da ist auf einer Seite immer noch diese
Flecken. Diese lassen die auch immer noch. Die Flecken." Interview T. J., Absatz 156.

Krankenhausküche bereitete extra indisches Essen für die Frauen zu. Später wurden ihnen rohe Zutaten für die eigene Zubereitung von Essen geliefert. Zwar galten die ‚Grundsätze und Satzungen der Gemeinschaft‘, gleichwohl fanden einige Inderinnen der Gruppe andere Wege, um auch Lebenserfahrungen jenseits des Nirmala-Regelwerks zu machen.[201] Eine Frau aus der Gruppe wurde nach dem ersten Jahr nach Kerala zurückgeführt, nachdem sie in der Ausbildung nicht mitgekommen war.[202]

Die Nirmala-Gruppe habe Gruppenurlaube in der Schweiz und in Rom verbracht. Die betreuende Krankenschwester regelte bis zum Abschluss des Examens die Bankgeschäfte der Nirmala-Angehörigen. Danach waren die Frauen frei und selbstverantwortlich in ihrer Vermögensverwaltung. Die Rücküberweisungen spielten von Beginn an eine herausragende Rolle.[203] Die Familie in Kerala konnte mit den Rücküberweisungen nicht nur das Familienhaus der Eltern renovieren und vergrößern, sondern auch einen Stromanschluss legen.[204] Zudem ermöglichte Frau Jacob ihren Geschwistern einen Beruf zu erlernen. Pfarrer Debatin hat Frau Jacob positiv in Erinnerung. Er verknüpfte nicht nur die Nirmala-Frauen mit Gastfamilien in Stettfeld, sondern besuchte auch deren Familien in Indien.[205]

---

[201] „Die meisten Leute waren auch, schon drei, vier Leute, die waren immer aus. Weißt du, die wohnen auch drinnen, unten, und die machen die Fenster auf / In der Nacht braucht man nicht die große Tür aufmachen. Durch die Fenster sind sie reingegangen. Das haben wir erst später gehört. Die Mutti hat auch unten gelebt und da hat sie ein Zimmer und Büro. Alles war unten. Aber ganz in der Nähe machten sie die Fenster nicht richtig zu. Wenn sie am Abend oder später kommen, dann gehen sie dadurch rein. (lacht)" Interview T. J., Absatz 70.

[202] „Aber eine hat ein Jahr gelernt und sie ist durchgefallen. Die ist nicht mitgekommen mit der deutschen Sprache. […] Die ist nicht durchgekommen. […] Dann haben die sie schnell zurück nach Indien geschickt. […] Maria. Das ist der Name. Den werde ich nie vergessen." Interview T. J., Absatz 120, 122.
Diese Frau habe nach der Rückkehr geheiratet und lebe unterdessen in einer Metropole Keralas. Sie habe zwei Kinder, wobei ein Kind in Australien sei.

[203] „Naja, die mein erste Gehalt waren zehn Mark. […] Die Mutti hat gesagt, ihr könnt ja Briefmarken, Stamp kaufen. Dieses Geld. Aber das haben wir alle aufgehoben und den Eltern hingeschickt." Interview T. J., Absatz 34.

[204] „Die sind besser geworden, als ich in Deutschland war, weil die haben Geld. Dann haben die sich schon gefreut und schon haben die im Monat Geld gekriegt. Da können die kaufen, Reis kaufen, Fisch kaufen und was Lebensmittel kaufen. […] Dann haben die sich so gefreut." Interview T. J., Absatz 178.

[205] „Der Father Hubert Debatin war ein sehr liebe Mann. Jedes Jahr zu Weihnachten, Ostern und so hat er uns allen gesagt, wir sollen mal nach Stettfeld kommen. Jede in die Familie gehen, wo wir vorher waren, diese gleiche Familie, wir gehen Weihnachten und Ostern. Und da bleiben für eine Woche oder zwei Wochen dort. Die haben uns schon mitgenommen, überall, in die Kirche mitgenommen und wo es Festtage gibt. Kirche, in eine andere Kirche

Den Kontakt mit der deutschen Gastfamilie und die damit verbundenen Erfahrungen hebt Frau Jacob besonders hervor. Stettfelder Familien mit Söhnen wurden später von dem Partnerschaftsprogramm ausgeschlossen.[206]

Frau Jacob hatte schon vor Beginn des Migrationsprojekts vor nach Kerala zurückzukehren, um dort eine Familie zu gründen.[207] 1973 kehrte sie am Ende der Nirmala-Aktion mit den anderen Frauen ihrer Gruppe für einen Heimaturlaub zurück, wo sie einen Inder heiratete. Anschließend reiste sie erneut in die Bundesrepublik Deutschland, um dort weiter im gleichen Krankenhaus zu arbeiten. Sie reiste früher als die anderen Frauen zurück nach Deutschland. Dort traf sie in der Einsamkeit die Nachricht des Todes ihres Vaters schwer.[208] Nach ihrer Heirat sandte sie aus Deutschland kein Geld mehr an ihre Familie. Diese Umstellung stellte für ihre Familie eine enorme Belastung dar.[209] Mit ihrem Ehemann legte sie das Geld gewinnbringend an.[210] Als der Ehemann sie in Deutschland besuchte, gab Frau Jacob ihm alle Ersparnisse mit. 1976 war ihre Aufenthaltsgenehmigung nicht weiter verlängert worden und es wurde eine Ausreiseaufforderung samt Ausreisefrist von drei Monaten erlassen, der sie nachkam.[211] Zurück in Kerala bekam sie mit ihrem Ehemann zwei Töchter. Dort war

---

genommen, überall haben die uns mitgenommen. Das war auch schöne Zeit, schöne Zeit." Interview T. J., Absatz 10.

[206] „Keine Männer dort in der Familie. Das haben wir / Die Mutti hat bestimmt dem Pfarrer Hubert Debatin gesagt: ‚Solche Leute schicken nicht!' Deshalb sind die anderen nicht mehr gegangen in die Stettfelder Family." Interview T. J., Absatz 218.

[207] „Ich wollte nur zurückkommen und in Indien bleiben. Einen indischen Mann heiraten! Der Mann hier, hier hört es schon. (lacht) (…) Ich will keine Deutsche. Weißt du, wenn ich schon mit einem Deutschen verheiratet, dann müsste ich deutsch leben. Und ich habe keine Schwestern und so. Kann ich nicht / So ist meine Meinung gewesen. Dass ich sie nicht sehen kann. Und meine Eltern nicht sehen. Müssen wir immer so große Fahrkarte nehmen. Das ist schon schwer. Deshalb habe ich gesagt, ich bleibe nicht in Deutschland, ich gehe nach Hause." Interview T. J., Absatz 42.

[208] „Das war eine schlechte Zeit, weil ich war alleine in Deutschland, aber ich arbeite im städtischen Krankenhaus […]. Da ist eine Schwester, die heißt Elisa. Die Elisa hat gesagt: ‚Liebe Therese, nicht heulen, nicht heulen.' Sie hat immer gesagt ‚nicht heulen' und ich habe Fieber gehabt. Ich musste auch drei bis vier Tage im Bett legen. Das war für uns auch und für mich auch eine sehr schwere Zeit gewesen." Interview T. J., Absatz 10.

[209] „Das ist so schwer gewesen. Meine Familie, weißt du. Da gibt es kein Geld mehr von mir. Oh, das ist schwer gewesen für meine Eltern." Interview T. J., Absatz 172.

[210] „Damals hat Babu das gemacht. Wenn 100 Rupien in der Sparkasse, dann kriegen wir 10 Rupien interest. Das ist doch viel. So hat er das gemacht." Interview T. J., Absatz 202.

[211] „[…] diese Rechtsanwalt hat mir gesagt: ‚Jetzt dürfen sie nicht mehr hierbleiben, weil du bekommst keine Verlängerung, weil du bist verheiratet!' In dieser Zeit war die Krieg in Egypt. […] Deshalb haben die mir keine Verlängerung gegeben." Interview T. J., Absatz 10.

sie auf Wunsch ihres Ehemannes fortan Hausfrau und arbeitete nicht als Krankenschwester.[212] In Indien wurde sie von Schwester Käthe und von einem Arzt
des städtischen Krankenhauses Karlsruhe für einen Monat besucht.

1991 wurde Frau Jacob gemeinsam mit einigen anderen ehemaligen Nirmala-
Angehörigen erneut von dem gleichen Karlsruher Krankenhaus als Arbeitskraft
angefragt. Die Flugtickets wurden den Frauen gezahlt und nach einem Auffri-
schungskurs begannen die Frauen erneut dort zu arbeiten. Kaum in Deutschland
angekommen, stellte sich ihre ehemalige Gastfamilie aus Stettfeld wieder den
Kontakt zu ihr her.[213] In ihrer Abwesenheit von Kerala leistete ihr Ehemann
alleine die Sorgearbeit für ihre zwei Töchter.[214] Der Ehemann war jedoch krank
und so kehrte Frau Jacob im Jahr 1996 nach Kerala zurück, wo sie seither das
Leben als Hausfrau bestreitet. Mit dem in Deutschland verdienten Geld bezahlte
sie die Ausbildung und die Mitgift ihrer beiden Töchter.[215]

Die Migrationserfahrung bestärkte Frau Jacob in ihrem Verhältnis zur katholischen Kirche. Sie hat sich alle Sozialabsicherungsansprüche aus der Bundesrepublik Deutschland ausbezahlen lassen. Heute bezieht ihr Ehemann in Indien eine
kleine Rente. Zudem arbeitet eine ihrer Töchter in den USA als Krankenschwester. Noch heute hat Frau Jacob mit zwei Töchtern ihrer damaligen Gastfamilie in
Stettfeld Kontakt über WhatsApp.[216]

Frau Jacob ist der Meinung, dass Malayalis im Ausland so gut arbeiten, da
sie dortbleiben wollen. Gleiches beobachte sie gegenwärtig bei Menschen aus
dem nordindischen Bengalen, die aktuell im Rahmen von Arbeitsmigration in

---

[212] Frau Jacob sollte niemals in Indien als Krankenschwester arbeiten. Sie geht jedoch davon
aus, dass ihr Examen in Indien anerkannt worden wäre: „Das war damals gar nicht so schwer.
Aber jetzt nicht schwer. Damals nur zehn Rupien geben und erneuern lassen. Dann könnte
ich das genehmigen lassen / Bestimmt hätte ich schon eine Genehmigung gekriegt. […] Weil
mein Bruder ist in Delhi. Das muss man nach Delhi schicken." Interview T. J., Absatz 198.

[213] „Die sind schnell gekommen und haben mich abgeholt. Ja! ‚Komm in unsere Familie.'
Ja, ja, ja, die Familie." Interview T. J., Absatz 84.

[214] „Der geht nur Tagdienst machen […] Wenn jemand nicht das Wechseln gegeben hat, dann
bleibt der zu Hause, (…) weil zwei Mädchen zu Hause. Da darf nicht in der Nacht alleine
gehen lassen. […] Und kochen kann er gut, kochen. Und alles selber gemacht." Interview T.
J., Absatz 228, 230.

[215] „Wir haben die Kinder lernen lassen. Priya hat auch Krankenschwester gelernt, in
Madras. Jisha war in Angamaly. Physiotherapie. Dann braucht man auch viel Geld, Monate
oder Jahre zusammen. Lakhs of Lakhs." Interview T. J., Absatz 208.

[216] Der Kontakt zu Frau Jacob wurde durch die Gastfamilie in Stettfeld hergestellt. Siehe
Fußnote 89 in Kapitel 1.7.

das südindische Kerala kommen.[217] Frau Jacob kritisiert die Organisation des Pflegesektors in Kerala.[218] Hinsichtlich der gegenwärtigen Migration von Pflegefachpersonal ist Frau Jacob der Meinung, dass die Ausbildung in Kerala zu theoretisch sei und sie daher die Ausbildung in Deutschland weiterempfehlen würde.[219]

---

[217] „So, die arbeiten von Herzen. Ganz richtig und ganz schön. Ganz aufpassen und alles. Richtig machen!" Interview T. J., Absatz 252.

[218] „Hier muss die Toilette […] Die Familie muss das sauber machen. Wenn das Bettsheet nass wird, alles waschen, Zähne putzen. Alles muss die Familie machen. Morgen geht meine Schwester mit dem Mann. Schwer! […] Wenn wir Krankenhaus gehen, das ist schwer! Und das ganze Geld ist weg. Im Krankenhaus. Viel, viel Geld." Interview T. J., Absatz 182.

[219] „In Indien lernen und ins Ausland gehen, die Krankenschwester haben bestimmt schwer, weißt du? Die haben keine Pflege gelernt, die haben nur Bücher gelesen. Das ist nicht so gut. Wenn ich eine Krankenschwesternlehrerin wäre, würde ich das auch mitlernen lassen. (lacht) Waschen oder […] die Krankenschwester hier, die geben nur Medikament. Und Spritzen." Interview T. J., Absatz 248.

Teil D: Analyse

5

5.1 Kirchenrechtliche Einordnung und Reflexionen der daraus entstehenden Rechtssituation

Kanonisches Recht in den 1960ern

Unter dem kanonischen Kirchenrecht wird das selbst gesetzte Recht der katholischen Kirche verstanden.[1] Die beschriebenen Migrationsvorgänge in den 1960ern fanden jedoch in einer Zeit statt, in der das kirchliche Vereinigungsrecht, vereinfacht gesagt das Ordensrecht und das der kirchlichen Vereine, noch nicht in der ausgeprägten Differenzierung vorlag, wie es durch das gesamtkirchliche Gesetzbuch von 1983, dem CIC 1983, geregelt worden ist.

Die Forderungen eine Kodifizierung auch auf das Kirchenrecht anzuwenden, wurden während des I. Vatikanums (1869–70) prominent, während zu diesem

---

[1] „Wenn man von einer (inner-)kirchlichen Rechtsordnung spricht, geht es immer um zwei Aspekte: um die Übereinstimmung mit dem Wesen der Kirche einerseits und andererseits um die Wahrung dessen, was eine rechtliche Ordnung ausmacht. [...] Die Befassung mit den Grundfragen des Kirchenrechts muss aufweisen, dass die Kirche nicht nur eine Gemeinschaft der Glaubenden, sondern auch eine Rechtsgemeinschaft ist. Weil die Kirche (auch) eine menschliche Gemeinschaft ist, kann sie ein Recht haben; sie muss aber nicht schon aufgrund ihres Gemeinschaftscharakters rechtlich normiert sein, denn es gibt auch Gemeinschaften ohne Recht. Ob die Kirche legitimerweise ein Recht hat, ergibt sich erst aus der Frage, was zum Wesen der Kirche hinzugehört; die Legitimität des Kirchenrechts ergibt sich aus dem zugrundeliegenden Kirchenverständnis." Ludger Müller und Christoph Ohly, Katholisches Kirchenrecht: ein Studienbuch, 2., aktualisierte Auflage (Paderborn: UTB, 2022), 14–15.

Ergänzende Information Die elektronische Version dieses Kapitels enthält Zusatzmaterial, auf das über folgenden Link zugegriffen werden kann https://doi.org/10.1007/978-3-658-46082-2_5.

© Der/die Autor(en) 2025
T. S. Großmann, *Fachkräftemigration – Pflegenotstand – Nächstenliebe*,
https://doi.org/10.1007/978-3-658-46082-2_5

Zeitpunkt das Konzept der Rechtskodifizierung bereits einen festen Bestandteil der weltlichen Rechtspraktiken darstellte. Mit dem von Papst Benedikt XV. im Jahr 1917 promulgierten *Codex Iuris Canonici* (CIC 1917) findet sich die erste abstrakte Kodifikation des kanonischen Kirchenrechts, das 1918 in Kraft trat. Wegen der in der ersten Hälfte des 20. Jahrhunderts einsetzenden Globalisierungsprozesse und den inzwischen offenkundig gewordenen Defiziten des CIC 1917 wurde das bestehende kanonische Recht unter direktem Einfluss des II. Vatikanums durch den *Codex Iuris Canonici von 1983* (CIC 1983) neu gefasst und vor allem das Vereinigungsrecht der Kirche einer systematischen Neuordnung unterzogen.[2]

Aufgrund der damaligen undifferenzierten Situation des kanonischen Kirchenrechts war im Bereich des Vereinigungswesens eine informelle Praxis innerhalb des Kirchenraumes bis Mitte der 1960er üblich. Das zeigte sich auch im Umgang mit staatlichen Institutionen, welche die jeweils handelnden Akteure jeweils als Vertreter *der* katholischen Kirche verstanden, ohne deren verfassungsmäßige Vielschichtigkeit zu berücksichtigen. Erst mit Beginn der 1960er setzten in der katholischen Kirche auch im Bereich des Vereinigungsrechts weitreichende Institutionalisierungsprozesse ein, welche die Handlungsräume von Kirchenamtsträgern und Gläubigen weiter ausdifferenzierten und Zuständigkeiten klärten:

> Die Entwicklungen seit den sechziger Jahren hätten, so Haynes, zu einer Zentralisierung der Kirche auf der Einzelstaatenebene geführt, was etwa in der Bedeutungszunahme der nationalen Bischofskonferenz zum Ausdruck komme, die nicht selten eigenwillig auf ihre lokalen politischen Umwelten reagierten und hierbei weitgehend unabhängig von Rom – als quasi-nationale Institutionen – operierten.[3]

Die Entwicklungen der Migrationsbewegungen müssen eben vor diesem Hintergrund dynamischer Prozesse einer innerkirchlichen Institutionalisierung gelesen werden, wobei die geltende Kirchenrechtsgrundlage der 1960er nach wie vor der CIC 1917 darstellte. Hinzu mussten einige kanonische Entscheidungen und

---

[2] Zur Kirchenrechtsgeschichte siehe Stephan Haering, „Kirchliche Rechtsgeschichte", in *Handbuch des katholischen Kirchenrechts*, hg. von Stephan Haering, Wilhelm Rees, und Heribert Schmitz (Regensburg: Verlag Friedrich Pustet, 2015), 3–11.
   Zum CCEO siehe Richard Potz, „Der Codex Canonum Ecclesiarum Orientalium", in *Handbuch des katholischen Kirchenrechts*, hg. von Stephan Haering, Wilhelm Rees, und Heribert Schmitz (Regensburg: Verlag Friedrich Pustet, 2015), 101–16. Zu den kirchlichen Rechtsquellen siehe *Acta Apostolicae Sedis* als (gesamt-)kirchenamtliches Promulgations- und Publikationsorgan des Heiligen Stuhls. The Holy See, „Acta Apostolicae Sedis", o. D.
[3] Brocker, Behr, und Hildenbrandt, 2003, 28.

weitere Partikularnormen und Dekrete berücksichtigt werden, die oft in der Form einer *Motu Proprio* erlassen wurden, wörtlich übersetzt: Aus eigenem Antrieb.[4] Ein formelles kirchliches Arbeitsrecht existierte zu diesem Zeitpunkt nicht und gibt es erst seit 1993 ausschließlich im Zuständigkeitsbereich der deutschen Bischofskonferenz.[5] Es galt weltliches Arbeitsrecht, sodass die kirchlichen Akteure die kirchlichen Normen in die Arbeitserträge einfach hereinschrieben, wobei die Frage nach der tatsächlichen Rechtsgültigkeit dieser kirchlichen Aspekte außer Acht gelassen wurde.

Um die innerkirchlichen Zuständigkeiten differenziert herauszuarbeiten, ist im Sinne des kanonischen Rechts zwischen der verfassten Kirche (die Verfassung der katholischen Kirche als Organisation und öffentlich-rechtlicher Rechtsträger mit Papst und Bischofskollegium als Träger der Höchstvollmacht, den Diözesanbischöfen als Vollmachtträger in den Teilkirchen) und den kirchlichen Vereinigungen, als den kanonischen Lebensverbänden, vereinfacht Orden genannt sowie den kirchlichen Vereinen zu unterscheiden (Abbildung 5.1). Die Unterscheidung dieser Ebenen ist in der folgenden Analyse essentiell.[6]

---

[4] Apostolisches Schreiben des Papstes. Übersicht der kirchenrechtlichen Normen siehe Pontificia Università Gregoriana, „Geltende Normen der lateinischen Kirche (außerhalb der Codices)", o. D. Im vorliegenden Fall gestalten sich diese außerkanonischen Normen als irrelevant. Die globalen migrationsbedingten Entwicklungen der 1960er fand in den kirchenrechtlichen Normen Niederschlag, als Papst Paul VI zum pastoralen Umgang mit Migrantinnen die Apostolischen Konstitution „Exsul Familia" vom 1. August 1952 der De Pastorali Migratorum Cura im Jahr 1969 erneuerte. Vgl. Papst Paulus VI., „Pastoralis migratorum cura – Novae normae de pastorali migratorum cura statuuntur, Litterae Apostolicae Motu Proprio date.", 15. August 1969.

[5] Auch in Sachen des kirchlichen Arbeitsrechts ist die staatskirchenrechtliche Grundlage im GG zu verorten: Art. 140 GG i. V. m. Art. 137 Abs. 3 S. 1 WRV: „Jede Religionsgesellschaft ordnet und verwaltet ihre Angelegenheiten selbständig innerhalb der Schranken des für alle geltenden Gesetzes." Bundesministerium für Justiz, o. D.

[6] In der vorliegenden Arbeit wurde eine Übersicht der Ereignisse in Bezug auf die innerkirchliche Organisation und das kirchenamtliche Handeln erstellt. Diese Übersicht fasst die Prozesse unter Zuordnung von Kirchenamtsträgern und den jeweiligen Ländern in einer Tabelle zusammen. Die zugehörigen Daten sind im Anhang 7 im elektronischen Zusatzmaterial einsehbar.

Abbildung 5.1 Ebenen
im Kanonischen Recht

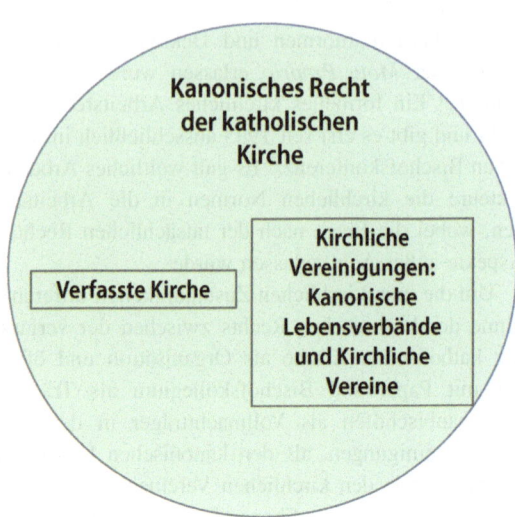

5.1.1 Migration von Ordenskandidatinnen

Vorbereitungen des Migrationsprojekts

Debatin wandte sich 1959 mit der ersten Idee einer Migration von indischen Frauen im katholischen Kirchenraum an seinen Ordinarius, dem Freiburger Erzbischof. Dieser hatte daraufhin größere Bedenken für die Berufung von Schwestern aus dem außereuropäischen Ausland geäußert.[7] Dennoch suchte Debatin weiter in dieser Angelegenheit den Kontakt mit dem Freiburger Erzbischof, seinem zuständigen Ordinarius der verfassten Kirche, der jedoch die Angelegenheit nach wie vor nicht direkt unterstützte.[8] Allerdings verließ Debatin 1960 die Ebene der verfassten Kirche, indem er sich direkt an die Vereinigung des Kloster St. Trudpert wandte. Damit wechselte Debatin in seinem Wirken auf die Ebene der kirchlichen Vereinigungen, hier zunächst der kanonischen Lebensverbände.[9]

---

[7] Vgl. Fußnote 16 in Kapitel 3.1.

[8] Angesichts der Reaktion des Freiburger Erzbischofs ist zu vermuten, dass der Ordinarius ein anderes Vorgehen bevorzugt hätte.

[9] Zum Vereinigungsrecht der katholischen Kirche siehe Winfried Aymans, „Verfassungs- und Vereinigungsrecht", in Kanonisches Recht: Lehrbuch aufgrund des Codex Iuris Canonici, hg. von Winfried Aymans und Ludger Müller (Paderborn [u. a.]: Schöningh, 1997), 454–735.

Die Durchführung aus der Perspektive des kanonischen Vereinsrechts

Die Josefschwestern zu Saint Marc waren zu diesem Zeitpunkt kirchenrechtlich eine Diözesankongregation.[10] Damit war der Freiburger Erzbischof für St. Trudpert nur mit der Aufsicht der Kongregation zuständig, er war jedoch nicht weisungsbefugt hinsichtlich innerer Angelegenheiten bzw. Handlungen des Ordens.[11] Der Erzbischof hätte insofern in Rahmen einer internen Angelegenheit nicht im Sinne eines Genehmigungsverfahrens einbezogen werden müssen, da der Orden sich einer Satzungsautonomie erfreute. Dennoch berichten die Chroniken des Klosters davon, dass die Ordensoberen das kirchenamtliche Einverständnis eingeholt hatten, obwohl der Orden eigentlich Dinge, die in die eigene Zuständigkeit fielen, autonom regeln vermochte.[12] Dies ist wohl vor dem Hintergrund eines guten Miteinanders der unterschiedlichen kirchlichen Handlungsträger sowie einem damals noch deutlich ausgeprägterem hierarchischem Kirchenverständnis zu verstehen. Da die berufliche Ausbildung und der Einsatz der Frauen in den ordenseigenen Anstalten stattfanden, hatte der Erzbischof keine Möglichkeit in diese ordensinternen Prozesse einzugreifen.

Die Anwerbung von Postulantinnen aus Kerala und deren berufliche Ausbildung sowie anschließender Arbeitseinsätze innerhalb der ordenseigenen Häuser war damit als innere Angelegenheit der Kongregation kirchenrechtlich legitim und erfolgte ohne Mitwirkung der verfassen Kirche. Damit war sie auch staatskirchenrechtlich im Sinne des kirchlichen Selbstbestimmungsrechts nach Artikel 140 GG gedeckt. Debatins Handeln ist aus kirchenrechtlicher Perspektive lediglich als Hilfestellung für den Orden zu bewerten. Der Freiburger Erzbischof, als Teil der verfassten Kirche, hätte lediglich eingreifen können, wenn die Anwerbung nicht der Ordenssatzung entsprochen hätte. Denkbar wäre allenfalls eine im Gehorsam gegenüber seinem Ordinarius begründete Weisung an Debatin gewesen.

---

[10] Vgl. ProvA St. Trudpert Nr.121: Bericht „Die Verfassung der Kongregation der Schwestern", 1993.

Inzwischen sind die Josefschwestern zu Saint Marc eine Ordensgemeinschaft päpstlichen Rechts. Vgl. DOK Deutsche Ordensobernkonferenz e. V., „Ordensgemeinschaften in Deutschland", o. D.

[11] Aufsicht eines Diözesanordens bedeutet nicht, dass der zuständige Bischof als Teil der verfassten Kirche in alle Prozesse des Ordens eingreifen konnte. Der Ordinarius war mit der Aufsicht vielmehr verantwortlich etwaige Missstände im Orden festzustellen, die nicht der Ordenssatzung entsprachen. Im Fall eines Ordens päpstlichen Rechts liegt die Aufsicht über den Orden beim Apostolischen Stuhl.

[12] Vgl. Kapitel 3.2. Die ersten Kandidatinnen für das Kloster St. Trudpert im Münstertal 1960 – Die Blaupause für den Nirmala-Vorgang.

Der Apostolische Stuhl nahm 1963 ausschließlich hinsichtlich des Rituswechsels der Frauen aus dem syro-malabarischen Ritus hin zum lateinischen Ritus seine Zuständigkeit wahr.[13]

5.1.2 Der Nirmala-Vorgang

Das veraltete kirchliche Vereinigungsrecht des CIC 1917
Der Nirmala-Vorgang weist durch seine hybride Organisationsform unter Involvierung von Kirchenamtsträgern der Ostkirchen, Vertragsverhältnissen die mit staatlichen Stellen geschlossen wurden sowie als Faktum in den Jurisdiktionen verschiedener deutscher (Erz-)Bischöfe eine hohe Komplexität auf. Als geltende Grundlage bot der CIC 1917 jedoch nur wenig Differenzierung für ein solches transnationales Unterfangen in seiner Vielschichtigkeit. Insbesondere im hier zum Tragen kommenden Vereinigungsrecht lag zum damaligen Zeitpunkt noch keine Systematisierung vor.[14]

Einleitend zu Debatins Handeln als „Mann der Kirche"
Retrospektiv ist festzustellen, dass Pfarrer Debatins damaliges Wirken im Nirmala-Vorgang nur angesichts der einstigen kirchenrechtlichen Grauzonen möglich war, innerhalb derer kirchliche Akteure in der damaligen Zeit stets zu handeln hatten. Aus dieser Perspektive stellte ein selbstlegitimiertes Vorgehen eines Pfarrers, bar jeglicher rechtlichen Zuständigkeit, gemessen an den innerkirchlichen Standards und Praktiken der damaligen Zeit, keinen Ausnahmefall dar. Gleichwohl ist das kirchenrechtlich problematische Handeln Debatins in der

---

[13] Erstaunlich ist diesbezüglich, dass das Freiburger Erzbistum bei der Kongregation den Akt des Rituswechsels angeregt hatte. Dies wäre dies eigentlich gemäß der bereits erwähnten Autonomie direkt über den Orden gelaufen. Naheliegend ist die Vermutung, dass die Anfrage im Zusammenhang mit dem kirchenrechtlichen Rechtsakt der anstehenden Profess der Frauen angefragt wurde, welche durch den Freiburger Erzbischof abgenommen werden sollte. Mit dem Eintritt in das Noviziat, einer zeitlichen Bindung mit dem Orden, sollte damit auch der Rituswechsel erfolgen. So waren im Rahmen der Profess zwei Rechtsakte innerhalb einer liturgischen Feier möglich.

[14] „Das Vereinigungsrecht des CIC von 1917 kann zweifelsohne zu den weniger gelungenen Teilen dieses Gesetzbuches gerechnet werden, was wohl auch als Erklärung für die insgesamt mehr als verhalten zu nennende Rezeption der einschlägigen Normen dienen dürfte." Thomas Schüller, „Allgemeine Fragen des kirchlichen Vereinsrechts", in *Handbuch des katholischen Kirchenrechts*, hg. von Stephan Haering, Wilhelm Rees, und Heribert Schmitz (Regensburg: Verlag Friedrich Pustet, 2015), 799. Zur Neuordnung des kirchlichen Vereinigungsrechts im CIC von 1983 vgl. Aymans, 1997.

Nirmala-Angelegenheit auch nach damaliger Kirchenrechtslage in Differenz zu einem legitimen Vorgehen klar zu benennen, da er die Bedenken seines Ordinarius, dem er als Priester zum Gehorsam verpflichtet war, in dieser Angelegenheit zumindest umging.

Die Vorbereitungen des Nirmala-Vorgangs
In privater Initiative aber in Kooperation mit dem deutschen Staat reiste Debatin 1964 zunächst mit der Absicht nach Indien, um die von staatlicher Seite angeregte Idee, Frauen für deutsche Krankenhäuser zu besorgen, auszuloten.[15] Einzelne indische Bischöfe unterstützten als kirchenrechtliche Autoritäten in Kerala das Migrationsprojekt. In der Bundesrepublik Deutschland handelte Debatin damit zunächst im persönlichen Auftrag der mit Rom unierten indischen Bischöfe der syro-malankarischen Kirche, also beauftragt der zuständigen Vertreter der verfassten Kirche Indiens, gleichwohl kam es bei dem Auftrag nicht zu einer transnationalen Vernetzung auf kirchenrechtlicher Ebene mit den deutschen kirchenamtlichen Vertretern.[16] So blieb die kirchenamtliche Beauftragung des deutschen Pfarrers durch die indischen Bischöfe auf persönlicher Ebene.[17]

Im Sommer 1964 führte Bischof Mar Athanasios Diözese Thiruvalla/Kerala im Rahmen seiner Reise zum Katholikentag in Stuttgart gemeinsam mit Pfarrer Hubert Debatin Gespräche mit den Vertretern des baden-württembergischen Innenministeriums.[18] Dabei wurde Mar Athanasios von den deutschen staatlichen Stellen mutmaßlich als vermeintlich legitimer kirchenamtlicher Vertreter in der Angelegenheit angesehen. Es blieb dagegen unberücksichtigt, dass es sich um einen Arbeitseinsatz katholischer Frauen im Zuständigkeitsbereich

---

[15] Siehe Kapitel 3.3.1. Organisation und Vorbereitungen der Nirmala-Aktion in der Bundesrepublik Deutschland.

[16] Hier ist Debatins fehlerhaftes Vorgehen als zum Gehorsam verpflichteter Pfarrer zu markieren. Das geordnete Vorgehen gemäß innerkirchlichem Dienstweg hätte vorgesehen, dass sich der Pfarrer mit seinem Ordinarius, dem Erzbischof von Freiburg, hätte absprechen müssen. Auf diesem Wege wäre es hypothetisch zu einer kirchenamtlichen Vernetzung gekommen. Zur damaligen Zeit stellte jedoch der direkte Weg ohne Berücksichtigung des Dienstwegs eine vielerorts geduldete innerkirchliche Praxis dar.

[17] Gemäß einer Aktennotiz erteilte der Freiburger Erzbischof Debatin im Sommer 1964 das Einverständnis, das von ihm im persönlichen Gespräch umrissene Vorhaben Nirmala-Aktion weiter zu verfolgen. Gleichwohl erreicht dieser Akt nicht die formellen Voraussetzungen, um von einem kirchenamtlichen Auftrag seitens des deutschen Erzbischofs zu sprechen. Vgl. Fußnote 130 in Kapitel 3.3.4.

[18] Vgl. Fußnote 73 in Kapitel 3.3.1.

des Erzbischofs von Freiburg handelte.[19] Dennoch wurde seitens des baden-württembergischen Innenministeriums ausgegangen, dass es sich um legitime Verhandlungen mit der katholischen Kirche handelte, die schlussendlich in den Abschluss von Verträgen führten. Faktisch wurden die Verträge mit den staatlichen Stellen innerhalb der Kirchenprovinz Freiburg und damit in der Jurisdiktion der (Erz-)Bischöfe der Erzdiözese Freiburg und Diözese Rottenburg-Stuttgart abgeschlossen, woraus sich die eigentliche kirchenamtliche Verantwortung der entsprechenden deutschen (Erz-)Bischöfe ergab.[20] Die innerkirchlichen Zuständigkeiten wurde von den deutschen staatlichen Stellen nicht beachtet.[21] Im Fall des Nirmala-Vorgangs fand sich die für Debatin und die indischen (Erz-) Bischöfe vorteilhafte Situation, wonach die staatlichen Vertragspartner, welche die erste Bestellung von Arbeitsmigrantinnen in Auftrag gegeben hatten, selbst angesichts des eigenen Vorteils durch die Frauen dem deutschen Pflegenotstand

---

[19] Nach der Aktenlage ist nicht nachweisbar, dass die staatlichen Stellen die Legitimation ihrer katholischen Gesprächs- und später Vertragspartner überprüft hatten. Weiterhin fand keine Beachtung, dass die Frauen nicht nur aus Mar Athanasios Diözese Thiruvalla, sondern auch aus der Erzdiözese Trivandrum kamen. Es ist nicht auszuschließen, dass wie damals üblich, die politischen Verantwortungsträger die innerkirchlichen Zuständigkeiten nicht zu überblicken vermochten. Die Wahrnehmung durch die Staatsvertreter war zudem durch das Selbstverständnis der katholischen Kirche gemäß dem Anfang der 1960er noch dominierenden Gedanken der *Societas-Perfecta-Lehre* geprägt: „Insbesondere nach der Zerstörung des traditionellen Verhältnisses von Kirche und Staat durch die Französische Revolution und durch Napoleon war es zur Entwicklung zum absolutistischen, sich selbst genügenden Staat gekommen. Der Staat wurde deutlicher als zuvor als einzige Quelle des Rechts verstanden. In dieser Situation musste versucht werden, die Autonomie der Kirche gegen den aufkommenden umfassenden Allzuständigkeitsanspruch des Staates zu verteidigen." Müller und Ohly, 2022, 17. Im Rahmen dieser Entwicklungen hatte die katholische Kirche im 19 Jahrhundert gegenüber dem Staat als Rechtskonstrukt behauptet, dass sie als *Societas-Perfecta* alles notwendige zur Erfüllung einer souveränen Gemeinschaft leisten könne und damit keiner übergeordneten Gemeinschaft unterworfen sei. Entsprechend dem Bild stand die katholische Kirche in den damaligen Gedankenkonstruktionen neben dem Staat. In Akzeptanz des Selbstverständnisses billigte man der katholischen Kirche von Seiten des Staates eine weitgehende Eigenständigkeit zu. Erst mit dem II. Vatikanum wurde dieses gängige Modell, unter dem das Verhältnis zwischen Staat und katholischer Kirche bis dahin verstanden wurde, aufgegeben. Als Folge dessen gab die katholische Kirche ebenso den Anspruch auf, eine Staatsreligion zu sein zu wollen. Vgl. Papst Paul VI., „Pastorale Konstitution – Gaudium et spes – Über die Kirche in der Welt von heute", 7. Dezember 1965.

[20] Eine Kontaktaufnahme mit den eigentlich zuständigen deutschen (Erz-)Bischöfen durch die Baden-Württembergische Landesregierung ist während des gesamten Vorgangs nicht nachzuweisen. Die staatlichen Stellen kommunizierten ausschließlich mit Pfarrer Debatin. Die Aktenlage legt nahe, dass die deutschen Behörden ihn als einzigen Vertreter betrachteten.

[21] Es entzieht sich der Aktenlage, inwieweit die innerkirchliche Zuständigkeit durch die staatlichen Stellen reflektiert wurde.

entgegenzuwirken, gerne über die zweifelhafte Rechtsfähigkeit der religiösen Nirmala-Gemeinschaft hinweggesehen hatten.[22]

Die legitime Gründung der Nirmala-Vereinigung und die kirchenamtliche Bestätigung

Die Gründung der Nirmala-Gemeinschaft als kirchliche Vereinigung von Gläubigen (*Consociatio Christifidelium*) – dabei sei dahingestellt, ob dies durch Debatin oder einen indischen Geistlichen geschehen ist – war kirchenrechtlich legitim. Kirchliche Vereinigungen konnten als freie Zusammenschlüsse Gläubiger jederzeit selbst durch Laien gegründet werden. Kanonische Vereine konnten jedoch nur auf kirchenamtliche Bestätigung des zuständigen Ordinarius Rechtsfähigkeit erlangen, in dessen Zuständigkeitsbereich die Verantwortung der Vereinigung lag.[23] Im Falle der Nirmala-Gemeinschaft lag jedoch keine Bestätigung eines Ordinarius vor: weder eines indischen (Erz-)Bischofs, der die Frauen entsandt hatte, noch des Erzbischofs von Freiburg, in dessen Jurisdiktion die Verträge mit den staatlichen Krankenhäusern abgeschlossen wurden, die Nirmala-Arbeitsmigrantinnen ausgebildet wurden und arbeiteten.[24] An der Situation der fehlenden kirchenamtlichen Bestätigung ändert weder der Fakt, dass Bischof Athanasios persönlich mit dem baden-württembergischen Innenministerium in

---

[22] Die Form der überlieferten staatlichen Kommunikation, die an empfindlichen Stellen zum Status der Gemeinschaft teilweise ohne Briefkopf informell erfolgte, lässt auch die Vermutung zu, dass sich die staatlichen Stellen über die Illegitimität der Nirmala-Gemeinschaft und damit der mangelnden Rechtsfähigkeit der kirchlichen Vereinigung im Klaren war. Vgl. Fußnote 110 in Kapitel 3.3.4.

[23] „C.684 i. V. m. c. 686 § 1 CIC/1917 konstituiert die Unterscheidung zwischen *associationes ecclesiasticae* im strengeren Sinne, also solche Vereinigungen, die von der zuständigen Autorität selbst errichtet worden sind, und den *associationes saltem commendatae*, die aus eigener Initiative der Gläubigen entstanden sind, durchaus aber von der zuständigen Autorität empfohlen bzw. approbiert werden können. Ersteres sind gemäß c. 687 i. V. m. c. 100 CIC/1917 moralische Personen und damit rechtsfähig, Letztere sind private Vereinigungen ohne Rechtspersönlichkeit. Hinsichtlich der den *associationes commendatae* (vgl. c.684 CIC/1917) stellte die von Papst Benedikt XV. approbierte und bestätigte *Resolutio Corrientensis* der Konzilskongregation vom 13. November 1920 weiterhin klar, diese *associationes* seien *mere laicae seu non ecclesiasticae*, wirklich kirchliche Vereine (*associationes vere ecclesiastica*) seien eben nur solche, die auch durch die zuständige Autorität errichtet worden seien. Auch die *associationes non ecclesiastica* unterstehen jedoch in der Vigilanz des zuständigen Ordinarius (vgl. auch cc. 336, 690 § 1 CIC/1917)." Schüller, 2015, 799.

[24] Hier ist exemplarisch die Entwicklung der Ordensgemeinschaft „The Society of Nirmala Dasi Sisters" zu erwähnen, die nach provisorischer Gründung im Jahr 1967 erst 1971 durch den damaligen syro-malabarischen Bischof Kundukulam als Vereinigung kirchenamtliche Bestätigung fand. Vgl. Fußnote 453 in Kapitel 3.3.22.

Stuttgart Gespräche führte, noch die auf Debatin ausgestellte Vollmacht des Erzbischof Mar Gregorios, da einer bestätigten Vereinigung ein konkretes Statut
zugrunde liegen musste.[25]

Entsprechend ist bei den in der Entsenderegion erfolgten Gelübde der Frauen
vor den indischen (Erz-) Bischöfen im Rahmen einer nicht bestätigten kirchlichen
Vereinigung auch nicht von öffentlichen Gelübden, sondern vielmehr von privaten
Gelübden gegenüber den (Erz-)Bischöfen zu sprechen.[26]

Die Anerkennung der Nirmala-Vereinigung hätte auch nachträglich von Seiten der deutschen (Erz-)Bischöfe erfolgen können, gleichwohl distanzierten sich
der Kirchenamtsträger in Freiburg und auch der deutsche Episkopat. Die Verantwortung zur Anerkennung der Gemeinschaft wurde von der deutschen Seite
allein auf die indischen Bischöfe verlagert. Fakt ist, dass sich die Organisation
der Gemeinschaft auf der Ebene der Vereinigungen einem direkten Eingriff eines
Kirchenamtsträger auf der Ebene der verfassten Kirche – beispielsweise durch
den Erzbischof von Freiburg – entzog, obwohl die Verantwortung als Inhaber der
Jurisdiktion unbenommen blieb.

Handeln des Freiburger Erzbischofs 1964–1965
Der Freiburger Erzbischof und zuständige Ordinarius drückte im Sommer 1964
im Vorfeld Pfarrer Debatin die Billigung gegenüber des Nirmala-Vorhabens
aus, wobei er jedoch nicht in kirchenamtlicher Dimension tätig wurde.[27] Im
Oktober gab der Erzbischof sein Einverständnis, dass Debatin der seelsorgerischen Betreuung der Frauen übernehme, zugleich aber die Absprachen mit
den Bischöfen einhalte, jedoch unter der Prämisse, dass die Ausbildungs- und
Arbeitsverhältnisse „wie bei deutschen Angestellten" geregelt werden sollten.[28]
Mit dem Hinweis, dass Debatin in der Ausübung dieser Tätigkeit seinem Ordinarius unterstehe und diese sich ausschließlich auf die seelsorgliche Betreuung

---

[25] Vgl. Fußnote 73 in Kapitel 3.3.1, sowie Fußnote 103 in Kapitel 3.3.3.

[26] Vgl. Kapitel 3.3.5 Organisation in Kerala – Vorbereitungen in Indien im Sommer 1964.

[27] Angesichts der Wortwahl des Erzbischofs, der in diesem Kontext in seinem Aktenvermerk von einem „modernen ‚Sklavenhandel'" spricht, ist bereits eine atmosphärische Störung
seitens des Freiburger Erzbischofs zu erkennen. Vgl. Fußnote 128 in Kapitel 3.3.4.

[28] Zu diesen Forderungen eines verantwortungsvollen Umgangs mit Arbeitsmigranten
gehörte neben dem vorausgesetzten Abschluss der Sozialversicherung und der Krankenkasse
die Zusicherung einer kostenlosen Rückfahrt, falls eine Frau aus einem vertretbaren Grund in
die Heimat zurückkehren wollte. Ordensschwestern waren gemäß der damaligen Praxis nicht
in der Sozial- und Krankenversicherung abgesichert. Die durch den Freiburger Erzbischof
vorgestellten Prämissen zeigen dagegen vielmehr auf, dass der Kirchenamtsträger die Frauen
als Arbeitsmigrantinnen sah und nicht als Angehörige einer Kongregation. Vgl. Fußnote 130
in Kapitel 3.3.4.

bezog, versuchte der Freiburger Erzbischof nachträglich die Zuständigkeit des Nirmala-Vorgangs auf die deutsche kirchenamtliche Ebene zu ziehen.[29] Doch der Pfarrer ließ sich in seinem selbstlegitimierten Vorgehen die weitergehende Organisation in der Nirmala-Aktion durch seinen Dienstherren nicht nehmen, ignorierte fortan die kirchenamtliche Weisung seines Ordinarius und handelte indes unbehelligt weiter. Während das zuständige Ordinariat Freiburg bei Debatin mehrfach Informationen zum Stand des Nirmala-Vorgangs oder dezidierte Informationen und Unterlagen anforderte, schwieg sich Debatin aus und schuf stattdessen mit Unterstützung der staatlichen Stellen Tatsachen. Dabei überschritt der Pfarrer seine Befugnisse vielfach, verstieß gegen seine Loyalitätspflicht und handelte gegenüber dem Ordinariat stets strategisch im eigenen Interesse. Dies ging soweit, dass er gegenüber seinem Dienstherrn Unwahrheiten angab und u. a. Briefe rückdatierte.[30]

Erst im Frühjahr 1965, nachdem die ersten Frauen bereits angekommen waren und ein vermeintlicher Vertragsentwurf mit dem Innenministerium Baden-Württemberg das Ordinariat Freiburg erreichte, verweigerte der Erzbischof von Freiburg explizit seine Genehmigung zu einem Abschluss eines solchen Vertrags, da entscheidende Punkte nicht geklärt waren. Der Ordinarius präzisierte darüber hinaus, dass alle Abmachungen und Verträge seine Genehmigung bedurften, wobei er kirchenrechtlich seitens Debatins den Gehorsam als ihm unterstellten Pfarrer einforderte.[31] Damit wurde seitens der verfassten Kirche in Deutschland erstmals Druck auf Pfarrer Debatin aufgebaut.

Weitergehend wäre dem Freiburger Erzbischof neben der eigenen nachträglichen Bestätigung der Vereinigung als *ultima ratio* nur die öffentliche Distanzierung von der Vereinigung möglich gewesen. Ein anderweitiger Eingriff in die Vereinigung war ihm jedoch kirchenrechtlich nicht gegeben.

Pfarrer Debatin als Vertragspartner der „Gestellungsverträge"
Die hybriden „Gestellungsverträge", die eine soziale Absicherung durch die sozialen Sicherungssysteme in der Bundesrepublik Deutschland vorsahen, wurden erst nach der Ankunft der Frauen unterschrieben, wobei nachträglich rechtlich

---

[29] Vgl. Fußnote 130 in Kapitel 3.3.4.
[30] Vgl. Fußnote 445 in Kapitel 3.3.21.
[31] Vgl. Fußnote 130 in Kapitel 3.3.4.

geordnet werden sollte, was faktisch bereits erfolgt war.[32] Debatin trat ohne ausreichende kirchenamtliche Legitimierung als „Vertreter der Gemeinschaft" auf und zeichnete die „Gestellungsverträge" ab, was den staatlichen Stellen unter der vorgenannten Involvierung der beiden syro-malankarischen Bischöfe für die Vertragsabschlüsse ausreichte.[33] Die deutschen staatlichen Stellen gingen von einer geordneten Gemeinschaft aus, die es jedoch in dieser Form niemals gegeben hat. Dass Pfarrer Debatin kirchenrechtlich keine Verträge abschließen hätte dürfen, da er über keine kirchenrechtliche Legitimation als Anstellungsträger durch seinen zuständigen Ordinarius verfügte, wurde von den zeichnenden Vertragspartnern ignoriert.[34] Die Rechtsgeschäfte und die Nirmala-Organisation als von Debatin de facto betriebenes Gewerbe einer Art „unechte Leiharbeitsagentur" waren dem Pfarrer in dieser Form kirchenrechtlich verboten. Ein Gewerbe aus staatsrechtlichen Gründen hätte die Genehmigung des Erzbischofs vorausgesetzt, seitens Debatins wurde das Unterfangen jedoch nicht als Gewerbe, sondern als karitative Aktion angesehen und ehrenamtlich ausgeführt.[35]

Anmerkungen zu den ‚Grundsätze und Satzungen der Gemeinschaft'
Die vorliegenden ‚Grundsätze und Satzungen der Gemeinschaft' stellen kirchenrechtlich kein Statut dar, wie es in c. 304 § 1 CIC/1983, analog c. 576 § 1 CCEO Regelung findet. Die Dokumente hatten weder staatliche noch kirchenamtliche Legitimation und können bestenfalls als privatrechtliche Vereinbarungen bezeichnet werden. Gleichwohl wurde den Vereinbarungen von Seiten des deutschen Staates Rechtsfähigkeit zugebilligt. Ob im Rahmen der privatrechtlichen Vereinbarungen tatsächlich die Zustimmung der Frauen oder der Vormünder

---

[32] Eine rechtliche Beurteilung zur Gültigkeit der geschlossenen „Gestellungsverträge" – sei es aus kirchenrechtlicher oder staatsrechtlicher Perspektive – stellt ein eigenes Thema dar und kann im Rahmen der vorliegenden Arbeit nicht erörtert werden.

[33] Hierbei half auch die Vollmacht von Erzbischof Gregorios der Erzdiözese Trivandrum. Siehe Fußnote 103 in Kapitel 3.3.3.

[34] Zudem ist dieser Stelle anzumerken, dass vermutlich unter den gleichen „Gestellungsverträge" auch Frauen anderer Teilkirchen eingesetzt wurden, beispielsweise der römischkatholischen Kirche Keralas. Vgl. Interview Kapitel 4.2.4. Theresiamma Jacob. Der Umstand entzieht sich aber der archivalischen Überlieferung und kann nicht weitergehend untersucht werden.

[35] Hinsichtlich etwaig zu versteuernden Einnahmen wäre im fiktiven Fall einer privaten Organisation im Rahmen eines Vermittlungsgewerbe in jedem Fall zumindest eine Gesellschaft bürgerlichen Rechts zu gründen gewesen. Als Aktion im Kirchenraum hätte dies folglich über den Ordinarius Debatins und die verfasste Kirche organisiert werden müssen, um etwaige Einnahmen innerkirchlich zu kontrollieren und auch in Hinblick etwaiger Versteuerung zu regeln. All dies wurde durch das informelle Vorgehen Debatins umgangen.

der beteiligten minderjährigen Frauen eingeholt wurde, ist nach Aktenlage nicht ersichtlich. Allerdings ist davon auszugehen, dass in Kerala die Vereinbarungen nach der damalig vorherrschenden informellen Praxis erfolgt war. Eine formelle Übertragung der Personenfürsorge nach den Normen des deutschen Rechts hat weder an Pfarrer Debatin noch an eine andere Person stattgefunden. Damit lässt sich retrospektiv feststellen, dass sich die damals minderjährigen Frauen in einem rechtsfreien Raum befanden. Angesichts dieses Missstandes konnten sich die deutschen staatlichen Stellen hinter den „Gestellungsvertrag" zurückziehen, da auf dieser Rechtsgrundlage die Verantwortung beispielsweise der Vermeidung etwaiger Kinderarbeit bei der Gemeinschaft als Vertragspartner lag.[36]

Die Involvierung der Deutschen Bischofskonferenz ab 1966

Mit dem Rundschreiben von 1966 des Vorsitzenden der Deutschen Bischofskonferenz an die Entsendeländer erfolgte im Rahmen des Nirmala-Vorgangs das erste kirchenamtliche Handeln im transnationalen Kirchenraum.[37] Die Bischofskonferenz war schon vor 1966 Ort des informellen Austausches der Bischöfe. Im gleichen Jahr wurde die Deutsche Bischofskonferenz als Ausfluss des II. Vatikanums als Rechtspersönlichkeit errichtet und hatte als Rechtssubjekt Rechte und Pflichten, jedoch nur derjenigen, die ihr qua Satzung bzw. vom allgemeinen Recht (dem CIC) ausdrücklich zugebilligt wurden.[38] Hier ist festzuhalten, dass die Deutsche Bischofskonferenz gemäß ihrer Satzung keine Zuständigkeit im Bereich der Anwerbung bzw. Organisation von außereuropäischen Arbeitsmigrantinnen im deutschen Pflegesektor hatte.[39] Zudem blieb trotz der Involvierung der DBK die rechtliche Zuständigkeit in den Jurisdiktionen der jeweiligen Bischöfe, da im vorliegenden Fall rechtlich nichts anderes ausdrücklich geregelt worden war.

---

[36] In den „Gestellungsverträgen" finden sich keine personenbezogenen Daten der Arbeitsmigrantinnen.

[37] Vgl. Fußnote 329 in Kapitel 3.3.13.

[38] „In Ausführung des Konzilsdekrets *Christus Dominus* gaben sich die deutschen Bischöfe ein Statut, nach dem sich am 2. März 1966 die ‚Deutsche Bischofskonferenz' als ‚der mit Gutheißung des Apostolischen Stuhles gebildete Zusammenschluss der Bischöfe der deutschen Diözesen […] zum Studium und zur Förderung gemeinsamer pastoraler Aufgaben, zu gegenseitiger Beratung, zur notwendigen Koordinierung der kirchlichen Arbeit und zum gemeinsamen Erlass von Entscheidungen sowie zur Pflege der Verbindung zu anderen Bischofskonferenzen' (Art. 1) konstituierte." Deutsche Bischofskonferenz, o. D., 8.

[39] Ausnahmen stellten die Inhalte des CIC 1917 dar, oder im Einzelfall vorliegende Aufträge des Papstes. Beides war nicht gegeben.

Gleichwohl wurde mit der Involvierung der DBK die Thematik aus der regionalen Ebene in das Bewusstsein der nationale Ebene gehoben. Die zuständigen Verantwortungsträger sahen sich in einer gemeinsamen Verantwortung, die in dem Rundschreiben an die Entsendeländer zur Geltung kam. Das Rundschreiben ist als eine politische Willensäußerung der Deutschen Bischofskonferenz – als kirchenamtliches Organ – und damit als kirchenamtliches Handeln zu qualifizieren. Dabei entfaltet das Rundschreiben keine Rechtsverbindlichkeit. Die kirchenamtliche Äußerung des Teilkirchenverbandes der Bischofskonferenz war jedoch nur durch die in den 1960ern vorangeschrittene Vernetzung und Institutionalisierung der katholischen Kirchenstrukturen möglich gewesen.

Wahrnehmung der politischen Verantwortung durch den Vorsitzenden der DBK

Pfarrer Debatin hatte mehrere Frauen gegen ihren Willen in das Herkunftsland zurückgeführt, da sie gegen die ‚Grundsätze und Satzungen der Gemeinschaft' verstoßen hatten. Durch das Engagement der ehemaligen Tübinger Deutschlehrerin wurde Kardinal Döpfner, der Erzbischof von München und Freising in seiner Funktion als Vorsitzender der Deutschen Bischofskonferenz, in den Vorgang einbezogen, der den zurückgeführten Frauen eine Pflegeausbildung im Krankenhaus einer Vereinigung in seiner Jurisdiktion, dem Erzbistum München und Freising, organisierte.[40] Der deutsche Kardinal hatte in dieser Angelegenheit keine Verpflichtung als Kirchenamtsträger. Kardinal Döpfner übernahm vielmehr die politische Verantwortung, die er gleichsam als Vorsitzender der Deutschen Bischofskonferenz wahrgenommen hatte. Ferner wurde auf Kardinal Döpfners Wirken hin, der Nirmala-Vereinigung e. V. gegründet.

Die weltliche Vereinsgründung des Nirmala-Vereinigung e. V.

Zunächst ist zu differenzieren, dass der Nirmala-Vereinigung e. V. nicht auf kirchenamtlichen Auftrag hin entstanden war, vielmehr hatte der Vorsitzende der DBK in Wahrnehmung seiner politischen Verantwortung, dem rechtlich zuständigen Erzbischof von Freiburg den Vorschlag der Vereinsgründung empfohlen, um den Nirmala-Vorgang in rechtlich geordnete Bahnen zu bringen.[41]

Um einen legitimen Rechtsträger nachträglich einzusetzen, wurde das weltliche Rechtskonstrukt eines Vereins zugrunde gelegt. Dies geschah – wie bei allen

---

[40] Siehe Kapitel 3.3.14. Vorzeitige Rückkehr wider Willen – Die Nirmala-Gemeinschaft als autoritäres System eines Pfarrers.
[41] Siehe Kapitel 3.3.16. Der Nirmala e. V. – Eine neue Rechtsstruktur.

kirchlichen Vereinen üblich – unter einer kirchlichen Zielsetzung der Vereins-satzung. Der Freiburger Erzbischof nahm dabei die kirchliche Satzungsaufsicht wahr.[42] Der Freiburger Erzbischof hatte nur Rechtssetzungskompetenzen inner-halb seiner eigenen Erzdiözese, der Nirmala-Vereinigung e. V. V. arbeitete jedoch Diözesen-übergreifend als interdiözesaner Verein. Das Erzbistum Freiburg agierte fortan als Belegenheitsbistum gemäß der gängigen Rechtspraxis.[43] Die Zustän-digkeit blieb weiterhin bei den zuständigen Bischöfen, wahrgenommen wurde sie damit jedoch durch den Erzbischof von Freiburg.

Die Überführung des ursprünglichen Nirmala-Systems in die neue Form gelang jedoch nicht, da der Hauptakteur, Pfarrer Debatin, die Zusammenarbeit immer weiter verzögert hatte und sich einer tatsächlichen Zusammenarbeit letzt-lich verweigert hatte. Debatins Handeln innerhalb des e. V. ist angesichts der Vorenthaltung von Informationen als Verstoß gegen die Vereinssatzung zu wer-ten. Als Sanktionierung wurden zu genehmigende Anträge des Pfarrers negativ beschieden, wie der Antrag auf eine Indienreise. Die staatlichen Stellen und die Sparkassenvertreter erkannten den Verein nicht als rechtmäßige Vertretung der Frauen an, und zogen sich während des Vorgangs wiederholt auf diese Rechtsposition zurück.[44]

Transnationales kirchenamtliches Handeln und Involvierung der verfassten katholischen Kirche Indiens

Mit dem Besuch von Erzbischof Mar Gregorios im November 1969 beim Freibur-ger Erzbischof ist die erste transnationale Vernetzung auf kirchenamtlicher Ebene im Vorgang zu verorten. Während sich der Vorstand des Nirmala-Vereinigung e. V. darauf einrichtete, dass Mar Gregorios die Gemeinschaft als Kirchenamts-träger einfach bestätigen wird, zeigte sich in den ersten Gesprächen zwischen dem Erzbischof von Freiburg und dem Erzbischof von Trivandrum im Freiburger Ordinariat die Komplexität eines transnationalen Vorgehens in der Angelegenheit. Da es sich bei dem Nirmala-Vorgang ebenso um eine interdiözesane Organisa-tion in Kerala handelte, lag es nicht in der Kompetenz und in der Jurisdiktion des Erzbischofs von Trivandrum die kirchliche Vereinigung anzuerkennen.

---

[42] Dies bedeutet, dass der Erzbischof nur die Aufsicht über die Einhaltung der Satzung innehatte. Er hatte jedoch keine Befugnis in das Vereinsgeschehen einzugreifen.

[43] Die Satzungsautorität lag beim Erzbischof. Im Fall einer Satzungsänderung wendet sich das Belegenheitsbistum an die DBK, diese wendet sich an alle betroffenen Bistümer mit der Bitte um Zustimmung. Erst nach Rücklauf der anderen Bistümer handelte das Belegenheits-bistum.

[44] Siehe Kapitel 3.3.29. Das letzte Jahr der ersten Nirmala-Generation – Der Hirnschlag an dem die Vereinsarbeit zerbrach.

Die von den deutschen kirchlichen Akteuren identifizierten Anliegen wurden jedoch seitens des indischen Amtsträgers erkannt und aufgegriffen. Analog zu der kirchenamtlichen Regelung in der Bundesrepublik Deutschland über die Deutsche Bischofskonferenz war durch die interdiözesane Organisation in Indien für die Nirmala-Aktion auch die Catholic Bishops' Conference of India (CBCI) zuständig, um weitergehend die Angelegenheit zu besprechen. Entsprechend brachte der Erzbischof von Trivandrum nach der Rückkehr nach Indien das Anliegen vor die CBCI, welche aufgrund der Regionalspezifik beschloss, dass sich die regionale Bischofskonferenz Keralas mit dem Anliegen des Freiburger Erzbischofs befassen sollte. Dort wurde Mar Gregorios als Verantwortlicher in der Angelegenheit nominiert – analog zur Nominierung Erzbischof Schäufeles durch die Deutsche Bischofskonferenz.

Im Rahmen des Medienskandals von 1970 nahm Kardinal Gracias seine kirchenamtliche Verantwortung als Vorsitzender der CBCI wahr und veröffentlichte eine politische Stellungnahme. Darin machte er die Problematik des fehlenden Statuts der Nirmala-Gemeinschaft transparent und zeigte die Zuständigkeit der Deutschen Bischofskonferenz und der C.B.C.I und machte die transnationale kirchenamtliche Kooperation in der Angelegenheit öffentlich.

Mit der Befassung durch die Fuldaer Bischofskonferenz reagierte auch das deutsche Episkopat geschlossen auf die Entwicklungen, die 1964–1966 auch in anderen (Erz-)Bistümern als der Erzdiözese Freiburg ohne kirchenamtliche Autorisierung der jeweiligen deutschen (Erz-)Bischöfe eingeleitet und umgesetzt wurde.[45]

Innerhalb der verfassten Kirche Keralas fand sich trotz kirchenamtlicher Anforderung des Erzbischofs von Freiburg keine nachträgliche Bestätigung der Vereinigung. So wurde der eingetragene Verein Nirmala-Vereinigung e. V. mit Genehmigung des Erzbischofs Schäufele aufgelöst. Die Vereinigung verschwand stillschweigend mit dem Auslaufen der Gestellungsverträge 1971.

---

[45] Der entsprechende Einsatz von Nirmala-Gruppen in anderen Jurisdiktionen ergeht aus den Akten Diözesanarchiv Rottenburg (DAR), Historisches Archiv des Erzbistums Köln (AEK). Eine Darstellung aller erwähnter Einsatzorte der Nirmala-Vereinigung findet sich auf der Abbildung 3.12. Bundesrepublik Deutschland: Bundesländer, Nirmala-Einsatzorte (Angaben Debatins von 1971 ergänzt durch anderweitige Erwähnungen) sowie weitere relevante Städte.

5.2   Diskussion und Synthese

Die vorangestellte Rekonstruktion und die Erinnerungen bilden verschiedene Facetten der Migrationsbewegungen ab. Im folgenden Abschnitt werden die rekonstruierten Entwicklungen zusammengefasst und Teilaspekte unter der Diskussion von etwaigen Implikationen eingeordnet.

5.2.1   Kandidatinnen aus Kerala an deutschen Ordenshäusern

Beginn 1960 – Von politisch undenkbaren Brücken
Die Pionier-Migration von Kandidatinnen an deutsche Ordenshäuser 1960 stellte angesichts der damaligen großpolitischen Lage einen außergewöhnlichen Vorgang seiner Zeit dar. Die durch das Kirchenrecht gedeckte und damit auch staatsrechtlich legitime Migration über den Kirchenraum erzeugte zu Zeiten des Ost-West-Konflikts eine Brücke zwischen einem kommunistisch geprägten indischen Bundesstaat und Westdeutschland, welches sich um eine klare Politik der Westintegration bemühte. Eine bilaterale Zusammenarbeit auf Staatenebene zwischen der Bundesrepublik Deutschland und der Republik Indien wäre in den frühen 1960ern undenkbar gewesen.[46]

In dieser Gemengelage boten innerkirchliche Kanäle zwischen Vereinigungen und Kirchenamtsträgern in Indien die Möglichkeit für transnationale Kooperationen.

Ob die Anwerbung von Seite der deutschen Ordenshäusern vor allem erfolgte, um für den Personalmangel an deutschen Krankenhäusern in kirchlicher Trägerschaft Abhilfe zu schaffen, ist aus den archivalischen Überlieferungen nicht zu erheben; sehr wohl aber, dass dieser Gedanke in den Entscheidungsprozessen zur Aufnahme von Kandidatinnen der Ordenshäuser Eingang fand.[47] Der Nachwuchsmangel an deutschen Ordenshäusern stellte einen Teilaspekt des

---

[46] 1960 stand der Kalte Krieg vor Hochphasen des Eskalationspotentials, beispielsweise durch den Mauerbau in Berlin 1961 und durch die Kuba-Krise 1962. Politische Bemühungen hin zu einer Entspannung sind erst ab 1963 zu identifizieren. Erst ab den späten 1960ern kam es zu Abkommen zwischen der Bundesrepublik Deutschland und Ländern aus dem Ostblock, beispielsweise zum Anwerbeabkommen mit dem sozialistischen Land Jugoslawien im Jahr 1968.

[47] Zunächst sollte man meinen, dass bei der Aufnahme von Kandidatinnen die Frage einer geistlichen Berufung in den Ordensstand als primäre Motivation im Fokus steht.

sogenannten „Pflegenotstands" der Bundesrepublik Deutschland dar. Die Anwerbung von jungen Keralitinnen führte zu spürbarer Entlastung und hatte direkte Auswirkungen auf die entsprechenden Gesundheitseinrichtungen im deutschen Gesundheitssektor. Die Erfahrungen mit den Frauen weckten nicht nur das Interesse anderer deutscher Ordenshäuser, die auf ähnliche Praktiken zurückrufen, um Kandidaten anzuwerben.[48] Sie führten auch zu Aufmerksamkeit des deutschen Staates, was schließlich zur Entwicklung der Nirmala-Aktion im Jahr 1964 führte.

Es bleibt zu betonen, dass die Migrationsbewegungen von Kandidatinnen und Ordensschwestern aus Kerala ab 1960 nicht nur an deutsche Ordenshäuser verliefen, sondern auch an in eine Vielzahl von Ordenshäusern in anderen Ländern. Dies führte zu einer globalen Vernetzung Keralas über den Kirchenraum, die bis heute anhält.[49]

Nach ihrer Migration im Jahr 1960 wurden die meisten dieser indischen Kandidatinnen nach dem Ablegen ihres Gelübdes zu Ordensschwestern. Die weiteren Lebenswege dieser Frauen der ersten Generation, gestalten sich hochgradig divers. Ihrem Gelübde entsprechend wurden die Ordensschwestern durch das Mutterhaus beruflich vielseitig eingesetzt, wobei sie meist weiterhin das traditionelle Bild des Pflegeberufs verkörperten und im deutschen Pflegesektor arbeiteten. Der innerkirchliche Einsatz beschränkte sich jedoch nicht nur auf den Pflegeberuf. Durch die gegebenen innerkirchlichen Strukturen waren den Frauen innerhalb ihres Ordensregimes internationale Mobilität und eine vielseitige Verwendung möglich. Zudem stand es ihnen offen innerkirchlich verantwortungsvolle berufliche Positionen zu bekleiden. Die soziale Absicherung erfolgte über das Mutterhaus, welches heute beispielsweise den Interviewpartnerinnen im hohen Alter als Rückzugsort dient. Der Lebensmittelpunkt der interviewten Zeitzeuginnen hat sich klar auf die Bundesrepublik Deutschland verschoben, obgleich noch immer eine starke Verbindung zu Kerala besteht.

Frage nach „Menschenhandel" in der Vermittlung von Kandidatinnen
Entgegen dem Medienskandals von 1970 lässt sich unter der Berücksichtigung aller staatlichen und kirchlichen archivalischen Überlieferungen hinsichtlich der Anwerbung von Kandidatinnen an deutsche Ordenshäuser kein systematischer

---

[48] Laut einer Zählung des Vatikans waren zwischen 1960 und 1970 517 Ordensfrauen und Novizinnen aus Kerala in die Bundesrepublik Deutschland gereist. Vgl. EAF B2–1945/2492 Nirmala-Vereinigung e. V. – Indische Mädchen: Artikel, KNA, 14.05.1971.

[49] Siehe hierzu die Erhebung der Anzahl von *Ordensschwestern und Novizinnen aus Kerala im Zeitraum 1960–1970 in Europa und den USA* nach Untersuchung des Vatikans. Die zugehörigen Daten sind im Anhang 5 im elektronischen Zusatzmaterial einsehbar.

„Menschenhandel" seitens der deutschen Stellen verifizieren, wie er im damaligen Medienskandal beschrieben wurde.[50] Die zum Skandal ausgebauten Medienberichte basieren auf dem Vorwurf eines missbräuchlichen Verhaltens eines einzelnen indischen Priesters: Fr. Cyriac Puthenpura aus Kottayam.[51] Entgegen dem dominanten Mediennarrativ, welches darstellte, dass Ordenshäuser in Europa indische Mädchen von ihren Eltern „gekauft" hätten, um ihre Noviziate aufzufüllen und um dort häusliche Arbeit zu verrichten, lag gemäß Sonia Dougal der Kern des Skandals im mehrfachen Bezug von Geldern des Pfarrers Puthenpura.[52] Demnach habe er nicht nur Spenden und hohe Geldbeträge für Reisekosten und andere Ausgaben von den europäischen Ordenshäusern erhalten und gleichzeitig stillschweigend von vergünstigten Ausbildungstarifen der Airlines profitiert, sondern habe auch noch Geld von den Familien der jungen Frauen genommen, von denen einige in großer Armut lebten.[53] Die Würde der betroffenen Personen wurde in keiner Weise in den Blick genommen. Die jungen Frauen wurden als Handelsobjekte betrachtet. Hier handelte es sich um ein gesellschaftliches Phänomen, da es nicht einseitig durch den Priester, sondern auch unter Mitwirkung der Eltern erfolgte.

Während die eingesehenen archivalischen Überlieferungen der kirchlichen Archive keine Hinweise auf die Beteiligung Puthenpuras an den Migrationsbewegungen in die Bundesrepublik Deutschland dokumentieren, gab Pfarrer Debatin im Rahmen eines Interviews mit dem *Spiegel* an, dass Puthenpura auch Frauen in die Bundesrepublik Deutschland vermittelt hatte.[54] Auch wenn sich

---

[50] Aus Perspektive des heutigen Postkolonialismus stellt sich jedoch dennoch (auch im Nirmala-Vorgang) die Frage, ob die benachteiligte Situation der jungen Frauen aus Kerala systematisch ausgenutzt wurde, insbesondere vor dem Hintergrund der damalig stark ausgeprägten Asymmetrie zwischen dem Globalen Norden und dem Globalen Süden.

[51] So berichtete der Spiegel: „Allein der Pater Cyriac Puthenpura in Kerala gab zu, 444 Mädchen an verschiedene europäische Orden vermittelt zu haben. Für jede angehende Ordensschwester ließ er sich rund 3000 Mark auf sein Privatkonto bei der Indischen Staatsbank überweisen. Die Spesen für den Transfer aber machten nur etwa 1000 Mark aus: Der Bruder schickte die angehenden Schwestern zum verbilligten Studenten-Tarif auf die Reise. Den Rest, behauptet Puthenpura, habe er in ein Institut für die Vorbereitung von Mädchen auf das Ordensleben in Europa (‚Dort leben sie wie Prinzessinnen') investiert." „Ans Kreuz geschlagen", *Der Spiegel*, 6. September 1970.

[52] Siehe Fußnote 553 in Kapitel 3.3.30.

[53] Dougal, 1971, 188.

[54] „Pfarrer Hubert Debatin aus Stettfeld im Landkreis Bruchsal, der einen Großteil der Aufträge an Pater Puthenpura vergab, schließt Unregelmäßigkeiten nicht aus. Dass sich sein indischer Amtsbruder persönlich bereichert hat, glaubt er freilich nicht." 6. September 1970, „Ans Kreuz geschlagen".

die Zusammenarbeit zwischen Debatin und Puthenpura aufgrund der mangelhaf-
ten Quellenlage einer weitergehenden Untersuchung entzieht, ist der Unterschied
in der Praxis der beiden Vertreter der katholischen Kirche zu betonen. Sonia Dougal versuchte im Rahmen ihrer Indienreise 1969 die Familien der von Fr. Cyriac
Puthenpura nach Italien vermittelnden Inderinnen zu besuchen. Dabei wurde sie
aktiv von Puthenpura an ihrem Vorhaben gehindert.[55] In dieser missbräuchlichen Vermittlung war jegliche Rückbindung wie auch eine etwaige Rückkehr
der Frauen in die Entsenderegion unerwünscht.[56] Im Gegensatz zu dieser Praxis
ist Debatins Engagement einer gewünschten Rückbindung der Frauen zu ihren
Familien in Kerala zu unterstreichen. Die migrierten Interviewpartnerinnen aus
St. Trudpert berichten davon, dass Debatin die Frauen ermutigte Briefe für die
Entsenderegion zu verfassen. Debatin selbst besuchte die Migrantinnen und deren
Familien in Kerala. In diesem Rahmen übermittelte er Sprachaufnahmen auf Ton-
bändern. Zudem erhielten die Kandidatinnen vor dem ewigen Gelübde durch das
Ordenshaus nochmals die Möglichkeit nach Kerala zu ihren Familien zu reisen,
um die Entscheidung in diesem Rahmen zu überdenken.[57] Dennoch ist auch im
Fall der Anwerbung durch Debatin hervorzuheben, dass die kirchlichen Bestre-
bungen im Vordergrund standen und es nicht primär um die Selbstentfaltung der
Frauen ging.

Eine private Bereicherung Debatins durch die Vermittlung der Kandidatinnen, aber auch durch die Nirmala-Aktion ist mit großer Wahrscheinlichkeit
auszuschließen. Hierzu bieten die archivalischen Überlieferungen wie auch die

---

Entgegen dieser Schilderungen ist der Name Cyriac Puthenpura (abgesehen von der Nennung im Rahmen des Medienskandals in Form von u. a. Artikeln und Berichten) in den eingesehen Aktenbeständen nicht vorzufinden. Dies schließt jedoch nicht aus, dass Cyriac Puthenpura ebenfalls bei den Migrationsbewegungen aus Kerala in die Bundesrepublik Deutschland
in selbstbereichernde Weise beteiligt war. Auch eine Involvierung in die Nirmala-Aktion
kann nicht ausgeschlossen werden, wenngleich hierzu keinerlei Indizien vorliegen.

[55] Vgl. Dougal, 1971, 38–73.

[56] Über die weiteren Entwicklungen rund um Cyriac Puthenpura ist wenig bekannt. Die
Zeitschrift Indian Today berichtete 1986, dass er in den 1970ern festgenommen und in den
Straßen Kottayams öffentlich geschmäht wurde, bevor er kurz drauf freigelassen worden sei.
Er sei für eine Zeit aus seiner Diözese suspendiert worden. Mitte der 1980er habe er erneut
Frauen aus ärmsten Verhältnissen gegen Bezahlung an italienische Ordenshäuser vermittelt.
Als dies bekannt wurde, sei Puthenpura untergetaucht: „At his large Ettumanoor estate, there
is not even a caretaker to look after the empty buildings. Puthenpura had constructed a huge
building to start a nursing home there. Today, it is locked up." Sreedhar Pillai, „Kerala Catho-
lic Priest Lures Girls with Jobs in Italy, but They End up as Nuns in Rome", 31. August 1986.
An diesem Punkt verlieren sich die Spuren von Cyriac Puthenpura.

[57] Siehe Kapitel 3.2. Die ersten Kandidatinnen für das Kloster St. Trudpert im Münstertal
1960 – Die Blaupause für den Nirmala-Vorgang.

Erinnerungen von Zeitzeugen und Zeitzeuginnen keine Anknüpfungspunkte. Vielmehr ist davon auszugehen, dass Debatin sein Wirken ehrenamtlich verfolgte und jegliche verfügbaren Gelder unter karitativer Begründung nach Indien sandte.[58]

Im Gegensatz zu den Schilderungen zu Puthenpuras Lebensstil erinnern sich deutsche Zeitzeuginnen und Zeitzeugen der katholischen Gemeinde in Stettfeld an einen enthaltsamen Lebensstil von Pfarrer Debatin.[59] Im Pfarrhaus habe nur eine Matratze auf dem Boden gelegen, ansonsten sei der Raum karg gewesen. Er habe alle verfügbaren Gelder der Gemeinde für die „Indienarbeit" verwendet, was zu Kontroversen innerhalb der Gemeinde geführt habe.[60] Die Gemeinde habe sich polarisiert, wobei die eine Seite Debatin in seiner „Indienarbeit" bestärkte, während die andere Seite kritisierte, dass die gesamten Gelder der Gemeinde nach Indien geleitet wurden und so anderweitige Projekte der Gemeinde wie die Renovierung des Pfarrhauses und der Kirche nicht angegangen wurden.[61]

5.2.2 Die Nirmala-Aktion

Beginn einer globalen Institutionalisierung der Pflege nach transnationaler Codierung
Die Migration von ‚Nicht-Ordensfrauen' aus Kerala in sich institutionalisierende Pflegesektoren anderer Länder beschränkte sich nicht nur auf Bundesrepublik Deutschland, sondern stellte ein internationales Phänomen dar, das bereits ab

---

[58] Dieses Bild aus der Dokumentenanalyse deckt sich mit den Schilderungen der katholischen Gemeinde Stettfeld. Vgl. Focused Group Discussion (FGD) mit Zeitzeuginnen und Zeitzeugen der katholischen Kirchengemeinde Stettfeld, 14.01.2023.

[59] Dies deckt sich ebenso mit den Beschreibungen einer „franziskanischen" Lebensweise gemäß der Personalakte Debatins. Siehe Kapitel 2.3 Biografische Annäherung –Pfarrer Hubert Debatins Werdegang bis zur „Indienarbeit".

[60] Die Zeitzeuginnen und Zeitzeugen berichten zudem, dass der Fokus Debatins auf der Jugendarbeit und sein Auftreten zur weiteren Polarisierung führte. Jedoch sei er durch dieses Wirken vor allem unter den jungen Gemeindemitgliedern beliebt gewesen. Vgl. Focused Group Discussion (FGD) mit Zeitzeuginnen und Zeitzeugen der katholischen Kirchengemeinde Stettfeld, 14.01.2023.
Dies wird von einem 2003 veröffentlichten Buch zur regionalen Geschichte Stettfelds unterstrichen: „Es war auch während [Debatins] Amtszeit, dass die Anstöße des Zweiten Vatikanischen Konzils in Stettfeld aufgegriffen und viele Neuerungen eingeführt wurden. Jugend und allgemeine Gemeindearbeit erhielten große Bedeutung." Konrad Dussel, „Kirche und religiöses Leben", in *Stettfeld: 2000 Jahre Geschichte* (Gemeinde Ubstadt-Weiher: Verlag Regionalkultur, 2013), 209.

[61] Vgl. Focused Group Discussion (FGD) mit Zeitzeuginnen und Zeitzeugen der katholischen Kirchengemeinde Stettfeld, 14.01.2023.

den 1950ern verstärkt von Kerala ausging und eng mit den globalen Kirchen-
netzwerken und den Strukturen des Kolonialismus verwoben war. Die Tätigkeit
von Missionaren führte zur Etablierung eines Gesundheitssystems in Südasien
nach damalig im Westen dominanten Ordnungsprinzipien christlicher Codierung,
welche den Pflegeberuf als Frauenberuf im Sinne der Caritas – als Dienst der
Nächstenliebe – vorsah.[62] Durch den religiösen Begründungskontext und den
Faktor, dass sich eine weitere Einnahmequelle für die *Joint Family* öffnet, fand
der Frauenberuf in der Gemeinschaft der Thomaschristen trotz gesellschaftlichen
Stigmas eine größere Akzeptanz. Töchter wurden von der kulturell bedingten finanziellen Mitgift-Bürde zu einer Einkommensquellen der Familie. Zudem
resonierte ausgehend von der matrilinearen Vergangenheit die spezifische gesellschaftliche Position von Frauen in Kerala mit dem neuen Lebensentwurf eines
Lohnberufs in Verbindung mit einem Migrationsprojekt. Während die Migration
innerhalb Indiens, aber auch in andere Länder wie beispielsweise Kuwait eine (in
Indien) abgeschlossene Ausbildung der Frauen voraussetzte, sollte der damalige
Migrationspfad in die Bundesrepublik Deutschland eine Migration von Frauen
ohne vorhergehende medizinische Ausbildung ermöglichen. Hier öffneten sich
nun neue Möglichkeiten für junge Frauen aus einfachen ländlichen Verhältnissen,
die gerade die Sekundarstufe abgeschlossen hatten.[63]

Die Nirmala-Aktion als Weiterentwicklung der Migration von Kandidatinnen
Nachdem die ehemaligen Kandidatinnen von 1960 die ersten Jahre im Pflegeberuf gearbeitet hatten, wandten sich 1964 die staatlichen Stellen des Bundeslandes Baden-Württemberg in ihrer politischen Verantwortung angesichts

---

[62] In den archivalischen Überlieferungen und in den Interviews bleib weitgehend unbenannt,
dass trotz der transnationalen christlichen Codierung eine Differenz zwischen den Pflegekon-
zeptionen in Indien und in der Bundesrepublik Deutschland bestand: „In Indien übernimmt
die Pflegekraft weitaus mehr ärztliche Assistenzaufgaben, als es in deutschen Einrichtungen möglich wäre. Die Grundversorgung der Befriedigung der existentiellen Bedürfnisse wie
Essen, Kleidung und Körperpflege wird traditionellerweise überwiegend von den Angehörigen der Patienten übernommen." Döschl, 2018, 176. Angelegt an gesellschaftliche Vorstellungen, die nicht zuletzt von Reinheitsvorstellungen aus hinduistischen Philosophien
stammten, war der Krankenpflegeberuf mit einem niedrigen sozialen Status versehen. Trotz
des gesellschaftlichen Stigmas des Pflegeberufs in Kerala entschieden sich die Frauen der
Nirmala-Vereinigung für den in der Heimat gesellschaftlich stigmatisierten Beruf, dessen
Ansehen in der Folge der Entwicklungen in den 1960ern in der Entsenderegion eine ambivalente Transformation durchlief. Vgl. George, 2005, 44–45.

[63] Gleichzeitig ist auf der subjektiven Ebene hinsichtlich der Frage nach der Freiwilligkeit
eine gewisse Ambiguität anzuzeigen, da die Inderinnen als Teil ihrer *Joint Families* in der
kulturell benachteiligten Situation als Frauen auch einem sozialen Druck ausgesetzt waren,
um die eigene Familie zu entlasten bzw. zu unterstützen.

des „Pflegenotstand" an Pfarrer Debatin, der als Vermittler auf der Ebene der kirchlichen Vereinigungen tätig war. Es erfolgte durch das Innenministerium Baden-Württembergs eine staatliche Anfrage für eine etwaige Anwerbung von Frauen aus Kerala für staatliche Krankenhäuser, die besonders stark vom Personalmangel betroffen waren. Aus dieser Anfrage sollte noch im Jahr 1964 die Nirmala-Aktion aus der Taufe gehoben werden.[64]

Die Nirmala-Migration kann als zu Beginn staatlich beauftragte Anwerbung von Arbeitskräften beschrieben werden, die mit der Involvierung der katholischen Kirche über nichtstaatliche Dritte im Kirchenraum organisiert wurde. Die Organisation erfolgte zunächst in einem privaten Charakter durch Pfarrer Debatin, der in der Bundesrepublik Deutschland im Auftrag einzelner indischer Bischöfe innerhalb der Bundesrepublik Deutschland handelte. Er nutzte seine Stellung als katholischen Pfarrer, um mit staatlichen Stellen Verträge abzuschließen, die weit außerhalb seiner eigentlichen kirchenamtlich gegebenen Kompetenz lagen. Das Vorgehen in der damaligen Zeit ist unter dem damaligen (Selbst-)Verständnis

---

[64] An dieser Stelle ist anzumerken, dass die Versuche Frauen aus dem Globalen Süden für den deutschen Pflegesektor über das katholische Netzwerk anzuwerben sich nicht nur auf Kerala beschränkten. Einen (einseitigen) Einblick in diese Entwicklungen bietet ein Aktenvermerk der Caritas aus dem Jahr 1966: „In der letzten Zeit mehren sich die Bitten von afrikanischen Priestern um Aufnahme von Afrikanerinnen in katholischen Krankenpflegeschulen. Vielfach benutzen diese Geistlichen einen Deutschland-Aufenthalt dazu, um herumzureisen und den einzelnen Häusern ihre Mädchen zu offerieren. Diese meinen dann, Entwicklungshilfe leisten zu müssen – z. T. sind die Vermittler auch aus dem eigenen Orden & und übersehen nicht die Probleme, die sich daraus ergeben. Ein Krankenhaus in Mannheim z. B. hatte auf Bitten eines afrikanischen Geistlichen, der dort wohnte, 4 Mädchen aus Uganda aufgenommen, die sich für 5 Jahre verpflichteten, die ersten 2 Jahre im Haushalt beschäftigt werden und deutsch lernen sollen und dann für die Krankenpflegeausbildung vorgesehen waren. Für weitere 11 Mädchen wurde eine Zusage zur Aufnahme gegeben und für sie das Reisegeld in Höhe von 15.000 DM nach Uganda geschickt. Trotz ehrlichem Bemühen des Hauses konnten sich aber die Mädchen der 1. Gruppe nicht in die Hausordnung und die hiesigen Verhältnisse einfügen. Sie brachten wenig Eignung zum Krankenpflegeberuf mit und benahmen sich schließlich so herausfordernd, dass man ihnen die Flugkarte zur Rückreise bestellte. Die Aufnahme der weiteren 11 Mädchen wurde daraufhin sofort abgesagt. Das Reisegeld wurde dem Pater als Missionsspende überlassen. Einer Generaloberin aus Essen, bei dem der gleiche Geistliche auf seiner Rundreise um Aufnahme von Mädchen bat, und die sich an uns wandte, konnten wir auf Grund dieser Erfahrungen frühzeitig abraten. Viele Häuser, die diese Vorgänge nicht kennen, machen sich kein Bild aber die Belastung die sich u. U. aus der Aufnahme von jungen Ausländerinnen ergeben, und die in keinem Verhältnis stehen zu dem Wert des Aufenthaltes, sowohl für die Mädchen als auch für die Häuser." ADCV 380.40 (540) Fasz.01: Zwischenbericht, DCV, September 1966.

der katholischen Kirche zu verstehen, welches vor dem II. Vatikanum von der *Societas-Perfecta-Lehre* geprägt war.[65]

Die Frage nach der Motivation Pfarrer Hubert Debatins

Pfarrer Debatin trat als zentrale Figur im Migrationsgeschehen auf. Obwohl sich Deutungen hinsichtlich seiner Motivation zur Nirmala-Aktion letztendlich nicht belegen lassen, sind dennoch Beobachtungen aufzuzeigen. Eine Erklärung für den herausstechenden intrinsischen Antrieb des Pfarrers Hubert Debatin der über Jahre hinweg gegen so manchen Widerständen trotzte, lässt sich in seinen Vorerfahrungen als Kriegsseelsorger im Zweiten Weltkrieg und in Kriegsgefangenschaft vermuten. Debatin hatte sich in dieser Zeit der gestörten Ordnung ohne Unterstützung der katholischen Institutionsstrukturen der Fragen nach seiner Aufgabe und seinem Wirken und als Seelsorger respektive als Vertreter der katholischen Kirche stellen müssen.[66] Die Suche nach einer neuen Rolle als Pfarrer in der Nachkriegszeit ging einher mit den institutionellen Entwicklungen der katholischen Kirche in den 1960ern: Die Versuche einer Anpassung an die modernen gesellschaftlichen Entwicklungen. Analog kann sein selbstlegitimiertes Handeln im Nirmala-Vorgang als Privatprojekt gelesen werden, welches er vorbei an seiner Dienstautorität organisierte. Aus Debatins eigenen Korrespondenzen, den Berichten über ihn wie auch aus den Interviews mit Zeitzeuginnen ist eine Art subjektives spirituelles Sendungs- bzw. Missionsbewusstsein herauszulesen.

Nirmala Aktion – Vorläufer der gegenwärtigen „Global Care Chains"

Hervorzuheben gilt, dass die Entwicklungen der Nirmala-Aktion in den 1960er Jahren ein Vorläufer des beginnenden Phänomens der „Global Care Chains" darstellt. Die Krankenpflege in Deutschland – eine als ‚Frauenberuf' codierte Tätigkeit – fand angesichts der steigenden Nachfrage nur unzureichend Resonanz bei Frauen der Empfängerregion. So übernahmen Frauen aus dem Globalen Süden diese ‚Frauenberufe' im Globalen Norden.[67] Dieses Phänomen samt den damit einhergehenden sozialen Implikationen bestimmt heute mehr denn je die

---

[65] Siehe Fußnote 19 in Kapitel 5.1.2.

[66] Hier sind seine Erfahrungen als Kriegsgefangenenseelsorgers zu nennen. Debatin widmete sich dieser Aufgabe auch nach Freilassung aus seiner eigenen Kriegsgefangenschaft weiterhin auf freiwilliger Basis. Siehe Kapitel 2.3. Biografische Annäherung –Pfarrer Hubert Debatins Werdegang bis zur „Indienarbeit".

[67] Vgl. Nair, 2012, 191.

globalisierten Gesundheitssysteme als auch die globale Wirtschaft im Rahmen einer Global Health Economy.[68]

Push- und Pull-Faktoren im Kontext der Nirmala-Aktion

In den 1960ern spielten die Push-Faktoren der Senderregion für die wandernden Individuen und ihre Familienverbände sicherlich eine große Rolle bei der Entscheidungsfindung. Hierzu zählten unter anderem mangelnde, zumeist teure und privat zu finanzierende Berufsausbildungsmöglichkeiten, hohe Arbeitslosigkeit, Perspektivlosigkeit und in vielen Fällen die Armut. Klare gesellschaftliche Hierarchierungsprozesse, die meist unter dem Kastensystem zusammengefasst werden und oft mit einer sehr begrenzten sozialen Mobilität sowie auch die Praxis der Korruption, stellten weitere Push-Faktoren dar. Ohne monetäres Einkommen waren kulturell konstruierte unsichtbare Barrieren und gläserne Decken kaum überwindbar. An diesen Hindernissen scheiterten vor allem Familien der ländlichen Regionen, die hauptsächlich von Subsistenzwirtschaft lebten. Zudem ist es wichtig, die geschlechterspezifisch begrenzten Perspektiven von Frauen innerhalb der patriarchalen Gesellschaftsstrukturen Keralas hervorzuheben und deutlich als weiteren Push-Faktor zu benennen.[69] Weiterhin kann wurde der religiöse Begründungskontext einer spirituellen Berufung für den Krankenpflegeberuf ebenso als Push-Faktor benannt.[70]

Als Pull-Faktoren sind eine kostenfreie Ausbildung wie auch die Vermittlung eines Arbeitsplatzes zu identifizieren. Auch war die Stärke der D-Mark gegenüber der Indischen Rupie in Anbetracht der Rücküberweisungen ein starker Pull-Faktor. Daran anschließend ist der in den Interviews präsenteste Pull-Faktor hervorzuheben: die mit der eigenen Migration einhergehende Entlastung der gesamten *Joint Family* und die Aussicht auf Rücküberweisungen dominierten die individuellen wie auch die familiären Entscheidungsprozesse. Die finanziellen Rücküberweisungen standen in direkter Kopplung der in Kerala vorherrschenden

---

[68] Freilich unterscheidet sich die heutige Situation von der Situation in den 1960ern: Neoliberalisierungsprozesse und damit einhergehende Veränderungen der Arbeitsmärkte, wie auch der Organisation der professionellen Pflege führen heute noch zu anderweitigen Implikationen. Weitergehend siehe Nicola Yeates, „Global Care Chains: A State-of-the-Art Review and Future Directions in Care Transnationalization Research", *Global Networks* 12, Nr. 2 (April 2012): 135–54.

[69] Vgl. George, 2005, 42–43.

[70] Auch wenn der religiöse Begründungskontext ebenso in den Interviews der Nirmala-Angehörigen dominierte, ist dieser Begründungskontext – analog zu der Frage einer tatsächlichen spirituellen Berufung bei der Anwerbung der Kandidatinnen – zumindest im Kontext weiterer Push-bzw. Pull-Faktoren zu betrachten. Siehe Fußnote 45 in Abschnitt 3.2.

sozialen Praxis der Mitgift. Das Migrationsprojekt bot die Aussicht einer eigenen sozialen Mobilität, wie auch eine Hebung ihrer gesamten Großfamilie.

Die institutionelle Ebene – Beweggründe, Impulse und Strukturen

Die katholischen Kirchenstrukturen sowohl in Indien wie auch der Bundesrepublik Deutschland bildeten in den 1960ern subsidiäre Strukturen aus, in denen die Kirche aus heutiger Sicht de facto Staatsfunktionen für eine Art „internationale Zusammenarbeit" übernahmen, welche in der damaligen Zeit durch die staatlichen Akteure beider Nationen faktisch nicht geleistet werden konnte.[71] Dies geschah jedoch zunächst im Auftrag und unter der Ägide deutscher staatlicher Stellen. Zudem zeugen die archivalischen Überlieferungen davon, dass das Migrationsprojekt auch im Sinne der indischen staatlichen Stellen verlief. Und obwohl der deutsche Staat auf südeuropäische Arbeitsmärkte zugreifen konnte und anwarb[72], entschieden sich die Behörden dazu, das risikoreiche Nirmala-Unterfangen durchzuführen. Für die Initiierung des Vorgangs gibt es zwei Erklärungsansätze, die nebeneinanderstehen:

1. Die deutschen staatlichen Stellen griffen angesichts des Personalmangels im deutschen Pflegesektor auf Akteure der katholischen Kirche und deren Teilnetzwerke innerhalb des katholischen Kirchenraums zurück, um Abhilfe im Pflegesektor und insbesondere in den maroden Psychiatrien zu schaffen. Die angeworbenen Inderinnen waren für die deutschen staatlichen Stellen billige Arbeitskräfte. Der weithin akzeptierte und auch durch die kirchlichen Akteure praktizierte paternalistische Umgang mit den „indischen Mädchen" machte es möglich, dass der traditionelle Pflegeberuf, der in dieser Form abnehmend Resonanz innerhalb der deutschen weiblichen Bevölkerung fand, weiterhin reproduziert werden konnte. Die Anwerbeverfahren für Arbeitsplätze in staatliche Institutionen wurden auf die Akteure der katholischen Kirche ausgelagert, die staatlichen Kosten der Anwerbung damit gesenkt. Staatliche Verantwortung für die Arbeitsmigrantinnen wurde durch die Anwendung von

---

[71] Entsprechendes ist in der Gesamtschau aus den Akten des diplomatischen Kontakts des PAA abzuleiten.

[72] Vgl. BArch B149/22407: Schreiben, Präsident der Bundesanstalt für Arbeitsvermittlung und Arbeitslosenversicherung an Bundesminister für Arbeit und Sozialordnung, 20.10.1966. Die Angaben zu ausländischen Arbeitskräften, die von deutschen Kommissionen und Verbindungsstellen an deutsche Krankenanstalten vermittelt wurden, wurden für die Arbeit tabellarisch erfasst. Die zugehörigen Daten sind im Anhang 1 im elektronischen Zusatzmaterial einsehbar.

„Gestellungsverträgen" auf das Äußerste minimiert und größtenteils auf die Nirmala-Vereinigung übertragen.

2. Den katholischen Frauen aus Kerala wurde eine Disposition für den Krankenpflegeberuf zugeschrieben. Als Frauen mit der Zuschreibung einer devoten Religiosität wurden sie nicht zuletzt wegen der Verantwortungen und Aufgaben, die sie gemäß traditioneller Rollenbilder innerhalb ihrer *Joint Family* in Kerala übernahmen, für die in der Bundesrepublik Deutschland noch immer traditionell „unberufliche" Pflegekonzeption nach christlicher Codierung als geeignet und als „Fachkräfte" angesehen.[73]

Die Nirmala-Aktion als Kooperation zwischen Akteuren der Teilkirchen (Bistümer) entsprach dem Modus Operandi der katholischen Kirche als dezentral organisierte, aber weltweit arbeitende Institution. An dieser Stelle ist zu betonen, dass die Ursache der Migrationsbewegungen aus Kerala nicht wie im Allgemeinen weithin angenommen im II. Vatikanum zu verorten sind.[74] Die Entwicklungen und die Ideen rund um die Migrationsbewegungen fanden vielmehr bereits vor dem II. Vatikanums mit Debatins erster Reise zu Bischof Mar Athanasios 1959 ihren Anfang.[75] Zudem kam der erste Impuls zur Anwerbung von ‚Nicht-Ordensfrauen' für den deutschen Pflegesektor 1964 nicht von indischer Seite, sondern von Seiten der staatlichen deutschen Stellen.

Institutionelle Aushandlung – Konvergenz von formeller und informeller Praxis

Die detaillierte Betrachtung der Nirmala-Aktion zeigt an dieser Fallstudie, wie komplex sich Migration gestaltet auch wenn sie innerhalb verschränkter institutioneller Strukturen organisiert wird. Die Migrationsbewegungen im Zuge dieses Vorgangs war nur möglich aufgrund des spezifischen Zusammenspiels zwischen

---

[73] Auch hier ist der Import von Menschen anderer Sozialisierung aus einer nicht-industrialisierten Region in eine industrialisierte Region im Sinne einer Extraktion in Frage zu stellen.

[74] Dergleichen ist weder aus der Dokumentenanalyse, noch aus den Konzilsdokumenten zu belegen. Die unterkomplexe Überbetonung des II. Vatikanums und abgeleitete, scheinbare Kausalitäten sind in einigen historischen Themenbereichen der 1960er symptomatisch anzutreffen. Zumeist entziehen sie sich im Fall einer differenzierten Betrachtung jedoch einer belastbaren empirischen Grundlage.

[75] Kardinal Gracias betonte Angesichts des Medienskandals 1970 bis dahin bestehende die Ahnungslosigkeit der meisten Kirchenamtsträger Indiens (siehe Fußnote 568 in Kapitel 3.3.31).

der weitgehend informellen Praxis der Senderregion und der vorherrschenden formellen Praxis der Empfängerregion.

Während in Kerala die innerkirchlichen Vorgänge wie beispielsweise die Rekrutierung der Frauen informell abliefen, war in der Bundesrepublik Deutschland eigentlich die formelle Praxis Voraussetzung des Handelns in staatlichen Institutionen. Eine Anwerbung von Arbeitskräften nach rein formeller Praxis, beispielsweise auf bilateraler Ebene schied jedoch angesichts der großpolitischen Lage sowie mangels Kongruenz der jeweiligen Praxis aus.[76] Nichtsdestotrotz wurde die Nirmala-Anwerbung durch einen institutionellen Kanal ermöglicht, der die geografisch weit entfernten Regionen bereits miteinander verband: Der katholische Kirchenraum.

Mitte der 1960er herrschte innerhalb der katholischen Kirche in Westdeutschland eine breit akzeptierte informelle Praxis. Gemäß Art. 140 GG wurde und wird der katholischen Kirche zugestanden ihre Angelegenheiten selbständig innerhalb der Schranken des für alle geltenden Gesetzes zu ordnen und zu verwalten.[77] Dieser Verfassungsartikel diente als Bindemittel, um beide Praxen – formell und informell – innerhalb der Bundesrepublik Deutschland miteinander zu verbinden. Er manifestierte sich in den Rechtsinstitution des hybriden „Gestellungsvertrags", wie er im Nirmala-Vorgang in der Regel abgeschlossen wurde. Diese ‚formellen' Verträge etablierten ein Rechtsverhältnis zwischen der vermittelnden (kirchlichen) Instanz und den (staatlichen) Arbeitgebenden über die Gestellung von Arbeitspersonal, in der Tradition der Gestellungsverträge mit Ordensgemeinschaften. Da das Rechtskonstrukt jedoch kein direktes Rechtsverhältnis zwischen Arbeitskraft und Arbeitgebenden etablierte, wurden die Frauen des gegenüber dem Arbeitsgeber einklagbaren Arbeitsrechts entzogen. Der vermittelnden Instanz wurde dadurch Raum für eine Praxis bar der geltenden arbeitsrechtlichen Regelungen eröffnet. Gleichwohl wurden die Frauen der Nirmala-Gemeinschaft von vornherein in einem Mindestmaß wie deutsche Arbeitnehmer sozialversichert und fanden somit gleichzeitig dennoch ein Minimum rechtlicher Absicherung vor. Die ambivalente Situation der Frauen war somit von Sicherheit und gänzlicher Unsicherheit in einer Schnittmenge zwischen den Institutionen der katholischen Kirche und dem deutschen Staat und damit zwischen formeller und informeller Praxis geprägt, wobei die informelle Seite der katholischen Kirche diese Praxis dominierte: Hier wurden die Lebensbedingungen jenseits der arbeitsrechtlichen

---

[76] Etwaige vorhergehende diplomatische Versuche auf bilateraler Ebene der Initiierung einer Arbeitsmigration scheiterten an der formellen Anforderung der deutschen Bundesregierung. Vgl. Fußnote 167 in Kapitel 2.2.

[77] Siehe Fußnote 54 in Kapitel 1.4.

Regelungen bestimmt. Zudem lag die Entscheidungsinstanz über den Aufenthalt bzw. die Beendigung des Aufenthaltes der indischen Frauen letztendlich bei den kirchlichen Trägern – und nicht bei den betroffenen Frauen.

Der katholische Kirchenraum erfüllte zwischen Sender- und Empfängerregion eine Funktion als intermediäres Verbindungsglied zwischen den Systemen formeller und informeller Praxis. Der Nirmala-Vorgang als Zusammenspiel aus formaler und informeller Praxis konnte nur innerhalb des katholischen Kirchenraums gelingen.[78] Pfarrer Debatin war mit der informellen Praxis des katholischen Kirchenraum vertraut, kannte aber auch die entsprechenden Anforderungen und Codes (u. a. formelle) für die Kooperation mit deutschen staatlichen Stellen, die für eine Vernetzung der Regionen notwendig waren. Die Versuche, die informellen Anwerbevorgänge in Indien durch einige englischsprachige Dokumente zu formalisieren, sind mit größter Wahrscheinlichkeit aus Debatins Mühen entstanden, allerdings zeugt die Aktenlage sowie die heutige Einschätzung kirchlicher Experten davon, dass in Kerala trotz der Bemühungen aus Westdeutschland dennoch die informelle Praxis das Vorgehen bestimmte.[79] Die wenigen notwendigen formellen Schritte gegenüber dem indischen Staat hinsichtlich der Ausreisegenehmigung der Frauen wurden durch die deutschen Stellen organisiert, jedoch nur aufgrund der vorhergehenden Abmachungen mit den Kirchenvertretern. Diese vorangegangenen Vereinbarungen zwischen den Akteuren der katholischen Kirche und dem Staat waren im informellen Bereich angesiedelt. Im Unterschied zu ihrer eigenen gängigen formellen Praxis zeigten die deutschen staatlichen Stellen hier angesichts der eigenen Notsituation eine Flexibilität. Zudem bedienten sich die staatlichen Stellen an der Flexibilität der katholischen Kirche.

Mit der zunehmenden Institutionalisierung der katholischen Kirchenstrukturen mit dem II. Vatikanum 1962–1965 wandelte sich der innerkirchliche Umgang der katholischen Kirche, der Jahre später spätestens mit dem CIC 1983 kirchenrechtlich formell geordnet und ausdifferenziert wurde. Die informelle Praxis innerhalb des katholischen Kirchenraums nimmt seither stetig ab.

Zusammengefasst lässt sich sagen, dass die Konvergenz der jeweilig vorherrschenden institutionellen (formellen und informellen) Praxis 1964 erst den eigentümlichen Nirmala-Migrationsvorgang ermöglichte, gleichwohl eben jenes Zusammenspiel formeller und informeller Praxis die kritisch zu hinterfragende Situation der Frauen unter dem Nirmala-Regime verursachte.

---

[78] Vgl. Fußnote 167 in Kapitel 2.2, sowie Fußnote 76 in Kapitel 5.2.2.

[79] Dies ist kongruent mit der heutigen Einschätzung von Experten. Vgl. Gespräch mit Vertreter der „Commission for Labour and Migrants" (KCBC) und weiteren Vertretern der (KLM) am 28.02.2023 in Kochi, Kerala (Indien).

Lebensrealität: Zwischen religiösen Erwartungen und „Pflegenotstand"

Im Rahmen der Nirmala-Aktion findet im Anwerbevorgang vor allem der religiöse Begründungskontext Verwendung.[80] Eine entsprechende religiöse Verankerung der Frauen war seitens der kirchlichen Stellen die Voraussetzung der Aufnahme in die Nirmala-Gemeinschaft. Die religiöse Motivation der Frauen wurde durch ein Auswahlverfahren unter Einbeziehung des zuständigen indischen (Erz-)Bischofs durch Kirchenautoritäten überprüft. Der selbstlose Dienst als Krankenschwester in der Bundesrepublik Deutschland sollte von Anfang an unter einer karitativen Begründung stattfinden. In der Tradition des Pflegeberufs als „Liebesdienst" galt in der Nirmala-Konstruktion „Krankendienst ist Gottesdienst" als Losung.[81] Damit wurde die Krankenpflege im Namen der Nächstenliebe als religiöse Praxis von den Frauen als unbedingte Voraussetzung unter strengem Gehorsam eingefordert.[82] Hier befanden sich die Frauen in einem Abhängigkeitsverhältnis mit kirchlichen Entscheidungsträgern, die den Aufenthalt der Frauen bei divergierendem Verhalten einseitig beenden konnten.

Das Abhängigkeitsverhältnis der Frauen traf auf den staatlich institutionellen Rahmen, welcher für die jungen Krankenschwestern (‚Nicht-Ordensfrauen') die Krankenpflege als Lohnberuf vorsah. Die Arbeitsbedingungen ihrer Lohnarbeit waren angesichts des durch Personalmangels angespannten Pflegesektors geprägt. Das daraus erwachsene Spannungsfeld brachte die Frauen, welche von

---

[80] In diesem Kontext ist zudem zwischen subjektiver religiöser Überzeugung und religiösen Begründungskontexten zu unterscheiden.

[81] Das Narrativ findet sich in starker Ausprägung u. a. im Interview Kapitel 4.2.1 Mariamma Chandy.

[82] Die Arbeitsmigration kann somit auch als Import von Frauen mit einem traditionell christlichen Rollenverständnis gelesen werden. In diesem Kontext ist im Nirmala-Vorgang „spiritueller Machtmissbrauch" in Frage zu stellen: „Wenn von geistlichem Missbrauch die Rede ist, geht meist um eine Art Machtmissbrauch im religiös-weltanschaulichen Bereich. Unter Ausnutzung einer geistlich-religiös begründeten Sonderrolle, durch ‚über-natürliche' und vermeintlich ‚göttliche' Begründung oder im Windschatten meist strenger hierarchischer Strukturen werden Einzelne wie ganze Gemeinschaften dazu verführt, eigene berechtigte Interessen zu vernachlässigen oder sogar ganz aufzugeben. Um diesen Einfluss von Macht und die besondere spirituelle Abhängigkeit zu verdeutlichen, aber auch in klarer Abgrenzung zum sexuellen Missbrauch verwenden wir daher den Begriff ‚Spiritueller Machtmissbrauch'. Nicht zwangsläufig geschieht dieser religiös geprägte Machtmissbrauch vorsätzlich. Manchmal ist es die Nichtbeachtung von gebotenen Standards oder führt eine mangelnde Reflexion zu übergriffigen Forderungen." Erzdiözese München und Freising, „Fachbereich Weltanschauungsfragen Erzdiözese München und Freising", o. D.

Deutschland jene die Rolle der Hauptversorgerinnen ihrer *Joint Families* übernommen hatten in eine vulnerable Position. So wurde die Ausübung ihrer
Lohnarbeit im Spannungsverhältnis mit religiösen Vorstellungen und Erwartungen die Voraussetzung, dass die Frauen ihre Familien weiterhin unterstützen
konnten (Abbildung 5.2).

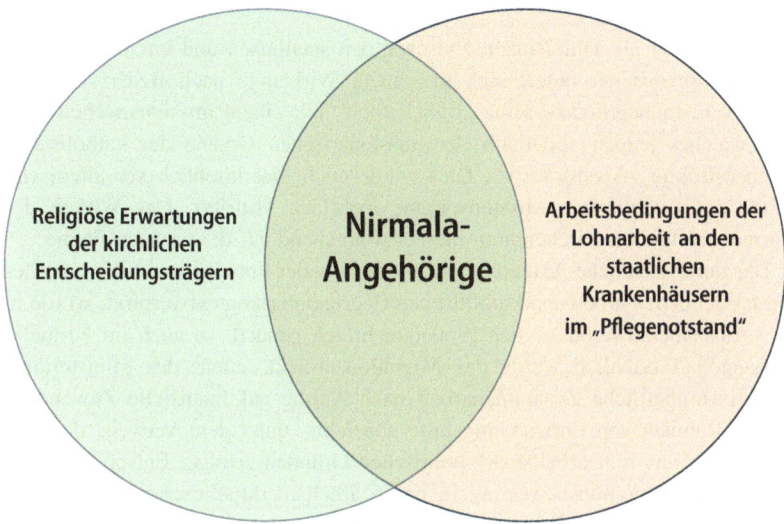

Abbildung 5.2 Spannungsverhältnis der Nirmala-Angehörigen

Akteure, Begründungskontexte und Narrative
Die Kontexte der Legitimationen und Bewertungen der gesamten Nirmala-Aktion
gleichen einem Blick durch ein Kaleidoskop, wobei verschiedene Narrative in
Ambiguität nebeneinander bestehen. In den Kommunikationssystemen sind die
folgenden Narrative unter den beteiligten Akteuren[83] vorherrschend (Tabelle 5.1):

---

[83] Unter kirchliche Vertreter werden in der folgenden Darstellung zur besseren Darstellung
die Summe der beteiligten katholischen Vertreter der Ostkirchen sowie der lateinischen Kirche verstanden. Die Kategorie staatliche Vertreter bezieht sich allein auf staatliche Akteure
der Bundesrepublik Deutschland.

Tabelle 5.1 Übersicht der institutionellen Narrative

Sender	Empfänger	Narrativ
Staatliche Vertreter	Kirchliche Vertreter	Arbeitskraft
Kirchliche Vertreter	Staatliche Vertreter	Entwicklungshilfe
Kirchliche Vertreter	Migrantinnen und deren Familien	Missionsauftrag

Debatin, der als Mittelsmann zwischen den staatlichen und kirchlichen Institutionen organisierte, nutzte sich in seinem Wirken je nach Bedarf an allen Narrativen. Er begründete seine „Indienarbeit" mit einem missionarischen Wirken, welches jedoch außerhalb der missionarischen Organe der katholischen Kirchenstruktur zu verorten ist. Dies wurde auch innerkirchlich vor allem von Seiten der katholischen Missionsorgane mehrfach kritisiert. Das Wirken des Pfarrers erfolgte im Kirchenraum hierbei weitgehend auf der privaten Ebene.

Das durch staatliche Akteure genutzte Narrativ der Entwicklungshilfe, welches den tatsächlichen arbeitsmarktpolitischen Begründungskontext verbirgt, wurde in der „Ausländeranwerbung" der 1960er mehrfach genutzt, so auch im Nirmala-Vorgang.[84] Tatsächlich wurde das Migrationsprojekt seitens des Ministeriums für wissenschaftliche Zusammenarbeit nach Antrag auf finanzielle Zuwendungen im Rahmen von Entwicklungshilfe abgelehnt, unter dem Verweis, dass die Anwerbung aus rein arbeitsmarktpolitischen Gründen erfolge. Entsprechend ist die Nirmala-Migrationsbewegung in ihrem arbeitsmarktpolitischen Kontext der Anwerbung von „Gastarbeitenden" einzuordnen.[85]

---

[84] Dergleichen berichtet auch Martin Hyun hinsichtlich des Begründungskontexts in Anbetracht der Anwerbung von südkoreanischen Arbeitsmigranten für den Bergbau im Jahr 1964. Vgl. Hyun, 2015, 21.

[85] Angesichts einer etwaig drohenden Abschiebung im Jahr 1977 findet sich ein entsprechendes Framing auch in der Kommunikation des indischen Pflegepersonals selbst: „Wie allgemein bekannt, sind wir, etwa 4 000 an der Zahl, in den 60er Jahren während der akuten Personalnot in den Pflegeberufen durch die Vermittlung verschiedener kirchlicher Stellen bzw. durch die Initiative der Krankenhäuser hierhergeholt worden. […] Hier muss mit besonderer Akzentuierung klargestellt werden, dass wir nicht im Rahmen irgendwelcher entwicklungspolitischer Kriterien oder bilateraler Vereinbarungen hierhergeholt worden sind. Wir kamen, weil unsere Arbeitskraft hier benötigt wurde. Durch unsere Arbeit in Deutschland waren wir imstande, unsere meistens in Not lebenden Familien zu unterstützen." ADCV 380.40 (540) Fasz.01: Entschließung der Versammlung der indischen Pflegekräfte in der Bundesrepublik Deutschland am 10.09.1977, Sozialdienst für die Inder in Nordrhein-Westfalen und in Südwest-Deutschland der Katholischen Mädchensozialarbeit im Deutschen Caritasverband der Katholischen Mädchensozialarbeit im Deutschen Caritasverband, 30.09.1977.

Nirmala-Migrantinnen als „Gastarbeiterinnen" im deutschen Pflegesektor
Bei der Nirmala-Migration handelte es sich um Arbeitsmigration, die im Grundsatz analog zu den Vorstellungen der temporären „Gastarbeiteranwerbung" konstruiert war: Die Nirmala-Angehörigen sollten eine begrenzte Zeit nach einem Rotationsprinzip in der Bundesrepublik Deutschland arbeiten, wobei die Niederlassung und die Integration der Personen innerhalb der deutschen Gesellschaft – eben wie bei den anderen Arbeitsmigranten der Zeit – vermieden werden sollten.[86] Durch den paternalistischen Umgang mit den Migrantinnen innerhalb des Nirmala-Regimes wurde die Teilhabe in der deutschen Gesellschaft systematisch verhindert.

Doch wie auch bei den bilateralen Migrationsvorgängen der „Gastarbeitenden" erfüllte das Nirmala-Konzept in einer langfristigen Betrachtung nicht das eigentliche Ziel eines rein temporären Einsatzes der Arbeitsmigrantinnen. Wie bei vielen Arbeitsmigranten der staatlichen Anwerbungen, verschob ein Teil der indischen Migrantinnen nach Ende der Nirmala-Aktion ihren Lebensmittelpunkt erneut (dauerhaft) in die Bundesrepublik Deutschland, wobei einige Frauen ihre Lebensentwürfe auf einer zirkulären Migrationslogik aufbauten.[87] Die ehemaligen Nirmala-Angehörigen gründeten eigene Familien in Indien oder auch nach ihrer Rückkehr mit deutschen Partnern in der Bundesrepublik Deutschland. Einige holten ihre Familienangehörige nach und erhielten mit Änderungen der Gesetzeslage Ende der 1970er ein unbefristetes Aufenthaltsrecht. Hinzu kamen Ansprüche im Rahmen der deutschen arbeitsbezogenen Sozialsysteme, in denen die Nirmala-Angehörigen bereits durch die modifizierten „Gestellungsverträge" verankert waren. Hierbei unterstreichen die Untersuchungsergebnisse, dass die damaligen Vorstellungen einer temporären Arbeitsmigration zu kurz griffen, und der sozialen Komplexität von Migration nicht gerecht wurden.

---

[86] Auch wenn eine dauerhafte Integration vermieden werden sollte, versuchte Debatin den Frauen eine Form von Rückhalt in deutschen Familiensystemen zu verschaffen. So teilte der Pfarrer die Nirmala-Angehörigen freiwilligen Gastfamilien zu, bei denen sie zeitweise arbeitsfreie Wochenenden verbrachten. Focused Group Discussion (FGD) mit Zeitzeuginnen und Zeitzeugen der katholischen Kirchengemeinde Stettfeld, 14.01.2023.

[87] Eine statistische Aufstellung über die Wahl der Lebensentwürfe der Frauen nach der Nirmala-Aktion ist mangels vorhandener Daten nicht zu rekonstruieren. Die Überlieferungen des DCV zeigen indes eine rege Aktivität der Malayali-Diaspora in der Bundesrepublik Deutschland, die auch über Jahrzehnte hinweg aktiv durch die Caritas mitgestaltet wurde. Gänzlich unsichtbar bleibt das Schicksal der Frauen, die lediglich als „Küchen-und Hausmädchen" eingesetzt wurden. Auch im Rahmen der Feldforschung konnten dahingehend keine Erkenntnisse zusammengetragen werden. Ebenso fanden diese Frauen in den Interviews mit den Zeitzeuginnen keine Erwähnung.

Andersbehandlung – Othering und dessen Auswirkungen

Während der Arbeit im Krankenhaus trugen die Nirmala-Angehörigen die gleiche Dienstkleidung, wie sie auch von der deutschen, staatlich angestellten Belegschaft getragen wurde. Die institutionellen Arbeitsanforderungen und -bedingungen an sie ähnelten denen der anderen deutschen Ordensschwestern, die in den 1960ern im deutschen Pflegesektor nach der traditionellen christlichen Codierung des Berufs arbeiteten.

Das Phänomen des *Otherings* entfaltete vor allem abseits der Lohnarbeit im Leben der Migrantinnen Relevanz. Die Nirmala-Angehörigen waren in der damaligen deutschen Mehrheitsgesellschaft bereits durch ihre Hautfarbe andersartig markiert. In ihrer Freizeit wurden die Angehörigen durch die Regeln des Nirmala-Regimes zu einer weitergehenden Selbstmarkierung verpflichtet, was die Effekte des *Otherings* während ihres Aufenthaltes verstärkte: Das verpflichtende Tragen eines Saris in der Freizeit – zum Teil mit einer Nirmala-Brosche – führte zu einer andersartigen Wahrnehmung der Nirmala-Angehörigen und einer Kategorisierung als „Ausländerinnen". Im Kollektiv der Mehrheitsgesellschaft innerhalb der Empfängerregion war das Gefälle zwischen der industrialisierten Gesellschaft der Bundesrepublik Deutschland und der noch stark rural geprägten Gesellschaft Indiens präsent. Es war eben dieses Bild, das Debatin in seinen Vorträgen reproduzierte, verstärkte und als Mittelsmann auch in den staatlichen Institutionen nutzte.

Inwieweit rassistische Diskriminierungen den Aufenthalt der Frauen während der Nirmala-Organisation prägten, lässt sich bis auf wenige Erwähnungen in den Interviews nicht rekonstruieren.[88] Das *Othering* im Sinne einer möglichst exotischen Darstellung ‚hilfsbedürftiger Frauen aus dem fernen Indien' unterstrich den karitativen Charakter der Aktion. Dies half sicher nicht nur dabei das Gewissen

---

[88] In einem Bericht von 1974 über die Hilfe für asiatische Arbeitnehmerinnen, unter denen der DCV neben Südkoreanerinnen und Philippinerinnen auch die Inderinnen verstand, heißt es zu diesem Schattenphänomen: „Diskriminierende Erfahrungen und besondere Stress-Situationen, z. B. bei Pflegetätigkeit in psychiatrischen Einrichtungen, verursachen Isolierung und auffälliges depressives oder aggressives Verhalten bis hin zu psychischen Erkrankungen und Suizidversuchen. Dazu kommt, dass sich die Bindungen an die Familie lösen, weil kaum Möglichkeit zu Kurzbesuchen in der Heimat besteht. Teilweise versucht man aus dem "weiblichen Getto" auszubrechen, nimmt Kontakte und intime Beziehungen zu Deutschen auf, denn die männlichen Landsleute in der Bundesrepublik Deutschland sind rar. Diese Beziehungen sind meist nicht nur menschlich unbefriedigend, sondern haben auch oft belastende Nebenerscheinungen, die zu neuen Problemen führen, wie Schwangerschaften Abtreibung usw." ADCV 380.40.026 Fasz. 01: Bericht: Hilfen für asiatische Arbeitnehmerinnen, DCV, März 1974.

der empfangenden Gesellschaft und der Entscheidungsträger zu entlasten, sondern legitimierte auch den paternalistischen Umgang mit den Frauen als „indische Mädchen".[89] Die Frauen hatten indes in ihrer Abhängigkeitssituation innerhalb des Nirmala-Konstrukts kaum Möglichkeiten ihre Rechte einzufordern.

Gründung des Nirmala-Vereinigung e. V. – Manifestation innerkirchlicher Entwicklungen

Die sich in den 1960ern als Folge des II. Vatikanums institutionalisierenden Strukturen des kirchlichen Vereinigungsrechts brachten mit dem steigenden Einfluss der Deutschen Bischofskonferenz einen Wandel in den bestehende Migrationsvorgang. Durch die von der Deutschen Bischofskonferenz eingeleitete Vereinsgründung 1968 wurde Debatins privat geführtes autoritatives System dermaßen „irritiert"[90], dass sein bisheriges ‚Durchregieren' in der Nirmala-Organisation nicht mehr möglich war. Zwar gelang die anvisierte Übertragung des Systems in eine neue rechtlich geordnete Form nicht, dennoch war Pfarrer Debatins autoritärer Handlungsraum durch weitere Kontrollinstanzen kleiner geworden. Der Ansatz des Vereins folgte jedoch weiterhin einer paternalistischen Logik, welche in weiten Teilen die Freiheitsrechte der indischen Frauen verletzte: Trotz Wissen um die mangelhafte kirchenrechtliche Grundlage wurde auch seitens des Vereins die Einhaltung der ursprünglichen ‚Grundsätze und Satzungen der Gemeinschaft' weiter vorausgesetzt. Offenes Missachten des Regelwerks führte weiterhin zu schwerwiegenden Sanktionen, gegen die sich die Frauen nicht durch Rechtsmittel erwehren konnten.[91]

---

[89] „Ausländerinnen sind […] für den Bevölkerungsmehrheit zugleich ein willkommenes Objekt, an dem soziale und kulturelle Distanz zu den Herkunftsgesellschaften der Zuwanderer artikuliert wird (‚rückständig'), an dem die gegenseitige Schließung sozialer Verkehrskreise zwischen Minorität und Majorität symbolisiert (‚isoliert') und schließlich die soziale Ungleichheit zwischen autochthoner Bevölkerung und Zuwanderern durch die Einnahme einer überlegenen, kustodialen Haltung und einer karitativen Attitüde (‚hilfsbedürftig') dauerhaft bekräftigt werden kann." Bernhard Nauck, „Dreifach diskriminiert? – Ausländerinnen in Westdeutschland", in *Frauen in Deutschland 1945–1992*, hg. von Hildegard M. Nickel und Gisela Helwig (Bonn: Bundeszentrale für politische Bildung, 1993), 364.

[90] Begriffsverwendung im Sinne der systemtheoretischen Überlegungen von Niklas Luhmanns.

[91] Beispielsweise die erzwungene Rückkehr einer Nirmala-Schwester, die eine Beziehung mit einem Deutschen eingegangen war. Die in der Vereinssitzung durchgesprochene Rückführung der Frau erfolgte jedoch nicht wie bei den Ereignissen unter Debatin im unvermittelten Gestus, sondern nach Abschluss des Pflegeexamens der Frau unter Einbezug des indischen Ordinarius ihrer Heimatdiözese. Vgl. Fußnote 407 in Kapitel 3.3.18.

Arbeitsmigration und Dynamiken transnationaler Familienverbände

Auf Subjektebene formte der Nirmala-Vorgang eine sonderbare transnationale Position der Arbeitsmigrantinnen zwischen Erwartungen und Ansprüchen der Senderregion und der Lebensrealität in der Empfängerregion. Im Gegensatz zu regulären Ordensfrauen, die in ihren öffentlichen Gelübden Besitz entsagten und mit der einhergehenden lebenslangen Versorgung durch das Mutterhaus gänzlich aus ihren Familiensystemen gelöst wurden, verblieben die Nirmala-Schwestern trotz ihrer Vereinigungs-Zugehörigkeit mit ihrem Familiensystemen in Kerala verbunden. Weiterhin kulturell eingebettet, hatten die Frauen gegenüber ihrer *Joint Family* Ansprüche zu erfüllen, was im Rahmen der Nirmala-Gemeinschaft auch als religiöse Verantwortung begründet wurde. Hier ist jedoch allem voran die Problematik der Nirmala-Vereinigung hervorzuheben, die nur eine befristete Mitgliedschaft vorsah, was für die Mitglieder im Gegensatz zu einem geweihten Ordensleben nur eine zeitlich limitierte Versorgung und wirtschaftliche Absicherung darstellte.

Während im Falle der Ordenshäuser die Gelder der Kongregation durch die Ordensoberen verwaltet wurden und damit das Subjekt auch Entscheidungen über Rücküberweisungen (beispielsweise für einen Brunnenbau im Heimatdorf) an die Ordenshierarchie abzugeben hatten, gestaltete sich die individuelle finanzielle Verantwortung der Nirmala-Schwestern komplexer. Hier bewegten sich die Frauen in einem Spannungsfeld zwischen ihrem Familienverband, der indischen Heimdiözese und den Erwartungen innerhalb der Nirmala-Gemeinschaft. Die Aufnahme in die Nirmala-Gemeinschaft war dezidiert an die Bereitschaft von finanziellen Rücküberweisungen gekoppelt. Der Arbeitseinsatz der Frauen sicherte damit nicht nur die eigene Existenz in der Bundesrepublik Deutschland ab, sondern darüber hinaus die Existenz der eigenen Großfamilie in Indien.[92] Entsprechend der hohen kulturellen Einordnung von Bildung wurden Rücküberweisungen u. a. für Ausbildungszwecke getätigt. Die Rücküberweisungen brachten auch soziale Implikationen und Rollenkonflikte innerhalb der transnationalen Familiennetzwerke mit sich. In den Familien in Kerala übertrafen die Rücküberweisungen der Frauen aus Deutschland meist das Einkommen der Väter, Onkel oder Brüder. Eine neue finanzielle Abhängigkeit der Familie in Kerala von der eigenen Tochter im Ausland traf auf die eigentlich historisch untergeordnete Rolle der Frauen.[93]

---

[92] Freie Kost und Logis wurden den Nirmala-Angehörigen durch die staatlichen Stellen gestellt. Darüber hinaus erhielten die Frauen nur ein geringes Taschengeld.

[93] Vgl. George, 2005, 44–45.

Im Fall eines Abbruchs des Arbeitseinsatzes einer Nirmala-Angehörigen wäre die Fallhöhe, angesichts der damals nicht vorhandenen Sozialsysteme Indiens und der kulturellen Aufladung einer aus dem ‚Westen' zurückkehrenden Frau, immens gewesen. Hier war die größtenteils vorherrschende patriarchale Ausprägung der Familien in den damaligen christlichen Communities Keralas entscheidend.[94]

Hervorzuheben ist die damals in Kerala vorherrschende Tradition der Mitgift, welche eine große Rolle im zeitlich befristeten Migrationsprojekt der durchweg ledigen Nirmala-Angehörigen spielte. Durch die finanziellen Rücküberweisungen ermöglichte die Praxis der Mitgift nicht nur den Schwestern und weiblichen Verwandten der Nirmala-Angehörigen eine soziale Mobilität, sondern auch ihnen selbst. Nach durchlaufener Ausbildung und Arbeitsmöglichkeit in der Bundesrepublik Deutschland fanden sich die Nirmala-Angehörigen selbst, nach Kerala zurückgekehrt, in einer Heiratssituation wieder, in der das in Deutschland verdiente Kapital auf dem Heiratsmarkt neu positioniert hatte. Gleichzeitig ist zu betonen, dass die Frauen selbst für ihre Mitgift aufkommen mussten, während die Höhe der Mitgift und die Partnerwahl meist durch die Eltern ausgehandelt wurde.[95] Basierend auf dieser kulturellen Praxis sowie der Tradition, Familieneigentum über die männlichen Nachkommen zu vererben, fand eine systematische Umverteilung des durch die Lohnarbeit der migrierten Frauen finanzierten Eigentums, wie zum Beispiel Land oder Häuser, an die Männer ihrer Familien in der Ursprungsregion statt.[96] Gleichzeitig wurden ganze Familien durch das Einheiraten in eine höhere Klasse/Kaste (Hypergamie) aus ihren Milieus gehoben und erfuhren tatsächlich einen nachhaltigen sozialen Aufstieg.

Rücküberweisungen, Selbstbestimmung, Veruntreuung und die Frage nach Extraktion

Schon während des Arbeitsaufenthaltes der Nirmala-Angehörigen lag die Entscheidungshoheit über die Verwendung der Gelder nicht alleine bei den Migrantinnen, sondern wurde im hohen Maß fremdbestimmt. Die Frauen verfügten in der Bundesrepublik über ein minimales Taschengeld und damit nur über wenig

---

[94] Als mehrfach abhängige Frau ohne männlichen Vormund und ohne jeglichen finanziellen Spielraum wäre eine etwaige Rückkehr in die patriarchal dominierte Gesellschaft Keralas auch mit dem Risiko eines Verstoßes der Familie verbunden gewesen, was auch den Verlust der jeweiligen Kaste und nicht zuletzt die Obdachlosigkeit unter diesen Bedingungen bedeutet hätte. Im Kontext der Aufnahme von kulturell verstoßenen Frauen ist u. a. auch das Wirken des St. Christina ' s Home zu verstehen (siehe Fußnote 453 in Kapitel 3.3.22).

[95] Eine Ausnahme hinsichtlich der Mitgift bilden beispielsweise die bi-nationalen Ehen, welche einige Migrantinnen nach Ende der Nirmala-Aktion eingingen.

[96] Dieser Aspekt blieb in den Interviews gänzlich unerwähnt.

Freiheitsräume, welche sie mit den finanziellen Mitteln ihres Lohns eigentlich hätten entfalten können. Debatins autoritäre Verfügung über die Gelder der Frauen wirft die Frage auf, ob nicht die Tatbestandsmerkmale der Untreue im Sinne des Strafrechts (§ 266 StGB) erfüllt gewesen wären. Aufgrund mangelnder archivalischer Überlieferung ist hinsichtlich der getätigten Transaktionen das tatsächliche Ausmaß heute nicht mehr zu verifizieren.[97] Dennoch ist hier auch nach damaligen juristischen Maßstäben das klare Unrecht zu benennen, das den Nirmala-Angehörigen widerfahren ist. Dieser Umstand wurde hinter der institutionellen Verschränkung des deutschen Staates, der katholischen Kirche und der beteiligten Sparkasse jedoch nahezu unsichtbar gemacht.[98]

Die Rücküberweisungen definierten maßgeblich den Aufenthalt und die Lebensumstände der Frauen in der Bundesrepublik Deutschland. Unter Berücksichtigung der Rücküberweisungen, zum einen an die Familien und zum anderen an die Kirchenakteure der Sendeländer, ist vorliegend die finanzielle Extraktion der Arbeitsmigrantinnen in ihrem Abhängigkeitsverhältnis in der Bundesrepublik Deutschland über diese zwei Kanäle in Frage zu stellen.

Der Zusammenhang wird in der folgenden Abbildung grafisch dargestellt: Der Lohn der Frauen wurde von den staatlichen Einrichtungen als Gestellungsgeld auf Pfarrer Debatins Privatkonto überwiesen, der wiederum die Verfügungsgewalt der Gelder innehatte. Über bisher nicht nachvollziehbare Wege wurde das Geld an katholische Kirchenakteure in Kerala transferiert. Eine Auszahlung von Teilbeträgen an die Familien erfolgte dort in Bar. Entsprechend wurden sowohl von den Kirchenakteuren Keralas wie auch den Familien Erwartungen an die Nirmala-Migrantinnen gestellt. So waren die Nirmala-Angehörigen zwar von den Systemen der Entsenderegion zwar geografisch (und partiell kommunikativ) getrennt, dennoch war es nicht zu einem vollständigen Bruch gekommen und das ‚transnationale Erwartungssystem' wirkte sich unmittelbar auf den weiteren Aufenthalt der Frauen aus (Abbildung 5.3).

---

[97] Eine rechtliche Bewertung des Nirmala-Vorgangs stellt ein eigenes Forschungsprojekt im Bereich der Rechtswissenschaft dar und kann im Rahmen dieser Arbeit nicht geleistet werden.

[98] Das Handeln der nordbadischen Sparkasse der Auskunftsverweigerung in Anbetracht der erfolglosen Anfragen durch des Nirmala-Vereinigung e. V. ist angesichts des Bankengeheimnisses insofern als legitimes Vorgehen zu beschriebenen, da sich die Anfragen auf das Privatkonto Pfarrer Debatins bezogen. Entsprechend hätten die Frauen in diesem Fall nicht gegen die Sparkasse, sondern nur gegen Pfarrer Debatin rechtlich vorgehen können.

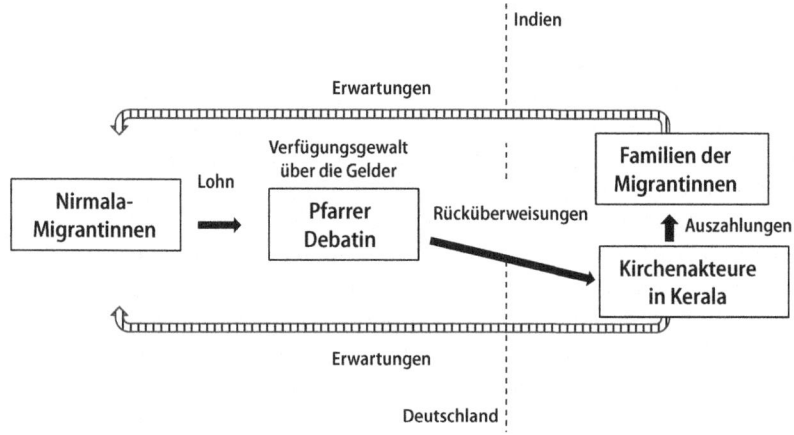

Abbildung 5.3 Grafische Darstellungen zum Finanz- und Erwartungssystem

Und auch wenn die Familien der Nirmala-Angehörigen nur Teilbeträge der finanziellen Rücküberweisungen erreichten, entfalteten die Auszahlungen an die Familien dennoch nachhaltige Wirkungen.[99] Dies ist nicht zuletzt mit der damaligen Währungsdisparität zwischen der D-Mark und der Indischen Rupie zu erklären.[100]

Die offene Frage nach etwaigem Betrug in Indien
Die Zeitzeuginnen der Nirmala-Aktion gaben an, dass sie keine Übersicht und schon gar keinen Einblick über die finanziellen Aspekte der Aktion hatten. Dies deckt sich mit den Darstellungen innerhalb der analysierten Primärquellen. Hier

---

[99] Beispielsweise berichtete die Zeitzeugin Frau Mariamma Chandy davon, wie sie damals finanziell zwei Kindern aus strukturell benachteiligten Verhältnissen half, deren Familie durch den Alkoholismus des Vaters zerbrochen war. Unterdessen hätten diese Personen selbst Kinder bekommen, die inzwischen studieren. Dahingehend erwartet Frau Chandy perspektivisch eine weitergehende soziale Mobilität der Familie. Siehe Interview Kapitel 4.2.1 Mariamma Chandy.

[100] Die Auswirkungen zeigen sich an vielen Beispielen der Interviewdarstellungen. Beispielsweise berichtet die Zeitzeugin Annamma Müller davon, dass ihr Vater zu Beginn für die Abholung des Geldes zum Bischofshaus laufen musste. Die Rücküberweisungen ermöglichten es ihm jedoch später mit dem Bus zum Bischofshaus nach Trivandrum zu fahren. Siehe Interview Kapitel 4.2.3 Annamma Müller. Frau Jacob berichtete indes wie ihre Familie durch die Rücküberweisungen einen Stromanschluss bekamm. Siehe Interview Kapitel 4.2.4 Theresiamma Jacob.

finden sich zudem Hinweise, welche auf einen etwaigen Betrug und einer weitergehenden finanziellen Ausbeutung der Frauen durch einzelne kirchliche Akteure
in Indien deuten. Neben Berichten von Unregelmäßigkeiten beim Finanztransfer
an die Familien in der Entsenderegion berichteten Interviewpartnerinnen, dass
sie bei den indischen Kirchenstellen die Anreisekosten in die Bundesrepublik
Deutschland abzahlen mussten. Gleichwohl konnte im Rahmen der vorliegenden Forschungsarbeit klar belegt werden, dass die Einreisekosten durch staatliche
Stellen der Bundesrepublik Deutschland getragen wurden.[101] Ein Betrug in Form
einer etwaigen Doppelbezahlung des Fluges liegt nahe, kann jedoch mangels
geeigneter archivalischer Überlieferungen letztlich nicht abschließend geklärt
werden.[102] Fest steht jedoch, dass die dezentrale Organisation und die Ausprägung der informellen Praxis das damalige System für missbräuchliches Handeln
durch einzelne Akteure anfällig machten. Allem voran waren die Transaktions-
prozesse an die Eltern in Kerala über mehrere Mittelsmänner problematisch. Die
Eltern der Frauen aus den ländlichen Gegenden besaßen zu diesem Zeitpunkt
kein Bankkonto. Entsprechend bedeutete der Geldtransfer automatisch einen Bar-
geldtransfer über mehrere Stellen. Das damalige System hatte gut funktioniert,
solange die Akteure sich von hohen moralischen Wertmaßstäben leiten ließen.
Gleichzeitig ermöglichte dieses System ein missbräuchliches Verhalten, da eine
Überprüfung systematisch verhindert wurde (z. B. Vier-Augenprinzip).

Neue gesellschaftliche Position ehemaliger Nirmala-Angehörigen in Kerala
Am Ende der Nirmala-Aktion blieb auch von der deutschen kirchlichen Seite
unberücksichtigt, dass es bei der Rückkehr der Frauen nach der Nirmala-Aktion
nach Kerala gesellschaftlich keinen Raum für die in vielerlei Hinsicht eman-
zipierten Frauen mehr gab. Entsprechend wurden diese Frauen auch bei ihrer
Rückkehr in die Senderregion zu *Pioniermigrantinnen zweiten Grades*, die in
Anbetracht der Erfahrungen ihrer Migrationsgeschichte in der Bundesrepublik
Deutschland in ein Spannungsfeld mit der nach wie vor patriarchal geprägten

---

[101] Auch in den archivalischen Überlieferungen finden sich Inkonsistenzen zu den kommunizierten Angaben der Flugkosten (siehe Fußnote 160 in Kapitel 3.3.5).

[102] Hier sind die Reminiszenzen, die an die Vorwürfe zum Vorgehen des Pfarrer Puthenpuras im Rahmen der Anwerbung von Kandidatinnen für europäische Ordenshäuser erinnern,
nicht von der Hand zu weisen. Siehe Kapitel 5.2.1 Kandidatinnen aus Kerala an deutschen
Ordenshäuser.

Gesellschaft Keralas eintraten.[103] Allem voran stand die Dissonanz einer Wiedereingliederung in die *Joint Family*, welche durch die Rücküberweisungen der Nirmala-Frauen (als Hauptversorgerin des Familiensystems) in der Zwischenzeit sozial aufgestiegen waren. Dies resultierte in Dissonanzen mit dem traditionellen Rollenbildern Keralas. Zurück innerhalb ihrer Familienverbände bestand nur die Möglichkeit, in einem regressiven Verhalten alte tradierte Rollenbilder zu erfüllen oder den Bruch mit den gegebenen Normen zu wagen.[104] Viele Frauen entgingen der Situation, indem sie erneut in den deutschen Pflegesektor migrierten und ihren Lebensmittelpunkt langfristig in die Bundesrepublik Deutschland verschoben. Damit kam es zu einem räumlichen, aber nicht zum vollkommen vollzogenen Bruch mit den *Joint Families* im Heimatland. Die Dynamiken der transnationalen Familiensysteme bestehen seither und wirken transformiert bis heute fort.

Ambiguitätstoleranz: Urteil und Referenzräume

Während des Nirmala-Vorgangs lebten die Frauen in einem von Debatin autoritär verwalteten System, in dem sie zwar de-jure Rechte hatten, de-facto während ihres 6-jährigen Aufenthalts aber in einem teilweise entrechteten System gehalten waren. Die klaren Rechtsverstöße gegenüber den Frauen wurden durch die „Gestellungsverträge" verdeckt. Neben der wahrscheinlichen Veruntreuung Gelder ist unter Anbetracht des Nirmala-Regelwerks und der dargestellten Forschungsergebnisse der vorangestellten Rekonstruktion zur Lebensrealität der Frauen der massive Einschnitt in die Grundrechte, insbesondere deren Freiheitsrechte, aufzuzeigen.[105] Während in den Interviews eine Problematisierung dieser Umstände jedoch nur beiläufige Erwähnung fand, wurde von keiner der Migrantinnen eine erlittene Ausbeutung angeklagt. Vielmehr bewerteten alle befragten ehemaligen

---

[103] In einem Brief einer Nirmala-Schwester an eine befreundete Familie in Deutschland schreibt eine ehemalige Nirmala-Angehörige 1971 nach ihrer nach Kerala Rückkehr angesichts einer für sie arrangierte Ehe eindrücklich: „Ihr Lieben, ihr habt ja geschrieben und ich habe ja auch gewollt wieder nach Deutschland zu kommen. Es klappt leider leider leider nicht weil bald mein Hochzeit ist [sic.]. […] Unsere Sitten sind ja ganz anders als Deutsche. Wenn man nicht zuhause ist redet man immer großartig ‚ich werde das und jenes nicht machen was meine Eltern sagt' [sic.]. Aber wenn man zwischen denen ist, wird man gezwungen. Es ist furchtbar." PAZ2: Brief, ehemalige Nirmala-Angehörige an deutsche Familie, 03.01.1971.

[104] „Liebe Tante, Sie haben ja gefragt was ich so den ganzen Tag mache. Ich mache nicht besonderes [sic.]. Ich helfe meine Mutti und Schwägerin bei der Haushalt [sic.]. Dann lese ich die Zeitung, Essen, Wäsche waschen, schlafen usw. Bei uns ist ja die Kocherei nicht leicht weil kein elektrisches Herd gibts [sic.]." PAZ2: Brief, ehemalige Nirmala-Angehörige an deutsche Familie, 03.01.1971.

[105] Siehe Fußnote 97 in Kapitel 5.2.2.

Nirmala-Angehörigen das Nirmala-Unterfangen als positiv. Hier zeigt sich hinsichtlich der Bewertungen des Nirmala-Vorgangs die Notwendigkeit einer hohen Ambiguitätstoleranz.

Hinsichtlich jeglicher Bewertung des Nirmala-Vorgangs ist die Frage nach dem entsprechenden Referenzrahmen entscheidend. Die Divergenz zwischen den subjektiven Erfahrungen der ehemaligen Nirmala-Angehörigen, welche in einer nicht industrialisierten Gesellschaft und unter der Realität des Kastenwesens sozialisiert wurden, und dem heute vorherrschenden Verständnis von Gerechtigkeit und Gleichbehandlung – insbesondere vor den heutigen Vorstellungen der Gleichstellung von Männern und Frauen.[106] In den Interviews mit ehemaligen Nirmala-Angehörigen wurde keine direkte Kritik an der Nirmala-Aktion geäußert. Missstände wurden indes nicht ausgeschlossen.

Um diese Dissonanz zwischen der vorliegenden Erkenntnislage der Dokumentenanalyse und subjektiver Beurteilung der Zeitzeuginnen nachzuvollziehen, ist ein Perspektivwechsel vorzunehmen. Angesichts der Perspektivlosigkeit insbesondere von Frauen mit guter Bildung in Kerala war der Nirmala-Vorgang der Schlüssel zu einer sozialen Mobilität der gesamten Familie in Kerala.[107] Die Ausbildung vieler Familienmitglieder wurde durch Rücküberweisungen aus Deutschland ermöglicht.[108] Trotz der Missstände erzeugten die finanziellen Rücküberweisungen eine nachhaltige Auswirkung für die Familien der Nirmala-Angehörigen.

---

[106] Hier sind die Auswirkungen und Erkenntnisse der 2. Frauenbewegung hervorzuheben, welche ihren Beginn 1968 fand. Vgl. Susanne Hertrampf, „Ein Tomatenwurf und seine Folgen: Eine neue Welle des Frauenprotestes in der BRD", 8. September 2008.

[107] Gleichzeitig muss an dieser Stelle betont werden, dass sich die staatlichen Stellen der Bundesrepublik Deutschlands das strukturelle Hierarchiegefälle zunutze machte, um die Fehlstellen in den Kliniken zu besetzen. Die Frauen wurden durch die höheren staatlichen Stellen als frei verfügbare Objekte angesehen, die bei Bedarf durch die kirchlichen Träger auszutauschen waren. Siehe Kapitel 3.3.12. Gesundheitszustand der Arbeitsmigrantinnen im PLK Reichenau – „Arbeitsverwendungsfähigkeit".

[108] „Durch unsere Arbeit in Deutschland waren wir imstande, unsere meistens in Not Lebenden Familien zu unterstützen. Viele unserer Geschwister haben mit unserer finanziellen Hilfe daheim eine Ausbildung oder Studium angefangen, worauf wir mit Recht stolz sind. Ein plötzliches Ende unserer Unterstützung wird katastrophale Folgen für unsere Familien und Angehörigen nach sich ziehen. Es geht hier um Hunderte von Menschschicksalen." ADCV 380.40 (540) Fasz.01: Entschließung der Versammlung der indischen Pflegekräfte in der Bundesrepublik Deutschland am 10.09.1977, Sozialdienst für die Inder in Nordrhein-Westfalen und in Südwest-Deutschland der Katholischen Mädchensozialarbeit im Deutschen Caritasverband der Katholischen Mädchensozialarbeit im Deutschen Caritasverband, 30.09.1977.

Die retrospektiv subjektive positive Bewertung des gesamten Migrationsprojekts durch die ehemaligen Nirmala-Angehörigen muss unter dem Aspekt der fortgesetzten kulturellen Einbettung im Spannungsfeld zwischen Kirche und ihren Familienverband in Organisation einer *Joint Family* in der Entsenderegion betrachtet werden.

Aus unserem heutigen Gleichstellungsverständnis heraus ist der Umgang mit den indischen Frauen unter dem Nirmala-Regime gesellschaftlich nicht mehr akzeptabel.[109] Selbst der 1968 gegründete eingetragene Verein Nirmala-Vereinigung e. V., der den Dienst der Krankenschwestern regeln sollte – in dem jedoch die Frauen selbst nicht Mitglieder waren – ist nach heutigen Maßstäben kaum nachvollziehbar. Doch noch zu Beginn der 1960er fand die individuelle Selbstbestimmung, insbesondere von Frauen, im Denkhorizont der breiten Bevölkerung kaum Beachtung.[110] So lag auch der Gedanke einer etwaigen realen Selbstermächtigung der Frauen im vorliegenden Migrationsprojekt fern. Dies ist für die Entsenderegion als auch für die Empfängerregion festzustellen. Die Nirmala-Organisation wich damit im Großen und Ganzen nicht von der Norm des damaligen Zeitgeistes und der damit einhergehenden strukturellen Ungleichbehandlung von Frauen ab.[111] Auch in der Nirmala-Aktion wurde die Würde der betroffenen Personen nur bedingt in den Blick genommen und die jungen Frauen wurden seitens der Institutionen eher als Objekte betrachtet. Die Bedürfnisse der Frauen in Bezug auf ihre Ausbildung und Erfüllung der im Heimatland gemachten Versprechen spielte eine sekundäre Rolle und lag im Ermessen der einzelnen

---

[109] Die Verortung der Migrationsbewegungen in die Nähe von Ausbeutung und Menschenhandeln ist nicht von der Hand zu weisen: „Die verschiedenen Formen von Ausbeutung […] haben im Zusammenhang mit Menschenhandel eines gemeinsam: Menschen werden zur wirtschaftlichen Ausbeutung in ihrer Selbstbestimmung massiv eingeschränkt, ihr Rechte werden grundlegend verletzt." Deutsches Institut für Menschenrechte, „Menschenhandel – Das Geschäft mit der Ausbeutung", o. D.

[110] In diesem Kontext ist auf die damalige hegemoniale männliche Dominanz hinzuweisen.

[111] Die strukturelle Ungleichbehandlung war aber unter anderem in Ehegemeinschaften eingezeichnet. Auf Grundlage des BGB von 1896 lag bis 1958 das alleinige Bestimmungsrecht über Ehefrau und die gemeinsamen Kinder beim Ehemann. Eine Lohnarbeitstätigkeit einer Ehefrau setzte die Erlaubnis des Ehemannes voraus. Ihm stand es zudem frei eigenmächtig das Lohnarbeitsverhältnis seiner Frau kündigen und über ihr Vermögen zu verwalten. Bis 1962 war es einer Frau ohne die Zustimmung ihres Mannes nicht möglich ein eigenes Bankkonto ohne Einverständnis ihres Ehemanns zu eröffnen. Erst 1968 wurde ein gesetzlicher Mutterschutz für berufstätige Frauen eingeführt. Eine grundlegende Änderung ergab sich erst mit der Reform des Familienrechts im Jahr 1977. Siehe weitergehend u. a. Gerhard Ute, „50 Jahre Gleichberechtigung – eine Springprozession", 30. Mai 2008.

Klinikverwaltungen. Einzelne Personen wie beispielweise die Tübinger Deutschlehrerin setzten sich aktiv für die Gerechtigkeit der indischen Frauen ein, doch ihr Einsatz glich an vielen Stellen einem aussichtslosen Kampf.[112]

Trotz der damals generell vorherrschenden benachteiligten Situation von Krankenschwestern in der Bundesrepublik Deutschland beschränkten Freiheitsräume, kann das Migrationsprojekt für die Migrantinnen, auch unter der strengen Regulierung des Nirmala-Regimes, als Ausweitung der individuellen sowie der familiären Möglichkeitsräume gelesen werden. Um dies zu verstehen, muss der Möglichkeitsraum der Frauen in der Bundesrepublik Deutschland stets in Referenz des Möglichkeitsraum in Kerala betrachtet werden. Gegen den traditionellen Lebensentwurf einer Frau in patriarchalen, christlichen Verhältnissen Keralas, stellte die Umsetzung des Migrationsprojekt auch die Umsetzung eines Emanzipationsprojekts dar. Dieser Prozess war für die Zeit in Deutschland – trotz der gegebenen Einschnitte in ihre Grundrechte – gegeben und prägend.[113] Der alternative Lebensentwurf in Kerala hätte trotz hohen Bildungsstandes der Frauen mit abgeschlossener Sekundarstufe ein Leben unter noch massiverer Fremdbestimmung bedeutet. So wäre beispielsweise im Rahmen einer arrangierten Ehe das Rollenbild der Hausfrau innerhalb der *Joint Families* der Schwiegerfamilien zu erfüllen gewesen. Entfaltungen in einem Lohnberuf stellte für Frauen in der damaligen Zeit eine Ausnahme dar. Für Frauen mit Abschluss der Sekundarstufe ergaben sich wenige Arbeitsmöglichkeiten im sozialen Sektor, beispielsweise als Lehrerin oder Krankenschwester, für Frauen ohne höheren Schulabschluss kamen lediglich einfachste Tagelohnarbeiten im informellen Sektor in Frage, wie z. B. in der Landwirtschaft oder das Aufklopfen von Nüssen in Cashewnussfabriken.[114] Berufe im sozialen Sektor waren jedoch rar und meistens mit hohen Ausbildungskosten verbunden, welche sich die Familien aus einfachen Verhältnissen nicht hätten finanzieren können, und angesichts eines absehbaren Verlassens der Tochter der *Joint Family* als Wirtschaftsgemeinschaft meist auch nicht leisten wollten.

---

[112] Als weitere wichtige Stelle, die sich für die indischen Frauen einsetzte ist der DCV zu nennen. Der von der verfassten Kirche beauftragte Caritasverband sah seine Aufgabe unter anderem darin, die in der Entsenderegion gemachten Versprechen zu erfüllen. Auch waren es in den aktiv werdenden Ämtern Frauen, die sich für die Inderinnen einsetzen. Siehe Kapitel 3.3.9. Der Caritasverband auf Spurensuche – Orientierungslosigkeit in der katholischen Wohlfahrts.

[113] Alle befragten Zeitzeuginnen der Nirmala-Aktion ordneten die Nirmala-Aktion als positiven Lebensabschnitt ein. Siehe Kapitel 4.2 Erinnerungen ehemaliger Nirmala-Krankenschwestern.

[114] Nair, 2012, 44.

Entsprechend öffnete die Nirmala-Aktion den Frauen trotz der Widrigkeiten neue Möglichkeitsräume.

Der Nirmala-Aktion wird in den positiv gerahmten Zeitzeuginnen-Narrativen als Schlüssel der eigenen sozialen Mobilität, der sozialen Mobilität der Familie wie auch weiten Teilen Keralas zugeschrieben. Die Bewertung der befragten Subjekte erfolgt unter Einbeziehung der positiven Auswirkungen auf größere Kontexte in der Entsenderegion auf einer kollektiven Ebene und nicht nach rein ego-perspektivischen Kriterien.[115]

Positive Bewertung als mögliche Bewältigungsstrategie zur intrapsychischen Stabilisierung

Eine Erklärung für die Dominanz der Erklärungsmuster in Bezug auf den Nutzen des eigenen Wirkens für die kollektive Ebene kann in Bewältigungsstrategien zur intrapsychischen Stabilisierung vermutet werden, die im Wechselspiel der subjektiven Ebene aber auch in der kollektiven Ebene geformt werden.

Aus der subjektiven Perspektive der Betroffenen ist das Migrationsprojekt der Nirmala-Aktion als kritisches Lebensereignis zu qualifizieren, das eine Reihe von Entwicklungsaufgaben und spezifischen Alltagsstressoren mit sich brachte.[116] Angesichts des Arbeitsalltags der indischen Krankenschwestern in den von Personalmangel gezeichneten staatlichen Kliniken in der Bundesrepublik Deutschland sind die spezifischen Alltagsstressoren im Pflegeberuf nach traditioneller Konzeption hervorzuheben. Darüber hinaus ist die exponierte Lage der Frauen zu betonen, die in den psychiatrischen Anstalten in einem Land eingesetzt wurden, das sich nicht einmal 20 Jahre zuvor noch im Zweiten Weltkrieg befand. In den Psychiatrien wurde unter dem NS-Regime 200 000 Anstaltspatienten und -patientinnen systematisch ermordet.[117] Innerhalb der Einrichtungen setzten sich

---

[115] Es ist hervorzuheben, dass im Rahmen der Studie nur wenige Frauen befragt wurden und die Ergebnisse nicht als repräsentativ gesehen werden dürfen. Die subjektive Bewertung beispielsweise der unsichtbaren Kategorie von Nirmala-Beteiligten die als „Küchen- oder Hausmädchen" gewonnen wurden, könnten gänzlich anders ausfallen.

[116] „Alltagsstressoren – unspezifisch: Streitigkeiten, viele Termine, Lärm; migrationsspezifisch: Schwierigkeiten mit der Sprache des neuen Landes, fehlende Privatsphäre. Entwicklungsaufgaben: Identitätsfindung, Autonomieentwicklung; migrationsspezifisch: Identitätsfindung, Berufseinstieg, Gründen einer Familie, Autonomieentwicklung." Johanna Braig, Pia Schmees, und Heike Eschenbeck, „Erfassung von Stress im Kontext von Migration und Akkulturation", in *Handbuch Stress und Kultur: Interkulturelle und kulturvergleichende Perspektiven*, hg. von Tobias Ringeisen, Petia Genkova, und Frederick T. L. Leong (Wiesbaden: Springer Fachmedien, 2020), 246.

[117] Vgl. H. Häfner, „Die Entwicklung der klinischen Psychiatrie in der zweiten Hälfte des 20. Jahrhunderts", *Krankenhauspsychiatrie* 11, Nr. 4 (Dezember 2000): 145–57.

auch nach Kriegsende Strukturverhältnisse (Ärzte, Krankheitsverständnis etc.)
weiter fort. Kriegstraumatisierung schlug sich ebenso in den Psychiatrien der
Nachkriegszeit nieder. Die Arbeitsbedingungen in den geschlossenen Anstalten
und der Umgang mit den Patienten muss für die Frauen als besondere Anforderung gekennzeichnet werden.[118] Der „Kulturschock"[119] für die sehr jungen
Inderinnen in diese Gemengelage ist kaum nachzuzeichnen und blieb in den

---

[118] „Einen Blick in die Innenwelt gewährt eine Frauenabteilung des württembergischen Landeskrankenhauses Zwiefalten um 1970 (unmittelbar vor der Enquête [siehe Fußnote 138 in
Kapitel 2.2]) mit 90 eng aufgestellten Betten [...]. Die hygienischen Verhältnisse und der
Raum für die Unterbringung von Habseligkeiten der Kranken waren mehr als dürftig. Unter
solchen Verhältnissen hatten viele Patientinnen und Patienten Jahre ihres Lebens verbracht.
Um die Realität der Kranken auch im Detail sichtbar zu machen: Unsere Heidelberger Aus-
bildungskandidaten zur Fachschwester/Fachpfleger für Sozialpsychiatrie berichteten nach
einem zweimonatigen obligaten Praktikum in einem öffentlichen psychiatrischen Krankenhaus [...] vom 1. Juli–31. August 1972 u. a.: „... Einige chronisch Kranke verlassen ihre
Betten nicht mehr. Unruhige Kranke werden routinemäßig während der Nacht, häufig auch
während des Tages fixiert. Einige chronisch Kranke weisen Ankylosen, bevorzugt an Knien
und Wirbelsäule auf". Häfner, 1. Januar 2015, 126. Siehe auch Britta Setzer, „Auswirkungen
des Zweiten Weltkrieges auf Psychopathologie und Therapie bei psychischen Erkrankungen"
(Koblenz [u. a.], Universität Koblenz-Landau, 2009), 8–10.

[119] „Jeder interkulturelle Kontakt bringt Verständigungsprobleme mit sich und verursacht
dadurch unangenehme Erfahrungen. Die negativen Folgen eines interkulturellen Kontakts für
das Individuum werden in der Literatur mit dem Begriff Kulturschock, d. h. Anpassungs-
schwierigkeiten, bezeichnet (Oberg 1960). [...] Die Forschungen zur kulturellen Anpassung
gehen bis zu den Anfängen des 20.Jahrhunderts zurück, als bei einer Volkszählung in den
Vereinigten Staaten festgestellt wurde, dass Migrierende 80 % der Patientinnen und Patienten
in psychiatrischen Anstalten darstellten, obwohl sie insgesamt nur 20 % der Gesamtbevölke-
rung ausmachten. Auch spätere Untersuchungen stellten die Überrepräsentation von Migrierenden in Krankenhäusern fest. Dies gab erste Anstöße für die Forschung zum Kulturschock
und zur kulturellen Anpassung. Im Verlauf der Zeit verschob sich aufgrund neuer Erkenntnisse die Betrachtung von schweren psychopathologischen Problemen bei Migrierenden hin
zu weniger schwerwiegenden Folgen einer Migration. Dies war der Anlass, Migration als
ein tiefgreifendes Stressereignis und nicht als Krankheit zu betrachten. Die neue Sprache,
ungewohntes Kommunikationsverhalten sowie die unbekannten örtlichen physischen Bedingungen können Stress, Angst und Unsicherheit bei den Migrierenden auslösen (Ward et al.
2001). Schlafstörungen oder auch Depressionen können mit der Migration einhergehen (Kir-
kaldy et al. 2005). Der Umzug in ein anderes Land, sei es aus wirtschaftlichen, politischen,
persönlichen oder anderen Gründen, stellt ein einschneidendes Ereignis dar, dass mit Veränderungen in den Beziehungen zu Familie und Freund*innen, Veränderung der Beschäftigung
und des finanziellen Status, Wohnortwechsel und Veränderungen der Gesundheit einher-
geht." Petia Genkova, „Migration und Kulturschock: Psychologische Aspekte der Migration", in *Handbuch Stress und Kultur: Interkulturelle und kulturvergleichende Perspektiven*,
hg. von Tobias Ringeisen, Petia Genkova und Frederick T. L. Leong (Wiesbaden: Springer
Fachmedien, 2020), 713–14.

Überlieferungen der Archive aber auch in den Interviews größtenteils unbenannt. Stattdessen dominiert in der Community eine positive Sinngebung der Nirmala-Aktion.[120]

An dieser Stelle setzen einige Theorien der Psychologie an, welche Antworten auf die Frage nach dem Phänomen der positiven Sinnbildung bieten.[121] Eine positive Sinngebung der eignen Geschichte ermöglicht eine erhöhte Resilienz des Individuums.[122] Während auf diese Weise für die Frauen die Unterstützung der eigenen Familie als sinnstiftendes Element wie unter dem Vergrößerungsglas erscheint, werden die interfierende Elemente beispielsweise die Arbeitsbedingungen oder die Frage einer etwaigen Ausnutzung fast gänzlich ausgeblendet. Die Sinngebung im vorliegenden Fall ist wiederum mit dem Aspekt der Religion verschränkt, deren Einfluss auf Resilienz hervorzuheben ist:

> Als besonders starker Faktor der Resilienz, der sowohl auf individueller als auch kollektiver Ebene wirkt, wurde durch mehrere Studien Religiosität bzw. Spiritualität identifiziert (Green und Eliott 2010). Ihre Religion kann Personen ein Gefühl von Struktur, Kontrolle und Sinnhaftigkeit in ihrem Leben vermitteln, Akzeptanz und kognitive Umstrukturierung fördern und soziale Unterstützung durch die religiöse Gemeinschaft bieten (Hutchinson und Dorsett 2012). Auf interpersoneller Ebene agiert reziproke soziale Unterstützung, also sowohl wenn sie erfahren als auch geleistet wird, als einer der wichtigsten Resilienzfaktoren.[123]

---

[120] Die positive Sinngebung ist neben den Interviews der vorliegenden Arbeit u. a. dem Film Brown Angels zu entnehmen. Der Film wurde größtenteils von Mitgliedern der Malayali-Community geschaffen. Siehe Masala Movement e. V., „Brown Angels", 2019.

[121] Zu nennen ist u. a. der israelisch-amerikanische Soziologe Aaron Antonovsky mit seinem Konzept Salutogenese welches er nach der Auseinandersetzung mit den Erfahrungen von Überlebenden des Holocausts entwarf. Er beschäftigte sich mit der Frage was den Menschen (mitunter in Extremsituationen) gesund hält. Seine prominente Idee eines gesundheitsfördernden Kohärenzsinn des Individuums basiert auf den drei Faktoren der Verstehbarkeit, der Bewältigbarkeit und der Sinnhaftigkeit. Siehe Aaron Antonovsky, *Salutogenese: zur Entmystifizierung der Gesundheit* (Tübingen: dgvt Verlag, 1997).

[122] Entsprechende Forschungsergebnisse zum Wechselspiel positiver Sinnbildung und Psyche präsentierte u. a. der österreichische Neurologe und Psychiater Viktor Frankl mit seiner Logotherapie und Existenzanalyse. Frankls Beobachtungen basieren auch auf seinen eigenen Erfahrungen im Holocaust. Er stellte fest, dass KZ-Häftlinge mit einer positiven Sinngebung bessere Überlebenschancen hatten. Siehe Viktor E. Frankl, *…… trotzdem ja zum Leben sagen: ein Psychologe erlebt das Konzentrationslager* (München: Deutscher Taschenbuch Verlag, 1993).

[123] Sonja Mehl, Amalia Gilodi, und Isabelle Albert, „Resilienz im Kontext von Migration und Flucht", in *Handbuch Stress und Kultur: Interkulturelle und kulturvergleichende Perspektiven*, hg. von Tobias Ringeisen, Petia Genkova, und Frederick T. L. Leong (Wiesbaden: Springer Fachmedien, 2021), 803.

Hier ist ebenso hervorzuheben, dass die Frauen ihre Tätigkeit im Pflegebereich als religiöse Aufgabe auffassen, was die positive Sinngebung weiter steigert. Gleichwohl ist in diesem Zusammenhang ist auch bei den interviewten Zeitzeuginnen eine empfundene Schuld gegenüber der katholischen Kirche zu identifizieren, da die katholische Kirche ihnen die Ausreise finanziell ermöglicht habe, die für die Familien der damaligen Zeit finanziell unmöglich gewesen wäre.[124]

Christliche Gemeinschaft als Ressource
Weitergehend ist im Rahmen der Nirmala-Vereinigung der Aspekt der christlichen Gemeinschaft hervorzuheben. Diese spendete Struktur, Kontrolle und manifestierte Sinnhaftigkeit. Gleichzeitig wurde über die sozialen Normen dieser Gruppe auch die Kontrolle über die Frauen ermöglicht, im Sinne einer Kontrolle über den weiblichen Körper und über die Sexualität der Frauen. Die beteiligten Betreuerinnen, die Geistlichen sowie die engagierten Familien und Gemeindemitglieder der katholischen Kirche waren für die Nirmala-Angehörigen soziale Ressourcen. Die jeweilige Nirmala-Gruppe diente als Rückzugsort und bot Strukturen einer Ersatzgroßfamilie. Die Aufmerksamkeit, welche die Frauen in ihren deutschen Gastfamilien erhielten, zeichnete sich mit einer anderen Qualität aus, als die Aufmerksamkeit ihrer leiblichen Familien in Kerala. Nach den Erzählungen der Frauen betrachteten die deutschen Familien die jeweilig zugeteilte Inderin nicht als langfristige finanzielle Last, sondern als Gast. Das Zugehörigkeitsgefühl innerhalb der Gastfamilien wurde von den Frauen vielfach als Beelterung erlebt. In den Berichten der Zeitzeuginnen zu dieser kritischen Phase ihres Lebens ist eine besondere Hervorhebung der christlichen Gemeinschaft festzustellen, die auch zu der subjektiven positiven Sinnstiftung beiträgt.

Debatins Vision einer Irritation des Kastensystem Keralas
Pfarrer Hubert Debatins Idee mit dem Nirmala-Migrationsprojekt durch Monetarisierung die soziale Mobilität von Christen Keralas niedriger Kaste aus der starren und perspektivlosen Gesellschaftsordnung zu ermöglichen, konte nach der Nirmala-Aktion in vielen hundert Fällen in Teilen eingelöst werden.[125] Weiterhin hatte die dadurch ausgelöste Kettenmigration die gleiche Auswirkung auf

---

[124] Die beteiligten (Erz-)Bischöfe setzten hierfür das Kirchenvermögen als Sicherheit ein. Ein vergleichbares Vorgehen durch eine nicht-staatliche Organisation in dieser Zeit ist für die Arbeitsmigration in den deutschen Pflegesektor nicht bekannt.

[125] „Mein Gedanke geht vor allen Dingen dahin, den Jungen und Mädchen der niederen Kasten die Möglichkeit einer besseren Ausbildung und eine Aufnahme in unsere Häuser in Deutschland zu ermöglichen. Bis jetzt ist diesen Menschen der Aufstieg zwar theoretisch

mehrere tausend Großfamilien in Kerala.[126] Neben den finanziellen Transaktionen, deren massiven Auswirkungen auf die Großfamilien in Kerala sich bisher
einer Quantifizierung entziehen, ermöglichte die in Kerala praktizierte Mitgift
die soziale Mobilität von weiblichen Angehörigen in der Entsenderegion. Entsprechendes wird auch von den Zeitzeuginnen berichtet. Auch die Caritas stellte
diesen Aspekt nach Abschluss der Nirmala-Aktion 1972 nochmals dezidiert fest:

> Laufend kommen Anfragen von Verwandten der hier arbeitenden Inderinnen, von
> Ortspfarrern und Organisationen mit der Bitte, indische Mädchen als Helferinnen oder
> Schwesternschülerinnen in der Bundesrepublik Deutschland unterzubringen. Hinter
> diesen Bitten steht der gleiche Wunsch: in Deutschland Geld zu verdienen, um die
> Verhältnisse der Familie, die oft kaum das Existenzminimum hat, zu verbessern und –
> vor allem dies – für die Mitgift zu sparen. Alle nach Indien zurückkehrenden Mädchen
> werden dort heiraten und je mehr Geld sie gespart haben, um so besser wird der
> soziale Status und das Einkommen des Mannes sein, den ihre Eltern ihnen dafür
> vermitteln können.[127]

Sicherlich haben die finanziellen Transaktionen aus dem Ausland im Rahmen des
Migrationsprojekts auch die Monetarisierung der ländlichen Gegenden Keralas
beschleunigt. Die beteiligten Familien niedriger Kasten bestritten ihre Existenz
meist nur auf Grundlage von Subsistenzwirtschaft. Die monetären Ströme aus
der Bundesrepublik eröffneten jedoch den zuvor in dem Kastensystem Keralas
festgesetzten Familien im Sinne Georg Simmels einen Autonomiegewinn: Geld
ermöglichte den Familien bis dahin ungelebte Möglichkeitsräume.[128] Die massive Währungsdisparität zwischen der indischen Rupie und D-Mark vervielfachte

---

erlaubt, aber praktisch kaum möglich. Sollte es uns gelingen, einige Gruppen von begab-
ten Menschen dieser Kasten bei uns auszubilden und sie dann mit diesen Kenntnissen in
ihre Heimat zurückzuschicken, so hätten wir damit einen sozialen Durchbruch erzielt und
eine positive Entwicklung zur Hebung dieser Kasten angebahnt. Bis jetzt ist in dieser Richtung noch nicht viel geschehen." PAA B92 Band 384: Brief, Debatin an Legationsrat AA,
14.03.1963.

[126] Ausgehend von der Caritas Schätzung von 4 000 Inderinnen im deutschen Pflegesektor
im Jahr 1976 (vgl. Fußnote 183 in Kapitel 2.2) kann bei einer hypothetischen Schätzung
von fünf bezahlten Mitgiftbeträgen und fünf bezahlten Ausbildungen pro in Deutschland
arbeitenden Familienangehörigen von einer unmittelbaren Auswirkung der Migrationsbewegungen auf 40 000 Leben in Kerala ausgegangen werden.

[127] ADCV 380.40.026 Fasz. 01: Tätigkeitsbericht, DNdkM e. V. 1972, 14.06.1972.

[128] Zu Georg Simmels Abhandlungen zu Geld als soziales Phänomen und dessen Auswirkungen auf die Gesellschaft siehe Georg Simmel, „Das Geld in der modernen Kultur", in
Georg Simmel: Schriften zur Soziologie, hg. von Otthein Rammstedt und Heinz-Jürgen
Dahme (Frankfurt am Main: Suhrkamp, 1986); Georg Simmel, Philosophie des Geldes, hg.
von Gerald Hartung und Tim-Florian Steinbach (Berlin [u. a.]: de Gruyter, 2020).

diesen Effekt. Hier ist die Hypothese aufzustellen, dass das Geld für die Familien soziale Ungleichheiten nivellierte, die zuvor über Jahrhunderte hinweg durch die Praxis der Kasten erhalten und reproduziert wurden. Die Hypergamie, das Einheiraten der Töchter der Familien in höhere Kasten, verstärkte den Effekt. Die Vorgänge entwickelten in Kerala eine selbstverstärkende Wirkung welche die Migrationspfade in den deutschen Pflegesektor vielen weiteren jungen Inderinnen eröffnete.

5.3   60 Jahre später – Schmetterlingseffekt der 1960er?

> Die Kirche spielte damals und spielt auch heute eine sehr wichtige Rolle. Und damals gingen nur hunderte von jungen Menschen ohne Deutschkenntnisse oder nennbarer Deutschkenntnisse nach Deutschland. Und heute gibt es eine organisierte Struktur.[129]

Die nachgezeichneten Entwicklungen der 1960er traten Entwicklungen los, die einen massiven Effekt auf die unmittelbare Gegenwart haben und noch auf die Zukunft entfalten werden. Im folgenden Kapitel wird die gegenwärtige Situation der Migration von Krankenpflegepersonal aus Kerala in die Bundesrepublik Deutschland aufgezeigt und deren Implikationen aufgezeigt (Stand September 2023). Neben Primärquellen und Sekundärliteratur dient ein Experteninterview als Grundlage der Darstellung. Das Interview wurde geführt mit Herrn Dr. Syed Ibrahim, Honorarkonsul der Bundesrepublik Deutschland in Kerala und Leiter des Goethe-Zentrums Trivandrum.[130] Anhand eines Leitfadeninterviews wurde er hinsichtlich der vergangenen Entwicklungen befragt, aber vor allem um eine Einschätzung des Status Quos der gegenwärtigen Migrationsbewegungen aus Kerala in den Pflegesektor der Bundesrepublik Deutschland gebeten. Das Gespräch fand am 17.04.2023 im Goethe-Zentrum Trivandrum, Kerala, statt.[131]

---

[129] Persönliches Interview: Dr. Syed Ibrahim (Honorarkonsul der Bundesrepublik Deutschland, Leiter des Goethe-Zentrums Trivandrum), Trivandrum (Indien), 17.04.2023, Absatz 16.

[130] Die Deutschen Vertretungen in Indien gliedern sich wie folgt (Stand April 2023): Deutsche Botschaft (New Delhi), Generalkonsulate (Bangalore, Chennai, Kalkutta, Mumbai), Honorarkonsul/in (Goa, Hyderabad, Trivandrum).

[131] In Rahmen des in diesem Kapitel vorgestellten Gegenwartsbezugs dominiert die Sichtweise der deutschen staatlichen Stellen. Dabei gilt es zu problematisieren, dass in diesem Abschnitt – wie in den aufgearbeiteten archivalischen Überlieferungen der 1960er – aus institutioneller Sicht über die Migrantinnen und Migranten gesprochen wird. Eine entsprechende

Migration von Pflegefachkräften in die globalen Pflegesektoren als Wirtschaftsmodell

Die Entwicklungen in den 1960ern führten dazu, dass indisches Pflegepersonal aus Kerala zu einem internationalen ‚Exportgut' des Bundesstaats wurde.[132] Dabei ist herauszustellen, dass die Migrationsbewegungen in den Pflegesektor der Bundesrepublik Deutschland nur Teil eines internationalen Phänomens waren, das von Kerala ausging. Vor allem die Migration in Pflegeeinrichtungen der Golfstaaten während des ‚Ölbooms' sorgte dafür, dass der Pflegeberuf für Frauen in Kombination mit einem internationalen Migrationsprojekt weitgehende Akzeptanz fand.[133] Infolgedessen nahm die Anzahl der akkreditierten Bildungseinrichtungen für Krankenpflege in Kerala beständig zu, was dazu geführt hat, dass der kleine Bundesstaat indienweit den größten Anteil an Krankenschwestern ausbildet, die in Indien und im Ausland arbeiten.[134] Der ‚Export' von Pflegepersonal stellt eine Säule des Wirtschaftsmodells des Bundesstaats Keralas dar, dessen Ausmaß auch aus nationaler Perspektive von Bedeutung ist.[135] Im Jahr 2016 arbeiteten 3,2 % der Krankenpflegenden und Krankenpflegehelfenden aus Kerala in Deutschland, während die wichtigsten Zielländer der Pflegemigration sich wie folgt zusammensetzten: Saudi-Arabien (21,5 %), die Vereinigten Emirate (15,3 %), Kuwait (12 %), das Vereinigte Königreich (10,2 %) und die USA (6,1 %).[136]

Aufarbeitung der Perspektiven der gegenwärtig migrierenden Personen wird als mögliche Forschungsperspektive aufgeworfen. Siehe Kapitel 5.4 Forschungsperspektiven.

[132] „Weltweit litten Gesundheitsdienstleister damals unter Personalmangel, also begann Kerala bald mit der „Massenproduktion" solcher Arbeitskräfte. Es dauerte nicht lange, und die „braunen Engel" arbeiteten in Krankenhäusern in Australien, den Vereinigten Staaten, Großbritannien, Österreich, der Schweiz und den Golfstaaten – und später auch in Italien, Belgien und Irland." Lys Kulamadayil, „Helfende Hände", 12. Januar 2022.

[133] „The early phase of mobility (1930–1970) generated social networks and channeled information regarding jobs in the Middle-East countries back to Kerala. Nurses who had migrated to Gulf countries enjoyed prosperity and this enabled aspirants without social networks with inspiration to also consider migration." World Health Organization, 2022, 19.

[134] Vgl. World Health Organization, 2022, 7.

[135] „Im Ausland arbeitende Pflegekräfte sorgen für konstante Geldflüsse in ihre Heimat, die 2020 mit 3,1 Prozent zum indischen Bruttoinlandsprodukt beigetragen haben. Unter den BRICS-Staaten (Brasilien, Russland, Indien, China und Südafrika) ist dieser Anteil mit Abstand am höchsten. Und im Verhältnis zur Bevölkerungszahl geht der größte Anteil der Heimatüberweisungen nach Kerala." Kulamadayil, 12. Januar 2022.

[136] World Health Organization, 2022, 19.

Die aus den Migrationsprojekten resultierenden Entwicklungen blieben für die Senderegion nicht ohne Folgen und werden kontrovers diskutiert.[137] Kerala weist heute im Vergleich zu Gesamtindien herausragende Indikatoren der sozialen Entwicklung vor, gleichzeitig werden jedoch unter anderem die für die breite Bevölkerung spürbaren Auswirkungen auf das Gesundheitssystems Keralas vielfach kritisiert.[138] Kulamadayil führt zu den ambivalenten Auswirkungen unter Einbeziehung der Binnenperspektive der migrierenden Menschen aus:

Dieser Zustrom ausländischer Einkünfte hat auch Nachteile: Er hat zum Beispiel die Bodenpreise verteuert. Aber den höchsten Preis müssen jene zahlen, die sich keine Stelle im Ausland sichern konnten. Statt Druck vom Arbeitsmarkt zu nehmen, haben über fünfzig Jahre internationaler Anwerbung einen Markt geschaffen – nämlich für Pflegeschulen. Dort werden jährlich zehntausende Pflegerinnen und Pfleger ausgebildet, die in ihrem Heimatstaat keine berufliche Perspektive haben. In Indien dauert die Pflegeausbildung vier Jahre und ist ziemlich teuer. Die Gesamtkosten liegen durchschnittlich zwischen 600.000 und 800.000 Rupien (7.000 – 9.300 Euro). Die Kosten für diesen – stark dem Wettbewerb unterworfenen – Abschluss können durch eine Stelle im Inland nicht wieder hereingeholt werden. 2017 hat die keralische Regierung den Mindestlohn für Pflegepersonal auf monatlich 20.000 Rupien festgelegt, aber lokal angestellte Pflegekräfte berichten über Monatsgehälter von nur 6.000 Rupien. Außerdem beschreiben sie einen ausbeuterischen Verdrängungswettbewerb – unter anderem werden schwangere Pflegerinnen entlassen oder unter Druck gesetzt, ihr Kind abzutreiben. Die Gehälter und Bedingungen sind so schlecht, dass die große Mehrheit qualifizierter Pflegerinnen aus Kerala ihren Beruf nicht in ihrem Heimatstaat ausüben will – geschweige denn in anderen Teilen Indiens. Entweder wechseln sie ihren Beruf oder sie bleiben, wenn es sich ihre Familie leisten kann, dem Arbeitsmarkt einfach fern. Einige landen zwar in Europa, aber in prekären 24-Stunden-Pflegeverhältnissen oder mit hohen Schulden bei Vermittlungsagenturen.

---

[137] Eine Diskussion der ökonomischen Effekte von Migration auf Indien mit dem Fokus auf Kerala findet sich bei Merda, 2017, 134–40.

[138] „Migration has undoubtedly improved the social status of the person/s who have migrated as also their families but has aggravated the shortcomings in the health system. This has resulted in weaker services in rural areas and extensive privatization with skewed service towards higher-income groups. This inevitably poses a threat to the Indian health-care system, so much so that this could even compromise efforts to achieve universal health coverage (UHC) in India. The negative impacts of international nurse emigration from low-income nations have been addressed by several Western countries with the adoption of ethical recruitment guidelines and strategies for the retention of health workers. This has resulted in complex professional assessments of nurses trained in countries like India, in the destination countries. The shortage of nurses in the home country has been mainly due to the inability and commitment of domestic countries to retain their health workers. This has occurred largely because of inadequacies in domestic policy on production, recruitment, healthy work environment, career progression and retention than as a direct consequence of international migration." World Health Organization, 2022, 20.

Manche sind gezwungen, in Länder wie die Golfstaaten auszuwandern, wo Pflegekräfte vielleicht besser bezahlt werden, aber die Menschenrechte für Einwanderer
noch schlechter sind.[139]

Erstes Pflegefachkräfteabkommen mit Kerala im Jahr 2021

Im Jahr 2021 fand die Anwerbung von Krankenpflegepersonal aus Kerala in die
Bundesrepublik Deutschland mit einem Abkommen zwischen der Bundesagen-
tur für Arbeit (BA) und der keralitischen staatlichen Institution Non Resident
Keralite's Affairs (NORKA)[140] erstmals eine bilaterale Regelung.[141]

Der deutsche Honorarkonsul führt die heutigen Migrationsbewegungen aus
Kerala in den deutschen Pflegesektor auf die Entwicklungen der 1960er und
1970er zurück, wobei die Kirche eine „federführende Rolle" gespielt hatte, die
man auch heute nicht vernachlässigen dürfe.[142] In den 1980ern war es in der

---

[139] Kulamadayil, 12. Januar 2022.

[140] „According to the Kerala Migration Survey, there are 22 lakh [Südasiatisches Zahlen-
wort für einhunderttausend, Anm. d. Verf.] migrant workers from Kerala, 90 % are in Gulf
Cooperation Council countries. On 6th December 1996, Government of Kerala launched
the Department of Non Resident Keralite's Affairs (NORKA) to redress the grievances of
non resident Keralites both in India and abroad and to have a sustainable partnership with
them. NORKA is the first Department of its kind in India. NORKA ROOTS is a public sec-
tor undertaking under the Department. The Department has no Directorate, instead NORKA
ROOTS implements the welfare schemes for the Government. In addition NORKA ROOTS
is licensed by Protector General of Emigrants as a licensed recruiting agency. NORKA coor-
dinates efforts for remedial action on threats to the lives and property of those who are left
at home, for tracing missing persons abroad, for obtaining compensation from sponsors for
taking action on cheating by recruiting agents and other such grievances of Non-Resident
Keralites (NRKs). It provides assistance to evacuate NRKs from strife torn areas and to transport them to their home towns." Department of Non Resident Keralite's Affairs (NORKA),
„About NORKA", o. D.

[141] Vgl. Onmanorama, „Norka to Recruit Nurses to Germany, MoU Signed Today", 2.
Dezember 2021. 2022 wurde zwischen der deutschen Bundesregierung und der Republik
Indien zudem ein Migrationsabkommen unterzeichnet. Vgl. Bundesministerium des Innern
und für Heimat, „Germany and India Sign Migration Agreement", 5. Dezember 2022.

[142] Interview Dr. Syed Ibrahim, Absatz 16.
Auch Kulamadayil verweist auf die Kausalität zwischen den Entwicklungen in den
1960ern und den heutigen Entwicklungen: „Die Grundlage für die Vereinbarung zwischen
der BA und Kerala stammt aus den 1960er Jahren. Damals taten sich deutsche und keralische Kirchenfunktionäre zusammen, um junge Frauen aus den christlichen Gemeinden des
Bundesstaats in Deutschland zu Krankenschwestern ausbilden zu lassen. Laut dem Doku-
mentarfilm Brown Angels, der die Geschichte dieser Frauen erzählt, galten sie aufgrund ihres

Anwerbung von Krankenpflegepersonal aus Kerala zu einem Stillstand gekommen.[143] Zudem riet die World Health Organisation (WHO) von einer Anwerbung von Krankenpflegepersonal aus Ländern ab, die selbst unter einem Fachkräftemangel leiden. Die deutsche Regierung hielt sich an diese Empfehlung, welche sich im *Global Code of Practice on the International Recruitment* formalisierte.[144]

Nachdem das Goethe-Zentrum in Trivandrum 2008 als erste Goethe-Einrichtung[145] in Kerala eröffnet wurde, wurde recht bald sichtbar, dass eine privat organisierte Migration von Krankenpflegepersonal aus Kerala in die Bundesrepublik Deutschland erfolgte.[146] Voraussetzung für die Fachkräftemigration war der Abschluss eines anerkanntes Deutsch-Zertifikats eines entsprechenden Niveaus und die Anerkennung einer Pflege-Berufszertifizierung.[147] Mit dem

---

,sanften Benehmens' und ihrer ,christlichen Werte' für diesen Beruf als besonders geeignet. Programme dieser Art, meist von der katholischen Kirche durchgeführt, gab es zwei Jahrzehnte lang." Kulamadayil, 12. Januar 2022.

[143] Interview Dr. Syed Ibrahim, Absatz 2.

[144] Interview Dr. Syed Ibrahim, Absatz 2.
Die WHO empfahl in einem 2006 veröffentlichten Weltgesundheitsbericht bereits in Bezug auf die Anwerbung von Krankenpflegekräften die Berücksichtigung eines Minimums von 2,28 Gesundheitsfachkräften pro 1000 Einwohner. Mit 1,87 qualifizierten Gesundheitsfachkräften pro 1000 Einwohner konnte Indien diese Quote nicht erfüllen. Vgl. World Health Organization, 2022, 21. Der *Global Code of Practice on the International Recruitment of Health Personnel* wurde 2010 eingeführt. Vgl. Ivy Lynn Bourgeault u. a., „Knowledge and potential impact of the WHO Global code of practice on the international recruitment of health personnel: Does it matter for source and destination country stakeholders?", *Human Resources for Health* 14, Nr. 1 (30. Juni 2016): 25.

[145] Das Goethe-Institut e. V. ist als global tätiges Kulturinstitut der Bundesrepublik Deutschland in 98 Ländern mit 158 Instituten aktiv (Stand September 2023). Die Aufgaben (u. a. Förderung der deutschen Sprache im Ausland) der als eingetragener Verein organisierten Institution ist im Rahmenvertrag mit dem AA festgehalten. Vgl. Goethe-Institut e. V., „Rahmenvertrag", 26. Juli 2004.
Im Unterschied zu Goethe-Instituten sind Goethe-Zentren (wie z. B. das Goethe-Zentrum Trivandrum) formell „ausländisch-deutsche Kulturgesellschaften" mit denen das Goethe-Institut e. V. Kooperationsverträge geschlossen hat: „[Die Goethe-Zentren] haben sich verpflichtet, ihre Sprach- und Kulturarbeit nach den Grundsätzen und Qualitätsmaßstäben des Goethe-Instituts zu gestalten." Goethe-Institut e. V., „Goethe-Zentren", o. D.

[146] Interview Dr. Syed Ibrahim, Absatz 2.
Im April 2023 gab es sechs Goethe-Institute und fünf Goethe-Zentren in Indien. Das Goethe-Zentrum Trivandrum kooperierte mit einer Niederlassung in Kochi.

[147] Zur Anwerbung über das Anerkennungsverfahren der im Ausland erworbenen Berufsqualifikation in den jeweiligen deutschen Bundesländern siehe Emilia Reiff, Christel Gade, und Susanne Böhlich, „Handling the Shortage of Nurses in Germany: Opportunities and Challenges of Recruiting Nursing Staff from Abroad", *Human Resources*, Nr. 3 (o. J.): 10.

Ziel die bereits vorhandene informelle Bewegung neu zu ordnen und missbräuchlichem Handeln durch private Agenten vorzubeugen, traten die deutschen
diplomatischen Stellen an ihre indischen Counterparts heran.[148] Gemeinsam
wandten sich die Länder mit ihrem Änderungsanliegen an die WHO. Der
Honorarkonsul beschreibt, dass es vier bis fünf Jahre dauerte, bis die WHO
Indien zumindest partiell von der „schwarzen Liste" strich, indem sie dem
Bundesstaat Kerala für die Anwerbung von Pflegefachpersonal einen Sonder-
status einräumte.[149] Nach dem Inkrafttreten des Fachkräfteeinwanderungsgesetz
(FEG)[150] am 01.03.2020 trat die BA in mit der keralitischen staatlichen Agentur
NORKA in Kontakt. Die BA, die Gesellschaft für Internationale Zusammenar-
beit GmbH (GIZ) führte mit NORKA dahingehend vertiefende Gespräche.[151] Im
Dezember 2021 wurde die Vermittlungsabsprache zwischen der BA und NORKA
im Rahmen des *Triple Win* Projektes unterzeichnet.[152]

Das *Triple Win* Programm wird indes auch in akademischen wie auch
aktivistischen Kreisen kontrovers besprochen, da die *Triple Win* Rhetorik als
Vereinfachung hochkomplexer Migrationsentwicklungen etwaige negative Rückwirkungen und die Frage nach (sozialen) Kosten verdeckt.[153] Zudem ist in Frage
zu stellen, ob die von den deutschen Pflege-Einrichtungen an die GIZ zu entrich-
tende Pauschale von 7.900 Euro brutto (Stand 2021) pro vermittelte Pflegekraft
in Relation zur Dienstleistung steht.[154] Dies ist insbesondere unter Anbetracht

---

[148] Interview Dr. Syed Ibrahim, Absatz 6.

[149] Vgl. Interview Dr. Syed Ibrahim, Absatz 6.
Weitergehend zu den Entwicklungen in Bezug auf die WHO siehe World Health Organization, 2022, 21–22.

[150] Vgl. Bundesamt für Migration und Flüchtlinge, „Fachkräfteeinwanderungsgesetz", 1.
März 2021.

[151] Interview Dr. Syed Ibrahim, Absatz 6.

[152] Zum *Triple Win* Progamm siehe Deutsche Gesellschaft für internationale Zusammenarbeit (GIZ), „Factsheet TripleWin 2021" (Eschborn, 2021).

[153] Eine Abhandlung über die Implikationen der *Triple Win* Arbeitsmigration und dem
Aspekt eines etwaigen ‚Fachkräfte-Aderlass' kann in der vorliegenden Arbeit nicht geleistet
werden. Hinsichtlich einer kritischen Auseinandersetzung mit dem Programm siehe Ozkul
und Castles, 2014.

[154] „Employers pay € 6.638,66 net (€ 7.900 gross) for each nurse placed with them, which
covers the cost of services provided by GIZ (coordination, language and specialist training
in the home country, and advice on integration and recognition of qualifications for employers and nurses in Germany). Additional costs to employers include the nurses' travel to
their place of employment and the cost of having their qualifications recognised in Germany
(including language training to CEFR level B2)." Deutsche Gesellschaft für internationale
Zusammenarbeit (GIZ), 2021.

der ohnehin finanziell angespannten Einrichtungen im deutschen Pflegesektors hervorzuheben.

Der Status Quo in Kerala

Der Honorarkonsul und Leiter des Goethe-Zentrums Trivandrum, Herrn Dr. Syed Ibrahim, spricht von der gegenwärtigen Verantwortung des Goethe-Zentrums, innerhalb von zwei Jahren (von Juli 2022 bis August 2024) 1 000 Pflegekräfte in der deutschen Sprache zu beschulen.[155] 200 Personen haben bereits die Kurse bis Sprachniveau B1 absolviert, einige von ihnen arbeiten bereits in Deutschland. Der Honorarkonsul verwies darauf, dass sich zeitgleich zum Interview etwa 300 *Triple Win* Kandidatinnen und Kandidaten im Deutsch-Unterricht befanden (April 2023). Neben den *Triple Win* Beteiligten beschult das Goethe-Zentrum noch die regulären Deutsch-Kursbesucher.[156] Zudem finden die Abschlussprüfungen an den Goethe-Einrichtungen statt, wobei private Sprachschulen für die Erlangung der anerkannten Zertifikate ebenfalls auf das Goethe-Institut angewiesen sind (weitere anerkannte Sprachzertifikate umfassen TELC und ÖSD). Durch die Kumulierung habe sich die Aufgabe des Goethe-Zentrums inzwischen vervierfacht. Die Anzahl der privaten Sprachschulen in Kerala wächst weiter, eine interne Statistik des Goethe-Zentrums beziffert diese auf 150 (Stand April 2023). Bei einer „bescheidenen" Schätzung von 100 Schülerinnen und Schülern pro Institut geht der Honorarkonsul von gegenwärtig 15 000–20 000 Menschen aus, die aktuell in Kerala die deutsche Sprache lernen, um in absehbarer Zeit zu migrieren.[157] Seinen Einschätzungen nach verfolgen circa 70 % dieser Personen das Ziel im deutschen Pflegesektor zu arbeiten. Gegenwärtig richtet das Goethe-Institut ein reines Prüfungszentrum in Kochi ein, um der Nachfrage an Examinierungen von privaten Sprach-Instituten nachzukommen. Der Honorarkonsul betont, dass die baldige Eröffnung des neuen Prüfungszentrum sowie die im März 2023 durch das Bundeskabinett beschlossene Reform des FEG zu einer Potenzierung der Entwicklungen führen wird.[158]

---

[155] Interview Dr. Syed Ibrahim, Absatz 6.

[156] Darunter fallen weiterhin auch Personen, die ihre Arbeitsmigration in den deutschen Pflegesektor über Agenturen oder mit Hilfe transnationaler Familiennetzwerke organisieren.

[157] Interview Dr. Syed Ibrahim, Absatz 12.

[158] Zum FEG siehe u. a. Bundesministerium des Innern und für Heimat, „Fortschritt braucht Fachkräfte", 29. März 2023. Am 07.07.2023 wurde das neue FEG im Bundesrat beschlossen. Eine weitergehende Auswertung hinsichtlich der Implikationen des neuen FEG für die Migrationsbewegungen aus Kerala stellt eine eigene Forschungsarbeit dar und wird in der vorliegenden Arbeit nicht weiter ausgeführt. Das Deutsch-indische Migrationsabkommen von 2022 kann in dem kursorischen Gegenwartsbezug ebenso keine Berücksichtigung

Im gegenwärtigen Migrationsgeschehen sind drei Akteure und grundlegende Migrationspfade zu identifizieren:

- Staatliche Akteure: *Triple Win* Programm
- Kirchliche Akteure: Sprachkurse und Arbeits- /Ausbildungsvermittlung
- Private Agenturen: Sprachkurse und Arbeits- /Ausbildungsvermittlung[159]

Ziel des Honorarkonsuls ist es, eine qualifizierte und ethisch verantwortungsvolle Migration zu fördern. Kerala könne dabei als Vorbild für ganz Indien dienen, da der Bundesstaat bereits auf diesem Gebiet eine Vorreiterrolle einnimmt. Der Honorarkonsul betont, dass die Kirche schon damals und auch heute eine „federführende" Rolle hinsichtlich der Migration in den deutschen Pflegesektor spielt.[160] Das Netzwerk der Kirche und die Organisation verschaffe den kirchlichen Trägern einen Vorteil gegenüber privaten Akteuren auf dem Markt der Sprachqualifizierung und Arbeits- /Ausbildungsvermittlung.[161] So verfügten

---

finden. Weitergehend Bundesministerium des Innern und für Heimat, „Deutsch-indisches Migrationsabkommen unterzeichnet", 5. Dezember 2022. Es ist festzuhalten, dass die Migration aus Kerala auch 2023 Einzug in den deutsch-indischen Regierungskonsultationen fand: „Beide Regierungen begrüßten die Unterzeichnung der Vermittlungsabsprache zwischen der Bundesagentur für Arbeit (BA) und dem indischen Bundesstaat Kerala über die Migration von Fachkräften im Gesundheits- und Pflegebereich. Von dem ganzheitlichen Triple-Win-Ansatz sollen das Herkunfts- und das Gastland sowie die Migrantinnen und Migranten selbst profitieren. Sie begrüßten ferner das Ziel, ihre Zusammenarbeit über die Vermittlungsabsprache mit dem Bundesstaat Kerala hinaus auf andere indische Bundesstaaten und andere Berufsgruppen auszuweiten, wobei gleichzeitig die Interessen der Arbeitsmärkte in Deutschland und Indien sowie der Migrantinnen und Migranten selbst angemessen berücksichtigt werden sollen." Presse- und Informationsamt der Bundesregierung, „Gemeinsame Erklärung: Sechste deutsch-indische Regierungskonsultationen", 17.

[159] Interview Dr. Syed Ibrahim, Absatz 24.

[160] „Die Kirche hat immer junge Menschen angeregt, motiviert. Jeder Priester in seiner kleinen Gemeinde. Er hat Familien, Eltern angesprochen und sie inspiriert, diesen Job als einen wertschätzenden Beruf aufzunehmen. Und so hat sich in den letzten 40–50 Jahren Pflege als ein Beruf unter den christlichen Gemeinden hier etabliert." Interview Dr. Syed Ibrahim, Absatz 30.
Zu Beginn der Arbeitsaufnahme des Goethe-Zentrums 2008 seien die Kursteilnehmenden fast gänzlich christlich gewesen. Seit zwei Jahren sei anhand der Prüfungsunterlagen die Tendenz erkennbar, dass auch zunehmend Kursteilnehmende mit hinduistischen oder muslimischen Familiennamen Migrationsprojekte in den deutschen Pflegesektor verfolgen. Interview Dr. Syed Ibrahim, Absatz 30.

[161] „Die Kirche in Deutschland hat bereits die Verbindung zu Kerala und da können sie sehr schnell ihre Prozesse reaktivieren. Priester werden nach Kerala geschickt. […] Sie können die Klassenräume innerhalb weniger Monate ausstatten. Und sie können die Priester oder

die kirchlichen Akteure über die Liegenschaften um flexibel in kürzester Zeit in ganz Kerala Sprachschulen zu eröffnen.

Weiterhin ist der Aspekt des Geschlechts auch in den heutigen Migrationsbewegungen hervorzuheben. Das geschlechtsspezifische Verhältnis der Menschen, die in den deutschen Pflegesektor migrieren wollen, verteile sich nach Schätzung des Honorarkonsuls auf etwa 90 % Frauen und 10 % Männer.[162] Seit 2022 erfolge zudem eine bisher noch nicht staatlich geregelte Migration von jungen Menschen, die gerade die Sekundarstufe abgeschlossen haben. Dabei handele es sich um private Programme, bei denen die Bewerbenden keine Kosten tragen und ein Stipendium sowohl für die Zeit des Spracherwerbs in Kerala als auch in der Ausbildungszeit in der Bundesrepublik Deutschland erhalten.[163] Während diese Anwerbepraxis von noch unqualifizierten jungen Menschen mit Schulabschluss für eine Pflegeausbildung in der Bundesrepublik Deutschland – abgesehen von der vorhergehenden Sprachzertifizierung – Reminiszenzen an die vor knapp 60 Jahren eingeleitete Nirmala-Migration Jahren weckt, bleiben die historischen Erfahrungen von Seite der staatlichen Stellen in Deutschland bislang weitgehend unreflektiert.[164]

---

die Nonnen nach Kerala zurückholen, um sie unterrichten zu lassen." Interview Dr. Syed Ibrahim, Absatz 26.

„Und an vielen Orten in Kerala werden sie kirchlich geführte deutsche Sprachschulen finden, wo Priester mit ihren langjährigen Erfahrungen aus Deutschland zurückgekommen sind und Deutsch unterrichten" Interview Dr. Syed Ibrahim, Absatz 16.

[162] Interview Dr. Syed Ibrahim, Absatz 38.

[163] „Und es wird überall in Kerala geworben. Dadurch, dass diese ganzen Projekte mit Stipendien gefördert werden und die Kandidaten und Kandidatinnen oder die Interessenten kein Geld zu bezahlen brauchen. Sie bekommen sogar ein Stipendium in Deutschland und das ist eine große Attraktion für die Abiturienten hier." Interview Dr. Syed Ibrahim, Absatz 14.

[164] Der ehemalige Bundesminister für Wirtschaft und Energie, Peter Altmaier, verwies 2020 in seinem Vorwort für einen Leitfaden für Pflegeeinrichtungen hinsichtlich *Auszubildender aus Drittstaaten für die* Pflege lediglich auf Versuchsprojekte in den letzten zehn Jahren: „Bereits 2012 hat das Bundesministerium für Wirtschaft und Energie (BMWi) das Modellprojekt „Ausbildung junger Menschen aus Vietnam in Deutschland zu Pflegefachkräften" gestartet, um dem Fachkräftemangel in der Pflege hierzulande entgegenzuwirken. Ziel des Modellvorhabens war es, Hindernisse bei der Rekrutierung von Menschen aus Vietnam zur Ausbildung in der Pflege in Deutschland zu identifizieren und diese effektiv zu überwinden. Das BMWi-Modellprojekt hat der Pflegebranche einen Weg aufgezeigt, wie sie ausländische Auszubildende eigenständig anwerben, erfolgreich ausbilden und nach Ausbildungsende zukunftsgerecht in die Einrichtungen integrieren kann. Das Modellvorhaben wird bereits erfolgreich in Nachfolgeprojekten umgesetzt. Ich wünsche mir, dass es noch viele weitere Nachahmer findet." Bundesministerium für Wirtschaft und Energie, „Auszubildende aus Drittstaaten für die Pflege", 2020.

Bemühungen der Bundesregierung zur Anwerbung von Pflegefachkräften aus Kerala im Jahr 2023

> [Es ist] für Deutschland eine der größten Aufgaben, neben einer bezahlbaren und nachhaltigen Energieversorgung für unseren Wirtschaftsstandort dafür zu sorgen, dass wir eine ausreichende Fachkräftebasis haben – durch Maßnahmen im Inland und ergänzende qualifizierte Einwanderung, die wir jetzt organisieren werden.[165]

Nach Besuchen in Kanada, Brasilien und Ghana, um für die Bundesrepublik Deutschland als Fachkräfteeinwanderungsland zu werben, besuchte Bundesarbeitsminister Hubertus Heil vom 17. bis 22. Juli 2023 die Republik Indien.[166] Anlass war das Treffen der Arbeitsminister der führenden Industrie- und Schwellenländer (G20) in Indore.[167] Auf der sechstägigen Reise besuchte der Bundesarbeitsminister neben der Hauptstadt New Delhi und Indore im Bundesstaat Madhya Pradesh auch für zwei Tage den Bundesstaat Kerala, um sich dort im Goethe-Zentrum Trivandrum u. a. mit Lehrenden und bald migrierenden Pflegekräften auszutauschen.[168] Die Reise wurde in der Bundesrepublik Deutschland öffentlichkeitswirksam von den Medien aufbereitet. In diesem Rahmen richtete der Bundesarbeitsminister in einem Interview mit der *Tagesschau* zur Thematik der Anwerbung von Pflegefachkräften den Fokus der Verantwortung auf die Bundesrepublik Deutschland als Empfängerregion:

> Das Wichtigste für unsere Gesellschaft ist aber zu begreifen: Da kommen nicht nur Arbeitskräfte und Fachkräfte, es kommen Menschen, die müssen wir anständig behandeln. Und wir müssen, wenn sie länger bei uns sind, wenn sie Steuern zahlen und bei uns arbeiten, ihnen auch die Chance geben, Teil unserer Gesellschaft zu werden. Wir haben ja schon Erfahrungen in Deutschland, in Westdeutschland, mit der sogenannten Gastarbeitereinwanderung der 60er-Jahre. Wir dürfen die Fehler von damals nicht wiederholen. Damals hat der Lyriker Max Frisch gesagt, wir

---

[165] Bundesarbeitsminister Hubertus Heil im tagesschau24-Interview am 18.07.2023. Tagesschau, „Fachkräfte aus Indien: Heil appelliert an Unternehmen und Gesellschaft", 18. Juli 2023.

[166] Bundesministerium für Arbeit und Soziales, „Hubertus Heil besucht Indien", 17. Juli 2023.

[167] Indien richtete im Zeitraum 09.–10.09.2023 den G20-Gipfel 2023 in New Delhi aus und steuerte im Rahmen seiner Präsidentschaft die G20-Agenda. Das achtzehnte Gipfeltreffen der Staats- und Regierungschefs war der erste G20-Gipfel überhaupt sein, der in Indien und in Südasien stattfand. G20 Sekretariat des Außenministeriums der indischen Regierung, „Gipfeltreffen der Staats- und Regierungschefs in Neu-Delhi", o. D.

[168] Dienstort des Honorarkonsuls von Trivandrum sowie Sitz des Goethe-Zentrums Keralas. Siehe Fußnote 130 in Kapitel 5.3.

wollten Arbeitskräfte, aber es kamen Menschen. Und das heißt für uns, wir müssen Integration erwarten und auch anbieten in unserer Gesellschaft. Dann wird das auch funktionieren.[169]

5.4   Forschungsperspektiven

Der Forschungsgegenstand bietet in seiner Vielschichtigkeit immens viele Anknüpfungspunkte für weitere Forschung unterschiedlichster Perspektiven. Als fast gänzlich unbestelltes Forschungsfeld bietet die historische Aufarbeitung der Migration von Kandidatinnen und Ordensschwestern an deutsche Ordenshäuser eine Vielzahl von Forschungsmöglichkeiten. Neben einer Analyse von vergleichbaren Entwicklungen an anderen deutschen Ordenshäusern bietet auch die Frage um die Einstellung des spezifischen Migrationsprojekts (Migration von Kandidatinnen an deutsche Ordenshäuser) weiteres Forschungspotential. Das seither fortlaufende Migrationsprojekt der Wanderung von regulären Ordensschwestern innerhalb von kirchlichen Vereinigungen stellt darüber hinaus einen weiteren Untersuchungsgegenstand dar. Zudem bietet sich hier eine Untersuchung der transnationalen Rückwirkungen an.

Weiterhin bieten sich im Forschungsfeld der Arbeitsimmigration in den deutschen Pflegesektor der 1960er viele weitere Migrationsbewegungen aus anderen Ländern die es zu untersuchen gilt. Dominiert von Frauen blieben diese Wanderungen bisher dem Forschungsdiskurs verborgen, beispielsweise die Migrationsbewegungen in den deutschen Pflegesektor aus dem Entsendeland Philippinen. Hier bietet die vorliegende Arbeit Anknüpfungspunkte zu einer Reihe von weiteren Fallstudien.

Was die Lebensrealität der Gastarbeitenden, die als „Haus- und Wirtschaftsgehilfinnen" eingesetzt wurden, angeht, stieß die vorliegende Forschungsarbeit mangels archivalischer Überlieferungen und wegen fehlender Kontakte zu betroffenen Zeitzeuginnen an ihre Grenzen. Die Erforschung dieser bisher unsichtbaren Gruppe von „Gastarbeitenden" stellt ein gänzlich unbearbeitetes Feld der Wirtschafts- und Sozialgeschichte dar. Bei dieser marginalisierten Gruppe wäre die Erhebung von Interviews interessant, um in einer qualitativen Auswertung die Erfahrungen dieser Menschen mit den Erfahrungen heutiger marginalisierter Gruppen in prekären Arbeitsverhältnissen zu vergleichen. Eine solche vergleichende Untersuchung ist auch für das Berufsfeld der Krankenpflegehelfenden denkbar.

---

[169] Bundesarbeitsminister Hubertus Heil im tagesschau24-Interview am 18.07.2023. Tagesschau, 18. Juli 2023.

Auch im Forschungsfeld des Nirmala-Vorgangs bieten sich weitere Anknüp-fungspunkte für die Forschung. Da die Darstellungen der eingesehenen Bestände sich größtenteils auf die Vorgänge und die Praxis in Baden-Württemberg beziehen wäre eine Untersuchung in Hinblick die Region Nordrein-Westfalen unter Einbeziehung regionaler archivalischer Überlieferungen interessant. Qua-litative Erhebungen mit den Nachkommen der Nirmala-Angehörigen in der Entsenderegion Kerala könnten Erkenntnisse zur Nachhaltigkeitsaspekten des Vorgangs bieten. Zudem ist der Nirmala-Vorgang hinsichtlich einer Involvie-rung von weiteren institutionellen Akteuren zu untersuchen, wie beispielsweise der Deutsch-Indischen Gesellschaft, dem Deutschen Roten-Kreuz, der Deutschen Krankenhausgesellschaft. Da diese institutionellen Akteure in den eingesehenen Beständen nur peripher Erwähnung finden, konnte ein etwaiger Einfluss und das Wirken dieser Akteure in der vorliegenden Forschungsarbeit nicht weiter bestimmt werden.[170]

Zudem gilt es, die Immigration von südkoreanischen Arbeitskräften in den deutschen Pflegesektor in Hinblick auf die Involvierung der katholischen Kir-che zu untersuchen. Hierbei wären mehr Forschungsarbeiten wünschenswert, welche sich mit den innerkirchlichen Aushandlungsprozessen auseinanderset-zen. Generell bieten sich Fallstudien zur Involvierung der Kirchen in einzelnen Migrationsprojekten an, die in der Gesamtschau eine neue Bewertung des Staats-Kirchenverhältnis der 1960er erlauben würden. Hier ist die Schnittstelle zur Kirchengeschichte gegeben, die bislang in der Historischen Migrationsforschung vernachlässigt wurde. Auch die Migration von Männern aus Kerala innerhalb des katholischen Kirchenraums, beispielsweise im Rahmen von Studienaufenthal-ten, aber auch im seelsorgerischen Einsatz in der Bundesrepublik Deutschland, blieb bisher von der Historischen Migrationsforschung gänzlich unbeleuchtet. Eine Untersuchung der Synthese dieser geschlechtsspezifischen Migration inner-halb des katholischen Kirchenraums könnte wichtige Rückschlüsse über das Geschlechterverhältnis in transnational katholischen Kontexten bieten.

Als weiteres Forschungsfeld sind die progressiven Integrationsbemühungen des DCV ab den 1970ern zu untersuchen und die institutionelle Wechselwirkung zu den staatlichen Stellen aufzuzeigen. Angesichts der ausgeprägten Archivkul-tur der katholischen Institutionen bietet sich hier eine große Datenmenge, die

---

[170] Aus einigen erhaltenen Rundschreiben ergeht, dass Pfarrer Debatin zumindest ab 1969 mit der Bundesgeschäftsstelle der Deutsch-Indischen Gesellschaft e. V. in Verbindung stand. Vgl. AkKS 796: Diverse Rundschreiben, Deutsch-Indischen Gesellschaft e. V. an Debatin u. a., 30.10.1969.

in Anbetracht des relativ jungen staatlichen Politikfelds *Integration* qualitativ ausgewertet und reflektiert werden sollte.[171]

In Anbetracht der Zeitspanne von über 60 Jahren und dem damit verbundenen hohen Alter der Zeitzeuginnen und Zeitzeugen, sollen Forscher im Kontext der historischen Migrationsforschung für den Ansatz der *Oral History* ermutigt werden. Qualitative Erhebungen der aus statistischen Gründen lange unsichtbaren Geschichten zum subjektiven Erleben bieten wertvolle Rückschlüsse auf transnationale Familiensysteme und Integrationsprozesse, die keinen Niederschlag in institutionellen Quellen gefunden haben.

Im Rahmen des Gegenwartsbezug ist jedoch vor allem die Frage nach den Lehren aus der Vergangenheit auf die gegenwärtig anwachsende Pflegefachkräftemigration in den Fokus zu rücken. Welche Auswirkungen hat die andauernde geschlechtsspezifische Komponente des heutigen, modernen deutschen Pflegesektors, insbesondere in Bezug auf transnationale Familiennetzwerke? Wie steht es um die Rechtsstellung der heutigen Migrantinnen und Migranten? Welche Parallelen gibt es hinsichtlich einer „Objektivierung" der Arbeitsmigrantinnen zwischen dem historischen und dem gegenwärtigen Kontext? Inwieweit spielen heutige Vorstellungen eines Kastenwesens in Kerala eine Rolle in der Anwerbung von Pflegefachkräftepersonal? Inwiefern ist heute die Frage hinsichtlich der Angehörigkeit zur jeweiligen Teilkirche relevant?

Aufbauend auf den Aussagen des deutschen Bundesarbeitsministers[172] stellt sich jedoch gemäß seinem Hinweis auf die Verantwortung in der Bundesrepublik Deutschland als Empfängerregion die Frage nach konkreten Handlungsoptionen für die heutige und zukünftige Migration von Pflegefachpersonal aus Kerala in die Bundesrepublik Deutschland. Was kann aus der Vergangenheit in Bezug auf Integration gelernt werden und welche Rolle kann und sollte die katholische Kirche als internationale Organisation in Zeiten der Global Health Economy übernehmen? Hier ist die Notwendigkeit von Forschung an der Schnittstelle zur gegenwärtigen Praxis hervorzuheben, welche für eine konstruktive Policy-Gestaltung unabdingbar ist.

In diesem Sinne ist die Notwendigkeit von Studien und Analysen hervorzuheben, welche sich der Binnenperspektive der gegenwärtigen Migrantinnen und Migranten widmen und diese Erkenntnisse aus dem Forschungsfeld für die Wissenschaft und die Politik zur Verfügung stellen.

---

[171] Integration als staatliche Aufgabe wurde erstmals 2005 durch das Aufenthaltsgesetz (AufenthG) festgelegt, welches am 01.01.2005 in Kraft trat. Der erste „Integrationsgipfel" fand 2006 statt.

[172] Siehe Kapitel 5.3. 60 Jahre später – Schmetterlingseffekt der 1960er?.

5.5 Schlussbetrachtungen: Von Ordensschwestern, Nirmala-Schwestern, Krankenschwestern und Pflegefachpersonal

Im Rahmen der Rekonstruktion sowie deren kirchenrechtlichen Einordnung wurde in der vorliegenden Forschungsarbeit aufgezeigt, wie die Pflegefachkräftemigration aus Kerala in die Bundesrepublik Deutschland in den 1960ern institutionell organisiert und ausgehandelt wurde. Zudem wurden die Auswirkungen der Migrationsprojekte auf das Leben der Frauen im Rahmen des Kapitels *Erinnerungen* und in der Diskussion aufgezeigt. Die zentralen Ergebnisse der Untersuchung können in folgende Ergebniscluster kondensiert werden:

Erstens betten sich die nachgezeichneten Migrationsbewegungen aus Kerala in eine bisher nahezu unsichtbare Migration in den deutschen Pflegesektor der „femina migrans". Die Anwerbung von (außer-)europäischen Frauen für den Pflegesektor erfolgte von Seiten des deutschen Staates meist nur in Form von Einzelfallentscheidungen. Retrospektiv sind im Rahmen der Migrationsbewegungen tausende von weiblichen Einzelschicksalen zu identifizieren. Die Anwerbung von Frauen aus Kerala ist dabei nur ein Beispiel, bei dem Akteure der katholischen Kirche als Vermittler wirkten. Da diese Anwerbung in den 1960ern von staatlicher Seite nur im geringen Maß nachgehalten wurde, entzogen sich die historischen Entwicklungen in ihrer nahezu statistischen Unsichtbarkeit lange Zeit dem wissenschaftlichen, aber auch dem gesellschaftlichen Diskurs.

Zweitens entwickelte sich zu Beginn der 1960er durch die traditionelle Codierung des Pflegeberufs nach einer christlichen Konzeption eine wachsende geschlechtsspezifische Nachfragestruktur auf dem Arbeitsmarkt. Der herkömmliche Pflegeberuf als „Frauenberuf" in einer völlig entgrenzten Tätigkeitausübung – gemäß der Ausübung durch Ordensfrauen – stand im Widerspruch zu dem Rollenbild der bürgerlichen „Hausfrau" der Nachkriegszeit wie auch dem in Zeiten des wirtschaftlichen Wachstums entwickelten neuen Rollenbildes der „modernen Frau". Der Widerspruch potenzierte den Pflegenotstand angesichts der steigenden Nachfrage von Arbeitskraft, die mit der Expansion des Pflegesektors einherging.

Drittens führte die besondere Rolle der katholischen Kirche in der institutionellen Organisation des deutschen Pflegesektors zur Einleitung der ersten Migrationsbewegungen aus Kerala. Dies geschah 1960 zunächst rein in der Sphäre katholisch innerkirchlicher Strukturen. Geordnet durch das Kirchenrecht erfolgte eine Anwerbung von Kandidatinnen aus Kerala für deutsche Ordenshäuser, die gemäß dem traditionellen Berufsbild neben ihrer geistlichen Berufung

Abhilfe in den überlasteten Krankenhäusern in katholischer Trägerschaft leisten und dem Nachwuchsmangel innerhalb der Orden entgegenkommen sollten.

Viertens führten die ersten Erfahrungen der deutschen Stellen mit den indischen Novizinnen 1964 zur Einleitung der Nirmala-Aktion. Damit begann die geschlechtsspezifische Anwerbung von ‚Nicht-Ordensfrauen' durch deutsche und indische Akteure der katholischen Kirche im Auftrag des deutschen Staates, die später zu einer Kettenmigration von Frauen aus Kerala führte. Markiert als „indische Mädchen", ermöglichten intersektionale Zuschreibungen und die mit der religiös kirchlichen Rahmung einhergehenden Machtverhältnisse vor allem staatlichen Krankenhäusern, den Krankenpflegeberuf nach religiöser Codierung weiter zu reproduzieren. Von den deutschen Akteuren wurden die „Nirmala-Schwestern" als „Nirmala-Ordensschwestern" behandelt, dabei waren die Frauen ohne Ordensbindung de facto „Nirmala-Krankenschwestern" und damit Pionierinnen des modernen deutschen Krankenpflegeberufs, der ab Mitte der 1960ern maßgeblich professionalisiert wurde.

Fünftens wurde die staatliche Genehmigung seitens der deutschen Behörden zur Anwerbung von ‚Nicht-Ordensfrauen' aus Kerala aus rein arbeitsmarktpolitischen Interessen erteilt. Staatliche Kosten für Anwerbeverfahren aber auch rechtliche Verantwortung wurden an kirchliche Akteure ausgelagert. Eine entwicklungspolitische Einordnung, die seitens des baden-württembergischen Innenministeriums gerne legitimatorisch angeführt wurde, lehnte das Ministerium für wirtschaftliche Zusammenarbeit dezidiert ab.

Sechstens war die Einleitung der Nirmala-Aktion nur durch den katholische Kirchenraum möglich gewesen. Die geschlechtsspezifische Nachfragestruktur des deutschen Pflegesektors resonierte mit katholischen Organen in Kerala, in denen die Kirche aus heutiger Sicht de facto Staatsfunktionen für eine Art „internationale Zusammenarbeit" übernahmen, um die Region zu fördern. Hierbei war entscheidend, dass die katholische Kirche international organisiert ist: Die katholische Kirche besteht als international arbeitende Organisation in und aus Teilkirchen, die miteinander kooperieren.

Siebtens sind Armut, die Praxis der Mitgift und mangelnde Freiheitsperspektiven für Frauen in der patriarchalen Gesellschaft Keralas als Push-Faktoren zu identifizieren. Die Aussicht auf eine kostenfeie Ausbildung und vor allem auf finanzielle Unterstützung der Herkunftsfamilien in Kerala stellten für Frauen und die entsendenden Familien zudem einen hohen Anreiz für eine Emigration dar. Strukturelle Not traf auf die Annahme eines katholisch legitimierten Diskurses um karitative Arbeit. Letztendlich hatten die Familien in der Entsenderegion jedoch auch das hinreichende Vertrauen in die katholische Kirche, um die Frauen ohne

wirkliche Informationsbasis in ein fremdes Land zu schicken. Für die emigrierenden Frauen bedeutete das Migrationsprojekt im Vergleich zu einem traditionellen Leben in den patriarchalen Strukturen Keralas trotz der mit der Nirmala-Aktion einhergehenden Widrigkeiten meist eine Erweiterung der Möglichkeitsräume. Tatsächlich nahm die Unterstützung der *Joint Family* aus dem Ausland einen hohen Stellenwert ein und wurde so zum bestimmenden Faktor für das Leben der migrierten Frauen in der Empfängerregion.

Achtens waren die Frauen aus Kerala keine Pflegefachkräfte in dem Sinne, dass sie vor der Immigration bereits eine Berufsausbildung abgeschlossen hatten. Eine Anwerbung von bereits zertifizierten Krankenschwestern aus Indien wurde aus (entwicklungs-)politischen Gründen von der deutschen Bundesregierung ausgeschlossen. Die angeworbenen Nirmala-Frauen hatten zum Zeitpunkt ihrer Migration weder Vorerfahrungen im medizinischen Bereich, noch hatten sie deutsche Sprachkenntnisse vorzuweisen. Dennoch wurden eben diese Frauen aufgrund der Schnittmenge aus geschlechtsspezifischen Zuschreibungen und dem traditionellen Bild der Krankenpflege in einer „unberuflichen" Konzeption in der Empfängerregion als Pflegefachkräfte wahrgenommen und entsprechend angeworben.

Neuntens entfalteten die finanziellen Rücküberweisungen massive nachhaltige Auswirkungen auf die Familienstrukturen in der Senderregion Kerala. Die Rücküberweisungen der Nirmala-Mitglieder ermöglichten über die Praxis der Mitgift die soziale Mobilität von Frauen der eigenen Familienverbände. Nach Pfarrer Hubert Debatins Idee sollten Frauen aus Familien benachteiligter Christen rekrutiert werden, um eine soziale Hebung christlicher Familien niedriger Kasten zu vollziehen. Dies gelang in vielen Fällen, jedoch meist nur unter den weitgehend unsichtbar gebliebenen Entbehrungen der Migrantinnen. Unbeachtet bleibt zudem, dass die Rücküberweisungen aus dem Lohn der Frauen durch die damalige Erb- und Mitgiftpraxis in Kerala strukturell auf die Männer der Familien umverteilt wurden.

Zehntens unterschied sich der institutionelle Umgang mit den Nirmala-Migrantinnen – als ‚Nicht-Ordensfrauen' – in Sachen Arbeitsanforderungen nicht maßgeblich von dem benachteiligten Umgang mit deutschen ‚Ordensfrauen' in Pflegeberufen. Entsprechend war der Umgang im Rahmen des Lohnarbeitsverhältnisses zentral dadurch bestimmt, dass sie als tief im katholischen Glauben verwurzelte Frauen wahrgenommen wurden. *Othering* entfaltete vor allem abseits der Lohnarbeit Wirkungen auf die Lebensrealität der Frauen. Die Zeitzeuginnen berichten darüber hinaus von rassistischen und diskriminierenden Erfahrungen insbesondere Seitens der Patienten.

Elftens ist festzustellen, dass die Anwerbung nur aufgrund der Konvergenz zwischen formeller und informeller Praxis der beteiligten Institutionen möglich war. Formell durch Staatskirchenverträge eingebettet, diente der katholische Kirchenraum als intermediäres Verbindungsglied. Die Anwerbung wiederum war nur aufgrund der damaligen Verfasstheit des katholischen Kirchennetzwerks möglich. Die Vernetzungen und Kooperationen erfuhren in den 1960ern auch in kirchenrechtlicher Hinsicht durch einen Institutionalisierungsprozess eine Ausdifferenzierung der letztlich in der Kodifizierung von 1983 seinen vorläufigen Abschluss fand.

Zwölftens war das Rechtsinstitut von Gestellungsverträgen die Grundlage der partikularen Entrechtung der Frauen während des Nirmala-Arbeitseinsatzes. Das Rechtsinstitut verdeckte und ermöglichte die massiven Einschnitte in die Grundrechte der Frauen, insbesondere in deren Freiheitsrechte. Zudem wurde die Veruntreuung ihres privaten Vermögens ermöglicht. Rechtsverstöße wären gegenüber Pfarrer Hubert Debatin einzuklagen gewesen, der wiederum über die Gemeinschaft autoritär verfügte. Er bestimmte über den Aufenthalt, respektive auch über das Ende des Aufenthalts der Frauen. In diesem Regime waren die Frauen für die Zeit des Nirmala-Einsatzes durch modifizierte „Gestellungsverträge" einer starken Machtasymmetrie ausgesetzt. Mit Aufbruch des Rollenbildes der Frau in der Empfängerregion im Laufe der 1960er verloren die „Gestellungsverträge" in der Nirmala-Aktion ihre politische Tragfähigkeit. Der partikular entrechtete Raum der Nirmala-Arbeitsmigrantinnen stellte auch auf der Ebene der diplomatischen Beziehungen zunehmend ein Problem dar. Mit der Beendigung der Anstellung von ‚Nicht-Ordensfrauen' durch diese dezidierte Vertragsform – welche unmittelbar die traditionellen geschlechtsspezifischen ausbeuterischen Arbeitsbedingungen in den 1950er und Anfang der 1960er im Pflegesektor erst reproduzierbar machte – gelangte auch das Modell des Nirmala-Regimes zu seinem formellen Ende. Das Ende des Nirmala-Vorgangs ist somit in der staatlichen Entscheidungssphäre und nicht im Kirchenraum zu verorten.

Dreizehntens war die damalige Einleitung des Migrationsprojekts und die entsprechende Organisation nur aufgrund der veralteten und undifferenzierten Kirchenrechtslage des CIC 1917 und dem damaligen Kirchen-(Selbst-)Verständnis möglich. Mit den Entwicklungen des II. Vatikanum und der Ausdifferenzierung des kanonischen Rechts durch den CIC 1983 wurde auch das Vereinigungsrecht reformiert, wodurch einer vergleichbar selbstgerechten Vorgehensweise durch kirchliche Akteure in heutigen Zeiten strukturell begegnet wird. Die Verfasstheit der katholischen Kirche institutionalisierte sich im Zusammenhang mit dem II.

Vatikanum ab den 1960ern global, etwa durch die Errichtung nationaler Bischofskonferenzen, was sich unter anderem konkret in dem kirchenamtlichen Handeln
im Nirmala-Vorgang widerspiegelt. In diesem Prozess übernahm die rechtlich
neu geordnete Deutsche Bischofskonferenz eine politische Verantwortung im
Migrationsgeschehen, die jedoch jenseits ihrer Satzungs-Verankerung oder deren
Zuständigkeit nach allgemeinem (kirchlichen) Recht lag.

Vierzehntens wurde mit den Entwicklungen in den 1960ern eine Kettenmi-
grationsbewegung ausgelöst, die bis heute anhält. Das Konzept der importierten
Pflegefachkräfte aus dem Globalen Süden für den Globalen Norden breitete sich
in den 1960ern alsbald rasant aus und ist heute ein wichtiger Aspekt der Global Health Economy. Gegenwärtig befinden wir uns an einem Meilenstein, da in
den nächsten Jahren Menschen im niedrigen fünfstelligen Bereich aus Kerala in
die Bundesrepublik Deutschland migrieren werden und dazu eine klare Zunahme
angesichts des Fachkräfteeinwanderungsgesetzes abzusehen ist, insbesondere in
den Pflegesektor. Das Netzwerk der katholischen Kirchen spielt auch noch heut-
zutage eine nicht zu unterschätzende Rolle in der Organisation der Migration
in den deutschen Pflegesektor. Es ist nicht erkennbar, dass die Erfahrungen der
Migration aus den 1960ern hierbei von den verantwortlichen politischen Stellen
reflektiert werden.

Wie bereits zur damaligen Zeit erscheint der Nirmala-Vorgang auch aus der
heutigen Perspektive in all seinen Facetten noch immer hoch ambivalent. Die
Kontroversen zogen und ziehen sich von der Makro-Ebene der bilateralen diplomatischen Beziehungen zwischen der Bundesrepublik Deutschland und Indien
über die Frage der Positionierung innerhalb der verfassten katholischen Kirche
bis auf die Mikro-Ebene der katholischen Pfarrgemeinde Stettfeld, die sich vor
Pfarrer Debatins „Indienarbeit" in zwei Lager polarisierte.

Dessen ungeachtet hat das bisher weitgehend unbeachtete Nirmala-Projekt
durch die Interaktion mit Tausenden von Menschen de facto transnationale
Verbindungen zwischen der Bundesrepublik Deutschland und Indien geschaffen. Diese vorhandenen Verbindungen sollten samt ihrer reichen Geschichte
angesichts der zunehmenden transnationalen Vernetzung sowie der bestehenden
bilateralen diplomatischen Zusammenarbeit reflektiert werden.

Die Nirmala-Aktion begründete in der Bundesrepublik Deutschland eine Diaspora aus Kerala, die bis heute stetig wächst und perspektivisch stark zunehmen
wird. Viele dieser Malayalis werden weiterhin Frauen sein, die im deutschen
Pflegesektor arbeiten – wie viele andere Arbeitsmigrantinnen aus anderen Teilen
der Welt. Der historische Kontext zeigt, dass andauernde geschlechtsspezifische

Aspekte insbesondere vor Policy-Gestaltung reflektiert werden müssen. Die Forschungsarbeit hat darüber hinaus aufgezeigt, wie Frauen in der Vergangenheit von Institutionen vor unterschiedlichsten Begründungen zu partiell entrechteten ‚Objekten' gemacht wurden, um institutionelle Interessen zu erfüllen. Dahingehend ist die Frage der heutigen rechtlichen Stellung und der gesellschaftlichen Teilhabe der Personen zu stellen, die gegenwärtig zur Arbeitszwecken in den deutschen Pflegesektor migrieren.

Um konstruktive Antworten auf die herausfordernden Fragen der Gegenwart auch im Sinne des gesellschaftlichen Zusammenhalts geben zu können, gilt es umso genauer hinzusehen, wenn angesichts des derzeitigen Zustands des deutschen Pflegesektors erneut, wie auch einst in den 1960er, die „Pflegenotstands"-Rhetorik genutzt wird.

Literaturverzeichnis

Abelshauser, Werner. *Deutsche Wirtschaftsgeschichte: von 1945 bis zur Gegenwart*. München: Beck, 2011.

Abelshauser, Werner. „Wunder gibt es immer wieder. Mythos Wirtschaftswunder". *D-Mark, Aus Politik und Zeitgeschichte*, 68. Jahrgang, Nr. 27/2018 (2. Juli 2018). https://www.bpb.de/system/files/dokument_pdf/APuZ_2018-27_online.pdf (letzter Abruf 05.03.2023).

Aiyappan, Ayinipalli. *Social Revolution in a Kerala Village: A Study in Culture Change*. London: Asia Publishing House, 1965.

Alexander, Kanjirathara C. *Social Mobility in Kerala*. Poona: Deccan College Postgraduate and Research Institute, 1968.

Altenstetter, Christa. „Insights From Health Care in Germany". *American Journal of Public Health* 93, Nr. 1 (Januar 2003): 38–44. https://www.ncbi.nlm.nih.gov/pmc/articles/PMC1447688/ (letzter Abruf 11.05.2023).

Anderson, Benedict. *Imagined Communities. Reflections on the Origin and Spread of Nationalism*. London: Verso, 2006.

Anderson, Siwan. „The Economics of Dowry and Brideprice". *Journal of Economic Perspectives* 21, Nr. 4 (1. November 2007): 151–74. https://doi.org/10.1257/jep.21.4.151 (letzter Abruf 22.02.2023).

Antonovsky, Aaron. *Salutogenese: zur Entmystifizierung der Gesundheit*. Tübingen: dgvt Verlag, 1997.

Anukriti, S, Prakash Nishith, und Kwon Sungoh. „The Evolution of Dowry in Rural India: 1960–2008", 30. Juni 2021. https://blogs.worldbank.org/developmenttalk/evolution-dowry-rural-india-1960-2008 (letzter Abruf 22.02.2023).

Aymans, Winfried. „Verfassungs- und Vereinigungsrecht". In *Kanonisches Recht: Lehrbuch aufgrund des Codex Iuris Canonici*, herausgegeben von Winfried Aymans und Ludger Müller. Paderborn [u. a.]: Schöningh, 1997.

Bade, Klaus J. *Ausländer, Aussiedler, Asyl: Eine Bestandsaufnahme*. München: Beck, 1994.

Bade, Klaus J., Hrsg. *Auswanderer, Wanderarbeiter, Gastarbeiter: Bevölkerung, Arbeitsmarkt und Wanderung in Deutschland seit der Mitte des 19. Jahrhunderts; Referate und Diskussionsbeiträge des Internationalen Wissenschaftlichen Symposiums „Vom Auswanderungsland zum Einwanderungsland?" an der Akademie für Politische Bildung Tutzing, 18.-21.10.1982*. Ostfildern: Scripta-Mercaturae-Verlag, 1984.

© Der/die Herausgeber bzw. der/die Autor(en) 2025

T. S. Großmann, *Fachkräftemigration – Pflegenotstand – Nächstenliebe*, https://doi.org/10.1007/978-3-658-46082-2

Bade, Klaus J. *Europa in Bewegung: Migration vom späten 18. Jahrhundert bis zur Gegenwart*. München: Beck, 2000.

Bade, Klaus J. *Migration, Flucht, Integration. Kritische Politikbegleitung von der „Gastarbeiterfrage" bis zur „Flüchtlingskrise": Erinnerungen und Beiträge*. Karlsruhe: von Loeper Literaturverlag, 2017.

Bade, Klaus J., Pieter C. Emmer, Leo Lucassen, und Jochen Oltmer, Hrsg. *Enzyklopädie Migration in Europa: vom 17. Jahrhundert bis zur Gegenwart*. Paderborn: Schöningh Fink, 2008.

Bade, Klaus J., und Jochen Oltmer. „Mitteleuropa: Deutschland". In *Enzyklopädie Migration in Europa : vom 17. Jahrhundert bis zur Gegenwart*. Paderborn: Schöningh Fink, 2008.

Bade, Klaus Jürgen. „Historische Migrationsforschung". In *Themenheft: Migration in der europäischen Geschichte seit dem späten Mittelalter*. Osnabrück: IMIS, 2005.

Bade, Klaus Jürgen. „Historische Migrationsforschung. Eine autobiografische Perspektive". *Historical Social Research / Historische Sozialforschung. Supplement*, Nr. 30 (2018). https://www.jstor.org/stable/26419092 (letzter Abruf 17.03.2023).

Baig, Tara A., Hrsg. *Women of India*. New Delhi: Publications Division [Ministry of Information and Broadcasting, Govt. of India], 1958.

Barnstone, Willis, Hrsg. *The Other Bible: A collection of ancient, esoteric texts from Judeo-Christian traditions, excluded from the official canon of the Old and New Testaments*. New York: HarperOne, 1984.

Bauman, Zygmunt, und Michael Bischoff. *Die Angst vor den anderen – Ein Essay über Migration und Panikmache*. Berlin: Suhrkamp, 2016.

Berkmann, Burkhard J., Josa Merkel, und Tobias Stümpfl. *Migration von ostkatholischen Gläubigen*. Berlin: Berliner Wissenschafts-Verlag, 2022.

Bischoff-Wanner, Claudia. *Frauen in der Krankenpflege: zur Entwicklung von Frauenrolle und Frauenberufstätigkeit im 19. und 20. Jahrhundert*. Frankfurt am Main [u. a.]: Campus-Verlag, 1997.

Bourgeault, Ivy Lynn, Ronald Labonté, Corinne Packer, Vivien Runnels, und Gail Tomblin Murphy. „Knowledge and potential impact of the WHO Global code of practice on the international recruitment of health personnel: Does it matter for source and destination country stakeholders?" *Human Resources for Health* 14, Nr. 1 (30. Juni 2016): 25. https://doi.org/10.1186/s12960-016-0128-5 (letzter Abruf 15.05.2023).

Braig, Johanna, Pia Schmees, und Heike Eschenbeck. „Erfassung von Stress im Kontext von Migration und Akkulturation". In *Handbuch Stress und Kultur: Interkulturelle und kulturvergleichende Perspektiven*, herausgegeben von Tobias Ringeisen, Petia Genkova, und Frederick T. L. Leong, 1–19. Wiesbaden: Springer Fachmedien, 2020. https://doi.org/10.1007/978-3-658-27825-0_42-1 (letzter Abruf 06.08.2023).

Brettell, Caroline B., und James F. Hollifield. *Migration Theory: Talking across Disciplines*. Routledge, 2022.

Brocker, Manfred, Hartmut Behr, und Mathias Hildenbrandt. „Einleitung". In *Religion – Staat – Politik: Zur Rolle der Religion in der nationalen und internationalen Politik*. Wiesbaden: Westdeutscher Verlag, 2003.

Bundesamt für Migration und Flüchtlinge. „Fachkräfteeinwanderungsgesetz", 1. März 2021. https://www.BAMF.de/SharedDocs/Meldungen/DE/2021/210301-am-fachkraefteeinwanderungsgesetz.html?nn=282772 (letzter Abruf 22.05.2023).

Bundesamt für Migration und Flüchtlinge. „Forschungszentrum Migration, Integration und Asyl", o. D. https://www.BAMF.de/DE/Themen/Forschung/forschung-node.html.

Bundesministerium des Innern und für Heimat. „Deutsch-indisches Migrationsabkommen unterzeichnet", 5. Dezember 2022. https://www.bmi.bund.de/SharedDocs/pressemittei lungen/DE/2022/12/abkommen-indien.html;jsessionid=15E068C1BEEC2077695B4081 591B3116.1_cid369?nn=9390260 (letzter Abruf 09.10.2023).

Bundesministerium des Innern und für Heimat. „Fortschritt braucht Fachkräfte", 29. März 2023. https://www.bmi.bund.de/SharedDocs/kurzmeldungen/DE/2023/03/kabinett-fac hkraefte-km.html?nn=10001204 (letzter Abruf 22.05.2023).

Bundesministerium des Innern und für Heimat. „Germany and India Sign Migration Agree-ment", 5. Dezember 2022. https://www.bmi.bund.de/SharedDocs/pressemitteilungen/ EN/2022/12/migration_agreement.html;jsessionid=9F2EB45B00BAAE21A6D5E865 8C69EA37.2_cid350?nn=9384552 (letzter Abruf 13.03.2023).

Bundesministerium für Arbeit und Soziales. „Hubertus Heil besucht Indien", 17. Juli 2023. https://www.bmas.de/DE/Service/Presse/Pressemitteilungen/2023/hubertus-heil-bes ucht-indien.html (letzter Abruf 04.08.2023).

Bundesministerium für Familie, Senioren, Frauen und Jugend. „Familienleben und Fami-lienpolitik in Ost- und Westdeutschland". Monitor Familienforschung. Berlin, 2022. https://www.bmfsfj.de/resource/blob/198762/3ffb71ba91a5228bca7d2b409784ff13/mff-familienpolitik-ost-west-data.pdf (letzter Abruf 08.04.2023).

Bundesministerium für Justiz. „Art. 140 GG", o. D. https://www.gesetze-im-internet.de/gg/ art_140.html (letzter Abruf 23.02.2023).

Bundesministerium für Justiz. *Krankenpflegegesetz in der Fassung vom 20. September 1965*. Bonn: Bundesgesetzblatt, 1965. http://www.bgbl.de/xaver/bgbl/start.xav?startbk= Bundesanzeiger_BGBl&jumpTo=bgbl165s1443.pdf (letzter Abruf 07.03.2023).

Bundesministerium für Justiz. Neufassung des Gesetzes über Arbeitsvermittlung und Arbeitslosenversicherung (1957). http://www.bgbl.de/xaver/bgbl/start.xav?startbk=Bun desanzeiger_BGBl&jumpTo=bgbl157s0321.pdf (letzter Abruf 12.04.2023).

Bundesministerium für Wirtschaft und Energie. „Auszubildende aus Drittstaaten für die Pflege", 2020. https://www.bmwk.de/Redaktion/DE/Publikationen/Wirtschaft/leitfaden-auszubildende-aus-drittstaaten-fuer-die-pflege.pdf?__blob=publicationFile&v=1 (letzter Abruf 22.05.2023).

Bundeszentrale für politische Bildung. „Originaldokument Anwerbestopp (1973)", 23. November 1973. https://www.bpb.de/themen/migration-integration/anwerbeabkommen/ 43270/anwerbestopp-1973/ (letzter Abruf 21.07.2023).

Butsch, Carsten. *Indische Migrantinnen und Migranten in Deutschland: Transnationale Netzwerke, Praktiken und Identitäten*. Stuttgart: Franz Steiner Verlag, 2019.

Butsch, Carsten. „The 'Indian Diaspora' in Germany – Emerging Networks and New Homes". *Diaspora Studies* 11, Nr. 1 (2017): 79–100. https://doi.org/10.1080/09739572. 2017.1398373 (letzter Abruf 02.08.2023).

Castles, Stephen, und Godula Kosack. *Immigrant Workers and Class Structure in Western Europe*. London [u. a.]: Oxford University Press, 1973.

Catholic-Hierarchy. „Archbishop Benedict Varghese Gregorios Thangalathil", o. D. https:// www.catholic-hierarchy.org/bishop/bthang.html (letzter Abruf 09.03.2023).

Catholic-Hierarchy. „Bishop Athanasios Cheriyan Polachirakal", o. D. https://www.catholic-hierarchy.org/bishop/bcheriyan.html (letzter Abruf 09.03.2023).

Catholic-Hierarchy. „Bishop George Alapatt", o. D. https://www.catholic-hierarchy.org/bis hop/balapatt.html (letzter Abruf 09.03.2023).

Catholic-Hierarchy. „Joseph Cardinal Parecattil", o. D. https://www.catholic-hierarchy.org/ bishop/bparec.html (letzter Abruf 09.03.2023).

Catholic-Hierarchy. „Valerian Cardinal Gracias", o. D. https://www.catholic-hierarchy.org/ bishop/bgarcias.html (letzter Abruf 09.03.2023).

Charmaz, Kathy. *Constructing grounded theory.* London [u. a.]: Sage Publications, 2006.

Charmaz, Kathy C. „Grounded Theory konstruieren". In *Grounded Theory Reader*, herausgegeben von Günter Mey und Katja Mruck, 89–107. Wiesbaden: VS Verlag für Sozialwissenschaften, 2011. https://doi.org/10.1007/978-3-531-93318-4_5 (letzter Abruf 12.03.2023).

Cherry, Stephen M. *Importing Care, Faithful Service: Filipino and Indian American Nurses at a Veteran's Hospital.* New Brunswick [u. a.]: Rutgers University Press, 2022.

Christiane Brosius, und Urmila Goel, Hrsg. *masala.de: Menschen aus Südasien in Deutschland.* Heidelberg: Draupadi-Verl., 2006.

Cienfuegos, Javiera, Rosa Brandhorst, und Deborah Fahy Bryceson, Hrsg. *Handbook of Transnational Families Around the World.* Cham: Springer International Publishing, 2023. https://link.springer.com/book/10.1007/978-3-031-15278-8 (letzter Abruf 16.03.2023).

Cologne University. „Cologne Digital Sanskrit Dictionaries, Version 2.4.79". https://www. sanskrit-lexicon.uni-koeln.de/ (letzter Abruf 01.08.2023).

Conference of the Catholic Bishops of India. „History CCBI". https://ccbi.in/history/ (letzter Abruf 18.04.2023).

Cornelissen, Waltraud. „Traditionelle Rollenmuster – Frauen- und Männerbilder in den westdeutschen Medien". In *Frauen in Deutschland 1945–1992*, herausgegeben von Gisela Helwig und Hildegard M. Nickel. Bonn: Bundeszentrale für politische Bildung, 1993.

Debatin, Hubert. *Indien 1970 – Eindrücke und Erfahrungen.* Philippsburg: Krusedruck, 1970.

Debatin, Hubert. *Sünde – was ist das? Von ihrem Wesen und Geheimnis.* Amorbach: Albert Burgmaier, 1935.

Debatin, Hubert. *Tagebuch einer Indienfahrt.* Stettfeld: Selbstverlag, 1968.

Department of Non Resident Keralite's Affairs (NORKA). „About NORKA", o. D. https:// norkaroots.org/about-norka (letzter Abruf 18.04.2023).

Der Reichsminister des Innern. „Ausländerpolizeiverordnung vom 22.August 1938". Zeitschrift für ausländisches öffentliches Recht und Völkerrecht, 22. August 1938. https:// www.zaoerv.de/08_1938/8_1938_1_b_793_799_1.pdf (letzter Abruf 23.02.2023).

Der Spiegel. „Ans Kreuz geschlagen". 6. September 1970. https://www.spiegel.de/pol itik/ans-kreuz-geschlagen-a-fa8edb07-0001-0002-0000-000043836544 (letzter Abruf 24.11.2022).

Der Spiegel. „Der weiße Alptraum". 16. Juli 1963. https://www.spiegel.de/politik/der-wei sse-alptraum-a-f1cad806-0002-0001-0000-000046171205 (letzter Abruf 08.04.2023).

Der Spiegel. „Mitgift der heiligen Töchter". 13. Juli 1954. https://www.spiegel.de/politik/ mitgift-der-heiligen-toechter-a-1dfc58cc-0002-0001-0000-000028956955 (letzter Abruf 22.02.2023).

Der Spiegel. „Neue Bildpost – Zerhacktes Leben". 20. Januar 1965. https://www.spiegel. de/politik/zerhacktes-leben-a-1a752ccb-0002-0001-0000-000046169244(letzter Abruf 09.06.2023).

Desai, I. P. „The Joint Family in India – An Analysis". In *The family in India: structure and practice*. New Delhi: Sage Publications, 2005.

Deutsche Bischofskonferenz. „Geschichte der Deutschen Bischofskonferenz", o. D. https://www.dbk.de/fileadmin/redaktion/bildmaterial/ueber_uns/Geschichte-Deutsche-Bischo fskonferenz_Langfassung.pdf (letzter Abruf 14.04.2023).

Deutsche Gesellschaft für internationale Zusammenarbeit (GIZ). „Factsheet TripleWin 2021". Eschborn, 2021. https://www.giz.de/en/downloads/Factsheet_TripleWin_2021_en.pdf (letzter Abruf 21.05.2023).

Deutsches Institut für Menschenrechte. „Menschenhandel – Das Geschäft mit der Ausbeutung", o. D. https://www.institut-fuer-menschenrechte.de/im-fokus/menschenhandel-das-geschaeft-mit-der-ausbeutung (letzter Abruf 29.07.2023).

„Deutsches Zentrum für Integrations- und Migrationsforschung DeZIM e.V.", o. D. https://www.dezim-institut.de/ (letzter Abruf 29.07.2023).

Devassy, M. K. *Census of India 1961 – Volume VII Kerala Part I A (i): General Report.* Trivandrum: The educational Art Press, 1965. http://lsi.gov.in:8081/jspui/bitstream/123 456789/5654/1/22998_1961_GEN.pdf.

Devika, J. „Women's Labour, Patriarchy and Feminism in Twenty-First Century Kerala: Reflections on the Glocal Present". *Review of Development and Change* 24, Nr. 1 (1. Juni 2019): 79–99. https://doi.org/10.1177/0972266119845940 (letzter Abruf 13.03.2023).

Devika, J., und Avanti Mukherjee. „Re-forming Women in Malaylee Modernity". In *The enigma of the Kerala woman: a failed promise of literacy*, herausgegeben von Swapna Mukhopadhyay. New Delhi: Social Science Press, 2007.

DiCicco-Bloom, Barbara. „The Racial and Gendered Experiences of Immigrant Nurses from Kerala, India". *Journal of transcultural nursing* 15, Nr. 1 (1. Februar 2004): 26–33. https://doi.org/10.1177/1043659603260029 (letzter Abruf 13.03.2023).

Dohrmann, Jona Aravind. „Frauen und Recht in Indien". *Indien – Politik Wirtschaft* (4. April 2017): 97–122 Seiten. https://doi.org/10.11588/IJB.2002.0.1467 (letzter Abruf 11.06.2023).

DOK Deutsche Ordensobernkonferenz e. V. „Ordensgemeinschaften in Deutschland", o. D. https://www.orden.de/ordensgemeinschaften/?tx_igorden_gemeinschaften%5Baction% 5D=show&tx_igorden_gemeinschaften%5Bcontroller%5D=Gemeinschaften&tx_igo rden_gemeinschaften%5Bgemeinschaft%5D=Josefsschwestern%20zu%20Saint%20M arc&cHash=763c9f5552af38aeb600a54e35a4fc36 (letzter Abruf 28.12.2022).

Döschl, Sr. M. Elisa. „Selbstkonzept der indischen Ordensfrauen in deutschen Pflegeeinrichtungen". Universität Koblenz-Landau, 2018. https://kola.opus.hbz-nrw.de/fro ntdoor/deliver/index/docId/1917/file/Dissertation+-+Sr.+M.+Elisa+D%F6schl.pdf (letzter Abruf 02.05.2023).

Dougal, Sonia. *The Nun-runners.* London: Hodder & Stoughton Ltd, 1971.

Dussel, Konrad. „Kirche und religiöses Leben". In *Stettfeld: 2000 Jahre Geschichte.* Gemeinde Ubstadt-Weiher: Verlag Regionalkultur, 2013.

Eberhard Karls Universität Tübingen. „Gundert Chair für Malayalam", o. D. https://uni-tue bingen.de/de/68264 (letzter Abruf 29.03.2023).

Erzdiözese München und Freising. „Fachbereich Weltanschauungsfragen Erzdiözese München und Freising", o. D. https://www.geistlicher-missbrauch.org/einfuehrung/ (letzter Abruf 17.07.2023).

Fernández Molina, Cristina. *Katholische Gemeinden anderer Muttersprache in der Bundesrepublik Deutschland : kirchenrechtliche Stellung und pastorale Situation in den Bistümern im Kontext der europäischen und deutschen Migrations...* Aus Religion und Recht. Berlin: Frank und Timme, 2005.

Frankl, Viktor E. *......trotzdem ja zum Leben sagen: ein Psychologe erlebt das Konzentrationslager.* München: Deutscher Taschenbuch Verlag, 1993.

Frenz, Albrecht, Hrsg. *Bote zwischen Ost und West: Referate des Seminars über Dr. Hermann Gundert. Dr.-Hermann-Gundert-Welt-Malayalam-Konferenz, Berlin, 1. bis 5. Oktober 1986.* Ulm: Süddeutsche Verlagsgesellschaft, 1987.

Friedrich-Ebert-Stiftung. *Ankommen, Anwerben, Anpassen? Koreanische Krankenpflegerinnen in Deutschland – Erfahrungen aus fünf Jahr- zehnten und neue Wege für die Zukunft.* Bonn, 2016. https://www.koreaverband.de/downloads/files/FES_Krankenpfleg erinnen.pdf (letzter Abruf 06.04.2023).

Frykenberg, Robert E. *Christianity in India: From Beginnings to the Present.* Oxford History of the Christian Church. Oxford [u. a.]: Oxford University Press, 2010.

Fuller, C. J. „Kerala Christians and the Caste System". *Man* 11, Nr. 1 (März 1976): 53. https://doi.org/10.2307/2800388 (letzter Abruf 19.07.2023).

G20 Sekretariat des Außenministeriums der indischen Regierung. „Gipfeltreffen der Staats- und Regierungschefs in Neu-Delhi", o. D. https://www.g20.org/de/g20-india-2023/new-delhi-summit/ (letzter Abruf 04.08.2023).

Gabriel, Karl. „Zwischen Aufbruch und Absturz in die Moderne. Die katholische Kirche in den 60er Jahren". In *Dynamische Zeiten: Die 60er Jahre in den beiden deutschen Gesellschaften,* herausgegeben von Karl Christian Lammers, Axel Schildt, und Detlef Siegfried. Christians: Hamburg, 2000.

Genkova, Petia. „Migration und Kulturschock: Psychologische Aspekte der Migration". In *Handbuch Stress und Kultur: Interkulturelle und kulturvergleichende Perspektiven,* herausgegeben von Tobias Ringeisen, Petia Genkova, und Frederick T. L. Leong, 1–27. Wiesbaden: Springer Fachmedien, 2020. https://doi.org/10.1007/978-3-658-27825-0_37-1 (letzter Abruf 06.08.2023).

George, Sheba M. *When Women Come First: Gender and Class in Transnational Migration.* Berkeley, Calif. [u. a.]: University of California Press, 2005.

Gesetz über die Ausübung des Berufs der Krankenschwester, des Krankenpflegers und der Kinderkrankenschwester (Krankenpflegegesetz) (1957). http://www.bgbl.de/xaver/bgbl/ start.xav?startbk=Bundesanzeiger_BGBl&jumpTo=bgbl157s0716.pdf (letzter Abruf 07.03.2023).

Glenski, Simone. „Die Stellung der Ordensangehörigen in der Krankenversicherung". Universität zu Köln, 2000. http://webdoc.sub.gwdg.de/ebook/n/2003/uni-koeln/11v3742.pdf (letzter Abruf 21.03.2023).

Goel, Urmila. „Heteronormativity and intersectionality as perspective of analysis of gender and migration: Nurses from India in West Germany". In *Perspectives on Asian Migration,* herausgegeben von Sara P. Poma und Katharina Pühl. Berlin: Rosa-Luxemburg-Stiftung, 2014. https://www.rosalux.de/publikation/id/7795/perspectives-on-asian-migration (letzter Abruf 21.07.2023).

Goel, Urmila. „Recruiting Nurses from Kerala: On Gender, Racism, and the Nursing Profession in West Germany". In *Who Cares?: Care Extraction and the Struggles of*

Indian Health Workers, herausgegeben von Christa Witerich und Maya John. New Delhi: Zubaan, 2023.

Goel, Urmila. „Veröffentlichungen", o. D. http://www.urmila.de/UDG/Biblio/biblioudg.html (letzter Abruf 05.04.2023).

Goel, Urmila. „Wer sorgt für wen auf welche Weise? Migration von Krankenschwestern aus Indien in die Bundesrepublik Deutschland". In *Care: Praktiken und Politiken der Fürsorge: ethnographische und geschlechtertheoretische Perspektiven.* Leverkusen: Budrich, Barbara, 2019.

Goel, Urmila, Jose Punnamparambil, und Nisa Punnamparambil-Wolf, Hrsg. *InderKinder: über das Aufwachsen und Leben in Deutschland.* Heidelberg: Draupadi Verlag, 2012.

Goethe-Institut e. V. „Goethe-Zentren", o. D. https://www.goethe.de/de/wwt/kgz.html (letzter Abruf 04.10.2023).

Goethe-Institut e. V. „Rahmenvertrag", 26. Juli 2004. https://www.goethe.de/resources/files/pdf269/rahmenvertrag_engl_15jan21-v1.pdf (letzter Abruf 25.05.2023).

Gorka, Cornelius. *100 Jahre Krankenhaus Achern – Vom städtischen Krankenhaus zum Ortenau Klinikum Achern 1913–2013.* Achern: Ortenau Klinikum Achern, 2013.

Government of Kerala. *Kerala 1961 – An Economic Review.* Trivandrum: Government Press, 1962. https://spb.kerala.gov.in/sites/default/files/inline-files/1961.pdf (letzter Abruf 30.03.2023).

Grele, Ronald J. „On Using Oral History Collections: An Introduction". *The Journal of American History* 74, Nr. 2 (1987): 570–78. https://doi.org/10.2307/1900139 (letzter Abruf 09.03.2023).

Gulati, Leela. *Fisherwomen on the Kerala Coast: Demographic and Socio-Economic Impact of a Fisheries Development Project.* Geneva: International Labour Office, 1984.

Günther, Hans-Jürgen. *St. Bonifatius Emmendingen. Eine Pfarrei und ihre geschichtlichen Fundamente.* Emmendingen: Römisch-Kath. Kirchengemeinde Emmendingen-Tenningen, 2014.

Haering, Stephan. „Kirchliche Rechtsgeschichte". In *Handbuch des katholischen Kirchenrechts,* herausgegeben von Stephan Haering, Wilhelm Rees, und Heribert Schmitz. Regensburg: Verlag Friedrich Pustet, 2015.

Häfner, H. „Die Entwicklung der klinischen Psychiatrie in der zweiten Hälfte des 20. Jahrhunderts". *Krankenhauspsychiatrie* 11, Nr. 4 (Dezember 2000): 145–57. https://doi.org/10.1055/s-2000-11353 (letzter Abruf 06.08.2023).

Häfner, Heinz. „Psychiatriereform in Deutschland. Vorgeschichte, Durchführung und Nachwirkungen der Psychiatrie-Enquête. Ein Erfahrungsbericht". *Schriftenreihe der Deutschen Gesellschaft für Geschichte der Nervenheilkunde* 21 (1. Januar 2015): 459–95. https://doi.org/10.17885/heiup.hdjbo.23562 (letzter Abruf 06.08.2023).

Hahn, Sylvia. *Historische Migrationsforschung.* Frankfurt am Main [u. a.]: Campus, 2020.

Hardach, Gerd. „Krise und Reform der Sozialen Marktwirtschaft. Grundzüge der wirtschaftlichen Entwicklung in der Bundesrepublik der 50er und 60er Jahre". In *Dynamische Zeiten: Die 60er Jahre in den beiden deutschen Gesellschaften,* herausgegeben von Karl C. Lammers, Axel Schildt, und Detlef Siegfried. Hamburg: Christians, 2000.

Häring, Bernhard, Joseph Ratzinger, Heinrich S. Brechter, Karl Rahner, Joseph Frings, und Hermann Schäufele, Hrsg. *Das Zweite Vatikanische Konzil : Konstitutionen, Dekrete und Erklärungen (Lateinisch und Deutsch) – Kommentare I, II & III. [3 volumes] (Lexikon für*

Theologie und Kirche, Erg. Bd 1,2 & 3). Darmstadt: Wissenschaftliche Buchgesellschaft, 2014.

Haug, Sonja. *Soziales Kapital und Kettenmigration: italienische Migranten in Deutschland.* Opladen: Leske + Budrich, 2000.

Hays, Judith C. „Florence Nightingale and the India Sanitary Reforms". *Public Health Nursing* 6, Nr. 3 (September 1989): 152–54. https://doi.org/10.1111/j.1525-1446.1989.tb0 0589.x (letzter Abruf 20.05.2023).

Helfferich, Cornelia. *Die Qualität qualitativer Daten: Manual für die Durchführung qualitativer Interviews.* Wiesbaden: VS Verlag für Sozialwissenschaften, 2010.

Helfferich, Cornelia. „Leitfaden- und Experteninterviews". In *Handbuch Methoden der empirischen Sozialforschung,* herausgegeben von Nina Baur und Jörg Blasius, 669–86. Wiesbaden: Springer Fachmedien Wiesbaden, 2019. https://doi.org/10.1007/978-3-658-21308-4_44 (letzter Abruf 11.03.2023).

Herbert, Ulrich, und Karin Hunn. „Gastarbeiter und Gastarbeiterpolitik in der Bundesrepublik. Vom Beginn der offiziellen Anwerbung bis zum Anwerbestopp (1955–1975)". In *Dynamische Zeiten: Die 60er Jahre in den beiden deutschen Gesellschaften,* herausgegeben von Karl Christian Lammers, Axel Schildt, und Detlef Siegfried. Hamburg: Christians, 2000.

Hertrampf, Susanne. „Ein Tomatenwurf und seine Folgen: Eine neue Welle des Frauenprotestes in der BRD", 8. September 2008. https://www.bpb.de/themen/gender-diversitaet/ frauenbewegung/35287/ein-tomatenwurf-und-seine-folgen/ (letzter Abruf 08.09.2023).

Hong, Young-Sun. *Cold War Germany, the Third World, and the Global Humanitarian Regime.* Cambridge: Cambridge University Press, 2015.

Hunn, Karin. „*Nächstes Jahr kehren wir zurück...* ": die Geschichte der türkischen „*Gastarbeiter*" in der Bundesrepublik. Göttingen: Wallstein, 2005.

Hyun, Martin. „Die koreanischen Arbeitsmigranten in Deutschland". Rheinischen-Friedrich-Wilhelms-Universität Bonn, 2015. https://bonndoc.ulb.uni-bonn.de/xmlui/bitstream/han dle/20.500.11811/7449/5145.pdf?sequence=1&isAllowed=y (letzter Abruf 23.04.2020).

Inflation Tool. „Value of 1964 Indian Rupees today – Inflation calculator", o. D. https:// www.inflationtool.com/indian-rupee/1964-to-present-value?amount=10000 (letzter Abruf 02.10.2023).

Irudaya Rajan, S., und M. Sumeetha. *Handbook of Internal Migration in India.* New Delhi [u. a.]: SAGE, 2019.

Jakobi, Tobias. „Kirchliche Krankenhäuser im Umbruch". Frankfurt: Oswald von Nell-Breuning Insitut, 2005.

Jeffrey, Robin. *Politics, women and well-being: how Kerala became a „model".* Houndmills [u. a.]: Macmillan Press, 1992.

Joseph, Kumbattu V. *Keralites on the Move: A Historical Study of Migration from Kerala.* Delhi: Shipra, 2006.

Joseph, Kumbattu Varkey. *Migration and Economic Development of Kerala.* Mittal Publications, 1988.

Kariyil, Antony. *Church and Society in Kerala: A Sociological Study.* New Delhi: Intercultural Publishing, 1995.

Kataoka, Atsushi, Regine Matthias, Pia-Tomoko Meid, Werner Pascha, und Shingo Shimada. *Japanische Bergleute im Ruhrgebiet: „Glückauf" auf Japanisch.* Essen: Klartext Verlag, 2012.

Keohane, Robert O., und Joseph S. Nye. *Power and Interdependence*. Glenview, IL [u. a.]: Pearson, 2012.

Kerala Catholic Bishops' Council. „KCBC Commission for Labour & Migrants Kerala Labour Movement (KLM)", o. D. http://keralalabour.org/admin/Downloads/21_1314.pdf (letzter Abruf 18.04.2023).

Kerala Travels, „About Kerala Travels", o. D. https://keralatravels.in/about (letzter Abruf 02.02.2022).

Khadeeja, P. „Social reforms movements among the Kerala Muslims (19th to 20th Century)". *Proceedings of the Indian History Congress* 56 (1995): 687–91. https://www.jstor.org/sta ble/44158688 (letzter Abruf 19.07.2023).

Knortz, Heike. *Diplomatische Tauschgeschäfte: „Gastarbeiter" in der westdeutschen Diplomatie und Beschäftigungspolitik 1953–1973*. Köln [u. a.]: Böhlau Verlag, 2008.

Knortz, Heike. *Gastarbeiter für Europa : die Wirtschaftsgeschichte der frühen europäischen Migration und Integration*. Köln [u. a.]: Böhlau Verlag, 2016.

Koilparampil, George. *Caste in the Catholic Community in Kerala: A Study of Caste Elements in the Inter Rite Relationships of Syrians and Latins*. Cochin: Department of Sociology, St. Theresa's College, 1982.

Kooria, Mahmood. „Encounters of Indic-Abrahamic Religions with Matriliny in Premodern Southern India". *Entangled Religions* 11, Nr. 5 (4. Februar 2022). https://doi.org/10. 46586/er.11.2020.9458 (letzter Abruf 20.07.2023).

Kreutzer, Susanne. „Der Pflegenotstand der 1960er Jahre. Arbeitsalltag, Krisenwahrnehmung und Reformen". In *Pflege: Praxis, Geschichte, Politik*. Bonn: Bundeszentrale für politische Bildung, 2020.

Kreutzer, Susanne. *Vom »Liebesdienst« zum modernen Frauenberuf – Die Reform der Krankenpflege nach 1945*. Frankfurt am Main: Campus, 2005.

Kuhlmann, Jan. *Subhas Chandra Bose und die Indienpolitik der Achsenmächte*. Berlin: Verlag Hans Schiler, 2003.

Kulamadayil, Lys. „Helfende Hände", 12. Januar 2022. https://www.ipg-journal.de/rubriken/ arbeit-und-digitalisierung/artikel/helfende-haende-5639/ (letzter Abruf 13.10.2022).

Kulke, Herrmann, und Dietmar Rothermund. *Geschichte Indiens – Von der Induskultur bis heute*. München: C.H. Beck, 2006.

Kurian, George. *The Indian Family in Transition: A Case Study of Kerala Syrian Christians*. 's-Gravenhage: Mouton, 1961.

Kuriedath, Jose. *Christianity and Indian society: studies in religious sociology*. Bangalore: Dharmaram Publications, 2013.

Kutty, V Raman. „Historical analysis of the development of health care facilities in Kerala State, India". *Health Policy and Planning* 15, Nr. 1 (2000): 103–9. https://www.jstor.org/ stable/45089598 (letzter Abruf 20.05.2023).

Leela Devi, Rangaswami Pillai. *History of Kerala*. Kottayam [u. a.]: Vidyarthi Mithram Book Depot, 1986.

Lorber, Verena. *Angeworben: „GastarbeiterInnen" in Österreich in den 1960er und 1970er Jahren*. Göttingen: V & R unipress, 2017.

Masala Movement e. V. „Brown Angels", 2019. https://masala-movement.de/en/projects/bro wnangels/ (letzter Abruf 17.09.2023).

Mattes, Monika. *„Gastarbeiterinnen" in der Bundesrepublik : Anwerbepolitik, Migration und Geschlecht in den 50er bis 70er Jahren.* Frankfurt am Main [u. a.]: Campus-Verlag, 2005.

Mattes, Monika. „Migration und Geschlecht in der Bundesrepublik Deutschland. Ein historischer Rückblick auf die ‚Gastarbeiterinnen' der 1960/70er Jahre". *Femina Politica – Zeitschrift für feministische Politikwissenschaft* 17, Nr. 1 (15. Mai 2008). https://www.bud rich-journals.de/index.php/feminapolitica/article/view/723 (letzter Abruf 08.04.2023).

Mattes, Monika. „Wirtschaftliche Rekonstruktion in der Bundesrepublik Deutschland und grenzüberschreitende Arbeitsmigration von den 1950er bis zu den 1970er Jahren". In *Handbuch Staat und Migration in Deutschland seit dem 17. Jahrhundert*, herausgegeben von Jochen Oltmer. Berlin [u. a.]: De Gruyter Oldenbourg, 2016.

Mehl, Sonja, Amalia Gilodi, und Isabelle Albert. „Resilienz im Kontext von Migration und Flucht". In *Handbuch Stress und Kultur: Interkulturelle und kulturvergleichende Perspektiven*, herausgegeben von Tobias Ringeisen, Petia Genkova, und Frederick T. L. Leong, 795–809. Wiesbaden: Springer Fachmedien, 2021. https://doi.org/10.1007/978-3-658-27789-5_39 (letzter Abruf 06.08.2023).

Meier-Braun, Karl-Heinz. „Buchrezension: Merkwürdiger Beitrag zur Migrationsgeschichte", 26. März 2009, https://web.archive.org/web/20170409021535/http://www.swr.de/int ernational/merkwuerdiger-beitrag-zur-migrationsgeschichte/-/id%3D233334/did%3D4 660052/nid%3D233334/efiq9/index.html (letzter Abruf 13.10.2022).

Mejía, Alfonso, Helena Pizurki, und Erica Royston. *Physician and Nurse Migration: Analysis and Policy Implications; Report of a WHO Study.* Geneva: World Health Organisation, 1979.

Merda, Meiko. „Zuwanderung von indischen Pflegekräften nach Deutschland: Eine explorative Analyse der Chancen und Hemmnisse". Universität Bielefeld, 2017. https://d-nb. info/1134865554/34 (letzter Abruf 02.05.2020).

Miracle, Vickie A. „The life and impact of Florence Nightingale". *Dimensions of critical care nursing* 27, Nr. 1 (1. Januar 2008): 21–23. https://doi.org/10.1097/01.dcc.0000304670. 76251.2e (letzter Abruf 20.05.2023).

Müller, Ludger, und Christoph Ohly. *Katholisches Kirchenrecht : ein Studienbuch.* 2., Aktualisierte Auflage. Paderborn: UTB, 2022.

Mushtaq, Muhammad Umair. „Public Health in British India: A Brief Account of the History of Medical Services and Disease Prevention in Colonial India". *Indian Journal of Community Medicine* 34, Nr. 1 (2009): 6. https://doi.org/10.4103/0970-0218.45369 (letzter Abruf 20.05.2023).

Nair, Sreelekha. *Moving with the Times: Gender, Status and Migration of Nurses in India.* New Delhi [u. a.]: Routledge, 2012.

Nauck, Bernhard. „Dreifach diskriminiert? – Ausländerinnen in Westdeutschland". In *Frauen in Deutschland 1945–1992*, herausgegeben von Hildegard M. Nickel und Gisela Helwig. Bonn: Bundeszentrale für politische Bildung, 1993.

Nyhan, Julianne, und Andrew Flinn. „Why Oral History?" In *Computation and the Humanities: Towards an Oral History of Digital Humanities*, herausgegeben von Julianne Nyhan und Andrew Flinn, 21–36. Cham: Springer Oen, 2016. https://doi.org/10.1007/ 978-3-319-20170-2_2 (letzter Abruf 09.03.2023).

Oesterheld, Joachim. „Die Indische Legion in Frankreich". In *Fremdeinsätze: Afrikaner und Asiaten in europäischen Kriegen, 1914–1945*, herausgegeben von Gerhard Höpp und Brigitte Reinwald. Berlin: Das Arabische Buch, 2000.

Oltmer, Jochen. *Globale Migration: Geschichte und Gegenwart*. Bonn: Bundeszentrale für politische Bildung, 2016.

Oltmer, Jochen. „Glossar Migration: Kettenmigration". https://www.bpb.de/kurz-knapp/lex ika/glossar-migration-integration/270587/kettenmigration/ (letzter Abruf 28.01.2023).

Oltmer, Jochen. *Handbuch Staat und Migration in Deutschland seit dem 17. Jahrhundert*. Berlin [u. a.]: De Gruyter Oldenbourg, 2016.

Oltmer, Jochen. *Migration – Geschichte und Zukunft der Gegenwart*. Bonn: bpb, 2020.

Oltmer, Jochen. *Migration vom 19. bis zum 21. Jahrhundert*. Berlin, Boston: De Gruyter Oldenbourg, 2016.

Oltmer, Jochen, Axel Kreienbrink, und Carlos Sanz Díaz, Hrsg. *Das „Gastarbeiter"-System*. München: Oldenburg, 2015.

Onmanorama. „Norka to Recruit Nurses to Germany, MoU Signed Today", 2. Dezember 2021. https://www.onmanorama.com/career-and-campus/top-news/2021/12/02/norka-recruit-nurses-germany-mou-signed-today-career-job.html (letzter Abruf 27.07.2023).

Osella, Filippo, und Caroline Osella. *Social Mobility in Kerala: Modernity and Identity in Conflict*. London [u. a.]: Pluto Press, 2000.

Ozkul, Derya, und Stephen Castles. „Circular Migration: Triple Win, or a New Label for Temporary Migration?" In *Global and Asian Perspectives on International Migration*, herausgegeben von Graziano Battistella. Berlin [u. a.]: Springer, 2014. https://doi.org/10.1007/978-3-319-08317-9_2 (letzter Abruf 15.05.2023).

Papst Franziskus. „Address of his holiness Pope Francis to Officials of the Vatican Secret Archive", 4. März 2019. https://www.vatican.va/content/francesco/en/speeches/2019/march/documents/papa-francesco_20190304_archivio-segretovaticano.html (letzter Abruf 18.04.2023).

Papst Johannes Paul II. „CIC/1983 (deutsch)", o. D. https://www.codex-iuris-canonici.de/cic83_dt_buch2.htm (letzter Abruf 07.10.2023).

Papst Paul VI. „Konzilsdekret: Christus dominus – Über die Hirstenaufgabe der Bischöfe (deutsch)", 28. Oktober 1965. https://www.vatican.va/archive/hist_councils/ii_vatican_council/documents/vat-ii_decree_19651028_christus-dominus-ge.html (letzter Abruf 07.03.2023).

Papst Paul VI. „Messages of the Council: To women", 8. Dezember 1965. https://www.vatican.va/content/paul-vi/en/speeches/1965/documents/hf_p-vi_spe_19651208_epilogo-concilio-donne.html (letzter Abruf 08.04.2023).

Papst Paul VI. „Pastorale Konstitution – Gaudium et spes – Über die Kirche in der Welt von heute", 7. Dezember 1965. https://www.vatican.va/archive/hist_councils/ii_vatican_council/documents/vat-ii_const_19651207_gaudium-et-spes-ge.html (letzter Abruf 21.03.2023).

Papst Paulus VI. „Pastoralis migratorum cura – Novae normae de pastorali migratorum cura statuuntur, Litterae Apostolicae Motu Proprio date", 15. August 1969. https://www.vatican.va/content/paul-vi/la/motu_proprio/documents/hf_p-vi_motu-proprio_19690815_pastoralis-migratorum-cura.html (letzter Abruf 09.03.2023).

Papst Pius XII. „Exsul famila, Constitutio apostolica Pii XXII de spirituali emigrantium cura", 1. August 1952. https://www.vatican.va/content/pius-xii/la/apost_constitutions/documents/hf_p-xii_apc_19520801_exsul-familia.html (letzter Abruf 11.03.2023).

Parida, Jajati K., und K. Ravi Raman. „A Study on In-Migration, Informal Employment and Urbanization in Kerala". State Planning Board (Evaluation Division), Government of Kerala, Kerala, 2021. https://spb.kerala.gov.in/sites/default/files/inline-files/In-migrationEmploymnt.pdf (letzter Abruf 13.02.2023).

Park, Robert E. „Human Migration and the Marginal Man". *American Journal of Sociology* 33, Nr. 6 (1928): 881–93. https://www.jstor.org/stable/2765982 (letzter Abruf 11.03.2023).

Pick, Siegfried, Albrecht Frenz, P. Kristudas, und Johanna Pick. *Überall war Wirklichkeit überall war Zauber: Hermann Gundert, Hermann Hesse und das Sehnsuchtsland Indien.* Heidelberg: Draupadi-Verlag, 2015.

Pillai, Manu S. *The Ivory Throne – Chronicles of the House of Travancore.* Haryana: HarperCollins, 2015.

Pillai, Sreedhar. „Kerala Catholic Priest Lures Girls with Jobs in Italy, but They End up as Nuns in Rome", 31. August 1986. https://www.indiatoday.in/magazine/crime-stories/story/19860831-kerala-catholic-priest-lures-girls-with-jobs-in-italy-but-they-end-up-as-nuns-in-rome-801210-1986-08-30 (letzter Abruf 09.07.2023).

Pillai, Velu R., und Puthenveetil G. K. Panikar. *Monetisation in Kerala.* New Delhi: Research Programmes Committee [Planning Commission], 1970.

Pollack, Detlef. „Einleitung". In *Religion und Lebensführung im Umbruch der langen 1960er Jahre,* herausgegeben von Claudia Lepp, Harry Oelke, und Detlef Pollack. Göttingen [u. a.]: Vandenhoeck & Ruprecht, 2016.

Pollack, Detlef. „Religiöser und gesellschaftlicher Wandel in den 1960er Jahren". In *Religion und Lebensführung im Umbruch der langen 1960er Jahre,* herausgegeben von Claudia Lepp, Harry Oelke, und Detlef Pollack, 31–64. Göttingen: Vandenhoeck & Ruprecht, 2016. https://doi.org/10.13109/9783666557798.31 (letzter Abruf 09.04.2023).

Pontificia Università Gregoriana. „Geltende Normen der lateinischen Kirche (außerhalb der Codices)", o. D. https://www.iuscangreg.it/diritto_universale.php (letzter Abruf 10.10.2023).

Porter, Michael E., und Clemens Guth. „The German Health Care System: Overview and Historical Development". In *Redefining German Health Care.* Berlin [u. a.]: Springer, 2012. https://doi.org/10.1007/978-3-642-10826-6_4 (letzter Abruf 10.05.2023).

Poutrus, Patrice G., „Buchrezension: H. Knortz – Diplomatische Tauschgeschäfte", 18. Juni 2008, https://www.hsozkult.de/publicationreview/id/reb-11271, (letzter Abruf 13.10.2022).

Potz, Richard. „Der Codex Canonum Ecclesiarum Orientalium". In *Handbuch des katholischen Kirchenrechts,* herausgegeben von Stephan Haering, Wilhelm Rees, und Heribert Schmitz. Regensburg: Verlag Friedrich Pustet, 2015.

Presse- und Informationsamt der Bundesregierung. „Gemeinsame Erklärung: Sechste deutsch-indische Regierungskonsultationen", 2. Mai 2023. https://www.bundesregierung.de/resource/blob/992814/2029822/0018fcdd6704f985ba71f63495fed94b/2022-05-02-gemeinsame-erklaerung-d-ind-data.pdf?download=1 (letzter Abruf 07.10.2023).

Punnamparambil, Jose. *Heimat in der Fremde: Migrationsgeschichten von Menschen aus Indien in Deutschland.* Heidelberg: Draupadi-Verlag, 2008.

Punnamparambil, Jose. „Jose Punnamparambil: Überblick über mein 85-jähriges Leben und Veröffentlichungen (Stand 2021)", 2021. https://literaturforum-indien.de/verein/Jose_B iodata.pdf (letzter Abruf 05.04.2023).

Rahner, Karl, und Herbert Vorgrimler. *Kleines Konzilskompendium: alle Konstitutionen, Dekrete und Erklärungen des Zweiten Vaticanums in der bischöflich beauftragten Übersetzung: allgemeine Einleitung, 16 spezielle Einführungen, ausführliches Sachregister.* Herder, 1967.

Rajan, S. Irudaya. *India Migration Report 2020: Kerala Model of Migration Surveys.* Taylor & Francis, 2020.

Rajan, S. I., und Bhagat, R. B. „Internal Migration and the Covid-19 Pandemic in India". In Migration and Pandemics, herausgegeben von Anna Triandafyllidou, 231–246. Cham: Springer, 2022. https://doi.org/10.1007/978-3-030-81210-2_12 (letzter Abruf 02.08.2023).

Rajan, S. Irudaya, und R. B. Bhagat. *Researching Internal Migration.* Taylor & Francis, 2022.

Rass, Christoph. „Temporary Labour Migration and State-Run Recruitment of Foreign Workers in Europe, 1919–1975: A New Migration Regime?" *International Review of Social History* 57 (2012): 191–224. https://www.jstor.org/stable/26394571 (letzter Abruf 10.05.2023).

Reddy, Sujani K. *Nursing and Empire: Gendered Labor and Migration from India to the United States.* New Delhi: Orient BlackSwan, 2016.

Reiff, Emilia, Christel Gade, und Susanne Böhlich. „Handling the Shortage of Nurses in Germany: Opportunities and Challenges of Recruiting Nursing Staff from Abroad". *Human Resources*, Nr. 3 (o. J.).

Reinprecht, Christoph, und Rossalina Latcheva. *Was wir nicht wissen. Forschungs- und Wissenslücken der Migrationssoziologie.* Wiesbaden: Springer VS, 2016.

Rieker, Yvonne. *„Ein Stück Heimat findet man ja immer": Die italienische Einwanderung in die Bundesrepublik.* Essen: Klartext Verlag, 2003.

Rittstieg, Helmut. „Zur Rechtslage junger Ausländer". *Zeitschrift für Rechtspolitik* 12, Nr. 1 (1979): 13–18. https://www.jstor.org/stable/23416488 (letzter Abruf 21.07.2023).

Rothermund, Dietmar. „Die Liberalisierung Indiens". *Ruperto Carola*, Nr. 3 (1996). https://www.uni-heidelberg.de/uni/presse/RuCa3_96/rotherm.htm (letzter Abruf 29.03.2023).

Rothermund, Dietmar. *Indien: Aufstieg einer asiatischen Weltmacht.* München: Beck, 2008.

Roy, Kaushik. *India and World War II : War, Armed Forces and Society, 1939–1945.* New Delhi: Oxford University Press, 2016.

Sachverständigenkommission Psychiatrie-Enquête. *Bericht über die Lage der Psychiatrie in der Bundesrepublik Deutschland Zur psychiatrischen und psychotherapeutisch/psychosomatischen Versorgung der Bevölkerung (Drucksache 7/4200, Unterrichtung durch die Bundesregierung).* Bonn: Verlag Dr. Hans Heger, 1975. https://www.dgppn. de/_Resources/Persistent/80a99fbacaed5e58ef5c0733bdf8af78f8017e3c/Psychiatrie_ Enquete_WEB.pdf (letzter Abruf 06.08.2023).

Sahoo, Ajaya K. *Routledge Handbook of Asian Transnationalism.* Taylor & Francis, 2022.

Said, Edward W. *Orientalism.* London [u. a.]: Penguin Books, 2003.

Samuel, Gnana John, Hrsg. *Early christianity in India.* Chennai: Institute of Asian Studies, 2008.

Savaète, Eugen. „Die Rechtsstellung der auf Grund von Gestellungsverträgen in Krankenanstalten tätigen Krankenschwestern". *Arbeit und Recht* 7, Nr. 1 (1959): 5–13. https://www.jstor.org/stable/24012752 (letzter Abruf 10.10.2023).

Schaffer, Wolfgang. *Einhundert Jahre Schwestern vom hl. Josef in St. Trudpert 1920–2020 – Geschichte einer Ordensgemeinschaft in der Erzdiözese Freiburg.* Berlin: Metropol, 2020.

Scharrer, Tabea, Birgit Glorius, J. Olaf Kleist, Marcel Berlinghoff, Samia Aden, Vasiliki Apatzidou, und Birgit Behrensen. *Flucht- und Flüchtlingsforschung: Handbuch für Wissenschaft und Studium.* Herausgegeben von Tabea Scharrer, Birgit Glorius, J. Olaf Kleist, und Marcel Berlinghoff. Baden-Baden: Nomos, 2023.

Schildt, Axel. *Die Sozialgeschichte der Bundesrepublik Deutschland bis 1989/90.* München: Oldenbourg, 2007.

Schildt, Axel. „Materieller Wohlstand – pragmatische Politik – kulturelle Umbrüche. Die 60er Jahre in der Bundesrepublik". In *Dynamische Zeiten: Die 60er Jahre in den beiden deutschen Gesellschaften,* herausgegeben von Karl Christian Lammers, Axel Schildt, und Detlef Siegfried. Hamburg: Christians, 2000.

Schirilla, Nausikaa. *Migration in Deutschland – soziologisch erklärt.* Stuttgart: Verlag W. Kohlhammer, 2023.

Schmiedl, Joachim. *Das Konzil und die Orden.* Vallendar: Patris Verlag, 1999.

Schmitz, Heribert. „§ 3 Der CIC und das konziliare und nachkonziliare Kirchenrecht". In *Grundriß des nachkonziliaren Kirchenrechts,* herausgegeben von Joseph Listl, Herbert Müller, und Heribert Schmitz. Regensburg: Verlag Friedrich Pustet, 1980.

Schüller, Thomas. „Allgemeine Fragen des kirchlichen Vereinsrechts". In *Handbuch des katholischen Kirchenrechts,* herausgegeben von Stephan Haering, Wilhelm Rees, und Heribert Schmitz. Regensburg: Verlag Friedrich Pustet, 2015.

Schwenken, Helen. *Globale Migration zur Einführung.* Hamburg: Junius, 2018.

Sekher, T. V. *Migration and Social Change.* Jaipur [u. a.]: Rawat Publications, 1997.

Setzer, Britta. „Auswirkungen des Zweiten Weltkrieges auf Psychopathologie und Therapie bei psychischen Erkrankungen". Universität Koblenz-Landau, 2009. https://kola.opus.hbz-nrw.de/frontdoor/deliver/index/docId/305/file/Dissertation_Setzer_pw.pdf (letzter Abruf 06.08.2023).

Siebler, Clemens. „Debatin, Hubert: Priester, Chorbischof der syro-malankarischen Kirche". In *Baden-Württembergische Biographien. 2,* herausgegeben von Bernd Ottnad. Stuttgart: Kohlhammer, 1999.

Simmel, Georg. „Das Geld in der modernen Kultur". In *Georg Simmel: Schriften zur Soziologie,* herausgegeben von Otthein Rammstedt und Heinz-Jürgen Dahme. Frankfurt am Main: Suhrkamp, 1986.

Simmel, Georg. *Philosophie des Geldes.* Herausgegeben von Gerald Hartung und Tim-Florian Steinbach. Berlin [u. a.]: de Gruyter, 2020.

Singh, Sarva Daman. *Polyandry in Ancient India.* New Delhi: Vikas Publishing House, 1978.

Sivaraman, Aparna. „Woman in the Kerala Model of Development". *Jindal Journal of Public Policy* 3, Nr. 1 (2017): 97–104.

Society of Nirmala Dasi Sisters. „Society of Nirmala Dasi Sisters – History", o. D. https://www.nirmaladasisisters.org/history (letzter Abruf 06.03.2023).

Spivak, Gayatri Chakravorty, und Hito Steyerl. *Can the subaltern speak? Postkolonialität und subalterne Artikulation.* Wien [u. a.]: Turia + Kant, 2008.

Svejda-Hirsch, Lenka. *Die indischen devadasis im Wandel der Zeit: „Ehefrauen" der Götter, Tempeltänzerinnen und Prostituierte.* Bern [u. a.]: Peter Lang, 1991.

Tagesschau. „Fachkräfte aus Indien: Heil appelliert an Unternehmen und Gesellschaft", 18. Juli 2023. https://www.tagesschau.de/inland/heil-indien-fachkraefte-100.html (letzter Abruf 04.08.2023).

Techno-Economic Survey of Kerala. New Delhi: National Council of Applied Economic Research, 1962.

The Gazette of India. *Constitution of India.* New Delhi, 1949. https://egazette.nic.in/WriteR eadData/1949/E-2358-1949-0000-109779.pdf (letzter Abruf 31.03.2023).

The Holy See. „Acta Apostolicae Sedis", o. D. https://www.vatican.va/archive/aas/index_en. htm (letzter Abruf 06.03.2023).

The Society of Nirmala Dasi Sisters. „Founders: Rt. Rev. Joseph Kundukulam and Co-Founder Msgr. Joseph Vilangadan", o. D. https://www.nirmaladasisisters.org/founders (letzter Abruf 09.03.2023).

„The States Reorganisation Act, 1956". New Delhi: Government of India, 31. August 1956. https://csharyana.gov.in/WriteReadData/Acts/Re-Organisation/1549.pdf (letzter Abruf 15.04.2023).

Thomas, Sonja. *Privileged minorities: Syrian Christianity, gender and minority rights in postcolonial India.* Hyderabad: Orient Black Swan, 2019.

Triandafyllidou, Anna. *Routledge Handbook of Immigration and Refugee Studies.* Taylor & Francis, 2022.

Trieschmann, Günther. „Die Gestellungsverträge der Schwesternorganisationen". *Recht der Arbeit,* 1955.

Turlach, Manfred. *Kerala: politisch-soziale Struktur und Entwicklung eines indischen Bundeslandes.* Wiesbaden: Harrassowitz, 1970.

Ute, Gerhard. „50 Jahre Gleichberechtigung – eine Springprozession", 30. Mai 2008. https:// www.bpb.de/shop/zeitschriften/apuz/31157/50-jahre-gleichberechtigung-eine-springpro zession-essay/ (letzter Abruf 08.09.2023).

Varghese, Thomas. *Abuse of Women in Indian Christian Families: Roles of Clergymen, Church and Theological Institutions.* New Delhi: Indian Society for Promoting Christian Knowledge, 2013.

Veit, Susanne. „Feldexperimentelle Forschung zu ethnischer Diskriminierung auf dem Arbeitsmarkt: ‚Alle sind gleich, aber manche sind gleicher'". In *Handbuch Stress und Kultur,* herausgegeben von Tobias Ringeisen, Petia Genkova, und Frederick T. L. Leong. Wiesbaden: Springer Fachmedien, 2020. https://doi.org/10.1007/978-3-658-27825-0_25-1 (letzter Abruf 06.08.2023).

Vidyapeeth, Jnana-Deepa. „Christianity and Education in India". In *Indian Christianity and its public role: socio-theological explorations.* Chennai: Department of Christian Studies, University of Madras, 2019.

Vigilance and Anti-Corruption Bureau. „About Vigilance and Anti-Corruption Bureau, Kerala", o. D. https://vigilance.kerala.gov.in/page/about-us (letzter Abruf 01.02.2023).

Wolf, Siegfried O. „Die Konstruktion einer kollektiven Identität in Indien: Vinayak Damodar Savarkar und sein Hindutva-Konzept". Universität Heidelberg, 2009. https://archiv.ub. uni-heidelberg.de/volltextserver/9517/1/wolfdissertation.pdf (letzter Abruf 21.07.2023).

World Health Organization. „Health Care System Profile – Kuwait". Genf: Regional Health Systems Observatory- EMRO, 2006. https://www.scribd.com/document/248893887/Health-Care-System-in-Kuwait (letzter Abruf 21.05.2023).

World Health Organization 2006. „Review of international migration of nurses from the state of Kerala, India". Genf, 2022. https://cdn.who.int/media/docs/default-source/searo/india/publications/review-of-international-migration-of-nurses-from-the-state-of-kerala--india-.pdf?sfvrsn=524dffc1_2 (letzter Abruf 14.05.2023).

Würtz, Markus, und Ulrike Schröber. „Kirchen". In *Lebendiges Museum Online*. Stiftung Haus der Geschichte der Bundesrepublik Deutschland, 28. Januar 2016. https://www.hdg.de/lemo/kapitel/nachkriegsjahre/neuanfaenge/kirchen.html (letzter Abruf 09.04.2023).

Yeates, Nicola. „Global Care Chains: A State-of-the-Art Review and Future Directions in Care Transnationalization Research". *Global Networks* 12, Nr. 2 (April 2012): 135–54. https://doi.org/10.1111/j.1471-0374.2012.00344.x (letzter Abruf 09.05.2023).

Yengde, Suraj. *Caste Matters*. Penguin: New Delhi, 2019.

Zachariah, K. C., Parameswaran Raman Gopinathan Nair, und Sebastian Irudaya Rajan. *Return emigrants in Kerala: welfare, rehabilitation, and development*. New Delhi: Manohar Publ., 2006.

Zachariah, K.C., E.T. Mathew, und Irudaya R. Sebastian. „Impact of Migration On Kerala's Economy and Society". *Centre for Development Studies, Trivandrum, India, Centre for Development Studies, Trivendrum Working Papers* 297 (1. Januar 1999). https://doi.org/10.1111/1468-2435.00135 (letzter Abruf 13.03.2023).

Zachariah, Kunniparampil Curien, Elangikal T. Mathew, und Sebastian I. Rajan. *Dynamics of Migration in Kerala: Dimensions, Differentials, and Consequences*. Orient Longman, 2003.

GPSR Compliance

The European Union's (EU) General Product Safety Regulation (GPSR) is a set of rules that requires consumer products to be safe and our obligations to ensure this.

If you have any concerns about our products, you can contact us on ProductSafety@springernature.com

In case Publisher is established outside the EU, the EU authorized representative is:

Springer Nature Customer Service Center GmbH
Europaplatz 3
69115 Heidelberg, Germany

The manufacturer's authorised representative in the EU is Springer
Nature Customer Service Centre GmbH, Europaplatz 3, 69115 Heidelberg,
Germany. If you have any concerns regarding our products, please
contact ProductSafety@springernature.com

Printed and bound by CPI Group (UK) Ltd, Croydon, CR0 4YY
24/04/2026
02096373-0004